Anforderungsbereich III (Reflexion und Problemlösung)

Er umfasst den selbstständigen und kritischen Umgang mit neuen und umfassenden Sachverhalten – Ziele sind eigenständige Wertungen, Deutungen und Begründungen.

beurteilen **urteilen**	Hypothesen oder Behauptungen im Zusammenhang → *prüfen* und eine Aussage über deren Richtigkeit, Angemessenheit usw. machen, wobei die Kriterien selber gefunden werden müssen
bewerten **Stellung nehmen**	wie → *beurteilen*, aber zusätzlich mit Offenlegen und → *Begründen* eigener Wertmaßstäbe, die Pluralität einschließen und zu einem Werturteil führen, das auf den Wertvorstellungen unserer freiheitlich-demokratischen Grundordnung basiert
entwickeln	Analyseergebnisse und eigenes Fachwissen heranziehen, um zu einer eigenen Deutung zu gelangen
sich auseinander-setzen **diskutieren**	zu einer historischen Problemstellung oder These eine Argumentation → *entwickeln*, die zu einer → *begründeten* Bewertung (→ *bewerten*) führt
prüfen **überprüfen**	Aussagen (Hypothesen, Behauptungen, Urteile) auf ihre Angemessenheit hin → *untersuchen*
vergleichen	auf der Grundlage von Kriterien historische Sachverhalte problembezogen → *gegenüberstellen*, um Gemeinsamkeiten, Unterschiede, Ähnlichkeiten, Abweichungen oder Gegensätze zu → *beurteilen*

Übergeordnete „Operatoren", die Leistungen in allen drei Anforderungsbereichen verlangen

interpretieren	Sinnzusammenhänge aus Materialien erschließen und eine → *begründete* Stellungnahme abgeben, die auf einer Analyse (→ *analysieren*), Erläuterung (→ *erläutern*) und Bewertung (→ *bewerten*) beruht
erörtern	eine These oder Problemstellung durch eine Kette von Für-und-Wider- bzw. Sowohl-als-auch-Argumenten auf ihren Wert und ihre Stichhaltigkeit hin abwägend → *prüfen* und auf dieser Grundlage eine eigene Stellungnahme dazu → *entwickeln*; die Erörterung einer historischen Darstellung setzt deren Analyse (→ *analysieren*) voraus
darstellen	historische Entwicklungszusammenhänge und Zustände mithilfe von Quellenkenntnissen und Deutungen → *beschreiben*, → *erklären* und *beurteilen*

Zusammengestellt nach www.kmk.org/doc/beschl/196-13_EPA-Geschichte-Endversion-formatiert.pdf und Renate El Darwich/Hans-Jürgen Pandel, Wer, was, wo, warum? Oder nenne, beschreibe, zähle, begründe. Arbeitsfragen für die Quellenerschließung, in: Geschichte lernen H. 46 (1995), S. 33-37

D1704454

BUCHNERS KOLLEG

11 GESCHICHTE

Ausgabe Sachsen

Herausgegeben von
Maximilian Lanzinner

C.C.Buchner

Buchners Kolleg Geschichte 11
Ausgabe Sachsen

Unterrichtswerk für die gymnasiale Oberstufe

Herausgegeben von Maximilian Lanzinner

Bearbeitet von Thomas Ahbe, Boris Böhm, Dieter Brückner, Judith Bruniecki, Ralph Erbar, Daniel Geißler, Klaus Dieter Hein-Mooren, Heinrich Hirschfelder, Alexandra Hoffmann-Kuhnt, Bernd Kleinhans, Lorenz Maier, Thomas Ott, Bernhard Pfändtner, Reiner Schell, Eberhard Sieber und Wolfgang Wagner unter Mitarbeit der Verlagsredaktion

- Dieser Titel ist auch als **digitale Ausgabe** erhältlich (**BN 466701**).
- Zu diesem Lehrbuch ist **Lehrermaterial** auf CD-ROM erschienen (**BN 4668**).

1. Auflage, 3. Druck 2017
Alle Drucke dieser Auflage sind, weil untereinander unverändert, nebeneinander benutzbar.

Dieses Werk folgt der reformierten Rechtschreibung und Zeichensetzung. Ausnahmen bilden Texte, bei denen künstlerische, philologische oder lizenzrechtliche Gründe einer Änderung entgegenstehen.

Auf verschiedenen Seiten dieses Buches finden sich Verweise (*Links*) auf Internetadressen. Haftungshinweis: Trotz sorgfältiger inhaltlicher Kontrolle wird die Haftung für die Inhalte externer Seiten ausgeschlossen.

Redaktion: Doreen Eschinger
Korrektorat: Kerstin Schulbert
Layout, Satz und Umschlaggestaltung: ARTBOX Grafik und Satz GmbH, Bremen
Karten und Grafiken: ARTBOX Grafik und Satz GmbH, Bremen
Druck und Bindung: creo Druck & Medienservice GmbH, Bamberg

www.ccbuchner.de

ISBN 978-3-7661-**4667**-0

Mit Buchners Kolleg Geschichte lernen und arbeiten

Buchners Kolleg Geschichte ist **Lern- und Arbeitsbuch** zugleich. Es enthält einerseits Material für den Unterricht und ist andererseits für die selbstständige Wiederholung des Unterrichtsstoffs und für eine systematische Vorbereitung auf das Abitur geeignet.

Die **Einführungsseiten** leiten in Text und Bild in die zwei Großkapitel ein.

Orientierungsdoppelseiten stehen am Beginn der vier Themenkapitel. Die Chronologie stellt zentrale Daten mit prägnanten Erläuterungen zusammen. Der problemorientierte Überblickstext skizziert die Stoffauswahl und vermittelt die Relevanz des Themas. Durch übergreifende Arbeitsaufträge werden Anregungen für die Wiederholung und Vertiefung des Stoffes gegeben.

Jedes Kapitel ist geteilt in einen **Darstellungs- und Materialienteil**. Die Darstellung ist in überschaubare Einheiten gegliedert und vermittelt ein Verständnis für die historischen Zusammenhänge und Strukturen. Als Materialien dienen alle wichtigen Quellengattungen (Bildquellen, Karten, Statistiken etc.) sowie Darstellungen, denen mit unterschiedlichen Aufgabenarten und -formen begegnet wird. Sie veranschaulichen und vertiefen einzelne Aspekte, stellen kontroverse Sichtweisen dar und thematisieren weiterführende Fragen. Darstellungen und Materialien sind durch Verweise miteinander vernetzt.

Die **Methodenkompetenz** wird auf zwei Ebenen gefördert:
- Arbeitsaufträge zu den Materialien trainieren den sicheren Umgang mit Methoden.
- Thematisch integrierte Methoden-Bausteine führen auf optisch hervorgehobenen Sonderseiten zentrale historische Arbeitstechniken für die eigenständige Erarbeitung und Wiederholung an einem konkreten Beispiel vor.

Ergänzt wird dies durch eine Übersicht der zentralen fachspezifischen **Methoden wissenschaftlichen Arbeitens**.

Thematisch eingeordnet lenken die Seiten „**Geschichte regional**" den Blick auf das Geschehen in Sachsen und beleuchten Entwicklungen im gesellschaftlichen, politischen und wirtschaftlichen Bereich.

Auf unserer Homepage (*www.ccbuchner.de*) bieten wir Filmausschnitte zu Ereignissen, die in diesem Buch behandelt werden („**Geschichte in Clips**"). Geben Sie dazu in das Suchfeld unserer Internetseite den im Buch genannten Code ein.

Auf den **Zusammenfassungs- und Vertiefungsseiten** der Rubrik **Perspektive Abitur** finden Sie zum Abschluss jedes Großkapitels themen- und fächerübergreifende Arbeitsaufträge, mit denen sich die erworbenen Kompetenzen überprüfen lassen. Literatur- und Internettipps regen zu eigenständigen Recherchen an und unterstützen bei der Prüfungsvorbereitung.

Inhalt

Die Grundlegung einer modernen Gesellschaft in Deutschland

Demokratie und Diktatur in der ersten Hälfte des 20. Jahrhunderts

Nationalsozialistische Gewaltherrschaft

Wahlpflichtthemen

Anhang

Personenregister
Sachregister
Bildnachweis

Methoden wissenschaftlichen Arbeitens

Geschichte In Clips:

Auf unserer Hompage (www.ccbuchner.de) befinden sich Filmausschnitte zu Ereignissen, die in diesem Buch behandelt werden. Geben Sie dazu in das Suchfeld unserer Internetseite den im Buch genannten Clip-Code ein.

Der Begriff „Modernisierung" erfreut sich als politisches Schlagwort großer Beliebtheit. Er wird gewöhnlich dann verwendet, wenn Veränderungen hin zu einem fortschrittlicheren Entwicklungsgrad bezeichnet werden; der vormalige Zustand wird dabei abgewertet. Für traditionsverbundene Menschen bedeutet Modernisierung jedoch oft nur einen Verlust von geschätzten Gewohnheiten, der ihre Lebenswelt belastet und ihre Wertvorstellungen befremdet.

Die klassische Modernisierungstheorie beschreibt die Entwicklung von einfachen Agrargesellschaften zu komplexen, demokratisch-pluralistischen Industriegesellschaften.

In Mittel- und Westeuropa vollzog sich dieser Übergang vom 18. bis zum 20. Jahrhundert. Modernisierung wird grundsätzlich als Prozess verstanden, der bis heute fortdauert. Angestrebt werden Verbesserungen in Wirtschaft, Politik und Gesellschaft, immer noch in Mittel- und Westeuropa, aber ebenso in weniger entwickelten Regionen der Welt.

Wie fragwürdig es allerdings sein kann, ein Land pauschal als modern einzuschätzen, verdeutlicht ein Blick auf ein Beispiel. Das Deutsche Kaiserreich erreichte einen hohen Grad an wirtschaftlichem und industriellem Fortschritt. Sein

politisch-gesellschaftliches System jedoch galt gegenüber Staaten wie den USA, Großbritannien oder Frankreich als rückständig. Die Nationalsozialisten förderten neue Technologien und Medien, aber nicht um die Lebensqualität zu verbessern, sondern um verbrecherische Ziele zu verwirklichen. Die Neuerungen endeten im Krieg und im Holocaust. Modernisierung ist also keinesfalls als ein linearer und zielorientierter Prozess zu verstehen, der zwangsläufig in fortschrittliche Staats- und Gesellschaftsformen mündet.

Deshalb ist es besser, nur Teilprozesse der Modernisierung zu betrachten, die zu Neuerungen führten. Solche Teilprozesse waren in Mittel- und Westeuropa: Nationalstaatsbildung, politische Partizipation und Bürgergesellschaft, Industrialisierung, Erhöhung des Lebensstandards, Verbesserung der Bildung, Ausbau der Infrastruktur, Massenkommunikation, Globalisierung. Die Entstehung der Industriegesellschaft wird daher genauso der Modernisierung zugerechnet wie die Amerikanische und die Französische Revolution, die grundlegende Freiheits- und Menschenrechte garantierten.

Gerade die Industrialisierung verdeutlicht, dass wir die Folgen von Modernisierung im Rückblick, aus zeitlicher Distanz, immer wieder anders einschätzen. Im 19. Jahrhundert galten rauchende Schornsteine noch als willkommenes Zeichen des Fortschritts. Seit den 1970er-Jahren werden ihre Folgen als existenzielle Bedrohung gesehen. Klimawandel und Umweltverschmutzung sind heute große Herausforderungen der Menschheit. Das Bewusstsein, dass Wachstum Grenzen hat und die natürlichen Lebensgrundlagen gefährdet, schärfte die kritische Betrachtung der Industrialisierung.

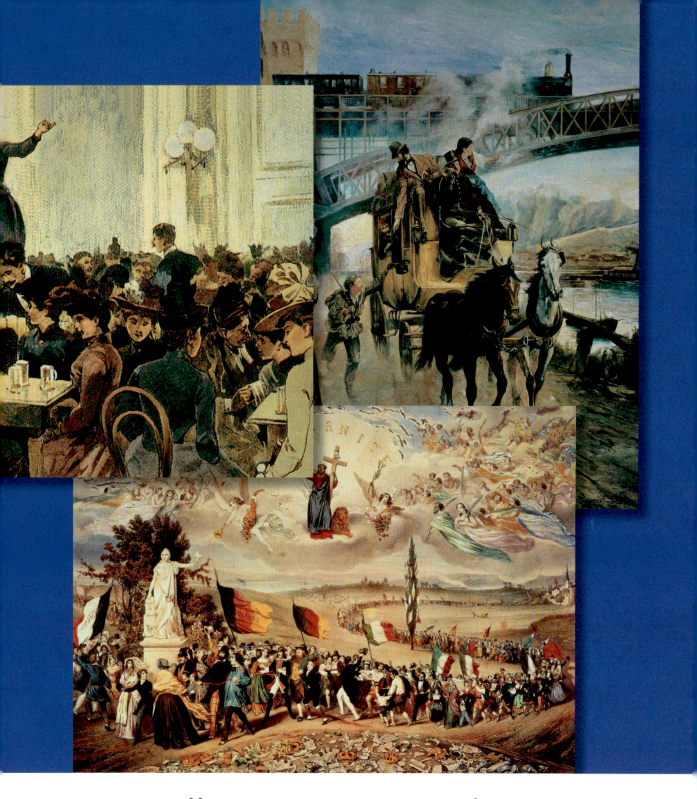

Die Grundlegung einer modernen Gesellschaft in Deutschland

Dampf, Eisen und Strom verändern die Welt: die Industrielle Revolution

◄ **Das Eisenwalzwerk.**
Ölgemälde von Adolph Menzel, 1872/75.
Das Werk zeigt die Walzhalle für Eisenbahnschienen der Königshütte in Oberschlesien.
Es ist das erste Industriegemälde in Deutschland, das den industriellen Arbeitsprozess und die harten Arbeitsbedingungen ins Zentrum rückt.

Industrieller Aufbruch und Liberalisierung	um 1760	In England beginnt die Industrielle Revolution.
	1807 - 1811	In Preußen setzt die Bauernbefreiung ein, 1810 wird die Gewerbefreiheit eingeführt.
	1825	Erste Eisenbahnstrecke (Stockton – Darlington) für den Personenverkehr eröffnet.
	1834	Durch den Deutschen Zollverein entsteht ein Binnenmarkt ohne Handelsbarrieren.
Durchbruch der Industrialisierung, Soziale Frage und Arbeiterbewegung	1835	Die erste deutsche Eisenbahnstrecke verläuft zwischen Nürnberg und Fürth.
	1837	Richard Hartmann gründet in Chemnitz eine Maschinenfabrik, die bald zur bedeutendsten Maschinenbaustätte Sachsens aufsteigt.
	1838	Gründung der Leipziger Bank, der ersten privaten sächsischen Notenbank auf Aktienbasis.
	ca. 1840	Die Industrialisierung gelangt auf dem europäischen Kontinent zum Durchbruch. Auch in den deutschen Ländern setzt ein enormer wirtschaftlicher Aufschwung ein, der bis in die 1870er-Jahre anhält.
	1848/49	Revolution von 1848/49; die Arbeiter- und Frauenbewegung beginnt sich zu organisieren und Lösungen für die Soziale Frage zu finden.
	ab 1850	Auch in anderen deutschen Staaten gründen sich Großbanken auf Aktienbasis, z. B. die Darmstädter Bank für Handel und Industrie (1853) sowie die Deutsche Bank (1870).
Aufstieg zum Industriestaat	1871 - 1873	Die Gründung des Deutschen Reiches löst einen wirtschaftlichen Boom aus („Gründerzeit"), der in eine bis 1895 anhaltende Phase verlangsamten Wachstums („Große Depression") umschlägt.
	ca. 1875 - 1910	In Deutschland entstehen industrielle Ballungszentren, die Wohn- und Arbeitsbedingungen der Arbeiterschaft verschlechtern sich.
	1883 - 1889	Staatliche Sozialgesetze schaffen einen Rechtsanspruch auf finanzielle Leistungen im Alter, bei Krankheit oder Unfall.
	ab 1890/95	Durch den Aufschwung in den „modernen" Industrien (Elektrotechnik, Chemie und Maschinenbau) steigt Deutschland zu einer der größten Industrienationen auf.

War die Veränderung Europas durch die Industrielle Revolution ein Fortschritt? ■ Die Industrialisierung Europas, die Mitte des 18. Jahrhunderts in England begann, löste einen tief greifenden Wandlungsprozess aus. Er veränderte die traditionelle Arbeits- und Lebenswelt der Menschen grundlegend. Aus Ländern, in denen die meisten Menschen von der Landwirtschaft lebten, wurden Industrienationen, in denen der überwiegende Teil der Bevölkerung in der gewerblichen Produktion tätig war und immer mehr Waren in Fabriken gefertigt wurden. Da dieser Vorgang zu einer radikalen Veränderung der Gesellschaft und der wirtschaftlichen Strukturen führte, bezeichnen Historiker den Prozess als „Industrielle Revolution".

„Revolutionär" waren damals auch viele technische Neuerungen. Dazu zählten Schlüsselerfindungen wie die Spinnmaschine, der mechanische Webstuhl oder die Eisenbahn. Sie revolutionierten entweder die Produktion von Gütern oder Nahrungsmitteln, den Informationsaustausch, den Transport oder das tägliche Leben. Insgesamt sorgten sie dafür, dass die Menschen in immer höherem Tempo und nach immer präziserem Takt arbeiteten, sich fortbewegten und miteinander kommunizierten.

Im Laufe der Industrialisierung wurden unterschiedliche Industriezweige zum Motor der Gesamtwirtschaft. Anfangs war dies die Textilindustrie, später folgten die Schwerindustrie und der Maschinenbau. In der Phase der „Zweiten Industriellen Revolution" sollten gegen Ende des 19. Jahrhunderts schließlich die Elektro- und die chemische Industrie zu den „Schrittmachern" für das wirtschaftliche Wachstum werden. Die Dynamik der Wirtschaft, ihr Auf- oder Abschwung hängt seit der Industrialisierung nicht mehr vorrangig von den Erträgen der Landwirtschaft ab, sondern von der Produktion und dem Konsum von Industriegütern.

Die großen gesellschaftlichen Veränderungen führten zum Entstehen einer neuen Schicht: die der Arbeiter. Deren Eingliederung in die Gesellschaft und die Verbesserung ihrer elenden Lebensumstände wurden zur großen Herausforderung der Zeit. Viele Zeitgenossen begriffen die technischen Errungenschaften und die Mehrung des Wohlstandes als „Fortschritt". Die durch die Industrialisierung verursachte Zerstörung der Umwelt wurde nur von wenigen kritisiert. Heute sehen die meisten Historiker die Industrialisierung noch immer als „Fortschritt", wenn damit die Verbesserung der Lebensverhältnisse der Menschen gemeint ist. Wegen der Umweltprobleme nehmen die Unsicherheit und die Bedenken aber zu.

▶ *Welchen Vorbedingungen unterlag die Industrialisierung und wie gestaltete sich ihr Verlauf (in England/in den deutschen Staaten)?*
▶ *Wodurch wurde dieser Prozess gefördert und was hemmte die Industrialisierung?*
▶ *Welche positiven sozialen und wirtschaftlichen Folgen lassen sich für den Vorgang der Industrialisierung feststellen?*
▶ *Welche Merkmale kennzeichneten die „Zweite Industrielle Revolution" und wie wirkte sich die Phase der „Großen Depression" am Ende des 19. Jahrhunderts auf die Lebens- und Arbeitswelt der Menschen aus?*

Die Industrialisierung in England

Die „Industrielle Revolution" begann in England. Warum gerade England zum Mutterland der Industrialisierung wurde, hatte verschiedene Gründe.

▶ **Bergmann.**
Druckgrafik von Robert und Daniel Havell nach einer Vorlage von George Walker, 1813.
Das Blatt zeigt einen Bergmann auf dem Heimweg von der Kohlengrube Middleton, die im Hintergrund zu sehen ist. Vor dem Einsatz von Dampflokomotiven ab dem Jahre 1812 wurde die Kohle in Waggons, die von Pferden gezogen wurden, in die Fabriken nach Leeds transportiert.

Die Bevölkerungsexplosion ■ Seit Mitte des 18. Jahrhunderts stieg die Bevölkerung in Europa stark an (▶ M1). In Großbritannien fiel das Wachstum noch deutlicher aus als auf dem Kontinent. Zwischen 1800 und 1850 nahm die Bevölkerung um 75 Prozent zu, im übrigen Europa nur um 40 Prozent. Das lag erstens an einer gestiegenen Geburtenrate. Da in Großbritannien ständische Heiratsbeschränkungen weggefallen waren, heirateten die Menschen früher und bekamen mehr Kinder. Zweitens stieg die Lebenserwartung. Dies war eine Folge des medizinischen Fortschritts, der zum Rückgang von Seuchen wie Pest, Pocken, Cholera oder Typhus führte. Und drittens verbesserte sich die Versorgung der Bevölkerung mit Nahrungsmitteln deutlich, da man bessere Anbaumethoden anwendete. Für die wirtschaftliche Entwicklung war das Wachstum der Bevölkerung in zweierlei Hinsicht von Bedeutung. Es gab ein großes Angebot an Arbeitskräften, die nicht mehr in der Landwirtschaft beschäftigt werden konnten, zugleich stieg die Nachfrage nach landwirtschaftlichen und gewerblichen Produkten.

Die Agrarverfassung ■ Anders als in weiten Teilen Europas war es in England bereits im Verlauf des 16. und 17. Jahrhunderts zu einer Kommerzialisierung des Grundbesitzes gekommen. Grund und Boden wurden in erster Linie als Kapitalanlage und nicht als soziales Privileg betrachtet. Im Verlauf des 17. Jahrhunderts konzentrierte sich der Besitz an Land zunehmend in den Händen von wenigen Großgrundbesitzern, die überwiegend dem niederen Adel, der *Gentry*, angehörten. Durch Einhegungen (*enclosures*) war es ihnen gelungen, Gemeindeland, das zuvor von allen genutzt werden konnte, in Privateigentum zu überführen. Zudem kauften sie kleinere Bauernhöfe auf und schufen so große geschlossene Ländereien, die sie effizient bewirtschaften konnten.

Die Großgrundbesitzer waren daran interessiert, unter Einsatz ihres Kapitals möglichst viel Profit aus ihren Ländereien zu ziehen. Sie nutzten die Böden intensiver aus, verbesserten die Viehhaltung und bauten neue Produkte an. Durch die damit verbundene Steigerung der Produktion konnte die stark wachsende Bevölkerung ernährt werden. Die Fortschritte in der Landwirtschaft waren eine grundlegende Voraussetzung für die Industrialisierung (▸ M2).

Die Konzentration des Grundbesitzes in den Händen weniger hatte auch soziale Konsequenzen. Viele Kleinbauern mussten in die Städte abwandern oder als Lohnarbeiter auf den landwirtschaftlichen Großbetrieben arbeiten. Da sie, anders als in weiten Teilen des übrigen Europa, nicht verpflichtet waren, auf ihren Ländereien zu bleiben, stellten sie auch ein Reservoir an Arbeitskräften für die aufkeimende Industrialisierung dar.

Die Idee des Wirtschaftsliberalismus 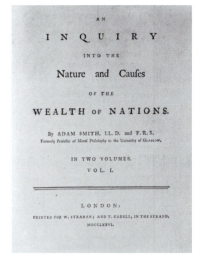 Die Industrialisierung in Europa wurde maßgeblich durch die Theorie des Wirtschaftsliberalismus vorbereitet und verbreitet. Für sie lieferte der schottische Ökonom und Moralphilosoph *Adam Smith* (1723-1790) in seinem Buch „Der Wohlstand der Nationen" (1776) die Grundlage. Als Quelle allen Wohlstandes fasste er die Arbeit und die Arbeitsteilung auf. Das Gewinnstreben des Einzelnen sei die Antriebskraft der Wirtschaft. Die Gesetze des Marktes, der freie Wettbewerb und das Wechselspiel von Angebot und Nachfrage würden das Gemeinwohl fördern, da nur solche Güter und Dienstleistungen bestehen blieben, für die auch eine Absatzmöglichkeit vorhanden sei. Die Lehre des Wirtschaftsliberalismus wies auch dem Staat eine neue Rolle zu. Der Staat dürfe die wirtschaftlichen Prozesse nicht nach eigenen Interessen steuern, wie das im **Merkantilismus** geschah. Vielmehr müsse er sich darauf beschränken, günstige Rahmenbedingungen für die Wirtschaft zu schaffen (▸ M3).

▲ **„An Inquiry into the Nature and Causes of the Wealth of Nations."**
Titelblatt der Erstausgabe, London 1776.

Merkantilismus: von den Fürsten gelenkte Wirtschaftsform zur Zeit des Absolutismus. Sie stärkte die einheimischen Gewerbe und erhöhte die Steuereinnahmen.

Das gesellschaftlich-politische System 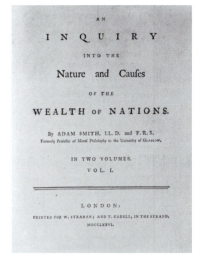 Die englische Regierungsform der parlamentarischen Monarchie förderte die wirtschaftliche Entwicklung und ließ der Wirtschaft weit größere Spielräume als die absolutistisch regierenden Fürsten im übrigen Europa. Durch den Erwerb von Kolonien sicherte man sich neue Absatzmärkte und billige Rohstoffe.

Positiv für die wirtschaftliche Entwicklung wirkte sich zudem aus, dass die gesellschaftlichen Schranken zwischen Adel und Bürgertum in England weniger starr waren als auf dem Festland. Im englischen Hochadel (den *Peers*) erbte nur jeweils der älteste Sohn den Titel und den größten Teil des Besitzes. Die jüngeren Söhne nahmen daher weit stärker als im übrigen Europa am bürgerlichen Wirtschaftsleben teil und gingen Beschäftigungen in Handel und Gewerbe nach. Sie investierten, wie die Bürgerlichen, ihr Vermögen in den Bergbau, in den Überseehandel und in die sich entwickelnde Industrie. So legten sie ihr Geld nicht nur in Grundbesitz an, wie es der übrige europäische Adel gemäß seinem Stand für angemessen hielt. Auch der niedere Adel war kein rechtlich völlig abgeschlossener Stand. Im Grunde wurde jeder dazugerechnet, der ein großes Landgut besaß und den adligen Lebensstil teilte. Deshalb war es reichen Bürgern möglich, durch den Erwerb von Grundbesitz in die Gentry aufzusteigen; umgekehrt konnten Mitglieder des niederen Adels einer wirtschaftlichen Tätigkeit nachgehen, ohne einen Ansehensverlust befürchten zu müssen.

Im Gegensatz zu den Ländern auf dem europäischen Festland, in denen vor allem die Aristokratie und die Spitzen der Mittelschicht Träger des Konsums waren, entwickelte sich in England eine Massenkaufkraft mit einer höheren Nachfrage nach Gütern, die über den unmittelbaren Lebensbedarf hinausgingen. Seit 1694 besaß England eine Zentralbank, die *Bank of England*, die für ein gut funktionierendes Finanzwesen sorgte.

Naturräumliche Gegebenheiten und Rohstoffe ■ Die Insellage Großbritanniens bot für den Seehandel beste Voraussetzungen, da das Land über eine Vielzahl von Häfen verfügte. Große Rohstoffmengen aus den britischen Kolonien konnten so mit Schiffen billig transportiert werden. Ebenso günstig war der Export von britischen Waren zu den internationalen Absatzmärkten.

Daneben gab es eine im Vergleich zum übrigen Europa gut ausgebaute Infrastruktur im Binnenland mit zahlreichen Kanälen und Straßen. Das Land verfügte zudem über große und relativ leicht abzubauende Vorkommen an Kohle und Eisenerz, auf deren Grundlage Eisen und Stahl hergestellt werden konnten.

Zusammenwirken der Faktoren ■ Zusammen bewirkten diese Faktoren, dass die Industrialisierung in Großbritannien zu Beginn des 19. Jahrhunderts rasch voranschritt. Das durch Landwirtschaft und Handel erwirtschaftete Kapital wurde in neue Erfindungen und Industrien investiert. Dafür standen sowohl die nötigen Rohstoffe als auch die Arbeitskräfte zur Verfügung. Durch die Bevölkerungsexplosion und den Export von Gütern konnte der Absatz der produzierten Waren gesteigert werden, was den Ertrag des investierten Kapitals mehrte und wiederum zu neuen Investitionen anregte. Ein kontinuierliches Wirtschaftswachstum war die Folge (▸ M4).

Die Textilindustrie ■ Aus den Kolonien Großbritanniens konnte Baumwolle billig ins Mutterland eingeführt und dort zu Textilien weiterverarbeitet werden. Die Waren wurden dann nach Europa oder wieder in die Kolonien verkauft.

Zuvor schon nahm das Land in der Erzeugung und Verarbeitung von Schafwolle in Europa eine führende Stellung ein. Das lag an der Menge, aber auch an der Qualität der hergestellten Wollerzeugnisse, die durch den hohen Stand der Schafzucht bedingt war. Demgegenüber spielte die Produktion von Baumwolle im 18. Jahrhundert zunächst anders als in Indien nur eine untergeordnete Rolle. Daher konnten die in Großbritannien gefertigten Stoffe weder preislich noch qualitativ mit den in Indien hergestellten Textilien konkurrieren. Denn die Stoffe wurden in Großbritannien, wie auch im übrigen Europa, fast ausschließlich von der Landbevölkerung in Handarbeit hergestellt. Um die Mitte des 18. Jahrhunderts entwickelte sich nun die Baumwollindustrie zum führenden Wirtschaftszweig, zur ersten **Schrittmacherindustrie** in England.

Dieser Prozess war nur durch eine Reihe von technischen Erfindungen möglich, die man durch Prämien gefördert hatte. Die Herstellung von Stoffen erfolgt in zwei Schritten. Zunächst muss die Rohwolle zu einem Garn gesponnen werden, dann wird aus diesem Garn ein Stoff gewoben. Um die Textilproduktion zu steigern, musste also zunächst eine Möglichkeit gefunden werden, mehr Garn herzustellen. Die Lösung für dieses Problem fand 1767/68 der Zimmermann *James Hargreaves*, der eine Spinnmaschine entwickelte („Spinning Jenny"). Damit war es möglich, die Garnmenge, die ein einzelner Arbeiter herstellen konnte, zu vervielfachen. Durch weitere technische Innovationen gelang es, nicht nur die Menge, sondern auch die Qualität des Produkts zu erhöhen. Auf die Spinnmaschine von Hargreaves folgten Maschinen mit immer größerer Leistung. 1769 erfand *Richard Arkwright* eine Spinnmaschine, die von einem Wasserrad angetrieben wurde („Waterframe"). Zehn Jahre später stellte *Samuel Crompton* eine weiterentwickelte Version („Spinning Mule") vor. 1785 konstruierte *Edmond Cartwright* einen mechanischen Webstuhl mit Dampfkraftantrieb („Power Loom").

Um 1812 vermochte ein einzelner Arbeiter mittels dieser verbesserten Spinnmaschinen so viel Garn zu erzeugen wie 200 vor dem Einsatz von Hargreaves' „Spinning

▲ „Waterframe"-Spinnmaschine im LVR-Industriemuseum Cromford in Ratingen.
Foto von 2011.
Es handelt sich dabei um eine rekonstruierte Spinnmaschine, die mittels Industriespionage nach dem Original von Richard Arkwright in Cromford/England für die Ratinger Textilfabrik Cromford kopiert wurde. 1783 von Johann Gottfried Brügelmann gegründet, war die Ratinger Textilfabrik die erste auf europäischem Festland.

Schrittmacherindustrie: Leitsektor, der das Wirtschaftsleben eines Landes vorantreibt

Jenny". Durch den mechanischen Webstuhl, der seit 1820 weite Verbreitung fand, konnten nun auch fertige Stoffe in weitaus größeren Mengen fabriziert werden. Das führte zu sozialen Spannungen, da die selbstständigen Weber der billigeren industriellen Konkurrenz hoffnungslos unterlegen waren. So bewältigte ein Arbeiter um 1825 mit einer Webmaschine die 15-fache Arbeit eines Handwebers.

Baumwolltextilien wurden zum bedeutendsten Exportartikel Großbritanniens. Das Zentrum der britischen Textilindustrie lag in der Grafschaft Lancashire, wo sich allein in der Stadt Manchester zwischen 1786 und 1801 50 Textilfabriken ansiedelten. Gleichzeitig wuchs die Bevölkerung der Stadt zwischen 1790 und 1800 von 50 000 auf 95 000 Einwohner an.

Die Entstehung des Fabrikwesens

Der Einsatz von Maschinen in den Fabriken löste die Fertigung im häuslichen Umfeld ab und veränderte das Arbeitsleben grundlegend. Massengüter wurden arbeitsteilig und – im Gegensatz zur **Manufaktur** – mithilfe von Maschinen hergestellt. Der Produktionsablauf wurde in einzelne Arbeitsschritte zerlegt. Die Tätigkeit der Industriearbeiter reduzierte sich auf einfache, monotone Handgriffe, die auch von ungelernten Arbeitskräften ausgeführt werden konnten. Um die vorgegebenen Zeit- und Ablaufpläne einzuhalten, waren die Arbeiterinnen und Arbeiter gezwungen, ihren Arbeitsrhythmus den Maschinen anzupassen. Um einen ungestörten Produktionsablauf zu gewährleisten, versuchten die Unternehmer, ihre Arbeiter durch oft rigide Fabrikordnungen an die neue Arbeitsdisziplin zu gewöhnen.

Die Schwerindustrie

Die Entwicklung der Schwerindustrie, also die Erzeugung von Eisen und Stahl mithilfe von Kohle und Erz, erfolgte deutlich später als die Entfaltung der Textilindustrie.

Kohle spielte in England bereits im 18. Jahrhundert auch in privaten Haushalten eine große Rolle als Heizmaterial. Mit Beginn der Industrialisierung stieg der Bedarf an. Nach der Weiterentwicklung der Dampfmaschine durch **James Watt** wurde die Kohle zum wichtigsten Energieträger.

Wurden Dampfmaschinen zunächst vor allem in den Bergwerken zum Antrieb von Pumpen und Aufzügen verwendet, so erwiesen sie sich auch in anderen Gewerbezweigen als nützlich. Mit der Dampfmaschine war es erstmals möglich, einen Antrieb an jedem beliebigen Standort – unabhängig von Wind- und Wasserrädern – zur Verfügung zu haben.

Durch technische Innovationen konnten Eisen und Stahl im Laufe der Zeit nicht nur qualitativ hochwertiger, sondern auch billiger produziert werden. Dadurch wurden die Voraussetzungen für eine leistungsfähige Maschinenbauindustrie geschaffen. Im Vergleich zur Textilindustrie stieg die Produktion in der Schwerindustrie allerdings zunächst nur langsam. Es mangelte an einer wachsenden Nachfrage nach Erzeugnissen. Zudem musste, anders als in der Textilindustrie, deutlich mehr Kapital aufgewendet werden, um eine Produktionssteigerung zu erzielen. Für einen

Manufaktur (von lat. manu factum: „von Hand gemacht"): Betriebsform des 16. bis 18. Jahrhunderts, in der bereits Arbeitsteilung und Massenfertigung üblich sind, ohne dass jedoch Maschinen zum Einsatz kommen

James Watt (1736 - 1819): ab 1757 Mechaniker an der Universität Glasgow, seit den 1760er-Jahren mit der Verbesserung der Dampfmaschine beschäftigt, Durchbruch in den 1780er-Jahren mit der Verlagerung des Kondensationsprozesses aus dem Zylinder in einen gekühlten Kondensator. Watts Dampfmaschine wurde 1785 erstmals in einer Baumwollfabrik eingesetzt.

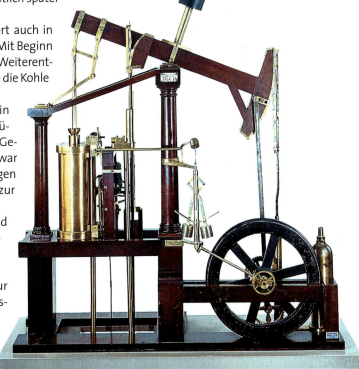

▲ **Modell der Watt'schen Dampfmaschine mit Pumpe.**

entscheidenden Aufschwung sorgte hier der Bau der Eisenbahnen. Er war für die Industrialisierung in zweifacher Hinsicht von großer Bedeutung. Zum einen brachte er eine große Nachfrage nach Kohle und Stahl für den Bau und Betrieb der Bahnen, zum anderen wurde der Transport von Industriegütern billiger. 1825 wurde die erste Eisenbahn für den Personenverkehr zwischen Stockton und Darlington eröffnet. Mitte des 19. Jahrhunderts hatte die englische Schwerindustrie eine weltweit unangefochtene Spitzenposition erreicht.

Die Industrialisierung breitet sich aus ◼ Auf dem Kontinent setzte die Industrialisierung – zunächst in Belgien, dann auch in Frankreich, der Schweiz und den Staaten des Deutschen Bundes – zwar deutlich später ein, jedoch holten diese Länder den Rückstand gegenüber England immer schneller auf.

Die zuvor landwirtschaftlich und handwerklich geprägten Staaten wandelten sich in einem Zeitraum von etwa einem Jahrhundert allmählich zu modernen Industrienationen (▸ M5). Folgende Merkmale kennzeichneten sie:

- Eine Vielzahl technischer Innovationen ermöglichte die mechanische Massenproduktion von Gütern und damit ein kontinuierliches Wirtschaftswachstum.
- Vergleicht man die **Sektoren** der Gesamtwirtschaft, nahm die Landwirtschaft (primärer Sektor) ab, während die gewerbliche Produktion (sekundärer Sektor) überproportional zulegte.
- Das Fabriksystem als eine Form arbeitsteiliger Produktion breitete sich aus. Dabei wurden Massengüter rationell und – im Gegensatz zur Manufaktur – mithilfe von Maschinen hergestellt. Der Produktionsprozess wird in einzelne Arbeitsschritte zerlegt. Die Beschäftigten mussten genaue Zeit- und Ablaufpläne einhalten.
- Bisherige Energieträger wie Holz, Wasserkraft oder Nutztiere wurden ergänzt oder ersetzt durch Steinkohle, ab dem Ende des 19. Jahrhunderts auch durch elektrischen Strom. Die Weiterentwicklung der Dampfmaschine machte die Produktion unabhängig von natürlichen Energiequellen wie z.B. Flussläufen und ermöglichte es, den Energieträger Kohle effizient einzusetzen. Mit der Dampfkraft konnten wiederum Kohlevorkommen unter Tage abgebaut werden, nachdem man das Grundwasser abgepumpt hatte.
- Das überregionale Verkehrsnetz wurde durch Kanäle, Straßen und Eisenbahntrassen ausgebaut. Mit modernen Transportmitteln wie zum Beispiel der Eisenbahn konnten Waren und Rohstoffe schneller und kostengünstiger transportiert werden. Die Eisenbahn entwickelte sich selbst zu einem Schrittmacher der Wirtschaft.
- Lohnarbeit wurde zur überwiegenden Erwerbsform.
- Weltwirtschaftliche Zusammenhänge wurden immer entscheidender, da andere Länder oder Kolonien für die Beschaffung von Rohstoffen und als Absatzmärkte wichtig waren. So nutzte Großbritannien ein weltweites Handelssystem: Es importierte hauptsächlich Rohstoffe aus Afrika und Amerika und lieferte verarbeitete Baumwollprodukte und günstige Massenwaren nach Europa und Übersee.
- Der Aufbau industrieller Unternehmen erforderte Kapitalmengen, die ein Einzelner auch mithilfe von Krediten nicht aufbringen konnte. Dies führte zur Gründung von Aktiengesellschaften, Banken, Bau- und Montanunternehmen.

Alle diese Vorgänge bewirkten eine radikale Umwälzung der wirtschaftlichen, politischen und gesellschaftlichen Strukturen in den industrialisierten Ländern. Auch wenn sich dieser Wandel nicht plötzlich, sondern über Jahrzehnte und in den einzelnen Staaten zeitversetzt vollzog, wird er von Historikern als „Industrielle Revolution" bezeichnet (▸ M6).

Sektoren: Wirtschaft und Arbeitsleben werden in drei Bereiche zusammengefasst. Der **primäre (erste) Sektor** liefert Nahrungsmittel (Land- und Forstwirtschaft, Fischerei etc.). Der **sekundäre (zweite) Sektor** umfasst die Verarbeitung von Rohstoffen in Industrie und Handwerk. Der **tertiäre (dritte) Sektor** schließt alle Dienstleistungen ein (z.B. Handel, Logistik und Transport, Banken, Versicherungen, Gastronomie, Schulbildung, Medizin, Kranken- und Altenpflege, Seelsorge, Polizei usw.).

M1 Bevölkerung ausgewählter europäischer Länder 1750 - 1910 (in Millionen)

	1750	1800	1830	1860	1890	1910
Deutschland[1]	18,0	23,0	28,2	36,2	49,4	64,9
Frankreich	21,0	27,3	32,6	37,4	38,3	39,6
Großbritannien	7,4	10,5	16,3	23,1	33,1	40,8
Irland	3,2	4,8	7,8	5,8	4,7	4,4
Italien	16,0	17,2	21,2	25,0	30,3	34,7
Österreich	–	–	15,6	18,2	24,0	28,6
Russland	28,0	40,0	56,1	74,1	117,8	160,7
Spanien	8,2	10,5	14,6	15,7	17,6	20,0

[1] für 1750 und 1800 zusammen mit Österreich

Carlo M. Cipolla und Knut Borchardt (Hrsg.), Europäische Wirtschaftsgeschichte, Bd. 4, Stuttgart 1985, S. 489

■ Vergleichen Sie die Wachstumszahlen hinsichtlich a) der nationalen Entwicklung einzelner Länder, b) der europäischen Entwicklung.

M2 Der Malthusianismus

Der Historiker Winfried Schulze erläutert das sogenannte Malthusische Gesetz. Diese Theorie versucht Ende des 18. Jahrhunderts, die Folgen des starken Bevölkerungswachstums abzuschätzen:

Robert T. Malthus (1766 - 1834), zunächst Pfarrer, ab 1805 Professor für Geschichte und politische Ökonomie, formulierte in seiner Schrift „An Essay on the Principle of Population" 1798 die von ihm als Gesetz formulierte Beobachtung, dass
5 sich die Grundlagen der materiellen Existenz in arithmetischer Reihe[1], die Bevölkerung aber in geometrischer Reihe[2] vermehren. Die Konsequenz dieser divergierenden Kurven seien unvermeidliche Hungersnöte, wenn nicht durch „preventive checks" für eine Anpassung der Bevölkerung an den
10 Rahmen der wirtschaftlichen Verhältnisse gesorgt würde. Zur Einordnung des Malthusianismus sollen die folgenden Bemerkungen dienen. Seine Entstehung fällt zusammen mit dem Beginn der durch die Industrielle Revolution ausgelösten gesellschaftlichen Umwälzungen und ist letztlich durch
15 diese bedingt. In der arbeitsintensiven agrarischen Gesellschaft musste dem grundbesitzenden Adel und dem Königtum an hohen Geburtszahlen gelegen sein, da dadurch der

hohe Arbeitsbedarf und der Ersatz von Bevölkerungsverlusten gedeckt werden konnte. Dies ist der Inhalt merkantilistischer Politik, die besagt: Reichtum des Staates ist zunächst 20 Reichtum an Volk. Malthus' Theorie scheint nun die erste Reaktion auf das Anwachsen der städtischen Unterschichten (vor allem in England) zu sein, die in neuer Weise Politik beeinflussten und ein in zunehmendem Maße unkontrollierbares Element darstellten. Insofern ist Malthus' antinati- 25 vistische[3] Orientierung und seine Stellungnahme gegen Sozialreformen auch interpretierbar als Reaktion auf eine neue politische Bedeutung der Unterschichten. Darüber hinaus muss man jedoch auch die Malthusianische Theorie in den allgemeinen Diskurs der Frühen Neuzeit über die Vermeh- 30 rung der Bevölkerung einordnen. Schon das 16. Jahrhundert kennt die Furcht vor einer drohenden Überbevölkerung und die Empfehlung zur Auswanderung oder gar zum Krieg, um damit die Bevölkerung zu reduzieren. Auf der anderen Seite aber gibt es im 16. Jahrhundert auch schon eine wachstums- 35 orientierte Bevölkerungspolitik, die Bevölkerungswachstum als unverzichtbare Grundlage wirtschaftlichen Wohlergehens und damit auch der politisch-ökonomischen Macht eines Staates ansieht.

Winfried Schulze, Einführung in die Neuere Geschichte, Stuttgart [4]2002, S. 98

---

[1] arithmetische Reihe: 1, 2, 3, 4 usw.
[2] geometrische Reihe: 1, 2, 4, 8 usw.

[3] antinativistisch: hier: gegen die Steigerung der Geburtenrate gerichtet

1. *Erläutern Sie, auf welchen theoretischen Annahmen das Malthusische Gesetz beruht.*

2. *Nennen Sie den Grund, warum Malthus gegen den merkantilistischen Grundsatz „Reichtum des Staates ist Reichtum an Volk" Position bezieht.*

3. *Begründen Sie, warum es nicht zur vorhergesagten Katastrophe einer Überbevölkerung kam.*

4. *Vergleichen Sie mit der Bedeutung von hohen Geburtsraten in modernen Industriegesellschaften. Welche neuen Faktoren müssen dabei berücksichtigt werden?*

M3 Die Begründung der Marktwirtschaft

Der englische Nationalökonom Adam Smith begründet in seinem Buch „An Inquiry into the Nature and Causes of the Wealth of Nations" („Der Wohlstand der Nationen") 1776 ein Gegenmodell zum Merkantilismus:

Tatsächlich fördert er [der Einzelne] in der Regel nicht bewusst das Allgemeinwohl noch weiß er, wie hoch der eigene Beitrag ist. Wenn er es vorzieht, die nationale Wirtschaft anstatt die ausländische zu unterstützen, denkt er eigent-
5 lich nur an die eigene Sicherheit, und wenn er dadurch die Erwerbstätigkeit so fördert, dass ihr Ertrag den höchsten Wert erzielen kann, strebt er lediglich nach eigenem Gewinn. Und er wird in diesem wie auch in vielen anderen Fällen von einer unsichtbaren Hand geleitet, um einen Zweck
10 zu fördern, den zu erfüllen er in keiner Weise beabsichtigt hat. Auch für das Land selbst ist es keineswegs immer das schlechteste, dass der Einzelne ein solches Ziel nicht bewusst anstrebt, ja gerade dadurch, dass er das eigene Interesse verfolgt, fördert er häufig das der Gesellschaft
15 nachhaltiger, als wenn er wirklich beabsichtigt, es zu tun. Alle, die jemals vorgaben, ihre Geschäfte dienten dem Wohl der Allgemeinheit, haben meines Wissens niemals etwas Gutes getan. [...] Der Einzelne vermag ganz offensichtlich aus seiner Kenntnis der örtlichen Verhältnisse weit besser
20 zu beurteilen, als es irgendein Staatsmann oder Gesetzgeber für ihn tun kann, welcher Erwerbszweig im Lande für den Einsatz seines Kapitals geeignet ist und welcher einen Ertrag abwirft, der den höchsten Wertzuwachs verspricht. Ein Staatsmann, der es versuchen sollte, Privatleuten vor-
25 zuschreiben, auf welche Weise sie ihr Kapital investieren sollten, würde sich damit nicht nur, höchst unnötig, eine Last aufbürden, sondern sich auch gleichzeitig eine Autorität anmaßen, die man nicht einmal einem Staatsrat oder Senat, geschweige denn einer einzelnen Person ge-
30 trost anvertrauen könnte, eine Autorität, die nirgendwo so gefährlich wäre wie in der Hand eines Mannes, der, dumm

und dünkelhaft genug, sich auch noch für fähig hielte, sie ausüben zu können. [...]

So wird in jeder Wirtschaftsordnung, in der durch besondere Förderung mehr volkswirtschaftliches Kapital in einzelne 35 Erwerbszweige gelenkt werden soll, als von selbst dorthin fließen würde [...], in Wirklichkeit das Hauptziel unterlaufen, das man zu fördern vermeint. Sie verzögert den Fortschritt des Landes zu Wohlstand und Größe [...].

Gibt man daher die Systeme der Begünstigung und Be- 40 schränkung auf, so stellt sich ganz von selbst das einsichtige und einfache System der natürlichen Freiheit her. Solange der Einzelne nicht die Gesetze verletzt, lässt man ihm völlige Freiheit, damit er das eigene Interesse auf seine Weise verfolgen kann und seinen Erwerbsfleiß und sein Kapital im 45 Wettbewerb mit jedem anderen oder einem anderen Stand entwickeln oder einsetzen kann. Der Herrscher wird dadurch vollständig von einer Pflicht entbunden, bei deren Ausübung er stets unzähligen Täuschungen ausgesetzt sein muss und zu deren Erfüllung keine menschliche Weisheit oder Kenntnis 50 jemals ausreichen könnte, nämlich der Pflicht oder Aufgabe, den Erwerb privater Leute zu überwachen und ihn in Wirtschaftszweige zu lenken, die für das Land am nützlichsten sind. Im System der natürlichen Freiheit hat der Souverän lediglich drei Aufgaben zu erfüllen, die sicherlich von höchster 55 Wichtigkeit sind, aber einfach und dem normalen Verstand zugänglich: erstens die Pflicht, das Land gegen Gewalttätigkeit und Angriff anderer unabhängiger Staaten zu schützen, zweitens die Aufgabe, jedes Mitglied der Gesellschaft soweit wie möglich vor Ungerechtigkeiten oder Unterdrückung 60 durch einen Mitbürger in Schutz zu nehmen oder ein zuverlässiges Justizwesen einzurichten, und drittens die Pflicht, bestimmte öffentliche Anstalten und Einrichtungen zu gründen und zu unterhalten, die ein Einzelner oder eine kleine Gruppe aus eigenem Interesse nicht betreiben kann, weil der 65 Gewinn ihre Kosten niemals decken könnte, obwohl er häufig höher sein mag als die Kosten für das ganze Gemeinwesen.

Adam Smith, Der Wohlstand der Nationen. Eine Untersuchung seiner Natur und seiner Ursachen. Aus dem Englischen übertragen und herausgegeben von Horst Claus Recktenwald, München 1978, S. 371, 572 und 582

1. *Nennen Sie in eigenen Worten die Aufgaben, auf die sich laut Smith der Staat beschränken sollte.*

2. *Diskutieren Sie Smiths These von der Übereinstimmung zwischen dem Interesse des Einzelnen und demjenigen der Gesellschaft.*

3. *Vergleichen Sie Smiths Konzept mit der gegenwärtigen Wirtschaftspraxis.*

M4 Aufschwung und Technologie

Der Historiker Toni Pierenkemper erläutert, welche grundsätz-
lichen Neuerungen sich während der Industrialisierung durch-
gesetzt haben:

Dies erscheint als das historisch Einmalige des europäischen
Industrialisierungsprozesses. Die betroffenen Nationen erzielten ein langfristiges und stetiges Wirtschaftswachstum.
Immerhin erlebte Großbritannien seit den 1760er-Jahren,
5 d.h. seit mehr als zweihundert Jahren, eine durchschnittliche
jährliche Steigerung des Pro-Kopf-Sozialprodukts von 1,2 Prozent, und Deutschland und Frankreich folgten mit ähnlichen
Raten, nämlich mit 1,7 Prozent seit den 1830er- (Frankreich)
bzw. seit den 1850er-Jahren (Deutschland).
10 Nun hat es allerdings auch zu vorindustriellen Zeiten bemerkenswerte ökonomische Aufschwungphasen gegeben. Diese vollzogen sich jedoch immer in kleinräumig
organisierten traditionellen Gesellschaften, in denen Ernte-
schwankungen, Krankheiten und Seuchen sowie Kriege und
15 Eroberungen diesen gelegentlichen Aufschwüngen bald
ein Ende setzten. Die traditionellen Gesellschaften stießen
bei ihren Versuchen, zu einer langfristigen ökonomischen
Expansion zu kommen, immer wieder an quasi natürliche
Grenzen. Vielversprechenden Aufschwüngen folgten bald
20 enttäuschende Abschwünge. Entscheidend für die Befan-
genheit in dem durch die Natur gesetzten Rahmen waren
vor allem technische Gründe. Innovationen erfolgten nur
vereinzelt und bauten nicht aufeinander auf. Der Mensch
hatte die „Methode der Erfindung"[1] noch nicht erfunden.
25 Dies gelang erst in der Industriellen Revolution. Hier er-

folgte erstmals, und von nun an andauernd, die systematische Anwendung von Wissenschaft und Technologie auf
die Produktion von Gütern und Dienstleistungen. Hinzu
traten in den traditionellen Gesellschaften kulturelle Faktoren und soziale Werte, die einer beschleunigten ökono- 30
mischen Expansion entgegenstanden. Sie blieben in einem
Teufelskreis der Armut befangen, die eine Expansion der
Produktion nur bei steigenden Inputs und sinkenden Erträgen ermöglichte. Realisierte Zuwächse wurden bald wieder durch eine wachsende Bevölkerung aufgezehrt. Diese 35
latente Armut der vorindustriellen Welt konnte erst durch
die Industrialisierung überwunden werden.

Toni Pierenkemper, Umstrittene Revolutionen. Industrialisierung im
19. Jahrhundert, Frankfurt am Main 1996, S. 26 f.

1. *Erklären Sie, was mit der „Methode der Erfindung"*
gemeint ist.
2. *Stellen Sie die grundlegenden Veränderungen während*
der Industrialisierung im Vergleich mit den traditio-
nellen Gesellschaften dar.
3. *Prüfen Sie, welche „kulturelle[n] Faktoren und soziale[n]*
Werte" zuvor eine ökonomische Expansion verhindert
hatten.

▲ **Walzwerk in Merthyr Tydfil.**
Aquarell von Thomas Hornor, um 1817.
In Walzwerken wurden aus schmiedefähigem Eisen u. a. Schienen
hergestellt.
■ *Analysieren Sie die Gestaltungsmittel und arbeiten Sie heraus,*
welcher Eindruck von der Anlage vermittelt wird.

[1] Cipolla, Industrielle Revolution, Bd. 3, Stuttgart 1985, S. 1-10

M5 Internationale Industrialisierung in Zahlen

a) Rohbaumwollverbrauch in einzelnen Ländern, Jahresdurchschnitte (in tausend Tonnen)

	Österreich-Ungarn	Frankreich	Deutschland	Russland	Großbritannien
1761-1770	–	–	–	–	1,7
1781-1790	–	4,0	–	–	8,1
1801-1814	–	8,0	–	0,9	31,8
1825-1834	6,8	33,5	3,9	1,8	105,6
1845-1854	26,5	65,0	21,1	21,5	290,0
1865-1874	40,8	85,9	85,6	53,1	475,8
1885-1894	96,9	127,0	208,2	158,3	691,8
1895-1904	135,4	174,0	309,3	251,7	747,7
1905-1913	191,4	231,1	435,4	352,2	868,8

Carlo M. Cipolla und Knut Borchardt (Hrsg.), a.a.O., S. 509

b) Anteil einiger ausgewählter Länder an der Weltindustrieproduktion* 1830 bis 1913

	1830	1860	1880	1900	1913
Großbritannien	9,5	19,9	22,9	18,5	13,6
Deutschland	3,5	4,9	8,5	13,2	14,8
Frankreich	5,2	7,9	7,8	6,8	6,1
USA	2,4	7,2	14,7	23,6	32,0

* gesamte weltweite, vor allem gewerbliche Gewinnung sowie Be- und Verarbeitung von Rohstoffen

Wolfram Fischer u.a. (Hrsg.), Handbuch der europäischen Wirtschafts- und Sozialgeschichte, Bd. 5, Stuttgart 1985, S. 150

c) Veränderungen in der Beschäftigungsstruktur, Anteile der Wirtschaftssektoren an der Gesamtwirtschaft (in Prozent)

	ca. 1800			ca. 1850			ca. 1900		
	L	I	DL	L	I	DL	L	I	DL
Großbritannien	40	30	30	22	48	30	9	51	40
Deutschland	62	21	17	56	24	20	40	39	21
Frankreich	–	–	–	52	27	21	41	29	29
USA	74	–	–	55	21	24	40	28	32

L = Landwirtschaft, I = Industrie/Handwerk, DL = Dienstleistungen

Christoph Buchheim, Industrielle Revolutionen. Langfristige Wirtschaftsentwicklung in Großbritannien, Europa und Übersee, München 1994, S. 33

d) Stein- und Braunkohleproduktion ausgewählter Länder, Jahresdurchschnitt (in Millionen Tonnen)

	1845-1849	1850-1854	1855-1859	1860-1864	1865-1869	1870-1874	1875-1879	1880-1884	1885-1889	1890-1894	1895-1899	1900-1904	1905-1909	1910-1913
Frankreich	4,4	5,3	7,6	10,0	12,7	15,4	17,0	20,2	21,5	26,3	30,6	33,0	36,4	39,9
Deutschland	6,1	9,2	14,7	20,8	31,0	41,4	49,9	65,7	78,1	94,0	120,1	157,3	201,2	247,5
England	46,6	50,2	67,8	86,3	120,5	132,7	135,7	158,9	167,9	183,2	205,1	230,4	260,2	275,4
Belgien	5,1	6,8	8,6	10,2	?	14,7	14,7	17,5	18,4	19,9	21,5	23,3	24,8	24,8

Knut Borchardt u.a. (Hrsg.), Europäische Wirtschaftsgeschichte, Bd. 4, Stuttgart 1985, S. 503

e) Roheisenproduktion je Einwohner in einzelnen Ländern

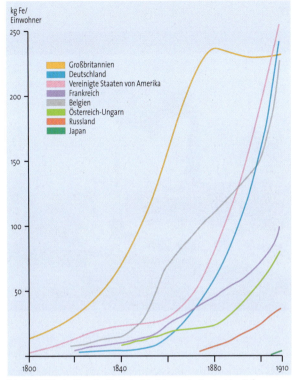

Friedrich Wilhelm Hennig, Die Industrialisierung in Deutschland 1800-1914, Paderborn [8]1993, S. 153

1. Vergleichen Sie die Entwicklung des Verbrauchs in den einzelnen Ländern (Tabelle a) und erläutern Sie die Tendenz.

2. Ermitteln Sie die Steigerungsraten der jeweiligen Zeiträume in England in Prozent (Tabellen a - d) und erstellen Sie Liniendiagramme (zu Diagrammen siehe S. 35 - 37).

3. Erläutern Sie die Grundzüge der wirtschaftlichen Entwicklung und stellen Sie im Vergleich der einzelnen Länder die nationalen Unterschiede heraus. Beachten Sie bei der Entwicklung der Länder auch besonders das Verhältnis der Wirtschaftssektoren zueinander.

M6 „Industrielle Revolution"?

Der Historiker Jürgen Osterhammel grenzt die Begriffe „Industrielle Revolution" und „Industrialisierung" voneinander ab:

Ein Wachstum des Bruttoinlandsprodukts von 8 Prozent im Jahr, wie China es um 2000 herum erlebt hat (das Wachstum der Industrieländer nach 1950 lag im langfristigen Durchschnitt bei 3 Prozent), war im Europa des 19. Jahrhunderts vollkommen unvorstellbar. Insofern das chinesische Wachs- 5 tum heute weithin von der Expansion der Industrie getrieben wird, erst danach von den „postindustriellen" Sektoren Dienstleistungen und Telekommunikation, setzt sich die Industrielle Revolution in der Tat mit gesteigerter Kraft bis in die Gegenwart fort. Die Industrie war nie revolutionärer 10 als heute. Dies ist freilich nicht der Begriff der Industriellen Revolution, den die Historiker verwenden. Ihnen zufolge handelt es sich um einen komplexen Prozess wirtschaftlichen Umbaus, der sich zwischen 1750 und 1850 – auf ein Jahrzehnt mehr oder weniger muss man sich nicht festlegen – auf der 15 britischen Hauptinsel (nicht in Irland) abspielte. Alles andere sollte man „Industrialisierung" nennen und kann es zunächst formal bestimmen als ein über mehrere Jahrzehnte stetig anhaltendes Wachstum der realen Erzeugung (*output*) pro Kopf innerhalb einer Volkswirtschaft von mehr als 1,5 Prozent pro 20 Jahr. Damit sollte im Idealfall eine entsprechende oder etwas höhere Zunahme des durchschnittlichen Realeinkommens der Bevölkerung verbunden sein. [...] Industrialisierung steht meist unter „kapitalistischen" Vorzeichen, muss es jedoch nicht: Im 20. Jahrhundert waren einige „sozialistische" Länder 25 mit ihrer Industrialisierung zeitweise durchaus erfolgreich. Es wäre auch übertrieben zu erwarten, dass Industrialisierung *alle* Bereiche einer Volkswirtschaft durchdringt. Das mag heute selbstverständlich sein, kam aber im 19. Jahrhundert so gut wie nie vor. Komplett durchmodernisierte „Industrie- 30 gesellschaften" gab es damals nirgends auf der Welt. Neben den USA, Großbritannien und Deutschland wären um 1910 herum wenige andere Länder mit dem Begriff „Industriegesellschaft" auch nur annähernd richtig beschrieben.

Jürgen Osterhammel, Die Verwandlung der Welt. Eine Geschichte des 19. Jahrhunderts, München 2008, S. 915 f.

1. Arbeiten Sie heraus, wie Osterhammel die Begriffe „Industrielle Revolution" und „Industrialisierung" definiert.

2. Urteilen Sie, ob Ihnen der Begriff der „Industriellen Revolution" angemessen scheint.

Deutschland: vom industriellen Aufbruch zur Industriegesellschaft

▶ **„Die Eisengießerei und Maschinenbauanstalt von A. Borsig im Jahre 1847."**
Ölgemälde von Carl Eduard Biermann im Auftrag des Firmenchefs, 1847.
Im Zentrum der Uhr- und Wasserturm sowie die Gießereianlage. Die Kesselschmiede befindet sich links, rechts ist die Montagehalle zu sehen. Biermann malte die Fabrik so, als würde sie der Unternehmer vom Garten seiner Villa aus betrachten, die damals aber nicht an dieser Stelle stand.

Stapelrecht: Recht einer Stadt, wonach vorbeiziehende Kaufleute ihre Waren für eine bestimmte Zeit zum Verkauf ausstellen mussten. Dabei hatten die Bürger der Stadt das Vorkaufsrecht. Mit einer Abgabe konnten sich die Kaufleute vom Stapelzwang freikaufen.

Ausgangslage um 1800 ▬ Im Vergleich zu Großbritannien setzte die Industrialisierung in Deutschland deutlich später ein. Das hatte mehrere Ursachen. Um 1800 bestand das Heilige Römische Reich Deutscher Nation aus rund 300 Teilstaaten, die eine unterschiedliche Wirtschafts- und Handelspolitik betrieben. Eine Vielzahl verschiedenartiger Maß-, Münz- und Gewichtssysteme wie auch die vielen Zoll- und Mautgrenzen behinderten den überregionalen Handel. Zwar wurde durch die Neuordnung Deutschlands auf dem *Wiener Kongress* (1814 / 15) die Zahl der Einzelstaaten auf 38 reduziert, Handelshemmnisse blieben jedoch bestehen.

Das ökonomische Denken vieler Herrscher in Deutschland war noch vom Merkantilismus geprägt. Durch staatliche Eingriffe wie Zölle, Ein- und Ausfuhrverbote sowie Handelsmonopole und **Stapelrechte** sollten die eigenen Kaufleute und Handwerker geschützt und die Wirtschaftskraft des eigenen Staates gestärkt werden. Diese Maßnahmen behinderten aber den freien Handel zwischen den deutschen Staaten, zulasten größerer Betriebe, die für einen überregionalen Markt produzieren wollten.

Die *Zünfte*, die seit dem Mittelalter bestehenden Zusammenschlüsse der Handwerker in einer Stadt, sicherten ihren Mitgliedern zwar ein gewisses Einkommen, setzten jedoch dem unternehmerischen Streben des Einzelnen deutliche Grenzen. Sie reglementierten nicht nur die Zahl und Größe der einzelnen Betriebe an einem Ort, sondern versuchten auch, den Verkauf aller von außerhalb kommenden Handelserzeugnisse zu verhindern.

Da die deutschen Staaten im Gegensatz zu England oder Frankreich keine Kolonien besaßen und mit Ausnahme einiger großer Städte wie Hamburg oder Bremen keinen Überseehandel betrieben, fehlten billige Rohstoffe und zusätzliche Absatzmärkte. Als weiteres Hemmnis erwies sich das im Vergleich zu Großbritannien wesentlich schlechter ausgebaute Verkehrswesen. Die Mobilität der Einwohner war in Deutschland weit geringer als in Großbritannien. Viele der auf dem Land lebenden Menschen konnten aufgrund rechtlicher Bindungen den Grund und Boden, den sie bewirtschafteten, nicht ohne Weiteres verlassen.

Bauernbefreiung und Gewerbefreiheit  Um mit anderen Ländern konkurrenzfähig zu sein, musste insbesondere die Wirtschafts- und Sozialordnung in den deutschen Staaten modernisiert werden. Preußen übernahm dabei eine Vorreiterrolle. Dort setzten *Karl Freiherr vom und zum Stein* (1757-1831), dem durch eine längere Reise die Verhältnisse in England bekannt waren, sowie der preußische Außenminister und Staatskanzler *Karl August Fürst von Hardenberg* (1750-1822) zahlreiche Reformen in Gang, durch die sich die Kräfte des Landes möglichst frei entfalten sollten. In wirtschaftlicher Hinsicht standen zwei Vorhaben im Zentrum der Reformbemühungen: die *Bauernbefreiung* und die Einführung der *Gewerbefreiheit*.

In Preußen begann die Befreiung der Bauern aus ihrer Abhängigkeit und ihrer rechtlichen Bindung an den Grundherrn mit dem Oktoberedikt aus dem Jahre 1807 (▶ M1, M2). Das von den Bauern bestellte Land und die Hofstellen konnten nun gegen Ablösezahlungen in ihr Eigentum übergehen. Bauern und Landarbeiter verließen ihren Grund und Boden und zogen in die Städte, da sie die Ablösesummen nicht aufbringen konnten. Auf diese Weise standen sie als Arbeitskräfte für die Industrialisierung zur Verfügung. Die landwirtschaftliche Produktion erhöhte sich, da vor allem Gutsbesitzer ihre Anbauflächen vergrößerten und neue Anbaumethoden nutzten. Bis zur Mitte des 19. Jahrhunderts war die Bauernbefreiung fast überall in Deutschland abgeschlossen.

Preußen war auch bei der Einführung der Gewerbefreiheit 1810 Vorreiter unter den deutschen Staaten. Von einigen Berufsfeldern wie dem Gesundheitswesen abgesehen, konnte nun jeder das Gewerbe seiner Wahl ausüben und über den Standort, die Größe seines Betriebes sowie die dort eingesetzten Techniken selbst bestimmen. Erforderlich war nur ein Gewerbeschein zur Registrierung bei den Behörden. Die Zünfte, die bis dahin den Zugang zu den einzelnen Handwerksberufen und die Betriebsgröße geregelt hatten, verloren ihre Kontrollfunktion. In der Folge kam es zunächst zu einer Zunahme der Handwerksbetriebe. Allerdings mussten aufgrund der großen Konkurrenz viele Betriebe bald wieder schließen. Die dadurch arbeitslos gewordenen Handwerker wurden zum Teil Lohnarbeiter in den größeren Werken und den ersten Fabriken.

Die Gewerbefreiheit schuf Raum für Eigeninitiative und Unternehmergeist. Dies wiederum führte zum Einsatz neuer Maschinen und fortschrittlicher Produktionsmethoden.

▲ **Freiherr vom und zum Stein.**
Gemälde von Johann Christoph Rincklake, 1804.

▲ **Karl August Fürst von Hardenberg.**
Gemälde von Johann Heinrich Tischbein, um 1810.

Der Deutsche Zollverein  Auch nach Gründung des Deutschen Bundes 1815 hemmten weiterhin Zollgrenzen den Handel zwischen den einzelnen Staaten. Zudem bestanden innerhalb der Territorien auch noch Binnenzölle. Einer der Vorkämpfer für die Idee, Deutschland zu einem einheitlichen Wirtschaftsgebiet zu machen, war der Volkswirtschaftler *Friedrich List*. Seiner Ansicht nach sollten alle Zölle und Mauten innerhalb des Landes aufgehoben werden, die Flüsse und Straßen frei passierbar sein und nur nach außen ein einheitlicher Zoll gelten. Trotz mancher Schwierigkeiten und Einwände von Fürsten und Regierungen, die um ihre Einnahmen bangten und eine Beschränkung ihrer Souveränität fürchteten, schlossen sich fast alle großen deutschen Staaten 1834 zum *Deutschen Zollverein* zusammen. Ausgenommen blieb allerdings Österreich, das auf Drängen Preußens dem Zollverein nicht beitreten durfte.

Durch den Zollverein entstand ein weitgehend einheitlicher Markt, der den Absatz von Gütern aus der gewerblichen Massenproduktion erleichterte. Da nun das Risiko für Kapitalanlagen in Fabriken, die auf eine große Nachfrage nach ihren Gütern angewiesen waren, deutlich sank, wurde desto stärker investiert.

▲ **Friedrich List.**
Pastell nach einer Lithografie von Josef Kriehuber, um 1845.

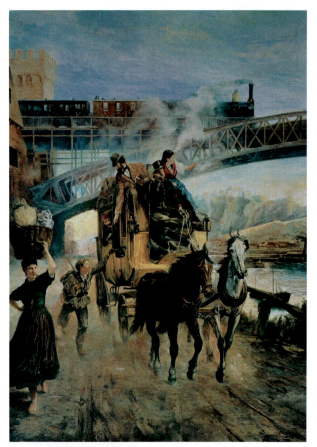

▲ **Eisenbahnbrücke über den Rhein bei Ehrenbreitstein.**
Gemälde von Paul Meyerheim, 1873/76 (Ausschnitt).
Das Bild ließ Unternehmer Albert Borsig für seine Berliner Villa anfertigen.

Erfolgreicher Nachzügler ■ In Deutschland kam die Industrialisierung in der ersten Hälfte des 19. Jahrhunderts zunächst nur zögerlich in Gang. Allerdings befand sich die Wirtschaft der deutschen Staaten insgesamt von 1815 bis 1835 in einer Aufwärtsentwicklung. Vor allem in der Landwirtschaft stieg durch neue effizientere Anbaumethoden, die Verwendung ertragreicher Pflanzen und die Verbesserung der Tierzucht die Produktion stark an, in den Jahren 1815 bis 1845 um 50 Prozent. Dadurch konnten nicht nur die stetig zunehmende Zahl von Bewohnern im eigenen Land versorgt, sondern auch Agrarprodukte in andere Länder exportiert werden.

Dennoch entstand eine bis dahin nicht gekannte Massenarmut, der *Pauperismus* (lat. pauper: arm): Die strukturellen Veränderungen (Bevölkerungswachstum, Gewerbefreiheit, Bauernbefreiung) und die rationellere Produktion in der Landwirtschaft rissen immer mehr Menschen aus ihrer alten Lebensordnung. Die Zahl der Arbeitskräfte nahm stärker zu als die Zahl der freien Arbeitsstellen. Trotz der Produktionssteigerungen hatte die gewerbliche Industrie im Vergleich zu England noch einen deutlichen Rückstand. Das Überangebot an Arbeitskräften führte zusätzlich zur Senkung der Löhne.

Die Eisenbahn als „Schrittmacher" ■ In Deutschland wurden nun die Schwerindustrie und der Maschinenbau zu entscheidenden Trägern der Industrialisierung. Insbesondere der Eisenbahnbau erwies sich als Motor der Entwicklung. Auch hier trat Friedrich List als entschiedener Befürworter auf (▶ M3). Die Eisenbahnen wurden in Kürze zu schnellen und günstigen Transportmitteln, was alle Wirtschaftsbereiche und den Handel begünstigte. Die erste deutsche Eisenbahnlinie wurde 1835 zwischen Nürnberg und Fürth in Betrieb genommen.

In den folgenden Jahren wurde das Schienennetz in den deutschen Staaten rasch ausgebaut. Gab es um 1840 erst 579 Streckenkilometer, so waren 1850 bereits 7123 Kilometer Schienen verlegt worden.

Zur Gewinnung von Eisen und Stahl wurden moderne Fabriken gegründet. Diese entstanden meist in Gegenden mit Kohlebergbau, wie dem Ruhrgebiet, dem Saargebiet und Sachsen. Etwa 1850 begann die „Durchbruchphase" der deutschen Industrialisierung. Der Aufschwung hielt bis in die Siebzigerjahre an. Um 1870 war Deutschland zwar noch immer ein Land, in dem der größte Teil der Bevölkerung in der Landwirtschaft tätig war und das einen hohen Anteil seiner Wirtschaftsleistung in diesem Sektor schuf. Der Prozess der Industrialisierung beschleunigte sich aber zunehmend. Der Anteil der Menschen, die in der gewerblichen Produktion und im Dienstleistungsbereich arbeiteten, stieg ebenso stark an wie die Zahl der Fabriken. Diese Entwicklung verlief nicht gleichmäßig in allen Teilen Deutschlands, sondern fand vorwiegend in den industriell führenden Regionen statt (▶ M4).

Aktiengesellschaften und Großbanken ■ Der Aufbau eines Industriebetriebes erfordert nicht nur Arbeitskräfte und Maschinen, Rohstoffe und das Knowhow zur Herstellung von Produkten, sondern vor allem Kapital. In der Anfangsphase der Industrialisierung hatten die Unternehmer ihre Firmen noch aus eigenen Mitteln, Ersparnissen oder Erbschaften finanziert, denn große Banken oder Kreditanstalten gab es noch nicht. Da für den Bau von Fabriken, Eisenbahnen oder Zechen enorme Kapitalmengen nötig waren, organisierten sich die meisten Unternehmen in Form von *Aktiengesellschaften*, bei denen sich Aktionäre über den Ankauf von Anteilen am Gründungskapital – den *Aktien* – am Gewinn und Verlust des Unternehmens beteiligten. Auch ausländische Kapitalgeber konnten auf diese Weise Eigentum an deutschen Firmen erwerben. Die ursprünglichen Gründerfamilien behielten zwar in der Regel einen großen Teil des Kapitals, Geschäftsführer übernahmen jedoch nun die Leitungsfunktionen, und die Gesellschaftsmitglieder konnten über ihr Stimmrecht Einfluss ausüben. 1907 waren vier Fünftel der 100 größten deutschen Industrieunternehmen Aktiengesellschaften. Rund zwei Drittel des gesamten Kapitals befanden sich in ihren Händen (▶ M5).

Seit der Mitte des 19. Jahrhunderts wurden viele Banken auf Aktienbasis gegründet. Zu den wichtigsten Großbanken wurden die 1851 gegründete *Disconto-Gesellschaft*, die *Darmstädter Bank für Handel und Industrie* (1853), die *Deutsche Bank* (1870) und die *Dresdner Bank* (1872). Sie stützten den Ausbau und die Modernisierung der Unternehmen mit Krediten und machten die deutsche Industrie damit von ausländischem Kapital unabhängig. Gleichzeitig waren die Großbanken auch mit eigenen Sitzen in den Aufsichtsräten der Industrieunternehmen vertreten. Das verschaffte ihnen Einfluss auf die Unternehmenspolitik und damit auf die industrielle Entwicklung.

Deutschland wird Industriestaat ■ Nach dem Krieg gegen Frankreich von 1870/71 und der Gründung des Deutschen Reiches verstärkte sich das Wachstum der deutschen Wirtschaft und Industrie noch einmal sprunghaft. Deutschland wurde nun endgültig zu einem Industriestaat. Für diesen Wachstumsschub gab es mehrere Gründe: Die Reichsgründung führte zur Entstehung eines nationalen Wirtschaftsraums, der mit einer weitgehend einheitlichen Wirtschaftspolitik geführt wurde. Durch die von Frankreich zu zahlende Kriegsentschädigung in Höhe von fünf Milliarden Goldfrancs wurde der Kapitalmarkt beträchtlich erweitert.

Sowohl die Regierung als auch Privatleute waren bereit, erhebliche Summen in die Wirtschaft zu investieren. Insbesondere die Schwerindustrie, der Maschinenbau, die Eisenbahnen und die Bauwirtschaft profitierten davon. So wuchs allein die Roheisenproduktion in den Jahren zwischen 1870 und 1873 um 61 Prozent.

Zusätzliche Impulse erhielt die Wirtschaft durch eine Gesetzesänderung, die es erleichterte, Aktiengesellschaften zu gründen. Dies führte innerhalb kürzester Zeit zur Gründung einer Vielzahl von Banken, Eisenbahngesellschaften, Bau- und Montanunternehmen. So wurden in der Zeit von 1871 bis 1873 im Deutschen Reich 928 neue Aktiengesellschaften gegründet, wesentlich mehr als in den zwanzig Jahren zwischen 1850 und 1870. Aktiengesellschaften hatten durch die Beteiligung der Aktionäre mehr Kapital zur Verfügung und konnten daher größere Investitionen tätigen.

▲ **Die Gussstahlfabrik Friedrich Krupp in Essen aus der Vogelschau.**
Farbdruck nach einem Aquarell von J. Scheiner, 1879/80.
Friedrich Krupp, der aus einer angesehenen Essener Bürgerfamilie stammte, gründete 1811 mit zwei Teilhabern eine Gussstahlfabrik.
Angesichts der napoleonischen Besatzung, der Kontinentalsperre und der Befreiungskriege wäre das Unternehmen fast gescheitert. Seit der zweiten Hälfte der 1830er-Jahre wuchs der Betrieb ständig. Inzwischen hatte Friedrich Krupps ältester Sohn Alfred die Firma übernommen und der Deutsche Zollverein bessere Rahmenbedingungen geschaffen. Krupp verdiente viel am Eisenbahnbau. Das Unternehmen stellte Schienen, Achsen, Walzen und vor allem nahtlose Eisenbahnreifen her. Bald kam die Herstellung von Kanonen, Geschützrohren und anderen Rüstungsgütern hinzu.

Vom Gründer-Boom zur „Gründerkrise" ▪

Dieses rasante Wachstum erlebte 1873 einen jähen Einbruch, der durch eine Börsenkrise ausgelöst wurde („*Gründerkrise*"). Der Optimismus der Unternehmer und Aktionäre hatte dazu geführt, dass die Produktionsmittel erweitert wurden und die Aktienkurse wegen der großen Nachfrage stark stiegen. Als sich die Spekulationen als überzogen herausstellten, kam es weltweit zu erheblichen wirtschaftlichen Problemen und zu Konkursen von Unternehmen. In Deutschland wurden bis 1876 61 Banken, vier Eisenbahngesellschaften und mehr als 100 Industrieunternehmen zahlungsunfähig. Dem Kurssturz an den Börsen folgte eine längere Phase der wirtschaftlichen Entwicklung, die geprägt war von einem deutlich abgeschwächten Wachstum, sinkenden Preisen und Unternehmergewinnen, Produktionsrückgängen und zunehmender Arbeitslosigkeit. Historiker sprechen daher von den Jahren 1873 bis 1895 als Zeit der „*Großen Depression*".

Die Krise bewirkte ein Umdenken. Der Staat sollte eine aktive Rolle in der Wirtschafts- und Finanzpolitik spielen. Die Eisenbahnen wurden verstaatlicht, Marktpreise und Verkehrstarife wurden von staatlicher Seite reguliert. Das Bankgesetz von 1875, nach dem sich die Privatnotenbanken der neu gegründeten *Reichsbank* als zentraler Notenbank unterzuordnen hatten, sorgte für eine Konzentration und Vereinheitlichung des deutschen Bankenwesens. Vor allem die Industrie und die Landwirtschaft forderten einen verstärkten Schutz gegen die ausländische Konkurrenz. Zu diesem Zweck wurden seit 1879 neue Schutzzölle erhoben. Damit war die liberale Freihandelspolitik der Frühphase der Industrialisierung in Deutschland beendet.

Insgesamt verlief die wirtschaftliche Schwächephase in Deutschland nach der „Gründerkrise" aber günstiger als in anderen Ländern. Obwohl die Preise, Umsätze, Aktienkurse und Gewinne sanken und die Arbeitslosigkeit zunahm, schritt der Industrialisierungsprozess auch in der Phase von 1873 bis 1895 deutlich voran. Dies zeigt sich auch in den von der „Gründerkrise" besonders betroffenen Gewerbezweigen: der Schwerindustrie, dem Maschinenbau und dem Baugewerbe. Dort kam es bei sinkender Nachfrage zu Massenentlassungen. Gleichzeitig nutzten aber viele Unternehmer in der Schwerindustrie die Krise, um ihre Betriebe zu rationalisieren und die Produktionsabläufe mithilfe neuer Techniken effizienter zu gestalten. Als in den 1880er-Jahren die Konjunktur wieder anzog, verzeichneten die Leitsektoren Schwerindustrie und Kohleförderung erneut hohe Produktionszunahmen. Aber auch die Metallverarbeitung, die Textil- und die Bauindustrie profitierten vom erneuten Wachstumsschub.

Erfindungen und technischer Fortschritt ■ Am Ende des 19. Jahrhunderts begann in Deutschland eine neue Phase der Industrialisierung. In der sogenannten *Zweiten Industriellen Revolution* traten neue Wachstumsbranchen als „Schrittmacherindustrien" hervor (▸ M6). Der Erfolg dieser neuen Industrien beruhte jetzt nicht mehr auf der Übernahme entsprechender Technologien aus dem Ausland, sondern auf deutschen Erfindungen und Verfahrensweisen.

Die Anfänge der *chemischen Industrie* liegen in der ersten Hälfte des 19. Jahrhunderts, wo sie vor allem als Zulieferer der Textilindustrie an Bedeutung gewann. Die massenhafte Erzeugung von Textilien erhöhte den Bedarf an Farbstoffen. Die Entwicklung der Chemie zu einer eigenen Wissenschaft im Verlauf des 19. Jahrhunderts schuf die Voraussetzung für die Herstellung von Farben, die kräftiger und haltbarer waren als die bisher verwendeten Naturfarben. Seit den Achtzigerjahren wurden synthetische Farben (Anilinfarben) produziert, deren Ausgangsstoffe aus Steinkohlenteer, einem Nebenprodukt der Kokserzeugung, gewonnen wurden.

Der deutsche Forscher *Justus von Liebig* entdeckte in der Mitte des 19. Jahrhunderts, dass Pflanzen dem Boden Nährstoffe entziehen. Deren künstliche Herstellung – aus Kalium und Phosphaten, später ergänzt durch Stickstoff und Ammoniak – konnte den Boden wieder anreichern und ermöglichte ein schnelleres Wachstum der Pflanzen. Die Verwendung dieses *Kunstdüngers* ließ die landwirtschaftlichen Erträge um ein Vielfaches steigen. Am Ende des 19. Jahrhunderts produzierte die chemische Industrie Grundchemikalien, Zwischen- und Fertigprodukte für die Landwirtschaft, die Textil-, Automobil- und Pharmaindustrie sowie für das Bau-, Glas-, Papier-, Leder-, Metall- und Seifengewerbe (▸ M7). 1913 besaßen die deutschen Chemiekonzerne zusammen einen Anteil von 80 Prozent an der Weltproduktion.

Auch im Bereich der *Elektroindustrie* wurden viele technische Neuerungen in Deutschland selbst entwickelt. Durch die Erfindung der *Dynamomaschine*, bei deren Entwicklung *Werner von Siemens*, einer der Begründer der deutschen Elektroindustrie, eine führende Rolle spielte, war es möglich, mechanische Energie in elektrische Energie umzuwandeln. Der US-Amerikaner *Thomas A. Edison* kombinierte die von ihm entwickelte Glühlampe mit dem Dynamo und machte beides 1881 auf der Internationalen Elektrizitätsausstellung in Paris bekannt. Bald darauf erhielten die ersten Städte in Europa elektrische Straßenbeleuchtungen. Weitere Erfindungen wie isolierte Kabel und der Elektromotor ermöglichten es, elektrische Energie fast beliebig herzustellen, zu verteilen und zu nutzen. Auch wenn die meisten Privatwohnungen erst zu Beginn des 20. Jahrhunderts an das Stromnetz angeschlossen wurden, wies die Elektroindustrie bereits im ausgehenden 19. Jahrhundert beachtliche Wachstumsraten auf. Um 1900 hatte Deutschland bei der Entwicklung und Produktion von elektrischen Geräten und Maschinen eine führende Position in der Welt erreicht.

Das Unternehmen von Siemens wurde auch auf dem Gebiet der Nachrichtentechnik zum Marktführer. Mit der revolutionären Erfindung des elektrischen Telegrafen durch den US-Amerikaner *Samuel Morse* konnten Nachrichten wesentlich schneller als bisher verbreitet werden. In Deutschland wurde die erste *Telegrafenleitung* 1847 zwischen Berlin und Potsdam errichtet, seit 1849 war in Preußen der Telegrafenverkehr öffentlich. 1872 gab es in Deutschland 4 038 Telegrafenstationen, bis zum Jahre 1913 erhöhte sich diese Zahl auf 47 485. Als man um 1880 erste brauchbare *Telefone* entwickelte, konnte die neue Kommunikationstechnik auch im Privathaushalt genutzt werden. War es 1881 nur in sieben deutschen Orten möglich zu telefonieren, so waren 1913 bereits über 40 000 Orte an das Telefonnetz angeschlossen.

In die Achtzigerjahre des 19. Jahrhunderts fällt auch eine technische Entwicklung, die das Leben der Menschen im 20. Jahrhundert prägen sollte: die Erfindung des *Auto-*

▲ **Titelseite einer Preisliste von 1886.**

**▲ Erste elektrische Straßen-
beleuchtung in Berlin.**
*Ölgemälde von Carl Saltz-
mann, 1884.*
*Nach Versuchen an anderen
Plätzen Berlins wurde am
Abend des 20. September 1882
am Potsdamer Platz die erste
Anlage in Betrieb genommen.*
■ *Zeigen Sie anhand des
Gemäldes die Vorzüge der
elektrischen Straßenbeleuch-
tung auf.*

mobils. Nikolaus August Otto hatte bereits 1876 einen Verbrennungsmotor entwickelt, der sich wegen seines niedrigen Energieverbrauchs für den Betrieb von Fahrzeugen eignete. 1886 konstruierten *Gottlieb Daimler* und *Wilhelm Maybach* in Stuttgart das erste von einem Benzinmotor betriebene Automobil, den sogenannten *Motorwagen*. Zur gleichen Zeit arbeitete in Mannheim *Carl Benz* ebenfalls an der Entwicklung eines Autos. Bis zu Beginn des 20. Jahrhunderts wurden die Autos aber noch weitgehend als Einzelanfertigungen in Handarbeit hergestellt. Die Produktionszahlen blieben daher niedrig und die Preise hoch. Erst nach der Jahrhundertwende begann die industrielle Massenproduktion.

Die Erfindung des Verbrennungsmotors wirkte sich auch auf den beginnenden *Luftverkehr* aus. Mehr als 100 Jahre nach dem ersten Flug von Menschen in einem Heißluftballon erreichte der Traum vom Fliegen neue Dimensionen. *Ferdinand Graf von Zeppelin* konstruierte 1899 ein *Luftschiff*, das sich dank eines Gasgemischs und eines Motors fortbewegte. Zwischen 1900 und 1940 diente es sowohl der Personenbeförderung als auch militärischen Zwecken. 1903 unternahmen die Brüder *Wilbur und Orville Wright* die ersten Motorflüge an der amerikanischen Ostküste – zwei Jahre nachdem dem Amerikaner *Gustav Whitehead* der erste Motorflug gelungen war.

Vor allem die militärische Nutzung führte zu einem Auftrieb für den *Flugzeugbau*: Wurden 1912/13 noch 1000 Flugzeuge weltweit gebaut, produzierte allein das Deutsche Reich während des Ersten Weltkriegs 44 000 Flugzeuge.

Welthandel und internationale Konkurrenz ■ Die neuen Verkehrswege, Nachrichtentechniken und die intensivierten Handels- und Kapitalbeziehungen sorgten für bessere Absatzmöglichkeiten und ein enormes weltweites Wirtschaftswachstum. Begünstigt wurde dies durch den *Freihandel*, zu dem nach britischem Vorbild um die Mitte des 19. Jahrhunderts auch andere europäische Staaten übergingen und der nun einen von Zöllen und anderen staatlichen Eingriffen unbehinderten Warenaustausch ermöglichte. Gleichzeitig hatten die intensivierten weltwirtschaftlichen Verflechtungen – Historiker sprechen von einem ersten „Globalisierungsschub" – einen steigenden Wettbewerb zur Folge und ließen die Industriestaaten immer mehr vom Weltmarkt und damit auch von konjunkturellen Krisen abhängig werden.

Die auf den Boom der Gründerjahre folgende Wirtschaftskrise von 1873 erschütterte das ungebrochen Vertrauen in die Selbstregulierung der Wirtschaft durch das „freie Spiel der Kräfte" und brachte ein Umdenken in der Wirtschaftspolitik. Der Ruf nach staatlichen „Schutzzöllen", die den deutschen Markt vor der ausländischen Konkurrenz abschirmen und für eine Stabilität der nationalen Wirtschaft sorgen sollten, wurde immer lauter. Besonders die Landwirtschaft sah sich von den billigen amerikanischen und russischen Getreideimporten bedroht.

In Industrie, Landwirtschaft, Gewerbe und Handwerk formierten sich berufs- und branchenspezifische Interessengruppen. Besonders einflussreich waren der 1876 gegründete *Centralverband Deutscher Industrieller* und der im selben Jahr entstandene *Verein der Steuer- und Wirtschaftsreformer* (ab 1893 *Bund der Landwirte*). Die Verbände nahmen gezielt Einfluss auf die staatliche Wirtschaftspolitik, um ihre Forderungen nach Schutzzöllen durchzusetzen. Im Gegenzug formierten sich die exportorientierten Verbände und Unternehmen zum *Bund der Industriellen* (1895), der weiterhin für Freihandel eintrat.

1879 ging das Deutsche Reich von der Freihandels- zur Schutzzollpolitik (*Protektionismus*) über und folgte damit dem Beispiel anderer Industrienationen wie Frankreich, den USA, Russland, Österreich-Ungarn und Italien. In Abkehr von der wirtschaftsliberalen Grundüberzeugung sah es der Staat zunehmend als seine Aufgabe an, Handel und Wirtschaft zu schützen und durch gezielte Maßnahmen wie die Festlegung von Marktpreisen und Verkehrstarifen regulierend in die wirtschaftliche Entwicklung einzugreifen. Zusätzlich unterstützte die Regierung die Industrie beim Aufbau von Handelsvertretungen im Ausland, versorgte Reedereien, Werften und die Rüstungsindustrie mit Aufträgen.

Neue Unternehmensformen bilden sich ■ Die Entwicklung der Industrie war seit den 1880er-Jahren durch ein enormes Wachstum und eine gleichzeitige Konzentration der Betriebe gekennzeichnet, in denen die Umstellung auf *Massenproduktion* eine immer größere Rolle spielte (▶ M8).

Wollte ein Unternehmen seine Stellung am Markt ausbauen, konnte es zwei Strategien verfolgen. Eine Möglichkeit bestand darin, Betriebe mit gleicher Produktion aufzukaufen und in das Unternehmen einzugliedern (*horizontale Konzentration*). Dadurch ließ sich der Marktanteil für bestimmte Produkte vergrößern und stärker Einfluss auf die Preisbildung nehmen.

Die zweite Strategie bestand in der *vertikalen Konzentration*. In diesem Falle erwarb ein Unternehmen Firmen, die vor- oder nachgeschaltete Produktionsstufen abdeckten, also vom Grundstoff bis zum Endprodukt alles selbst herstellten. Auf diese Weise konnten alle Produktionsschritte aufeinander abgestimmt, die Preise knapp kalkuliert und die Verluste eines Bereichs durch die anderen Produktionszweige ausgeglichen werden.

Besonders ausgeprägt fand dieser Prozess in der Montan-, der Chemie- und der Elektroindustrie statt. Im Ruhrkohlenbergbau sank die Zahl unabhängiger Unternehmen zwischen 1887 und 1914 auf nahezu die Hälfte, der Marktanteil der zehn größten Produzenten stieg gleichzeitig auf über 50 Prozent an. Deutscher Stahl wurde 1913 sogar zu zwei Dritteln von den zehn größten Unternehmen im rheinisch-westfälischen Gebiet produziert. In der Farbenindustrie war die Dominanz der fünf führenden Konzerne noch größer: Ihr Anteil lag 1913 bei 90 Prozent.

Kartell- und Syndikatsbildung ■ Verstärkt wurde der Konzentrationsprozess hin zu einigen wenigen dominanten Großkonzernen durch *Kartelle* und *Syndikate*. In einem Kartell schlossen sich unabhängige Unternehmen einer bestimmten Branche zwecks interner Preis- und Mengenabsprachen zusammen, was der Wettbewerbsbeschränkung oder gar der Monopolbildung, das heißt der völligen Beherrschung des Marktes, dienen sollte. In einem Syndikat erfolgte zusätzlich der Vertrieb über ein gemeinsames Büro. Das 1893 gegründete *Rheinisch-Westfälische Kohlesyndikat* kontrollierte auf diese Weise mehr als 80 Prozent der Fördermenge in Deutschland. Der gemeinsame Vertrieb stellte zusätzlich die absolute Preiskontrolle sicher.

Die chemische Industrie wurde ebenfalls von Kartellabsprachen dominiert. 1904 gründeten *Hoechst*, die *Farbwerke Cassella* und die *Chemische Fabrik Kalle* den „Dreiverband", und auch die Teerfarbenfabriken *Bayer*, *BASF* und die *Aktiengesellschaft für Anilinfabrikation* (*Agfa*) schlossen sich zusammen. Innerhalb der Organisationen wurde neben den Preisen auch die Aufteilung von Patenten besprochen.

Die Idee *Carl Duisbergs*, Leiter des Bayer-Konzerns, alle großen Firmen der Branche zu einer Interessengemeinschaft zusammenzufassen, stieß vor allem bei den kleineren und spezialisierten Betrieben auf Widerstand. Erst 1925 konnte Duisberg seinen Plan mit der Gründung der *I. G. Farben* verwirklichen.

M1 Das Oktoberedikt

Auf Betreiben des preußischen Staatskanzlers Karl Freiherr vom und zum Stein und gegen den Widerstand konservativer Adliger leitet der Erlass des preußischen Königs von 1807 die Reorganisation des preußischen Staatswesens ein:

Wir Friedrich Wilhelm, von Gottes Gnaden, König von Preußen etc. etc.

Tun kund und fügen hiermit zu wissen:
Nach eingetretenem Frieden hat Uns die Vorsorge für den
5 gesunkenen Wohlstand Unserer getreuen Untertanen, dessen baldigste Wiederherstellung und möglichste Erhöhung vor allem beschäftigt. Wir haben hier erwogen, daß es, bei der allgemeinen Not, die uns zu Gebot stehenden Mittel übersteige, jedem Einzelnen Hilfe zu verschaffen, ohne den
10 Zweck erfüllen zu können, und daß es sowohl den unerläßlichen Forderungen der Gerechtigkeit, als den Grundsätzen einer wohlgeordneten Staatswirtschaft gemäß sei, alles zu entfernen, was den Einzelnen bisher hinderte, den Wohlstand zu erlangen, den er nach dem Maß seiner Kräfte
15 zu erreichen fähig war; Wir haben ferner erwogen, daß die vorhandenen Beschränkungen teils in Besitz und Genuß des Grund-Eigentums, teils in den persönlichen Verhältnissen des Land-Arbeiters Unserer wohlwollenden Absicht vorzüglich entgegenwirken, und der Wiederherstellung der
20 Kultur eine große Kraft seiner Tätigkeit entziehen, jene, indem sie auf den Wert des Grund-Eigentums und den Kredit des Grundbesitzers einen höchst schädlichen Einfluß haben, diese, indem sie den Wert der Arbeit verringern. Wir wollen daher beides auf diejenigen Schranken zurückführen,
25 welche das gemeinsame Wohl nötig macht, und verordnen daher Folgendes:
§ 1. Jeder Einwohner Unsrer Staaten ist, ohne alle Einschränkung in Beziehung auf den Staat, zum eigentümlichen und Pfandbesitz unbeweglicher Grundstücke aller Art berechtigt;
30 der Edelmann also zum Besitz nicht bloß adliger, sondern auch unadliger, bürgerlicher und bäuerlicher Güter aller Art, und der Bürger und Bauer zum Besitz nicht bloß bürgerlicher, bäuerlicher und anderer unadliger, sondern auch adliger Grundstücke, ohne daß der eine oder der andere zu
35 irgendeinem Güter-Erwerb einer besondern Erlaubnis bedarf, wenngleich, nach wie vor, jede Besitzveränderung den Behörden angezeigt werden muß. Alle Vorzüge, welche bei Güter-Erbschaften der adlige vor dem bürgerlichen Erben hatte, und die bisher durch den persönlichen Stand des Be-
40 sitzers begründete Einschränkung und Suspension gewisser gutsherrlichen Rechte, fallen gänzlich weg.
[...]

§ 2. Jeder Edelmann ist, ohne den Nachteil seines Standes, befugt, bürgerliche Gewerbe zu treiben; und jeder Bürger oder Bauer ist berechtigt, aus dem Bauer- in den Bürger- und 45 aus dem Bürger- in den Bauerstand zu treten.
[...]
§ 10. Nach dem Datum dieser Verordnung entsteht fernerhin kein Untertänigkeits-Verhältnis, weder durch Geburt noch durch Heirat noch durch eine Übernehmung einer unter- 50 tänigen Stelle noch durch Vertrag.
§ 11. Mit der Publikation der gegenwärtigen Verordnung hört das bisherige Untertänigkeits-Verhältnis derjenigen Untertanen und ihrer Weiber und Kinder, welche ihre Bauergüter erblich oder eigentümlich oder erbzinsweise oder erbpächt- 55 lich besitzen, wechselseitig gänzlich auf.
§ 12. Mit dem Martini-Tage eintausendachthundertundzehn (1810) hört alle Guts-Untertänigkeit in Unsern sämtlichen Staaten auf. Nach dem Martini-Tage 1810 gibt es nur freie Leute, so wie solches auf den Domänen in allen Unsern Pro- 60 vinzen schon der Fall ist, bei denen aber, wie sich von selbst versteht, alle Verbindlichkeiten, die ihnen als freien Leuten vermöge des Besitzes eines Grundstücks oder vermöge eines besonderen Vertrages obliegen, in Kraft bleiben.

Walter Demel und Uwe Puschner (Hrsg.), Von der Französischen Revolution bis zum Wiener Kongreß 1789 - 1815 (Deutsche Geschichte in Quellen und Darstellung, Bd. 6), Stuttgart 1995, S. 328 f. (Rechtschreibung modernisiert)

1. *Arbeiten Sie die Grundgedanken des Edikts heraus und ordnen Sie sie in den europäischen Kontext ein.*
2. *Erläutern Sie, warum das Edikt den Widerstand konservativer Adliger hervorrief.*
3. *Stellen Sie die Auswirkungen der Reformen auf die preußische Gesellschaftsordnung dar. Welche Probleme bleiben ungelöst?*

M2 Die „Bauernbefreiung" aus adliger Sicht

Kurz nach dem Oktoberedikt von 1807 äußert sich Friedrich August Ludwig von der Marwitz, preußischer General, Politiker und Wortführer der märkischen Adligen, über Karl Freiherr vom und zum Stein und die preußischen Reformen:

Er fing nun mit ihnen (und an Gehilfen aus den anderen Klassen fehlte es nicht) die Revolutionierung des Vaterlandes an, den Krieg der Besitzlosen gegen das Eigentum, der Industrie gegen den Ackerbau, des Beweglichen gegen das Stabile, des krassen Materialismus gegen die von Gott 5 eingeführte Ordnung, des (eingebildeten) Nutzens gegen das Recht, des Augenblicks gegen die Vergangenheit und Zukunft, des Individuums gegen die Familie, der Spekulan-

ten und Comtoire[1] gegen die Felder und Gewerbe, der Büros
10 gegen die aus der Geschichte des Landes hervorgegangenen
Verhältnisse, des Wissens und eingebildeten Talents gegen
Tugend und ehrenwerten Charakter. Hiermit, als ob die be-
kriegten Kategorien, das Eigentum, der Ackerbau, die stabilen
Verhältnisse, die alte Ordnung, das Recht, die Gemeinschaft-
15 lichkeit der Standesgenossen und das Prinzip der Tugend
und Ehre die Ursachen unseres Falles gewesen wären! Und
deswegen gab er das Land dem Feinde preis! Er machte nun
den Anfang zu seiner sogenannten Regeneration des preußischen Staats mit allerhand auf die Rousseauschen und
20 Montesquieuschen Theorien[2] gegründeten Gesetzen, solchen, wie sie aus der Französischen Revolution, samt dem
Schaden, den sie angerichtet, längst bekannt waren. [...]
Im Eingang wurde [...] als Zweck des Gesetzes der größere
Wohlstand angegeben, der dadurch erreicht werden würde.
25 [...]
Um nun zu diesem ersehnten Wohlstand zu gelangen, sollte:
a) Jeder Edelmann Bauerngüter, jeder Bürger und Bauer Rit-
tergüter kaufen können. Damit fiel die bisherige Sicherheit
der Bauern in ihrem Grundbesitz weg; jeder reiche Guts-
30 besitzer konnte sie jetzt auskaufen und fortschicken. (Zum
Glück war beinahe niemand mehr reich.) – Ferner wurden
Gerichtsbarkeit, Polizei, Kirchenpatronat für jeden hergelau-
fenen Kerl käuflich, der Geld hatte, statt dass es bis dahin des
landesherrlichen Konsenses bedurft hatte.
35 b) Die Verteilung jeder Besitzung in beliebig kleine Portio-
nen wurde erlaubt. Dadurch entstand die jetzige ungeheure
Masse der kleinen Grundbesitzer, die von ihrer kleinen Scholle
nicht leben können und die keinen Schutzherrn mehr haben,
der an ihrer Erhaltung interessiert und dazu verpflichtet ist.
40 c) Sogar Lehn- und Fideikommissgüter[3] durften nun einzelne
Stücke vererbpachten, und das Recht der Anwärter auf die
unveränderte Sukzession[4] wurde mit einem Federzuge vernichtet.
d) Das Untertänigkeitsverhältnis wurde für alle Bauern, die
45 Eigentümer ihrer Grundstücke waren, sogleich, und für die
übrigen Lassbauern (Nießbraucher) zum Martinitag[5] 1810

aufgehoben. Dass die größte Masse der Bauern zu letzte-
ren gehörte und es der ersteren nur äußerst wenige gab, ist
schon erinnert worden. – Hierdurch wurden nicht nur Miss-
verständnisse erregt, indem die Bauern glaubten, auch ihre 50
Dienste und Abgaben seien aufgehoben (in Oberschlesien
kam es zum Aufruhr, und die Kriegsmacht musste einschreiten), sondern, und vorzüglich, die Vollendung der Erziehung
der Bauernkinder fiel weg. Diese geschah nämlich, nachdem
sie eingesegnet waren, durch den dreijährigen Dienst (bei 55
geringerem Lohn) in einer geordneten Wirtschaft. Jetzt laufen sie mit vierzehn Jahren in die weite Welt, daher die vielen
Armen, Vagabunden und Verbrecher.
Zum Schluss folgte der pomphafte Ausruf: „Mit dem Martinitag 1810 gibt es also in Unsern Staaten nur freie Leute!" 60
[...] – gleich als ob bis dahin irgendwo in unserem Lande
Sklaverei oder Leibeigenschaft existiert hätte! – Letztere fing
vielmehr alsbald zu entstehen an, nämlich Leibeigenschaft
des kleinen Besitzers gegen den Gläubiger – des Armen und
Kranken gegen die Polizei und Armenanstalten –, denn mit 65
der Pflichtigkeit war natürlich die Verpflichtung des Schutzherrn zur Vorsorge aufgehoben.

*Der preußische Minister und enge Mitarbeiter Steins, Theodor
von Schön, entstammt einer alten ostpreußischen Domänen-
pächterfamilie. In seinen autobiografischen Aufzeichnungen
bewertet er das Oktoberedikt von 1807:*

Ein von der Landespolizeibehörde gefertigter Küchenzettel
für das untertänige Gesinde bestimmte [1797], dass jeder
Knecht oder jede Magd jährlich vier Pfund Fleisch bekommen 70
solle, und das Brot war auch so sparsam zugemessen, dass
die Beköstigung mit der im Magdeburgischen oder Halber-
städtischen grell kontrastierte. Die Folge davon sprang in die
Augen; denn die Arbeiter waren so schwach, dass man auf
einem Gute in Schlesien etwa dreiunddreißig Prozent mehr 75
Menschen haben musste als man bei gleicher Wirtschaft
im Magdeburgischen hatte. Gottlob! seit dem Edict vom
9. Oktober 1807 ist es anders, und wie, wenn der gemeine
Mann sich hebt, die höheren Stände dadurch mitgehoben
werden, so steht der schlesische Adel jetzt klarer, freier von 80
Vorurteilen und gebildeter da. Erbuntertänigkeit, Leibeigenschaft oder wie die Zweige der Sklaverei sonst bezeichnet
werden mögen, sind überhaupt der Bildung und Würdigkeit
der Gutsherren niemals günstig, mit dem Begriff des Adels
stehen sie in grobem Widerspruch. 85

Erster Text zitiert nach: Werner Conze (Hrsg.), Die preußische Reform unter
Stein und Hardenberg. Bauernbefreiung und Städteordnung, Stuttgart
³1963, S. 41-43
Zweiter Text zitiert nach: Günther Franz (Hrsg.), Quellen zur Geschichte des
deutschen Bauernstandes in der Neuzeit, Darmstadt 1963, S. 386

---

[1] Comtoir: auch Comptoir, Comptor oder Comtor (von franz. comp-
ter: zählen); ältere Bezeichnung für Ladentisch oder Schreib-
stube, hier für Kaufleute, Makler
[2] Die Staatstheoretiker Jean-Jacques Rousseau und Charles-Louis
Baron de Secondat de Montesquieu gelten als zwei der einfluss-
reichsten Schriftsteller der Aufklärung.
[3] Fideikomissgüter (von lat. fidei comissum: zu treuen Händen
belassen): ein vor allem im deutschen Niederadel angewandtes
Recht, nach dem ein Familienvermögen, meist Grundbesitz, ungeteilt vererbt werden musste und im Besitz der Familie verblieb
[4] Sukzession: Nachfolge, Erbfolge
[5] Martinstag am 11. November

1. *Erläutern Sie die von Marwitz skizzierten Reformen und deren Folgen. Beurteilen Sie seine Darstellung.*
2. *Vergleichen Sie die Bewertung der Reformen durch Marwitz mit der von Theodor von Schön. Finden Sie Gründe für die jeweilige Sicht. Ziehen Sie Informationen zu Marwitz und Schön hinzu.*
3. *Überzeugen Sie (als Marwitz oder als Schön) Ihre Mitschüler in einem Streitgespräch von Ihrer Position.*

M3 Die neuen Transportmittel

Der Volkswirtschaftler und Politiker Friedrich List, der mit der Gründung der Leipzig-Dresdener-Eisenbahngesellschaft im Jahre 1834 einen wichtigen Grundstein für den Eisenbahnbau gelegt hat, beschreibt im Jahre 1837 die Auswirkungen der Eisenbahn:

Die neuen Transportmittel ersetzen die lebende Kraft durch die mechanische Kraft, die in ihrem Umfang beinahe unbegrenzt und in ihrer Anwendung zur unendlichen Verbesserung geeignet ist, um die den Menschen drückende Last der
5 Arbeit zu verringern und ihn dadurch zum Gebieter und Gestalter der Natur zu machen. Diese Kraft steigert die Produktion und reduziert bei jenen den Konsum von Lebensmitteln, die ausschließlich mit dem Transport beschäftigt sind, weil sie diese nicht verbrauchen; infolgedessen ermöglicht sie die
10 Ernährung und das Wohlergehen einer viel größeren Anzahl von Menschen. Sie fördert die Wissenschaft und die Technik, weil man sie für den Bau der Maschinen benötigt. Sie erfordert beträchtliche Mengen in Eisen und Steinkohle; deswegen fördert sie die beiden bedeutendsten Wirtschaftszweige,
15 den Bergbau und die Industrie. Sie verlangt viel Kapital, das hohe Zinsen bringen und vor allem für die vermögenden Klassen von Nutzen sein wird. Da sie aber auch kleineren Kapitalbesitzern die Gelegenheit bietet, die Früchte ihres wirtschaftlichen Handelns sicher und vorteilhaft anzulegen,
20 fördert sie die Industrie und die Wirtschaft zwischen den nützlichsten Klassen der Bürger. [...]
Während die alten Transportmittel zwischen den niedrigen Klassen und der Oberschicht in Bezug auf die Schnelligkeit und Bequemlichkeit eines Ortswechsels eine riesige Kluft
25 entstehen und aufrechterhalten ließen, werden die neuen Transportmittel zum Wohle, zum Vorteil und zum Nutzen, die daraus erwachsen, eine weitgehende Angleichung aller Klassen bewirken. Aufgrund von Aufzeichnungen, die über die schon bestehenden Eisenbahnlinien vorliegen, wurde
30 ausgerechnet, dass die Vorteile der neuen Transportmittel zu mehr als 19/20 der Mittel- und Unterschicht zugutekommen. [...] Die neuen Transportmittel werden, wenn sie ihre

volle Verbreitung erreicht haben, was den Nutzen und die Bedeutung für den Warenaustausch anbelangt, nicht nur in keiner Beziehung hinter den alten Transportmitteln zurück- 35 stehen, sondern den alten Transportmitteln sogar insofern dienen, als die Transporte auf Straßen und Kanälen dadurch nur noch zahlreicher werden. Außerdem beflügeln sie durch den Transport von Personen, Briefen, Nachrichten, Büchern und Zeitungen den geistigen Austausch in einem solchen 40 Maße, dass deren Bedeutung in dieser Hinsicht noch viel größer sein wird als im Hinblick auf den materiellen Handel. Die neuen Transportmittel werden für den Abbau der Überbevölkerung der alten Länder und für die Gründung neuer Kolonien, für die Vermischung der Rassen, für die Verbrei- 45 tung und die Fortschritte der Wissenschaften, für die Technik, die Zivilisation, die Toleranz, die allgemeine Ausbildung aller Klassen, für die Erhaltung der Vaterlandsliebe, für die Ausrottung von Vorurteilen und des Aberglaubens sowie von unsittlichen und schädlichen Verhaltensweisen und der Träg- 50 heit, für die Verbreitung neuer Erfindungen und nützlicher Verfahren, für die Kenntnis von Fremdsprachen und der Literatur, für die Existenz der Armen und der Gebrechlichen, wie z. B. der Blinden, der Taubstummen, der Findelkinder, für die Verbesserung der Gesetzgebung und der nationalen wie der 55 örtlichen Verwaltung, für die politischen Institutionen und die Wohltaten der ganzen Spezies, für die Aufrechterhaltung von Ruhe und Ordnung usw. weitaus größere Dienste leisten als die alten Transportmittel.

Friedrich List, Die Welt bewegt sich. Über die Auswirkungen der Dampfkraft und der neuen Transportmittel auf die Wirtschaft, das bürgerliche Leben, das soziale Gefüge und die Macht der Nationen (Pariser Preisschrift 1837), zitiert nach: Gerhard Henke-Bockschatz (Bearb.), Industrialisierung, Schwalbach/Ts. 2003, S. 75 f.

1. *Arbeiten Sie Vorteile und Wirkungen der Eisenbahn heraus. Ordnen Sie sie nach Bereichen.*
2. *Beurteilen Sie Lists Plädoyer. Welche seiner Argumente entsprechen einem Wunschbild, welche der Wirklichkeit? Welche Bedeutung misst er der Wirtschaft bei?*
3. *Analysieren Sie, inwiefern List die Bedingungen industrieller Entwicklung nachzeichnet. Entwerfen Sie auf dieser Grundlage ein Schaubild und erläutern Sie es.*
4. *Nehmen Sie Stellung zu Themen, Sprache und Stil: Inwiefern ist List ein „Kind seiner Zeit"?*

M4 Regionale Entwicklung

a) Das deutsche Eisenbahnnetz bis 1866

b) Die industriellen Standorte in Deutschland um 1900

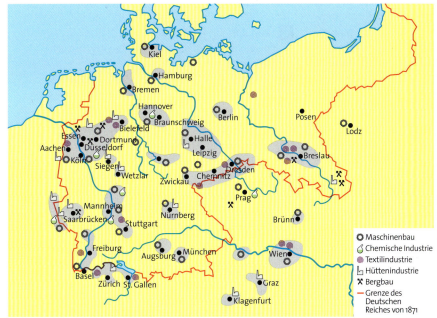

Nennen Sie Gründe für die Entwicklung der Industrie in den Regionen. Welche Voraussetzungen spielen eine Rolle? Erläutern Sie die Zusammenhänge in den Karten a) und b).

M5 Großbetriebe und ihre Folgen

Der Nationalökonom Gustav Schmoller, der sich als Mitbegründer des „Vereins für Socialpolitik" auch sozialpolitisch engagiert, weist 1892 auf die strukturellen Veränderungen hin, die aus der wirtschaftlichen Entwicklung zu industriellen Großbetrieben resultieren:

Die Großbetriebe sind heute mehr oder weniger selbstständige Anstalten für die Produktion, den Handel, den Verkehr, welche vom Haushalt der Mitarbeitenden ganz, auch mehr und mehr von den Lebensschicksalen der Beteiligten los-
5 gelöst, ihre eigentümliche Verfassung, ihr eigenes, dauerndes, durch die Generationen hindurch fortdauerndes Leben haben. Der intime, rein private Charakter der alten kleinen Geschäfte ist schon deshalb verschwunden, weil an den Großbetrieben die wirtschaftliche Existenz ganzer Gruppen
10 verschiedener Familien hängt. Da sind die leitenden Persönlichkeiten, dann die Aktionäre, stillen Teilhaber, sonstigen Kapitalinteressenten und Gläubiger, endlich die Werkmeister und Arbeiter; aber nicht bloß sie kennen den Betrieb und haben ein Interesse an ihm; nein, da sind noch Hunderte und
15 Tausende von Kunden, die von nah und fern das Geschäft verfolgen, dann zahlreiche Händler und Lieferanten, Konkurrenten, endlich die Nachbarn, die ganze Stadt, der Kreis, die Provinz, welche ein Interesse an dem Auf- und Niedergang des großen Betriebes haben. Die Lage, die baulichen Ein-
20 richtungen, die guten oder schlechten Verkehrsbedingungen jedes Großbetriebs werden ebenso zu einer Gemeinde- und Bezirksangelegenheit wie die Rückwirkung auf Schulwesen, Steuerkraft, Bevölkerungszu- oder -abnahme, Wohlstand und Verarmung der ganzen Gegend, Art der Siedlung und
25 Grundeigentumsverteilung die weitesten Kreise berührt. So ist es wahr, dass die Großbetriebe die Volkswirtschaft immer mehr in einen gesellschaftlichen Prozess verwandeln, wobei private und allgemeine Interessen immer komplizierter verbunden und ineinander verschlungen werden. Der einzelne
30 Großbetrieb wird, welche rechtliche Verfassung er auch im Einzelnen haben mag, zu einem Mittelding zwischen einem privaten und einem öffentlichen Haushalt; auch wo der Privatunternehmer an der Spitze desselben bleibt, kann er nicht mehr dieselbe Stellung haben wie in seiner Familienwirt-
35 schaft; es schieben sich allgemein Interessen, Elemente der öffentlichen Organisation in den Großbetrieb ein. [...]
Zunächst ist nun zu erwähnen, dass die enorme Wichtigkeit, die notwendige lokale Ausbreitung bestimmter Betriebe über ganze Gemeinden und Länder, der Zusammenhang einzelner
40 Geschäfte mit dem öffentlichen Dienste und den nationalen sowie den idealen Interessen oder auch die Monopolstellung einzelner Geschäfte dazu geführt hat, bestimmte Unterneh-

mungen in die Hände des Staates oder der Gemeinden zu bringen. Die Eisenbahnen und andere Verkehrsmittel, ein-
45 zelne Teile des Kreditgeschäfts und der Versicherungsgewerbe, ein Teil der Forsten, der Bergwerke, der Hütten, militärische Werkstätten, lokale Gas-, Wasser-, elektrische Werke sind so in öffentliche Verwaltung übergegangen [...].
Wohl aber hat sich im Zusammenhang mit dieser großen
50 Änderung zugleich eine tief greifende Verschiebung der Stellung des Kapitals vollzogen. Je größer die Betriebe sind, desto mehr arbeitet fremdes Kapital von Gläubigern darin, das mehr als Verzinsung nicht erhält. Auch das Aktien-, Genossenschafts-, das Kapital stiller Teilhaber erwartet eigent-
55 lich nicht mehr als Verzinsung. Das Kapital rückt so mehr und mehr aus der herrschenden Stellung hinaus; es wird das, was es von Natur sein soll, ein dienendes Glied; die Kapitalisten leiten das Geschäft nicht mehr, sondern die geschäftlichen Intelligenzen; der Unternehmergewinn wird mehr und mehr
60 Bezahlung hochqualifizierter Arbeit, und soweit er dem Kapital bleibt, zerteilt er sich in viele Hände, die Aktien und Genossenschaftsanteile besitzen; teilweise geht er, nämlich bei gewissen Genossenschaften, zugleich mit in die Hände der Kunden; teilweise fließt er als Tantieme, Gewinnbeteiligung,
65 Prämien in die Taschen der Angestellten und Arbeiter.

Walter Steitz (Hrsg.), Quellen zur deutschen Wirtschafts- und Sozialgeschichte von der Reichsgründung bis zum Ersten Weltkrieg, Darmstadt 1985, S. 160-163

1. *Erläutern Sie die strukturellen Unterschiede zwischen einem Großbetrieb und einem kleinen Familienunternehmen.*

2. *Nehmen Sie Stellung zu Schmollers Aussage, die Großbetriebe würden die Volkswirtschaft immer mehr in einen gesellschaftlichen Prozess verwandeln. Wie steht er persönlich zu den Veränderungen?*

M6 Bedeutung und Entwicklung der Industriezweige in Deutschland

Die industrielle Entwicklung in Deutschland 1875-1913

Industriegruppe	Anteil an gewerblich Beschäftigten (in %)		Wachstumsraten (in % pro Jahr)	
	1875	1911/13	Produktion 1870-1913	Arbeitsproduktivität 1875-1913
1. Steine und Erden	6,5	7,2	3,7	1,2
2. Metallerzeugung	2,9	4,0	5,7	2,4
3. Metallverarbeitung	11,7	16,9	5,3	2,2
4. Chemische Industrie	1,3	2,5	6,2	2,3
5. Textilindustrie	18,0	10,3	2,7	2,1
6. Ledererzeugung	0,9	0,5	2,8	2,2
7. Bekleidungsindustrie	20,9	14,4	2,5	1,6
8. Holzverarbeitung	10,1	8,7	3,1	1,6
9. Papiererzeugung und -verarbeitung	1,6	2,6	6,9	3,5
10. Nahrungs- und Genussmittel	13,1	12,7	2,7	0,9
11. Gas, Wasser, Elektrizität	0,3	0,9	9,7	3,6
12. Baugewerbe	10,3	15,6	3,1	−0,5
13. Grafisches Gewerbe	0,9	2,0	−	−

Nach: Thomas Nipperdey, Deutsche Geschichte 1866-1918, Bd. 1: Arbeitswelt und Bürgergeist, München [3]1990, S. 239

1. *Analysieren Sie anhand der Tabelle die Entwicklung der Beschäftigungsstruktur in den unterschiedlichen Industriezweigen. Welche Branchen gewinnen an Bedeutung, in welchen geht der Anteil der Beschäftigten zurück?*

2. *Arbeiten Sie die Relation von Beschäftigungsanteil zu den jährlichen Wachstumsraten für die einzelnen Branchen heraus. Stellen Sie dar, welche Faktoren hierbei berücksichtigt werden müssen bzw. welche für ein besonders rasches Wachstum eine Rolle spielen könnten.*

M7 Der Aufstieg der Großchemie

Der Historiker Michael Stürmer vergleicht 1994 die Entwicklung der chemischen Industrie im Deutschen Reich mit der Situation in England:

Die Gründe für den innerhalb von drei Jahrzehnten ablaufenden Aufstieg der deutschen Großchemie lagen in modernen Fabrikationsanlagen, gezielter Forschung und einer rationellen Organisation der Produktion. [...] Die deutschen
5 Unternehmer behielten die Initiative und gingen das Wagnis hoher Investitionen ein: Um 1900 lag das Grundkapital der sechs größten deutschen Unternehmen im Chemiebereich bei umgerechnet 2,5 Millionen Pfund Sterling (50 Millionen Mark). In England betrug das gesamte Grundkapital der che-
10 mischen Industrie zu dieser Zeit nicht mehr als 0,5 Millionen Pfund. In der deutschen Großchemie waren zu dieser Zeit

neben rund 18 000 Arbeitern etwa 1360 Angestellte im Büro, dazu 350 Verfahrenstechniker und rund 500 Chemiker tätig. In England waren es nach Schätzungen zur selben Zeit etwa 30 bis 40. 15
Zum deutschen Leistungsstand trug nicht nur die Förderung der Naturwissenschaften an Universitäten, Technischen Hochschulen und staatlichen Forschungsinstituten bei. An der Universität München arbeiteten in den Achtzigerjahren rund fünfzig Forschungsmitarbeiter unter Adolf von Baeyer[1], 20 einem der Pioniere des synthetischen Indigo. In England gab es bis 1874 keinen Lehrstuhl für anorganische Chemie. Die deutsche Patentgesetzgebung blieb lange Zeit ziemlich unwirksam, sodass es der deutschen Industrie leicht war, Briten und Franzosen über die Schulter zu schauen. Später wurde 25

---

[1] Dem Professor für Chemie Adolf von Baeyer gelang 1878 erstmals die Herstellung von Indigo-Blau im Labor. 1905 erhielt er den Nobelpreis für Chemie.

sie entscheidend verschärft, um den eigenen Vorsprung zu sichern. Dazu kam die flexible Rolle der Banken, die in die wissenschaftlich begründeten Zukunftsindustrien mehr Kapital lenkten, als britische Bankiers und Privatanleger für ratsam
30 hielten. Je größer aber die Produktionseinheit, je dichter der Verbund verschiedener Einheiten, desto rationeller konnte produziert werden.

Michael Stürmer, Das ruhelose Reich. Deutschland 1866-1918, Berlin 1994, S. 89

1. *Nennen Sie die Faktoren, die nach Stürmer dem Erfolg der deutschen Großchemie zugrunde liegen.*

2. *Recherchieren Sie die Geschichte der Bayer-Werke und tragen Sie die Entwicklung des Unternehmens zwischen 1880 und 1933 in Form eines Referates vor.*

M8 Warum Konzentration?

Der Chemiker und Wirtschaftsführer Carl Duisberg wird 1912 Generaldirektor der Farbenfabriken Bayer und ist eine der maßgeblichen Persönlichkeiten der deutschen Chemie-Industrie. Bereits 1904 macht er sich für die Vereinigung der deutschen Großchemie stark:

Der Zweck einer jeden Kapitals- und Betriebsvereinigung mehrerer industrieller Unternehmungen zu einer großen Körperschaft unter gemeinsamer Leitung sollte immer die weitgehendste Verminderung der Kosten für Produktion,
5 Verwaltung und Verkauf, unter Beseitigung eines ruinösen Konkurrenzkampfes, behufs Erzielung eines möglichst hohen Gewinnes sein, um damit nicht nur bei möglichst guter Bezahlung der Beamten und Arbeiter und entsprechender Fürsorge für sie und ihre Angehörigen nach allen Richtungen
10 hin eine günstige Verzinsung der angelegten Kapitalien zu erzielen, sondern um vor allem durch die nur in einem großen Organismus mögliche Durchführung der weitgehendsten Arbeitsteilung, unter Wahrung der für jede Verbilligung von industriellen Leistungen notwendigen Zentralisation,
15 eine im Interesse der heimischen Verhältnisse liegende Beeinflussung des Weltmarktes auf dem betreffenden Gebiet herbeizuführen. [...]
Es ist nahe liegend, dass ein Zusammenschluss vieler großer und kleiner Industriegesellschaften zu einer einzigen
20 Betriebsvereinigung sich meist dann am leichtesten vollzieht, wenn die Geschäftslage in den in Betracht kommenden Industriezweigen ungünstig und der Nutzen auf ein Minimum gesunken ist. Ob es aber richtig und zweckmäßig ist, die Gründung derartiger Organisationen unter dem Zwang der
25 Not vorzunehmen, wird bezweifelt. Unausbleiblich muss in diesem Falle die Folge der Vereinigung eine Erhöhung der

Verkaufspreise sein. Aber gerade dieser Umstand hat solchen Körperschaften immer den Zorn des Publikums und der gesetzgebenden Machthaber zugezogen, so segensreich sich auch vielfach die Syndikatsbildungen (Kohlensyndikat) und 30 Kartelle[1], trotz der Erhöhung der Preise, erwiesen haben. [...] Meiner Ansicht nach sollten Industriezweige, die ihrer Natur und Art nach die Vorteile des Zusammenschlusses sich besonders zu eigen machen können, nicht in schlechten, sondern in guten Tagen zu großen Verbänden sich vereini- 35 gen, weil sie dann ohne Erhöhung der Verkaufspreise für ihre Erzeugnisse, ja, wenn möglich sogar unter Herabsetzung derselben, durch ihren Zusammenschluss die bisher erzielten guten Erträgnisse für viele Jahre im Voraus sichern können. Lassen nun die Verhältnisse in der Farbenindustrie Deutsch- 40 lands schon heute eine Vereinigung als dauernd vorteilhaft erscheinen? Ich glaube, diese Frage mit „Ja" beantworten zu müssen. Keine Industrie der Welt ist so umfassend in technischer und kaufmännischer Hinsicht, vereinigt wissenschaftliche, technische und kaufmännische Kräfte in einem 45 solchen Maße wie die deutsche Farbenindustrie. Sie hat wissenschaftlich gut ausgebildete Chemiker, Ingenieure, Mediziner und Apotheker nötig, die in möglichst zweckmäßig eingerichteten Laboratorien und Werkstätten bemüht sein müssen, neue chemische Verbindungen mit neuen koloristi- 50 schen[2], pharmakologischen oder technischen Eigenschaften ausfindig zu machen, neue Verfahren zur Darstellung bekannter Körper zu finden, neue Maschinen und Apparate zu konstruieren, um Fortschritt an Fortschritt zu reihen.

Carl Duisberg, Abhandlungen, Vorträge und Reden 1882-1921, Berlin/Leipzig 1923, S. 343 f.

1. *Erläutern Sie die Argumente Duisbergs für den Zusammenschluss von Industriebetrieben und die Vorteile, die sich nach seiner Ansicht daraus ergeben.*

2. *Diskutieren Sie Duisbergs Konzept und die damit verbundenen Interessen. Überlegen Sie, welche Gruppen der Entwicklung kritisch gegenübergestanden haben dürften.*

3. *Erklären Sie, inwiefern Carl Duisberg ein „Kind seiner Zeit" ist. Welche Argumente würde er heute nicht mehr verwenden? Finden Sie Gründe.*

4. *Suchen Sie nach aktuellen Beispielen für betriebliche Zusammenschlüsse und recherchieren Sie Hintergründe, Argumente und Ziele. Fassen Sie Ihre Ergebnisse in einer PowerPoint-Präsentation zusammen.*

[1] Zu Syndikaten und Kartellen vgl. S. 27
[2] koloristisch: farblich

Statistiken präsentieren Daten und Informationen, um gegenwärtige und vergangene Verhältnisse und Zusammenhänge zu verstehen und Veränderungen zu erkennen. Sie fassen Wahlergebnisse zusammen, zeigen die Lohn- und Preisentwicklung auf, liefern Daten über das Klima, die Bevölkerung, aus Umfragen ermittelte Meinungen und vieles mehr. Aus den Befunden lassen sich Aussagen über die Geschichte ableiten. Zur Veranschaulichung werden die statistischen Daten als (Zahlen-)Tabellen oder als Diagramme dargestellt.

Geschichte in Zahlen

Statistiken und Diagramme auswerten

Bis ins 20. Jahrhundert wurden Daten noch nicht systematisch und flächendeckend gesammelt. Zudem erschweren unterschiedliche Bezugsgrößen wie z.B. Gewichte, Maße, Währungen und Räume (Grenzen) die Vergleichbarkeit. Gültige Aussagen können jedoch nur auf der Grundlage untereinander vergleichbarer und möglichst lückenloser Angaben gemacht werden. Deshalb werden die Daten der Statistiken meist bearbeitet, d.h. nach bestimmten Gesichtspunkten ausgewählt, vereinheitlicht und sortiert.

Die in Statistiken aufgelisteten Größen können absolute Größenangaben sein, also exakte Werte einer Messeinheit, z.B. Tonnen, Euro, Stück. Ebenso häufig finden sich relative Werte, also Prozentanteile oder Indizes, d.h. Verhältniszahlen, die sich auf einen Ausgangswert beziehen. Hierbei werden die Verhältnisse eines Stichjahres mit der Indexzahl 100 angesetzt, die Werte der anderen Jahre entsprechend ihrer Abweichung von jenen des Stichjahres angegeben (z.B. ein Jahr mit dem Index 80 liegt demnach 20 Prozent unter dem Stichjahr).

Für die Darstellung von Entwicklungen (z.B. Bevölkerungszahlen) eignen sich Linien- oder Kurvendiagramme, um Anteile innerhalb einer Gesamteinheit (z.B. Stimmenanteile bei Wahlen) zu veranschaulichen, werden oft Kreisdiagramme („Tortendiagramme") verwendet, Säulen- oder Balkendiagramme erleichtern den Vergleich von Mengen oder verschiedenen Bezugsgrößen.

Formale Kennzeichen
- Um welche Art von Statistik handelt es sich?
- Wer hat sie erstellt oder in Auftrag gegeben?
- Wann und wo ist sie entstanden bzw. veröffentlicht worden?

Inhalt
- Worüber informiert die Statistik (Thema/Inhalt, Zeit, Raum, Messgrößen)?
- Welche Zahlenwerte (absolute Werte, Prozentangaben, Indizes) werden verwendet?
- Woher stammen die Zahlen? Sind die Angaben verlässlich und vollständig?
- Wird ein Zustand oder eine Entwicklung (Anstieg, Rückgang, Stagnation) dargestellt?

Historischer Kontext
- Auf welche Epoche, welches Ereignis oder welchen Sachverhalt bezieht sich die Statistik?
- Ist die Statistik in der betreffenden Zeit entstanden oder das Ergebnis einer Forschungsarbeit?

Intention und Wirkung
- Welche Aussageabsicht hat die Statistik?
- Für welche Zielgruppe wurde die Statistik erstellt?

Bewertung und Fazit
- Welche Gesamtaussage bzw. welche Thesen lassen sich formulieren?
- Müssen die Angaben durch andere Informationen ergänzt oder korrigiert werden?

Beispiel und Analyse

Nominaleinkommen:
tatsächlich erwirtschaftetes durchschnittliches Arbeitseinkommen (Grundlage siehe Fußnote) im jeweiligem Jahr, angegeben in absoluten Beträgen (Mark) und als Index (1913 = 100)

Lebenshaltungskosten:
als (Preis-)Index (1913 = 100); der Preisindex ist das Preisniveau der Konsumgüter (Berechnungsgrundlage siehe Fußnote)

Realeinkommen:
als Index (1913 = 100); von Preisen und Inflation bereinigtes Nominaleinkommen, das sich aus dem Index Nominaleinkommen und dem Index der Lebenshaltungskosten berechnet ($\frac{Nominaleinkommen}{Preisindex}$ x 100 = Index Realeinkommen); zeigt im Gegensatz zum Nominaleinkommen die reale Kaufkraft der Arbeitnehmer

Indexwerte:
für alle Messgrößen dasselbe Stichjahr 1913 für den direkten Vergleich

Zeitleiste:
Angaben regelmäßig in Zehnjahresabständen zwischen 1810 und 1910 sowie in Jahresabständen zwischen 1910 und 1913; gleiche Jahresangaben für alle Messgrößen ermöglichen einen direkten Vergleich/ Bezug der Daten

Jahr	Nominaleinkommen* absolut in Mark	Nominaleinkommen* Index (1913 = 100)	Index der Lebenshaltungskosten** (1913 = 100)	Realeinkommen Index (1913 = 100)
1810	278	26	45	58
1820	293	27	42	64
1830	288	27	51	53
1840	303	28	49	57
1850	313	29	45	64
1860	396	37	62	60
1870	487	45	69	65
1880	545	50	86	58
1890	650	60	82	73
1900	784	72	83	87
1910	979	90	98	92
1913	1083	100	100	100

▲▼ **Entwicklung des Nominal- und Realeinkommens von Arbeitnehmern auf dem Gebiet des späteren Deutschen Reichs 1810 - 1913.**

Umwandlung der Tabelle in ein kombiniertes Linien-Säulen-Diagramm:
zwei Achsen zum Vergleich der Indizes (y-Achse = Indizes; x-Achse = Jahre); Säulendiagramm zum Vergleich der Indizes Nominaleinkommen und Lebenshaltungskosten; Liniendiagramm zeigt den Trend des Realeinkommens an

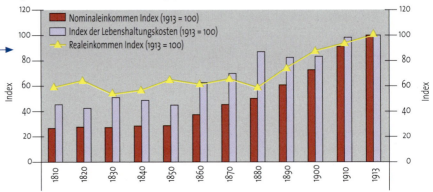

Fußnoten/Erläuterungen:
geben Auskunft über Herkunft und Zusammensetzung der Daten; wichtiger Hinweis für die Verlässlichkeit der Daten und eine Hilfe für die Interpretation

* Einkommen 1810 bis 1849: Bauhandwerker (v.a. Maurer, Zimmerergesellen) von acht Städten und durchschnittliche Einkommen in der Baumwollindustrie; 1850 bis 1870: Arbeitseinkommen in Industrie und Handwerk (ohne Angestellte); 1871 bis 1913: Jahresverdienste von Arbeitnehmern in Industrie, Handel und Verkehr

** Da die Ausgaben für Nahrung, Kleidung und Wohnung sowie Sonstiges vor 1913 nicht systematisch berechnet wurden, basieren die Zahlen auf Schätzungen und Näherungswerten, die sich v.a. auf die Preise von Waren stützen. Für 1810 bis 1870 wurde als für Städte repräsentativ der Lebenshaltungskostenindex für Nürnberg angesehen (Roggenbrot, Rind-, Schweine-, Kalb-, Hammelfleisch, Bier, Milch, Roggenmehl, Schweineschmalz, Eier, Kartoffeln, Butter, Wohnung, Föhrenholz, Talg, Bekleidung (ab 1850 Bekleidung, Textilien, Hausrat und Lederwaren)). Für die Jahre 1871 bis 1913 liegt ein korrigierter Index zugrunde.

Nach: Wolfram Fischer, Jochen Krengel und Jutta Wietog (Hrsg.), Sozialgeschichtliches Arbeitsbuch, Bd. I.: Materialien zur Statistik des Deutschen Bundes 1815-1870, München 1982, S. 155-157

Formale Kennzeichen ▪ Historiker haben die vorliegende Statistik für ein Arbeitsbuch erstellt, das 1982 erschien. Die auf unterschiedlicher Grundlage gewonnenen Einzeldaten wurden aufbereitet. Zur Veranschaulichung wurde die Tabelle für dieses Schulbuch in ein Diagramm umgewandelt.

Inhalt ▪ Die Statistik zeigt die Entwicklung des Nominal- und Realeinkommens von Arbeitnehmern im Zeitraum von 1810 bis 1913 auf dem Gebiet des Deutschen Reiches in seinen Grenzen von 1871. Das Nominaleinkommen wird in absoluten Zahlen und als Index angegeben, die Lebenshaltungskosten sowie das aus ihnen errechnete Realeinkommen hingegen nur als Index. Bezugspunkt ist das Stichjahr 1913. Für den Zeitraum 1810 bis 1910 wird jeweils in Zehnjahresschritten vorgegangen, für den Zeitraum 1910 bis 1913 jeweils in Jahresschritten.
Die Zahlenreihen belegen insgesamt einen Anstieg des Nominaleinkommens um das beinahe Vierfache, der Lebenshaltungskosten um mehr als das Doppelte und des Realeinkommens um etwas weniger als das Doppelte. Das Nominaleinkommen wächst dabei zwischen 1810 und 1850 zunächst langsam, steigt dann von der Jahrhundertmitte bis kurz nach der Reichsgründung 1871 sprunghaft an, bricht während der sogenannten „Großen Depression" nach 1874 ein, um nach 1890 bis 1913 rasch zuzunehmen. Die Indizes der Lebenshaltungskosten liegen zwar insgesamt über denen des Nominaleinkommens, zeigen jedoch einen geringeren Anstieg. Demgegenüber pendelt der Index der Realeinkommen in den Jahren 1810 bis 1880 vergleichsweise konstant zwischen 58 und 65, steigt ab 1890 jedoch deutlich an.

Historischer Kontext ▪ Die Statistik beleuchtet einen Teilaspekt der Industrialisierung und der Sozialen Frage im 19. Jahrhundert auf dem Gebiet des Deutschen Reiches. Die ansteigende Entwicklung der Löhne und auch der Lebenshaltungskosten entspricht der industriellen Entwicklung. Sie ist damit ein Indikator für den zunehmenden Industrialisierungsgrad.

Intention und Wirkung ▪ Die Statistik verdeutlicht, wie sich das Einkommen der Arbeitnehmer während des 19. bis zum Beginn des 20. Jahrhunderts entwickelt hat. Da das Nominaleinkommen die reale Kaufkraft des Geldes nicht berücksichtigt, muss es in Bezug zu den Lebenshaltungskosten betrachtet und daraus das Realeinkommen errechnet werden. Dies erst zeigt an, wie viel Geld den Arbeitnehmern tatsächlich zur Verfügung stand. Die Statistik belegt, dass mit den teilweise sprunghaft steigenden Löhnen kein vergleichbarer Anstieg der Reallöhne verbunden war, die zu einem großen Teil für die ebenfalls steigenden Lebenshaltungskosten verbraucht wurden.

Bewertung und Fazit ▪ Die Trends der Statistik lassen sich mit dem wirtschaftlichen Aufschwung während der Industrialisierung im 19. Jahrhundert erklären. Die Statistik macht zwar deutlich, dass die Nominallöhne nicht dem tatsächlichen Einkommen der Arbeitnehmer entsprechen. Allerdings verleiten die Zahlen dazu, von dem Anstieg der Reallöhne auf eine zwar geringe, jedoch stetige Verbesserung der Lebensbedingungen zu schließen. Für Lebenshaltungskosten und Realeinkommen nennt die Statistik aber keine absoluten Zahlen. So bleibt unklar, ob und in welchem Umfang die erzielten Nominaleinkommen das Existenzminimum abdeckten. Darüber hinaus geben die stark verallgemeinernden statistischen Mittelwerte keine Auskunft über die Verdienstunterschiede von gelernten und ungelernten Arbeitern sowie von Männern und Frauen. Die Zahlen sagen also nichts darüber, wie viele Menschen Not litten und ob sich die Soziale Frage mit fortschreitendem Industrialisierungsgrad entschärft hat. Sie sagt auch nichts über Arbeitsbedingungen, Konsumgewohnheiten bzw. -möglichkeiten oder Wohnverhältnisse aus.

Ansätze zur Lösung der Sozialen Frage

▲ „Der verhängnisvolle Weg der Arbeiter."
Karikatur von 1891.

Proletarier: Der Begriff leitet sich ab von der Bezeichnung für diejenigen Bürger im Alten Rom, die nichts anderes besaßen als ihre eigenen Nachkommen (lat. proles).

Dreiklassenwahlrecht: Wahlsystem, bei dem die wenigen Großsteuerzahler der ersten Klasse (etwa fünf Prozent der Wahlberechtigten) ebenso viele Abgeordnete wählen konnten wie die Masse der Bevölkerung (rund 80 Prozent). Ein großer Teil der Unterschichten blieb von den Wahlen ausgeschlossen.

Die Entstehung der „Sozialen Frage" Das hohe Bevölkerungswachstum im 19. Jahrhundert führte trotz wachsender Wirtschaft und damit der Zunahme an Beschäftigung zu einem Überangebot an Arbeitskräften. Die Löhne reichten häufig nicht aus, um das Überleben der Familien zu sichern. Für die Industriearbeiter und die Lohnarbeiter in der Landwirtschaft, die nichts als ihre Arbeitskraft hatten, um ihren Lebensunterhalt zu sichern, wurde zeitgenössisch der Begriff **Proletarier** üblich. Frauen und Kinder waren gezwungen, zum Familieneinkommen beizutragen. Dadurch wuchs das Angebot an Arbeitskräften weiter, die Löhne blieben niedrig und die Arbeitsbedingungen schlecht. Die Beschäftigten litten unter den übermäßigen Belastungen. Tägliche Arbeitszeiten von 16 bis 18 Stunden waren keine Seltenheit. Gearbeitet wurde an sechs Tagen in der Woche, Urlaub gab es nicht. Lediglich die Sonn- und Feiertage waren meist frei. Durch unzureichend gesicherte Maschinen und nicht ausreichend abgestützte Stollen in Kohlebergwerken kamen viele Bergleute zu Tode. Die Lebenserwartung war gering. Die Sterblichkeit der Arbeiterkinder lag wesentlich höher als in anderen Bevölkerungsschichten. Dazu trugen vor allem auch die schlechten Wohnverhältnisse bei, die häufig Krankheiten hervorriefen. Immer mehr Menschen zogen in die Industriegebiete und waren in Großunternehmen tätig. Zwischen 1882 und 1907 verdoppelte sich die Arbeiterschaft in Deutschland, bis zum Ersten Weltkrieg wurde sie zur größten sozialen Gruppe.

Trotz ihres wachsenden Anteils an der Bevölkerung blieben die Arbeiter lange ohne politische Mitbestimmung. Die Wahlsysteme bevorzugten häufig Bürger mit großem Vermögen, so etwa das **Dreiklassenwahlrecht** in Preußen, das die unteren Schichten nahezu zur politischen Bedeutungslosigkeit verurteilte. Bereits die Zeitgenossen sahen die Not und die daraus erwachsenden sozialen Probleme. Sie dachten über Möglichkeiten nach, wie die Lebensumstände der Arbeiter verbessert werden konnten (▶ M1).

Nur wenige Politiker ergriffen Maßnahmen, um die Lage von Handwerkern, Bauern und Arbeitern zu verbessern. So gründeten Mitte des 19. Jahrhunderts *Hermann Schulze-Delitzsch* und *Friedrich Wilhelm Raiffeisen* unabhängig voneinander die ersten **Genossenschaften**, die Hilfe zur Selbsthilfe boten. Vorschuss- und Kreditvereine – die Vorläufer der heutigen Volksbanken – sollten den Mitgliedern Kredite für nötige Investitionen gewähren.

Einzelne Unternehmer versuchen zu helfen
Die Mehrzahl der Unternehmer sah in den Arbeitern in erster Linie einen Kostenfaktor und kümmerte sich nicht um deren Lebensbedingungen. Nur wenige Arbeitgeber entschieden sich, die Lage ihrer Beschäftigten zu verbessern. Dabei spielten nicht nur christliche und allgemein humanitäre Überlegungen eine Rolle, sondern auch die Furcht, die zunehmende Verelendung der Arbeiter könnte zu Aufständen oder zur Revolution führen. So gründeten etwa die Großunternehmer *Alfred Krupp* und *Friedrich Harkort* in ihren Betrieben ab 1836 erste Betriebskrankenkassen. Dies sicherte die Familien der Arbeitnehmer ab, wenn der Ernährer krank wurde oder wegen Invalidität nicht mehr oder nur eingeschränkt arbeiten konnte. Ergänzt wurde diese Absicherung im Krankheitsfall durch eine Altersversorgung, zu deren Finanzierung die Unternehmer beitrugen. Der Bau von Werkswohnungen sollte die Wohnsituation der Beschäftigten verbessern, Hygiene- und Sicherheitsvorschriften am Arbeitsplatz dienten der Vorbeugung von Krankheiten und Unfällen. Durch den Einkauf von Lebensmitteln und Gütern des täglichen Bedarfs in *Konsumvereinen* konnten die Lebenshaltungskosten der Arbeiter gesenkt werden. Diese Unternehmer betrachteten sich selbst als Patriarchen (Hausväter), die für das Wohl ihrer Beschäftigten ebenso Verantwortung trugen wie für den wirtschaftlichen Erfolg. Im Gegenzug erwarteten sie von den Arbeitern Gehorsam, Fleiß und Unterordnung sowie den Verzicht auf politische und gewerkschaftliche Aktivitäten (▸ M2).

Der revolutionäre Weg: Karl Marx und der Kommunismus
Unter dem Eindruck der katastrophalen Lebensumstände der Arbeiterschaft entwickelte der Philosoph und Journalist **Karl Marx** in Zusammenarbeit mit dem Unternehmersohn **Friedrich Engels** die Theorie des modernen *Kommunismus*. Im Zentrum von Marx' Weltbild stand der Gedanke, dass die Wirtschaft das zentrale Element jeder Gesellschaft sei (Materialismus). Veränderungen in einer Gesellschaft können demnach nur durch die Änderung der materiellen Verhältnisse erreicht werden (▸ M3). Marx unterteilte die Geschichte der Menschheit bis in die Gegenwart in vier Zeitabschnitte: Urgesellschaft, antike Sklavenhaltergesellschaft, mittelalterliche Feudalgesellschaft und die Epoche des Kapitalismus, der auf dem Privateigentum an Produktionsmitteln beruhe. Seiner Ansicht nach war das soziale Elend der Arbeiter eine zwangsläufige Folge der Produktionsbedingungen des Kapitalismus, da sich in dieser Gesellschaftsordnung zwei Klassen gegenüberstünden: die Unternehmer (die *Bourgeoisie*), die allein über die Produktionsmittel verfügten, und die Arbeiter (*Proletarier*), die nur ihre Arbeitskraft verkaufen könnten. Die Lösung dieses Problems sah Marx in der *sozialistischen Revolution*, die seiner Ansicht nach unausweichlich war. In dieser Revolution werde das Proletariat die Herrschaft über die Bourgeoisie erringen und das Privateigentum an Produktionsmitteln abschaffen. Sämtliche Fabriken, Banken und Bergwerke würden vergesellschaftet. Danach entstehe die kommunistische Gesellschaft, in der alle Klassengegensätze aufgehoben wären: Die Produktionsmittel seien Eigentum der Gesellschaft und jeder Mensch könne sich ohne Ausbeutung durch andere selbst verwirklichen.

Genossenschaft: Zusammenschluss von selbstständigen Personen zu einem Geschäftsbetrieb. Damit können verschiedene Bereiche wie Einkauf, Lagerung oder Maschinenhaltung gemeinsam („genossenschaftlich") betrieben und die Kosten verteilt werden.

▲ **Denkmal für Alfred Krupp auf dem Gelände der Villa Hügel in Essen.** *Undatiertes Foto.*

Karl Marx (1818-1883): protestantisch getaufter Jude aus Trier; Journalist, Philosoph und Begründer des Marxismus

Friedrich Engels (1820-1895): Kaufmann, Philosoph und sozialistischer Politiker aus Barmen, Freund und Mitarbeiter von Marx

Reform statt Revolution: die Sozialdemokratie  Die Anfänge der Arbeiterbewegung in Deutschland, worin das sozialdemokratische Gedankengut seine Wurzeln hat, reichen bis zur Mitte des 19. Jahrhunderts zurück. Vereinzelt bildeten sich Arbeitervereine, die die materiellen Lebensumstände ihrer Mitglieder zu verbessern suchten. Allerdings blieb ihre Wirkung lokal stark begrenzt. Das Verbot politischer Vereine in den deutschen Staaten setzte überdies ihren Betätigungsmöglichkeiten klare Grenzen. Erst mit der Revolution von 1848 / 49 kam es zu größeren Zusammenschlüssen. So vereinigten sich im September 1848 mehr als 30 Arbeitervereine zur „Allgemeinen Deutschen Arbeiterverbrüderung". Sie forderten die Gründung von Konsumgenossenschaften, von Unterstützungskassen im Krankheitsfall, ferner das allgemeine Wahlrecht und das **Koalitionsrecht**. Das Scheitern der Revolution von 1848 / 49 und die darauf folgende Phase reaktionärer Politik in vielen deutschen Staaten führte zu einem Verbot aller Arbeitervereine und ließ die Hoffnungen der Arbeiter auf eine Verbesserung ihrer Situation sinken.

Erst die Entspannung der politischen Situation zu Beginn der 1860er-Jahre ließ die Bildung von Arbeiterparteien zu. 1863 gründete **Ferdinand Lassalle** den *Allgemeinen Deutschen Arbeiterverein* (ADAV). Im Gegensatz zu Marx hielt er es für möglich, die Soziale Frage durch Reformen zu lösen und dabei die staatliche Grundordnung beizubehalten. Um dieses Ziel zu erreichen, mussten jedoch die Arbeiter einen größeren Einfluss auf die Politik gewinnen. Daher war eine zentrale Forderung Lassalles die Einführung des allgemeinen, gleichen, direkten und geheimen Wahlrechts, damit die Arbeiter ihre Interessen auch politisch vertreten konnten.

1869 gründeten *Wilhelm Liebknecht* und *August Bebel* in Eisenach eine zweite Arbeiterpartei: die *Sozialdemokratische Arbeiterpartei* (SDAP). Anders als der ADAV setzte diese Partei auf den Marxismus und die Revolution als Mittel zur Überwindung der sozialen Probleme. Um die Kräfte zu bündeln, näherten sich die SDAP und der Arbeiterverein Lassalles einander an und schlossen sich 1875 in Gotha zur *Sozialistischen Arbeiterpartei Deutschlands* (SAPD) zusammen. Das Gothaer Programm der Partei war zwar von marxistischen Ideen beeinflusst, verzichtete aber auf die gewaltsame Revolution zur Durchsetzung einer sozialistischen Gesellschaft. Die Umgestaltung der Gesellschaft sollte auf friedlichem, gesetzlichem Wege erfolgen (▸ M4). Bei den Reichstagswahlen 1877 konnte die Partei erste Erfolge verbuchen: Sie erhielt 9,1 Prozent der Stimmen und konnte zwölf Abgeordnete in den Reichstag entsenden.

Weite Kreise des Bürgertums empfanden die Sozialdemokratie als eine Bedrohung ihres Besitzstandes. Reichskanzler **Otto von Bismarck** versuchte daher, die Partei durch das „Sozialistengesetz" (1878 - 1890) zu unterdrücken und mithilfe staatlicher Sozialgesetzgebung die Arbeiter für sich zu gewinnen. Damit scheiterte er jedoch. Als 1890 das „Sozialistengesetz" aufgehoben wurde, gründete sich die Partei in Halle neu und nannte sich nun *Sozialdemokratische Partei Deutschlands* (SPD). Zu den zentralen Forderungen der Partei gehörten die Vergesellschaftung der Produktionsmittel, der Acht-Stunden-Tag, das Verbot der Kinderarbeit und das Koalitionsrecht. Obwohl die Sozialdemokratie im politischen System des Kaiserreichs auch nach der Aufhebung des „Sozialistengesetzes" in eine Außenseiterrolle gedrängt wurde, wuchs ihre Anhängerschaft stetig. Bereits 1890 erhielt die Partei bei den Reichstagswahlen 20 Prozent der Stimmen und war mit 35 Abgeordneten im Parlament vertreten. 1912 wurde sie mit 34,8 Prozent der Stimmen und 110 Abgeordneten sogar die stärkste Fraktion im Reichstag und blieb dies auch bis zum Ende des Kaiserreichs.

Koalitionsrecht: erlaubt den Zusammenschluss zu Vereinen und Parteien

Ferdinand Lassalle (1825 - 1864): Sohn eines jüdischen Kaufmanns aus Breslau; Philosoph, Journalist und Politiker

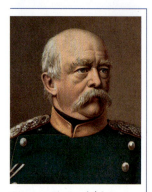

Otto von Bismarck (1815 - 1898): von 1862 bis 1890 mit kurzer Unterbrechung preußischer Ministerpräsident; 1871 - 1890 deutscher Reichskanzler

Jahr	Freie	Christliche	Hirsch-Dunckersche	Insgesamt
1890	278 000	–	63 000*	341 000
1895	259 000	5 000	67 000	331 000
1900	680 000	77 000	92 000	849 000
1905	1 345 000	192 000	116 000	1 653 000
1910	2 017 000	316 000	122 000	2 455 000
1913	2 549 000	343 000	107 000	2 999 000
1914	2 076 000	283 000	78 000	2 437 000

*1891

◀ **Mitgliederentwicklung der Gewerkschaften 1890 bis 1914.** Nach: Volker Berghahn, Das Kaiserreich 1871-1914. Industriegesellschaft, bürgerliche Kultur und autoritärer Staat (Gebhardt, Handbuch der deutschen Geschichte, Bd. 16), 10., völlig neu bearb. Aufl., Stuttgart 2003, S. 337

Die Gewerkschaften Mit den gleichen Schwierigkeiten wie die Arbeitervereine hatten die nach englischem Vorbild gegründeten Gewerkschaften zu kämpfen. Diese Vereinigungen der Arbeiter, die sich für bessere Arbeitsbedingungen und höhere Löhne – auch mithilfe von Streiks – einsetzten, entstanden in Deutschland seit 1848. Koalitionsverbote, die den Zusammenschluss von Arbeitern untersagten, sowie das Verbot von Streiks behinderten zunächst die gewerkschaftliche Tätigkeit. Erst seit den Sechzigerjahren konnten sich die Arbeitervereinigungen wirksam für die Interessen ihrer Mitglieder einsetzen. Jetzt wurde eine Vielzahl von Gewerkschaften gegründet, die sich teils eng an die Arbeiterparteien anlehnten. 1877 hatten die den Sozialdemokraten nahe stehenden *Freien Gewerkschaften* rund 52 000 Mitglieder. Da wegen des „Sozialistengesetzes" auch die Arbeit dieser Gewerkschaften stark beeinträchtigt wurde, wurde erst 1890 unter Führung von *Carl Legien* die „Generalkommission der Freien Gewerkschaften" gegründet. Diese Dachorganisation aller Einzelgewerkschaften führte ab 1899 eine ganze Reihe großer Streiks durch, mithilfe derer die Gewerkschaften versuchten, bessere Arbeitsbedingungen für ihre Mitglieder zu erreichen. Die Zahl der gewerkschaftlich organisierten Arbeiter stieg vor dem Ersten Weltkrieg deutlich an. Insbesondere die Freien Gewerkschaften profitierten davon. Ihre Mitgliederzahl erhöhte sich von rund 294 000 (1890) auf über 2,5 Millionen (1913). Neben den sozialdemokratisch ausgerichteten Gewerkschaften entstanden 1868 auch bürgerliche Gewerkschaften unter der Führung von *Max Hirsch* und *Franz Duncker*, die *Hirsch-Dunckerschen Gewerkvereine*. Schließlich gab es mehrere *Christliche Gewerkschaften*, die sich erst 1901 zum „Gesamtverband der christlichen Gewerkschaften Deutschlands" zusammenschlossen. Gemessen an den Mitgliederzahlen blieben diese Gewerkschaften aber in ihrer Bedeutung weit hinter den Freien Gewerkschaften zurück.

Die bürgerliche Frauenbewegung In den deutschen Staaten hatten sich auch Frauen bereits im Vormärz und noch mehr während der Revolution von 1848/49 zu Vereinen zusammengeschlossen. Seitdem drängten sie auf gesellschaftliche Veränderungen und erhofften sich politische Freiheit. Wichtige Impulse für den Kampf um die Rechte der Frau waren dabei von der Aufklärung und der Französischen Revolution ausgegangen. Vor allem aber hatte der gesellschaftliche Wandel infolge der Industrialisierung nicht nur die Soziale Frage, sondern zugleich auch die „Frauenfrage" aufgeworfen.

Nachdem das *Preußische Vereinsgesetz* von 1850 den Frauen die Mitgliedschaft in politischen Vereinigungen sowie die Teilnahme an politischen Veranstaltungen verbot, konzentrierten sich die Vereine in den 1860er-Jahren auf die Mädchenbildung und auf

▲ **Eine Versammlung sozialdemokratischer Arbeiterinnen.**
Nachträglich kolorierter Holzstich nach einer Zeichnung von Carl Koch, 1890.

die Berufschancen unverheirateter Frauen (▶ M5). Bürgerliche Frauen engagierten sich für die Verbesserung der sozialen und ökonomischen Lage der Arbeiterinnen und Arbeiterfrauen. Erste Kinderschutzvereine wurden gegründet, in deutschen Großstädten entstanden Entbindungsheime und „Kinderbewahranstalten". Volksküchen wurden eingerichtet, um berufstätige Frauen zu entlasten und sie mit gesunder Ernährung bekannt zu machen. Die Frauen erteilten Mädchen aus den Unterschichten Hauswirtschaftsunterricht, kümmerten sich um Not leidende Arbeiterfamilien, Prostituierte und die Reintegration weiblicher Strafgefangener.

1865 wurde auf Initiative von **Louise Otto-Peters**, der Vorsitzenden des Leipziger Frauenbildungsvereins, der *Allgemeine Deutsche Frauenverein* (ADF) gegründet. Er gilt als Ausgangspunkt der organisierten deutschen Frauenbewegung. Ziel des ADF war es, „alle der weiblichen Arbeit im Wege stehenden Hindernisse" zu beseitigen. Langfristig sollten bessere Bildung und die Öffnung qualifizierter Berufe für Frauen die Voraussetzungen für politische Mitsprache sein.

Aber erst durch den 1894 nach amerikanischem Vorbild gegründeten Dachverband der Frauenvereine, den *Bund Deutscher Frauenvereine* (BDF), erhielt die Frauenbewegung größere Bedeutung. 1901 umfasste sie fast 140 Vereine mit verschiedenen Anliegen. Es gab Berufsvertretungen, Beratungs- und Rechtsschutzvereine, Damenturnklubs, weibliche Wandergruppen sowie Vereine zur Sozialfürsorge für Frauen oder mit konfessionellem Charakter. Nur eine kleine Minderheit dieser Vereinigungen stellte politische Forderungen: Frauenwahlrecht, Frauenstudium und Legalisierung der Abtreibung. Der BDF diskutierte zwar Fragen des Arbeiterinnenschutzes, der Gewerbefreiheit oder des Wahlrechts. Der Schwerpunkt seines Engagements galt indessen der Bildungsförderung und der Ausarbeitung von familienrechtlichen und bildungspolitischen Petitionen, die jedoch alle ohne Erfolg blieben.

Zu den führenden Persönlichkeiten der bürgerlichen Frauenbewegung zählten **Hedwig Dohm**, die sich neben den Forderungen nach gleicher Ausbildung und weiblicher Erwerbstätigkeit für das Frauenwahlrecht aussprach, sowie **Helene Lange**, die als Vorsitzende des ADF und des BDF die Frauenbewegung für viele Jahre prägte.

Louise Otto-Peters (1819-1895): Schriftstellerin und Journalistin; gründete 1849 die erste deutsche „Frauen-Zeitung" und engagierte sich seit den 1860er-Jahren in der bürgerlichen Frauenbewegung

Hedwig Dohm (1831-1919): Schriftstellerin und Frauenrechtlerin. Sie kämpfte für die völlige rechtliche, soziale und ökonomische Gleichberechtigung und das Frauenwahlrecht.

Helene Lange (1848-1930): Lehrerin und Frauenrechtlerin. Sie setzte sich vor allem für bessere Bildungs- und Berufschancen für Frauen ein. 1890 gründete sie den Allgemeinen Deutschen Lehrerinnenverein (ADLV).

Die sozialistische Frauenbewegung  Den Gegenpol zur bürgerlichen Frauenbewegung bildete die sozialistische Frauenbewegung, die seit 1889 von **Clara Zetkin** angeführt wurde. Die Organisation zählte um 1908 rund 30 000 Mitglieder. Sie verstand sich als Teil der sozialistischen Arbeiterbewegung, engagierte sich jedoch vorrangig für den Schutz der Arbeiterinnen, die Abschaffung der Kinderarbeit, gleiche Rechte und Löhne wie für Männer sowie die Aufklärung der Frauen über ihre „Klassenlage". Clara Zetkin ging es um die vollständige politische Gleichberechtigung der Frauen im Rahmen einer groß angelegten Lösung der Sozialen Frage. Gemäß der sozialistischen Lehre, nach der die entscheidende Form der Ungleichheit vor allem zwischen den verschiedenen Klassen bestand, war die Gleichheit aller nur durch eine proletarische Revolution zu erreichen. Der Einsatz für Reformen im bestehenden System galt als unzureichend. Im Unterschied zu den anderen politischen Parteien konnten in der SPD Frauen einzelne Ämter übernehmen; doch fanden sich auch hier die Männer kaum mit dem Emanzipationsgedanken ab.

Initiativen im Bereich der christlichen Kirchen Die großen sozialen Probleme, die mit der Industrialisierung einhergingen, führten lange Zeit zu keinem Engagement der Amtskirchen. Zu dieser passiven Haltung trug ein konservatives Weltbild bei, das die Solidarität mit Sozialisten und Kommunisten ablehnte. Hinzu kam ein generelles Misstrauen gegenüber der Industrialisierung und den von ihr verursachten sozialen Veränderungen. So blieb sowohl in der katholischen als auch in der evangelischen Kirche das Engagement auf die Initiative Einzelner beschränkt. Der evangelische Pastor *Johann Hinrich Wichern* gründete 1833 in Hamburg das „*Rauhe Haus*", das sich um alleinstehende Jugendliche bemühte. Diese erhielten eine handwerkliche oder hauswirtschaftliche Ausbildung und sollten zu verantwortungsbewussten Menschen erzogen werden. Noch heute kümmert sich die Stiftung „Rauhes Haus" um hilfsbedürftige Jugendliche. Für die Sozialarbeit in der evangelischen Kirche richtungweisend wurde die von Wichern 1848 angeregte „*Innere Mission*", die zur Entstehung zahlreicher sozialer Einrichtungen der evangelischen Kirche (Krankenanstalten, Altersheime usw.) führte.

Auf katholischer Seite traten vor allem der Kölner Domvikar *Adolf Kolping* und der Mainzer Erzbischof *Wilhelm von Ketteler* mit ihrem Einsatz für die Verbesserung der Lage der Arbeiter hervor. Die von Kolping gegründeten katholischen Gesellenvereine unterstützten seit 1849 vor allem die wandernden Handwerksgesellen bei der Suche nach preiswerter Unterkunft und Betreuung. Das daraus hervorgegangene *Kolpingwerk* leistet noch heute einen wichtigen Beitrag in den sozialen Diensten der katholischen Kirche. Am Ende des 19. Jahrhunderts leitete Papst *Leo XIII.* (1878-1903) eine grundsätzliche Neuorientierung der katholischen Kirche in Hinblick auf die sozialen Probleme der Zeit ein. In seinem Rundschreiben an die Gläubigen, der *Sozialenzyklika* „*Rerum Novarum*" von 1891, forderte der Papst die europäischen Regierungen auf, für Arbeitsschutz und gerechten Lohn Sorge zu tragen. Die praktische Wirkung der Enzyklika blieb jedoch begrenzt (▸ M6).

▲ **Clara Zetkin.**
Foto von 1897, aufgenommen während des Internationalen Kongresses für gesetzlichen Arbeitsschutz in Zürich.

Clara Zetkin (1857-1933): Volksschullehrerin und sozialistische Politikerin. 1878 schloss sie sich den Sozialdemokraten an und wurde daraufhin aus dem Schuldienst entlassen; ab 1890 organisierte sie die sozialdemokratische Frauenbewegung.

Der Staat greift ein ■ Gemäß den liberalen wirtschaftspolitischen Vorstellungen des 19. Jahrhunderts sollte der Staat so weit wie möglich auf ein Eingreifen in die wirtschaftliche Ordnung verzichten. Daher beschränkten sich auch in Deutschland die wenigen gesetzlichen Regelungen auf die Eindämmung der schlimmsten Auswüchse bei der Frauen- und Kinderarbeit. Infolge der Entstehung der Arbeiterparteien und des zunehmenden politischen Drucks der Arbeiterbewegung nahmen die Ängste des Bürgertums vor einer sozialen Revolution zu. Nach der Gründung des Deutschen Reiches 1871 versuchte Reichskanzler Bismarck daher, den Zulauf zur Arbeiterbewegung auf zweierlei Weise zu verringern. Durch das „Sozialistengesetz" von 1878 sollten die Arbeiterparteien politisch ausgeschaltet werden. Gleichzeitig nahm Bismarck sozialpolitische Forderungen der Arbeiterbewegung auf und versuchte, durch eine fortschrittliche *Sozialgesetzgebung* die Arbeiterschaft mit dem Staat zu versöhnen (▸ M7).

Dabei waren es vor allem drei gesetzliche Maßnahmen, die im Zentrum seiner Sozialpolitik standen.

1. Das 1883 erlassene Gesetz über die Einführung einer *Krankenversicherung* schrieb die Mitgliedschaft für alle Arbeiter und einen Teil der Angestellten in Gewerbe- oder Industriebetrieben vor. Die Beiträge für die neu gegründeten Ortskrankenkassen wurden zu zwei Dritteln von den Arbeitnehmern und zu einem Drittel von den Arbeitergebern getragen. Die Versicherten besaßen nun einen Anspruch auf kostenfreie ärztliche Behandlung und eine finanzielle Absicherung im Krankheitsfall. War bisher Krankheit für den Arbeitnehmer gleichbedeutend mit dem Verlust seines Einkommens, so bekam er nun von den Ortskrankenkassen in den ersten 13 Wochen seiner Erkrankung eine Beihilfe.

2. Anders als bei der Krankenversicherung trugen bei der 1884 eingeführten *Unfallversicherung* ausschließlich die Unternehmer die Kosten für die Beiträge. Mit dieser Versicherung sollten die Risiken eines Arbeitsunfalls für die Beschäftigten gemindert werden. Der Geschädigte eines Betriebsunfalls musste dem Unternehmer nicht mehr dessen Verschulden nachweisen, um Anspruch auf Versorgung zu erhalten. Die Versicherung übernahm die Arzt- und Heilkosten und sicherte dem Arbeitnehmer für die Dauer seiner Invalidität eine Rente, die zwei Drittel seines Lohnes betrug. Im Todesfall erhielt die Witwe 60 Prozent der Rente ihres verstorbenen Mannes.

3. 1889 wurde schließlich die *Alters- und Invaliditätsversorgung* gesetzlich geregelt. Durch die Gründung der Rentenversicherung wurden Arbeitnehmer mit einem niedrigen Einkommen im Alter und im Fall der Erwerbsunfähigkeit abgesichert. Finanziert wurde diese Versicherung zum einen durch Beiträge der Arbeitnehmer und der Unternehmen, zum anderen durch einen staatlichen Zuschuss. Versicherungspflichtig waren alle Arbeitnehmer ab 16 Jahren mit einem jährlichen Lohn von bis zu 2 000 Mark. Die Altersrente wurde ab dem 70. Lebensjahr ausbezahlt und richtete sich nach dem Verdienst und der Versicherungsdauer. Wenn ein Arbeitnehmer länger als ein Jahr erwerbsunfähig war, erhielt er eine Invalidenrente.

Dank dieser Gesetze verbesserte sich die soziale Sicherheit der Arbeitnehmer spürbar. Alter und Krankheit waren nun nicht mehr gleichbedeutend mit dem Verlust jeglichen Einkommens. Zwar sorgten die Versicherungen nur für Notfälle vor, trotzdem waren die Arbeiter in Deutschland nun im Vergleich zu anderen europäischen Ländern deutlich besser abgesichert. Die von Bismarck angestrebte Schwächung der Sozialdemokratie wurde mit diesen Maßnahmen allerdings nicht erreicht.

M1 Neue Hörigkeit

Der Professor für Rechts- und Staatswissenschaft Franz Josef Ritter von Buß ist der erste deutsche Politiker, der auf das Los der Arbeiter aufmerksam macht. Am 25. April 1837 redet er im Badischen Landtag über das „soziale Problem":

Das Fabrikwesen erzeugt eine Hörigkeit neuer Art. Der Fabrikarbeiter ist der Leibeigene eines Brotherrn, der ihn als nutzbringendes Werkzeug verbraucht und abgenutzt wegwirft. [...] Der Fabrikarbeiter ist aber nicht bloß der Leibeigene eines
5 Herrn, er ist der Leibeigene der Maschine, die Zubehörde einer Sache. [...] Was hilft dem Arbeiter die Freiheit der Aufkündigung, dieser Wechsel der Lohnsklaverei? Um leben zu können, muss er arbeiten: Nicht immer findet er alsbald Arbeit in einer andren Fabrik; bei der größten Abgewandtheit seines
10 Gemütes von seinem Brotherrn bleibt er an dessen Geschäft gefesselt, und sah man nicht oft Fabrikherren zum Zweck gemeinsamer Herabdrückung des Lohnes sich verbünden?
Auch die politische Stellung des Fabrikarbeiters ist trostlos. Wegen seiner Abhängigkeit kann er politische Rechte nicht
15 genießen, und würden sie ihm auch gewährt, so würde er, als Werkzeug seines Brotherrn, sie nach dessen Laune ausüben müssen. Nach der gesamten Stellung des Arbeiters kann der Staat ihm nicht einmal den Schutz gewähren, den das materielle Recht ihm schuldet: Nur als Armer fühlt der Arbeiter
20 die Wohltaten des Staatsverbandes. [...]
Die durch den gewerblichen Aufschwung, durch die Tendenz unserer Staaten zur Überbevölkerung und den Mangel an anderweitiger Unterkunft anschwellende Anzahl der Fabrikarbeiter führt wegen ihrer ökonomischen Unsicherheit zu
25 einer wahren Massenarmut, dem sogenannten Pauperismus. [...] Eine Ersparung ist dem Arbeiter selbst bei günstigen Verhältnissen nur in geringem Maße möglich; jede längere Unterbrechung der Arbeit zwingt ihn, die öffentliche Hilfe anzusprechen. [...]
30 Die Schaffung einer Masse von Fabrikproletariern wirft [...] nicht bloß einen verheerenden Krankheitsstoff in die Gesellschaft, sondern in ihr wird auch eine furchtbare, stets bereite Waffe den politischen Faktionen[1] angeboten. Die Tendenz des Umsturzes, wahrlich in unsern Tagen nur zu sehr verbreitet,
35 findet in den Fabrikheloten[2] die nahen Verbündeten, einmal weil ihre eigne unbehagliche Stellung in jeder gesellschaftlichen Veränderung ihnen eine Abhilfe vorspiegelt, ferner weil sie in dem die Fabrikherren schützenden Staat den eignen Feind erblicken.

Ernst Schraepler (Hrsg.), Quellen zur Geschichte der sozialen Frage in Deutschland, Bd. 1: 1800 - 1870, Göttingen ³1964, S. 66 - 70

[1] Faktion: politische Gruppierung
[2] Helot: von griech. = Sklave

1. Beschreiben Sie die soziale und rechtliche Situation der Arbeiter.
2. Erläutern Sie die Probleme, die nach Buß aus der sozialen Lage der Arbeiter entstehen.
3. Arbeiten Sie aus seinen Kritikpunkten mögliche Lösungsansätze heraus.

M2 „Ein Wort an die Angehörigen meiner gewerblichen Anlagen"

Die sogenannte „Große Depression" führt ab 1874 zu Firmenzusammenbrüchen und einer bislang nicht gekannten Streikwelle. Der Unternehmer Alfred Krupp richtet 1877 folgenden Aufruf an seine Arbeiter:

Trotz wiederholter Warnung scheint sich unter einem Teile von Euch der Geist der Sozialdemokratie einschleichen zu wollen. Dieser Geist aber ist verderblich, und jeder Verständige muss ihn bekämpfen, der Arbeiter so gut wie der Arbeitgeber. [...] Um die Lage meiner Arbeiter zu verbessern, war 5 ich von jeher zunächst darauf bedacht, ihnen ein möglichst sorgenfreies Dasein für die Zeiten zu verschaffen, in denen sie selbst nicht mehr arbeiten könnten. Ihr selbst wisst es am besten, wie es mit Kranken, Invaliden und ausgedienten Arbeitern bei uns gehalten wird. Dann habe ich den Arbeitern 10 Wohnungen gebaut, worin bereits 20 000 Seelen untergebracht sind, habe Schulen gegründet, Schenkungen verliehen und Einrichtungen getroffen zur billigen Beschaffung von allem Lebens- und Hausbedarf. Ich habe mich dadurch in eine Schuldenlast gesetzt, die abgetragen werden muss. 15 Damit dies geschehen kann, muss jeder seine Schuldigkeit tun in Frieden und Eintracht und in Übereinstimmung mit unseren Vorschriften.
[...] Unter den schwierigsten Umständen habe ich den Mut gehabt, für meine Leute einzutreten, und behalte ihn auch in 20 der jetzigen schweren Zeit. Ich hoffe, dass wir sie überwinden werden, dass wir Arbeit behalten werden. Alle Kräfte werden dafür nach allen Seiten aufgewandt. Das sollten die Arbeiter dankbar erkennen [...]. Ich gebe Euch nun diesen Rat: Lasst Euch nicht blenden durch schöne Worte und erwartet das 25 Heil nicht von solchen, die einen neuen mühelosen Weg zur Volksbeglückung gefunden haben wollen. Die Angelegenheiten des ganzen Vaterlandes sollen jedem wichtig und teuer sein, aber dazu hilft gar nichts [...] das Schwatzen über politische Angelegenheiten, das ist nur den Aufwieglern 30 willkommen und stört die Pflichterfüllung. Eine ernste Beschäftigung mit der Landespolitik erfordert mehr Zeit und tiefere Einsicht in schwierige Verhältnisse, als Euch zu Gebote steht. Das Politisieren in der Kneipe ist nebenbei sehr teuer,

35 dafür kann man im Hause Besseres haben. Nach getaner Arbeit verbleibt im Kreise der Eurigen, bei den Eltern, bei der Frau und den Kindern. Da sucht Eure Erholung, sinnt über den Haushalt und die Erziehung. Das und Eure Arbeit sei zunächst und vor allem Eure Politik. Dabei werdet Ihr frohe
40 Stunden haben.

Gerhard Adelmann u.a. (Hrsg.), Quellensammlung zur Geschichte der sozialen Betriebsverfassung, Bd. 2, Bonn 1965, S. 295

1. *Erläutern Sie, welche Sozialmaßnahmen Krupps sich aus dem Text erschließen lassen. Zeigen Sie seine Motive auf. Welche Gegenleistungen erwartet Krupp?*

2. *Arbeiten Sie heraus, welche Stellung Krupp dem Unternehmertum zuweist. Welches Bild des Arbeiters schwebt ihm vor? Inwieweit hat sich das Verhältnis Unternehmer – Arbeiter verändert?*

M3 Das Manifest der Kommunistischen Partei

Karl Marx und Friedrich Engels unterhalten im Londoner Exil Beziehungen mit dem „Bund der Kommunisten", einem Geheimbund, der das private Eigentum an den „Produktivkräften" (Fabriken, Maschinen usw.) abschaffen will. In dessen Auftrag veröffentlichen sie im Februar 1848 das „Manifest der Kommunistischen Partei". Darin heißt es:

Ein Gespenst geht um in Europa – das Gespenst des Kommunismus. [...] Die Geschichte aller bisherigen Gesellschaft ist die Geschichte von Klassenkämpfen.
Freier und Sklave, Patrizier und Plebejer, Baron und Leibeige-
5 ner, Zunftbürger und Gesell, kurz, Unterdrücker und Unterdrückter standen in stetem Gegensatz zueinander, führten einen ununterbrochenen, bald versteckten, bald offenen Kampf, einen Kampf, der jedes Mal mit einer revolutionären Umgestaltung der ganzen Gesellschaft endete oder mit dem
10 gemeinsamen Untergang der kämpfenden Klassen. [...]
Unsere Epoche, die Epoche der Bourgeoisie, zeichnet sich jedoch dadurch aus, dass sie die Klassengegensätze vereinfacht hat. Die ganze Gesellschaft spaltet sich mehr und mehr in zwei große feindliche Lager, in zwei große, einander direkt gegen-
15 überstehende Klassen: Bourgeoisie und Proletariat. [...]
Im Anfang kämpfen die einzelnen Arbeiter, dann die Arbeiter einer Fabrik, dann die Arbeiter eines Arbeitszweiges an einem Ort gegen den einzelnen Bourgeois, der sie direkt ausbeutet. Sie richten ihre Angriffe nicht nur gegen die bürgerlichen
20 Produktionsverhältnisse, sie richten sie gegen die Produktionsinstrumente selbst; sie vernichten die fremden konkurrierenden Waren, sie zerschlagen die Maschinen, sie stecken die Fabriken in Brand [...].

Auf dieser Stufe bilden die Arbeiter eine über das ganze Land zerstreute und durch ihre Konkurrenz zersplitterte Masse. [...] 25 Aber mit der Entwicklung der Industrie vermehrt sich nicht nur das Proletariat; es wird in größeren Massen zusammengedrängt, seine Kraft wächst, und es fühlt sie mehr.
Es werden ferner [...] durch den Fortschritt der Industrie ganze Bestandteile der herrschenden Klasse ins Proletariat 30 hinabgeworfen oder wenigstens in ihren Lebensbedingungen bedroht. Auch sie führen dem Proletariat eine Masse Bildungselemente zu.
In Zeiten endlich, wo sich der Klassenkampf der Entscheidung nähert, nimmt der Auflösungsprozess innerhalb der 35 herrschenden Klasse, innerhalb der ganzen alten Gesellschaft, einen so heftigen, so grellen Charakter an, dass ein kleiner Teil der herrschenden Klasse sich von ihr lossagt und sich der revolutionären Klasse anschließt [...].
Wenn das Proletariat im Kampf gegen die Bourgeoisie sich 40 notwendig zur Klasse vereinigt, durch eine Revolution sich zur herrschenden Klasse macht und als herrschende Klasse gewaltsam die alten Produktionsverhältnisse aufhebt, so hebt es mit diesen Produktionsverhältnissen die Existenzbedingungen des Klassengegensatzes, die Klassen über- 45 haupt und damit seine eigene Herrschaft als Klasse auf.
An die Stelle der bürgerlichen Gesellschaft mit ihren Klassen und Klassengegensätzen tritt eine Assoziation, worin die freie Entwicklung eines jeden die Bedingung für die freie Entwicklung aller ist. [...] 50
Mögen die herrschenden Klassen vor einer kommunistischen Revolution zittern. Die Proletarier haben nichts zu verlieren als ihre Ketten. Sie haben eine Welt zu gewinnen. Proletarier aller Länder, vereinigt euch!

Karl Marx, Die Frühschriften, hrsg. von Siegfried Landshut, Stuttgart 7 2004, S. 594-596

1. *Charakterisieren Sie das zyklisch wiederkehrende Ablaufschema, das nach Marx den Fortgang aller bisherigen Geschichte ausgemacht hat.*

2. *Erklären Sie, wie sich nach Marx eine gesellschaftliche Klasse herausbildet.*

3. *Überprüfen Sie die Aussage, in der bürgerlichen Wirtschaftsgesellschaft habe sich der Klassengegensatz auf die Konfrontation Bourgeois – Proletarier vereinfacht.*

4. *Zeigen Sie auf, worin sich die proletarische Revolution von allen früheren Revolutionen in der Geschichte unterscheiden soll.*

M4 Das Gothaer Programm

Auszug aus dem 1875 beschlossenen Programm der SAPD:

I. [...] In der heutigen Gesellschaft sind die Arbeitsmittel Monopol der Kapitalistenklasse, die hierdurch bedingte Abhängigkeit der Arbeiterklasse ist die Ursache des Elends und der Knechtschaft in allen Formen.

5 Die Befreiung der Arbeit erfordert die Verwandlung der Arbeitsmittel in Gemeingut der Gesellschaft und die genossenschaftliche Regelung der Gesamtarbeit mit gemeinnütziger Verwendung und gerechter Verteilung des Arbeitsertrages. Die Befreiung der Arbeit muss das Werk der Arbeiterklasse
10 sein, der gegenüber alle anderen nur eine reaktionäre Masse sind.

II. Von diesen Grundsätzen ausgehend, erstrebt die Sozialistische Arbeiterpartei Deutschlands mit allen gesetzlichen Mitteln den freien Staat und die sozialistische Gesellschaft, die
15 Zerbrechung des ehernen Lohngesetzes[1] durch Abschaffung des Systems der Lohnarbeit, die Aufhebung der Ausbeutung in jeder Gestalt, die Beseitigung aller sozialen und politischen Ungleichheit. [...] Die Sozialistische Arbeiterpartei Deutschlands fordert, um die Lösung der Sozialen Frage anzubahnen,
20 die Errichtung von sozialistischen Produktivgenossenschaften[2] mit Staatshilfe unter der demokratischen Kontrolle des arbeitenden Volkes. Die Produktivgenossenschaften sind für Industrie und Ackerbau in solchem Umfange ins Leben zu rufen, dass aus ihnen die sozialistische Organisation der
25 Gesamtarbeit entsteht.

1. Allgemeines, gleiches, direktes Wahl- und Stimmrecht, mit geheimer und obligatorischer Stimmabgabe aller Staatsangehörigen vom zwanzigsten Lebensjahre an für alle Wahlen und Abstimmungen in Staat und Gemeinde. Der Wahl- oder
30 Abstimmungstag muss ein Sonntag oder Feiertag sein.

2. Direkte Gesetzgebung durch das Volk. Entscheidung über Krieg und Frieden durch das Volk. [...]

3. Allgemeine Wehrhaftigkeit, Volkswehr anstelle der stehenden Heere.

35 4. Abschaffung aller Ausnahmegesetze, namentlich der Press-, Vereins- und Versammlungsgesetze; überhaupt aller Gesetze, welche die freie Meinungsäußerung, das freie Forschen und Denken beschränken.

▲ Fahne der Sozialdemokraten, entstanden um 1870.

5. Rechtsprechung durch das Volk. Unentgeltliche Rechtspflege. 40

6. Allgemeine und gleiche Volkserziehung durch den Staat. Allgemeine Schulpflicht. Unentgeltlicher Unterricht in allen Bildungsanstalten. Erklärung der Religion zur Privatsache.

Die Sozialistische Arbeiterpartei fordert innerhalb der heutigen Gesellschaft: 45

1. Möglichste Ausdehnung der politischen Rechte und Freiheiten im Sinne der obigen Forderungen.

2. Eine einzige progressive Einkommensteuer für Staat und Gemeinde anstatt aller bestehenden, insbesondere die das Volk belastenden indirekten Steuern. 50

3. Unbeschränktes Koalitionsrecht.

4. Einen den Gesellschaftsbedürfnissen entsprechenden Normalarbeitstag. Verbot der Sonntagsarbeit.

5. Verbot der Kinderarbeit und aller die Gesundheit und Sittlichkeit schädigenden Frauenarbeit. 55

6. Schutzgesetze für Leben und Gesundheit der Arbeiter. [...] Überwachung der Bergwerke, der Fabrik-, Werkstatt- und Hausindustrie durch von Arbeitern gewählte Beamte. Ein wirksames Haftpflichtgesetz.

Günter Schönbrunn (Bearb.), Das bürgerliche Zeitalter 1815-1914. Geschichte in Quellen, München 1980, S. 878 f.

1. *Stellen Sie die programmatischen und politisch-praktischen Grundaussagen einander gegenüber.*

2. *Arbeiten Sie aus dem Gothaer Programm das Spannungsverhältnis zwischen einem revolutionären Kurs und einer Politik innerhalb des Verfassungssystems heraus. Welche Rolle kommt dem Staat dabei zu?*

[1] Nach Ferdinand Lassalle, dem ersten Präsidenten des Allgemeinen Deutschen Arbeitervereins, war der durchschnittliche Arbeitslohn auf ein Minimum beschränkt, das es dem Arbeiter gerade noch erlaubte, seine Existenz zu erhalten.

[2] Produktivgenossenschaft: wirtschaftliche Vereinigung von Handwerkern, Bauern oder Arbeitern ohne unternehmerische Selbstständigkeit

M5 Frauen zwischen Beruf und Ehe

Die Staatswissenschaftlerin Else Lüders ist 1912 die erste Frau, die an einer deutschen Universität die Doktorwürde erlangt. 1913 schreibt sie über die Berufstätigkeit von Frauen:

In all der wechselnden Fülle der Einzelschicksale lassen sich doch ungefähr drei Hauptklassen von Frauen unterscheiden, für die das Problem „Beruf und Ehe" bereits Bedeutung hat oder immer mehr Bedeutung erlangen wird. Wir haben uns
5 mit allen reformatorischen Maßnahmen zuerst einzusetzen für die größte Masse von Frauen, die Beruf und Ehe verbinden müssen. Es sind dies die Fabrikarbeiterinnen, Heimarbeiterinnen, Landarbeiterinnen, aber auch die oft hart mitarbeitenden Ehefrauen kleiner Geschäftsleute und Handwerker.
10 Die Mutterschaft dieser Frauen vollzieht sich vielfach unter Bedingungen, die jeder sozialen und hygienischen Kultur Hohn sprechen.
Eine zweite Gruppe, für die das Problem steigende Bedeutung erlangen wird, sind die Frauen des sogenannten hö-
15 heren Mittelstandes, denn bis in diese Schichten hinauf macht sich die Erscheinung geltend, dass das Einkommen des Mannes allein nicht mehr zum Familienunterhalt ausreicht. [...] Leider stehen veraltete Vorurteile der Erwerbsarbeit der Frauen dieser Kreise vielfach noch entgegen. Zahlreichen
20 tüchtigen Frauen gerade dieser Kreise verbarrikadiert auch der Staat selbst den Weg zu einer legalen Ehe und Mutterschaft, indem er ihnen die Ausübung des Berufes nach der Eheschließung verbietet. [...]
Und schließlich wird man immer mehr mit einer dritten
25 Gruppe von Frauen zu rechnen haben, die Beruf und Ehe verbinden wollen, weil sie in der Berufserfüllung eine so starke innere Befriedigung finden, dass ein Aufgeben dieses Berufes nicht nur ein pekuniäres, sondern auch ein geistiges und seelisches Opfer für sie bedeutet. Zu diesen Frauen werden ne-
30 ben Künstlerinnen namentlich auch Frauen der Wissenschaft sowie Frauen in sozialen und pädagogischen Berufen gehören. Es bedeutet einen Missbrauch von Frauenkraft und zugleich einen Verlust für die Allgemeinheit, wenn solche innere Berufsfreudigkeit an der Ausübung gehemmt wird.

Zitiert nach: Elke Frederiksen (Hrsg.), Die Frauenfrage in Deutschland 1865-1915. Texte und Dokumente, Stuttgart 1981, S. 356 f. und 360 f.

1. *Erläutern Sie das Problem „Beruf und Ehe", wie Lüders es beschreibt. Aus welchem Grund wird die Berufstätigkeit von Frauen abgelehnt?*
2. *Analysieren Sie, wie sich für Lüders der Zusammenhang zwischen Schichtzugehörigkeit und Berufstätigkeit darstellt. Nehmen Sie Stellung.*

M6 Rerum Novarum

In seiner Enzyklika vom Jahre 1891 fasst Papst Leo XIII. die Soziallehre der katholischen Kirche zusammen:

Zunächst kann die religiöse Lebensauffassung, deren Hüterin und Lehrerin die Kirche ist, Besitzende und Nichtbesitzende miteinander versöhnen, indem sie nämlich beide Teile zu ihren wechselseitigen Pflichten zurückruft; vor allem kommen hier die Pflichten der Gerechtigkeit in Betracht.   5
Folgende Pflichten berühren den Lohnarbeiter: Er soll zu dem, was in seinem Arbeitsvertrag mit Freiheit und Gerechtigkeit abgemacht ist, voll und ganz stehen; er soll sich im Arbeitsverhältnis jeder Sachbeschädigung und auch persönlichen Verletzung des Arbeitgebers enthalten; bei der Wahrneh-   10
mung seiner Interessen soll er nicht zu Gewalttätigkeiten greifen und Empörung anzetteln; er soll nicht gemeinsame Sache machen mit verbrecherischen Menschen, die in wohlgesetzten Reden das Blaue vom Himmel versprechen und schließlich ihren Gläubigen allzu späte Reue und die Scher-   15
ben von Hab und Gut zurücklassen.
Folgende Pflichten gehen den Besitz und das Arbeitgebertum an: Man soll den Arbeiter nicht wie einen Hörigen ansehen; man soll in ihm jene persönliche Würde achten, die ihm als Christen eignet; ferner lehren uns die Natur und auch die   20
christliche Philosophie, dass es keine Schande, sondern eine Ehre für den Menschen ist, einen Erwerbsberuf zu haben, da er ja die Möglichkeit verschafft, in Ehren den Lebensunterhalt zu sichern. Dies allerdings ist schändlich und spricht jedem Menschentum Hohn, wenn man anstatt des toten Kapitals   25
den Menschen im Erwerbsbetrieb verbraucht und ihn nicht höher wertet, als seine Nerven und Muskeln hergeben können. Der Arbeitgeber soll den Arbeiter auch nicht über seine Gebühr belasten und ihm nicht Arbeiten geben, die entweder zu seinem Alter oder zu seinem Geschlecht nicht passen.   30
Zu den wichtigsten Verpflichtungen des Arbeitgebers gehört es aber, jedem ein gerechtes Entgelt zu geben. [...] Jemand um den geschuldeten Lohn zu bringen, ist fürwahr eine schwere Sünde, die laut zum Himmel um Rache ruft. [...]
Indessen sind zweifellos zur Behebung der sozialen Schwie-   35
rigkeiten auch jene Mittel heranzuziehen, die ausschließlich in der Macht der Menschen sind. [...] Daher mögen die verantwortlichen Staatslenker zuerst und vor allem durch den ganzen Aufbau der Gesetzgebung und der Verwaltung dahin streben, dass daraus von selbst das Wohlergehen der Allge-   40
meinheit wie auch der Einzelnen erblühe. [...]
Es ist also eine Forderung der Billigkeit, dass man sich seitens der öffentlichen Gewalt des Arbeiters annehme, damit er an dem, was er zum allgemeinen Nutzen beiträgt, Anteil hat und so hinsichtlich Wohnung, Kleidung und Nahrung gesi-   45

chert ist, um ein weniger schweres Leben führen zu können. Daher ist alles zu fördern, was irgendwie der Lage der Arbeiterschaft nützen kann.

Gustav Gundlach (Hrsg.), Die sozialen Rundschreiben Leos XIII. und Pius XI., Paderborn 1931, S. 19, 20 und 31-33

1. *Nennen Sie die wesentlichen Thesen zur Rolle der Arbeiterschaft in der modernen Industriegesellschaft. Berücksichtigen Sie besonders die Tatsache, dass es sich um eine kirchliche Stellungnahme handelt.*
2. *Arbeiten Sie heraus, welche Rolle Leo XIII. Arbeitgebern und dem Staat zuweist.*
3. *Nehmen Sie Stellung dazu, ob die vorgeschlagenen Maßnahmen wirksam sein können bzw. wo ihre Grenzen liegen.*

M7 Gründe und Ziele staatlicher Sozialpolitik

Reichskanzler Otto von Bismarck in der Beratung des ersten Unfallversicherungsgesetzes im Reichstag am 2. April 1881:

Seit fünfzig Jahren sprechen wir von einer Sozialen Frage. [...] Ich halte es für meinen Beruf, diese Fragen ohne Parteileidenschaft [...] in Angriff zu nehmen, weil ich nicht weiß, wer sie mit Erfolg in Angriff nehmen soll, wenn es die Reichsregie-
5 rung nicht tut. [...]
Ich bin der Meinung, dass das „laisser faire, laisser aller"[1], „das reine Manchestertum"[2] in der Politik", „Jeder sehe, wie er's treibe, jeder sehe, wo er bleibe", „Wer nicht stark genug ist zu stehen, wird niedergerannt und zu Boden getreten", „Wer
10 da hat, dem wird gegeben, wer nicht hat, dem wird genommen", dass das im Staat, namentlich in dem monarchischen, landesväterlich regierten Staat Anwendung finden könne. [...] Aber umsonst ist der Tod! Wenn Sie nicht in die Tasche greifen wollen und in die Staatskasse, dann werden Sie nichts
15 fertig bekommen. Die ganze Sache der Industrie aufzubürden – das weiß ich nicht, ob sie das ertragen kann. Schwerlich geht es bei allen Industrien. Bei einigen ginge es allerdings; es sind das diejenigen Industriezweige, bei welchen der Arbeitslohn nur ein minimaler Betrag der Gesamtproduktions-
20 kosten ist. [...] Ob man den Beitrag auf die Arbeiter oder auf die Unternehmer legt, das halte ich für ganz gleichgültig. Die Industrie hat ihn in beiden Fällen zu tragen, und was der Arbeiter beiträgt, das ist doch notwendig schließlich zulasten des ganzen Geschäfts. Es wird allgemein geklagt, dass der

---

[1] franz.: tun, gehen lassen; hier etwa: Treibenlassen aller Dinge
[2] Manchestertum: Bezeichnung für einen extremen Wirtschaftsliberalismus ohne staatliche Eingriffe, benannt nach dem britischen Manchester, dem damaligen Zentrum der Textilindustrie

▲ **„Merkwürdige Frage."**
Karikatur auf Bismarcks Sozialreformen aus der sozialdemokratischen Satirezeitschrift „Der wahre Jacob" (Nr. 318), 1891 (Ausschnitt).

Lohn der Arbeiter im Ganzen keinen Überschuss und keine 25 Ersparnis gestatte. Will man also dem Arbeiter zu dem eben noch ausreichenden Lohn noch eine Last auferlegen, ja, dann muss der Unternehmer diese Mittel zulegen, damit der Arbeiter die Last tragen kann.

Alfred Milatz (Hrsg.), Otto von Bismarck. Werke in Auswahl, Bd. 6, Darmstadt 1973, S. 515-521

1. *Prüfen Sie, ob Bismarck Recht hat, wenn er behauptet, die Soziale Frage bestehe bereits seit 50 Jahren. Welche Aufgaben für die Regierung leitet er daraus ab?*
2. *Arbeiten Sie heraus, ob sich Bismarck für oder gegen das „Laisser faire"-Prinzip ausspricht.*
3. *Fassen Sie die Erwägungen Bismarcks über die Finanzierbarkeit der Unfallversicherung zusammen.*

Veränderte Lebens- und Arbeitsbedingungen in der industriellen Welt

„Landflucht" und Urbanisierung ■ Noch zu Beginn des 19. Jahrhunderts lebten zwei Drittel der deutschen Bevölkerung auf dem Land. Auf dem Gebiet des späteren Deutschen Kaiserreiches wuchs die Bevölkerung zwischen 1816 und 1871 von gut 23 Millionen auf 41 Millionen. Dieser Anstieg und die sich dynamisch entwickelnde Arbeitswelt forderten von den Menschen die Bereitschaft zur Mobilität. Oft genug aus der Not um die Existenzsicherung zogen Ströme von Arbeitsuchenden in die rasch wachsenden Industrieregionen. Diese schon damals als „Landflucht" bezeichnete Entwicklung führte zum viel beklagten Arbeitskräftemangel auf dem Land.

Je mehr sich die Industrie in den Städten ansiedelte, wo es gute Verkehrsanbindungen und zahlreiche Arbeitskräfte gab, desto stärker wuchs dort die Einwohnerzahl. Ausgangspunkt für die Verstädterung (*Urbanisierung*) waren Standorte der Textilproduktion, des Bergbaus und der Schwerindustrie. Kaum eine Region veränderte sich so schnell wie das Ruhrgebiet. Kern des rasanten Strukturwandels war dort der Kohlebergbau. Zu Beginn des 19. Jahrhunderts noch durch Landwirtschaft, Kleinstädte und Dörfer geprägt, wuchs das Ruhrgebiet bis zum Ende des Jahrhunderts zum größten industriellen Ballungszentrum Europas. Auch Großstädte wie Berlin, Hamburg, Köln, Frankfurt am Main, Hannover und Nürnberg sowie das sächsisch-oberschlesische Industrierevier zogen die Bevölkerung an.

Da vor allem junge Menschen in die Stadt kamen, die Geburtenrate dadurch anstieg und zugleich die Sterblichkeit aufgrund verbesserter Hygiene und ärztlicher Versorgung stärker abnahm als auf dem Land, trug auch das innerstädtische Bevölkerungswachstum zur Urbanisierung bei. In vielen Städten verdreifachte sich die Einwohnerschaft in drei Jahrzehnten. Auch die Anzahl der Städte wuchs: Gab es im Jahre 1875 erst 271 Städte in Deutschland mit mehr als 10 000 Einwohnern, so waren es 1910 bereits 576. Kurz vor dem Ersten Weltkrieg lebten rund 60 Prozent der deutschen Bevölkerung in Städten (▸ M1). Von den größeren Staaten hatte lediglich England einen noch höheren Grad an Urbanisierung erreicht.

Um mit dem Zuzug der Bevölkerung fertig zu werden, mussten sich die Städte ins Umland ausdehnen. Sie verloren ihre zum Teil noch mittelalterliche Gestalt. Stadtmauern und Befestigungsanlagen wurden niedergerissen, die Stadtgräben aufgefüllt und kleinere benachbarte Orte eingemeindet. Um die neu errichteten Fabriken und Bahnhöfe entstanden neue Stadtviertel. Trotzdem gelang es nicht, ausreichenden und angemessenen Wohnraum für die neuen Stadtbewohner zu schaffen. Insbesondere die Situation für die Arbeiter war sehr schlecht. Sowohl in den Altstädten als auch in den Wohnungen der Arbeiterviertel herrschte Platznot. Viele kinderreiche Familien mussten in „Mietskasernen" leben, wo es lediglich Wohnungen von ein oder zwei Räumen gab (▸ M2). Da die Arbeiterfamilien häufig über ein sehr niedriges Einkommen verfügten, mussten sie auch Schlafgänger aufnehmen, alleinstehende Arbeiter, die nur für einen Schlafplatz bezahlen konnten. Die Vermieter waren häufig nicht daran interessiert, die Wohnungen zu renovieren, da sie bei dem geringen Verdienst der Arbeiter keine höheren Mieten erzielen konnten.

Die wachsenden Vororte hatten mitunter eine ganz neue Siedlungsstruktur. Im Ruhrgebiet mit seinem rasanten Verstädterungsprozess entstanden regelrechte Industriedörfer aus schnell hochgezogenen Mietshäusern und Arbeiterkolonien.

Wandel in Unternehmensstrukturen und Berufen ▪ Mit dem Wachstum der Unternehmen wandelten sich am Ende des 19. Jahrhunderts auch die Strukturen in den Betrieben. Neue Gewerbezweige und Produktpaletten entstanden, die Aufgabenbereiche in den Betrieben erweiterten und differenzierten sich. Einen völlig neuen Stellenwert erhielt die Arbeitsorganisation: Wissenschaftlich ausgebildete Fachkräfte, vor allem Ingenieure, arbeiteten in Labors und Konstruktionsbüros weitere Verbesserungen aus und Betriebswirte systematisierten die Organisation und Planung der Betriebe. Die Verwaltung der Unternehmen wurde bürokratisiert und rationalisiert, Buchführung, Logistik und Vertrieb zu eigenen Bereichen ausgebaut. Schreib- und Verwaltungsaufgaben nahmen zu, gleichzeitig veränderten Telefon, Schreibmaschine und Kurzschrift die Büroarbeit grundlegend.

Der steigende Bedarf an qualifizierten Arbeitskräften ließ eine neue Berufsgruppe entstehen: die *Angestellten*. Von den Zeitgenossen zunächst allgemein als „Privatbeamte" bezeichnet, war die Gruppe der Angestellten jedoch überaus heterogen und umfasste neben den Büroberufen, den kaufmännischen Mitarbeitern, Buchhaltern, Kassierern oder Schreibkräften, ebenso die Betriebsberufe der Techniker und Ingenieure sowie den Werkstattbereich (Werkmeister u. a.). Neben dem großen Spektrum an Positionen in den Industriebetrieben bot der um die Jahrhundertwende rapide wachsende Dienstleistungssektor den Angestellten in Handel, Banken und Versicherungen viele neue Arbeits- und Aufstiegsmöglichkeiten.

In ihrer Lebensführung suchten sich die Angestellten deutlich von den Arbeitern abzugrenzen und näherten sich als „neuer Mittelstand" dem Bürgertum an. Sichtbarer Ausdruck dafür war eine Reihe von Statussymbolen. Dazu gehörten etwa die standesgemäße Kleidung mit Anzug, weißem Hemd und typischem Stehkragen für die Männer sowie – vor allem nach dem Ersten Weltkrieg – modische Kleidung, Frisuren und Kosmetik für die Frauen.

Fließbandarbeit ▪ Ausgangspunkt für die Veränderungen der Betriebsstrukturen waren der technische Fortschritt und die zunehmende Mechanisierung der Produktion in den Fabriken. Diese wurden im Verlauf des 19. Jahrhunderts geradezu zum Synonym der industriellen Arbeitswelt.

Eine besonders effektive und zeitsparende technische Neuerung war die Einführung des Fließbandes. Dieses ermöglichte die schnelle Massenfertigung von normierten Einzelteilen in großen Stückzahlen. Dabei wurde die Produktion in unzählige kleine Zwischenstationen zerlegt, bei der die einzelnen Teile die Fertigung möglichst ohne Unterbrechung durchliefen. Jeder Arbeiter und jede Arbeiterin hatte dabei jeweils nur wenige bestimmte und immer gleiche Handgriffe auszuführen. Die Folge davon war ein steigender Anteil von An- und Ungelernten innerhalb der Industriearbeiterschaft.

1913 setzte der amerikanische Unternehmer *Henry Ford* das Fließband erstmals in der Automobilindustrie ein. Die neue Fertigungsmethode ermöglichte es ihm, seinen Arbeitern relativ hohe Löhne auszuzahlen und seine Automobile zu enorm niedrigen Preisen anzubieten. Allein vom 1908 herausgebrachten legendären „Modell T", dessen Preis von zunächst 850 Dollar Jahr für Jahr sank, verkauften sich zwischen 1908 und 1927 in den USA etwa 15 Millionen Exemplare. Erst nach dem Ersten Weltkrieg wurde auch in Deutschland auf Fließbandproduktion umgestellt: 1924 eröffnete Henry Ford ein Autowerk in Berlin, im selben Jahr wurde das Fließband bei Opel, 1925 bei Siemens eingeführt.

▲ **In der Leibniz-Bäckerei in Hannover.**
Foto von 1912.
Die Bahlsen Keksfabrik führte als erster Betrieb in Europa Fließförderbänder zur Verpackung von Waren ein.

Frederick Winslow Taylor
(1856-1915): amerikanischer Ingenieur, der als Erster begann, Arbeitsabläufe in Fabriken wissenschaftlich zu analysieren und zu optimieren. Damit gilt er als Begründer der wissenschaftlichen Betriebsführung (Scientific Management oder Taylorismus).

Die standardisierte Arbeit am Fließband ist eng mit den arbeits- und betriebswissenschaftlichen Überlegungen des Amerikaners **Frederick W. Taylor** verbunden, die nach ihm als *Taylorismus* benannt sind (▸ M3).

Seine umfassende praktische Umsetzung fand der Taylorismus in den Ford-Werken. Die konsequente Rationalisierung durch Fließbandproduktion, Schichtbetrieb und Akkordarbeit galt als nachahmenswertes Erfolgsmodell. Allerdings fand der Taylorismus nicht nur Anerkennung. Die stereotype, monotone Tätigkeit sowie die durch das Fließband und den Takt der Maschinen gesteigerte Arbeitsgeschwindigkeit wurden als unmenschliche „Arbeitshetze" heftig kritisiert.

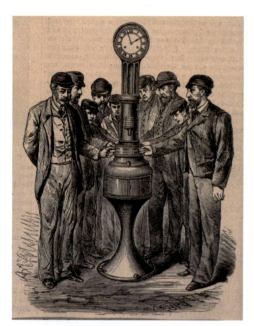

▲ **Uhr, Signaltafel, Spinde und Stechuhr: Maßnahmen zur Disziplinierung der Arbeiter.**
Holzstich aus der Leipziger „Illustrirten Zeitung" vom 18. Mai 1889.

Arbeitszeiten und Löhne ■ Während in der Frühphase der Industrialisierung die Arbeitszeit schnell zugenommen hatte und für Männer, Frauen und Kinder nicht unter zwölf Stunden täglich lag, verkürzte sich die Arbeitszeit bis 1914 auf durchschnittlich neun Stunden. Jedoch war weiterhin eine Wochenarbeitszeit von 70 Stunden nicht ungewöhnlich. „Urlaub" oder „Erholung" gab es in der Regel nicht und auch das 1891 eingeführte Verbot der Sonn- und Feiertagsarbeit wurde vielfach nicht beachtet.

Für einen gewissen Ausgleich sorgten höhere Reallöhne, die allein zwischen 1895 und 1913 in Deutschland um mehr als ein Viertel anstiegen. Jedoch fielen diese je nach Tätigkeit, Branche und Region sowie vor allem in städtischen und ländlichen Betrieben völlig unterschiedlich aus. Besonders zwischen gelernten und ungelernten Arbeitern herrschte ein deutliches Lohngefälle. Hinzu kam, dass sich durch gleichzeitig steigende Preise und Mieten die Lebenshaltungskosten erhöhten und sich dadurch die Reallöhne relativierten. Meist reichte das Einkommen der ungelernten Arbeiter nicht für den Lebensunterhalt der gesamten Familie, sodass Frauen und Kinder, deren Verdienst zudem erheblich unter dem der Männer lag, hinzuverdienen mussten. Seit der Jahrhundertmitte war die Kinderarbeit zwar durch wachsende Kritik sowie die Durchsetzung der allgemeinen Schulpflicht allmählich zurückgegangen, viele Familien blieben jedoch auf den finanziellen Beitrag der Kinder angewiesen. Der Anteil der erwerbstätigen Frauen stieg in der zweiten Jahrhunderthälfte sogar noch an.

Um 1900 lag die Zahl der Fabrikarbeiterinnen bei 1,9 Millionen. Neben der Textilbranche stellten vor allem die neuen Chemiewerke und elektrotechnischen Betriebe verstärkt Frauen ein. In der Regel gab es in den Fabriken getrennte Arbeitsbereiche für Männer und Frauen, wobei Frauen meist in untergeordneten Positionen eingesetzt wurden. Zudem mussten die Arbeiterinnen die Doppelbelastung von Beruf und Haushalt tragen. Immerhin erreichte die Frauenbewegung einige Mindeststandards des Arbeitsschutzes: Die Gewerbeordnungsnovelle von 1891 verbot die Nacht- und Sonntagsarbeit und schrieb eine sechswöchige Arbeitsunterbrechung nach der Geburt vor. 1908 wurde der zehnstündige Maximalarbeitstag eingeführt und das Beschäftigungsverbot für Wöchnerinnen auf acht Wochen ausgedehnt.

Einen regelrechten Boom erlebte der Beruf des Dienstmädchens seit den 1880er-Jahren bis zum Beginn des Ersten Weltkriegs, vor allem in den großen Städten. 1882 arbeitete in Berlin fast ein Drittel aller weiblichen Erwerbstätigen als Dienstmädchen. Neu war dabei nicht der Beruf an sich, sondern die Zahl der in diesem Bereich tätigen Frauen. Vor allem junge Mädchen aus Arbeiter- und Bauernfamilien zogen den Dienst in einem privaten Haushalt der Fabrikarbeit vor – trotz schlechter Bezahlung und zum Teil erniedrigender Arbeitsbedingungen. Neben Kost und Logis erhielten sie meist nur ein besseres Taschengeld als Bezahlung. Zudem mussten sie den „Herrschaften" nahezu Tag und Nacht zur Verfügung stehen. Eine eigene Familie ließ sich mit dieser Arbeit nicht vereinbaren, weshalb die meisten Dienstmädchen nach der Heirat zur Fabrikarbeit überwechselten.

Arbeitslosigkeit, aber auch Krankheit konnten das gesamte Einkommen von Arbeiterfamilien schnell aufzehren und sie an den Rand des Existenzminimums bringen, denn sie hatten kaum Möglichkeiten, finanzielle Rücklagen zu bilden (▸ M4). Lohnfortzahlung im Krankheitsfall oder Invalidenrente gab es nicht. Besonders verbreitet war die Altersarmut. Die erhöhten Produktivitätsanforderungen an die Arbeiter konnten nur von Männern im Alter von 25 bis 40 Jahren geleistet werden. Ältere sanken fast zwangsläufig in die ungesicherte Arbeitslosigkeit ab, die generell zu einem signifikanten Problem wurde, auch wenn sie bis zum Ersten Weltkrieg noch mit zwei bis drei Prozent vergleichsweise gering war.

Bildung, Forschung und Industrie ▪ Der gewaltige Aufschwung der neuen Technologien und Industriezweige in Deutschland war nicht zuletzt das Ergebnis von Reformen in Bildung und Forschung.

Im Bereich der höheren Schulen gab es in Deutschland zunächst nur das *humanistische Gymnasium*. Es pflegte insbesondere die alten Sprachen Latein und Griechisch, Geschichte, Religionslehre sowie die musischen Fächer. Besucht wurde das humanistische Gymnasium vor allem von Kindern aus Beamten- und Akademikerfamilien. In der zweiten Hälfte des 19. Jahrhunderts entwickelten sich zusätzlich zwei neue höhere Schulzweige, die den Schwerpunkt auf die naturwissenschaftlich-technischen Fächer sowie die modernen Fremdsprachen legten. Während im *Realgymnasium* weiterhin Latein unterrichtet wurde, verzichteten die *Oberrealschulen* darauf zugunsten eines intensiveren mathematisch-naturwissenschaftlichen sowie neusprachlichen Unterrichts. Es waren vor allem Wirtschaftsbürger, Handwerker und Angestellte, die ihre Kinder auf die Oberrealschule schickten. Ab 1900 konnte auch auf diesen Schulen das Abitur abgelegt werden.

Frauen blieb die höhere Schulbildung bis Ende des 19. Jahrhunderts verschlossen, da sie kein Abitur machen durften. Noch bis in die Zeit der Weimarer Republik blieb die höhere Schulbildung und erst recht der Universitätsbesuch, auch für Jungen, das Privileg der höheren Schichten. Es waren in erster Linie Teile des Bildungsbürgertums, die auch den Mädchen eine gute Ausbildung zukommen ließen. In den unteren Schichten waren die Familien ohnehin darauf angewiesen, dass Jungen und Mädchen schnell etwas zum Familieneinkommen beitrugen oder finanziell unabhängig wurden.

Die deutsche akademische Ausbildung um 1900 genoss weltweites Ansehen. Kein europäischer Staat hat seine Hochschulen damals so ausgiebig gefördert wie das Deutsche Kaiserreich. Unter den 42 Nobelpreisträgern in den Fächern Physik, Chemie und Medizin bis zum Jahre 1914 waren 14 deutsche Professoren. Forschung fand jedoch nicht nur an den Hochschulen statt. Seit 1911 gab es die „Kaiser-Wilhelm-Gesellschaft zur Förderung der Wissenschaften" (die spätere *Max-Planck-Gesellschaft*), an der sich Unternehmerverbände finanziell beteiligten. Die Gesellschaft unterhielt zunächst fünf Institute, an denen Wissenschaftler sowohl zeit- und geldaufwändige Grundlagenforschung wie auch Auftragsforschung (angewandte Forschung für die Industrie) betrieben. Schwerpunkte bildeten die Chemie, die Biologie und die Kohlenforschung, die für die Farbenindustrie von großer Bedeutung war.

▲ **Türschilder.**
Foto aus Berlin, um 1900.

▲ **„Die Henrichshütte bei Hattingen am Abend."**
Ölgemälde von Eugen Bracht, 1912.
■ *Beschreiben Sie die Abbildung und recherchieren Sie,*
welche Intention der Künstler mit der Darstellung dieser
Industrielandschaft verfolgte.

Umweltverschmutzung ■ Der rasche Ausbau der Industrie im 19. Jahrhundert führte nicht nur zu einem Wandel der Arbeitsbedingungen, sondern darüber hinaus auch der Lebensbedingungen, da sich die Umwelt durch den Bau von Fabriken, Straßen, Eisenbahnen und Kanälen sowie das schnelle Wachstum der Städte stark veränderte.

Das Bevölkerungswachstum und die Konzentration der Menschen in den Städten brachten Probleme für die Wasserversorgung mit sich. Fäkalien, Schmutz und Unrat aus privaten Haushalten wurden in der Regel entweder durch Gräben entfernt oder mit Fässern abtransportiert. Wassertoiletten und Schwemmkanalisationen waren so gut wie unbekannt. Erst um die Mitte des 19. Jahrhunderts begann man mit dem systematischen *Bau von Kanalisationssystemen* in den großen Städten. Kanalisation und sauberes Trinkwasser sorgten für eine enorme Verbesserung der sanitären und hygienischen Verhältnisse in den Städten (▸ M5). Diese Art der Abwasserentsorgung brachte jedoch bald ein neues Problem mit sich. Durch das Einleiten von Abwässern aus Haushalten und Fabriken in die Flüsse wurden diese so stark verschmutzt, dass sie kaum noch als Trinkwasserreservoirs infrage kamen. Gerade viele kleinere Flüsse verkamen zu Kloaken.

Gleichzeitig wurde das öffentliche *Gesundheitswesen* ausgebaut. Ein Großteil der medizinischen Versorgung der Bevölkerung wurde nun von staatlichen und kommunalen Einrichtungen übernommen. In den Jahren zwischen 1877 und 1913 verdoppelte sich die Zahl der Krankenhäuser, auch die Zahl der niedergelassenen Ärzte stieg. Für die Kosten kam zum größten Teil die im Rahmen der Sozialgesetzgebung eingeführte Krankenversicherung auf.[*]

Gegen die negativen Folgen der Industrialisierung für Mensch und Natur regte sich bereits früh Protest. Die Anwohner der Fabriken klagten häufig gegen die Belästigungen und Gefährdungen, die von den gewerblichen Anlagen ausgingen. Allerdings blieben ihre Beschwerden in der Regel erfolglos. Das Wissen um die Auswirkungen der Umweltverschmutzung war noch gering, man betrachtete den Rauch und Gestank als notwendiges „Culturübel", das man hinnehmen musste. Da es keine geeigneten Messmethoden und wissenschaftlich gesicherten Erkenntnisse über die Folgen der Umweltbelastung gab, war es im Einzelfall schwierig nachzuweisen, ob bestimmte Fabriken die Gesundheit der Anwohner gefährdeten.

Für die Unternehmer war der Umweltschutz in erster Linie eine Kostenfrage. Solange es keine gesetzlichen Regelungen gab, wollte niemand die eigene Produktion durch einen höheren Aufwand bei der Entsorgung von Schadstoffen verteuern. Der Versuch der Behörden, mit Gewerbeordnungen die Beeinträchtigungen durch die Fabriken zu vermindern, erwies sich als ungeeignet. Auch der Bau höherer Schornsteine führte lediglich dazu, dass sich über den Städten bei ungünstiger Wetterlage Dunstglocken bildeten, die heute unter der englischen Bezeichnung *„Smog"* bekannt sind.

Erst durch die aufkommende Elektrifizierung am Ende des 19. Jahrhunderts verbesserte sich die Qualität der Luft in den großen Städten wieder. Viele Fabriken stellten den Antrieb ihrer Maschinen von Dampfmaschinen und Transmissionssystemen auf Elektromotoren um. Trotzdem blieb durch die Verbrennung von Kohle und durch die Schadstoffe der Fabriken die hohe Belastung der Luft bestehen.

---

[*] Siehe S. 44.

Fortschrittsoptimismus oder Zivilisationskritik?  Mit dem Wachstum der Städte veränderte sich auch das städtische Leben, der „Mythos Großstadt" entstand. Elektrische Straßenbeleuchtung, bunte Reklame, Trambahnen, Automobile, über die Straßen eilende Menschenmassen, Warenhäuser, Cafés und Theater standen für einen neuen, urbanen Lebensstil. Dieser, so das allgemeine Urteil der Zeitgenossen, wirkte sich nicht nur auf den Alltag der Menschen, sondern auch auf ihre Mentalität aus.

Die Veränderungen wurden dabei sehr unterschiedlich wahrgenommen. Für die einen galten die Großstädte als Inbegriff der Moderne, als dynamische Zentren des Fortschritts und der kulturellen Vielfalt, die dem Einzelnen Freiheit und Individualität ermöglichten. Die ländliche „Provinz" konnte mit dem Tempo nicht mithalten. Von vielen Städtern wurde sie als rückständig und verschlafen belächelt. Andere wiederum kritisierten die Städte als Orte des sittlichen Verfalls, des dekadenten Massenkonsums und der politisch-sozialen Gefährdung. Trotz der meist besseren Lebensbedingungen litten viele zugezogene ehemalige Landbewohner an Heimweh. Sie idealisierten ihr früheres Leben, da die Stadt fremd und unüberschaubar blieb. Zudem war in der Stadt jeder auf sich selbst gestellt. Damit fiel auch die soziale Kontrolle fort, die auf dem Land stark ausgeprägt war und das Leben des Einzelnen wie der Gemeinschaft mitbestimmte – ein Umstand, den Kritiker als Ursache gesellschaftlicher Fehlentwicklungen in den Städten deuteten. Das Zusammenleben auf engem Raum einerseits, die mangelnde soziale Kontrolle und fehlenden Familienstrukturen andererseits begünstigten in ihren Augen unsittliche Verhaltensformen und die Anfälligkeit für radikale politische Programme. Als Belege wurden der Rückgang der Geburtenrate in den Städten, die Prostitution und die vielen Geschlechtskranken angeführt. Insbesondere in konservativ-bürgerlichen Kreisen galten diese Erscheinungen als untrügliche Symptome des Niedergangs. Untersuchungen, die Verhaltensstörungen und Nervenkrankheiten auf die Hektik und den Lärm der Städte zurückführten, schienen die schädlichen Auswirkungen des Stadtlebens wissenschaftlich zu belegen.

In Großstadtfaszination und Großstadtkritik bündelten sich die widersprüchlichen Tendenzen der Zeit, die sich auch in der Kunst – in Bildern und Gedichten, aber auch in Literatur, Fotografie oder Film – widerspiegelten (▸ M6).

▲ „Heimweh."
Postkarte, 1910 - 1920.
Die fremde und anonyme großstädtische Lebens- und Arbeitswelt weckte bei vielen vom Land Zugewanderten Heimwehgefühle und führte zu einer Romantisierung und Idealisierung des Landlebens.

Massenkultur und neue Freizeitformen Bis in die erste Hälfte des 19. Jahrhunderts wurde Kultur mit klassischer Literatur, Theater, Malerei und klassischer Musik gleichgesetzt. Bücher erschienen in kleinen Auflagen zu relativ hohen Preisen, und Theater gab es fast ausschließlich in den größeren Städten. Diese Kultur war ein Luxus, den sich vor allem die oberen Gesellschaftsschichten leisten konnten. Einen besonders hohen Stellenwert besaßen kulturelle Veranstaltungen für das Bildungsbürgertum.

Gegen Ende des 19. Jahrhunderts erreichten die großen deutschen Klassiker der Literatur dank der von Reclam 1867 begründeten Reihe „Reclams Universal-Bibliothek" Auflagen von mehreren 100 000 Stück. Moderne Drucktechnik und hohe Auflagen ließen die Preise auf zwei Silbergroschen pro Heft sinken und damit auch für die unteren Bevölkerungsschichten erschwinglich werden. Besonders beliebt war auch die Unterhaltungsliteratur. Die Romane der nach 1900 meistgelesenen Autoren *Hedwig Courths-Mahler* und *Karl May* verkauften sich millionenfach. Volksbibliotheken und Stadttheater, Museen, Konzerte und Veranstaltungen der Volkshochschulen erweiterten das Bildungs- und Kulturangebot.

Die Verkürzung der Arbeitszeit, Urlaubsregelungen und die steigende Kaufkraft ermöglichten es immer mehr Menschen, die nach der Arbeit verbleibende Zeit nach eigenen Bedürfnissen zu gestalten. In den Großstädten entstanden neue Tanzlokale,

▲ „Café Maxim Friedrichstr. 218."
Plakatentwurf von Robert Reimann, vor 1905.

Varietés und Kabaretts. Die Theater bekamen Konkurrenz durch große Revuen mit ihren Gesangsnummern und Tanzeinlagen.

Auch der Sport spielte eine immer größere Rolle. Zu den allgemeinen Turn- und Sportvereinen kamen spezielle: 1878 entstand in Hannover der erste deutsche Fußballverein. 1900 wurde in Leipzig der *Deutsche Fußballbund* (*DFB*) gegründet. Seit 1903 finden Deutsche Meisterschaften statt. Auch Radrennen und Boxkämpfe zogen die Massen an. Zur Freizeit am Wochenende gehörte neben dem Sport für viele Großstädter der Ausflug „ins Grüne", zu Fuß oder mit dem Fahrrad.

Massenkultur und neues Freizeitverhalten verwischten die Milieugrenzen zwischen Arm und Reich, zwischen Stadt und Land. Ins Kino ging der Arbeiter ebenso wie der Großbürger, alle Klassen und Schichten tanzten zu denselben Schlagern und lasen dieselben Illustrierten. Hoch- und Massenkultur ließen sich nicht mehr eindeutig voneinander trennen.

Wachsende Warenwelt und Massenkonsum ■ Durch die technischen Neuerungen und die industrielle Massenfertigung verbesserte sich die Versorgung der Bevölkerung mit neuen Produkten stetig. Dies und die zunehmende Kaufkraft der Bevölkerung bereiteten der *Konsumgesellschaft* den Weg. Zigaretten, bislang ein Luxusgut, wurden zu Massenprodukten. Ende des 19. Jahrhunderts kamen die ersten industriell gefertigten Lebensmittel wie Fertigsuppen auf den Markt. Zur gleichen Zeit traten Markenartikel dank geschickter Werbung ihren Siegeszug an.

Zum herausragenden Zeichen der immer reichhaltigeren Warenwelt wurden die prächtigen Kaufhäuser in den Großstädten. Die ersten faszinierten in Frankreich, England und in den USA schon in der Mitte des 19. Jahrhunderts ihre Kunden. Im Deutschen Reich gewannen Kaufhäuser um 1900 an Bedeutung (▶ M7). Sie boten vor allem Textilien in großer Auswahl und „Kleidung von der Stange" an, führten feste Preise ein und machten Porzellan, Südfrüchte und Konserven zu Massenartikeln.

Die Elektrifizierung der Haushalte mit Staubsauger, Bügeleisen, Waschmaschine und Kühlschrank wurde zum Inbegriff der modernen Konsumgesellschaft. Arbeitnehmer mit durchschnittlichem Einkommen konnten sich diesen Luxus allerdings kaum leisten. Der 1928 von der AEG auf den Markt gebrachte „Volksherd" war jedoch bereits für den Massenkauf konstruiert. Während die Zahl der mit Strom versorgten Haushalte in der Großstadt Berlin zwischen 1925 und 1930 von 27 auf 76 Prozent anstieg, blieben die Kleinstädte und Dörfer auf dem Land noch lange hinter dieser Entwicklung zurück. Dort war von der Konsum- und Massengesellschaft bis in die 1930er-Jahre kaum etwas zu spüren.

M1 Urbanisierung

Die Verteilung von Stadt- und Landbevölkerung im Deutschen Reich

	Prozentualer Anteil an der Gesamtbevölkerung in Gemeinden				
	mit weniger als 2000 Einwohnern	2000 bis 5000 Einwohner	5000 bis 20000 Einwohner	20000 bis 100000 Einwohner	100000 und mehr Einwohner
1871	63,9	12,4	11,2	7,7	4,8
1880	58,6	12,7	12,6	8,9	7,2
1890	53,0	12,0	13,1	9,8	12,1
1900	45,6	12,1	13,5	12,6	16,2
1905	42,6	11,8	13,7	12,9	19,0
1910	40,0	11,2	14,1	13,4	21,3

Nach: Gerd Hohorst u.a. (Hrsg.), Sozialgeschichtliches Arbeitsbuch, Bd. II. Materialien zur Statistik des Kaiserreichs 1870-1914, München ²1975, S. 52

1. *Setzen Sie die Tabelle in eine geeignete Diagrammform um, die das Verhältnis von Stadt- und Landbevölkerung anzeigt. Erläutern Sie die Entwicklung.*

2. *Finden Sie heraus, welche Bevölkerungsentwicklung in Ihrem Heimatraum im 19. Jahrhundert und später stattfand. Lassen sich für die Zeit des Kaiserreichs Belege für Städtewachstum und Veränderungen der Infrastruktur finden?*

M2 Armenwohnung

Der spätere SPD-Reichstagsabgeordnete Albert Südekum schildert Mitte der 1890er-Jahre seine Eindrücke von einer Mietskaserne:

Ein heißer, schwüler Augustnachmittag. [...]
Die stagnierende Luft des engen Hofes lag bleischwer auf dem unsauberen Pflaster, die Wände des Hauses strömten eine brütende Hitze aus, nachdem schon tagelang die Sonne
5 ihre Glutpfeile unbarmherzig auf die Stein- und Asphaltwüste der staubigen Großstadt herniedergesandt hatte. Ein Gefühl der Beklemmung legte sich mir auf die Brust, als wir durch die enge Tür zum Treppenhaus traten und die Stiegen emporklommen. Fast jede Stufe knarrte und ächzte laut un-
10 ter unserem Tritt, und obschon wir beide nur leichtes Schuhwerk trugen, vollzog sich der Aufstieg nicht ohne beträchtliches Geräusch. Wie es erst in einem solchen Hause kracht und dröhnt, wenn ein müder, schwerer Mann mit derben Nagelstiefeln die Stufen hinaufstapft, davon macht sich der
15 „herrschaftlich" Wohnende keine Vorstellung.
Auf jeden Treppenpodest gingen drei Türen, die meisten mit mehreren Schildern oder Karten behängt. In diesem Quergebäude gab es fast nur zweiräumige Wohnungen, aus Stube und Küche bestehend. Viele Mieter teilten ihre Räume noch mit Schlafburschen oder Logiermädchen.
20
Die Patientin meines Freundes, die Frau eines Gelegenheitsarbeiters, hatte der furchtbaren Hitze wegen die Tür der Küche, in der sie lag, und die Tür nach dem Treppenhause hin offen gelassen. [...] Die Atmosphäre in dem Raum war fürchterlich, denn wegen des Lärms der spielenden Kinder konnte 25 die Kranke das Fenster den ganzen Tag nicht öffnen. [...]

▶ **„Der späte Schlafbursche."**
Zeichnung von Heinrich Zille, 1902.

▲ **Berliner Mietskasernen.**

Zeitgenössische Fotografien.
Die Berliner Mietskasernen waren berüchtigt für ihre Blockbebau-
ung, bei der meist drei oder vier Höfe aufeinanderfolgten. In diese
fiel kaum Tageslicht, weil die Höfe nach Polizeivorschrift nur 5,30
Meter im Quadrat groß sein mussten, damit die pferdebespannten
Spritzenwagen der Feuerwehr gerade noch darin wenden konnten.

Nur wenig ärmlicher Hausrat fand sich in dem unwohnlichen
Raum. Auf der kleinen eisernen Kochmaschine standen ein
paar Töpfe, die nach dem letzten Gebrauch noch nicht ge-
30 reinigt waren; den einzigen Tisch bedeckten ein paar Teller
und Gläser, Zeitungsblätter, Kamm, Bürste und Seifenschale,
eine Schachtel mit Salbe zum Einreiben, Teller mit Speiseres-
ten und andere Gegenstände. Der geringe Kleidervorrat der
Familie hing an den Wänden; ein paar halbverblasste Fami-
35 lienbilder und ungerahmte Holzschnitte aus einer illustrierten Zeitung bildeten den einzigen Schmuck. Außer der Frau
und ihrem Manne lebten in dieser Küche noch drei Kinder,
von denen das älteste, ein Mädchen, 14 Jahre, die beiden
Knaben etwa 7 und 4 Jahr alt waren. Das Bett der Kranken,
40 die einzige sichtbare Schlafgelegenheit, war etwas quer
geschoben, sodass sie von ihm aus, ohne sich zu erheben,
den Wasserzapfhahn erreichen konnte; hinter dem Bett eine
Kommode; in der Ecke ein Korblehnstuhl, sonst nur zwei höl-
zerne Schemel ohne Lehne. [...]
45 Ich fragte die Frau nach ihren „Wohnschicksalen" in der
Großstadt. Zuerst hatte sie in Lichtenberg, damals noch ein
ziemlich unansehnliches Dorf, Unterkunft gefunden, wo ein
Bruder des Mannes bereits wohnte. Dann waren sie nach
Pankow gezogen, wo der Mann zwei Jahre bei Straßenbauten
50 gute Arbeit gehabt hatte. Endlich kamen sie in die Stadt. Die
Kranke wusste nicht mehr alle Straßen zusammenzufinden,
in denen sie gehaust hatten, tatsächlich nicht einmal anzu-
geben, in welchen Wohnungen ihre letzten beiden lebenden
Kinder geboren waren; sie konnten nur schätzungsweise sa-

gen, dass sie durchschnittlich alle sechs Monate das Domizil 55
gewechselt, also wohl damals schon 15 verschiedene Wohnungen innegehabt hatten. Meistens hatten sie nur einen
Raum ermieten können, seit sie in Berlin selbst wohnten;
nur etwa zwei Jahre lang im Ganzen, bei etwas höherem
Verdienst und regelmäßiger Arbeit des Mannes, konnten sie 60
in besser ausgestatteten Zweizimmerwohnungen weilen.
Jedesmal, wenn es schien, als ob es ihnen dauernd etwas
besser gehe, waren sie durch eine Krankheit oder durch ein,
manchmal verfrühtes, Wochenbett – die Frau hatte im Ganzen deren sechs durchgemacht – oder einen Todesfall wieder 65
zurückgeworfen worden. Armenunterstützung hatten sie
noch nicht in Anspruch genommen, waren dagegen wiederholt gelegentlich beschenkt worden, nachdem die Kranke
einst in der Frau eines rasch zu Vermögen gelangten ehemaligen Maurerpoliers eine Jugendfreundin entdeckt hatte. [...] 70
Wie die Familie schlief? Mann und Frau in einem einzigen
Bett. Die Kinder wurden auf ausgebreiteten Kleidungsstü-
cken untergebracht und durften erst dann ins Bett kriechen,
wenn Vater und Mutter – gewöhnlich vor 5 Uhr morgens –
aufgestanden waren. Die kleinsten Kinder waren jeweils in 75
einem Korbe, gelegentlich auch, wenn die Frau zu irgendeinem Gange das Zimmer verlassen musste, in einem halb-
aufgezogenen Schub der Kommode gebettet gewesen.

Jens Flemming, Klaus Saul und Peter-Christian Witt, Quellen zur Alltagsgeschichte der Deutschen 1871-1914, Darmstadt 1997, S. 237-239

1. *Arbeiten Sie aus der Beschreibung Südekums die*
Hauptprobleme der Wohnsituation in Mietskasernen
heraus. Ziehen Sie dafür auch die Abbildungen heran.
2. *Erläutern Sie die Wechselwirkung von Wohn- und*
Arbeitsverhältnissen damals und heute.

M3 Taylorismus

1911 führt Frederick W. Taylor eine Analyse in den Bethlehem-Stahlwerken in den USA durch:

Eine der ersten Arbeiten, die von uns übernommen wurden, als ich begann, meine Ideen bei den Bethlehem-Stahlwerken einzuführen, war das Verladen von Roheisen nach dem Pensumsystem. [...] Das Verladen des produzierten Roheisens
5 geschah seit langen Jahren durch eine besondere Arbeiterkolonne. [...]
Wir stellten fest, dass in dieser Kolonne jeder Einzelne durchschnittlich ungefähr 12½ t pro Tag verlud; zu unserer Überraschung fanden wir aber bei eingehender Untersuchung,
10 dass ein erstklassiger Roheisenverlader nicht 12½, sondern 47 bis 48 t pro Tag verladen sollte. Dieses Pensum erschien uns so außerordentlich groß, dass wir uns verpflichtet fühlten, unsere Berechnung wiederholt zu kontrollieren, bevor wir unserer Sache vollkommen sicher waren. Einmal jedoch da-
15 von überzeugt, dass 47 t eine angemessene Tagesleistung für einen erstklassigen Roheisenverlader bedeuteten, stand uns klar vor Augen, was wir als Arbeitsleiter aufgrund der neuen Ideen zu tun hatten. Wir mussten darauf sehen, dass jeder Mann pro Tag 47 t verlud, anstatt 12½ wie bisher. Wir muss-
20 ten ferner darauf sehen, dass diese Arbeit ohne einen Ausstand[1], ohne Streitigkeiten mit den Arbeitern getan würde, und dass die Leute beim Verladen von täglich 47 t freudiger und zufriedener wären als bei den 12½ t von früher.
Unser Erstes war es, die rechten Leute herauszufinden, denn
25 „Eines schickt sich nicht für alle". Das neue System macht es zur unbeugsamen Regel, bei Verhandlungen mit Arbeitern immer nur einen einzelnen Mann auf einmal vorzunehmen. [...] Schließlich waren wir auf vier Leute aufmerksam geworden, die körperlich geeignet erschienen, täglich 47 t Roheisen
30 zu verladen. Jeder einzelne von diesen Leuten wurde dann zum Gegenstand eines sorgfältigen Studiums gemacht. [...] Schließlich suchten wir einen unter den Vieren aus als denjenigen, mit dem man am besten beginnen konnte. [...] Unserer Beobachtung nach legte er nach Feierabend seinen ungefähr
35 halbstündigen Heimweg ebenso frisch zurück wie morgens seinen Weg zur Arbeit. Bei einem Lohn von 1,15 Doll. pro Tag war es ihm gelungen, ein kleines Stück Grund und Boden zu erwerben. Morgens, bevor er zur Arbeit ging, und abends nach seiner Heimkehr arbeitete er daran, die Mauern für
40 sein Wohnhäuschen darauf aufzubauen. Er galt für außerordentlich sparsam. Man sagte ihm nach, er messe dem Dollar einen außerordentlich hohen Wert bei [...]. Diesen Mann wollen wir Schmidt nennen. [...]

[1] Ausstand: Streik

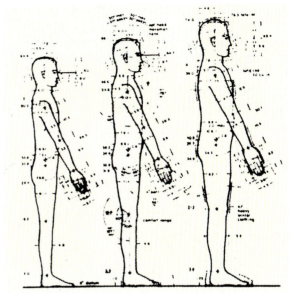

▲ **Der Mensch als Maschine.**
Neben Zeitstudien nahm Taylor auch exakte Vermessungen des Bewegungsapparates einzelner Arbeiter vor, auf deren Grundlage er standardisierte Arbeits- und Betriebsabläufe entwickelte. Auf diese Weise sollten z.B. versteckte Pausen vermieden werden.

Schmidt begann zu arbeiten, und in regelmäßigen Abständen wurde ihm von dem Mann, der bei ihm als Lehrer stand, 45 gesagt: „Jetzt heben Sie einen Barren auf und gehen Sie damit! Jetzt setzen Sie sich hin und ruhen sich aus! etc." Er arbeitete, wenn ihm befohlen wurde zu arbeiten, und ruhte sich aus, wenn ihm befohlen wurde, sich auszuruhen, und um halb sechs Uhr nachmittags hatte er 47½ t auf den Wag- 50 gon verladen.
Die drei Jahre hindurch, die ich in Bethlehem war, arbeitete er stets in diesem Tempo und leistete das verlangte Pensum tadellos. Er verdiente diese ganze Zeit hindurch etwas mehr als 1,85 Doll. durchschnittlich, während er vorher nie mehr 55 als 1,15 Doll. täglich verdient hatte, was damals in Bethlehem der normale Taglohn war. Er erhielt also 60 % mehr Lohn als die anderen Arbeiter, die nicht unter dem Pensumsystem arbeiteten.

Gerhard Henke-Bockschatz (Hrsg.), Industrialisierung, Schwalbach/Ts. 2003, S. 117 f.

1. *Skizzieren Sie die Grundzüge des Taylorismus.*
2. *Zeigen Sie die Neuerungen des Systems auf und nehmen Sie Stellung zu den Argumenten, mit denen Taylor diese begründet.*
3. *Stellen Sie die Folgen des Taylorismus für den Arbeiter dar. Welche Position wird ihm zugedacht und nach welchen Kriterien wird er bewertet?*

M4 Lebenshaltungskosten eines Arbeiterhaushaltes

Durchschnittliches Monatseinkommen eines deutschen Arbeiterhaushaltes 1800 und 1890 (beide Eltern und zwei Kinder arbeiten):

	1800	1890
(Netto-)Lohn (in Mark)	81,0	139,0
Kosten für (absolut und in % vom Nettolohn)		
Miete/Heizung	11,3	25,25
	13,95 %	18,17 %
Nahrung/Getränke	58,3	76,75
	71,97 %	55,22 %
Hausrat	2,4	5,6
	2,97 %	4,0 %
Gesundheit/Hygiene	1,0	1,7
	1,23 %	1,22 %
Kleidung	5,0	7,7
	6,17 %	5,54 %
Bildung/Unterhaltung	2,0	12,0
	2,47 %	8,63 %
Versicherungen	–	6,8
	–	4,9 %
Kosten gesamt	80,0	135,8
	98,77 %	97,7 %
Sparvolumen	1,0	3,2
	1,23 %	2,3 %

Nach: Putzger Historischer Weltatlas, Berlin [10]2001, S. 139

1. Erläutern Sie die Entwicklung der laufenden Kosten eines Arbeiterhaushaltes von 1800 bis 1890. Nennen Sie Gründe für die langfristige Tendenz.
2. Ziehen Sie Rückschlüsse auf die Lebenssituation der Arbeitnehmer vor dem Ersten Weltkrieg.
3. Recherchieren Sie – etwa auf www.destatis.de – das aktuelle Durchschnittseinkommen und die Ausgabenstruktur eines mittleren Arbeitnehmerhaushaltes von heute und suchen Sie nach auffälligen Konstanten und Verschiebungen in der Ausgabenstruktur (Verkehr, Freizeit etc.).

M5 Selbstreinigungskraft der Natur

Der erste Professor für Hygiene in Deutschland, Max von Pettenkofer, analysiert 1881 die Rolle von Luft, Wasser und Erde für die Gesundheit des Menschen:

Seit die Menschheit den Begriff Gesundheit erfasst hat, wurden der Örtlichkeit, die man als wesentlich aus Luft, Wasser und Boden bestehend betrachtet, wohl schon immer krank machende und gesund machende Eigenschaften zugeschrieben, man hat aber den Sitz dessen, was krank [5] und gesund macht, […] weniger im Boden des Ortes angenommen. […]
Alles Wasser, was wir auf Erden trinken, fällt vom Himmel und ist überall fast gleich zusammengesetzt. Erst wenn es in den Boden eindringt und durch ihn weiterzieht, verändert [10] es sich durch die Aufnahme von Stoffen, welche der Örtlichkeit entstammen, durch die es läuft. […] Wenn also Luft oder Wasser an einem Orte verdorben sind, so geht die Verderbnis nicht von einer Entmischung oder Zersetzung dieser beiden Lebenselemente aus, sondern vom Ort selbst, und sie rei- [15] nigen sich bald wieder. Am längsten und zähesten haftet eine Verunreinigung am Boden, der keinen Ortswechsel hat, wie Luft und Wasser. Wenn man früher für einen Ort den hygienischen Wert der Luft an erste Stelle, den des Wassers an zweite und den des Bodens an dritte Stelle setzte, so darf [20] man gegenwärtig die Reihenfolge wohl umkehren. […]
Eine regelrechte Kanalisierung mit hinreichender Spülung bezweckt nicht nur die Fortschaffung vielen Schmutzes, sondern auch eine große Verdünnung aller in Wasser löslichen und schwemmbaren Schmutzstoffe, und diese Verdünnung [25] trägt nachweisbar auch zu ihrer Unschädlichmachung und völligen Zerstörung bei. Die Gegner der Kanalisation führen sehr gern an, dass es unmöglich sei, ein Kanalnetz absolut dicht herzustellen. Darauf kommt es aber auch gar nicht an, es genügt, die in den Boden eindringende Unreinigkeit, [30] soweit sie organischer Natur ist, bis auf ein gewisses Maß herabzuringen, in welchem sie rasch vom Boden verändert und unschädlich verarbeitet wird.

Max von Pettenkofer, Der Boden und sein Zusammenhang mit der Gesundheit des Menschen, Berlin [2]1882, S. 5-7

1. Charakterisieren Sie die von Pettenkofer beschriebenen „Verarbeitungsprinzipien" der Natur und beurteilen Sie die Tragfähigkeit der Argumentation.
2. Diskutieren Sie die Folgen solcher wissenschaftlicher Aussagen für das öffentliche Umweltbewusstsein einerseits und die konkreten Hygienemaßnahmen andererseits. Ziehen Sie Rückschlüsse auf den damaligen Stellenwert von Umweltschutzmaßnahmen.

M6 Alfred Wolfenstein: Städter (1914)

Dicht wie die Löcher eines Siebes stehn
Fenster beieinander, drängend fassen
Häuser sich so dicht an, dass die Straßen
Grau geschwollen wie Gewürgte stehn.

5 Ineinander dicht hineingehakt
Sitzen in den Trams[1] die zwei Fassaden
Leute, ihre nahen Blicke baden
Ineinander, ohne Scheu befragt.

Unsre Wände sind so dünn wie Haut,
10 Dass ein jeder teilnimmt, wenn ich weine.
Unser Flüstern, Denken ... wird Gegröle ...

– Und wie still in dick verschlossner Höhle
Ganz unangerührt und ungeschaut
Steht ein jeder fern und fühlt: alleine.

Kurt Pinthus (Hrsg.), Menschheitsdämmerung. Ein Dokument des
Expressionismus, Reinbek ³²2003, S. 45 f.

1. *Analysieren Sie die sprachlichen Mittel, die der Dichter
verwendet, die Bilder und die Grundstimmung, die
durch diese erzeugt wird.*
2. *Skizzieren Sie, auf welche Weise der Dichter seine
Haltung zur Moderne zum Ausdruck bringt. Ziehen Sie
ergänzend Informationen zu Wolfenstein hinzu.*

M7 Waren und Träume

*Über das 1897 in Berlin erbaute Kaufhaus Wertheim schreibt
der spätere Außenminister Gustav Stresemann 1900:*

Wenn man heute in einer Familie hört: Wir gehen zu Wertheim, so heißt das nicht in erster Linie wir brauchen irgend-
etwas besonders notwendig für unsere Wirtschaft, sondern
man spricht wie von einem Ausfluge, den man etwa nach
5 irgendeinem schönen Ort der Umgebung macht. [...] In der
Leipzigerstraße angekommen, bewundert man erst eine
ganze Zeit lang die Schaufenster, dann ergeht man sich in
den Erdgeschossräumen, sieht sich die verschiedensten
Auslagen an, kauft vielleicht hier und da, lässt sich mit dem
10 Fahrstuhl nach dem ersten Stock befördert und nimmt womöglich eine Tasse Schokolade nebst dem obligaten Stück
Torte oder Apfelkuchen. Hat man Bekannte gefunden oder
mitgebracht, so bleibt man wohl plaudernd längere Zeit sitzen, zeigt die gegenseitigen Einkäufe und reizt sich dadurch
15 gegenseitig zu neuen Ausgaben. Die Zeit verfliegt [...], und

[1] Tram: altmodische Bezeichnung für Straßenbahn

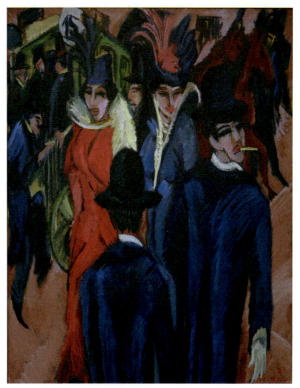

▲ **„Berliner Straßenszene."**
Ölgemälde von Ernst Ludwig Kirchner, 1913.
■ *Beschreiben Sie Personen und Kulisse des Gemäldes. Worin liegt
für Kirchner das Spezifische der Großstadt und wie gelingt es
ihm, dies einzufangen?*
■ *Vergleichen Sie die Charakterisierung der Städter in M6 mit der
Darstellung Kirchners.*

wenn man an der Uhr plötzlich sieht, dass es höchste Zeit sei
heimzukehren, so macht man oft wohl gleichzeitig die Wahrnehmung, dass man anstatt der einen Krawattenschleife, die
man anfänglich kaufen wollte, mit einem ganzen Bündel der
verschiedenartigsten Sachen beladen ist. Eine Zeit lang spürt 20
man dann vielleicht Reue oder nimmt sich vor, nicht wieder
so leichtsinnig zu sein, aber sobald man das Warenhaus betreten hat, um einen kleinen Einkauf zu machen, wiederholt
sich das Schauspiel aufs Neue.

Axel Kuhn, „Verkauf von Waren und Träumen", in: August Nitschke u.a.
(Hrsg.), Jahrhundertwende. Der Aufbruch in die Moderne 1880 - 1930, Bd. 2,
Reinbek 1990, S. 61 f.

1. *Erläutern Sie, worin nach Stresemann der Reiz beim
Besuch eines Warenhauses besteht. Erörtern Sie, ob es
heute noch ähnliche Erscheinungen gibt.*
2. *Versetzen Sie sich in die Lage eines Berliner Arbeiters um
1900 und formulieren Sie, was er wohl bei einem
Rundgang in diesem Kaufhaus empfunden haben mag.*

Geschichte regional

Die Industrialisierung in Sachsen

Sachsen als Pionierregion ■ Wie in allen anderen Mitgliedstaaten des Deutschen Bundes begann auch in Sachsen die Industrialisierung relativ spät. Im Vergleich zu anderen Regionen in Deutschland gestaltete sich die industrielle Entwicklung aber insbesondere seit Anfang der 1830er-Jahre derart radikal, dass Sachsen als deutsche Pionierregion der Industrialisierung bezeichnet werden kann (▶ M1).

Industrialisierung in Sachsen:
Zur Datierung existieren konkurrierende Ansätze. Die zwei wichtigsten Wirtschaftshistoriker setzen für die einzelnen Phasen dieses Prozesses unterschiedliche Zäsuren an: Laut Herbert Kiesewetter (Industrialisierung und Landwirtschaft, Köln/Wien 1988) begann die Industrialisierung in Sachsen um 1815, gelangte in den vierziger Jahren des 19. Jahrhunderts zum Durchbruch und ging 1871 in einen nächsten Entwicklungsschritt, die Hochindustrialisierung, über. Rudolf Forberger (Die Industrielle Revolution in Sachsen 1800 - 1861, Berlin 1982) hingegen macht den Start der Industriellen Revolution in Sachsen am ersten Einsatz von Werkzeugmaschinen um 1800 fest. Für ihn ist die erste Industrialisierungsperiode 1861 abgeschlossen, von da an tritt Sachsen als hochindustrialisierter Wirtschaftsraum auf.
Generell muss konstatiert werden, dass sich in Sachsen der industrielle Fortschritt besonders schnell vollzog. Er basierte vor allem auf ausreichend vorhandenen natürlichen Ressourcen und gezielter politischer Förderung. Schon wegen der unterschiedlichen Voraussetzungen blieb ein gleichförmiger Verlauf der Industrialisierung in den einzelnen deutschen Staaten somit ausgeschlossen.

Von der Handarbeit zur maschinellen Produktion ■ Der Übergang vom 18. zum 19. Jahrhundert markierte für Sachsen den Beginn der Industriellen Revolution. Nach der Niederlage Napoleons und der Aufhebung der Kontinentalsperre wurde auch der sächsische Markt ab 1815 von in England produzierten billigen Massenwaren regelrecht überschwemmt. Allerdings bestanden zu diesem Zeitpunkt aufgrund zahlreicher technologischer Innovationen bereits mehrere Fabriken, die ebenfalls preiswert produzierten. Gerade die Fabrik aber sollte sich, bedingt durch den Einsatz neuer Arbeitsmittel und -methoden in Form motorisierter Maschinen, zukünftig als Ausgangspunkt des ökonomischen Fortschritts erweisen.

Insbesondere in der *Baumwollindustrie* war Sachsen mit einem Anteil von 38 Prozent mit Abstand der führende Wirtschaftsraum in Deutschland. Schon 1780 hatte ein Zschopauer Leineweber eine Maschine zur Herstellung von Baumwollgarn erfunden. Die stetig steigende Produktion in der sächsischen Strumpfwirkerei bewirkte neben dem Import englischer Spinnmaschinen eine immer größere Nachfrage nach einheimischen Maschinen. Erste Baumwollspinnereien wurden in Chemnitz, Mittweida und Lößnitz gegründet, die in großen Arbeitssälen bis zu 50 Spinnmaschinen betrieben. Mit dem „Privilegium exclusivum" vom 6. November 1798 gestattete Kurfürst *Friedrich August III.* den Unternehmern *Carl Friedrich Bernhard* und *Johann August von Bugenhagen* den Aufbau einer kompletten Spinnereifabrik in Harthau bei Chemnitz. Dieses Datum stellte den Beginn der Fabrikproduktion in der sächsischen Industrie dar.

Eine Vorreiterrolle nahm Sachsen auch in anderen Industriezweigen ein. Entscheidend für die industrielle Produktion von Maschinen war insbesondere der Übergang vom zeitraubenden manuellen Hämmern der Bleche über das per Wasserkraft betriebene Hammerwerk zum Blechwalzwerk. In Niederauerbach im Vogtland wurde zwischen 1809 und 1812 das erste sächsische Walzwerk aufgebaut. Es stellte eine bemerkenswerte metallurgische Innovation dar. Die in den Baumwollspinnereien parallel eingerichteten Maschinenbauwerkstätten wurden zum Ausgangspunkt für die im späteren 19. Jahrhundert enorm erfolgreiche sächsischen *Maschinenbauindustrie*. Wichtige technische Neuerungen brachte Sachsen auch auf dem Gebiet der Antriebsmittel hervor. Die damit einhergehende Unabhängigkeit der Produktion von unsicheren natürlichen Ressourcen (Wasserkraft) und der beschränkten Arbeitskraft von Mensch und Tier war für die weitere Industrialisierung von besonderer Bedeutung. So konnten mit der Weiterentwicklung der Wassersäulenmaschine durch *Christian Friedrich Brendel* und dem Einsatz Wattscher Dampfmaschinen die Erträge bei der Gewinnung wichtiger Roh- und Brennstoffe im Erz- und Kohlebergbau wesentlich gesteigert werden. Die zunehmende Bedeutung der Industrialisierung für die sächsische Wirtschaft unterstrich auch die 1829 erfolgte Gründung des *Industrievereins für das Königreich Sachsen*. Als Interessenvertretung der darin zusammengeschlossenen Fabrikunternehmer aus allen Teilen des Landes bestimmte er in der Folge die wirtschaftspolitische Entwicklung in Sachsen entscheidend mit.

Bis etwa 1830 betraf die Industrialisierung vornehmlich Produktionsstandorte im Erzgebirge und im Vogtland. Nach 1830 erfasste der Prozess auch die urbanen Zentren Dresden, Leipzig und Chemnitz sowie die Ober- und Niederlausitz. Unterstützt u.a. durch vielfältige politische Entscheidungen und die Einführung neuer Transportmittel gestaltete sich die Industrialisierung nun weitaus radikaler.

▲ **Titelblatt der Schrift Friedrich Lists.** *1833.*

Die Industrialisierung nimmt Fahrt auf

Eine wichtige Voraussetzung dafür war der Beitritt Sachsens zum Deutschen Zollverein am 18. März 1833. Die sächsische Regierung stimmte der Beseitigung hinderlicher Handelsbeschränkungen zu und führte zugleich das für alle Mitglieder verbindliche Münz-, Maß- und Gewichtssystem ein. Die zum 1. Januar 1834 wirksam werdende Mitgliedschaft des Landes erweiterte den Absatzmarkt für sächsische Produkte enorm und förderte damit den industriellen und wissenschaftlich-technischen Fortschritt nachhaltig (▶ M2).

Eine weitere politische Entscheidung hatte ebenfalls großen Anteil an der grundlegenden Veränderung der wirtschaftlichen Bedingungen: Mit dem Bau der ersten deutschen Fernbahn zwischen Dresden und Leipzig ab 1836 und dem folgenden raschen Ausbau des sächsischen Eisenbahnnetzes wurden die Voraussetzungen geschaffen, Waren in großer Menge und viel kürzerer Zeit zu den jeweiligen Bestimmungsorten zu transportieren. Die Strecke Dresden-Leipzig wurde nach und nach mit bedeutenden Rohstoff- und Industriestandorten in Schlesien, Böhmen, Bayern, dem Erzgebirge und der Oberlausitz verbunden.

Den Anstoß zum Bau der Leipzig-Dresdner Eisenbahn hatte Friedrich List mit seiner am 18. Juli 1833 veröffentlichten Schrift „Über ein sächsisches Eisenbahnsystem als Grundlage eines allgemeinen deutschen Eisenbahnsystems" gegeben (▶ M3). Der durchgängige Eisenbahnbetrieb auf der von der „Leipzig-Dresdner Eisenbahn-Compagnie" gebauten, 115 km langen Strecke zwischen Landeshauptstadt und Messemetropole, wurde am 8. April 1839 aufgenommen. Zwar wurden dabei noch Lokomotiven aus englischer Fabrikation eingesetzt, beteiligt war aber auch die erste in Deutschland konzipierte und gebaute Dampflokomotive. Entwickelt von *Johann Andreas Schubert*, wurde die „Saxonia" in der Maschinenbauanstalt Dresden-Übigau hergestellt. Wie schnell sich im Folgenden die industrielle und technische Entwicklung in Sachsen vollzog, beweist die Tatsache, dass bereits 1847 26 Lokomotiven im Einsatz waren, die hauptsächlich in Dresden und Chemnitz gebaut wurden. Innerhalb von 25 Jahren explodierte die transportierte Warenmenge förmlich und stieg auf nahezu das Vierzigfache.

▲ **„Saxonia."** *Zeichnung der ersten in Deutschland gebauten Dampflokomotive nach den Plänen Johann Andreas Schuberts, um 1840.*

Leitsektoren Textilindustrie, Verkehrswesen, Maschinenbau

Wichtigster Industriezweig der sächsischen Wirtschaft blieb die Textilherstellung, deren Produktionsbedingungen vom technischen Fortschritt am meisten profitierten. Mit dem mechanischen Webstuhl wurden zugleich neue Herstellungsverfahren beim Färben und Bedrucken der Stoffe eingeführt. Innerhalb kürzester Zeit entstanden z.B. in der Wollspinnerei 102 neue Fabriken. Die Erzeugnisse der sächsischen Strumpfwirkerei hatten sowohl auf dem deutschen Binnenmarkt als auch global die absolute Monopolstellung inne. Im Jahr 1846 betrug der Anteil der in den Fabriken Sachsens produzierten Waren 60 Prozent der gesamten Textilproduktion im Zollverein. Annähernd 75 Prozent aller sächsischen Lohnarbeiter waren zu dieser Zeit in der Textilindustrie beschäftigt.

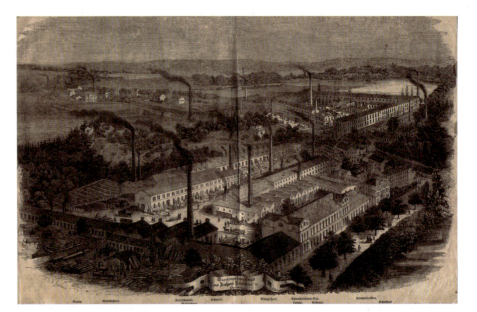

▶ „Maschinenbauanstalt von Richard Hartmann, Chemnitz" – Überblick über die Gesamtanlage.
Holzstich von Johann Karl Wilhelm Aarland nach einer Zeichnung von Christian Adolf Eltzner, um 1870.

Auch der *Eisenbahnbau* wurde zu einem wichtigen Leitsektor des Industrialisierungsprozesses. Für die Herstellung von Lokomotiven und Waggons, Gleisen, Brücken und Signalanlagen sowie für die vorgelagerte Stahlindustrie mit den entsprechenden Hüttenwerken, Hochöfen und Walzstraßen benötigte man immer leistungsfähigere Dampfmaschinen. Zwischen 1830 und 1846 stieg die Zahl der in sächsischen Fabriken eingesetzten Maschinen von 24 auf 197. Die Produktion wurde dadurch zunehmend unabhängiger von der Wasserkraft als Antriebsmittel und verlagerte sich von den Flüssen in die Nähe der Rohstoffquellen (hauptsächlich Steinkohle) und der rasant wachsenden Städte, die durch den massenhaften Zuzug Arbeit suchender Menschen ausreichend Arbeitskräfte zur Verfügung stellen konnten. Bald kristallisierten sich mit Leipzig, Dresden, Zwickau, dem Plauenschen Grund (heute Freital) und Chemnitz die Zentren der sächsischen Industrie heraus, in denen die modernsten und größten Industrieanlagen Deutschlands produzierten.

Die Unternehmen in Chemnitz profilierten sich speziell im Werkzeugmaschinenbau, der für lange Zeit Sachsens wichtigster Wirtschaftszweig werden und seine technische Vorreiterrolle bestimmen sollte. *Johann Zimmermann* war 1839 der erste, der eine Werkstatt für den serienmäßigen Werkzeugmaschinenbau aufbaute. Drei Jahre zuvor hatte *Carl Gottlieb Haubold* in Chemnitz die Sächsische Maschinenbau-Compagnie gegründet, 1837 folgte *Richard Hartmann* mit seiner Maschinenfabrik, die im Laufe der Zeit zur bedeutendsten Maschinenbaustätte Sachsens aufstieg. Hartmann produzierte neben Lokomotiven auch Werkzeugmaschinen, mechanische Webstühle, Gewehre, Turbinen und Bergwerksmaschinen. Anfangs beschäftigte das Unternehmen 40 Arbeiter, 1857 waren es bereits 2 000, am Ende des 19. Jahrhunderts war die Belegschaftszahl auf über 4 000 angestiegen. Weitere Maschinenbauer siedelten sich in der Folge in Chemnitz an, u. a. die Wanderer-Werke, die Fahrräder herstellten. Die Ballung der Produktionsanlagen ließ Chemnitz schnell zum Zentrum des deutschen Maschinenbaus aufsteigen. Das „sächsische Manchester" präsentierte mit einer Höchstzahl angemeldeter Patente zugleich auch den hohen wissenschaftlich-technischen Leistungsstand der einheimischen Industrie. Um 1900 war Chemnitz eine der größten Industriemetropolen des Reiches. Mehr als 1 500 Fabriken beschäftigten knapp 73 000 Arbeiter.

Neue Industriezweige im Gefolge ■ Im Sog dieser Leitsektoren und begünstigt durch die hervorragende verkehrstechnische Erschließung etablierten sich rasch weitere Industriezweige. Bereits 1835 gründete *Ludwig Gehe* in Dresden eine pharmazeutische Fabrik. Auf der Grundlage neuer technologischer Verfahren wurde in der Fabrik der Brüder *Hans* und *Friedrich Siemens* – ebenfalls in der Landeshauptstadt – ab 1856 erstmals industriell gefertigtes Glas produziert. Zu weiteren Neugründungen in Dresden zählten u.a. Nähmaschinenfabriken (ab 1855), die Keramikherstellung von Villeroy & Boch (1856) oder die Herstellung von Genusswaren wie Zigaretten, Schokolade und Bier. Aber auch außerhalb der urbanen Zentren siedelten sich innovative Produktionsstätten an: Glashütte im Osterzgebirge entwickelte sich mit der hier 1845 von *Friedrich Adolf Lange* begonnenen Taschenuhrenherstellung zu einem weltweit beachteten Zentrum der Feinmechanik. *Friedrich Gottlob Keller* gelang in Krippen in der Sächsischen Schweiz mit der Erfindung des sog. Holzschliffs die Etablierung des Rohstoffs Holz als Grundlage der Papierherstellung. In Plauen bei Dresden errichtete *Gottlieb Traugott Bienert* die erste Fabrik, in der im großindustriellen Rahmen Brot produziert wurde.

Bis zum Ende des 19. Jahrhunderts hatten sich schließlich alle Industriezweige in Sachsen angesiedelt. Neben Betrieben der feinmechanisch-optischen, elektronischen und chemischen Industrie finden sich Hersteller kosmetischer Produkte, Fahrzeug- und Waggonbaufabriken und zahlreiche Werke der Automobilindustrie wie z.B. Horch und Audi in Zwickau.

▲ **Wandteller zum 25-jährigen Bestehen des Villeroy & Boch-Werkes in Dresden.** *Steingut, Handmalerei, um 1879.*

Wechselwirkungen ■ Infrastrukturelles Rückgrat der rasanten Entwicklung bildete das dichte sächsische Eisenbahnnetz. Nicht zuletzt der Staat hatte mit großzügig eingeleiteten Reformen diese Entwicklung positiv unterstützt. Die Landesregierung in Dresden genehmigte nicht nur in kürzester Zeit den Bau der Eisenbahnlinie Dresden-Leipzig und der Anschlussstrecken nach Chemnitz, Zwickau und Görlitz, sondern finanzierte auch die Vermessung der Streckenführungen aus Steuermitteln. Ab 1869 finanzierte der sächsische Staat den Eisenbahnbau selbst und übernahm 1876 schließlich fast alle Strecken in staatliches Eigentum. Bereits 1871 verfügte Sachsen über das größte Eisenbahnnetz des Deutschen Kaiserreichs, bis 1900 war es von 1074 Kilometer Länge (1869) auf 3241 Streckenkilometer angewachsen. Praktisch jede sächsische Stadt war daran angeschlossen. Die Sächsischen Staatseisenbahnen beförderten zu diesem Zeitpunkt 28 Millionen Tonnen Güter und 73 Millionen Reisende im Jahr.

Möglich wurde diese Entwicklung auch aufgrund der reichen Steinkohlevorkommen in Sachsen. Bedeutsam waren hier vor allem das Zwickauer, das Lugau-Oelsnitzer sowie das Freitaler Kohlebecken. Steinkohle wurde für Dampfmaschinen, beim Maschinenbau, in Eisengießereien und schließlich für die Eisenbahnen benötigt. Allein zwischen 1834 und 1852 nahm die Produktion um 450 Prozent zu. So war es schließlich möglich, die Erträge nicht nur für die heimische Industrie zu verwenden, sondern sächsische Steinkohle wurde auch zum Exportschlager. In enger Wechselwirkung arbeiteten der Steinkohlebergbau, der Eisenbahnbau, der Maschinenbau sowie die Eisen- und Stahlindustrie zusammen und bewirkten so das schnelle Fortschreiten der sächsischen Industrialisierung seit der Mitte des 19. Jahrhunderts.

Staatliche Unterstützung ▬ Zu Beginn der 1860er-Jahre bestimmte maschinelle Massenproduktion die Absatzmärkte und hatte alle Bereiche der Gesellschaft erfasst. Von großer Bedeutung für diese Entwicklung war dabei auch, dass die sächsische Staatsregierung Unternehmensgründer beim Erwerb entsprechender Grundstücke und dem Aufbau von Fabrikanlagen mit zinsgünstigen Krediten und Bürgschaften unterstützte. Mit der Schaffung weiterer juristischer Grundlagen wie dem *Gesetz über die Gewerbefreiheit* (1861), das die ständischen Beschränkungen der Zünfte aufhob, den *Gesetzen über die Herstellung der Freizügigkeit* (1867) oder die *Gewerbeordnung* (1869) wurde die rasante Entwicklung nachhaltig gefördert.

Die staatliche Förderung konzentrierte sich jedoch nicht ausschließlich auf den wirtschaftlichen Bereich. Intensive Unterstützung erfuhren auch Hochschulen und andere Lehreinrichtungen, denn für technologische Spitzenleistungen und Innovationen mussten als Basis die notwendigen Grundlagenforschungen geleistet und Ausbildungsangebote geschaffen werden. So entwickelte sich beispielsweise die Universität Leipzig seit Mitte der Dreißigerjahre des 19. Jahrhunderts zu einer international renommierten Forschungsanstalt. Bereits 1828 wurde die Technische Bildungsanstalt Dresden (heute Technische Universität) gegründet, die sich insbesondere auf die Ausbildung dringend benötigter spezialisierter Fachkräfte in den Ingenieurwissenschaften konzentrierte. Eine weitere wichtige technische Bildungseinrichtung bestand in der Bergakademie Freiberg, die sich vor allem der Erforschung von Rohstoffen (Kohle, Edelmetalle etc.) als Grundlagen der industriellen Produktion und Energiegewinnung widmete.

▲ **10 Thaler.**
Banknote (Vorderseite) vom 15. Januar 1866, ausgestellt durch die Sächsische Bank zu Dresden.

▲ **Aktie der „Actiengesellschaft für Leser-, Maschinenriemen- und Militaireffecten-Fabrication (vormals Heinrich Thiele) zu Dresden".**
1872.

Bankwesen, Gründerjahre und Gründerkrach ▬ Wesentliche Voraussetzung für den Bau großer Industrieanlagen und die Umsetzung unternehmerischer Ideen war die Bereitstellung des notwendigen Kapitals. Fabrikgründer waren deshalb auf die Finanzierung durch Banken angewiesen. 1838 gründete sich mit der Leipziger Bank die erste private sächsische Notenbank auf Aktienbasis. 1856 erteilte die Landesregierung die Konzession zum Aufbau der Allgemeinen Deutschen Credit-Anstalt, die sich nicht nur auf Finanzgeschäfte in Sachsen beschränkte, sondern deutschlandweit operierte. Mit der Sächsischen Bank in Dresden gründete die Regierung 1865 schließlich eine eigene Notenbank für das Königreich Sachsen. Begünstigt durch das Aktiengesetz von 1870 und die Zulassung von Aktiengesellschaften entstanden in Sachsen mehrere Aktienbanken, darunter 1872 mit der Dresdner Bank eine der erfolgreichsten. Nach diversen Übernahmen verlegte die Bank ihren Hauptsitz 1884 nach Berlin, beteiligte sich an der Finanzierung deutscher Firmen und agierte als eine der größten deutschen Banken bald im internationalen Rahmen.

Der Aufbau der Dresdner Bank fiel in die Zeit der sog. „Gründerjahre" im Deutschen Reich zwischen 1871 und 1873. Im Zuge der Reichsgründung 1871 wurde sukzessive ein einheitlicher nationaler Markt geschaffen, der sich auf eine gemeinsame Währung und die verbindliche Nutzung des metrischen Systems stützte. Zusätzlich wirkten sich die hohen Reparationszahlungen durch Frankreich positiv auf die wirtschaftliche Entwicklung aus, auch auf die sächsische. In der einsetzenden Hochkonjunktur entstanden zahlreiche neue Banken, Aktiengesellschaften und Unternehmen. Neue Arbeitsplätze konnten geschaffen und höhere Löhne gezahlt werden. Die gestiegene Kaufkraft führte zu einer wachsende Nachfrage nach Waren aller Art, wodurch wiederum die Produktion gesteigert und Fabriken erweitert bzw. neu errichtet wurden. Innerhalb von zwei Jahren erhöhte sich die Marktkapitalisierung neu gegründeter sächsischer Aktiengesellschaften von 30 auf 145 Millionen Taler. Bereits im Herbst 1873 geriet das Verhältnis von Angebot und Nachfrage jedoch in eine Schieflage, die Menge der produzierten Güter übertraf den Absatz bei Weitem. Mit den notwendigen Preissenkungen gingen auch die Einnahmen drastisch zurück. Die großzügig vergebenen Kredite konnten nicht mehr bedient werden. Innerhalb kürzester Zeit mussten zahlreiche Banken Konkurs anmelden und Betriebe wegen Zahlungsunfähigkeit schließen. Auch Sachsen bekam die Auswirkungen dieser Krise, dem sog. „Gründerkrach", zu spüren. So sank u.a. in Chemnitz die Produktion im Werkzeugmaschinenbau bis 1878 um etwa 70 Prozent. Ihre Produktionstiefe verhalf der sächsischen Wirtschaft, sich relativ rasch von den Folgen der Krise zu erholen. Dennoch waren viele Menschen in dieser Zeit von Arbeitslosigkeit betroffen.

Urbanisierung und soziale Folgen für Arbeiter ■ Mit den komplexen technologischen Neuerungen hatten sich innerhalb von nicht einmal 30 Jahren die wirtschaftlichen Bedingungen in Sachsen umfassend geändert. Damit einher ging zugleich ein kompletter Wandel der Arbeits- und Lebensbedingungen für einen Großteil der Bevölkerung. Bis in die dreißiger Jahre des 19. Jahrhunderts hatten noch knapp zwei Drittel der Menschen auf dem Land gelebt. Aber schon Ende des 19. Jahrhunderts arbeiteten mehr als 56 Prozent der erwerbstätigen sächsischen Einwohner im Industriesektor. Der Reichsdurchschnitt lag im Vergleich dazu bei knapp 37 Prozent (▶ M4).

Kennzeichnend für die frühe Phase der Industrialisierung Sachsens war die überwiegende Beschäftigung entsprechend ausgebildeter freier Lohnarbeiter in den Fabriken. Die Zunahme der Produktion hatte jedoch den massenhaften Einsatz ungelernten Personals zur Folge. Vor allem in der Textilindustrie herrschten schwierigste Arbeitsbedingungen die auf zum Teil ausbeuterischen Abhängigkeitsverhältnissen beruhten. Die Unternehmer konnten aufgrund des Überangebots von Arbeitskräften extrem niedrige Löhne zahlen. In einer Textilarbeiterfamilie mussten deshalb die Kinder ab dem 14. Lebensjahr, teilweise sogar ab dem 6. Lebensjahr, täglich zehn bis zwölf Stunden in der Fabrik arbeiten, um das nötige Geld zur Absicherung der Existenz verdienen zu können. Auch im Bergbau war Kinderarbeit nichts Ungewöhnliches. Erst 1861 wurde die Kinderarbeit nach vehementem Widerstand der Unternehmer gesetzlich eingeschränkt.

Schon frühzeitig konzentrierte sich die Bevölkerung in den Zentren der Industrieproduktion. Das Wirtschaftswachstum ab Mitte des 19. Jahrhunderts führte zu einem rasanten Anstieg der Bevölkerungszahl von knapp zwei Millionen Einwohnern (1834) zu fast fünf Millionen im Jahr 1900. Mit 320 Einwohnern pro Quadratkilometer lag Sachsen um das Zweieinhalbfache über dem Durchschnitt des Deutschen Kaiserreichs. Großstädte wie Leipzig, Dresden und Chemnitz dehnten sich mit der Errichtung neuer Wohn- und Fabrikviertel gezwungenermaßen weit über die ehemaligen Stadtgrenzen aus, umliegende Orte wurden ab 1890 nach und nach eingemeindet. Zwar bauten einzelne Fabrikanten für ihr Stammpersonal eigene Wohnsiedlungen an den Stadträndern oder in direkter Nachbarschaft zu den Fabrikanlagen. Dennoch konnte die Nachfrage nach Wohnungen in keinster Weise adäquat befriedigt werden. Familien wohnten meist in Zwei-Zimmer-Wohnungen innerhalb großer Wohnblöcke. Angesichts der oft hohen Mieten wurden dabei einzelne Betten sogar noch untervermietet. Viele Arbeiter, denen derartige Wohnungen nicht zur Verfügung standen, errichteten provisorische Unterkünfte, was teilweise zu chaotischen Bebauungsformen führte.

Diese Bevölkerungsverdichtung in den Ballungszentren zog auch vielfältige soziale Probleme nach sich. Neben der latenten Wohnungsnot waren die Lebensverhältnisse in den Arbeiterwohnvierteln besonders von schlechten hygienischen Verhältnissen und vielen grassierenden Krankheiten bestimmt. So wies z.B. Chemnitz die höchste Säuglings- und Kindersterblichkeitsrate aller deutschen Großstädte auf. Die

Lebenserwartung eines Fabrikarbeiters betrug ca. 40 Jahre. Dafür verantwortlich waren in der Hauptsache Probleme bei der Versorgung mit sauberem Trinkwasser und das ungenügend ausgebaute Netz für die Abwasserbeseitigung, aber auch eklatante Mängel beim Arbeitsschutz, die immer wieder zu schweren Unfällen führten. Die Stadtverwaltungen versuchten der latenten Seuchen- und Brandgefahr, die von den überfüllten Quartieren ausging, mit Vorschriften zu Höchstbelegungsziffern zu begegnen, boten städtischen Grundbesitz zu günstigen Konditionen als Bauland an oder unterstützten gemeinnützige Wohnungsbaugesellschaften. Jedoch erst an der Wende zum 20. Jahrhundert zeichneten sich mit dem zunehmenden Bau städtischer Krankenhäuser, der Vergrößerung von Trinkwasser- und Kanalisationssystemen und der Einführung von Feuerbestattungen auf städtischen Friedhöfen allmählich Verbesserungen ab.

Soziale Differenzierung und Arbeiterbewegung ■ Die wirtschaftlichen Umwälzungen bewirkten tief greifende Veränderungen der bestehenden gesellschaftlichen Strukturen. Die neue gesellschaftliche Schicht des Wirtschaftsbürgertums setzte sich aus Unternehmern, die in ihren Fabriken bis zu Tausend und mehr Menschen beschäftigten, aber auch Inhabern von Banken und Versicherungen und Großkaufleuten zusammen, denen immense Vermögenswerte zur Verfügung standen. Mithilfe ihrer wirtschaftlichen Macht und finanziellen Mittel konnten sie immer wieder erfolgreich zu ihren Gunsten Einfluss auf regierungspolitische Entscheidungen nehmen, war doch der Staat von einem funktionierenden Wirtschaftssystem und Steuerzahlungen abhängig.

Zugleich bildete sich auch mit der großen Zahl der Fabrikarbeiter der sogenannte „Vierte Stand" heraus. Im Hinblick auf ihre Ausbildung und soziale Herkunft war diese Gruppe der Arbeiterschaft („Proletarier") eigentlich heterogen. Neben gelernten Arbeitern mit abgeschlossener Berufsausbildung gab es viele ungelernte, meist ehemalige Landarbeiter oder Bauern, und sogenannte angelernte Arbeiter, die ihre Arbeitskraft grundsätzlich alle gegen Lohn zur Verfügung stellten. Allmählich formte sich in dieser Schicht das Bewusstsein einer Zusammengehörigkeit. Daraus resultierte in der zweiten Hälfte des 19. Jahrhunderts besonders in Sachsen die Entstehung einer parteilich organisierten Arbeiterbewegung, die ihren Protest gegen soziale Missstände, schlechte Arbeitsbedingungen und niedrige Löhne immer stärker zu Ausdruck brachte (▶ M5). Wirksamstes Mittel zur Durchsetzung der Ziele wurde der Streik. Um die Arbeitsniederlegungen besser vorbereiten zu können, gründeten sich ab 1848 Arbeitervereine und Gewerkschaften. Sie richteten u.a. Streikkassen ein, um betroffene Arbeiter und deren Familien zu unterstützen. Auch das 1851 erlassene Verbot derartiger Vereine konnte nicht verhindern, dass Sachsen mit der Gründung des Allgemeinen Deutschen Arbeitervereins (ADAV) 1863 durch Ferdinand Lassalle zur Wiege der deutschen Sozialdemokratie wurde.* Dieser ersten Arbeiterpartei folgte 1869 die von August Bebel und Wilhelm Liebknecht gegründete Sozialdemokratische Arbeiterpartei (SDAP), die auf der Idee der Arbeiterbildungsvereine aufbaute. Zugleich entwickelte sich in Sachsen ein reges Pressewesen, das in der Folge einen großen Beitrag zur Propagierung sozialistischer Ideen leistete. Trotz staatlicher Repressionen wie der Verhaftung von Führungsmitgliedern konnten die Sozialdemokraten gewählte Abgeordnete aus ihren Reihen in Kommunal- und Landesparlamenten sowie den Reichstag entsenden. Die Aufhebung des „Sozialistengesetzes" 1890 etablierte die Arbeiterbewegung endgültig als anerkannten und einflussreichen Bestandteil der gesellschaftlichen Entwicklung. Um 1900 war Sachsen zum „roten Königreich" geworden.

▲ „Mann der Arbeit aufgewacht ..."
Stickerei mit einem Porträt des Arbeiterführers August Bebel, 1910.
Die Zeilen stammen aus dem „Bundeslied" des Allgemeinen Deutschen Arbeitervereins. Sie wurden 1864 von Georg Herwegh gedichtet.

* Siehe dazu S. 40.

M1 Pioniere der Industrialisierung in Sachsen

Viele erfolgreiche Unternehmer prägten die industrielle Entwicklung Sachsens; anbei eine Auswahl:

Gustav Harkort (1795 - 1865): Harkort wurde 1795 auf Haus Harkorten in Westerbauer bei Hagen in Westfalen geboren. Er stammte väterli-
5 cherseits aus einer traditionsreichen westfälischen Unternehmerdy-
nastie. Nach dem Abschluss einer kaufmännischen Lehre und Ableis-
tung des Militärdienstes gründete
10 er mit seinem Bruder in Leipzig eine Firma, die Handel mit englischen Garnen betrieb. Im Jahr 1834 gehörte er zu den Gründern des Eisenbahn-Comittées, das die Konzeption von Friedrich List zum Aufbau eines deutschen Eisenbahnnetzes umsetzte. Erstes Projekt war der Bau der Strecke zwischen
15 Leipzig und Dresden (Leipzig-Dresdner Eisenbahn). Ab 1835 war Harkort zugleich Direktor der Leipzig-Dresdner Eisen-
bahn-Compagnie. Er gehörte im Dezember 1836 ebenso zu den Gründungsmitgliedern der ersten Leipziger Aktiengesellschaft, der „Leipziger Kammgarnspinnerei AG", wie 1838
20 zu denen der Leipziger Bank. Harkort errichtete in Leipzig u.a. eine Fabrik zur Herstellung von Galvanoplastik und Tonwa-
ren sowie 1842 eine Maschinenwerkstatt und Eisengießerei. Seit 1846 war er Mitinhaber des Handelshauses „Carlowitz, Harkort & Co." in China. 1856 gehörte er zu den Gründern
25 der Allgemeinen Deutschen Credit-Anstalt und wurde deren Direktor. Insbesondere durch die Finanzierung des Erzgebirgi-
schen Steinkohlen-Aktienvereins nahm er in dieser Funktion entscheidenden Einfluss auf die Entwicklung des Zwickauer Kohlenbergbaus. Harkort starb 1865 in Leipzig.

Verfassertext

30 **Richard Hartmann** (1809 - 1878): Hartmann wurde 1809 in Barr im Elsass geboren. Nach seiner Schul-
zeit absolvierte er eine Lehre zum Zeugschmied. 1828 begann Hart-
35 mann seine Gesellenwanderung und gelangte dabei 1832 auch nach Chemnitz. Hier arbeitete er für verschiedene Fabrikanten, u.a. in den Maschinenbauwerkstätten von Carl Gottlieb Haubold, und
40 bewies dort sein technisches Talent. Er fertigte Werkzeuge und kleine Maschinen an, ohne eine theoretische Ausbildung zu besitzen. Rasch stieg er bis zum Meister auf. 1837 verließ Hartmann die Firma, gründete eine Werkstatt zur Repara-
tur von Spinnereimaschinen und nahm nach kurzer Zeit die Produktion kompletter Maschinen auf. Mit seinem neuen 45 Partner, dem Kaufmann August Götze, gründete er 1839 die Firma „Götze & Hartmann" und begann mit der Produktion einer Streichgarn-Vorspinn-Maschine, deren Konstruktions-
pläne er einem mittellosen Erfinder abgekauft hatte. Mit dieser Maschine schaffte er den Durchbruch, Produktion und 50 Produktionszentrum wurden stetig ausgeweitet. Dazu ge-
hörten u.a. die Herstellung von Florteilen, Dampfmaschinen und Werkzeugmaschinen. Eine neue Spinnmaschine erhielt 1843 die Preismedaille in Gold. Seit 1845 nahm Hartmann den Bau von Lokomotiven in Angriff, hatte aber Probleme, 55 Konstruktion und Herstellung zu finanzieren. Um unabhängig vom Import englischer Lokomotiven zu werden und eine einheimische Lokproduktion zu etablieren, gewährte ihm die sächsische Staatsregierung einen Kredit von 30 000 Ta-
lern. Hartmann kaufte damit in England die notwendigen 60 Arbeitsmaschinen. 1848 begann er mit der Produktion und liefert am 7. Februar 1848 seine erste Lokomotive „Glück auf" aus. Die Lokomotiven erwiesen sich bald als international konkurrenzfähig. Hauptabnehmer wurden die Sächsischen Staatseisenbahnen. Weitere Produkte der 1870 in Sächsi- 65 sche Maschinenfabrik umbenannten Firma mit 2 700 Beschäftigten waren u.a. Turbinen- und Mühleneinrichtungen, Bergwerksmaschinen, Bohrapparate sowie schwere Werk-
zeugmaschinen. Bis 1929 sollten 4 699 Lokomotiven hier hergestellt werden. Hartmann verstarb 1878 in Chemnitz. 70 Er gilt als Wegbereiter des sächsischen Maschinenbaus, die Sächsische Maschinenfabrik war das größte Unternehmen Sachsens und trug maßgeblich zur Entwicklung der Stadt Chemnitz als deutsche Industriemetropole bei.

Verfassertext

Rudolf Sack (1824 - 1900): Christian 75 Rudolf Sack wurde als Sohn eines Bauern 1824 in Kleinschkorlopp bei Leipzig geboren. Nach dem Besuch der Dorfschule erhielt er Unterricht von einem Privatlehrer. Als Jugend- 80 licher arbeitete er bei Feldvermes-
sungen mit und eignete sich dabei umfassende mathematische und zeichnerische Fähigkeiten an. Nach einer im Alter von 18 Jah-
ren begonnen langjährigen Wanderschaft durch Deutsch- 85 land ließ Sack sich in Plagwitz bei Leipzig als Landwirt nie-
der. Um 1850 konstruierte er den deutschlandweit ersten Universalpflug aus Eisen und Stahl und begann 1854 mit dem Bau von Pflügen in der Dorfschmiede von Löben. 1863 eröffnete er seine eigene Landmaschinenfabrik mit Dampf- 90 hammer in Plagwitz und wurde damit zum Begründer der

fabrikmäßigen Produktion moderner landwirtschaftlicher Geräte. Eine Besonderheit dieser Universalpflüge waren die 26 integrierten Arbeitswerkzeuge, die einen Einsatz für un-
95 terschiedlichste Arbeiten ermöglichten. Bereits 1878 lieferte die Fabrik den hunderttausendsten Pflug aus, 50 Prozent der Produktion wurden zu diesem Zeitpunkt exportiert. Für seine Verdienste erhielt Sack 1875 das Ritterkreuz erster Klasse zuerkannt. Er starb 1900 in Leipzig.

Verfassertext

100 **August Horch** (1868-1951): Horch wurde 1868 in Winningen an der Mosel geboren. Nach der Schulausbildung erlernte er bei seinem Vater den Beruf des Schmieds. Von 1888
105 bis 1891 studierte in am Technikum Mittweida Maschinenbau. Ab 1890 arbeitete er als Ingenieur in einer Rostocker Wert, ab 1892 in einem Leipziger Maschinenbauunternehmen. Hier war er erstma-
110 lig an der Konstruktion von Verbrennungsmotoren beteiligt. Mit der Anstellung bei Benz & Cie. in Mannheim 1896 begann Horchs Laufbahn als Automobilbauer. Ab 1899 machte er sich in Köln-Ehrenfeld mit einer Reparaturwerkstatt für Fahrzeuge selbstständig. Gleichzeitig konstruierte er inner-
115 halb eines Jahres sein erstes eigenhändiges Fahrzeug mit technischen Innovationen wie der Kardanwelle und Getriebegehäusen aus Leichtmetall. Mit finanzieller Unterstützung durch den Unternehmer Wilhelm Moritz Bauer aus Plauen wurde die Kleinserien-Produktion 1902 nach Reichenbach im
120 Vogtland verlagert. Hier folgten weitere Neuerungen, u.a. die Konstruktion eines Vierzylindermotors und die Entwicklung weiterer Modelle. Über die Gründung einer Aktiengesellschaft besorgte sich Horch die nötigen finanziellen Mittel für die weitere Unternehmensexpansion. 1904 wurde die
125 Produktion nach Zwickau verlagert. Horch leitete das Unternehmen als technischer Direktor und konnte bereits 1905 erste wirtschaftliche Erfolge verzeichnen. 1908 errichtete das Unternehmen erste eigene Verkaufsfilialen, so z. B. in Dresden und Berlin. Überregionale Bekanntheit erlangte Horch schon
130 1906 mit der erfolgreichen Teilnahme an internationalen Autorennen. Er nutzte diese Präsentationsmöglichkeiten, um gezielt für seine Erzeugnisse und deren Qualität zu werben. Im gleichen Jahr begann Horch mit der Entwicklung von Sechszylindermotoren und begründete damit den Bau von
135 Luxusfahrzeugen, dem späteren Markenzeichen der Horch-Werke. Nach Streitigkeiten mit der kaufmännischen Leitung verließ er 1909 jedoch die Firma. Kurz darauf gründete Horch in Zwickau unter dem Firmennamen Audi-Automobilwerke GmbH ein neues Unternehmen. Beide Zwickauer Betriebe

sollten bis zum 1. Weltkrieg zu den führenden Unternehmen 140 des Automobilbaus in Deutschland aufsteigen. Die Weltwirtschaftkrise verschlechterte die wirtschaftliche Situation zusehends. 1920 wechselte Horch in den Aufsichtsrat von Audi und war nicht mehr in der Automobilherstellung aktiv. Er übernahm in den folgenden Jahren zahlreiche Ehrenämter 145 und arbeitete u.a. als Sachverständiger für Kraftfahrzeuge oder Patentstreitigkeiten. 1932 wurde er Mitglied im Aufsichtsrat der neu gegründeten Auto Union AG. Nach dem Zweiten Weltkrieg mittellos geworden, verbrachte Horch seine letzten Lebensjahre in Münchberg in Oberfranken. Ne- 150 ben Nikolaus Otto, Carl Benz und Gottlieb Daimler zählte Horch zu den Pionieren des Kraftfahrzeugbaus in Deutschland. Erst spät erfuhr sein Wirken die entsprechende öffentliche Würdigung.

Verfassertext

1. *Arbeiten Sie die Gemeinsamkeiten und Unterschiede in den Lebensläufen heraus und erläutern Sie, welche Voraussetzungen erfüllt sein mussten, um zu einem erfolgreichen Unternehmer aufzusteigen.*

2. *Stellen Sie dar, welchen Wert historische Biografien für die Forschung besitzen.*

M2 Die Vorreiterrolle Sachsens

Der Historiker Ralf Haase erläutert das Faktorenmodell nach Hubert Kiesewetter und dessen Anwendung auf die sächsischen Spezifika:

Kiesewetter hat in seiner Schrift „Industrialisierung und Landwirtschaft im Königreich Sachsen 1815-1871" auf sehr ausführliche Art die Ursachen und Wirkungen der regionalen Industrialisierung in Deutschland untersucht und dabei die Wechselwirkungen zwischen Voraussetzungen und Bedin- 5 gungen analysiert. Dazu entwickelt er ein Faktorenmodell, das nun näher beleuchtet werden soll.
Je nachdem, wie die einzelnen Faktoren in den unterschiedlichen Regionen ausgeprägt waren, förderten oder hemmten sie die Industrialisierung. Dabei ist es von besonderer 10 Bedeutung, mit welcher Stärke die Impulse wirken und dadurch Effekte auslösen. Für Sachsen ist deshalb nochmals hervorzuheben, dass die Industrialisierung deshalb sehr rasch zum Tragen kam, weil der technische Fortschritt unter Nutzung der vorhandenen natürlichen Ressourcen vom 15 aufstrebenden Bürgertum angenommen und vom Staat trotz feudaler Denkstrukturen gezielt gefördert wurde. Der sächsische Staat versuchte mittels Schaffung der notwendigen politischen Rahmenbedingungen (Zollsystem, Export-

20 förderung, Bildung, Infrastruktur und Kapitalbereitstellung) diesen Entwicklungsprozess zu unterstützen. Dies verlief [...] nicht widerspruchsfrei und gesellschaftspolitisch indifferent. Haupttriebkräfte waren jedoch die sich wandelnden Produktionsverhältnisse (Herausbildung der kapitalistischen
25 Produktionsweise), die Vorbilder aus England (Werkstatt der Welt) und das generelle Streben der Menschen nach Verbesserung ihrer schwierigen Lebensbedingungen auf der Grundlage der neuen produktiven Gegebenheiten.

In Deutschland bestanden generell enorme Unterschiede
30 hinsichtlich des Verlaufes der Industrialisierung. In Sachsen war die „Faktorausstattung" nach Kiesewetter besonders günstig, was ihm in der deutschen Geschichte letztlich die Pionierrolle zuwies.

Ralf Haase, Wirtschaft und Verkehr in Sachsen im 19. Jahrhundert. Industrialisierung und der Einfluss Friedrich Lists, hrsg. von der Sächsischen Landeszentrale für politische Bildung, Dresden 2009, S. 97

1. *Erläutern Sie, was unter den „feudalen Denkstrukturen" des Staates zu verstehen ist, und weisen Sie anhand konkreter politischer Entscheidungen nach, wie diese sich äußerten.*

2. *Recherchieren Sie, welche Teile der Gesellschaft den wirtschaftspolitischen Entwicklungen kritisch gegenüberstanden, und analysieren Sie deren Beweggründe.*

3. *Erstellen Sie eine Liste der auf die Entwicklung der sächsischen Industrie positiv einwirkenden „Faktoren" und vergleichen Sie diese „Faktorausstattung" mit anderen Regionen Deutschlands.*

M3 Ausbau des deutschen Eisenbahnsystems

Am 5. Juni 1835 hält Friedrich List auf der ersten Generalversammlung der Aktionäre der Leipzig-Dresdner Eisenbahn-Compagnie folgende Rede:

Nach zehnjährigen Bestrebungen, ein deutsches Eisenbahnsystem oder wenigstens ein großes Beispiel zu bewirken, welches dazu führen müsste, sehe ich mich, Dank sei es den erleuchteten Gesinnungen und dem Patriotismus des erha-
5 benen Fürsten und hohen Staatsbeamten dieses Landes und dem regen Sinn des sächsischen Publikums für alles Bessere, mit einem Male an das Ziel meiner Wünsche gesetzt.

Die Stadt Leipzig, meine hoch zu verehrenden Herren, hat sich in dieser großen Angelegenheit mit Ruhm bedeckt. Sie
10 hat sich der Ehre würdig gezeigt, in dem sich eröffnenden Feldzug der Eroberung der alten deutschen Handelsgröße und der neuen englischen Gewerbsindustrie das Banner zu tragen. Der Lohn dafür wird ihr nicht entgehen, man wird

sich zu beeilen haben, ihre Tore weiter hinauszurücken, da-
15 mit der Zuwachs des Handels und der Industrie, so wie er im Gefolge der Eisenbahnen seinen Einzug halten wird, Quartier finde.

Schon blicken Städte wie Berlin und Magdeburg, Hamburg und Bremen, Lübeck und Stettin, Braunschweig und Hannover, Frankfurt am Main und Breslau, Nürnberg und Augsburg
20 auf uns mit dem Wunsche, wir möchten ihnen die Hände reichen.

Nicht drei Jahre werden vergehen, nachdem die Städte Leipzig und Dresden untereinander verbunden sein werden, und diese Handelsstadt wird auf der einen Seite der Nord- und
25 Ostsee, auf der andern den Tiroler und Schweizer Alpen, westlich dem Rhein und östlich der Oder in kommerzieller und gesellschaftlicher Beziehung so nahe sein wie früher der Elbe und der Saale.

In der Zwischenzeit wird Sachsen die Riesen wecken, die in
30 seinen Bergen schlafen und nur eines Rufes harren, um in den an Wasserkraft so armen Ebenen, die sich vom Fuße des Erzgebirges nach Nord und Nordost bis zur See hin erstrecken, die Maschine zu treiben, welche der durch den Zollverein gesicherte inländische Markt beschäftigen wird.
35
Durch Privataufforderungen veranlasst, habe ich bereits auf verschiedenen Hauptpunkten von Deutschland Schritte getan, die, wie ich hoffe, zu[r] Herstellung der Hauptstränge eines deutschen Eisenbahnsystem[s] führen werden; nämlich
1. das von Basel über Mannheim, Frankfurt, Leipzig, Magde-
40 burg und Berlin nach Hamburg; 2. von Frankfurt über Kassel, Hannover und Braunschweig nach Bremen und Hamburg; 3. von Berlin über Magdeburg, Braunschweig, Hannover und Minden nach Köln.

Welchen wichtigen Einfluss die Realisierung dieser Entwürfe
45 auf die Leipzig-Dresdner Eisenbahn haben müssen, liegt am Tage und es kommt jetzt nur darauf an, dass dieses Werk mit derselben Energie ausgeführt werde, womit die Subskription zustande gekommen ist.

Alfred von der Leyer und Erwin von Beckerath (Hrsg.), Friedrich List. Schriften, Reden, Briefe, Bd. 3, Teil 2, durchgesehener Nachdruck der Ausgabe Berlin 1931, Aalen 1971, S. 753 - 755 (Rechtschreibung modernisiert)

1. *Analysieren Sie im Hinblick auf die Adressaten den rhetorischen Stil Friedrichs Lists.*

2. *Erläutern Sie, was mit der Aussage „Sachsen [wird] die Riesen wecken" gemeint ist.*

3. *Stellen Sie fest, welche Industriezweige sich entlang der von List genannten Städte etabliert hatten bzw. künftig entstanden. Erörtern Sie, warum List gerade diese Linienführungen auswählte.*

▲ **Elektrische Straßenbahn in Chemnitz.**
Foto, um 1900.
Der Bau elektrischer Straßenbahnen ging einher mit der Elektrifizierung des urbanen Raums seit den 1890er-Jahren. Zunächst waren die privaten Elektrizitäts- und Straßenbahngesellschaften aus finanziellen Gründen nicht gewillt, ihre Leitungs- und Schienennetze in äußere Stadtteile auszuweiten. Das führte dazu, dass größere Städte wie Leipzig und Dresden dazu übergingen, diese Gesellschaften zu kommunalisieren. So erfassten die Versorgungsnetze der Elektrizitätswerke bis zum Ersten Weltkrieg auch kleinere sächsische Gemeinden. Der Auf- und Ausbau einen Straßenbahnnetzes blieb jedoch häufig auf größere Städte begrenzt.

M4 Verstädterung und Bevölkerungswachstum

In ihrer Überblicksdarstellung zur Wirtschaftsgeschichte Sachsens im Industriezeitalter vergleichen Rainer Karlsch und Michael Schäfer u. a. auch die Entwicklung der Einwohnerzahlen in industriellen Ballungszentren und beschreiben dabei ein Phänomen der Urbanisierung:

Insgesamt trug [...] der ausgeprägt ländliche Charakter der protoindustriellen Verlagsökonomie in Sachsen wesentlich dazu bei, dass von Mitte des 18. Jahrhunderts bis ins erste Drittel des 19. Jahrhunderts der Anteil der Stadtbevölkerung
5 gegen den Trend der Jahrhunderte davor zurückging.
Seit den 1830er-Jahren, als sich die Zentralisierung der Produktion in den Fabriken beschleunigte, drehte sich diese Entwicklung um und die Städte wuchsen in den folgenden vier Jahrzehnten deutlich schneller als die Landgemeinden.
10 Zwischen 1834 und 1871 nahm die Bevölkerung der sächsischen Städte um 94 Prozent zu, die der Landgemeinden aber nur um 43 Prozent. In den folgenden knapp 20 Jahren bis 1890 setzte sich aber gerade in den industriellen Regionen Südwestsachsens und in der Umgebung der drei Großstädte
15 Dresden, Leipzig und Chemnitz wieder ein gegenläufiger Trend durch: Die Einwohnerzahl der Landgemeinden wies nun zum Teil beträchtlich höhere Zuwachsraten auf als die

der Stadtkommunen. In dieser Entwicklung kam einmal der Umstand zum Ausdruck, dass sich in vielen Städten nun die Bebauung über das Stadtgebiet hinaus in die noch selbst- 20
ständigen Vorortgemeinden ausdehnte. Zum anderen wuchsen vor allem in den ursprünglich kleinstädtisch-ländlich geprägten Gewerberevieren zahlreiche „Industriedörfer" zu Ortschaften mit mehreren tausend Einwohnern heran, ohne dass sie vorerst das Stadtrecht erhielten.   25
Gerade das Verschieben der städtischen Bebauungsgrenzen über den administrativen Zuständigkeitsbereich hinaus verschärfte die Herausforderungen noch, die das schnelle urbane Wachstum mit sich brachte. Neue Siedlungs- und Industriekomplexe entstanden nun auf den Gemarkungen der 30
Landgemeinden, die kaum Ressourcen aufbringen konnten, um solche Entwicklungen zu steuern. Die bauplanerische Erschließung dieser Flächen blieb in der Praxis letztliche oft weitgehend den Grundbesitzern überlassen: den Fabrikunternehmern, die sich dort angesiedelt hatten, Terraingesell- 35
schaften und Bauunternehmungen, die in der Hoffnung auf schnelle Wertsteigerungen solcher Areale größere Flächen angekauft hatten, oder einzelne bäuerliche Alteigentümer, die ihre Äcker auf eigene Faust in Bauland umwandelten.

Rainer Karlsch und Michael Schäfer, Wirtschaftsgeschichte Sachsens im Industriezeitalter, Leipzig 2006, S. 124

1. Erläutern Sie den Begriff „protoindustrielle Verlags-ökonomie" und ordnen Sie ihn in die Entwicklung des Wirtschaftssystems ein.
2. Analysieren Sie mögliche Gründe für die größere wirtschaftliche Attraktivität von Landgemeinden gegenüber Städten bei der Ansiedlung von Industrie-anlagen. Bevorzugten bestimmte Industriezweige derartige Standorte?
3. Recherchieren Sie Beispiele für „Industriedörfer" und zeichnen Sie vergleichend deren weitere Entwicklung bis ins 20. Jahrhundert nach. Untersuchen Sie dabei auch, ob und welche industrielle Produktion in diesen Ortschaften aktuell existiert.
4. Erörtern Sie, ob die Verleihung des Stadtrechts ein Standortvorteil war oder sich eher nachteilig auswirkte. Prüfen Sie, inwieweit sich in diesem Zusammenhang der starke Bevölkerungsanstieg auf die sozialen Beziehun-gen im ländlichen Gemeindeleben auswirkte.

M5 Betriebliche Sozialpolitik

Thomas Adam untersuchte die betriebliche Wohlfahrts- und Sozialpolitik in sächsischen Unternehmen, insbesondere im Hinblick auf den zunehmend organisierten Widerstand der Lohnarbeiter gegen schlechte Arbeitsbedingungen. Er bemerkt dazu:

Die Unternehmer [...] waren bereit, Geld in soziale Einrichtun-gen zu investieren, unter der Voraussetzung, dass dies freiwil-lig geschah und keinerlei Rechtsansprüche für die Arbeiter begründete. Ziel dieser betrieblichen Sozialpolitik war es, den
5 „sozialen Frieden" aufrechtzuerhalten und Stammbeleg-schaften auszubilden. Auf der Basis der beiden genannten Prämissen entwickelte sich ein breites Netz von betrieb-lichen Sozialvorsorgeeinrichtungen, die einen beachtlichen und bisher unterschätzten Leistungskatalog anboten, der
10 von den später installierten staatlichen Sozialversicherungen anfangs nicht erreicht wurde.
Es besteht jedoch kein Zweifel daran, dass diese betriebliche Sozialpolitik einen durch und durch patriarchalischen Cha-rakter trug. [...] Die Motive dafür können in seinem [des Un-
15 ternehmers] Menschenbild, in traditionellen Auffassungen bzw. in dem wirtschaftlichen Nutzen derartiger Maßnahmen liegen. Dieses System betrieblicher Sozialpolitik entstand nach Günther Schulz als eine Reaktion auf das Zerbrechen traditioneller Bezugs- und Sicherungssysteme (wie Kirche
20 und Familie) und auf die Konkurrenz neuer (wie Sozialdemo-kratie und Staat). Ziel dieser Unternehmerstrategie war die Integration der Arbeiterschaft in den Betrieb, die Ausbildung

einer Stammbelegschaft und die Abwehr sozialdemokrati-scher Einflüsse. Die sozialen Sicherungssysteme wurden, wie Dick Geary betonte, nicht aus Wohltätigkeit begründet, son-
25 dern mit dem Ziel, die Kontrolle über die Belegschaft zu er-langen.[1] In der Deutung dieses Patriarchalismus stehen sich zwei kontroverse Forschungsmeinungen gegenüber. Knut Borchardt[2] und Hans-Ulrich Wehler[3] interpretieren diesen als eine Tradierung vorindustrieller feudaler Verhaltensweisen.
30 David F. Crew[4] und Dick Geary hingegen – und dem schließe ich mich an – deuteten ihn als eine Reaktion der Unterneh-mer auf die Herausforderungen der Industrialisierung.
Die betriebliche Sozialpolitik war der erste moderne Versuch, Konflikte und Problemfelder, die erst mit der industriellen
35 Revolution erwuchsen, zu benennen und Lösungsvorschläge zu finden. Akteure waren die Unternehmer und nicht die Gewerkschaften oder der Staat.

Thomas Adam, Soziale Sicherheit vor der Bismarckschen Sozialgesetz-gebung in Leipziger und Dresdner Unternehmen, in: Ulrich Heß, Petra Listewnik und Michael Schäfer (Hrsg.), Wirtschaft und Staat in Sachsens Industrialisierung 1750 - 1930, Leipzig 2003, S. 335 - 353

1. Arbeiten Sie die einzelnen Bestandteile des „Leistungs-katalogs" der betrieblichen Sozialeinrichtungen heraus. Untersuchen Sie, warum diese Maßnahmen zur Wahrung des betrieblichen Friedens beitrugen.
2. Erläutern Sie das Konzept des „Patriarchalismus" im Zusammenhang mit der Führung von Unternehmen. Recherchieren Sie, in welchen sächsischen Großbetrie-ben es im 19. Jahrhundert praktiziert wurde.
3. Erörtern Sie die Auswirkungen der Industrialisierung auf die sozialen und religiösen Bindungen der Menschen. Inwiefern bestand eine Konkurrenzsituation zwischen traditionellen und neuartigen sozialen Sicherungs-systemen?
4. Diskutieren Sie die unterschiedlichen Forschungsmei-nungen zur freiwilligen unternehmerischen Wohlfahrt. Welche Argumentation ist plausibler?

[1] Dick Geary, The Industrial Bourgeoisie and Labour Relations in Germany 1871 - 1933, in: David Blackbourn und Richard J. Evans (Hrsg.), The German Bourgeoisie, London/New York 1993, S. 140 - 161
[2] Knut Borchardt, The Industrial Revolution in Germany, in: Carlo M. Cipolla (Hrsg.), The Fontana Economic History of Europe, Bd. 4, Teil 1, London 1973, S. 76 - 160
[3] Hans-Ulrich Wehler, Deutscher Sonderweg, in: Merkur 1981, S. 481
[4] David F. Crew, Bochum. Sozialgeschichte einer Industriegroß-stadt 1860 - 1914, Frankfurt am Main 1980, S. 169

Restauration, Revolution, Kaiserreich: Deutschland im „langen" 19. Jahrhundert

◄ „Verfassunggebende deutsche Nationalversammlung in der Paulskirche zu Frankfurt a. M."
Farblithografie von C. A. Lill, 1848.
Die Paulskirche ist mit den Nationalfarben Schwarz-Rot-Gold und dem Reichsadler geschmückt. In der Mitte der Empore befindet sich ein Transparent mit der „Germania" von Philipp Veit. Das Bild misst 4,82 x 3,20 m und verdeckt die Orgel der Kirche, die zum Tagungsort gewählt wurde, weil kein Saal der Stadt groß genug war.

Restauration und Vormärz	1814/15	Auf dem Wiener Kongress wird Europa neu geordnet.
	1817	Auf dem Wartburgfest erinnern die deutschen Burschenschaften an die Reformation und an die Völkerschlacht bei Leipzig.
	1819	Durch die Karlsbader Beschlüsse werden die Burschenschaften verboten und eine Vorzensur eingeführt.
	1832	Die nationale und liberale Bewegung organisiert das Hambacher Fest.
Revolution und „Reichsgründung von oben"	1848	Der „Bürgerkönig" Louis Philippe wird gestürzt; nach revolutionären Unruhen verfügen deutsche Monarchen soziale Reformen und beteiligen Liberale an der Regierung.
		Die deutsche Nationalversammlung tritt am 18. Mai in der Paulskirche zusammen.
	1849	Der preußische König Friedrich Wilhelm IV. lehnt die von der Nationalversammlung angebotene Kaiserwürde ab.
	1866	Preußen besiegt Österreich; der Deutsche Bund wird aufgelöst.
	1870/71	Die deutschen Staaten besiegen Frankreich.
Das Reich in der Bismarckzeit	1871	Der preußische König Wilhelm I. wird zum „Deutschen Kaiser" proklamiert.
	1871-1878	Im sogenannten „Kulturkampf" versucht Bismarck, den Einfluss des Katholizismus zurückzudrängen.
	1878-1890	Mithilfe des „Sozialistengesetzes" unterdrückt Reichskanzler Bismarck die Sozialdemokratie und ihr nahe stehende Gewerkschaften.
	1881/83-1914	Im Hochimperialismus dehnen die industrialisierten Staaten ihren Herrschaftsbereich auf Gebiete in Afrika, Asien und Amerika aus.
	1884/85	Das Deutsche Reich erwirbt erstmals Kolonien.
Wilhelminische Großmachtpolitik	1888	Wilhelm II. wird Deutscher Kaiser.
	1890	Bismarck tritt als Reichskanzler zurück.
	1904/07	Großbritannien bereinigt mit Frankreich („Entente cordiale") und Russland kolonialpolitische Konflikte.

Ein Vaterland mit Pickelhaube? ■ Die Ära von 1789 bis 1914 wird in der Geschichtswissenschaft als „langes 19. Jahrhundert" verstanden, in dem sich die Moderne ihren Weg bahnte. Sie ist gekennzeichnet durch die Industrialisierung, den Wandel der Lebenswelt, eine fortschreitende Demokratisierung und die Bildung von Nationalstaaten.

Auf der politischen Bühne Mitteleuropas dominierten bis zur Mitte des 19. Jahrhunderts die beiden Großmächte Preußen und das Kaisertum Österreich. Zunächst waren sie Verbündete gegen das revolutionäre Frankreich, nach 1815 waren sie rivalisierende Partner im Deutschen Bund, dem Zusammenschluss der deutschen Staaten, der bis 1866 bestand. Im gleichen Jahr besiegte die preußische Armee Österreich im „Deutschen Bruderkrieg", was den Ausschluss der bisherigen Führungsmacht aus der deutschen Politik bedeutete. Preußens Vorherrschaft erstreckte sich zunächst lediglich auf alle Staaten nördlich der „Mainlinie". Im Vorzeichen eines preußisch-gesamtdeutschen Sieges über Frankreich 1870/71 beteiligten sich dann aber auch die süddeutschen Staaten an dem 1871 von den „verbündeten Regierungen" geschaffenen Kaiserreich. Otto von Bismarck, seit 1862 preußischer Ministerpräsident und ab 1871 erster Reichskanzler, hätte die Deutschen freilich kaum „unter einen Hut" gebracht, wenn er für Preußens Machtpolitik nicht auch die nationale Einheitsbewegung hätte nutzen können.

Preußens Übergewicht in dem bis 1918 bestehenden Kaiserreich war unübersehbar. Zu Preußen gehörten 1871 60 Prozent der Reichsbevölkerung und 65 Prozent des Reichsterritoriums. Gegen Preußens Willen konnten die Regierungen der übrigen Bundesstaaten und auch der Reichstag in einem ernsten Konfliktfall nichts durchsetzen. Aber der kleindeutsche Nationalstaat wurde trotz der Zugehörigkeit zum jeweiligen Einzelstaat als das größere Vaterland begriffen und begrüßt. Die doppelte Loyalität zum engeren und weiteren Vaterland wurde auch durch zwei seitliche kleine Kokarden in den Landes- und Reichsfarben an den Pickelhauben der Soldaten verdeutlicht.

Obwohl „Eisen und Blut" entscheidend zur Reichsgründung beitrugen und die Verherrlichung des preußisch-deutschen Militärs zu einem Kennzeichen des Kaiserreichs wurde, blieb den Deutschen der Friede 43 Jahre lang erhalten. Das galt auch noch, als nach Bismarcks zurückhaltender Außenpolitik unter Kaiser Wilhelm II. Deutschlands Politiker im Zeichen neuen Prestigedenkens und Strebens nach Weltgeltung einen „Platz an der Sonne" einforderten. Die politische Führung wollte für Deutschland eine Stellung als Weltmacht erobern; dazu gehörten auch eine gewaltige Flotte und ausgedehnter Kolonialbesitz. Immer mehr europäische Staaten, vor allem Großbritannien, wandten sich deshalb gegen das Deutsche Reich. Bündnisse und Rüstungsindustrien der großen europäischen Mächte bereiteten den Krieg vor, den Wilhelm II. und seine Berater leichtfertig herbeiführten, auch wenn ihnen nicht die Alleinschuld anzulasten ist. Die Dauer und die schrecklichen Opfer des Ersten Weltkrieges sollten dann selbst die schlimmsten Befürchtungen übertreffen.

▶ *Welche Ursachen hatte die Revolution von 1848/49 und welche Ziele verfolgten ihre Befürworter?*

▶ *Welche Ereignisse führten zum Scheitern der Revolution? Welche positiven Auswirkungen auf die weitere politische, gesellschaftliche und wirtschaftliche Entwicklung in Deutschland lassen sich dennoch feststellen?*

▶ *Wodurch war die Innen- und Außenpolitik des Kaiserreichs gekennzeichnet und welche Rolle spielte der Nationalismus für politische Entscheidungen?*

Deutschland im Schatten Napoleons

Die Französische Revolution – Auftakt zum 19. Jahrhundert ■ Ab 1789 wurde das europäische Gesellschaftssystem in seinen Grundfesten erschüttert. Mit der Revolution wandelte sich das absolutistische Frankreich zunächst in eine konstitutionelle Monarchie (1789-1791) und danach in eine Republik (1791-1793). In der Schreckenszeit des „Terreur" (1793-1794) ging die Revolution in eine Diktatur über, die mit der Hinrichtung **Maximilien Robespierres** beendet wurde. Obwohl das regierende *Direktorium* danach eine gemäßigte Politik verfolgte, konnte sich die angeschlagene Wirtschaft Frankreichs nicht von ihrer Krise erholen.

Wie die Regierungen vor ihm, suchte auch das Direktorium durch eine expansive und kriegerische Außenpolitik einen Ausgleich für die Rückschläge im Innern zu schaffen. Beseelt vom Glauben an die Revolution, kämpften französische Volksheere gegen die stehenden Heere der traditionellen Mächte Europas (*Erster Koalitionskrieg* von 1793 bis 1797 gegen England, Österreich und Preußen). Das gesamte linksrheinische Gebiet wurde erobert, und der Rhein sollte fortan die „natürliche Grenze" Frankreichs bilden. Auch in Italien entstanden nach erfolgreichen Feldzügen zahlreiche Tochterrepubliken. Auf Dauer konnte die innenpolitische Misere jedoch allein mit Eroberungspolitik nicht überbrückt werden. Das angeschlagene Direktorium verlor seine Macht, als General **Napoleon Bonaparte** die Regierung am 9. November 1799 stürzte und den Widerstand des Parlaments mit Waffengewalt brach. Ein Kollegium von drei Konsuln trat an die Stelle der alten Regierung. Bonaparte wurde *Erster Konsul* und ließ sich seine Stellung vom Volk bestätigen. Von über drei Millionen Stimmen wurden nur 1562 gegen ihn abgegeben – bei allerdings vier Millionen Enthaltungen. Danach erklärte er die Revolution für „amtlich beendet".

Die innere Befriedung Frankreichs ■ Napoleon nutzte die Sehnsucht der Bürger nach Ruhe, um in Frankreich eine straffe innere Ordnung herzustellen. Die Verfassung, die er im Dezember 1799 vorlegte, sicherte ihm das alleinige Recht der Gesetzesinitiative. Sie „diente weniger der Machtkontrolle als der Machterhaltung" (*Dieter Grimm*).

Napoleon bemühte sich um einen Ausgleich zwischen den von der Revolution aufgerissenen Fronten. Er hob die diskriminierenden Gesetze gegen den Adel auf und erkannte in einem *Konkordat** den katholischen Glauben wieder als Religion an. Der *Code civil* von 1804, das „erste Gesetzbuch eines ständefreien Staates" (*Hans-Ulrich Wehler*), sicherte dem Bürgertum persönliche Freiheit, Gleichheit vor dem Gesetz, Gewissensfreiheit, Gewerbefreiheit und Trennung von Staat und Kirche zu. Alle religiösen Bekenntnisse – also auch der jüdische Glauben – wurden rechtlich anerkannt und die Zivilehe beibehalten. Dagegen wurde das 1792 liberalisierte Scheidungsrecht zum Nachteil der Frauen wieder erschwert und die nach jahrelanger Diskussion 1794 abgeschaffte Sklaverei in den Kolonien wieder akzeptiert. Das einsetzende Wirtschaftswachstum verdeckte nur oberflächlich, dass politische Errungenschaften der Revolution wie das allgemeine Wahlrecht, Gewaltenteilung, Presse- und Versammlungsfreiheit unter Napoleon unterdrückt wurden.

Ende 1804 krönte Napoleon sich selbst zum „Kaiser der Franzosen" und führte die erbliche Kaiserwürde für seine Familie ein. Per Plebiszit ließ er sich dies von den Franzosen bestätigen. Frankreich war wieder Monarchie.

Maximilien Robespierre (1758-1794): Rechtsanwalt, seit 1789 Mitglied der Nationalversammlung; sicherte sich seit 1793 eine fast unumschränkte Machtstellung; die Verschärfung seiner Terrormaßnahmen führte schließlich zu seinem Sturz.

Napoleon Bonaparte (1769-1821): geboren auf Korsika, General, Oberbefehlshaber in Italien, ab 1799 Erster Konsul, ab 1804 „Kaiser der Franzosen", starb in der Verbannung auf der Atlantikinsel St. Helena

▲ **Napoleon I. Bonaparte im Krönungsornat.**
Gemälde von François Gérard, 1805.

* Konkordat: völkerrechtlicher Vertrag zur Regelung kirchlich-staatlicher Angelegenheiten

Napoleon und das Ende des Heiligen Römischen Reichs  Schon vor seiner Krönung zum Kaiser war sich Napoleon bewusst, dass seine aus der Revolution entstandene Herrschaft eine Provokation für die europäischen Monarchien war. Sicher konnte er sich nur fühlen, wenn er die bisherigen Fürsten entweder besiegte oder in seine Abhängigkeit zwang. Der 1799 ausgebrochene *Zweite Koalitionskrieg*, zu dem England die Großmächte Russland, Österreich, Portugal und die Türkei angestachelt hatte, gab ihm dazu Gelegenheit. Im *Frieden von Lunéville* 1801 konnte er seine Eroberungen sichern. Dazu gehörte das gesamte linke Rheinufer.

Preußen und Österreich hatten es schon 1795/97 – während sie mit der Teilung Polens beschäftigt waren – preisgegeben und festgelegt, dass die betroffenen weltlichen Reichsfürsten für ihre linksrheinischen Verluste mit rechtsrheinischen Gebieten entschädigt werden sollten. Die Grundlagen für diese Entschädigungen erarbeitete ein Ausschuss des Regensburger Reichstages. Das Ergebnis war der *Reichsdeputationshauptschluss*. Ihn musste 1803 das Oberhaupt des Heiligen Römischen Reiches Deutscher Nation, Kaiser **Franz II.**, anerkennen. Die Schlüsselbegriffe des Reichsdeputationshauptschlusses lauteten *Säkularisation* und *Mediatisierung*. Säkularisation bedeutete die Herrschaftsübernahme in kirchlichen Territorien durch weltliche Fürsten, Mediatisierung die Unterstellung bisher reichsunmittelbarer Stände wie Ritter und Reichsstädte unter die Landeshoheit eines anderen weltlichen Reichsstandes. Alles in allem blieben von knapp 300 selbstständigen Reichsständen noch 41 Flächen- und Stadtstaaten übrig. Die großen Gewinner waren die Herrscher von Preußen, Bayern, Baden und Württemberg. Sie konnten ihre Territorien zum Teil beträchtlich vergrößern.

Nach Frankreichs Sieg über England, Österreich und Russland in der *Dreikaiserschlacht von Austerlitz* und dem *Frieden von Preßburg* 1805 begann Napoleon I., seine Vorherrschaft in Europa auszubauen. Ein Mittel dazu war es, die Macht der kleineren süddeutschen Fürsten im Heiligen Römischen Reich zu stärken. Sie nahmen Napoleons Unterstützung an, um ihre vollständige Souveränität gegenüber dem Reich zu erreichen und Standeserhöhungen durchzusetzen. Anfang 1806 wurden Bayern und Württemberg Königreiche und Baden Großherzogtum. Im Juli desselben Jahres sagten sich dann 16 Staaten unter dem *Protektorat** Napoleons vom Reich los und bildeten den *Rheinbund*. Das war das Ende des alten und ehrwürdigen Heiligen Römischen Reiches Deutscher Nation.

▲ **Kaiser Franz II.**
Gemälde von Joseph Kreutzinger, 1805.

Franz II. (1768 - 1835): Herrscher aus dem Hause Habsburg. Er war von 1792 bis 1806 Oberhaupt des Heiligen Römischen Reiches Deutscher Nation und regierte bereits ab 1804 als Kaiser Franz I. von Österreich.

Napoleons Fernziel Preußen hatte den Zerfall des Reiches zunächst als neutraler Beobachter verfolgt, war aber dann an der Seite Russlands in den Krieg gegen Frankreich getreten. Seine Armee wurde aber bei Jena und Auerstedt Ende 1806 vernichtend geschlagen. König *Friedrich Wilhelm III.* von Preußen (1770 - 1840) musste im *Frieden von Tilsit* 1807 akzeptieren, dass Napoleon alle westlich der Elbe gelegenen preußischen Gebiete übernahm und mit anderen norddeutschen Staaten zum *Königreich Westfalen* zusammenfügte. Preußen verlor außerdem seine Erwerbungen aus den drei polnischen Teilungen. Sie wurden Teil des neu gegründeten Großherzogtums Warschau. Das „Grand Empire" stand auf dem Höhepunkt seiner Macht und Napoleon begann, sein Fernziel umzusetzen: ein politisch, wirtschaftlich und rechtlich einheitliches Europa unter französischer Hegemonie.

* Protektorat: Schutzherrschaft

Reformen: Modernisierung zwischen Pragmatismus und Zwang ■ Napoleon organisierte das linksrheinische Gebiet nach französischem Muster. Es sollte für immer bei Frankreich verbleiben. Als Modell für die Rheinbundstaaten war das neue Königreich Westfalen gedacht. Es erhielt Ende 1807 eine Verfassung nach französischem Vorbild. Es war die erste Konstitution auf deutschem Boden. Darüber hinaus wurden eine zentralistische Verwaltung und der Code civil eingeführt.

Der Machtsicherung und -erhaltung dienten auch die nun einsetzenden Reformen in den Rheinbundstaaten. Um die neu gewonnenen Herrschaftsgebiete zu integrieren und die leeren Staatskassen zu füllen, modernisierten die Fürsten ihre Staaten. Sie schufen einheitliche Wirtschaftsgebiete, zentralisierten die Verwaltung und änderten die Rechtsordnung zum Teil nach dem Vorbild des Code civil. Adel und Klerus verloren dabei Ämter- und Steuerprivilegien, doch die Fürsten schafften die ständische Gesellschaftsordnung nicht vollständig ab.

Unter anderen Voraussetzungen gingen die Reformer in Preußen ans Werk. Riesige Gebietsverluste, erdrückende Tributzahlungen an Frankreich und der Wunsch, bald wieder zum Kreis der Großmächte zu gehören, zwangen die preußische Regierung zu einer Mobilisierung aller Kräfte. Freiherr vom und zum Stein, von 1804 bis 1807 Finanz- und Wirtschaftsminister und von Oktober 1807 bis November 1808 Regierungschef, sowie sein Nachfolger, Karl August Freiherr von Hardenberg, setzten sich für einen effizienteren Staat und den Abbau ständischer Privilegien ein (▶ M1). Eingeleitet wurden die preußischen Reformen durch das *Oktoberedikt* im Jahr 1807 und die Einführung der *Gewerbefreiheit* 1810.* Um die „Landeskinder" zu selbstverantwortlich handelnden Bürgern zu erziehen, schuf Stein 1808 darüber hinaus eine *Städteordnung*. Sie brachte den größeren Gemeinden mehr *Selbstverwaltung*. Dem militärischen Wiederaufstieg Preußens sollte die *Heeresreform* dienen. Das aus Söldnern und zwangsweise verpflichteten Untertanen zusammengesetzte Militär wurde in ein *Volksheer* umgewandelt. Konsequenterweise fiel dabei das Adelsmonopol für Offiziersstellen. Im *Emanzipations-Edikt* von 1812 wurden den Juden die staatsbürgerlichen Rechte gewährt; höhere Ämter in Justiz, Verwaltung und Militär blieben ihnen jedoch verwehrt. Ein wichtiges Versprechen des preußischen Königs blieb aber unerfüllt: die Verkündung einer Konstitution.

Gegen Napoleon ■ Die alten europäischen Großmächte wollten sich auf Dauer nicht von Frankreich unterdrücken lassen (▶ M2). Nachdem die „Grande Armee" 1812 in Russland eine halbe Million Menschen verloren hatte, beschloss der russische Zar *Alexander*, den Kampf zur „Befreiung" Europas fortzusetzen. Doch erst als der preußische General *Ludwig Yorck von Wartenburg* ohne Zustimmung seines Königs Ende 1812 in der *Konvention von Tauroggen* den Russen den Weg nach Ostpreußen freigab, folgte Friedrich Wilhelm III. dem Signal zum *Befreiungskrieg*. Preußen erklärte Frankreich den Krieg. Österreich begann den Kampf erst, nachdem Russland und Preußen dem Vielvölkerstaat die Wiederherstellung der vorrevolutionären Ordnung zugesichert hatten.

Die Rheinbundstaaten kämpften zunächst noch auf französischer Seite. Nach und nach wechselten sie aber das Bündnis und schlossen sich der preußisch-österreichischen Seite an. Die Entscheidung fiel in der *Völkerschlacht bei Leipzig* im Oktober 1813. Napoleon wurde geschlagen, zum Rückzug gezwungen und nach der Eroberung von Paris auf die Insel Elba verbannt. Ein Jahr später, im März 1815, riss er noch einmal die Herrschaft an sich. In der *Schlacht bei Waterloo* wurde er dann endgültig geschlagen. Europa musste neu geordnet werden.

---

* Siehe S. 21.

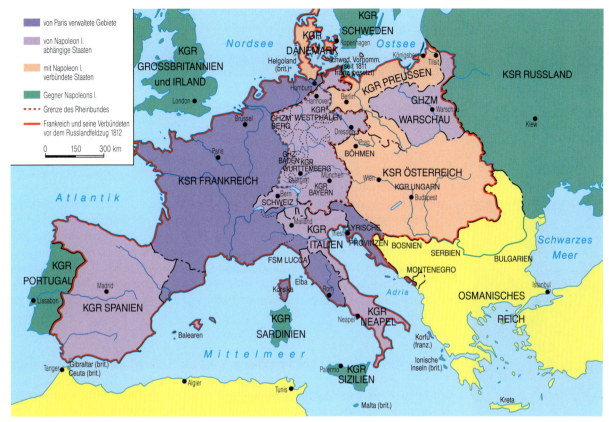

▲ Europa um 1812.

Anfänge der liberalen und nationalen Bewegung in den deutschen Staaten ■ Die Bestimmung des Menschen als eines freien, vernunftgeleiteten, selbstverantwortlich handelnden Individuums geht auf die europäische Aufklärung zurück. Sie bildet die geistesgeschichtliche Grundlage für die im 18. Jahrhundert entwickelte liberale* und nationale Bewegung. Die Amerikanische und die Französische Revolution sowie die aus der napoleonischen Fremdherrschaft entstandenen Krisen stärkten sie. Insgesamt bestimmten drei parallel verlaufende und sich zum Teil überschneidende Prozesse die Bewegung:

- Da war zunächst das wachsende Bewusstsein, einer deutschen Kulturnation anzugehören. Den Gedanken, dass ein Volk durch Sprache, Religion und Tradition ein bestimmtes Nationalbewusstsein besitzt, hatte *Johann Gottfried Herder* (1744-1803) in seiner „Abhandlung über den Ursprung der Sprache" von 1772 entwickelt. Theologen, Schriftsteller, Historiker, Philosophen und andere Intellektuelle trugen dazu bei, dass diese Gedanken weiterentwickelt, diskutiert und publiziert wurden.

- Der Kampf gegen die Fremdherrschaft sowie die inneren Reformen stärkten die Bewegung. Dabei mobilisierten die Befreiungskriege nicht die Massen, wie es später dargestellt wurde. Die meisten Soldaten mussten zum Kriegsdienst gegen die französischen Truppen gezwungen werden.

- Schließlich stärkte der Aufstieg des Bürgertums die Bewegung. Es gab sich nicht mehr mit der ständischen Ordnung und der politischen Unmündigkeit zufrieden. Die von den Fürsten eingeleiteten Modernisierungen hatten seine Macht gestärkt.

---

* liberalis (lat.): freiheitlich, eines freien Mannes würdig

Die Ziele der liberalen und nationalen Bewegung

Die Ziele der liberalen und nationalen Bewegung ■ Obwohl die deutsche National-bewegung zu Beginn des 19. Jahrhunderts nur wenige Anhänger zählte, stellte sie wirkungsmächtige Forderungen auf:

- An die Stelle der deutschen Einzelstaaten sollte nach dem Vorbild des französischen Zentralismus oder des amerikanischen Föderalismus die staatliche Einheit der Nation treten.
- Die ständische Gesellschaftsordnung sollte durch eine Gesellschaft freier und gleicher Bürger ersetzt werden.
- Verfassungen sollten die Menschenrechte, die Gewaltenteilung und die politische Mitbestimmung der Bürger durch gewählte Vertreter gewähren.
- Die Wirtschaft sollte sich ohne Zunftschranken und über die Landesgrenzen hinweg frei entfalten können.

Insofern war die deutsche Nationalbewegung anfangs eine „liberale Emanzipations- und Oppositionsideologie, die sich gegen die spätabsolutistischen Territorialstaaten, gegen die Vorrechte des Adels, gegen das Gottesgnadentum richtete, aber für die souveräne Nation, für die allgemeine Staatsbürgergesellschaft, auch für die harmonische Kooperation aller Nationalstaaten" (Hans-Ulrich Wehler) stritt. Dies hinderte sie nicht, von Anfang an die eigene Herkunft (lat.: *natio*) überzubewerten, den National-gedanken zu einer Art religiösen Idee zu machen und feindselig gegen andere Nationen zu sein (▸ M3).

▲ **Fürst Klemens von Metternich.**
Gemälde von Sir Thomas Lawrence, 1820 - 1825.

Klemens Wenzel Fürst von Metternich (1773 - 1859): 1809 - 1821 österreichischer Staats- und Außenminister, 1821 - 1848 Staatskanzler. Er bemühte sich um die Erhaltung der 1815 hergestellten Herrschaftsordnung und kämpfte gegen liberale und nationale Bewegungen. Bei Ausbruch der Revolution in Wien wurde er 1848 gestürzt.

Heilige Allianz: Das Bündnis gegen nationale und liberale Bestrebungen betonte das Gottesgnadentum als Grundlage einer legitimen Herrschaft.

Die Neuordnung Europas auf dem Wiener Kongress ■ Für die Fürsten bedeutete die liberale und nationale Bewegung eine Herausforderung, da sie die bestehende Staatenwelt und Herrschaftsordnung infrage stellte. Das war den Fürsten und Diplomaten bewusst, die sich 1814/15 in Wien versammelten, um das von Napoleon zerstörte Gleichgewicht der europäischen Großmächte wiederherzustellen. Das Recht der Völker, über sich selbst zu bestimmen, lehnten sie ab, die Verkündung von Verfassungen schlossen sie aber nicht aus. Eine legitime, d.h. rechtmäßige Staatsgewalt konnte ihrer Ansicht nach in Europa nicht wie in den USA vom Volk ausgehen, sondern allein von den alten Herrscherhäusern (*Dynastien*).

Eifrigster Anwalt der *Restauration*, der Wiederherstellung der politischen Zustände, wie sie vor der Französischen Revolution bestanden hatten, wurde der österreichische Verhandlungsführer Fürst **Klemens von Metternich**. Allerdings dachte auch er nicht daran, die Säkularisation und Mediatisierung sowie die Rangerhöhungen einiger Fürsten rückgängig zu machen. Das Heilige Römische Reich Deutscher Nation sollte nicht wiederhergestellt werden. Stattdessen einigte man sich in Wien darauf, in der Mitte Europas nur einen lockeren Staatenbund von 34 souveränen Fürsten und vier freien Städten (Lübeck, Hamburg, Bremen und Frankfurt am Main) zu gründen: den *Deutschen Bund*. Er sollte die innere und äußere Sicherheit der Mitgliedstaaten gewährleisten und das Gleichgewicht der europäischen Großmächte sichern. In Wien hatte man damit die Revolution beendet und eine zwischenstaatliche Friedensordnung geschaffen, die künftigen Wandel nicht ausschließen sollte, ihn aber von allgemeiner Billigung der Monarchen abhängig machte. Die Monarchen Russlands, Österreichs und Preußens verpflichteten sich dazu im Herbst 1815 zu einer **Heiligen Allianz**. Brüderlich wollte man alle revolutionären Veränderungen abwehren. Aus der Kriegsallianz der Sieger war ein Bollwerk gegen innere und äußere Reformen geworden. Außer dem englischen König, dem türkischen Sultan und dem Papst traten alle Regenten Europas der Heiligen Allianz bei.

M1 „Revolution von oben"

In der „Rigaer Denkschrift" (12. September 1807) skizziert der auf Befehl Napoleons entlassene preußische Staatsminister Karl August Fürst von Hardenberg dem König von Preußen die Grundlagen einer Reorganisation des Staates:

Die Französische Revolution, wovon die gegenwärtigen Kriege die Fortsetzung sind, gab den Franzosen unter Blutvergießen und Stürmen einen ganz neuen Schwung. Alle schlafenden Kräfte wurden geweckt, das Elende und Schwa-
5 che, veraltete Vorurteile und Gebrechen wurden – freilich zugleich mit manchem Guten – zerstört. Die Benachbarten und Überwundenen wurden mit dem Strome fortgerissen. [...]
Der Wahn, dass man der Revolution am sichersten durch
10 Festhalten am Alten und durch strenge Verfolgung der durch solche geltend gemachten Grundsätze entgegenstreben könne, hat besonders dazu beigetragen, die Revolution zu befördern und derselben eine stets wachsende Ausdehnung zu geben. Die Gewalt dieser Grundsätze ist so groß, sie sind
15 so allgemein anerkannt und verbreitet, dass der Staat, der sie nicht annimmt, entweder seinem Untergange oder der erzwungenen Annahme derselben entgegensehen muss. [...]
Also eine Revolution im guten Sinn, gerade hinführend zu dem großen Zwecke der Veredelung der Menschheit, durch
20 Weisheit der Regierung und nicht durch gewaltsame Impulsion[1] von innen oder außen, – das ist unser Ziel, unser leitendes Prinzip. Demokratische Grundsätze in einer monarchischen Regierung: dieses scheint mir die angemessene Form für den gegenwärtigen Zeitgeist.[2] Die reine Demokratie müs-
25 sen wir noch dem Jahre 2440 überlassen[3], wenn sie anders je für den Menschen gemacht ist. [...]
Man schrecke ja nicht zurück vor dem, was er[4] als Hauptgrundsatz fordert, möglichste Freiheit und Gleichheit. – Nicht die regellose, mit Recht verschriene: die die blutigen
30 Ungeheuer der Französischen Revolution zum Deckmantel ihrer Verbrechen brauchten oder mit fanatischer Wut statt der wahren, *im gebildeten gesellschaftlichen Zustande möglichen*, ergriffen, sondern *nur diese* nach weisen Gesetzen eines monarchischen Staats, die die natürliche Freiheit und

Gleichheit der Staatsbürger nicht mehr beschränken, als es
35 die Stufe ihrer Kultur und ihr eigenes Wohl erfordern.
[...]
Die Nation mit der Staatsverwaltung in nähere Verhältnisse zu bringen, sie mehr damit bekannt zu machen und dafür zu interessieren, ist allerdings heilsam und nötig. Die Idee einer
40 Nationalrepräsentation, so wie sie von dem Herrn von Altenstein[4] gefasst ist, ohne Abbruch der monarchischen Verfassung, ist schön und zweckmäßig. Der Begriff gefährlicher Nationalversammlungen passt nicht auf sie. Durch die Amalgamierung[5] der Repräsentanten mit den einzelnen Verwal-
45 tungsbehörden wird sie den Nutzen gewähren, ohne den Nachteil zu haben. Sie soll keinen besonderen konstitutiven Körper, keine eigene Behörde bilden. [...]
[...]
Dass man dem Provinzialcharakter nicht Gewalt antun und
50 aus Sucht, alles in eine Form, besonders in eine nicht passende, zu zwingen, nicht überall alle Einrichtungen und Vorschriften auf gleiche Weise geltend machen müsse, damit bin ich vollkommen einverstanden. Doch scheint es mir weise, dem Ganzen einen einzigen Nationalcharakter aufzu-
55 prägen und nach und nach, jenen Maximen unbeschadet, dahin zu arbeiten, welches auch ohne Zwang geschehen kann. Die Verwaltung nach Provinzen würde ich diesemnach nicht beibehalten, die Verwaltungsdepartements nach den natürlichen Verhältnissen abteilen und benennen und einem
60 jeden eine Kammer vorsetzen. Der ganze Staat heiße künftig *Preußen.* [...]

Walter Demel und Uwe Puschner (Hrsg.), Von der Französischen Revolution bis zum Wiener Kongreß 1789-1815, Stuttgart 1995, S. 87f., 89f. und 92f.

1. *Arbeiten Sie die Haltung Hardenbergs gegenüber der Französischen Revolution heraus.*

2. *Nennen Sie wesentliche Aspekte, die nach Hardenberg für eine Reorganisation des Staates zu beachten wären.*

---

[1] Impulsion: Anstoß, Anregung
[2] Offenbar nach dem Philosophen Immanuel Kant (1724-1804), der mit Blick auf die Französische Revolution sagte: „Autokratisch herrschen und dabei doch republikanisch [...] regieren, ist das, was ein Volk mit seiner Verfassung zufrieden macht."
[3] Anspielung auf den utopischen Roman von L. S. Mercier (1740-1814), L'an 2440. Rêve s'il en fût jamais
[4] Hardenberg bezieht sich hier auf Überlegungen seines Mitarbeiters Karl Freiherr vom Stein zum Altenstein.

[5] Amalgamierung: enge Verbindung

M2 „.... das muss alle Deutsche fest und brüderlich vereinen"

In einer zuerst anonym als Einzeldruck Ende Januar 1813 ver-
öffentlichten Flugschrift ruft der Historiker und patriotische
Dichter Ernst Moritz Arndt zur Erhebung gegen Napoleon I.
und dessen Verbündete auf:

Ihr habt das blutige und unerbittliche Ungeheuer gesehen
und gefühlt, welches in seinem stolzen Wahn und Übermut
sich nichts Kleineres angemaßt hatte, als alle Länder zu bezwingen, alle Throne zu schänden, alle Völker zu erniedri-
5 gen und endlich in satanischer Einsamkeit über einen ver-
worfenen Haufen von Sklaven zu herrschen. [...] Seine
Schmeichler und Knechte posaunten es über die Welt aus:
Der Unbezwingliche, der Unbesiegliche, der Weltbefreier, der
Zeitverjünger, der Einzige, der Unvergleichliche komme, sich
10 und Europa an dem treulosen Beherrscher der Russen zu
rächen, und den Osten unseres Weltteils gleich dem Westen
zu beglücken und zu befreien. Diese Stimmen der Nichts-
würdigen krächzten fern und nah alle Buben und Knechte
nach; die Matten und Feigen glaubten und zitterten; selbst
15 mache Gute und Wackere wollten fast verzweifeln; nur wenige ehrenfeste und herzhafte Seelen hofften und vertrau-
ten, denn ihnen war in dem schmutzigen Strom der Zeit die
Zuversicht auf Gott und das Licht der Geschichte nicht untergegangen. [...]
20 Eine neue Zeit wird beginnen, eine große und herrliche deutsche Zeit, wenn jede lebendigste Kraft, jedes glühendste
Herz, jede freudigste Tugend und jede reinste Gesinnung,
wenn die ganze Liebe und Treue des deutschen Volkes in den
großen Kampf gesetzt wird. Hass gegen die Fremden, Hass
25 gegen die Franzosen, gegen ihren Tand, ihre Eitelkeit, ihre
Lüderlichkeit, ihre Sprache, ihre Sitten, ja brennender Hass
gegen alles, was nur von ihnen kommt, das muss alle Deutsche fest und brüderlich vereinen und deutsche Tapferkeit,
deutsche Freiheit, deutsche Zucht, deutsche Ehre und Ge-
30 rechtigkeit oben schweben lassen, und wieder in die alte
Würde und Herrlichkeit stellen, wodurch unsre Väter vor den
meisten Völkern der Erde leuchteten.

Hans-Bernd Spies (Hrsg.), Die Erhebung gegen Napoleon 1806-1814/15,
Darmstadt 1981, S. 224 f. und 22 f.

■ *Arbeiten Sie die ideologischen Vorstellungen heraus, mit*
denen sich Arndt an die Öffentlichkeit wendet. Nehmen
Sie dazu Stellung.

M3 Individuum und Staat, Volk und Menschheit

1814 schreibt der Jenaer Historiker Heinrich Luden, der vor und
nach den „Befreiungskriegen" einen großen Einfluss auf die
Studenten ausübt, in einem Aufsatz:

Überall, wo Menschen mit einiger Bildung zusammen leben,
da leben sie in einem Staate; und überall zeigt sich bei jedem
Menschen in Sprache, Geist und Art eine gewisse Eigentüm-
lichkeit, die ihn von allen andern Menschen sondert, die er
aber mit einer gewissen Anzahl gemein hat: Mit diesen 5
macht er ein *Volk* aus. [...]
Staat und Volk nämlich fallen, im historischen Zusammen-
hange des Lebens, bald dergestalt zusammen, dass das *Volk*
in einem bürgerlichen Vereine nach eigenen Gesetzen lebt
oder einen besonderen Staat ausmacht; bald aber sind sie 10
getrennt, und die Kreise schneiden sich auf mannigfache
Weise, sei es, dass in einem Volke mehrere Staaten sind, sei
es, dass ein Staat mehrere Völker umfasst, sei es endlich, dass
Völkerteile, in bürgerlicher Rücksicht, hierhin geworfen sind
und dorthin. Aber immer und überall streben Staat und Volk, 15
man möchte sagen, mit liebevoller Sehnsucht zueinander,
um sich einander zu halten oder zu gewinnen, wie wenn sie
ohne einander nicht sein möchten, wie wenn sie beide nur in
Einheit gedeihen könnten! Sind Staat und Volk eins: so ist der
höchste Wunsch und das heiligste Streben der Menschen, 20
diese Einheit zu bewahren; sind sie getrennt: so ist, wenn
nicht immer der Wunsch, doch gewiss das Streben da, diese
Einheit zu erringen: Die Volksgenossen suchen sich in einem
Staat zu vereinen, die Bürger eines Staates suchen ein Volk
zu werden [...].   25
Ruhiges Gedeihen aber, fester Friede, kräftige Bildung und
allgemeines Glück wird nur da gefunden, wo die Einheit von
Volk und Staat erreicht ist, und diese Erreichung scheint von
gewissen Naturgrenzen abzuhängen, von Höhen und Tiefen,
von Meeren und Wüsten, welche entweder das Volk um- 30
schließen oder den Staat.

Hartwig Brandt (Hrsg.), Restauration und Frühliberalismus 1814-1840,
Darmstadt 1979, S. 96 f.

1. *Kommentieren Sie die von Luden gemachte Behaup-*
tung, dass „Staat und Volk" zusammenstreben.

2. *Problematisieren Sie die genannten Kriterien für die*
Einheit von Staat und Volk vor dem Hintergrund der
bestehenden Grenzen in Europa um 1814. Nennen Sie
in dem Zusammenhang Beispiele für Staaten, in denen
damals mehrere Völker lebten.

Der restaurative Staat und seine Gegenkräfte

Das Wartburgfest – Blick zurück nach vorn ▪ Der erste spektakuläre Auftritt der nationalen und liberalen Bewegung in den deutschen Staaten war das Wartburgfest von 1817. Organisiert hatten es die national gesinnten Burschenschaften, die allmählich die herkömmlichen landsmannschaftlichen Studentenverbindungen nach dem Vorbild der 1815 in Jena gegründeten Ur-Burschenschaft ablösten (▸ M1). Materiell vom Landesherrn, Großherzog *August von Sachsen-Weimar-Eisenach*, unterstützt, feierten am 18./19. Oktober 1817 etwa 500 (meist evangelische) Studenten aus elf Universitäten das Gedenken an die Völkerschlacht bei Leipzig und das 300-jährige Reformationsjubiläum in einem Fest auf der Wartburg bei Eisenach. Rückblickend beschworen sie die militärische Befreiung des Vaterlandes und die geistig-religiöse Befreiung durch die Reformation, um daraus die zukunftsweisenden Forderungen nach nationaler Einheit und Freiheit abzuleiten. Sie kritisierten die gegenwärtigen nationalen, konstitutionellen und militärischen Verhältnisse und forderten einen nationalen Zusammenschluss. Am Ende der Feier wurden symbolisch mehrere Bücher „undeutscher" Gesinnung" (darunter der Code civil) sowie Symbole der alten Ordnung (darunter ein Korporalsstock und ein Ulanenschnürleib) verbrannt.

▲ **Verbrennungsszene auf dem Wartburgfest.**
Kolorierter Stahlstich von 1817 (Ausschnitt).

Wirkungen und Reaktionen ▪ Während das Fest bei dem liberal und national eingestellten Bürgertum eine wohlwollende Aufnahme fand, empfand es der preußische König als offene Aufforderung zum Aufstand. In Preußen wurden Teilnehmer verhört und verfolgt und im Dezember 1817 schließlich die Burschenschaften verboten. Trotzdem konnte am 18. Oktober 1818 in Jena die *Allgemeine deutsche Burschenschaft* gegründet werden. Ihr Symbol wurde die rot-schwarz-rote Fahne mit einem goldenen Eichenzweig. Zum Wahlspruch bestimmten sie die Worte „Ehre, Freiheit, Vaterland".

Vom Herbst 1818 an planten die Regierungen bundesweite Maßnahmen gegen die Opposition. Gründe für das Vorgehen gegen die liberale und nationale Bewegung bot dann ein politisch motiviertes Attentat. Am 23. März 1819 wurde in Mannheim der populäre Lustspieldichter und Berater des russischen Zaren, *Karl August von Kotzebue*, von dem 23-jährigen Theologiestudenten und Burschenschafter *Karl Ludwig Sand* aus Wunsiedel (Franken) erstochen.

Die Karlsbader Beschlüsse ▪ Im August 1819 trafen sich im böhmischen Karlsbad Minister aus zehn Bundesstaaten. Unter der Leitung Metternichs verfassten sie Beschlüsse gegen die nationale und liberale Bewegung, die als Bundesgesetze in Kraft gesetzt wurden. Das „Bundes-Universitätsgesetz" stellte Professoren, Studenten und den Lehrbetrieb unter Staatsaufsicht. Die Burschenschaften wurden verboten und ihre Anhänger mit Berufsverboten bedroht. Das „Bundes-Pressgesetz" führte die Vorzensur ein und das „Bundes-Untersuchungsgesetz" schuf eine bundesweit arbeitende Ermittlungsbehörde, die alle politischen Bewegungen beobachtete und verfolgte (▶ M2).

Kritische Professoren, Studenten, Beamte und Schriftsteller wurden als *Demagogen** denunziert, verfolgt und inhaftiert. Die Burschenschaften lösten sich auf oder gingen in den Untergrund. Die erste Welle von Intellektuellen wanderte aus. Auf Jahre hinaus kam die nationale und liberale Bewegung zum Erliegen.

Die Julirevolution von 1830 in Frankreich und ihre Wirkung ▬ Auch Frankreich erlebte nach 1815 eine Phase der Restauration. Sie fand 1830 ihren Höhepunkt, als der französische König *Karl X.*, ein jüngerer Bruder des 1793 guillotinierten *Ludwig XVI.*, die Pressefreiheit faktisch aufhob und das Wahlrecht zugunsten der Großgrundbesitzer einschränkte. Im Juli 1830 vertrieben sie ihn, hoben den „Bürgerkönig" **Louis Philippe** auf den Thron und gaben sich eine neue Verfassung, die die Wahl des Monarchen durch das Parlament festschrieb.

Louis Philippe (1773-1850): Er war ein Nachfahre Ludwigs XIV. und zählte zur bürgerfreundlichen Opposition; der „Bürgerkönig" regierte seit 1830 und förderte die Wirtschaft, vernachlässigte jedoch die sozialen Probleme.

Die Julirevolution beeinflusste die politische Entwicklung in mehreren europäischen Staaten. Sie führte u.a. zur Einführung einer liberalen Verfassung in Belgien, zu Befreiungskämpfen gegen die zaristische Herrschaft in Kongress-Polen, zu Aufständen gegen die habsburgische Regierung in Mittelitalien und zu Parlaments- und Verfassungsreformen in England. Auch in den deutschen Staaten flammte nach 1830 Aufruhr gegen die absolutistisch regierenden Fürsten auf. In Kurhessen, Sachsen, Braunschweig und Hannover konnten neue oder verbesserte Verfassungen durchgesetzt werden. In Baden erreichte die Opposition ein liberaleres Presserecht und eine neue Gemeindeordnung. Nur die Situation in den beiden verfassungslosen Großmächten, in Preußen und Österreich, änderte sich nicht. Dort wurden die lokalen Unruhen militärisch unterdrückt.

Das Hambacher Fest – Volksfest und Volksprotest ▬ Höhepunkt der deutschen Oppositionsbewegung wurde das *Hambacher Fest* im Mai 1832. Männer und Frauen „jedes Standes" und aus allen „deutschen Stämmen" waren durch die Presse zum „Nationalfest der Deutschen" eingeladen worden. Etwa 30 000 Menschen aus allen Schichten, der größte Teil aus der Umgebung von Neustadt an der Haardt, aber auch Delegationen aus anderen Ländern des Deutschen Bundes, dazu Exil-Polen und Franzosen, feierten an der Hambacher Schlossruine ein Volksfest. Redner nutzten die Gelegenheit, gegen die bestehenden politischen und sozialen Verhältnisse zu protestieren und die Willkürherrschaft der Fürsten anzuklagen. Sie forderten Volkssouveränität, Pressefreiheit und einen freiheitlichen deutschen Einheitsstaat (▶ M3).

Das Hambacher Fest war nicht das einzige liberale Volksfest im Jahr 1832. Etwa dreißig ähnliche Veranstaltungen lassen sich im Deutschen Bund nachweisen. Aber kein politisches Fest fand ein so großes Echo wie das Hambacher. Die bayerische Regierung reagierte darauf mit der zeitweisen Ausrufung des Belagerungszustandes in der Pfalz und verhaftete die Hauptredner und Organisatoren. Für Metternich lieferten die Ereignisse den Grund, noch radikaler gegen die nationale und liberale Bewegung vorzugehen (▶ M4).

▲ **Schwarz-rot-goldene Kokarde.**
Um 1832. Durchmesser 4 cm.

* Demagoge: Volksaufwiegler, Volksverführer

Schon am 5. Juli folgten Bundesmaßnahmen zur „Erhaltung der Sicherheit und Ordnung" (Die „Zehn Artikel"), die die Presse und Versammlungsfreiheit weiter einschränkten. Doch den Bundesbehörden gelang es nicht mehr, die Opposition vollständig zu unterdrücken.

Sieben mutige Professoren ▄ Kein Monarch hatte es gewagt, offen gegen eine einmal erlassene Verfassung zu verstoßen. Nun erklärte König Ernst August von Hannover, der die Regierungsgeschäfte nach dem Tode seines Bruders 1837 übernommen hatte, die 1833 eingeführte Verfassung einseitig für nichtig. Die Öffentlichkeit reagierte empört und sieben Göttinger Professoren* fanden den Mut, dagegen schriftlich zu protestieren. Sie sahen in der Handlung des Fürsten einen Rechtsbruch und fühlten sich weiterhin an ihren auf die Verfassung geleisteten Eid gebunden. Ernst August fasste den Protest als Widerstand gegen die Staatsgewalt auf und enthob die sieben Universitätslehrer ihres Amtes. Drei von ihnen (Gervinus, Jacob Grimm und Dahlmann) mussten wegen der öffentlichen Weitergabe des Protestschreibens sogar innerhalb von drei Tagen das Land verlassen.

Die Maßnahme löste in allen deutschen Staaten Empörung aus. Drei Jahre später berief der preußische König **Friedrich Wilhelm IV.** drei der „Göttinger Sieben" an preußische Universitäten. Obwohl er damit die liberale Bewegung stärkte, ließ er keinen Zweifel daran, dass er von einer Verfassung nichts hielt.

Soziale Unruhen und politische Orientierungen ▄ Politische Brisanz erhielt die liberale und nationale Bewegung durch die zunehmenden sozialen Probleme der 1840er-Jahre. Das Bevölkerungswachstum hatte zu Beschäftigungs- und Ernährungskrisen sowie Massenelend geführt. Die Berichterstattung über den Aufstand der schlesischen Weber von 1844 machte die Not der armen Bevölkerung erstmals überregional deutlich und klagte Unternehmer und Staat direkt oder indirekt an (▶ M5). Die Agrar- und Gewerbekrise von 1846/47 ließ die Zahl der sozial und politisch motivierten Unruhen steigen und verunsicherte die Regierungen.

Ende der 1840er-Jahre schlossen sich immer mehr Menschen trotz Zensur und Versammlungsverboten politisch zusammen, zum Teil über die Landesgrenzen hinweg. Dabei hatten sich vier politische Ausrichtungen mit fließenden Übergängen entwickelt: Konservatismus, Liberalismus, demokratischer Radikalismus und Sozialismus. Abgesehen von den konservativen Kräften war allen ein Anliegen gemeinsam: die nationale Einheit. In anderen Fragen gingen die Meinungen schon vor 1848 weit auseinander. Während die Liberalen beispielsweise zwischen konstitutioneller Monarchie und Republik schwankten und das Wahlrecht von Eigentum und Besitz abhängig machen wollten, plädierten die radikalen Demokraten und Sozialisten für eine Republik mit einem allgemeinen und gleichen Wahlrecht.

▲ **„Sieben gegen den König."** Plakat zur gleichnamigen Ausstellung, die 2007/2008 im Historischen Museum Hannover und im Städtischen Museum in Göttingen zu sehen war. Im Kreis links ist König Ernst August von Hannover, im Kreis rechts sind die „Göttinger Sieben" zu sehen.

Friedrich Wilhelm IV. (1795-1861): preußischer König von 1840 bis 1858

---

* Folgende Professoren waren beteiligt: der Staatsrechtler Wilhelm Albrecht (1800-1876), die Historiker Friedrich Christoph Dahlmann (1785-1863) und Georg Gottfried Gervinus (1805-1871), die Sprach- und Kulturforscher Jacob Grimm (1785-1863) und Wilhelm Grimm (1786-1859), der Orientalist Heinrich Ewald (1803-1875) und der Physiker Wilhelm Weber (1804-1891).

M1 Die Grundsätze der Burschenschaften von 1817

Die Grundsätze der Burschenschaften enthalten neben nationalen und patriotischen Zielen auch wirtschaftliche, konstitutionelle und soziale Forderungen. Der Katalog dieser „Grundsätze" entspricht in vielen Punkten liberalen Forderungen, die bis zur Revolution von 1848/49 durchgängig erhoben worden sind.

11. [...] Es muss der freieste Verkehr zwischen ihnen [den deutschen Staaten] stattfinden, und hier muss nicht unterdrückt werden, was dort entstanden ist, hier nicht befeindet, was dort begünstigt wurde. [...]

5 Das Verbot oder die Erschwerung des Auswanderns von einem deutschen Lande ins andere, Mauten, Zölle und Handelssperren zwischen deutschen Ländern, Verschiedenheiten in *Maß, Gewicht, Münze* (ihrem Gehalt nach und ihrer Bestimmung): Alle diese Dinge schaden der Ehre Deutschlands bei

10 den Fremden, sind in sich selbst verderblich für den Geist unsers Volks, quälen den Einzelnen und bringen ihn zu Verlust und Schaden.

12. Die Sehnsucht nach Kaiser und Reich ist ungeschwächt in der Brust jedes frommen und ehrlichen deutschen Mannes

15 und Jünglings [...].

15. Die *Fürstenwürde* ist das Erhabenste auf Erden und darum für das Heiligste zu ehren und zu achten [...].

16. Der Wille des Fürsten ist nicht das Gesetz des Volkes, sondern das Gesetz des Volkes soll der Wille des Fürsten sein.

20 17. *Ungerecht* ist im bürgerlichen Leben nur das, was gegen das Gesetz ist. Gegen das Gesetz kann der Fürst niemals etwas tun wollen. Geschieht etwas gegen das Gesetz, so geschieht es von den *Ministern* und andern Beamteten: Diese sind dafür *verantwortlich,* wenn sie auch im Namen des Fürs-

25 ten gehandelt haben. [...]

19. Freiheit und Gleichheit ist das Höchste, wonach wir zu streben haben, und wonach zu streben kein frommer und ehrlicher deutscher Mann jemals aufhören kann. Aber es gibt keine Freiheit als in dem Gesetz und durch das Gesetz, und

30 *keine Gleichheit* als mit dem Gesetz und *vor dem Gesetz.* Wo kein Gesetz ist, da ist keine Freiheit, sondern Herrschaft, Willkür, Despotismus. Wo kein Gesetz ist, da ist keine Gleichheit, sondern Gewalt, Unterwerfung, Sklaverei.

20. Gesetze sind keine Verordnungen und Vorschriften; Ge-

35 setze müssen von denen ausgehen oder angenommen werden, welche nach denselben leben sollen, und wo ein Fürst ist, die Bestätigung des Fürsten erhalten. Alle Gesetze haben die Freiheit der Person und die *Sicherheit des Eigentums* zum Gegenstande. Ein freier Mann kann nur gerichtet werden

40 nach Satzungen, die er selbst als richtig und notwendig anerkannt hat. [...]

24. [...] Der 13te Artikel[1] kann keinen andern Sinn haben, als dass das deutsche Volk durch frei *gewählte,* und aus seiner Mitte frei gewählte *Vertreter* unter der *Sanktion der deut-*

45 *schen Fürsten* seine Verhältnisse ordnen, die *Gesetze beschließen, die Abgaben bewilligen* soll. [...]

29. [...] Der Mensch ist nur frei, wenn er auch Mittel hat, sich selbst nach eigenen Zwecken zu bestimmen. An solchen Mitteln ist die Welt für alle Menschen reich genug.

Hermann Haupt (Hrsg.), Quellen und Darstellungen zur Geschichte der Burschenschaft und der deutschen Einheitsbewegung, Bd. IV, Heidelberg 1913, S. 119ff.

1. *Fassen Sie jeweils konstitutionelle, wirtschaftliche und soziale Forderungen zusammen.*

2. *In die „Grundsätze" sind unterschiedliche Ideen und Denkhaltungen eingeflossen. Arbeiten Sie diese heraus und prüfen Sie, ob sich daraus Widersprüche ergeben.*

3. *Bestimmen Sie das Verhältnis zwischen Fürst und Volk. Welche Folgen hätte es für den Deutschen Bund?*

M2 Aus der Geschichte der Presse- und Meinungsfreiheit von 1815 bis 1835

Presse- und Meinungsfreiheit sind Kennzeichen politischer Verhältnisse. Wie sie sich entwickelten, zeigt die Zusammenstellung:

Art. 18. Die Bundesversammlung wird sich bei ihrer ersten Zusammenkunft mit Abfassung gleichförmiger Verfügungen über die Pressfreiheit [...] beschäftigen.

Deutsche Bundesakte vom 8. Juni 1815

Das Recht, in freier Rede und Schrift seine Meinung über öf-

5 fentliche Angelegenheiten zu äußern, ist ein unveräußerliches Recht jedes Staatsbürgers, das ihm unter allen Umständen zustehen muss. [...] Wo Rede und Schrift nicht frei sind, da ist überhaupt keine Freiheit, da herrscht nicht das Gesetz, sondern die Willkür. [...] Über den Missbrauch der Freiheit in

10 Rede und Schrift kann kein Buchstabe entscheiden und kein gewöhnlicher Staatsdiener, sondern nur ein Geschworenengericht, das aus gelehrten, unabhängigen und vaterländisch gesinnten Männern besteht und öffentlich vor dem Volk seine Sitzungen hält, seine Gründe entwickelt, seinen Aus-

15 spruch tut.

Grundsätze der Burschenschaft vom Ende des Jahres 1817

§ 1. So lange als der gegenwärtige Beschluss in Kraft bleiben wird, dürfen Schriften, die in der Form täglicher Blätter oder

---

[1] Gemeint ist die Deutschen Bundesakte. Sie war die Verfassung des 1815 gegründeten Deutschen Bundes.

heftweise erscheinen, desgleichen solche, die nicht über 20 Bogen[1] im Druck stark sind, in keinem deutschen Bundes-
20 staate ohne Vorwissen und vorgängige Genehmigung der Landesbehörden zum Druck befördert werden.

Bundes-Pressgesetz vom 20. September 1819 (Karlsbader Beschlüsse)

Art. 1. Keine in einem nicht zum Deutschen Bunde gehörigen Staate in Deutscher Sprache im Druck erscheinende Zeit-
oder nicht über zwanzig Bogen betragende sonstige Druck-
25 schrift politischen Inhalts darf in einem Bundesstaate, ohne vorgängige Genehmhaltung der Regierung desselben, zugelassen und ausgegeben werden: Gegen die Übertreter dieses Verbots ist ebenso wie gegen die Verbreiter verbotener Druckschriften zu verfahren.

Bundesmaßnahme zur Erhaltung der Sicherheit und Ordnung vom 5. Juli 1832 (Die „Zehn Artikel")

30 Art. 29. Von den Nachteilen einer übermäßigen Anzahl poli-
tischer Tagblätter überzeugt, werden die Regierungen auf eine allmählich herbeizuführende Verminderung solcher Blätter, soweit dies ohne Kränkung erworbener Rechte tun-
lich ist, Bedacht nehmen.

35 Art. 30. Kraft der ihnen zustehenden oberpolizeilichen Aufsicht werden die Regierungen die Herausgabe neuer politischer Tagblätter ohne die vorgängige Erwirkung einer dies-
fälligen Konzession nicht gestatten.

Die Geheimen Wiener Beschlüsse vom 12. Juni 1834 (Die „Sechzig Artikel")

Nachdem sich in Deutschland in neuerer Zeit, und zuletzt
40 unter der Benennung „das junge Deutschland"[2] oder „die junge Literatur", eine literarische Schule gebildet hat, deren Bemühungen unverhohlen dahin gehen, in belletristischen, für alle Klassen von Lesern zugänglichen Schriften die christliche Religion auf die frechste Weise anzugreifen, die beste-
45 henden sozialen Verhältnisse herabzuwürdigen und alle Zucht und Sittlichkeit zu zerstören: so hat die deutsche Bundesversammlung – in Erwägung, dass es dringend notwen-
dig sei, diesen verderblichen, die Grundpfeiler aller gesetzlichen Ordnung untergrabenden Bestrebungen durch
50 Zusammenwirken aller Bundesregierungen sofort Einhalt zu tun [...], sich zu nachstehenden Bestimmungen vereiniget.

Bundesbeschluss vom 10. Dezember 1835 (Verbot der Schriften des Jungen Deutschland)

Ernst Rudolf Huber (Hrsg.), Dokumente zur deutschen Verfassungs-
geschichte, Bd. 1: Deutsche Verfassungsdokumente 1803-1850, Stuttgart ³1978, S. 90, 102, 134, 142 und 151

[1] Ein Druckbogen umfasst 16 Buchseiten.
[2] Die Bezeichnung stammt aus Ludwig Wienbargs „Ästhetischen Feldzügen" von 1834.

1. *Erläutern Sie, warum gerade die Pressefreiheit Gegenstand besonders intensiver Konflikte war.*
2. *Informieren Sie sich, wie in unserem Grundgesetz Mei-
nungs- und Pressefreiheit geregelt sind, und begründen Sie die unterschiedliche Haltung.*

M3 „Vaterland – Freiheit – ja! ein freies deutsches Vaterland ..."

*Der Journalist Philipp Jacob Siebenpfeiffer, ein zwangspensio-
nierter bayerischer Beamter, spricht am 27. Mai 1832 auf dem Hambacher Fest:*

Vaterland – Freiheit – ja! ein freies deutsches Vaterland – dies der Sinn des heutigen Festes, dies die Worte, deren Donner-
schall durch alle deutschen Gemarken drang, den Verräthern der deutschen Nationalsache die Knochen erschütternd, die Patrioten aber anfeuernd und stählend zur Ausdauer im hei- 5
ligen Kampfe, „im Kampf zur Abschüttelung innerer und äußerer Gewalt". [...]
Und es wird kommen der Tag, der Tag des edelsten Siegstol-
zes, wo der Deutsche vom Alpengebirg und der Nordsee, vom Rhein, der Donau und Elbe den Bruder im Bruder umarmt, wo 10
die Zollstöcke und die Schlagbäume, wo alle Hoheitszeichen der Trennung und Hemmung und Bedrückung verschwinden, sammt den Constitutiönchen, die man etlichen mürrischen Kindern der großen Familie als Spielzeug verlieh; wo freie Straßen und freie Ströme den freien Umschwung aller Na- 15
tionalkräfte und Säfte bezeugen; wo die Fürsten die bunten Hermeline feudalistischer Gottstatthalterschaft mit der männlichen Toga deutscher Nationalwürde vertauschen, und der Beamte, der Krieger, statt mit der Bedientenjacke des Herrn und Meisters, mit der Volksbinde sich schmückt; wo 20
nicht 34 Städte und Städtlein, von 34 Höfen das Almosen empfangend, um den Preis hündischer Unterwerfung, son-
dern wo alle Städte, frei emporblühend aus eigenem Saft, um den Preis patriotischer Gesinnung, patriotischer That ringen; wo jeder Stamm, im Innern frei und selbstständig, zu bürger- 25
licher Freiheit sich entwickelt, und ein starkes, selbstgewobe-
nes Bruderband alle umschließt zu politischer Einheit und Kraft; wo die deutsche Flagge, statt Tribut an Barbaren zu bringen, die Erzeugnisse unseres Gewerbfleißes in fremde Welttheile geleitet, und nicht mehr unschuldige Patrioten für 30
das Henkerbeil auffängt, sondern allen freien Völkern den Bruderkuss bringt. Es wird kommen der Tag, wo deutsche Knaben, statt durch todte Spielereien mit todten Sprachen sich abzustumpfen, und die Jünglinge, statt auf mittelalterlichen Hochschulen durch Gelage, schnöde Tändelei und Klopf- 35
fechterei zu verkrüppeln, durch lebendigen Nationalunter-

▲ **Zug auf das Hambacher Schloss am 27. Mai 1832.**
Kolorierte Federlithografie von 1832.

richt und würdige Leibesübung sich zu deutschen Männern
heranbilden und zu jenem Vaterlandssinn sich stählen, von
dem alle politische Tugend, alle Großthat ausströmt; wo das
40 deutsche Weib, nicht mehr die dienstpflichtige Magd des
herrschenden Mannes, sondern die freie Genossin des freien
Bürgers, unsern Söhnen und Töchtern schon als stammeln-
den Säuglingen die Freiheit einflößt, und im Samen des erzie-
henden Wortes den Sinn ächten Bürgerthums nährt; und wo
45 die deutsche Jungfrau den Jüngling als den würdigsten erkennt, der am reinsten für das Vaterland erglüht; wo, ab-
schüttelnd das Joch des Gewissens, der Priester Trug und den
eigenen Irrwahn, der Deutsche zu seinem Schöpfer die unver-
fälschte Sprache des Kindes zum Vater redet; wo der Bürger
50 nicht in höriger Unterthänigkeit den Launen des Herrschers
und seiner knechtischen Diener, sondern dem Gesetze ge-
horcht, und auf den Tafeln des Gesetzes den eigenen Willen
liest, und im Richter den freierwählten Mann seines Vertrauens erblickt; wo die Wissenschaft das Nationalleben befruch-
55 tet und die würdige Kunst als dessen Blüte glänzt. [...]
Wir selbst wollen, wir selbst müssen vollenden das Werk,
und, ich ahne, bald, bald muß es geschehen, soll die deutsche,
soll die europäische Freiheit nicht erdrosselt werden von den
Mörderhänden der Aristokraten. [...]
60 Es lebe das freie, das einige Deutschland!
Hoch leben die Polen, der Deutschen Verbündete!
Hoch leben die Franken[1], der Deutschen Brüder, die unsere
Nationalität und Selbstständigkeit achten!

---
[1] Franzosen

Hoch lebe jedes Volk, das seine Ketten bricht und mit uns den
Bund der Freiheit schwört!
65
Vaterland – Volkshoheit – Völkerbund hoch!

Das Nationalfest der Deutschen zu Hambach, unter Mitwirkung eines Re-
daktions-Ausschusses beschrieben von J. G. A. Wirth, Erstes Heft, Neustadt
1981 (Nachdruck der Originalausgabe von 1832), S. 33, 37-39, 40 und 41

1. *Formulieren Sie aus der Rede Siebenpfeiffers ein politisches Programm.*
2. *Nehmen Sie zu den nationalen Vorstellungen Siebenpfeiffers Stellung.*

M4 „So weit sind die Dinge in Deutschland gekommen!"

*Der österreichische Staatskanzler Metternich schreibt über das
Hambacher Fest in einem Brief vom 10. Juni 1832 an den konservativen Berater des preußischen Königs, Fürst Wilhelm Ludwig Georg von Wittgenstein:*

Wir leben in einer Zeit, in der alles zur Umtriebs-Sache wird.
[...] Parteien, welche bestimmte Zwecke verfolgen, erblinden
über Pflicht und Klugheit. *Der Zweck heiligt die Mittel*, ist die
deutsche Universitätslehre, und sie trägt heute ihre Früchte
in den herangereiften Burschen der früheren Zeit. [...]
5
Sie haben sicher Bericht über die Hambacher Geschichte en
détail erhalten. So weit sind die Dinge in Deutschland gekommen!
Ich gestehe aufrichtig, dass ich mir aus dem Ergebnisse
nichts mache, oder vielmehr, dass mir dasselbe manche gute 10
Seite darbietet. Mir sind die Dinge, welche offen vorliegen,
stets lieber als die verkappten. Was der Liberalismus will, was
er ist, wohin er zielt und wohin er die Staaten, die sich ihm
hingeben, unaufhaltbar stößt, hieran kann wohl heute keiner,
der Auge, Ohren und einen Sinn hat, mehr zweifeln. Vor sol- 15
chen Beweisen muss die *Doktrine*[1] verstummen.
Mit Volksrepräsentationen im modernen Sinne, mit der Pressefreiheit und politischen Vereinen muss jeder Staat zugrunde gehen, der monarchische wie die Republik. Nur Anarchie ist möglich; dagegen mögen die *Gelehrten* am 20
Schreibtische protestieren, so viel sie auch immer wollen. Am
Ende der Gelehrsamkeit steht das Zuschlagen, und kommt
es einmal hierzu, so ist der, der in geschlossenen Reihen
zuschlägt, der Gelehrteste.
Wir werden in Deutschland zum Zuschlagen kommen, das 25
Böseste im lieben Vaterlande sind die Regierungen: vortreff-
lich zum Betrogenwerden, aber sehr schlecht, um sich und

---
[1] Doktrine: Theorie, Lehre

anderen zu helfen! Wenn man heute in Bayern noch glaubt, das Regieren zu verstehen, so sind die Leute incurabel[2].

Veit Valentin, Das Hambacher Nationalfest, Berlin 1932, S. 144 f.

1. *Charakterisieren Sie die Haltung des österreichischen Kanzlers. Arbeiten Sie heraus, wie Metternich Parteien im Allgemeinen und Liberalismus sowie liberale Forderungen im Besonderen beurteilt.*

2. *Messen Sie den Brief Metternichs auch an der jüngsten Entwicklung der deutschen Geschichte. Erörtern Sie, worin Ihrer Ansicht nach auf Dauer die Vorteile einer freiheitlichen Ordnung liegen.*

M5 Über den Aufstand der schlesischen Weber

Der aus Schlesien stammende Journalist Wilhelm Wolff berichtet im „Deutschen Bürgerbuch für 1845" über die Weber-Revolte vom Juni 1844:

Eine Schar Weber erschien in Nieder-Peterswaldau und zog auf ihrem Marsche alle Weber aus den Wohnungen rechts und links an sich. Alsdann begaben sie sich nach dem wenig entfernten Kapellenberge und ordneten sich paarweise und
5 rückten so auf das neue Zwanziger'sche Wohngebäude[3] los. Sie forderten höheren Lohn und – ein Geschenk! Mit Spott und Drohen schlug man's ihnen ab. Nun dauerte es nicht lange, so stürmte die Masse ins Haus, erbrach alle Kammern, Gewölbe, Böden und Keller und zertrümmerte alles von den
10 prächtigen Spiegelfenstern, Trumeaus[4], Lüstern, Öfen, Porzellan, Möbeln bis auf die Treppengeländer herab, zerriss die Bücher, Wechsel und Papiere, drang in das zweite Wohngebäude, in die Remisen, ins Trockenhaus, zur Mange, ins Packhaus und stürzte die Waren und Vorräte zu den Fenstern
15 hinaus, wo sie zerrissen, zerstückt und mit Füßen getreten oder, in Nachahmung des Leipziger Messgeschäfts, an die Umstehenden verteilt wurden. Zwanziger flüchtete sich mit seiner Familie in Todesangst nach Reichenbach. [...]
[Am folgenden Tag griffen preußische Truppen ein.]
20 Infolge dreier Gewehrsalven blieben sofort 11 Menschen tot. Blut und Gehirn spritzte weit hin. Einem Manne trat das Gehirn über dem Auge heraus. Eine Frau, die 200 Schritte entfernt an der Türe ihres Hauses stand, sank regungslos nieder. Einem Manne war die eine Seite des Kopfes hinweg-
25 gerissen. Die blutige Hirnschale lag entfernt von ihm. Eine Mutter von 6 Kindern starb denselben Abend an mehreren Schusswunden. Ein Mädchen, das in die Strickstunde ging,

[2] incurabel: unheilbar
[3] Zwanziger und Söhne: Fabrikantenfamilie in Peterswaldau
[4] Trumeau: Wandspiegel an einem Pfeiler

sank von Kugeln getroffen zu Boden. Eine Frau, die ihren Mann stürzen sah, ging auf den Boden und erhängte sich. Ein Knabe von 8 Jahren wurde durchs Knie geschossen. Bis jetzt 30 sind überhaupt 24 schwer und tödlich Verwundete, außer den obigen 11 Toten, bekanntgeworden. Wie viele ihre Wunden verheimlichen, lässt sich vielleicht später erfahren. Nach den ersten Salven herrschte einige Sekunden eine Totenstille. Aber der Anblick des Blutes um und neben ihnen, das Stöh- 35 nen und Röcheln der im Verscheiden Begriffenen, der Jammer der Blessierten trieb die mutigsten unter den Webern zum Widerstande. [...]
Die Kunde von dem Aufstande der Weber verbreitete sich mit Blitzesschnelle in der Provinz. Zwar den hiesigen Zeitun- 40 gen wurde sogar eine ganz kurze Notiz vom Zensor gestrichen, und später nach langen Konferenzen einiger Mitglieder der Regierung ein kleiner offizieller Artikel eingerückt. Desto geschäftiger war die Fama. Die übertriebensten Gerüchte fanden gläubige Aufnahme. Was über Organisa- 45 tion, Zahl und Bewaffnung gefabelt ward, ist erstaunlich. Um so begieriger griff jeder nach den Zeitungen. Sie aber sprachen über alles, nur über das nicht, was alle Gemüter in Bewegung setzte. Und doch war die Teilnahme für die Weber in den arbeitenden Volksklassen allgemein, unter den hö- 50 hern Klassen nicht unbedeutend, hier jedoch vonseiten der Reichen und Kapitalisten weit überwogen durch Opposition, Hass und – Furcht. Nach Versicherungen glaubhafter Leute war das ganze Gebirge bereit, „wenn nur erst die Weber kämen", sich ihnen anzuschließen. Ich selbst hörte gerade an 55 den Tagen vom 7. Juni ab auf einer kleinen Reise überall die entschiedenste Sprache auf Dörfern und in der Stadt, dass die Weber Recht hätten und dass es nur alle so machen sollten, dann würde es schon ganz anders werden. Gegen die reichen Fabrikanten, gegen den Adel und die Gutsbesitzer, 60 gegen die Reichen und Vornehmen überhaupt, hörte ich die drohendsten Äußerungen.

Lutz Kroneberg und Rolf Schloesser (Hrsg.), Weber-Revolte 1844. Der schlesische Weberaufstand im Spiegel der zeitgenössischen Publizistik und Literatur. Eine Anthologie, Köln 1979, S. 255, 257 f. und 260

1. *Informieren Sie sich über den politischen Standort des Verfassers. Welche Bedeutung mag seiner politischen Einstellung bei der Darstellung der Ereignisse zukommen? Belegen Sie Ihre Aussagen an Textstellen.*

2. *Erarbeiten Sie die Bedeutung von Gerüchten über Ereignisse. Beachten Sie dabei die Sicht der Weber, der Unternehmer und der Regierung.*

3. *Die Weber-Revolte von 1844 hat in der zeitgenössischen Dichtung sowie in der späteren Literatur und bildenden Kunst einen starken Widerhall gefunden. Suchen Sie Beispiele und präsentieren Sie diese in Ihrem Kurs.*

Die Revolution von 1848/49

Ziele und Träger der Märzrevolution ■ Im Februar 1848 erfasste eine Revolutionswelle Europa. In den deutschen Staaten formierte sich die Protestwelle zunächst in den Städten. Auf einer von Demokraten organisierten Versammlung in Mannheim (am 27. Februar 1848), an der mehrere tausend Menschen teilnahmen, wurde eine Petition formuliert. Die darin enthaltenen vier zentralen Forderungen sollten die fürstliche Macht beschränken und mehr Mitbestimmung der Bürger sowie die Schaffung eines Nationalstaates sichern (▶ M1). In ihrem Aufbegehren gegen den Obrigkeitsstaat konnten die Bürger vor allem in den größeren Städten auch die Unzufriedenheit der städtischen Unterschichten für sich nutzen. Diese litten unter dem Zerfall der bisherigen sozialen Bindungen und der wirtschaftlichen Not. Nach den Ernteausfällen in den Jahren 1845/46 verschärfte eine Wirtschaftskrise, die den Verlust zahlreicher Arbeitsplätze zur Folge hatte, die Not der unteren Schichten zusätzlich. Zu auffallend aktiven Trägern der Märzrevolution wurden die Handwerksgesellen, denen statt des erhofften Aufstiegs zum Meister oft der Abstieg zum Lohnarbeiter drohte. Mitbedingt durch ihre Wanderschaft und das dadurch erweiterte Blickfeld waren sie überdurchschnittlich politisiert.

Vor allem in Gebieten, in denen die Bauern nach wie vor adligen Grundherren Dienste und Abgaben leisten mussten wie in den südwestlichen Staaten des Deutschen Bundes, erhoben sich die Bauern.

Radikale oder gemäßigte Revolution? ■ Angesichts der Bauernunruhen und der gewaltbereiten städtischen Massen gaben die meisten Fürsten überraschend schnell nach und setzten reformbereite Regierungen ein. In Wien und Berlin kam es zu Barrikadenkämpfen, aber auch hier konnte sich die Volksbewegung durchsetzen. Das Zurückweichen der alten Gewalten wurde begeistert gefeiert. Zugleich sorgten die neu aufgestellten Bürgerwehren dafür, dass die Unterschichten von einer sozialen Revolution abgehalten wurden. Die Sorge vor einer Gefährdung der bürgerlichen Gesellschaftsordnung durch die gewaltbereiten Massen war weit verbreitet. Genährt wurden solche Ängste durch das erste Auftreten einer Arbeiterbewegung, die tief greifende soziale Veränderungen forderte.

▶ **Volksunruhen in Deutschland 1816 - 1847.**
Unter „Unruhen" versteht der Historiker Richard Tilly „kollektive Ruhestörung mit physischer Gewaltanwendung".
Als Quelle benutzte er ausgewählte Zeitungen, insbesondere die „Augsburger Zeitung".
■ *Skizzieren Sie die Entwicklung des Protestverhaltens.*

Nach: Richard Tilly, Kapital, Staat und sozialer Protest in der deutschen Industrialisierung, Göttingen 1980, S. 154 (gekürzt)

	1816 - 1829	1830 - 1839	1840 - 1847	Summe
Studenten[1] Universität	13	13	5	31
Religion[2]	9	20	17	46
Politik[3]	4	72	33	109
sozioökonomisch[4]	3	28	103	134
Summe	29	133	158	320

[1] Studenten waren entweder Hauptakteure, oder Studenten- bzw. Universitätsangelegenheiten waren Hauptobjekte des Konflikts.
[2] Religion war, zumindest vorgeblich, Hauptobjekt des Konflikts.
[3] Der Protest war gegen den Staat mit seinen Organen gerichtet, um politische Änderungen durchzusetzen (Auswechseln eines bestimmten Staatsbeamten, Forderung nach einem neuen Gesetz).
[4] gewalttätige Streiks, Brotkrawalle, Maschinenstürmerei, massenhaftes gesetzwidriges Betreten von Wäldern und Feldern, Steueraufruhr und Tumulte, die deutlich mit einer bestimmten sozioökonomischen Gruppe verbunden waren, z. B. Angriffe von Armen auf Reiche

▶ **„Die Grundrechte des deutschen Volkes."**
Farblithografie von Adolf Schrödter, 1848.
Germania führt ihre Kinder Gerechtigkeit und Freiheit an der Hand und
schreitet über den Drachen als Symbol für die Willkürherrschaft.
■ *Erklären Sie, woran die Personifikationen für Freiheit und Gerechtigkeit*
  zu erkennen sind.
■ *Die Gestaltung des Bildes lehnt sich an Vorbilder an. Nennen*
  Sie diese. Welche Bedeutung wird den Grundrechten dadurch
  beigemessen?

Die meisten Wortführer der Revolution versuchten, ihre Ziele auf dem Wege der Verständigung mit den reformbereiten alten Gewalten zu erreichen. Sie begnügten sich mit Zugeständnissen im Sinne der Märzforderungen und wollten die revolutionäre Bewegung früh in legale, z. B. parlamentarische Bahnen lenken. Vor den Thronen selbst sollte die Revolution haltmachen. Die radikalen badischen Demokraten *Friedrich Karl Hecker** und *Gustav Struve* versuchten im April 1848 jedoch, die Entwicklung im Sinne einer grundsätzlichen Systemveränderung weiter voranzutreiben. Sie initiierten einen bewaffneten Volksaufstand für die republikanische Staatsform in Deutschland, aber ihre Freischaren wurden schon nach acht Tagen besiegt.

Dagegen billigten die Regierungen der Einzelstaaten den Zusammentritt einer deutschen „Nationalversammlung". Bei den Wahlen vom 1. Mai 1848 gab es noch keine Parteien, gewählt wurden vor allem Angehörige des Bildungsbürgertums. Die Formierung von Fraktionen (▶ M2) ist eine Wurzel des modernen Parteiwesens. Die Volksvertreter tagten im Gebäude der Frankfurter Paulskirche. Von ihnen fühlten sich die meisten der liberalen Mitte zugehörig, die linken Demokraten waren im Parlament zahlenmäßig geringer vertreten, ebenso die konservative Rechte.

Freischaren: militärische Formation, die sich auf Veranlassung einzelner Persönlichkeiten, d. h. ohne staatliche oder verfassungsmäßige Ermächtigung, gebildet hat

Ringen um den Nationalstaat ■ Es dauerte bis zum März 1849, bis in der Paulskirche nach langen kontroversen Debatten zum ersten Mal in der deutschen Geschichte ein vom Volk ausgehendes Verfassungswerk beschlossen wurde. Es regelte drei wesentliche Bereiche:
• Die Garantie von **Grundrechten** sollte Einschränkungen der Freiheiten vorbeugen. Festgelegt wurden u. a. die Presse- und Meinungsfreiheit, die Freiheit von Forschung und Lehre, das Recht auf Versammlung und auf die Gründung politischer Vereinigungen sowie das Petitionsrecht jedes Staatsbürgers. Gleichheitsrechte sollten garantieren, dass öffentliche Ämter grundsätzlich nur nach Befähigung vergeben wurden. Die Schulaufsicht der Kirche war auf den Religionsunterricht beschränkt. Die Aufhebung der Stände und das Bekenntnis zur Freiheit der Person bedeutete die Beseitigung aller Privilegien; damit waren auch die Gutsuntertänigkeit und die Hörigkeit der Bauern aufgehoben. Unter dem Druck der Sozialen Frage wurde von der demokratischen Linken ein Recht auf Arbeit gefordert. Die Mehrheit der Abgeordneten schreckte jedoch davor zurück. Sie befürchtete eine Überforderung des Staates und eine daraus folgende mangelnde Eigeninitiative der Betroffenen.

---
* Siehe S. 246.

▲ Kleindeutsche Lösung.

▲ Großdeutsche Lösung.

▲ Großösterreichische Lösung.

- Die Entscheidung über die Grenzen des neuen **Nationalstaates** war zugleich eine Entscheidung über die Zukunft Österreichs. Die im Herbst 1848 von der Nationalversammlung beschlossene „großdeutsche Lösung" hätte nur das deutschsprachige Österreich in das Deutsche Reich aufgenommen. Damit allerdings wären die übrigen Gebiete des Vielvölkerstaates nur noch in der Person des Herrschers (Personalunion) verbunden geblieben, was von Wien abgelehnt wurde. Umgekehrt erschien den Anhängern der Nationalstaatsidee die österreichische Forderung vom Frühjahr 1849, das gesamte Habsburgerreich in einen föderativ organisierten deutschen Staatenbund einzugliedern, unannehmbar. Daraufhin stimmte eine Mehrheit der Abgeordneten der „kleindeutschen Lösung" zu und nahm damit die Trennung von den Deutsch-Österreichern hin (▶ M3).
- Die Mehrheit der Nationalversammlung wünschte sich eine **konstitutionelle Monarchie** als Staatsform für das künftige Reich. Die Kaiserwürde sollte erblich sein, um einen möglichen Wechsel im Herrscherhaus zu vermeiden. Der Vorrangstellung Preußens entsprechend wählten die Abgeordneten den Preußenkönig Friedrich Wilhelm IV. zum ersten „Kaiser der Deutschen". Damit sollte das vorgesehene Erbkaisertum der preußischen Hohenzollern seine Legitimation einer Entscheidung der souveränen Nation verdanken.

Ist die Revolution gescheitert? ▬ Das Werk der Paulskirche war ein Kompromiss unterschiedlicher politischer Interessen. Er berücksichtigte unitarische und föderalistische, monarchische und demokratische Bestrebungen.

Wieso wurden die Verfassungsbestimmungen von 1849 nicht verwirklicht? Ein Jahr nach dem Schock der Märzereignisse hatten sich die alten Kräfte, vor allem die Großmächte Preußen und Österreich, wieder konsolidiert. Weil das Gros der Beamten in Verwaltung und Justiz sich loyal verhielt und die Armeen fast überall ein zuverlässiges Instrument in den Händen ihrer Landesherren blieben, aber auch weil die fürstlichen Regierungen zu Reformen bereit waren, kam es zu keiner entscheidenden Schwächung der Dynastien in den Ländern. Zudem spalteten die unterschiedlichen Ziele der gemäßigten Liberalen und der Demokraten bald nach den ersten Erfolgen das Lager der Revolutionäre.

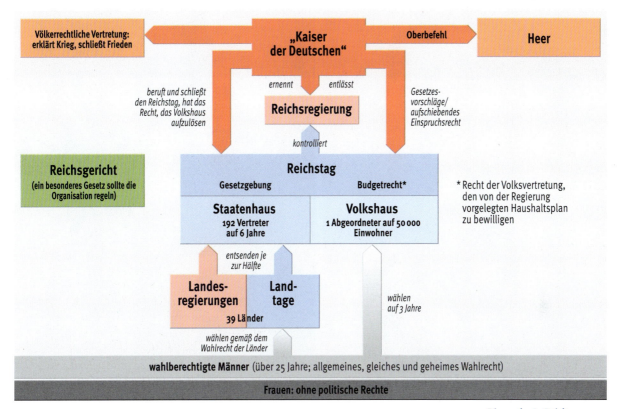

Völkerrechtliche Vertretung: erklärt Krieg, schließt Frieden

„Kaiser der Deutschen"

Oberbefehl

Heer

ernennt *entlässt*

beruft und schließt den Reichstag, hat das Recht, das Volkshaus aufzulösen

Reichsregierung

Gesetzes- vorschläge/ aufschiebendes Einspruchsrecht

kontrolliert

Reichsgericht (ein besonderes Gesetz sollte die Organisation regeln)

Reichstag

Gesetzgebung **Budgetrecht***

Staatenhaus 192 Vertreter auf 6 Jahre

Volkshaus 1 Abgeordneter auf 50 000 Einwohner

* Recht der Volksvertretung, den von der Regierung vorgelegten Haushaltsplan zu bewilligen

entsenden je zur Hälfte

Landes- regierungen

Land- tage

39 Länder

wählen auf 3 Jahre

wählen gemäß dem Wahlrecht der Länder

wahlberechtigte Männer (über 25 Jahre; allgemeines, gleiches und geheimes Wahlrecht)

Frauen: ohne politische Rechte

Zwar erkannten 28 deutsche Staaten im April 1849 die Reichsverfassung an, aber Wien und Berlin sowie die Königreiche Bayern, Hannover und Sachsen beharrten darauf, dass nur eine mit den fürstlichen Regierungen vereinbarte Verfassung Gültigkeit beanspruchen könne. So überraschte es nicht, dass der preußische König Friedrich Wilhelm IV. – überzeugt vom monarchischen Gottesgnadentum – am 3. April 1849 die Kaiserkrone aus den Händen des Volkes zurückwies (▸ M4). Der durch die gewählten Vertreter des deutschen Volkes vereinbarte und rechtlich konstruierte deutsche Nationalstaat wurde nicht verwirklicht.

Als sich die Niederlage der Revolutionsbewegung abzeichnete, kam noch einmal Empörung auf. In mehreren revolutionären Zentren (Sachsen, Pfalz, Baden) flammten letzte Volkserhebungen auf, in denen sich politische mit sozialen Zielen mischten. In Baden stellte sich in der sogenannten „Verfassungskampagne" sogar fast die gesamte Armee und Verwaltung auf die Seite der Revolutionsregierung, mithilfe preußischer Truppen wurde jedoch der Aufstand niedergeschlagen. Die Aufständischen fielen Massenerschießungen oder Standgerichten zum Opfer, mussten sich vor Gericht verantworten oder ins Exil gehen. Inzwischen hatte auch die Nationalversammlung zu bestehen aufgehört. Viele Regierungen hatten die Abgeordneten zurückbeordert, nur noch ein „Rumpfparlament" linker Abgeordneter tagte zunächst in Stuttgart weiter, wurde aber am 18. Juni 1849 durch Militär auseinandergejagt (▸ M5).

Das Erbe der 1848er-Bewegung ▬ Als der Gesandtenkongress des Deutschen Bundes im September 1850 wieder zusammentrat, konnte es scheinen, als sei nichts geschehen. Es begann die Zeit der *Reaktion*. In den Bundesstaaten wurden viele Zugeständnisse

▲ **Die geplante Reichsver- fassung der Paulskirche.**

▪ *Bestimmen Sie Rechte und Einflussmöglichkeiten von Kaiser, Landesregierungen und Volk.*

▲ **Gedächtnistafel für Robert Blum.**
Ölbild, das nach 1848 vom „Blumverein" in Auftrag gegeben worden war.
Robert Blum wurde 1807 in Köln geboren und ging 1832 nach Leipzig, wo er als Theatersekretär, Publizist und Verleger tätig wurde. Als Vertreter der Stadt Zwickau, die ihn zum Ehrenbürger ernannt hatte, saß der Linksliberale im Frankfurter Vorparlament und übernahm dort eine führende Rolle. Nach dem Sieg der Gegenrevolution wurde Blum am 9. November 1848 in Wien hingerichtet.

▲ **Das Ende der Revolution in Sachsen.**
Preußische Soldaten verhaften im Mai 1949 Revolutionäre in Dresden und nehmen sie in Gefangenschaft. Kolorierter Kupferstich aus dem Neuruppiner Bilderbogen, um 1849.

rückgängig gemacht, fast alle politischen Vereine wurden verboten. 1851 hob der Bundestag die von der Paulskirche verabschiedeten Grundrechte wieder auf.

Dennoch hatten zahlreiche Errungenschaften der Jahre 1848/49 Bestand. Abgesehen von Österreich wurde der überall durchgesetzte Verfassungsstaat in keinem Staat des Deutschen Bundes wieder beseitigt. Die Vorzensur von Zeitungen und Büchern, bei der für die Veröffentlichung eine amtliche Genehmigung nötig war, blieb aufgehoben. In der Rechtspflege gab es wichtige Fortschritte. Nicht mehr infrage gestellt wurden auch gesellschaftspolitische Weichenstellungen. Dazu gehörten die Befreiung der Bauern aus den grundherrlichen Abhängigkeiten, das Ende der adligen Patrimonialgerichtsbarkeit, überhaupt das Ende der rechtlichen Sonderstellung des Adels.

Auf lange Sicht bedeutsam blieb, dass die Ereignisse 1848/49 das politische Bewusstsein breiter Bevölkerungsschichten weckten (▸ M6). Dem Volk gelang mit der Revolution ein großer Schritt aus dem Untertanenverhältnis. Viele Vertreter des fortschrittlichen Bürgertums wandten sich allerdings nach dem Scheitern des Versuchs, Einheit und Freiheit aus eigener Kraft zu erreichen, resigniert von ihren politischen Idealen ab und konzentrierten sich auf ihr wirtschaftliches und berufliches Fortkommen. Der gelungene Verfassungsentwurf eines föderalistisch angelegten, nationalen Rechtsstaats mit einer starken Volksvertretung, wie ihn die Paulskirche 1849 vorgesehen hatte, blieb trotz seines Scheiterns immer im politischen Gedächtnis der Deutschen. Nicht wenige Artikel wurden auch 1870/71, bei der Reichsgründung „von oben", von den fürstlichen Regierungen berücksichtigt. Ein Leitbild war der Entwurf von 1848 für die verfassunggebenden Versammlungen 1919 und 1948/49.

M1 Die Mannheimer „Märzforderungen"[1]

Die Mannheimer Bevölkerung ist die erste, die auf die Ereignisse in Frankreich reagiert: Am 27. Februar 1848, wenige Tage nach dem Sturz des französischen Königs, kommen ca. 2500 Menschen zu einer Volksversammlung zusammen, um über die Abfassung einer Petition zu beraten. In dem Aufruf zur Versammlung heißt es:

Das französische Volk hat Ludwig Philipp abgesetzt[2], hat das Joch der Tyrannei gebrochen. Die Schweizer haben das Jesuiten-Regiment gestürzt und den Sonderbund gesprengt.[3] Die Italiener haben freie Verfassungen kräftig sich errungen. Sol-
5 len wir Deutschen allein unter dem Joche der Knechtschaft verbleiben?
Der entscheidende Augenblick ist gekommen. Der Tag der Freiheit ist angebrochen. Vorwärts! ist der Ruf der Zeit. Die Not des Volkes muss ein Ende nehmen. Unser Wahlspruch
10 sei:
Wohlstand, Bildung und Freiheit für alle Klassen des Volkes! Überall in Deutschlands Gauen, in Stadt und Land mögen die Männer der Tat zusammentreten, beschließen und vollziehen, was dem Volke Not tut, die ewigen Rechte des Volkes
15 sollen und müssen jetzt zur Wahrheit werden.
In diesem Geiste haben viele Bürger und Einwohner Mannheims die beifolgende Petition beschlossen und unterzeichnet, welche sie in großer Anzahl Mittwoch, den 1. März, der Zweiten Kammer[4] der Landstände überbringen werden.
20 Wir hoffen und erwarten, dass ähnliche Schritte in allen Teilen des Vaterlandes vorbereitet und sogleich ausgeführt werden.
Es gilt jetzt, den Augenblick zu ergreifen. Zweiunddreißig Jahre lang haben wir fruchtlos gehofft. Jetzt gilt es zu fordern
25 und unsern Forderungen Nachdruck zu geben.
Wo drei deutsche Männer im Geiste der Freiheit beisammen sind, mögen sie einen Stützpunkt der Zukunft Deutschlands bilden!

Das Comité

---

[1] Der Aufruf wurde auch „Mannheimer Petition" genannt.
[2] Der französische König Louis Philippe (1773-1850) wurde wegen seiner Weigerung, das Wahlrecht auszudehnen, zur Abdankung gezwungen.
[3] Zur Abwehr liberaler Ideen hatten sich 1845 einige katholisch-konservative Kantone der Schweiz zum „Sonderbund" zusammengeschlossen. Im Sonderbund-Krieg von 1847 konnten sich die freisinnig-liberalen Kantone militärisch gegen den Sonderbund behaupten; dieser wurde aufgelöst und eine neue föderative Bundesverfassung mit weitreichenden bürgerlichen und politischen Rechten eingeführt.
[4] Im Gegensatz zur Ersten Kammer, die aus ernannten Vertretern des Adels bestand, saßen in der Zweiten Kammer gewählte Abgeordnete.

▲ **„Verkauf der Wahrheit."**
Ausschnitt aus einem Aquarell von Johann Nepomuk Höfel, Wien 1848.
Die Straße, von jeher Ort des Informations- und Meinungsaustausches der städtischen Bevölkerung, wurde durch die Revolution zu einem Schauplatz der politischen Öffentlichkeit.

Verbreiten Sie diesen Aufruf und die Petition unverzüglich in 30 Ihren Nachbarorten!

Die Versammlung verabschiedet die folgende Petition, die öffentlich zur Unterschrift ausgelegt und am 1. März 1848 dem Präsidenten der badischen Abgeordnetenkammer überbracht wird.

Hohe Zweite Kammer!
Eine ungeheure Revolution hat Frankreich umgestaltet. Vielleicht in wenigen Tagen stehen französische Heere an unse-

▲ „Die universale demokratische und soziale Republik."

Farblithografie von Frédéric Sorrieu, um 1848.

*Ein Festzug bewegt sich von rechts nach links an einer Freiheits-
statue mit Fackel und Menschenrechtstafel vorbei. Im Vordergrund
liegen zerbrochene Herrschaftszeichen. Der Himmel wird von Engels-
und Märtyrergestalten bevölkert, die sich auf den Erlöser (Messias)
im Zentrum der oberen Bildhälfte zubewegen.*

- *Bestimmen Sie die Herkunft der Teilnehmer. Welchen Bevölkerungsschichten gehören sie an, woher kommen sie?*
- *Das Bild gilt als eine frühe sinnbildliche Darstellung der internationalen Solidarität. Was spricht für diese Deutung?*

35 ren Grenzmarken, während Russland die seinigen im Norden
zusammenzieht. Ein Gedanke durchzuckt Europa. Das alte
System wankt und zerfällt in Trümmer. Aller Orten haben die
Völker mit kräftiger Hand die Rechte sich selbst genommen,
welche ihre Machthaber ihnen vorenthielten. Deutschland
40 darf nicht länger zusehen, wie es mit Füßen getreten wird.
Das deutsche Volk hat das Recht zu verlangen:
Wohlstand, Bildung und Freiheit für alle Klassen der Gesellschaft, ohne Unterschied der Geburt und des Standes.
Die Zeit ist vorüber, die Mittel zu diesen Zwecken lange zu
45 beraten. Was das Volk will, hat es durch seine gesetzlichen
Vertreter, durch die Presse und durch Petitionen deutlich
genug ausgesprochen. Aus der großen Zahl von Maßregeln,

durch deren Ergreifung allein das deutsche Volk gerettet werden kann, heben wir hervor:

1) Volksbewaffnung mit freien Wahlen der Offiziere   50
2) Unbedingte Pressefreiheit
3) Schwurgerichte nach dem Vorbilde Englands
4) Sofortige Herstellung eines deutschen Parlaments

Diese vier Forderungen sind so dringend, dass mit deren
Erfüllung nicht länger gezögert werden kann und darf.   55
Vertreter des Volks! Wir verlangen von Euch, dass Ihr diese
Forderungen zu ungesäumter Erfüllung bringet. Wir stehen
für dieselben mit Gut und Blut ein und mit uns, davon sind
wir durchdrungen, das ganze deutsche Volk.

Karl Obermann, Flugblätter der Revolution. Eine Flugblattsammlung zur
Geschichte der Revolution von 1848/49 in Deutschland, Berlin 1970, S. 54 f.

1. *Erschließen Sie aus den Forderungen die politischen und
sozialen Verhältnisse in Deutschland vor Ausbruch der
Revolution von 1848.*

2. *Erklären Sie, warum die Petition die Volksbewaffnung
fordert. Informieren Sie sich über den Zusammenhang
von Volksbewaffnung und Befreiungskriegen (1813-1815).*

M2 Zusammensetzung der Paulskirche

Bei einer Gesamtzahl von 812 Abgeordneten (einschließlich der zeitweilig einberufenen Stellvertreter) beteiligen sich in der Regel zwischen 400 und 540 Volksvertreter an den Abstimmungen. Sie lassen sich den folgenden Berufsgruppen zuordnen:

Höhere Beamte, Landräte	115	**Geistliche**	39	**Landwirte (Großgrundbesitzer und 3 Bauern)**	**46**
Mittlere Beamte	37	Rechtsanwälte, Advokaten	106		
Bürgermeister, Kommunalbeamte	21	Ärzte	23	**Handwerker insgesamt**	**4**
Richter, Staatsanwälte	110	Schriftsteller, Journalisten	20		
Offiziere	18	**Freiberufliche Intelligenz insgesamt**	**149**	**Promovierte ohne Berufsangabe**	**35**
Diplomaten	11			**Sonstige Berufe**	**3**
Hochschullehrer (49), Gymnasiallehrer	94	Großkaufleute, Kaufleute	35	**Nicht ermittelt**	**44**
Sonstige Lehrer	30	Fabrikanten	14		
Staatsdiener insgesamt	**436**	Verleger, Buchhändler	7		**812**
		Wirtschaftsbürgertum insgesamt	**56**		

Die Anteile der Fraktionen in der Frankfurter Paulskirche im Oktober 1848:

Donners-berg	Deutscher Hof	Westend-hall	Württem-berger Hof	Augsburger Hof	Landsberg	Casino	Café Milani	bei keiner Fraktion
7%	8%	7%	6%	7%	6%	21%	6%	32%
"Linke" demokratisch		"linkes Zentrum" parlamentarisch-liberal		"rechtes Zentrum" konstitutionell-liberal			"Rechte" konservativ	

Die Fraktionen wiesen in ihrer sozialen Zusammensetzung gewisse Regelmäßigkeiten auf, die – von rechts bis links besehen – eine wachsende Distanz zu den bestehenden Verfassungen in Deutschland und zum Staatsdienst anzeigten. Auf
5 der Rechten und im rechten Zentrum [...] häuften sich höhere Staatsbeamte, Richter und Hochschullehrer; hinzu kamen adlige Grundbesitzer und Großkaufleute; freie Berufe fanden sich hier seltener, im „Casino" etwa nur zu 10%. Im linken Zentrum („Württemberger Hof" bis „Westendhall") hielten
10 sich freie Berufe und Angehörige der Mittelschichten einerseits, Grundbesitzer, Großkaufleute und höhere Beamte andererseits die Waage. Auf der Linken dominierte mit 40% im „Deutschen Hof" und 50% im „Donnersberg" die freiberufliche Intelligenz; zudem fand sich hier mit 30% ein beträcht-
15 licher Anteil von Abgeordneten der unteren Mittelklasse.

Wolfram Siemann, Die deutsche Revolution von 1848/49, Frankfurt am Main
⁵1993, S. 126 und 130

1. *Die Paulskirche wird gerne als „Professorenparlament" charakterisiert. Prüfen Sie, ob diese Bezeichnung angemessen ist. Welche Auffälligkeiten ergeben sich bei einer Analyse einzelner Fraktionen der Paulskirche?*
2. *Benennen Sie Berufs- oder Gesellschaftsgruppen, die Ihnen unterrepräsentiert erscheinen.*

M3 Ohne Österreich

Friedrich Christoph Dahlmann führt die „Göttinger Sieben" an, jene Gruppe von Professoren, die 1837 gegen die Aufhebung der Verfassung des Königreichs Hannover protestieren und daraufhin ihres Amtes enthoben und zum Teil des Landes verwiesen werden.
In der Nationalversammlung von 1848/49 gehört er dem rechten Zentrum an („Casino"-Fraktion) und ist Mitglied des Ausschusses für die Ausarbeitung der Reichsverfassung. Am 22. Januar 1849 nimmt er Stellung zur Frage, welche Grenzen das Reich haben soll:

Uns tut ein Herrscherhaus not, welches sich gänzlich unserm Deutschland widmet, gänzlich in Deutschland lebt und in nichts anderem. Ein solches Herrscherhaus kann Österreich uns nicht sein; es kann es nicht, denn es hangen diesem Österreich, bei all seinem verdienten Ruhme, zu viel außer-
5 deutsche Sorgen an. Österreich krankt an seiner Stärke ebensosehr wie andere Staaten an ihrer Schwäche. Die schwersten Sorgen Österreichs werden erst dann beginnen, wenn es den langen Lauf seiner Siege vollendet hat. Österreich kann uns, wie die Dinge gegenwärtig stehen, nicht vollständig
10 angehören.

An den Hohenzollern Preußens können wir ein solches Herrscherhaus nicht nur haben, sondern mit dem schlechtesten und dem besten Willen kann es kein Sterblicher dahin bringen, daß wir es nicht an ihm hätten. Es ist gar keine Zukunft für Deutschland möglich ohne Preußen [...]. Ich will meine Meinung unbekümmert sagen, wie übel sie auch von verschiedenen Seiten aufgenommen werde. Ihr dämpft das Feuer der Anarchie nicht, ihr dämpft dies zerstörende Feuer weder in den kleinen Staaten noch in den mittleren, noch in den großen endlich und in den größten der rein deutschen Staaten, als nur auf einem Wege, nur auf dem Wege, daß ihr eine kraftvolle Einheit einsetzet und durch diese Einheit die Bahn für die deutsche Volkskraft eröffnet, die zur Macht führt. Die Bahn der Macht ist die einzige, die den gärenden Freiheitstrieb befriedigen und sättigen wird, der sich bisher selbst nicht erkannt hat; denn es ist nicht bloß die Freiheit, die er meint, es ist zur größeren Hälfte die Macht, die ihm bisher versagte, nach der es ihn gelüstet. Deutschland muß als solches endlich in die Reihe der politischen Großmächte des Weltteils eintreten. Das kann nur durch Preußen geschehen, und weder Preußen kann ohne Deutschland, noch Deutschland ohne Preußen genesen.

Walter Wulf (Bearb.), Das Zeitalter der Restauration und des Liberalismus, Frankfurt am Main 1959, S. 35

1. *Fassen Sie zusammen, wie Dahlmann seine Entscheidung für die kleindeutsche Lösung begründet.*

2. *Bewerten Sie das Verhältnis von Freiheit und Macht, das in der Rede deutlich wird.*

M4 Die Ablehnung der Kaiserkrone

Am 3. April 1849 bietet eine Paulskirchenabordnung dem preußischen König Friedrich Wilhelm IV. die Kaiserwürde an. Der König hat sich mit dieser Frage bereits im Dezember 1848 in einem Brief an den preußischen Gesandten in London, Freiherrn von Bunsen, beschäftigt:

Ich will weder der Fürsten Zustimmung zu der Wahl noch die Krone. Verstehen Sie die markierten Worte? [...] Die Krone ist erstlich keine Krone. Die Krone, die ein Hohenzoller nehmen dürfte, wenn die Umstände es möglich machen könnten, ist keine, die eine, wenn auch mit fürstlicher Zustimmung eingesetzte, aber in die revolutionäre Saat geschossene Versammlung macht, [...] sondern eine, die den Stempel Gottes trägt, die den, dem sie aufgesetzt wird, nach der heiligen Ölung „von Gottes Gnaden" macht, weil und wie sie mehr denn 34 Fürsten zu Königen der Deutschen von Gottes Gnaden gemacht und den letzten immer der alten Reihe gesellt.

Die Krone, die die Ottonen, die Hohenstaufen, die Habsburger getragen, kann natürlich ein Hohenzoller tragen; sie ehrt ihn überschwänglich mit tausendjährigem Glanze. Die aber, die Sie – leider – meinen, verunehrt überschwänglich mit ihrem Ludergeruch der Revolution von 1848, der albernsten, dümmsten, schlechtesten, wenn auch gottlob nicht der bösesten dieses Jahrhunderts. Einen solchen imaginären Reif, aus Dreck und Letten[1] gebacken, soll ein legitimer König von Gottes Gnaden, und nun gar der König von Preußen sich geben lassen, der den Segen hat, wenn auch nicht die älteste, doch die edelste Krone, die niemand gestohlen ist, zu tragen. [...] Ich sage es Ihnen rund heraus: Soll die tausendjährige Krone deutscher Nation, die 42 Jahre geruht hat, wieder einmal vergeben werden, so bin ich es und meinesgleichen, die sie vergeben werden; und wehe dem, der sich anmaßt, was ihm nicht zukommt.

Aus der Erwiderung Friedrich Wilhelms IV. an die Abordnung der Nationalversammlung vom 3. April 1849:

Ich bin bereit, durch die Tat zu beweisen, dass die Männer sich nicht geirrt haben, welche ihre Zuversicht auf Meine Hingebung, auf Meine Treue, auf Meine Liebe zum gemeinsamen deutschen Vaterlande stützen.

Aber, Meine Herren, Ich würde Ihr Vertrauen nicht rechtfertigen, Ich würde dem Sinne des deutschen Volkes nicht entsprechen, Ich würde Deutschlands Einheit nicht aufrichten, wollte Ich, mit Verletzung heiliger Rechte und Meiner früheren ausdrücklichen und feierlichen Versicherungen, ohne das freie Einverständnis der gekrönten Häupter, der Fürsten und freien Städte Deutschlands, eine Entschließung fassen, welche für sie und für die von ihnen regierten deutschen Stämme die entschiedensten Folgen haben muss.

An den Regierungen der einzelnen deutschen Staaten wird es daher jetzt sein, in gemeinsamer Beratung zu prüfen, ob die Verfassung dem Einzelnen wie dem Ganzen frommt, ob die Mir zugedachten Rechte Mich in den Stand setzen würden, mit starker Hand, wie ein solcher Beruf es von Mir fordert, die Geschicke des großen deutschen Vaterlandes zu leiten und die Hoffnungen seiner Völker zu erfüllen.

Dessen möge Deutschland aber gewiss sein, und das, Meine Herren, verkündigen Sie in allen seinen Gauen: Bedarf es des preußischen Schildes und Schwertes gegen äußere oder innere Feinde, so werde Ich auch ohne Ruf nicht fehlen. Ich werde dann getrost den Weg Meines Hauses und Meines Volkes gehen, den Weg der deutschen Ehre und Treue!

Ernst Rudolf Huber (Hrsg.), a. a. O., S. 402 f. und 405 f.

---

[1] Letten: anderes Wort für „Lehm"

1. Vergleichen Sie beide Äußerungen des Königs und erläutern Sie auf dem Hintergrund des Briefes an Bunsen doppeldeutige Formulierungen in der offiziellen Ablehnung.
2. Welche Bestimmungen der Reichsverfassung von 1849 (siehe S. 93) könnten Ihrer Ansicht nach dem preußischen König Anlass zu der Frage gegeben haben, „ob die Mir zugedachten Rechte Mich in den Stand setzen würden, mit starker Hand [...] die Geschicke des großen deutschen Vaterlandes zu leiten"?

M5 Ist die Revolution gescheitert?

Rudolf Stadelmann bewertet 1948 die Revolution:

Mit dem Sieg der gegenrevolutionären Kräfte im Herbst 1848 begann dann Deutschland gegen den Willen der Nation Schritt für Schritt wieder in das Dreigestirn der Heiligen Allianz zurückzutreten, aus dem es sich gerade freigemacht
5 hatte. In den Augen Europas bildete es mit Österreich und Russland zusammen für die nächsten 40 Jahre aufs neue jenen schweren Block der Reaktion, von dem alle Hemmungen und Störungen der Entwicklung auszugehen schienen und den das Abendland in einem harten selbstzerstöreri-
10 schen Kampf überwinden musste.
Das Scheitern der Revolution von 1848 hat nicht bloß innenpolitisch Deutschland um Jahrzehnte zurückgeworfen und seine organische Entwicklung verhindert, sondern auch außenpolitisch den deutschen Staat in jene Vereinsamung hin-
15 eingetrieben, die mit der Vernichtung in zwei Weltkriegen geendet hat.

Der Historiker Dieter Hein zieht in seinem erstmals 1998 erschienenen Buch eine positivere Bilanz der Revolution von 1848/49:

Die Revolution war gescheitert. So sah es die überwiegende Mehrheit der Zeitgenossen, der Sieger wie der Besiegten. Und so haben es über mehr als ein Jahrhundert auch die
20 Historiker gesehen. [...] Die jüngere Forschung hat sich von dieser Sicht eher wegbewegt und, wie etwa Dieter Langewiesche, betont, dass „neben dem unbestreitbaren Scheitern auch die langfristigen Wirkungen und die unmittelbaren Erfolge" der Revolution berücksichtigt werden müssten.
25 Zu den Aktiva einer solchen Bilanz zählen der Abschluss der Agrarreformen, der „Bauernbefreiung", ebenso wie die – abgesehen von Österreich und wenigen kleineren Staaten – endgültige Durchsetzung des Verfassungsprinzips, mit der zugleich eine weitgehende Sicherung individueller
30 Grundrechte und die, ungeachtet aller fortwirkenden Wi-

▲ „Wat heulst'n kleener Hampelmann?"
Lithografie von Ferdinand Schröder, April 1849 (beschnitten). Die Borussia, Sinnbild der Preußen, fragt Heinrich von Gagern, der im Dezember 1848 zum Reichsministerpräsidenten bestimmt worden war: „Wat heulst'n kleener Hampelmann?" – „Ick habe Ihr'n Kleenen 'ne Krone jeschnitzt, nu will er se nich!" Rechts spielt der „Kleene" mit dem Berliner Bären.

derstände und Gegengewichte, Parlamentarisierung der politischen Ordnung verbunden war. Überhaupt löste sich mit der Revolution der Reformstau der vorrevolutionären Epoche weitgehend auf, eine mit dem Vormärz vergleich-
35 bare Stagnation staatlicher Politik gerade auch in Bezug auf konkrete wirtschaftliche und soziale Maßnahmen trat in der Folgezeit nicht mehr ein. 1848/49 brachte ferner einen ungeheuren Politisierungsschub, der in seinen Organisationsformen und in seiner sozialen Breitenwirkung durch die
40 reaktionäre Wende nicht mehr dauerhaft rückgängig gemacht wurde. Auch die Schaffung eines (klein)deutschen Nationalstaates in der Reichsgründung von 1870/71 war ohne die verstärkte Ausbildung einer nationalen Identität im Verlauf der Revolution sowie ohne die konkreten Erfahrungen und Vorentscheidungen von 1848/49 kaum denkbar.
45

Erster Text: Dieter Langewiesche (Hrsg.), Zur deutschen Revolution von 1848/49 (Wege der Forschung, Bd. 164), Darmstadt 1983, S. 37
Zweiter Text: Dieter Hein, Die Revolution von 1848/49, München ⁴2007, S. 135 f.

1. Vergleichen Sie die Kriterien und Maßstäbe, mit denen die beiden Historiker die Revolution von 1848/49 bewerten.
2. Diskutieren Sie, ob sich in den Bewertungen auch die Zeitumstände direkt nach dem Zweiten Weltkrieg bzw. nach der deutschen Wiedervereinigung spiegeln.

M6 Mentalitätswandel

Der Historiker Hartwig Brandt geht in einem Kapitel über „Die Revolution als Epochenwende" auf Umbrüche in der Mentalität des deutschen Bürgertums ein:

Die Revolution von 1848/49 war eine bürgerliche Revolution – bei allen Beimischungen und Sonderlagen, die es fraglos gab. Es war das Bildungsbürgertum, welches in ihr dominierte, nicht nur im liberalen Lager, wo dies als plausibel erscheint, sondern auch bei Republikanern und Radikalen. Nur in Polen und Ungarn war es der Adel, welcher die Entwicklung vorantrieb.

Das „Bürgerliche" der Revolution trat in einer Mentalität hervor, die vor allem durch den Liberalismus geprägt wurde. Eine Denkweise, die vorindustriell, aber fortschrittsgläubig-optimistisch zugleich war. Sie verwarf den Klassengedanken und propagierte die allgemeine Bürgergesellschaft – ohne Ansehen von sozialem Rang und wirtschaftlicher Potenz. Aber sie pflegte das Eigentum [...] als Sakrament ihrer Lehre, als Unterpfand aller bürgerlichen und politischen Rechte.

Solche Vorstellungen, die aus dem Vormärz überkommen waren, zeigten sich auch in der Revolution noch weitverbreitet. Ja, sie erklären erst manche Eigenheiten ihrer Entwicklung. So lebte die Überzeugung fort, dass allein schon der Gedanke die Politik zu bewegen vermöge. Eine Mitgift vergangener Jahre, die sich in den Anfängen des Umbruchs zu bestätigen schien. Dass Staatsspitzen und Regierungen im Frühjahr 1848 die Macht ohne Widerstand preisgaben, dass diese, wie man sagte, gleichsam „auf der Straße lag": dies erschien als eine Bestätigung dessen, was die Philosophie des Vormärz gelehrt hatte. So verstanden, war die Revolution, wie sie im Weiteren ihren Verlauf nahm, ein fortgesetzter Prozess politischer Ernüchterung.

Aber auch darin schien sich die hochgestimmte Vorstellung von Politik zunächst zu bestätigen, dass auf die hermetischen Verhältnisse des Vormärz eine Zeit der öffentlichen Diskussionen, des politischen Biwak[s][1] folgte, der Versammlungen, der Vereine, der Demonstrationen, der politischen Teilhabe bis in die Unterschichten hinab – wie übrigens auch der Frauen, die in der Revolution erstmals öffentlich-politisch hervortraten. „Wer sich des regen Treibens in den Jahren 1848 und 1849 erinnert, der könnte in der That der Meinung werden, er sei unter ein anderes Geschlecht versetzt, wenn er mit ansieht, wie lau und flau es am Vorabend einer neuen Abgeordnetenwahl zugeht. Es sind die Straßenecken und Hausthüren sicher vor Plakaten, auf den öffentlichen Plätzen und in den Wirtschaftslokalen findet man keine Volksredner

mehr, und wenn der Gemeinderath eine öffentliche Sitzung ankündigt, so kann man beinah darauf rechnen, daß außer den amtlich Vorgerufenen kein Mensch erscheint." So schrieb die „Schwäbische Chronik" 1851. Erst aus der Rückschau wurde den Zeitgenossen das Drängende, das Fieberhafte, das Oszillierende der Revolutionszeitläufe bewusst.

So begannen die fünfziger Jahre als ein Dezennium[2] der politischen Illusionierung. Vielerorts kehrten vorrevolutionäre Gewohnheiten und Institutionen zurück. Aber die Mentalität war nicht mehr die des Vormärz. Es fehlte die Erwartungshaltung, es fehlte die Gewissheit von der Veränderungskraft des Gedankens. Vormärz und Revolution waren die letzten Ausläufer dessen, was die Aufklärung in die Welt gesetzt hatte. Die postrevolutionäre Mentalität war also eine andere. Sie ließ sich von den Verhältnissen leiten, passte sich ihnen an. Sie wollte „realistisch" sein, wie die neue Vokabel hieß. Politisch: Sie richtete ihren Blick auf die Macht – nicht nur die etablierte von Bürokratie und Militär, sondern auch auf die virtuelle in der Gesellschaft. Rochaus Buchtitel von 1853 („Grundsätze der Realpolitik")[3] gab der Epoche das Stichwort. Der Wandel ging freilich darüber hinaus. Die Politik selbst hatte ihren Rang als Gegenstand des höchsten Interesses verloren. Der Bürger zog sich ins private Leben zurück, ein zweites Biedermeier kündigte sich an. Zum anderen galt die Aufmerksamkeit nun zuvorderst anderen Disziplinen und Dingen, jenen, welche mit „Realien" zu schaffen hatten: Technik, Naturwissenschaften, Ökonomie. Die voranschreitende Industrialisierung, der wirtschaftliche „Take-Off", in dem die materiellen Tendenzen zusammenschossen, beanspruchte das höchste Interesse. Die Industrie wiederum, die Liaison von Technik und Ökonomie, förderte das Prinzip des Massenhaften, auch dies eine Zeittendenz: Massenquartiere, Massenproduktion, Massenkonsum. Auch die Politik erfuhr, durch die Ausweitung des Wahlrechts, einen Zug in diese Richtung. Der klassischen Politik, noch vom Individualitätsgedanken geprägt, war eine solche Entwicklung fremd. 1848 hatte sie ihren letzten historischen Auftritt.

Hartwig Brandt, Europa 1815-1850. Reaktion – Konstitution – Revolution, Stuttgart 2002, S. 212 f.

1. *Vor, während und nach der Revolution: Fassen Sie angesprochene Ähnlichkeiten und Unterschiede in den Denk- und Verhaltensweisen des deutschen Bürgertums thesenartig zusammen.*

2. *Erläutern Sie, wo Ihnen in Ihrem persönlichen Umfeld deutliche Mentalitätsunterschiede begegnen.*

[1] Biwak: Truppenlager unter freiem Himmel oder in Zelten

[2] Dezennium (lat.): Jahrzehnt

[3] August Ludwig von Rochau (1810-1873) führte mit seinem Buch den Begriff „Realpolitik" in die politische Diskussion ein.

Auf dem Weg zur Reichsgründung

Restauration ◾ Österreich übernahm im wiederhergestellten Deutschen Bund 1850 wieder die Führungsrolle und lehnte den Wunsch Preußens nach einem regelmäßigen Wechsel im Vorsitz der Bundesversammlung ab. Einigkeit herrschte zwischen den beiden Großmächten vor allem beim Kampf gegen das Erbe der Revolution. Eine repressive Gesetzgebung behinderte die Bildung und Betätigung politischer Parteien sowie die Pressefreiheit. Auf gemeinsamen Antrag hin wurden die von der Paulskirche erarbeiteten und beschlossenen Grundrechte noch 1851 aufgehoben. Ein „Reaktionsausschuss" des Deutschen Bundes überwachte die Rücknahme fortschrittlicher Verfassungsbestimmungen in den Einzelstaaten. Österreich setzte seine Verfassung außer Kraft und kehrte bis 1867 zum Neoabsolutismus zurück. Die preußische Verfassung wurde zugunsten der monarchischen Gewalt geändert: Die Regierung war allein vom Vertrauen des Monarchen abhängig, das Militär war jeglicher Kontrolle durch Parlament und Regierung entzogen.

Heeres- und Verfassungskonflikt ◾ Dennoch herrschte nicht völlige politische Stille, auch nicht in Preußen. Die Auseinandersetzung zwischen Liberalen und Obrigkeitsstaat entzündete sich am Verfassungskonflikt um die Heeresreform. **Wilhelm I.**, seit 1861 preußischer König, stimmte mit den Adligen im Herrenhaus und der liberalen Mehrheit im Abgeordnetenhaus zwar darin überein, zur Wiederherstellung des Kräftegleichgewichts zwischen Preußen und den anderen Großmächten die Friedensstärke der Armee von 150000 auf 210000 Mann zu erhöhen. Jedoch stießen die Pläne des Königs und des Kriegsministers **Albrecht von Roon** auf Widerstand. Sie wollten die Dienstzeit von zwei auf drei Jahre verlängern sowie drei Jahrgänge der von bürgerlichen Reserveoffizieren geführten **Landwehr** dem Kommando adliger Berufsoffiziere unterstellen und dadurch zu einer bloßen Reservearmee machen. Die liberalen Abgeordneten erkannten die antibürgerliche Stoßrichtung und befürchteten eine Militarisierung der Gesellschaft.

Der Streit weitete sich zum Verfassungskonflikt aus, als das – wiederholt aufgelöste – Abgeordnetenhaus auf sein Budgetrecht pochte und erstmals eine genaue Auflistung der einzelnen Etatposten verlangte. Damit hätte sich die Möglichkeit ergeben, einzelne Positionen abzulehnen. Bisher waren die Militärhaushalte immer pauschal vorgelegt worden.

In der sich über Jahre hinziehenden Auseinandersetzung ging es letztlich um die Forderung der Volksvertretung nach einem Mitspracherecht auch in Militärangelegenheiten, während sich der König auf seine Kommandogewalt berief und daraus das Recht ableitete, allein zu entscheiden.

Entscheidung zugunsten der Krone ◾ Im Kampf für die verfassungsmäßigen Rechte der Volksvertretung hatte sich 1861 in Preußen aus Liberalen, die eine nachgiebige Haltung gegenüber Monarch und Regierung ablehnten, aus Linksliberalen und Demokraten die *Deutsche Fortschrittspartei* gebildet. Bereits ein Jahr später stellte sie die stärkste Fraktion. Otto von Bismarck, der 1862 preußischer Ministerpräsident wurde, beharrte auf der alleinigen Entscheidungsbefugnis bei der Heeresreform und wollte sie auch ohne parlamentarische Zustimmung durchsetzen (▶ M1). Dabei wurde er von den konservativen Parteien unterstützt.

Nach der preußischen Verfassung konnte ein Gesetz nur bei Übereinstimmung zwischen dem König und den beiden Kammern zustande kommen. Für den Fall einer

Wilhelm I. (1797-1888): preußischer König (1861-1888) und Deutscher Kaiser ab 1871

Albrecht Graf von Roon (1803-1879): preußischer Generalfeldmarschall, Kriegsminister (1859-1871)

Landwehr: Bestandteil des preußischen Heeres. Sie umfasste alle Männer bis zum 40. Lebensjahr, die nicht dem stehenden Heer angehörten.

Unvereinbarkeit der Standpunkte sah die Verfassung keine ausdrückliche Regelung vor. Bismarck entwickelte für diesen Fall die sogenannte Lückentheorie, nach der in dieser Situation dem König als Souverän die letzte Entscheidung zufalle.

Nach dem Sieg Preußens über Österreich* 1866 suchte Bismarck im Verfassungskonflikt eine Verständigung mit den Liberalen. Sie spalteten sich an der von Bismarck vorgelegten **Indemnitäts**frage, die eigentlich den Verfassungskonflikt beenden sollte. Ergebnis des Streits der Liberalen war die Gründung der *Nationalliberalen Partei* im Jahr 1867. Diese setzte darauf, dass die baldige Schaffung eines Nationalstaates eine liberalere Gesellschaftsordnung und eine Stärkung des Parlaments nach sich ziehen würde.

Indemnität: nachträgliche Billigung einer Regierungsmaßnahme

Das Einzige und der Einzige.

worin Deutschland einig ift.

▲ „Das Einzige und der Einzige."
Holzschnitt von Wilhelm Scholz aus dem „Kladderadatsch" vom 13. November 1859.
Zum 100. Geburtstag Friedrich Schillers am 10. November 1859 fanden in 440 deutschen Orten Festakte statt. Das Bild spielt auf die Grundsteinlegung eines Schiller-Denkmals in Berlin an.
■ *Charakterisieren Sie die dargestellten Personen und erklären Sie den Titel.*

Nationalbewegungen ■ Auch nach der gescheiterten Reichseinigung 1849 lebte die Nationalbewegung fort. König Wilhelm I. tolerierte das Wirken des neu gegründeten, „kleindeutsch" gesinnten Nationalvereins und weigerte sich, auf ihn die beschränkende Bundesvereinsgesetzgebung anzuwenden. Auch das konservative Lager nahm immer stärker eine positive Haltung gegenüber der kleindeutschen Einigung ein. Österreich behielt gegenüber der Nationalbewegung einen ablehnenden Kurs. Dennoch nahmen an den zahlreichen Nationalfesten, die vor allem Sänger-, Turner- und Schützenvereine ausrichteten, immer mehr Deutschösterreicher teil. Anlässe boten *Friedrich Schillers* hundertster Geburtstag am 10. November 1859 oder das Gedenken an die erfolgreichen Befreiungskriege gegen Napoleon.

Preußisch-österreichischer Dualismus ■ Die Gegensätzlichkeit zwischen den beiden führenden deutschen Mächten reichte bis in die Wirtschaftspolitik hinein. Im Zollverein** fürchtete Preußen um seine Vormachtstellung und verweigerte sich einer Aufnahme Österreichs. Die Rückständigkeit seiner Industrie zwang Österreich zu einer Schutzzollpolitik – im Gegensatz zur Freihandelspolitik Preußens. Dessen fortschrittliche Handels- und Wirtschaftspolitik nahmen sich andere deutsche Staaten für eigene Reformen zum Vorbild, um die Leistungsfähigkeit der heimischen Wirtschaft zu steigern.

Auch in Fragen einer Reform des Deutschen Bundes bezog Preußen eigene Positionen. So lehnte es eine von Österreich betriebene Reformakte von 1863 ab, um einer Stärkung des Bundes unter österreichischer Führung entgegenzuwirken. Mit der Befürwortung einer direkt gewählten Volksvertretung für den Deutschen Bund machte es sich eine liberale Forderung zu eigen.

Im Deutsch-Dänischen Krieg 1864 waren die beiden deutschen Großmächte zwar noch Verbündete und setzten sich gemeinsam über den Wunsch der Nationalbewegung hinweg, die beiden Herzogtümer Schleswig und Holstein von einem deutschen Fürsten regieren zu lassen. Sie teilten sich die Verwaltung der beiden Herzogtümer. Doch schon bald wurde deutlich, dass Bismarck die Schleswig-Holstein-Frage zur Machtsteigerung Preußens nutzte. Das österreichische Vorgehen, nun den Bundestag

* Siehe S. 103.
** Siehe S. 21.

einzuschalten, erklärte Preußen als Bruch der bestehenden zweiseitigen Vereinbarungen und marschierte in Holstein ein.

Daraus entwickelte sich der „Deutsche Bruderkrieg" von 1866. In ihm siegte Preußen mit seinen norddeutschen Verbündeten gegen Österreich und dessen Verbündete Hannover, Sachsen, Bayern, Württemberg, Baden und Hessen. Österreich blieb zwar territorial unangetastet, musste jedoch die Auflösung des Deutschen Bundes (*Frieden von Prag*, 1866) und damit seine Herausdrängung aus Deutschland hinnehmen.

Im Sommer 1867 schlossen sich alle 22 nördlich der „Mainlinie" selbstständig verbliebenen Staaten zum *Norddeutschen Bund* zusammen (▶ M2). Die süddeutschen Staaten blieben zunächst politisch völlig selbstständig. Sie waren jedoch durch ihre Mitgliedschaft im Zollverein mit dem Norden verbunden.

Deutsch-Französischer Krieg und Reichsgründung 🟦 Frankreich registrierte die zunehmende Stärke Preußen-Deutschlands mit Unbehagen. Bismarck nutzte den massiven politischen Druck des französischen Kaisers, *Napoleons III.*, die süddeutschen Regierungen zum Abschluss geheimer Schutz- und Trutzbündnisse zu bewegen. Dadurch konnte er diese Staaten, in denen mit Demokraten und katholischen Parteien die antipreußischen Kräfte erstarkten, fester an sich binden.

Vergeblich suchte der französische Kaiser zur Stärkung seiner nachlassenden Autorität im Innern nach außenpolitischen Erfolgen. Sein Expansionsdrang scheiterte zweimal an der Haltung Bismarcks. Als Gegenleistung für seine Neutralität im preußisch-österreichischen Krieg erhob er Anspruch auf die bayerische Pfalz und Rheinhessen. Mit Rücksicht auf die öffentliche Meinung lehnte dies Bismarck ebenso ab wie den Plan Frankreichs, Luxemburg zu erwerben, das vom niederländischen König in Personalunion regiert wurde und Mitglied des Deutschen Bundes war. Von den europäischen Großmächten konnte Frankreich nur Österreich als Bündnispartner gewinnen. Großbritannien verzichtete auf eine Einmischung in die Verhältnisse auf dem Kontinent. Russland kam in Konflikt mit Frankreich wegen dessen Unterstützung für den polnischen Aufstand 1863 und verbündete sich mit Preußen gegen die französisch-österreichische Allianz.

Den Anlass zu einer militärischen Auseinandersetzung bildete schließlich der Streit um die spanische Thronfolge. Für sie hatte die spanische Regierung *Leopold von Hohenzollern-Sigmaringen*, einen katholischen Vetter von Wilhelm I., vorgesehen. Mit dem Verzicht Leopolds jedoch gab sich Frankreich nicht zufrieden. Es fürchtete wie schon zu Zeiten Karls V. im 16. Jahrhundert eine Umklammerung und forderte die Zusage Preußens, in Zukunft keiner neuen Kandidatur eines Hohenzollern zuzustimmen. Über die Forderung wurde Bismarck in einem Telegramm (= Depesche) aus Bad Ems unterrichtet. Mit der Veröffentlichung dieser sogenannten *Emser Depesche* verschärfte er bewusst den Konflikt (▶ M3). Frankreich erklärte am 19. Juli 1870 den Krieg. Die Bedrohung Preußens half, die deutsche Einigung weiter voranzutreiben. Dank der Bündnisverträge stellten sich die süddeutschen Staaten auf die Seite Preußens und des Norddeutschen Bundes.

▲ **„Deutschlands Zukunft."**
Österreichische Karikatur aus dem „Kikeriki", 1870.
Der Untertitel lautet: „Kommt es unter einen Hut?"
„Ich glaube, 's kommt eher unter eine Pickelhaube!"

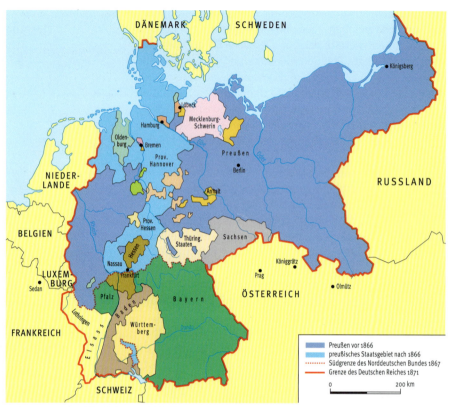

▲ **Der Weg zur Reichseinigung 1866 - 1871.**

Mit der Kapitulation der französischen Truppen nach der Schlacht von Sedan am 2. September 1870 war der Krieg, der sich letztendlich bis Ende Januar 1871 hinzog, entschieden. In dem am 10. Mai 1871 in Frankfurt am Main unterzeichneten Friedensvertrag musste Frankreich Elsass und Lothringen abtreten und zudem fünf Milliarden Goldfrancs Entschädigung zahlen.

Die Gründung des Deutschen Kaiserreichs ◼ Noch während des Feldzugs bemühte sich Bismarck intensiv um die Zustimmung der süddeutschen Staaten zur Vollendung des kleindeutschen Nationalstaats, die auch in der Öffentlichkeit unter dem Eindruck des gemeinsamen Kriegserlebnisses gefordert wurde. Gegen die Gewährung von Sonderrechten waren Hessen-Darmstadt, Baden, Württemberg und Bayern bereit, dem Norddeutschen Bund beizutreten. Bayerns König *Ludwig II.* als bedeutendster Bundesfürst war es, der dem preußischen König im Namen der Fürsten und Freien Städte die Kaiserwürde anbot und damit – im Sinne des monarchischen Prinzips – einer entsprechenden Bitte des Norddeutschen Bundes zuvorkam.

Nach der *Kaiserproklamation* in Versailles am 18. Januar 1871 war der preußische König zugleich „Deutscher Kaiser". Die nationale Idee, deren Träger anfangs das liberale Bürgertum war, hatte sich zu einem verbindenden Element der konservativen Kräfte entwickelt. Eine Folge davon war, dass die Gewährung demokratischer Mitspracherechte und Freiheitsrechte nachgeordnet oder sogar für schädlich angesehen wurde (▸ M4).

M1 Das „Eisen-und-Blut"-Konzept

In seinen „Gedanken und Erinnerungen" schildert Otto von Bismarck die Grundgedanken seiner Rede als neu ernannter preußischer Ministerpräsident vor der Budgetkommission des preußischen Abgeordnetenhauses vom 30. September 1862:

Der Konflikt drehe sich bei uns um die Grenze zwischen Krongewalt und Parlamentsgewalt. Die Krone habe noch andere Rechte, als die in der Verfassung ständen. [...]
5 Nicht auf Preußens Liberalismus sieht Deutschland, sondern auf seine Macht; Bayern, Württemberg, Baden mögen dem Liberalismus indulgieren[1], darum wird ihnen doch keiner Preußens Rolle anweisen; Preußen muss seine
10 Kraft zusammenfassen und zusammenhalten auf den günstigen Augenblick, der schon einige Male verpasst ist; Preußens Grenzen nach den Wiener Verträgen sind zu einem gesunden Staatsleben nicht günstig; nicht durch Reden
15 und Majoritätsbeschlüsse werden die großen Fragen der Zeit entschieden – das ist der große Fehler von 1848 und 1849 gewesen – sondern durch Eisen und Blut.

Otto von Bismarck, Die gesammelten Werke, Bd. 10, Berlin 1928, S. 138 f.

■ *Erklären Sie, welches Politik- und Verfassungsverständnis Bismarcks in dieser Rede deutlich wird.*

LES GÉNIES DE LA MORT.

▲ **„Les génies de la mort."**
Einblattdruck von Edmont Guillaume, Brüssel, um 1871.
■ *Erklären Sie die einzelnen Bildbestandteile und ordnen Sie das Bild in den historischen Kontext ein.*

M2 „Groß-Preußen mit Vasallenstaaten"

August Bebel hält am 10. April 1867 seine erste Rede vor dem sich konstituierenden Norddeutschen Reichstag. Er ist zu diesem Zeitpunkt Vertreter der „Sächsischen Volkspartei". Bebel wird später einer der profiliertesten Politiker der deutschen Sozialdemokratie werden. Seine Ausführungen beziehen sich auf die Verabschiedung der Verfassung des Norddeutschen Bundes:

Abgeordneter Bebel: [M]eine Herren, ich behaupte, dass mit der Gründung dieses Norddeutschen Bundes ein spezifisch preußisches Interesse (*Widerspruch rechts*), dass die Stärkung

der Hohenzollernschen Hausmacht damit bezweckt worden ist. (*Lebhafter Widerspruch rechts.*) 5
Präsident: Meine Herren! Lassen Sie doch den Herrn Redner ruhig zu Ende reden und widerlegen Sie ihn nachher!
Abgeordneter Bebel: Meine Herren, wenn Sie diesen Bund näher betrachten, so werden Sie mir zugeben müssen, [...] dass dieser Bund nur Groß-Preußen ist, umgeben von einer 10 Anzahl Vasallenstaaten, deren Regierungen nichts weiter als Generalgouverneure der Krone Preußens sind. (*Lebhafter Widerspruch rechts.*)
In dem gegenwärtigen Norddeutschen Bundesrat wird Preußen mit 17 Stimmen [...] nach Belieben Verfassungsänderun- 15 gen durchführen, eine jede Verfassungsänderung gegen seinen Willen aber verhüten können. Dies würde indessen bei dem Zutritt Süddeutschlands zum Norddeutschen Bunde

[1] indulgieren: Nachsicht üben

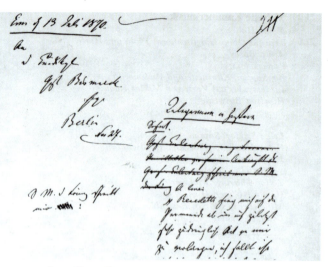

▲ **Emser Depesche.**
Manuskript Heinrich Abekens (Ausschnitt).

nicht der Fall sein, dann wären die 17 Stimmen Preußens
20 ungenügend an sich, eine derartige Zweidrittelmehrheit zu
erzielen. [...] Das sind meines Erachtens die Gründe, welche
die preußische Regierung von ihrem spezifisch preußischen
Standpunkte aus nicht nur heute, sondern auch späterhin
stets veranlassen werden, gegen den Eintritt Süddeutsch-
25 lands aufzutreten, gegen denselben zu stimmen. Man wird
sich eben einfach damit begnügen, [...] dass man lediglich die
Militärgewalt in die Hände bekommt, im Falle eines Krieges,
und im Übrigen wird man sich damit begnügen, durch Zoll-
verträge usw. wenigstens einigermaßen die Kluft, die her-
30 vorgebracht ist, zu überbrücken, wohlverstanden, zu überbrücken, aber auszufüllen, dazu wird man sich nicht
herbeilassen. Meine Herren, eine solche Politik zu unterstützen, dazu habe ich keine Lust, ich muss entschieden dagegen
protestieren, dass man eine solche Politik eine deutsche
35 nennt, ich muss entschieden protestieren gegen einen Bund,
der nicht die Einheit, sondern die Zerreißung Deutschlands
proklamiert, einen Bund, der dazu bestimmt ist, Deutschland
zu einer großen Kaserne zu machen (*lebhafter Widerspruch*),
um den letzten Rest von Freiheit und Volksrecht zu vernich-
40 ten.

August Bebel, Sein Leben in Dokumenten, Reden und Schriften, hrsg. v. Hel-
mut Hirsch, Köln 1968, S. 153 ff.

1. *Erläutern Sie Bebels Bewertung des Norddeutschen
Bundes.*

2. *Überlegen Sie sich Argumente, mit denen Bismarck
dieser Rede entgegengetreten sein könnte.*

M3 Die Emser Depesche

*Kurz nachdem Prinz Leopold aus dem Hause Hohenzollern-
Sigmaringen unter starkem französischen Druck auf die
Thronkandidatur in Spanien verzichtet hat, verlangt der französische Botschafter Benedetti vom preußischen König Wilhelm I. als dem Chef des Hauses Hohenzollern weitere Zugeständnisse.*
*Bismarck wird darüber und über die Reaktion des Königs durch
das folgende Telegramm des Geheimrats Heinrich Abeken vom
13. Juli 1870 informiert. Abeken ist der Begleiter des Königs bei
seinem Kuraufenthalt in Bad Ems.*

S. M.[1] der König schreibt mir:

„Graf Benedetti fing mich auf der Promenade ab, um auf
zuletzt sehr zudringliche Art zu verlangen, ich sollte ihn
autorisieren, sofort zu telegrafieren, dass ich für alle Zukunft
mich verpflichtete, niemals wieder meine Zustimmung zu 5
geben, wenn die Hohenzollern auf ihre Kandidatur zurück-
kämen. Ich wies ihn, zuletzt etwas ernst, zurück, da man à
tout jamais[2] dergleichen Engagements nicht nehmen dürfe
noch könne. Natürlich sagte ich ihm, dass ich noch nichts
erhalten hätte und, da er über Paris und Madrid früher be-10
nachrichtigt sei als ich, er wohl einsähe, dass mein Gouver-
nement wiederum außer Spiel sei."
S. M. hat seitdem ein Schreiben des Fürsten[3] bekommen. Da
S. M. dem Grafen Benedetti gesagt, dass er Nachricht vom
Fürsten erwarte, hat Allerhöchstderselbe, mit Rücksicht auf 15
die obige Zumutung, auf des Grafen Eulenburg[4] und meinen
Vortrag beschlossen, den Grafen Benedetti nicht mehr zu
empfangen, sondern ihm nur durch seinen Adjutanten sagen zu lassen, dass S. M. jetzt vom Fürsten die Bestätigung
der Nachricht erhalten, die Benedetti aus Paris schon gehabt, 20
und dem Botschafter nichts weiter zu sagen habe.
S. M. stellt Ew. Exzellenz anheim, ob nicht die neue Forderung Benedettis und ihre Zurückweisung sogleich sowohl
unseren Gesandten als in der Presse mitgeteilt werden sollte.

*Bismarck bearbeitet das Telegramm Abekens und gibt es ge-
kürzt mit folgendem Wortlaut an die Presse weiter:*

Nachdem die Nachrichten von der Entsagung des Erbprinzen 25
von Hohenzollern der Kaiserlich französischen Regierung von
der Königlich spanischen amtlich mitgeteilt worden sind, hat

---
[1] S. M.: Seine Majestät
[2] à tout jamais (frz.): für alle Zukunft
[3] Gemeint ist der Fürst von Hohenzollern-Sigmaringen, der Vater
     von Prinz Leopold.
[4] persönlicher Referent Wilhelms I.

der französische Botschafter in Ems an S. M. den König noch die Forderung gestellt, ihn zu autorisieren, dass er nach Paris
30 telegrafiere, dass S. M. der König sich für alle Zukunft verpflichte, niemals wieder seine Zustimmung zu geben, wenn die Hohenzollern auf ihre Kandidatur zurückkommen sollten. S. M. hat es darauf abgelehnt, den französischen Botschafter nochmals zu empfangen, und demselben durch den Adju-
35 tanten vom Dienst sagen lassen, dass S. M. dem Botschafter nichts weiter mitzuteilen habe.

Otto von Bismarck, Die gesammelten Werke, Bd. 6, Berlin 1928, S. 369 und 371

1. *Arbeiten Sie die Unterschiede der beiden Texte heraus. Wieso erscheint die Zurückweisung der französischen Forderung in der zweiten Fassung schärfer?*

2. *Untersuchen Sie, welche innen- und außenpolitischen Gründe den französischen Kaiser Napoleon III. und die französische Regierung dazu veranlasst haben könnten, lieber mit der Kriegserklärung zu reagieren als die diplomatische Zurückweisung hinzunehmen.*

M4 Alternativen zur Reichsgründung?

Der Historiker Thomas Nipperdey ordnet die deutsche Reichsgründung in den europäischen Kontext der Nationalstaatsbildung ein. Gleichzeitig kommentiert er mögliche Alternativen:

Gab es [...] zu der bismarckschen Reichsgründung nationalpolitische Alternativen? Am meisten diskutiert worden ist von Zeitgenossen die großdeutsch-föderalistische Alternative. [...] Aber man muss an die inneren Widersprüche erin-
5 nern: Eine großdeutsch-föderalistische Lösung, die nur die deutschen Teile Österreichs einschloss, war (ohne Revolution und Zerschlagung des Gesamtstaats) nicht möglich. Eine Mitteleuropa-Föderation war nicht lebensfähig; sie war als Großraum und Großmacht für Europa „erst recht" unerträg-
10 lich; sie war, weil sie kein funktionierendes, unmittelbar gewähltes Parlament haben konnte – denn sie hätte kein homogenes Staatsvolk gehabt –, für alle Liberalen und Demokraten unakzeptabel [...]; sie hätte ein Reich in all jene Konflikte der Sprachen- und Völkerkämpfe verwickelt und
15 diese Kämpfe gerade nicht neutralisiert oder eingehegt. Das großdeutsche Problem war angesichts der Existenz Österreich(-Ungarn)s nur durch die kleindeutsche Lösung zu bewältigen. Die zweite Möglichkeit wäre eine nationalrevolutionäre, na-
20 tionaldemokratische Staatsgründung, eine Garibaldi-Gründung[1] gewesen und mit ihr die Mediatisierung oder Regionalisierung[2] Preußens – davon träumten die radikalen Demokraten und manche Sozialdemokraten noch in den

1860er-Jahren. Aber das war nach dem Scheitern der 48er-Revolution, nach der Selbstbehauptung der deutschen Fürs- 25 tenstaaten, nach der Scheidung von Liberalismus und revolutionärer Demokratie und angesichts des Misstrauens der europäischen Mächte gegen jede zentraleuropäische Neubildung, eine revolutionäre zumal, ganz ausgeschlossen. [...] Insofern also war der preußische hegemoniale Charakter 30 eines deutschen Nationalstaates, seit 1866 jedenfalls, vorgegeben. [...]
Ein Punkt ist sicher, und der bringt alle Gründungskritik zur Verzweiflung: Eine weniger bismarcksche, eine moderat liberalere Lösung hätte am Nationalismus der Deutschen 35 kaum etwas geändert, am Groß- und später Weltmachtanspruch – das war nicht die Folge der Gründungskonstellation. [...]
Die gemeineuropäische Perspektive von Nationen und Nationalstaaten ist zunächst das Wichtigste, wenn man die 40 Gründung des deutschen Nationalstaates historisch angemessen einordnen will.

Thomas Nipperdey, Deutsche Geschichte 1866-1918, Bd. 2: Machtstaat vor der Demokratie, München ³1995, S. 81-84

1. *Nipperdey hält sowohl eine „großdeutsch-föderalistische Lösung" als auch eine „nationalrevolutionäre, nationaldemokratische Staatsgründung" angesichts der zeitgenössischen Gegebenheiten für unrealistisch. Diskutieren Sie diese Einschätzung.*

2. *„... eine moderat liberale Lösung hätte am Nationalismus der Deutschen kaum etwas geändert, am Groß- und später Weltmachtanspruch." Erläutern Sie, von welchem Vorwurf der Autor die Reichsgründung damit befreien will.*

---

[1] Anspielung auf die Einigung Italiens Anfang der 1860er-Jahre, bei der Giuseppe Garibaldi den Kampf der italienischen Nationalbewegung gegen die alten Feudalherrscher organisierte

[2] Hier im Sinne: Preußen verliert seine eigenständige Stellung zugunsten eines neuen Nationalstaates, in dem es nur eine untergeordnete Rolle einnehmen würde.

Politische Kultur im Kaiserreich

Reichsverfassung ■ Das Deutsche Kaiserreich war ein Bundesstaat, gebildet aus 25 Einzelstaaten, denen noch das annektierte „Reichsland" Elsass-Lothringen angegliedert war. Die Einzelstaaten behielten ihre eigenen Verfassungen, besaßen ihr eigenes (Landtags-)Wahlrecht und regelten Angelegenheiten der Justiz, Verwaltung, Finanzen und Bildung in eigener Verantwortung. Da in Württemberg und Bayern die antipreußische Grundstimmung besonders ausgeprägt war, wurden diesen Staaten besondere Reservatrechte zugestanden (u.a. Post, Eisenbahn, Oberbefehl über eigenes Heer in Friedenszeiten). In die Zuständigkeiten des Reiches fielen dagegen zentrale politische Aufgaben wie die Außenpolitik, das Militär sowie die Wirtschafts- und Sozialpolitik. Die Reichsverfassung entsprach im Wesentlichen der des Norddeutschen Bundes. Sie enthielt keinen Grundrechtskatalog, der das Verhältnis der Bürger zum Staat beschrieb. Schon dadurch wurde deutlich gemacht, dass nicht eine mündige Nation das neue Reich ins Leben gerufen hatte, sondern die Verfassung vor allem das Ergebnis von Verhandlungen zwischen souveränen Fürsten war. In ihr wurde das Zusammenwirken der vier Verfassungsorgane genau geregelt:

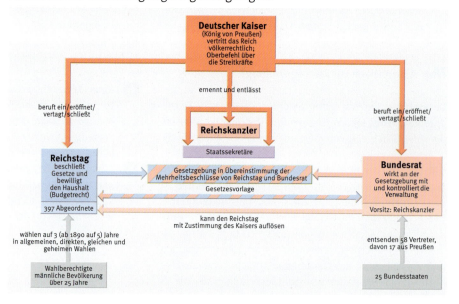

▶ **Die Verfassung des Deutschen Reiches vom April 1871.**

Der Bundesrat repräsentierte die „verbündeten Regierungen" der Einzelstaaten und war somit der Souverän des Reiches. Jeder der 25 Bundesstaaten entsandte mindestens einen weisungsgebundenen Vertreter. Hessen und Baden besaßen drei, Sachsen und Württemberg vier und Bayern sechs Stimmen. Gegen die 17 Stimmen Preußens, die über der Sperrminorität von 14 lagen, konnten keine Gesetze und Verfassungsänderungen durchgesetzt werden. Jeder Bundesstaat konnte seine Stimmen nur einheitlich abgeben, wie dies auch heute noch im Bundesrat der Bundesrepublik Deutschland der Fall ist.

Der König von Preußen hatte als Deutscher Kaiser das Präsidium des Reiches inne. Er berief Bundesrat und Reichstag ein. Reichskanzler und Staatssekretäre waren nur ihm verantwortlich. Er übte die Kommandogewalt über Armee und Marine aus und entschied über Krieg und Frieden.

Der Reichskanzler war meist zugleich Ministerpräsident in Preußen. Auch diese – verfassungsmäßig nicht fixierte – Personalunion begünstigte das Bemühen, die Politik des Reiches und seines mächtigsten Bundesstaates miteinander in Einklang zu bringen. Im Einverständnis mit dem Kaiser bestimmte der Reichskanzler die Richtlinien der Politik. Als Vorsitzender des Bundesrates konnte er mit Zustimmung des Kaisers den Reichstag auflösen und besaß so ein Kampfinstrument gegen Reichstagsmehrheiten, die ihn in wichtigen Anliegen nicht unterstützten.

Der Reichstag als frei gewählte Volksvertretung bildete das demokratische Element in der Reichsverfassung. Im Vergleich zu den Verfassungen einzelner Länder war die Reichsverfassung fortschrittlich. Die einzelnen Abgeordneten wurden in allgemeiner, direkter, gleicher und geheimer Wahl nach dem Mehrheitswahlrecht gewählt. Wahlberechtigt waren alle männlichen Deutschen über 25 Jahre. Durch Petitionen und parlamentarische Anfragen konnte der Reichstag Einfluss auf die mächtige Exekutive nehmen. In Preußen hingegen bestand für die Zweite Kammer das Dreiklassenwahlrecht. Dort entschied die Höhe der aufgebrachten direkten Steuern über das Gewicht der Wählerstimmen. Die Stimmen der wenigen Reichen, die das erste Drittel des Steueraufkommens eines Wahlkreises leisteten, hatten als erste Klasse zusammen ebenso viel Gewicht wie die beiden übrigen Gruppen, die jeweils ein weiteres Drittel der direkten Steuern aufbrachten.

Die Aufteilung der Gesetzgebungskompetenz auf Kaiser, Bundesrat und Reichstag machte das Aushandeln von Kompromissen notwendig. Ohne Zustimmung des Reichstags konnte kein Gesetz verabschiedet werden. Darüber hinaus musste das Parlament jährlich den Staatshaushalt genehmigen. Wesentliche Bereiche in der Militärgesetzgebung und der Außenpolitik waren ihm jedoch entzogen. Keine Mitsprache hatten Bundesrat und Reichstag bei Sondervereinbarungen zwischen Kaiser und Militärführung. Im Bereich von Verwaltung, Justiz und Wirtschaft nutzte das Parlament seine zentrale Stellung und gestaltete die Schaffung einer Reichsgesetzgebung (*Bürgerliches Gesetzbuch* 1900) und der Reichsinstitutionen mit.

▲ „Der verunsicherte Wähler."
Holzstich von Ferdinand Lindner, um 1880.
Bei den Wahlen zum Reichstag konnten Vordrucke verwendet werden. Die Parteien versuchten daher, ihre vorgedruckten Stimmzettel an den Mann zu bringen. Links im Bild wohl ein Vertreter der SPD, rechts vermutlich ein Nationalliberaler.

Parteien 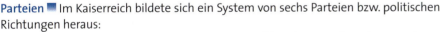 Im Kaiserreich bildete sich ein System von sechs Parteien bzw. politischen Richtungen heraus:

Im Reichstag dominierte zunächst die *Nationalliberale Partei,* die sich zur nationalen Einigung bekannte. Sie war eine typische **Honoratiorenpartei** und repräsentierte das Besitz- und Bildungsbürgertum. Nach der Reichsgründung half sie Bismarck, das Zusammenwachsen des jungen Nationalstaates voranzutreiben.

Die *Konservativen* (Deutschkonservative, Freikonservative) waren monarchistisch ausgerichtet und vertraten die Interessen der Großagrarier sowie der Industriellen.

Meist regierungskritisch waren die *Linksliberalen,* deren Wahlergebnisse allerdings vergleichsweise bescheiden blieben. Sie pochten auf eine Stärkung des Parlaments und lehnten im Gegensatz zu den Nationalliberalen eine Schutzzollpolitik ab.

Die *Deutsche Volkspartei,* die nahezu vollständig auf Baden, Württemberg und Bayern beschränkt blieb, trat für die Rechte der Einzelstaaten ein und war ein entschiedener Gegner von Bismarcks Politik.

Das *Zentrum* – so benannt nach den mittleren, zentralen Sitzplätzen seiner Abgeordneten im Parlament – war die Partei der überzeugt katholischen Wählerschaft.

Honoratiorenparteien stützten sich auf lokale Wahlvereine, hatten aber keine straffe landesweite Organisation.

Diese reichte vom Adel bis zur Arbeiterschaft, sodass das Zentrum den Charakter einer Milieupartei ausbildete.

Als Gegner der bestehenden Staats- und Gesellschaftsordnung war die *Sozialdemokratie* die Interessenvertretung der Arbeiterschaft. Bis zum Ersten Weltkrieg stieg sie zur stärksten Reichstagsfraktion auf.

Die Regierung war nur dem Kaiser verantwortlich, nicht dem Reichstag, also der Volksvertretung. Deshalb musste Bismarck nicht feste Regierungskoalitionen bilden, sondern konnte Gesetze auch mit wechselnden Mehrheiten durchsetzen. Politische Parteien waren allenfalls „Verbündete auf Zeit" (▸ M1). Der Anspruch der Regierenden, das Allgemeinwohl bestimmen zu können, prägte noch in der Weimarer Republik das politische Denken vieler und verhinderte eine Akzeptanz der Parteiendemokratie. Die Parteien ihrerseits waren wegen der fehlenden Möglichkeiten zur direkten Regierungsbeteiligung kaum zu Kompromissen gezwungen und neigten dazu, doktrinär an ihren Programmen festzuhalten.

Finanzsystem und Interessenverbände ▪ Über die staatlichen Einnahmen verfügten die Bundesstaaten, da sie die Verwaltungen unterhalten mussten. Die Reichsregierung erzielte Einnahmen durch Verbrauchersteuern, die Einnahmen aus dem Post- und Telegrafenwesen sowie Zölle. Nicht zuletzt durch die steigenden Rüstungsausgaben war sie auf die Zuwendungen („Matrikularbeiträge") der Bundesstaaten angewiesen und von diesen abhängig.

In Industrie, Landwirtschaft, Gewerbe und Handwerk formierten sich berufs- und branchenspezifische Interessengruppen. Besonders einflussreich waren der 1876 gegründete *Centralverband Deutscher Industrieller* und der im selben Jahr entstandene *Verein der Steuer- und Wirtschaftsreformer* (ab 1893 *Bund der Landwirte*). Die Verbände nahmen gezielt Einfluss auf die staatliche Wirtschaftspolitik, um ihre Forderungen nach Schutzzöllen durchzusetzen (▸ M2). Im Gegenzug formierten sich die exportorientierten Verbände und Unternehmen zum *Bund der Industriellen* (1895), der weiterhin für Freihandel eintrat. 1879 ging das Deutsche Reich von der Freihandels- zur Schutzzollpolitik (*Protektionismus*) über und folgte damit dem Beispiel anderer Industrienationen wie Frankreich, den USA, Russland, Österreich-Ungarn und Italien.

Zusätzliche Zolleinnahmen machten die Reichsregierung von den Bundesstaaten finanziell unabhängiger. In Abkehr von der wirtschaftsliberalen Grundüberzeugung sah es der Staat zunehmend als seine Aufgabe an, Handel und Wirtschaft zu schützen und durch gezielte Maßnahmen, wie die Festlegung von Marktpreisen und Verkehrstarifen, regulierend in die wirtschaftliche Entwicklung einzugreifen. So unterstützte die Regierung die Industrie beim Aufbau von Handelsvertretungen im Ausland und versorgte Reedereien, Werften sowie die Rüstungsindustrie mit Aufträgen.

„Kulturkampf" ▪ Die Siege über die katholischen Mächte Österreich und Frankreich deuteten zahlreiche evangelische Theologen und Politiker als gottgewollte Überlegenheit des Protestantismus. Noch nach seinem Rücktritt als Reichskanzler erklärte Bismarck 1892: „Ich bin eingeschworen auf die weltliche Leitung eines evangelischen Kaisertums, und diesem hänge ich treu an."

Da die staatliche Kirchen- und Schulpolitik Ländersache war, spielten sich die konfessionellen Auseinandersetzungen weitgehend auf Länderebene ab. In Baden, wo zwei Drittel der Bevölkerung katholisch waren, kam es zu Auseinandersetzungen mit der liberalen Regierung und zur Gründung der Katholischen Volkspartei. Konfliktpunkte

◄ **Brandenburger Tor in Berlin am 25. Jahrestag der Schlacht von Sedan.**
Foto von 1895.
Vertreter der protestantischen Kirche, allen voran der Pastor Friedrich von Bodelschwingh, forderten, den Jahrestag des entscheidenden Sieges über Frankreich bei Sedan am 2. September 1870 einzuführen.
Bei den Festlichkeiten, die ab 1872 jährlich stattfanden, feierte sich die Monarchie u. a. mit Militärparaden.
Der katholische Bischof von Mainz, Emmanuel von Ketteler, untersagte 1874 in einem Erlass an die Geistlichen seiner Diözese jede kirchliche Mitwirkung an den Sedanfeiern.

waren unter anderem Eingriffe in die Schulaufsicht, die obligatorische Zivilehe und die Frage von gemischt-konfessionellen Ehen, bei denen die katholische Kirche darauf bestand, dass die Kinder katholisch erzogen wurden.

Bismarck betrachtete das Zentrum als verlängerten Arm der römischen Kurie und als wichtigstes Sprachrohr der oppositionellen Kräfte des Reiches. Eine ähnliche Auffassung vertraten die Liberalen. Sie forderten einen konfessionell neutralen Staat und kämpften gegen ein in ihren Augen überholtes Welt- und Menschenbild sowie ein Bildungs- und Schulsystem unter kirchlicher Aufsicht. Besondere Herausforderungen waren für sie der Syllabus errorum (1864) und das sogenannte Unfehlbarkeitsdogma (1870).

In einer Reihe von Maßnahmen versuchte Bismarck, die katholische Kirche und deren Amtsträger im Deutschen Reich der staatlichen Kontrolle zu unterwerfen und ihren Einfluss zurückzudrängen.

Der „Kanzelparagraf" unterband als erstes 1871 die politische Öffentlichkeitsarbeit der katholischen Kirche (▶ M3). 1872 wurde ein neues Schulaufsichtsgesetz beschlossen, das Geistliche der staatlichen Kontrolle unterwarf. Das Verbot des Jesuitenordens (1872), das Expatriierungsgesetz (1874), welches politisch unzuverlässige Geistliche mit Ausweisung bedrohte, und das „Brotkorbgesetz", welches die Einstellung staatlicher Zahlungen an die Kirche für den gleichen Fall vorsah, ergänzten die staatlichen Disziplinierungsmaßnahmen (▶ M4).

Bismarcks Unterdrückungspolitik blieb erfolglos. Die Gläubigen stellten sich nicht nur auf die Seite ihrer Kirche, sondern festigten ihren Zusammenhalt. Das Zentrum konnte deshalb seine Wählerzahlen deutlich steigern. Da Bismarck zur Unterstützung seiner geänderten Wirtschafts- und Finanzpolitik* das Zentrum benötigte, nahm er die meisten Kampfgesetze wieder zurück. Vor allem die staatliche Schulaufsicht und die Einrichtung der Zivilehe (seit 1874/75) blieben aber weiterhin bestehen. Die Aussöhnung Bismarcks mit dem Zentrum ist ein prägnantes Beispiel für seine „Schaukelstuhlpolitik".

Syllabus errorum: 1864 listete Papst Pius IX. 80 „Irrtümer" auf. Sie betrafen vor allem die anderen christlichen Konfessionen sowie liberale Grundsätze wie die Trennung von Kirche und Staat.

Unfehlbarkeitsdogma: Das erste Vatikanische Konzil legte 1870 fest, dass der Papst in Fragen der Glaubens- und Sittenlehre unfehlbar sei.

---

* Siehe S. 110.

Oftereier.
Für die Commiſſion zur Berathung des Socialiſten-Geſetzes.

Hier, meine Herren, die Auswahl iſt diesmal nicht groß! Für eins von beiden müſſen Sie ſich entſcheiden!

▶ „Ostereier."
Holzstich von Wilhelm Scholz, 1884.
Reichskanzler Otto von Bismarck versucht 1884, Mitglieder der „Kommission zur Beratung des Sozialistengesetzes" für dessen Verlängerung zu gewinnen, indem er mit der Auflösung des Reichstags droht. Vor ihm steht der Führer des Zentrums, Ludwig Windthorst, und hinter ihm Eugen Richter, der Führer der linksliberalen Deutschfreisinnigen Partei (vorher Fortschrittspartei). Katholiken und Linksliberale hatten das Sozialistengesetz 1878 und auch die erste Verlängerung 1880 abgelehnt.

Angst vor der „roten Gefahr" ■ Zur Gruppe der „Reichsfeinde", die eine Änderung der politischen und gesellschaftlichen Verhältnisse anstrebten, zählte der konservative Bismarck auch die Parteien der Arbeiterbewegung. Während des Deutsch-Französischen Kriegs 1871 hatte die Pariser Kommune gegen den Willen der französischen Zentralregierung die Hauptstadt für einige Monate nach sozialistischen Vorstellungen verwaltet und gegen Regierungstruppen unnachgiebig verteidigt. Seitdem war die Angst vor der „roten Gefahr" auch in Deutschland in weiten Kreisen lebendig. Den sozialistischen Kräften wurde dann auch die Schuld an der verschlechterten wirtschaftlichen Lage nach dem Börsenkrach 1873 zugeschoben.

Mithilfe einer Doppelstrategie hoffte Bismarck, die Arbeiterschaft von der Sozialdemokratie zu lösen. Zum einen sollte die *Sozialgesetzgebung* die Situation der Arbeiter verbessern.* Zum anderen benutzte er auch hier das Strafrecht. Zwei Attentate, nach denen der Widerstand der liberalen Reichstagsabgeordneten bröckelte, dienten ihm dafür als Anlass. Das umstrittene „Gesetz gegen die gemeingefährlichen Bestrebungen der Sozialdemokratie" von 1878, das bis 1890 mehrfach verlängert wurde, richtete sich gegen Vereine, Versammlungen, Druckschriften und Beitragssammlungen, „welche durch sozialdemokratische, sozialistische und kommunistische Bestrebungen den Umsturz der bestehenden Staats- und Gesellschaftsordnung bezwecken". Betroffen waren auch die der Partei nahe stehenden Gewerkschaften. Führende „Agitatoren" konnten aus ihren Wohnorten ausgewiesen werden. Viele in die Illegalität gedrängte Sozialdemokraten wurden verhaftet und verurteilt. Allerdings behielt die Reichstagsfraktion ihre parlamentarischen Rechte; sozialdemokratisch gesinnte Kandidaten konnten weiterhin gewählt werden.

Wie schon beim „Kulturkampf" blieb Bismarck mit dem *Sozialistengesetz* der angestrebte Erfolg versagt. Die Partei organisierte sich im Ausland und ließ Druckschriften ins Deutsche Reich schleusen. Ihr Anteil der Wählerstimmen wuchs von 7,5 Prozent

* Siehe S. 44.

(1878) auf 19,7 Prozent (1890). Bis 1912 stieg er sogar auf 34,8 Prozent an, erst mit Abstand folgten das Zentrum mit 16,4 Prozent und die Nationalliberalen mit 13,7 Prozent.

Reichsnationalismus und Ausgrenzung von Minderheiten  Gerade konservative Kreise bemächtigten sich der einst liberal-fortschrittlichen Nationalidee, die sich nun mit dem Obrigkeitsstaat und monarchischer Gesinnung verknüpfte. Trotz der zunehmenden Akzeptanz des Reiches blieben die Sozialdemokraten auf Distanz zum monarchisch-autoritären Nationalismus. Vor Hochrufen auf den Kaiser verließen Abgeordnete der SPD stets das Parlament, an Sedanfeiern (zum Jahrestag der Schlacht von Sedan 1870) nahmen überzeugte Sozialdemokraten demonstrativ nicht teil.

Die katholische Bevölkerung wurde erst zu Beginn des 20. Jahrhunderts für den Nationalstaat gewonnen.

Die Behandlung der ethnischen Minderheiten folgte einer konsequenten Assimilierungspolitik. Von einer strikten „Germanisierungspolitik" waren die Minderheiten an den Reichsgrenzen betroffen: Polen, Dänen und Litauer. In Schulen und in der Verwaltung musste ausschließlich deutsch gesprochen werden. Ausweisungen und Benachteiligungen beim Landerwerb waren weitere Maßnahmen. Im Reichsprotektorat Elsass-Lothringen wurde immerhin Französisch als Sprache in der Verwaltung und bei Gericht geduldet. Eine eigene Verfassung und ein Parlament gab es aber erst 1911. Zuvor konnte ein Landesausschuss mit Honoratioren lediglich den Statthalter der Reichsregierung beraten und Gesetze vorschlagen.

Antisemitismus Die Reichsverfassung von 1871 hatte den Juden die völlige persönliche und rechtliche Gleichstellung zugestanden. Trotz dieses obrigkeitsstaatlichen Aktes wurden die Juden im öffentlichen Leben zunehmend diskriminiert. Der Begriff Antisemitismus wurde erstmals 1879 in Berlin geprägt. Anders als die herkömmliche, vorwiegend religiös oder wirtschaftlich motivierte Judenfeindschaft präsentierte sich der moderne politische Antisemitismus als „Missgeburt des nationalen Gefühls" (Theodor Mommsen, 1880). Völkische Ideologie und rassistisches Denken behaupteten eine überlegene Moral, Religion und Kultur der arisch-germanischen Rasse. Das Judentum wurde als internationale und „undeutsche" Macht angesehen. Da Juden zu einem großen Teil im Handel tätig waren, wurden sie zu Symbolfiguren der modernen Industriegesellschaft erklärt und für deren negative Begleiterscheinungen verantwortlich gemacht. „Die Juden sind unser Unglück", erklärte 1879 der preußische Historiker und Reichstagsabgeordnete der Nationalliberalen, *Heinrich von Treitschke.*

Die judenfeindlichen Angriffe und die Fülle pseudowissenschaftlicher Literatur blieben nicht folgenlos. Seit der Wende zu den 1880er-Jahren wurden antisemitische Parteien und Verbände gegründet. 1893 zogen bereits 16 antisemitische Abgeordnete in den Reichstag ein. Auch in die Parteiprogramme der Konservativen gelangten antijüdische Ressentiments. Der parteipolitisch organisierte Antisemitismus fand bevorzugt in Phasen wirtschaftlicher Krisen Zulauf, vor allem bei städtischen Mittelschichten und der Landbevölkerung. Aber auch im Offizierskorps und unter der akademischen Jugend wurde die Ablehnung der Juden salonfähig (▸ M5).

▲ **Blick ins Innere der Synagoge von Görlitz in der Otto-Müller-Straße.**
Feldpostkarte, um 1930. Die Synagoge wurde 1909/11 von den Architekten William Lossow und Max Hans Kühne erbaut. Görlitz gehörte jedoch bereits seit 1815 nicht mehr zum Königreich Sachsen, sondern zur preußischen Provinz Niederschlesien. Im Jahr 1890 gab es in Sachsen 9 368 Personen jüdischen Glaubens. Obwohl die Juden damit nur knapp 0,3 Prozent der Bevölkerung stellten, gehörte Sachsen neben Berlin und Hessen zu den Zentren des Antisemitismus im Deutschland des ausgehenden 19. Jahrhunderts. Die größten jüdischen Gemeinden befanden sich in Leipzig und Dresden.

▲ Kinder exerzieren am Strand von Swinemünde.
Foto von 1913.
Aus erzieherischen Gründen stiftete Kunstmaler Georg Schmitt ein Schiffsmodell, an dem Kinder und Jugendliche in Marineuniformen Soldat spielen konnten.

Der preußisch-deutsche Militarismus ■ Als ein wichtiger gesellschaftlicher Integrationsfaktor kristallisierte sich das Militär heraus. Seine Hochschätzung offenbarte die militante Seite des zeitgenössischen Nationalismus. Publikumswirksam stellten die Streitkräfte in Manövern, bei Paraden, Wachwechseln, Fahnenweihen und Darbietungen von Militärmusik ihre Stärke und ihr Können öffentlich vor. „Das deutsche Heer ist unzweifelhaft das allerrealste und wirksamste Band der nationalen Einheit geworden und gewiss nicht, wie man früher hoffte, der Deutsche Reichstag." So urteilte 1897 Heinrich von Treitschke. Das hohe Ansehen des Militärs war seit den Freiheitskriegen gegen Napoleon bis zum Sieg 1870/71 ständig gewachsen. Seine Anerkennung als vorbildhafter „Erster Stand" über den gesellschaftlichen Gruppen war ein prägendes Charakteristikum des Kaiserreichs. Der alleinigen Befehlsgewalt des Kaisers unterstellt, fühlte sich das Militär als „Staat im Staate". Vor allem die Offiziere pflegten einen aristokratischen, demokratiefeindlichen, mitunter antisemitischen Kastengeist. Selbst für bürgerliche Reserveoffiziere konnte sich der Dienst im Militär förderlich auf die Karriere auswirken.

Die Uniform verlieh im Kaiserreich Autorität und verschaffte Privilegien wie z. B. ermäßigte Eintrittsgelder oder die Zuweisung der besten Plätze im Restaurant. Bismarck und andere Politiker traten mit Vorliebe in Uniform auf die Rednerbühne. Schon Kinder wurden in Matrosenanzüge gekleidet. An patriotischen Festtagen erschien sogar der Gymnasiallehrer in der Öffentlichkeit in „Kaisers Rock". Militärische Werte und Verhaltensweisen spiegelten sich ebenso in den Erziehungsidealen und Riten studentischer Verbindungen. Und in so manche Amtsstuben führten die nach zwölf Dienstjahren entlassenen ehemaligen Unteroffiziere den barschen Ton auch als zivile Beamte ein. Respekt vor Autoritäten und Unterordnung wurden den Kindern bereits im Elternhaus und in der Schule beigebracht.

Der militaristische Geist, der die Gesellschaft erfasst hatte, wurde besonders durch mitgliederstarke Organisationen ehemaliger Kriegsteilnehmer, „vaterländische" Agitationsvereine (Deutsche Kolonialgesellschaft, Deutscher Flottenverein) oder den 1912 gegründeten „Wehrverein" gefördert. Vor allem der radikalnationalistische **Alldeutsche Verband** pflegte seit den 1890er-Jahren eine aggressive Agitation gegen das „revanchelüsterne" Frankreich, gegen die slawischen Völker, gegen das „perfide Albion" (England) und nicht zuletzt auch gegen die Juden. Ob die Wilhelminische Gesellschaft allerdings nur als „Untertanengesellschaft" charakterisiert werden kann, bleibt mit guten Gründen zu bezweifeln (▶ M6). In starker Konkurrenz zu einer national-konservativen Ausrichtung waren die Anliegen des Liberalismus in der Öffentlichkeit weithin präsent (▶ M7).

Alldeutscher Verband: 1891 gegründet, setzte sich die nationalistische Organisation für eine Stärkung und Verbreitung des Deutschtums ein und befürwortete eine imperialistische Politik.

Denkmäler sind eine besondere Form von Bauwerken. Sie haben das Ziel, an ein Ereignis, Zeiträume oder Personen zu erinnern, die dem Auftraggeber oder Künstler wichtig sind. Kaum eine andere Quellengattung ist so gut geeignet für historisch-entdeckendes Lernen wie Denkmäler. Sie ermöglichen nicht nur die Beschäftigung mit der Vergangenheit. Darüber hinaus sind sie ein sichtbarer Bestandteil des kulturellen und kollektiven Gedächtnisses eines Landes. Sie führen vor Augen, dass historische Erinnerung der ständigen Veränderung unterworfen ist, und sie drücken das Geschichtsbewusstsein ihrer Entstehungszeit aus. Jeden Betrachter zwingt ein Denkmal zu einer ganz persönlichen Einschätzung. Je besser er die Entstehungsgeschichte kennt und die einzelnen Teile deuten kann, desto mehr geht die Bewertung eines Denkmals über rein subjektive Eindrücke hinaus.

Denkmäler

Denkmäler interpretieren

Die Anlässe für die Errichtung eines Denkmals haben sich im Laufe der Jahrhunderte ebenso verändert wie die Art der Gestaltung. Je nachdem welches Kriterium zugrunde gelegt wird, lassen sich Kategorien von Denkmälern unterscheiden. Eine rein äußerliche Einteilung ist die in Denkmäler mit naturalistisch gestalteten Figuren, Baudenkmäler, Industriedenkmäler, Naturdenkmäler und abstrakt gestaltete Denkmäler. Eine andere Unterscheidungsmöglichkeit bietet die Intention eines Denkmals. Mahnmale und Erinnerungsstätten richten zum Beispiel an die Nachwelt den Auftrag, aus der Vergangenheit für die Zukunft zu lernen.

Formale Kennzeichen
- Wann wurde das Denkmal errichtet?
- An welchem Ort wurde das Denkmal errichtet?
- Welche Bedeutung haben die Umgebung und die Perspektive des Betrachters für die Wirkung des Denkmals?

Entstehungsgeschichte
- Welche Initiativgruppen haben die Errichtung des Denkmals angeregt?
- Welche Beweggründe und Ziele hatten die Initiatoren?
- Vor welchem historischen Hintergrund wurde das Denkmal errichtet?
- Welche alternativen Entwürfe wurden konzipiert?

Inhalt und Gestaltung
- An welche Persönlichkeit, an welches Ereignis, an welchen Sachverhalt soll das Denkmal erinnern?
- Wie sind die dargestellten Symbole, Formeln und Allegorien zu deuten?

Intention und Wirkung
- An welche Adressaten richtete sich das Denkmal?
- Welche Selbstaussagen von Betrachtern liegen vor?
- Welche emotionale, kognitive (den Verstand ansprechende) und politische Absicht verfolgt das Denkmal?
- In welchem Zusammenhang stehen Ort, Umgebung und Thematik des Denkmals?
- Wurde das Denkmal später verändert oder an einen anderen Platz versetzt? Wenn ja, was waren die Gründe, wer war dafür verantwortlich?

Bewertung und Fazit
- Wie lassen sich Form und Gestaltung des Denkmals einordnen und bewerten?
- Ist die beabsichtigte Wirkung des Denkmals durch die Gestaltung umgesetzt?
- Welche Funktion hatte das Denkmal in seiner Entstehungszeit? Welche Wirkung hat das Denkmal auf heutige Betrachter?

Beispiel und Analyse

Standbild der Germania
Personifikation Deutschlands
mit neuer Reichskrone und
Reichsschwert

*Denkmalsockel mit
Widmungsinschrift*
„Zum Andenken an die ein-
muethige siegreiche Erhebung
des deutschen Volkes und an
die Wiederaufrichtung des
Deutschen Reiches 1870 - 1871"

Allegorie des Friedens
Figur mit einem Lorbeerzweig
in der rechten und einem Füll-
horn mit Früchten in der linken
Hand

Reichsadler
Symbol des Deutschen Reiches

Wappen der 25 Bundesstaaten
Das Deutsche Reich bestand
seit 1870/71 aus 25 Bundesstaaten

Allegorie des Krieges
Sie trägt ein flammendes
Schwert und eine Kriegs-
fanfare

Hauptrelief
Es zeigt über 100 fast lebens-
große Soldaten mit Kaiser
Wilhelm I. in der Mitte

Liedtext „Die Wacht am Rhein"
Das Lied galt lange Zeit als
nationaler Kampfgesang; die
sechste Strophe fehlt

Rhein-Mosel-Gruppe
Mit der Übergabe des Signal-
horns von Vater Rhein an seine
Tochter Mosel wird die Wäch-
terrolle vom Rhein auf die Mosel und damit die Vogesen
übertragen

▲ **Das Niederwald-Denkmal bei Rüdesheim am Rhein.**
Schulwandbild von 1890.

Formale Kennzeichen ■ Das Niederwald-Denkmal bei Rüdesheim wurde nach insgesamt sechsjähriger Bauzeit 1883 in Anwesenheit von Kaiser Wilhelm I. eingeweiht. Auf einem Bergvorsprung 230 Meter über dem Rhein gelegen, ist das Denkmal weithin sichtbar. Mit einer Gesamthöhe von 38 Metern wirkt es aus der Nähe monumental.

Entstehungsgeschichte ■ Schon im November 1871 hatte sich ein Komitee zur Errichtung eines Nationaldenkmals gebildet. Nach einem Wettbewerb für das Denkmal 1872, an dem insgesamt 40 Künstler teilnahmen, erhielt der Dresdner Bildhauer Johannes Schilling den Auftrag. Mit dem Denkmal sollte an die erfolgreiche Gründung des Deutschen Reichs im Jahr 1871 erinnert werden. Zugleich sollte es die innere Reichseinigung und die Identifikation der Bevölkerung mit dem Reich fördern.

Inhalt und Gestaltung ■ Die Widmungsinschrift verdeutlicht den Versuch, das neue Deutsche Reich an das 1806 untergegangene Heilige Römische Reich Deutscher Nation anzubinden („Wiederaufrichtung"). Dadurch soll es in einen Traditionszusammenhang gestellt und historisch legitimiert werden. Die Reichsgründung wird als Ergebnis einer Volkserhebung „von unten" dargestellt. Tatsächlich hat es keine Erhebung gegeben, sondern Preußen einte die deutschen Länder „von oben".

Auf einer horizontalen Verbindungslinie wird der Deutsch-Französische Krieg von 1870/71 beschrieben: Abschied der Krieger auf dem kleinen Seitenrelief, Allegorie des Krieges, Vereinigung des Heeres um seinen Oberbefehlshaber Wilhelm auf dem großen Hauptrelief, Allegorie des Friedens (Beendigung des Krieges), Heimkehr der Krieger auf dem zweiten Seitenrelief. Der schmerzliche Beginn der Abfolge liegt im Westen (Frankreich), das glückliche und ruhmreiche Ende dagegen im Osten (Deutschland).

Die Ergebnisse des Krieges sind auf einer vertikalen Verbindungslinie angeordnet. Von unten nach oben: die Wachablösung von Rhein und Mosel, die die Einverleibung Elsass-Lothringens als wichtigsten Gebietsgewinn des Krieges von 1870/71 andeutet, der neue Deutsche Kaiser zu Pferd, der auffliegende Reichsadler mit preußischem Wappenschild, die Widmungsinschrift; die sich selbst krönende Germania personifiziert den Nationalstaat. Den Schnittpunkt der beiden Linien bildet Wilhelm I.

Intention und Wirkung ■ Das Niederwald-Denkmal sollte für die Verbindung des neuen Nationalstaats mit der Dynastie der Hohenzollern werben und die innere Reichseinigung fördern. Denn in den 1880er-Jahren identifizierte man sich noch in erster Linie mit den Einzelstaaten.

Eine nachträgliche Demütigung des geschlagenen Kriegsgegners Frankreich war 1883 aber nicht mehr gewollt. So verzichteten die Schöpfer des Denkmals ganz bewusst auf eingeschmolzene französische Kanonenrohre für die Herstellung der Germania. Der Blick der Germania ist nicht Frankreich, sondern dem Rheingau zugewendet. In politischen Schriften und der Kunst des 19. Jahrhunderts wurde die Bedeutung des Rheins immer stärker mythisch aufgeladen.

Bewertung und Fazit ■ Die Gestaltung des Denkmals schwankt zwischen einem Sieges- und einem Friedensdenkmal. Seine Absicht, im Reich einheitsstiftend zu wirken, hat das Denkmal damals nur zum Teil erreicht. Nicht zuletzt wegen der furchtbaren Folgen des Nationalismus, wie sie sich besonders in den Jahren 1933-1945 zeigten, und dem Streben, sich mit anderen Ländern in Europa und der Welt zu verständigen, wirkt die monumentale Darstellung der Germania heute befremdlich.

M1 Die politische Bedeutung der Parteien

Aus einer Reichstagsrede Bismarcks vom 9. Oktober 1878:

Tendenzpolitik ist mir fremd, die habe ich allenfalls getrieben, ehe ich in den Staatsdienst trat, wo ich auch ein zorniges Fraktionsmitglied war, aber für einen preußischen, für einen deutschen Minister ist das ganz unmöglich. Ich habe be-
5 stimmte, positive, praktische Ziele, nach denen ich strebe, zu denen mir mitunter die Linke, mitunter die Rechte geholfen hat, nach meinem Wunsche beide gemeinschaftlich helfen sollten. Aber wer die Ziele mit mir erstrebt – ob man sie sofort erreicht oder nach langjähriger, gemeinschaftlicher Arbeit
10 ihnen näher kommt und sie schließlich erreicht, darauf kommt es so sehr nicht an – ich gehe mit dem, der mit den Staats- und Landesinteressen nach meiner Überzeugung geht, die Fraktion, der er angehört, ist mir vollständig gleichgültig. Ich habe ja angenehme und unangenehme Erlebnisse
15 mit verschiedenen Fraktionen gehabt, und ich muss mich, welches auch meine, jedem Manne, der Eifer für sein Geschäft hat, natürliche Empfindlichkeit sein mag, wenn ich im Stiche gelassen werde bei dieser oder jener Gelegenheit, derselben vollständig entschlagen in meinem Amte.

Otto von Bismarck, Gesammelte Werke, Bd. 12, Berlin 1928, S. 12

1. *Erklären Sie, was Bismarck unter „Tendenzpolitik" versteht, und vergleichen Sie mit seiner eigenen Haltung und Politik.*

2. *Erläutern Sie, welche Bedeutung Parteien in Bismarcks politischem Handeln besitzen.*

M2 Das Interesse der Landwirtschaft

Otto von Kiesewetter, Direktor im Bund der Landwirte, der 1893 gegründeten Interessenorganisation der deutschen Landwirtschaft, berichtet 1918 über Aufgaben und Organisation des Verbandes:

Dem politischen Zweck des Bundes gemäß, der Landwirtschaft eine ihrer Bedeutung entsprechende Vertretung im Parlament und dadurch Einwirkung auf die Gesetzgebung zu verschaffen, ist die Organisation seiner Verwaltung und die
5 Betätigung seines Beamtenkörpers eingerichtet. Der Erkenntnis, dass die Gesetzgebung von bedeutsamstem Einfluss ist auf die wirtschaftliche Entwicklung, dass sie ein Gewerbe fördert oder hemmt, hatte der Bund unter den Landwirten im Allgemeinen erst Bahn brechen müssen; und
10 dieser Aufklärungsdienst ist nach wie vor nötig und nützlich. Sodann hat der Bund der Landwirte vor allen Dingen zu kämpfen gehabt und hat noch zu kämpfen gegen die Verständnislosigkeit, die in weiten Schichten des Volkes verbreitet ist über alles, was Landwirtschaft und landwirtschaftlichen Betrieb angeht. [...]
15 Für die werbende Kraft des Bundes und seine aufklärende Tätigkeit sorgt in wirksamer Weise die Bundespresse, die von der Abteilung Presse geleitet wird. Der Bund selbst unterhält die streitbare „Korrespondenz des Bundes der Landwirte", die
20 als ständiger Wachtposten das Heer der politischen Zeitungen überwacht und mit unermüdlichem Eifer dem Angriff der Gegner den Gegenhieb folgen lässt. [...]
Die Wahlabteilung hat die Verbindung zu halten zwischen der Bundesleitung und den Bundesorganisationen draußen
25 im Lande behufs gemeinsamer und einheitlicher Vorbereitungen für die Parlamentswahlen. Die Vertretung des deutschen Volkes in den Parlamenten, insbesondere im Reichstage, soll eine Zusammensetzung erhalten, die eine Lösung der parlamentarischen Aufgaben im Sinne der nationalen
30 Überzeugungen und wirtschaftspolitischen Bestrebungen des Bundes der Landwirte sichert, oder, wie die Satzungen besagen, der Landwirtschaft eine ihrer Bedeutung entsprechende Vertretung in den parlamentarischen Körperschaften zu verschaffen geeignet ist. [...] Dies wiederum lässt sich
35 nur durch allseitige Beachtung der allgemeinen Grundsätze zur Vorbereitung einer kräftigen, einheitlichen und deshalb Erfolg versprechenden Agitation erreichen. [...]
Der Bund der Landwirte ist grundsätzlich nicht parteipolitisch und kann daher den Kandidaten jeder staatserhalten-
40 den Partei unterstützen, sofern er mit den Grundsätzen des Bundes übereinstimmt und eine Gewähr dafür bietet, dass er im parlamentarischen Leben die Verfolgung des ausgiebigen Schutzes der nationalen produktiven Arbeit, namentlich der Landwirtschaft, stets als oberstes und unverrückbares
45 Ziel der politischen Maßnahmen gelten lassen wird. Behufs Prüfung der Abgeordneten über ihre Stellungnahme zu den wirtschaftspolitischen Fragen gibt die Wahlabteilung den Mitgliedern Auskunft, wie die einzelnen Abgeordneten bei den verschiedenen wirtschaftspolitischen Vorlagen ge-
50 stimmt haben.

Gerhard A. Ritter (Hrsg.), Das Deutsche Kaiserreich 1871-1914, Göttingen ⁵1992, S. 162-164

1. *Arbeiten Sie die politischen und gesellschaftlichen Ziele des Bundes heraus.*

2. *Erläutern Sie die Instrumente, die dem Bund zum Erreichen dieser Ziele zur Verfügung stehen.*

3. *Nehmen Sie Stellung zu dem Anspruch des Bundes, „nicht parteipolitisch" zu sein.*

M3 Kanzelparagraf

Auf Antrag Bayerns wird am 10. Dezember 1871 der sogenannte „Kanzelparagraf" dem deutschen Strafgesetzbuch hinzugefügt.

Ein Geistlicher oder anderer Religionsdiener, welcher in Ausübung oder in Veranlassung der Ausübung seines Berufes öffentlich vor einer Menschenmenge oder welcher in einer Kirche oder an einem anderen zu religiösen Versammlungen
5 bestimmten Orte vor mehreren Angelegenheiten des Staates in einer den öffentlichen Frieden gefährdenden Weise zum Gegenstande einer Verkündigung oder Erörterung macht, wird mit Gefängnis oder Festungshaft bis zu zwei Jahren bestraft.

Rüdiger vom Bruch und Björn Hofmeister (Hrsg.), Kaiserreich und Erster Weltkrieg 1871-1918, Stuttgart 2000, S. 45

1. *Bestimmen Sie den Zweck dieses Gesetzes.*
2. *Erläutern Sie, welche Motive hinter der Einführung eines solchen Paragrafen stehen, und bewerten Sie die Erfolgsaussichten.*

M4 Verhältnis von Staat und Kirche

In seinem Aufruf vom 8. Juli 1872 erläutert der neu gegründete „Verein der deutschen Katholiken" seine Abwehrhaltung gegenüber den staatlichen Eingriffen:

Wir leben in Zuständen, welche man Verfolgung der Kirche zu nennen berechtigt ist, selbst wenn die kirchenfeindlichen Blätter nicht täglich von dem „Vernichtungskampfe" sprechen, welcher gegen die Kirche geführt werden soll.
5 Man begünstigt Spaltung und Abfall in der katholischen Kirche, selbst auf die Gefahr hin, dem gläubigen Volke schwer zu sühnendes Ärgernis zu geben und Sakrilegien gleichsam zu autorisieren, welche die bereits drohenden Strafgerichte Gottes noch schrecklicher herausfordern. Man
10 mischt sich von Staats wegen in die lehramtliche Tätigkeit der Kirche und maßt sich die Befugnis an, über den wesentlichen Inhalt der katholischen Lehre zu entscheiden: Man bezeichnet einen Glaubenssatz, welchen wir Katholiken als göttlich geoffenbarte und von der Kirche auf ökumenischem
15 Konzil feierlich verkündete Wahrheit festhalten, als im Widerspruch mit dem menschlichen Rechte, den Forderungen der Zeit und den Staatsgesetzen stehend, und deshalb als staatsgefährlich. Die Bischöfe, welche solchem Vorangehen der Staatsgewalt mit apostolischem Mute widerstehen, behandelt man als Übertreter des Gesetzes, sucht die Wirkun-
20 gen ihrer richterlichen Gewalt zu vereiteln oder wenigstens zu schwächen und stellt ihnen, als angeblich unbotmäßigen Untertanen, Prozess und Temporaliensperre[1] in Aussicht. Man verkehrt in solcher Weise die dem christlichen Staate obliegende Pflicht, die Kirche zu schützen, in die absolute
25 Gewalt über die Kirche.

Damit wir aber über die Tragweite der kirchenfeindlichen Anstrengungen nicht länger im Unklaren bleiben, entzieht man der Kirche ihr heiliges tausendjähriges Recht auf die Schule, deren Gründerin sie ist; man tastet sogar ihre gött-
30 liche Mission auf die Erziehung überhaupt an. Daneben werden Ausnahmegesetze gegen den Klerus erlassen.

Das richtige Verhältnis von Staat und Kirche aber erkennen wir aus den Zielen, welche beiden gesteckt sind: dort ein Ziel in der Irdischkeit, das sich notwendigerweise dem höheren
35 ewigen Ziele des Menschen unterordnet, hier dieses ewige Ziel, das unendlich weit über dieses endliche Dasein hinausreicht und zu welchem sich jenes verhält wie das Mittel zum Zweck. Darum halten wir fest an der Weisung des göttlichen Stifters unserer heiligen Religion, dem Kaiser zu geben, was
40 des Kaisers, und Gott, was Gottes ist. Und wie wir uns bewusst sind, dass der Glaube die sichere Leuchte der Handlungen jedes Einzelnen sei, so verehren wir auch in dem apostolischen Lehramte der Kirche jene Autorität, welche die Völker und die Fürsten in der Wahrheit des christlichen Sittengeset-
45 zes unterweist und uns mahnt und stärkt, mit den Aposteln zu sprechen: Man muss Gott mehr gehorchen als den Menschen.

Hans Fenske, Im Bismarckschen Reich 1871-1890, Darmstadt 1978, S. 83-85

1. *Stellen Sie zusammen, womit der Verein die Ansprüche der katholischen Kirche legitimiert.*
2. *Nehmen Sie zu der Argumentation Stellung. Überlegen Sie dabei auch, ob in der Bundesrepublik Deutschland das skizzierte Verhältnis von Kirche und Staat umgesetzt werden kann.*
3. *In einer der Provincial-Correspondenzen, mit der Bismarck die öffentliche Meinung beeinflussen wollte, heißt es in einer Reaktion auf den Aufruf: Die Reichsregierung „schützt nur die Ordnungen des Staates und das Gewissen der Nation gegen geistliche Übergriffe". Bewerten Sie die Stellungnahme.*

[1] Temporaliensperre: Entziehen der Einkünfte eines Bischofs

▲ **Walther Rathenau.**
Posthumes Gemälde (Ausschnitt) von Emil Orlik, 1926.

M5 Sozialer Makel

In seiner Schrift „Staat und Judentum. Eine Polemik" von 1911 analysiert Walther Rathenau die Stellung der deutschen Juden in der Gesellschaft des Deutschen Kaiserreiches, vor allem Preußens. Rathenau ist zu diesem Zeitpunkt Vorstandsmitglied der „Allgemeinen Elektricitäts-Gesellschaft" (AEG) in Berlin, die sein Vater gegründet hat, sowie einflussreicher Schriftsteller und Politiker:

Den Juden trifft ein sozialer Makel. In die Vereinigungen und den Verkehr des besseren christlichen Mittelstandes wird er nicht aufgenommen. Zahlreiche Geschäftsunternehmungen schließen ihn als Beamten aus. Die Universitätsprofessur ist
5 ihm durch stille Vereinbarung versperrt, die Regierungs- und Militärlaufbahn, der höhere Richterstand durch offizielle Maßnahmen. In den Jugendjahren eines jeden deutschen Juden gibt es einen schmerzlichen Augenblick, an den er sich zeitlebens erinnert: wenn ihm zum ersten Mal voll bewusst
10 wird, dass er als Bürger zweiter Klasse in die Welt getreten ist, und dass keine Tüchtigkeit und kein Verdienst ihn aus dieser Lage befreien kann. Gleichzeitig aber erfährt er, dass ein Glaubensakt [= die Taufe], gleichviel ob innerlich gerechtfertigt oder äußerlich herbeigeführt, seine Abstammung zu
15 verdunkeln, seinen Makel zu tilgen, seine bürgerlichen Nachteile zu beseitigen vermag.
Dass der generationsweise wiederkehrenden, täglich erneuten Versuchung, die dieser eigenartige Ausfluss unserer Staatsweisheit herbeiführt, ein verhältnismäßig kleiner Pro-
20 zentsatz der deutschen Juden erliegt, offenbart meines Erachtens die stärkste Eigenschaft des modernen Judentums.

Ich weiß, dass Menschen, die sich von ganzem Herzen zum Christentume hingezogen fühlen, auf die äußere Zugehörigkeit verzichten, weil sie mit Belohnung verbunden ist. Diesem Verzicht liegt die Überzeugung zugrunde, dass ein ide- 25 eller Schritt seine Reinheit verliert, wenn er zu materiellen Vorteilen führt; eine Erwägung, die nicht ganz zu der Vorstellung passt, die man gemeinhin von der kühlen Berechnung des jüdischen Geistes sich bildet.
Die Forderung der Taufe enthält somit für den gebildeten 30 und gewissenhaften Juden eine doppelt schwere Zumutung: Sie legt ihm auf, ein altertümlich-dogmatisch gefasstes Glaubensbekenntnis abzulegen, von dem er weiß, dass gerade die Verlegenheit, die es ihm bereitet, zur Beibehaltung beiträgt; sie legt ihm ferner auf, sich als einen Men- 35 schen zu empfinden, der von der Ablehnung seines Väterglaubens geschäftlich oder sozial profitiert; und zu guter Letzt nötigt sie ihn, durch den Akt löblicher Unterwerfung sich einverstanden zu erklären mit der preußischen Judenpolitik, die nicht weniger bedeutet als die schwerste Krän- 40 kung, die ein Staat einer Bevölkerungsgruppe zuzufügen vermag.

Jens Flemming u.a. (Hrsg.), Quellen zur Alltagsgeschichte der Deutschen 1877-1914, Darmstadt 1997, S. 84 f.

1. Die Reichsverfassung von 1871 räumte den deutschen Juden die vollen politischen Bürgerrechte ein. Erläutern Sie, inwiefern Juden (vor allem in Preußen) jedoch weiterhin „Bürger zweiter Klasse" blieben.
2. Bewerten Sie die Argumentation, mit der Rathenau die Taufe ablehnt.
3. Informieren Sie sich über die Entstehung des modernen Antisemitismus. Stellen Sie in Form eines Referates oder einer kleinen Ausstellung beteiligte Personen, wie z.B. den preußischen Hofprediger Adolf Stoecker, den Historiker Heinrich von Treitschke oder den Schriftsteller Houston Stewart Chamberlain vor.

M6 Eine Untertanengesellschaft?

In dem Essay „War die Wilhelminische Gesellschaft eine Untertanengesellschaft?" fragt der Historiker Thomas Nipperdey nach der Berechtigung dieses Begriffs in der nach Kaiser Wilhelm II. benannten Epoche des späteren Kaiserreichs:

Natürlich, ich wiederhole zum Schluss, was ich anfangs gesagt habe: Die deutsche Gesellschaft ist auch Untertanengesellschaft gewesen, an Autorität und Gehorsam orientiert; der Komplex des Militarismus ist keinesfalls zu verharmlosen. Weniger Repression und Korruption, wohl aber Impe- 5

rialismus und Antisozialismus der Bürger selbst haben die Herrschaftsposition der alten Eliten und das alte System noch aufrechterhalten oder wenigstens bestehen lassen. Der Mangel an politisch-bürgerlicher Kultur ist eine der großen
10 Belastungen der Weimarer Zeit gewesen. Aber: Die deutsche Gesellschaft vor 1914 war auch eine Gesellschaft des Rechts, der relativen Liberalität und der Arbeit; sie war altmodisch segmentiert und zugleich auf dem Wege zum modernen Pluralismus; sie war eine Gesellschaft der Reformen, des
15 Abschieds vom 19. Jahrhundert und der Sozialreformen vor allem, sie war eine Gesellschaft der Kritik; sie hat sich verbürgerlicht und liberalisiert, und sie entwickelte aus sich auch das wachsende Potenzial einer kommenden Demokratie. Wenn das alles so ist, dann scheint es mir heute viel wichti-
20 ger, als gebannt […] auf das Phänomen der Untertanen zu starren, die Krise des Obrigkeits-Untertanensystems und auch das Erneuerungspotenzial zu analysieren. Dann erst werden wir das eigentliche historische Charakteristikum der Wilhelminischen Gesellschaft und Epoche erfassen.

Thomas Nipperdey, Nachdenken über die deutsche Geschichte, München ²1986, S. 184 f.

1. *Arbeiten Sie heraus, welche Züge der Wilhelminischen Gesellschaft Nipperdey den (nicht unbestrittenen) Tendenzen zur Untertanengesellschaft gegenüberstellt.*
2. *Formulieren Sie die Aussage der beiden letzten Sätze (ab Zeile 19) in eigenen Worten.*
3. *1896 wurde in München das politisch-satirische Wochenblatt „Simplicissimus" gegründet. Tragen Sie Material über die Geschichte und Bedeutung des Blattes während des Kaiserreiches zusammen und prüfen Sie, inwieweit sich Nipperdeys Satz „Die deutsche Gesellschaft vor 1914 […] war eine Gesellschaft der Kritik" daran belegen lässt.*

M7 National und international

Der evangelische Pfarrer Friedrich Naumann gründet 1896 den „Nationalsozialen Verein" mit dem Ziel, alle Reformkräfte einschließlich der Sozialdemokraten zu sammeln, und wird 1907 Reichstagsabgeordneter für die linksliberale „Fortschrittliche Volkspartei". 1899 erläutert er auf Grundlage nationalistisch-imperialistischer Vorstellungen, warum aus seiner Sicht nicht alle Völker Anspruch auf Selbstbestimmung haben:

Wir müssen das „Nationalitätsprinzip" in seinem geschichtlichen Werdegang erfassen, wenn wir es nicht töricht anwenden wollen. Es existiert keineswegs ein Recht auf Souveränität aller vorhandenen Nationen. Seit dem Römerstaat ist ein freies, unabhängiges Nebeneinander aller etwa möglichen 5 Völker ein Unding, denn immer arbeitet seitdem der Begriff des Großstaats mit am Werden der Geschichte. Europa ist voll von Nationalitäten, die niemals wieder souverän werden: Serben, Bulgaren, Tschechen, Polen, Finnen, Slovanier[1], Griechen u.s.w. Wenn sie einmal den Schein der Unabhängigkeit 10 gewinnen, so ist das nur auf Zeit oder eben nur Schein. Man darf deshalb auch den Zerfall Österreichs in Nationalitäten sich keineswegs als Zerfall in wirklich selbstständige Souveränitäten denken. Es hat nämlich nicht das Nationalitätsprinzip als Prinzip gesiegt, sondern einige Nationen als Mächte 15 haben sich ein gewaltiges Übergewicht verschafft. Wenn man kleinen Nationen „Freiheit" verspricht, so ist es, damit sie ihren Herrn wechseln. Um der Freiheit der kleinen Nationen an sich rührt keine Macht einen Finger. Die Kleinen haben das Recht, sich beschützen und verteilen zu lassen; das ist alles. 20 Diese Sätze klingen sehr rau, es liegt aber an der Rauheit der Dinge selber, wenn ihre Darstellung nicht anmutiger ist. […] Es gibt heute nur wenige Stellen auf der Erde, wo weltgeschichtliche Politik gemacht werden kann: London, Petersburg, Berlin, Paris, New York, Rom. Die Zahl dieser Zentral- 25 punkte der Weltgeschichte wird sich schwerlich vermehren, es sei denn, dass einmal das großbritannische Reich große Verluste erleidet. Eher ist es denkbar, dass die Zahl sich noch vermindert. Schon daraus folgt, dass die Weltgeschichte nicht eine Wiederherstellung aller Nationen sein kann. Sie 30 muss fortfahren, Nationen zu zerstören. Es fragt sich nur, welche Nationen sich erhalten können. Der politische Großbetrieb siegt. Der politische Großbetrieb ist im Allgemeinen nach der Art des alten Römerreiches konstruiert: nationaler Kern und überwundene fremde Masse. Das ist die Grund- 35 form von Großbritannien, Russland, Frankreich und Deutschland. Unsere nationale Politik bedeutet also: politischer Großbetrieb auf Grund und zu Nutzen des deutschen Volkes.

Hans Fenske (Hrsg.), Quellen zum politischen Denken der Deutschen im 19. und 20. Jh., Bd. VII: Unter Wilhelm II. 1890-1918, Darmstadt 1982, S. 178 f.

1. *Erläutern Sie die Kriterien, die es laut Naumann für eigenständige Nationen gibt.*
2. *Zeigen Sie die Gefahren auf, die mit der von Naumann vorgenommenen Unterscheidung der Nationen verbunden sind.*
3. *Die Selbstständigkeit von Völkern ist auch heute noch ein umstrittenes Thema. Wählen Sie ein Volk, das nach Unabhängigkeit strebt oder sie in den letzten Jahren erreicht hat. Stellen Sie in einem Vortrag die Geschichte des Volkes und gegensätzliche Thesen dar, die für oder gegen die Unabhängigkeit sprechen.*

[1] Gemeint sind Slowenen.

Außenpolitik des Deutschen Kaiserreichs

Europäisches Mächtesystem ■ An die Stelle des politisch schwachen Deutschen Bundes war 1871 ein mächtiges Reich getreten. Ausländische Staatsmänner befürchteten deshalb eine weitere Expansions- und Hegemonialpolitik des Deutschen Reiches, die das Gleichgewicht in Europa erschüttern würde. Dass diese Ängste bald zurücktraten, war ein wesentliches Verdienst Bismarcks.

Als neues Machtzentrum in Mitteleuropa war das kleindeutsche Kaiserreich sowohl Österreich-Ungarn (Doppelmonarchie seit 1867) als auch Frankreich, den Kriegsverlierern von 1866 und 1871, nach Bevölkerungszahl, Wirtschaftskraft und militärischer Stärke überlegen.

Russland, der Nachbar im Osten Europas, blieb eine gefürchtete Landmacht. Seine Absichten, von der Schwäche des Osmanischen Reiches zu profitieren und seinen Machtbereich auszudehnen, hatten im **Krim-Krieg** 1853-1856 einen Rückschlag erhalten. Um wachsenden Einfluss auf dem Balkan konkurrierte Russland mit Österreich-Ungarn.

Großbritannien war dank seiner Flottenhegemonie – unabhängig von den Veränderungen auf dem Kontinent – die nach wie vor führende Weltmacht. Es genoss überall in der Welt volle Handlungsfreiheit und wollte diesen Zustand der *splendid isolation* nicht durch eine vertragliche Bindung aufgeben. Das Gleichgewicht der Mächte auf dem Kontinent sowie die Durchsetzung des Freihandels waren Leitlinien britischer Außenpolitik. Mit Russland bestanden vor allem zwei Konfliktpunkte. Großbritannien beharrte darauf, dass die Meerengen zum Schwarzen Meer für Kriegsschiffe gesperrt blieben. Zudem sah es seine Kronkolonie Indien durch die russische Expansion in Asien gefährdet.

Frankreich fühlte sich durch die Annexion Elsass-Lothringens gedemütigt. Nach der Niederlage gegen die deutschen Staaten und der Zahlung der Reparationen in Höhe von fünf Milliarden Goldfrancs erholte sich Frankreich rasch und blieb ein starker Gegner, der auf Revanche sann. Der Wettlauf zwischen Frankreich und Großbritannien um den Erwerb von Kolonien in Afrika führte beinahe zum Krieg.[*]

Krim-Krieg: Russland griff 1854 das Osmanische Reich an. Ziel war, den Zugang zum Schwarzen Meer durch die Meerengen Bosporus und Dardanellen zu kontrollieren. Großbritannien, Frankreich und Italien griffen auf der Seite der Türkei ein. Der Druck Österreich-Ungarns auf Russland führte zu einer Entfremdung der beiden Kaisermächte.

Die außenpolitische Konzeption Bismarcks ■ Angesichts der europäischen Mittellage des Deutschen Reichs wollte Reichskanzler Bismarck vor allem eine Koalition Frankreichs mit anderen Mächten verhindern. Nach der **Krieg-in-Sicht-Krise** 1875 war ihm bewusst, dass eine neuerliche Kriegsdrohung gegen den militärisch wieder erstarkenden Nachbarn andere Großmächte auf den Plan rufen würde (▸ M1).
Bismarcks Politik beruhte auf einer doppelten Voraussetzung:

1. Der Kanzler verzichtete auf alle Expansionsbestrebungen, durch die andere Großmächte sich gefährdet fühlen konnten. Er erklärte das Reich für „saturiert" und wies nationalistische Forderungen nach Gebietsgewinnen stets entschieden zurück. In der Bewahrung des Status quo und der Erhaltung des Friedens in Mitteleuropa sah er die deutschen Interessen am besten gesichert.

2. Aus Gegensätzen zwischen anderen Großmächten versuchte Bismarck stets Nutzen zu ziehen, indem er diese Staaten für gute Beziehungen zu Deutschland gewinnen wollte.

Um die Beziehungen zu Österreich-Ungarn und Russland zu festigen, förderte Bismarck eine Annäherung zwischen Österreich und Russland (*Dreikaiserabkommen* 1873). Dabei wurden die gemeinsamen Interessen der drei konservativen Monarchien gegenüber republikanischen und sozialistisch-revolutionären Kräften betont.

Krieg-in-Sicht-Krise: In einem Artikel unter dem Titel „Ist Krieg in Sicht?" wurde Frankreich für den Fall der weiteren Aufrüstung mit Krieg gedroht.

---

[*] Siehe S. 125 f.

Das Verhältnis des Reichs zu Russland war nach der großen Orientkrise belastet. Auf dem **Berliner Kongress** 1878 konnte Bismarck zwar als „ehrlicher Makler" ohne eigene Gewinnabsichten auftreten und den Konflikt zwischen Großbritannien und Österreich auf der einen und Russland auf der anderen Seite beilegen. Doch Russland hatte sich wegen seiner neutralen Haltung in den Kriegen von 1866 und 1870 eine deutliche Unterstützung von deutscher Seite erhofft. Nach dem ungünstigen Verhandlungsergebnis fühlte sich das Zarenreich verraten: Bulgarien, geschaffen als von Russland abhängiger Staat, verlor drei Fünftel des vorgesehenen Gebiets und den Zugang zum Mittelmeer. Die eigenen bescheidenen Landgewinne wurden zudem dadurch entwertet, dass auch Österreich-Ungarn seine Position auf Kosten des Osmanischen Reichs stärken konnte: Als Ausgleich für die russischen Erwerbungen erhielt es auf dem Kongress das Besatzungsrecht in Bosnien und der Herzegowina zugesprochen.

▲ **Der Balkan vor und nach dem Berliner Kongress 1878.**

■ *Erklären Sie, wie sich die Ergebnisse des Berliner Kongresses und des Vorfriedens von San Stefano unterscheiden.*

Innenpolitische Entscheidungen belasteten das Verhältnis zu Russland zusätzlich: Die neue Schutzzollpolitik durch die „konservative Wende" 1879 führte zu einer Absatzkrise der exportorientierten russischen Landwirtschaft.

Aus Angst vor einer russisch-französischen Annäherung vollzog Bismarck 1879 deshalb die bisher bewusst vermiedene Entscheidung zugunsten einer Seite: Der *Zweibund* mit der Habsburgermonarchie verpflichtete beide Länder zu gegenseitiger Hilfe bei einem russischen Angriff. Beim Angriff einer anderen Macht – etwa Frankreichs auf Deutschland – sollte wohlwollende Neutralität gewahrt werden. Der Zweibund mit Österreich-Ungarn wurde 1882/83 durch den *Dreibundvertrag* mit Italien sowie einen Defensivvertrag mit Rumänien ergänzt. Bismarck betrachtete das Bündnis mit Österreich-Ungarn nur als äußerste Rückzugslinie. Das Gegenüberstehen eines deutsch-österreichischen und eines russisch-französischen Blocks auf dem Kontinent konnte nicht Ziel seiner Außenpolitik sein.

Trotz des angespannten Verhältnisses mit Russland gelang Bismarck 1887 der Abschluss des **Rückversicherungsvertrags**. Nach neuerlichen Spannungen auf dem Balkan wollte Bismarck dem Zarenreich die Angst vor einem deutsch-österreichischen Angriff nehmen und seine Annäherung an Frankreich verhindern, die von der russischen Presse gefordert wurde. Nicht dem Buchstaben, aber ihrem Geist nach standen Zweibund und Rückversicherungsvertrag in einem gewissen Spannungsverhältnis. Bismarck ermutigte Russland zu einer Politik, den Status quo im Südosten Europas zu verändern. Österreich-Ungarn dagegen wollte keine Veränderung, um die slawischen Völker in seinem Staatsverband zu halten. Doch die im November 1887 getroffene Entscheidung, Russland nicht mehr dringend benötigte Kredite von deutschen Banken gewähren zu lassen („Lombardverbot"), bereitete die spätere Annäherung zwischen Russland und Frankreich mit vor, da Frankreich die benötigten Anleihen anbot.

Die gewünschte Intensivierung der Beziehungen zu Großbritannien gelang Deutschland durch den Abschluss der sogenannten „Mittelmeerentente" 1887: Das Deutsche Reich unterstützte den Geheimvertrag, durch den sich Großbritannien, Österreich-Ungarn und Italien auf die Aufrechterhaltung des Status quo im Mittelmeerraum und

Berliner Kongress: Auf ihm wurde eine neue Ordnung in Südosteuropa festgelegt. Dadurch wurde ein Friedensvertrag zwischen Russland und dem Osmanischen Reich außer Kraft gesetzt, der einen größeren Einfluss des Zarenreiches bedeutet hätte.

Rückversicherungsvertrag: Das Deutsche Reich und Russland verpflichteten sich 1887 zu Neutralität. Diese sollte bei einem russischen Angriff auf Österreich-Ungarn oder einem deutschen auf Frankreich nicht gelten.

den Erhalt eines unabhängigen Osmanischen Reichs verpflichteten. Ein Bündnis mit Großbritannien scheiterte unter anderem am Protektionismus des Deutschen Reichs und an der deutschen Kolonialpolitik.

Der **Sozialdarwinismus** übertrug die Evolutionstheorie über die „Entstehung der Arten" des englischen Naturforschers Charles Darwin in stark vereinfachter und damit verfälschter Weise auf menschliche Gesellschaften: Im „Kampf ums Dasein" könnten sich demnach nur die weiter entwickelten und daher überlegenen Völker und Staaten durchsetzen.

Imperialismus ■ Die Jahre 1880 bis zum Beginn des Ersten Weltkriegs 1914 gelten als „klassisches Zeitalter des Imperialismus". Rivalitäten zwischen den Ländern trugen zu Spannungen und zum Rüstungswettlauf bei. Nicht nur Kaufleute, Forscher, Politiker und Militärs traten für die Expansionspolitik ihrer Länder und den Erwerb von Kolonien, Stützpunkten und Einflusssphären ein; kennzeichnend war auch die Zustimmung breiter Bevölkerungsschichten. Die Motive dafür waren vielfältig.

In allen Ländern spielten ökonomische Argumente eine Rolle. Die imperialistischen Staaten nutzten ihre wirtschaftlich-technologischen Möglichkeiten, um ihren Herrschaftsbereich auszudehnen. Die Kolonien sollten nicht industrialisiert werden, sondern lediglich als Absatzmärkte, Rohstoffquellen und als Siedlungsraum für die rasch wachsende Bevölkerung Europas dienen. In einigen Staaten konnte die Aussicht auf stetiges Wirtschaftswachstum und Wohlstand in Krisenzeiten die unzufriedenen Massen der Arbeiterschaft beruhigen (*Sozialimperalismus*).

Die ideologischen Motive wie **Sozialdarwinismus**, rassistische Überlegenheitsgefühle der Weißen oder (kultur)missionarischer Eifer ließen für die Achtung und Wahrung der einheimischen Kulturen wenig Raum. Diese sollten die christliche Religion und die angeblich überlegene Zivilisation annehmen. In den Kolonien wurde die einheimische Bevölkerung mehr oder weniger rücksichtslos den Interessen der Kolonialherren unterworfen. Sie musste meist gegen sehr geringen Lohn auf Plantagen oder in Bergwerken arbeiten, wurde enteignet oder zur Zwangsarbeit herangezogen. Die Zusammenarbeit mit einheimischen Völkern und Herrschern wurde vor allem dann gesucht, wenn sie für die Nutzung des Landes gebraucht wurden.

▲ **„Dropping the pilot."**
Zeichnung von Sir John Tenniel aus dem in England erscheinenden „Punch", März 1890. Nach Konflikten – unter anderem wegen des außenpolitischen Kurses – nahm der neue Kaiser Wilhelm II. das Entlassungsgesuch von Reichskanzler Bismarck an.

■ *Interpretieren Sie die Karikatur. Vergleichen Sie den englischen und den in Deutschland verbreiteten Titel „Der Lotse geht von Bord".*

Deutschlands Einstieg in die „Weltpolitik" ■ Angesichts der Furcht, bei der Aufteilung der Erde leer auszugehen, setzte seit den 1870er-Jahren auch im Deutschen Reich eine verstärkte Diskussion um die Notwendigkeit einer Kolonialpolitik ein. Eine Vielzahl kleinerer und größerer Kolonialvereine sowie mächtige Interessenverbände propagierten den kolonialen Gedanken im ganzen Land und begannen damit, Druck auf die Regierung auszuüben, um die territoriale Expansion voranzutreiben. Wie in den anderen europäischen Staaten und den USA gab es aber auch im Deutschen Reich entschiedene Gegner der Kolonialpolitik. Dazu gehörten vor allem die Sozialdemokraten, die mit staatlichen Geldern geförderte Unternehmungen ablehnten, die das System des „ausbeuterischen Kapitalismus" in wirtschaftlich unterlegene Länder exportierten und die Kolonialvölker unterdrückten. Außerdem verwiesen sie immer wieder auf die wachsende Kriegsgefahr, die eine offensive Außenpolitik auslösen würde.

Auch Reichskanzler Otto von Bismarck stand einem staatlichen Engagement beim Erwerb von Kolonien ablehnend gegenüber. Er scheute die finanziellen Belastungen und möglichen Konflikte mit den anderen Mächten. Dass Bismarck schließlich seine Haltung änderte und das Deutsche Reich unter ihm in den Jahren 1884/85 seine ersten Kolonien erwarb, ist auf den zunehmenden innenpolitischen Druck und die günstige außenpolitische Lage zurückzuführen (▶ M2). 1884 gab er den Forderungen hanseatischer Kaufleute nach der Sicherung ihrer Erwerbungen und Handelsinteressen nach.

In Südwestafrika (heute Namibia) stellte er zunächst die von dem Bremer Kaufmann *Adolf Lüderitz* erworbenen Gebiete an der Küste Afrikas unter deutschen

Reichsschutz. In Westafrika (Togo und Kamerun) wurde der Reichskommissar *Gustav Nachtigal* in diesem Sinne für die Gebiete weiterer Handelshäuser und Gesellschaften tätig. Es folgten Ostafrika (heute Tansania, Burundi und Ruanda) sowie einige Südsee-inseln (u.a. „Deutsch-Samoa"). Zu diesem Zeitpunkt rückte auch bereits die günstig gelegene chinesische Bucht *Jiaozhou* (*Kiautschou*) in den Blick, die 1897 unter deutsche Herrschaft geriet (▸ M3).

Unter Kaiser **Wilhelm II.** setzte eine grundsätzliche Umorientierung der deutschen Außenpolitik ein. Mit dem beeindruckenden Aufstieg des jungen Staates war auch das nationale Selbstbewusstsein gewachsen. Vielen Zeitgenossen genügte die von Bismarck geprägte defensive und hauptsächlich auf europäischen Ausgleich bedachte Kontinentalpolitik nicht mehr. Deutschland müsse seinen Anspruch als Weltmacht durchsetzen, der dem deutschen Großmachtstatus angemessen sei (▸ M4). 1897 brachte der Staatssekretär des Auswärtigen Amtes, *Bernhard von Bülow*, diese von vagen Stimmungen und Interessen geprägte neue Weltpolitik in einer Reichstagsrede programmatisch auf den Punkt: „Wir wollen niemand in den Schatten stellen, aber wir verlangen einen Platz an der Sonne." Das Resultat war eine sprunghafte und aggressive deutsche Politik, die im Ausland als unberechenbar empfunden wurde.

Nachdrücklicher im Sinne der über Europa hinausgreifenden Weltpolitik (▸ M5) wirkte das wirtschaftliche und politische Engagement Deutschlands im Vorderen Orient. Das Osmanische Reich galt seit Ende des 19. Jahrhunderts als bedeutendstes außereuropäisches Einflussgebiet. Beim Bau einer Eisenbahn von Konstantinopel zum Persischen Golf (*Bagdad-Bahn*, 1899-1903) entstanden der deutschen Wirtschaft willkommene Expansionsfelder. Damit wuchs auch das Interesse Deutschlands an dem für die Verbindung zur Türkei wichtigen Balkan. Achtlos setzte sich die kaiserliche Außenpolitik aber lange darüber hinweg, dass Russland und England den wachsenden deutschen Einfluss im Vorderen Orient als störend empfanden.

▲ **Wilhelm II. in Uniform der Garde du Corps.**
Gemälde von Ludwig Noster, 1906.

Wilhelm II. (1859-1941): 1888-1918 König von Preußen und Deutscher Kaiser. Er setzte den Rücktritt Bismarcks durch. Seine Vorstellungen von Gottesgnadentum und Weltmacht sowie seine Einstellung zum Militär (Militarismus) prägten die „Wilhelminische Gesellschaft".

Entente cordiale: frz.: herzliches Einvernehmen

Scramble for Africa (engl.: Wettlauf nach Afrika): Damit wurde die Aufteilung der noch „freien" Gebiete in Afrika, vorwiegend zwischen Frankreich und Großbritannien, ab den 1880er-Jahren bezeichnet.

Internationale Spannungen und Konfliktherde zu Beginn des 20. Jahrhunderts ■ Während der Argwohn gegen die deutsche Politik wuchs, bemühte sich England, an anderer Stelle Konflikte zu entschärfen, um sich ganz auf den neuen Konkurrenten zu konzentrieren. 1904 wurden die kolonialen Auseinandersetzungen zwischen Großbritannien und Frankreich durch die **Entente cordiale** beendet. Zuvor hatte der sogenannte „Scramble for Africa " um die Gewinnung von Gebieten, die sich noch nicht in Kolonialbesitz befanden, beinahe zum Krieg geführt. Paris erkannte nun Ägypten als rein britisches Interessengebiet an; London war dafür bereit, den von Frankreich angestrebten verstärkten Einfluss in Marokko zu billigen. Die Spannungen zwischen dem Deutschen Reich und den Westmächten Frankreich und England jedoch spitzten sich in den beiden *Marokko-Krisen* von 1905 und 1911 weiter zu (▸ M6, M7).

Als Frankreich nach der 1904 im Rahmen der Entente cordiale getroffenen Vereinbarung mit Großbritannien versuchte, das formal unabhängige Marokko ohne Rücksicht auf deutsche Ansprüche und Handelsinteressen zum französischen Protektorat zu machen, sah sich das Deutsche Reich zu einer Gegenoffensive veranlasst: Im März 1905 landete Kaiser Wilhelm II. in der marokkanischen Hafenstadt Tanger und gab dort eine Erklärung über die Souveränität Marokkos ab, um das deutsche Mitspracherecht zu demonstrieren. Zur Entschärfung der Krise wurde 1906 eine internationale Konferenz im spanischen Algeciras einberufen, von der sich das Deutsche Reich eine diplomatische Niederlage Frankreichs versprach. Entgegen seinen Erwartungen fand sich das Deutsche Reich dort jedoch vollständig isoliert, weil lediglich der Zweibundpartner Österreich-Ungarn die deutsche Position unterstützte. Die „Algeciras-Akte" garantierte

GB

R

- Flottenwettrüsten
- Marokko-Krisen
- Bagdad-Bahn
- Wirtschaftskonkurrenz

D

- Deutsches Engagement im Vorderen Orient: Stärkung der Türkei
- Unterstützung Österreich-Ungarns auf dem Balkan, z. B. nach der Annexion Bosniens und der Herzegowina (1908) *

- Balkan
- Panslawismus

- Elsass-Lothringen (seit 1871)
- Deutsche Macht- demonstration in zwei Marokko-Krisen (1905/06 und 1911)

F

Ö-U

▶ **Spannungen zwischen dem Deutschen Kaiserreich nebst seinem Zweibundpartner Österreich-Ungarn und anderen europäischen Groß-mächten.**

▲ **Die Teilung Marokkos.**
Karikatur aus „Der wahre Jacob" von 1905.
Edward [VII. von England]: „Guten Appetit, reizende Marianne!"
Bülow: „Halt, nur ansehen – du verdirbst dir sonst den Magen!"

■ *Bestimmen Sie den Hinter-grund der Szene und erläu-tern Sie, auf welche Weise die Figuren dargestellt sind. Welche politische Haltung des Zeichners lässt sich aus der Karikatur ablesen?*

zwar die formelle Unabhängigkeit Marokkos, 1909 legte jedoch eine weitere Konferenz die politische Vorrangstellung Frankreichs bei gleichzeitigem freien wirtschaftlichen Zugang für alle anderen Mächte fest.

Im Jahre 1907 verständigten sich Großbritannien und Russland über offene Fragen in Asien – ein Umsturz der bisherigen außenpolitischen Konstellationen, den die deut-sche Seite für unmöglich gehalten hatte. Dadurch wurde die Entente cordiale zur *Tri-pleentente* erweitert und das Deutsche Reich zunehmend „eingekreist" und isoliert. Die Sorge der anderen Mächte vor einer deutschen Hegemonie in Europa führte zu immer stärkeren Rüstungsanstrengungen.

1911 kam es zu einer zweiten Marokko-Krise, als Frankreich aufgrund ausländer-feindlicher Unruhen die Hauptstadt Fes militärisch besetzte. Deutschland sah darin einen Verstoß gegen den *Vertrag von Algeciras*. Durch lautstarke Pressekampagnen und die durch den Alldeutschen Verband vehement vertretenen Annexionsansprüche zum Handeln gezwungen, entschloss sich der zuständige Staatssekretär im Auswärtigen Amt, *Alfred von Kiderlen-Waechter*, von Frankreich für seinen „Verstoß" als Entschä-digung das französische Kongogebiet zu verlangen. Er entsandte das deutsche Kanonenboot „Panther" in das westmarokkanische Agadir (*Panthersprung nach Agadir*), um seinen Forderungen Nachdruck zu verleihen. Die in der deutschen Öffentlichkeit bejubelte Drohgeste hatte jedoch schwerwiegende internationale Folgen: Das diplo-matisch übergangene England wies die deutsche Politik der Einschüchterung scharf zurück, stellte sich an die Seite Frankreichs und versetzte zeitweilig sogar seine Marine in Alarmzustand. Gleichzeitig mehrten sich die englandfeindlichen Stimmen im Deut-schen Reich, die von einer immer größeren Kriegsbereitschaft zeugten. Auf beiden Seiten wurden Vorbereitungen für einen Präventivschlag getroffen, sodass Europa im September 1911 für einige Tage an der Schwelle eines Krieges stand. Nur mit äußerster Mühe konnte ein Kompromiss gefunden werden, mit dem beide Seiten ihr Gesicht wahren konnten: Frankreich erhielt endgültig Marokko, trat als Gegenleistung aber einige unbedeutende Gebiete in Zentralafrika an das Deutsche Reich ab.

---

* Österreich-Ungarn löste im Jahr 1908 eine große Krise aus, als es die ehemals osmanischen Provinzen Bosnien und Herzegowina dem eigenen Staatsgebiet vollständig einverleibte. Mit dieser Aneignung verletzte Österreich-Ungarn vor allem die Interessen Serbiens, das sich selbst auf dem Gebiet der schwachen Türkei ausdehnen wollte. Zwar unterstützte Russland seinen Verbündeten Serbien zu-nächst, konnte sich aber nicht zu militärischer Hilfe durchringen.
Serbien musste die österreichische Gebietsvergrößerung schließlich hinnehmen. Serben und Russen fühlten sich gedemütigt, und in beiden Ländern wuchs die Stimmung gegen Österreich-Ungarn und das verbündete Deutschland.

M1 Das „Kissinger Diktat"

Während der Balkan-Krise (1875 - 1878) stellt Bismarck in seinem Urlaub in Bad Kissingen Überlegungen über die außenpolitische Situation des Deutschen Reiches an. Unabhängig vom tagespolitischen Anlass gilt das „Kissinger Diktat" vom Juni 1877 als Schlüsseldokument zum Verständnis Bismarckscher Außenpolitik nach der Reichsgründung:

Ein französisches Blatt sagte neulich von mir, ich hätte „le cauchemar des coalitions"[1]; diese Art Alp wird für einen deutschen Minister noch lange, und vielleicht immer, ein sehr berechtigter bleiben. Koalitionen gegen uns können auf
5 westmächtlicher Basis mit Zutritt Österreichs sich bilden, gefährlicher vielleicht noch auf russisch-österreichisch-französischer; eine große Intimität zwischen zweien der drei letztgenannten Mächte würde der dritten unter ihnen jederzeit das Mittel zu einem sehr empfindlichen Drucke auf uns
10 bieten. In der Sorge vor diesen Eventualitäten, nicht sofort, aber im Lauf der Jahre, würde ich als wünschenswerte Ergebnisse der orientalischen Krisis für uns ansehn:
1. Gravitierung[2] der russischen und der österreichischen Interessen und gegenseitigen Rivalitäten nach Osten hin,
15 2. der Anlass für Russland, eine starke Defensivstellung im Orient und an seinen Küsten zu nehmen und unseres Bündnisses zu bedürfen,
3. für England und Russland ein befriedigender Status quo, der ihnen dasselbe Interesse an Erhaltung des Bestehenden
20 gibt, welches wir haben,
4. Loslösung Englands von dem uns feindlich bleibenden Frankreich wegen Ägyptens und des Mittelmeers,
5. Beziehungen zwischen Russland und Österreich, welche es beiden schwierig machen, die antideutsche Konspiration
25 gegen uns gemeinsam herzustellen, zu welcher zentralistische oder klerikale Elemente in Österreich etwa geneigt sein möchten.
Wenn ich arbeitsfähig wäre, könnte ich das Bild vervollständigen und feiner ausarbeiten, welches mir vorschwebt: nicht
30 das irgendeines Ländererwerbes, sondern das einer politischen Gesamtsituation, in welcher alle Mächte außer Frankreich unser bedürfen und von Koalitionen gegen uns durch ihre Beziehungen zueinander nach Möglichkeit abgehalten werden.

Günter Schönbrunn (Bearb.), Das bürgerliche Zeitalter 1815 - 1914. Geschichte in Quellen, München 1980, S. 454 f.

---

[1] cauchemar des coalitions: frz.: Albtraum der Bündnisse
[2] Gravitierung: Schwerpunktverlagerung

1. *Erläutern Sie die von Bismarck genannten Gegensätze der europäischen Mächte.*

2. *Bestimmen Sie Bismarcks außenpolitische Ziele und Befürchtungen.*

3. *Diskutieren Sie, ob sich eine Außenpolitik mit der hier geschilderten Zielsetzung als „Friedenspolitik" bezeichnen lässt.*

M2 Bismarcks Hinwendung zur Kolonialpolitik

In einer Rede vor dem Reichstag vom 26. Juni 1884 skizziert Bismarck seine Position zur Kolonialfrage und die Ausrichtung der Kolonialpolitik seiner Regierung:

Wir sind zuerst durch die Unternehmung hanseatischer Kaufleute, verbunden mit Terrainkäufen und gefolgt von Anträgen auf Reichsschutz, dazu veranlasst worden, die Frage, ob wir diesen Reichsschutz in dem gewünschten Maße versprechen könnten, einer näheren Prüfung zu unter- 5 ziehen. Ich wiederhole, dass ich gegen Kolonien – ich will sagen, nach dem System, wie die meisten im vorigen Jahrhundert waren, was man jetzt das französische System nennen könnte –, gegen Kolonien, die als Unterlage ein Stück Land schaffen und dann Auswanderer herbeizuziehen su- 10 chen, Beamte anstellen und Garnisonen errichten –, dass ich meine frühere Abneigung gegen diese Art von Kolonisationen, die für andere Länder nützlich sein mag, für uns aber nicht ausführbar ist, heute noch nicht aufgegeben habe. [...] Etwas ganz anderes ist die Frage, ob es zweckmäßig, und 15 zweitens, ob es die Pflicht des Deutschen Reiches ist, denjenigen seiner Untertanen, die solchen Unternehmungen im Vertrauen auf des Reiches Schutz sich hingeben, diesen Reichsschutz zu gewähren und ihnen gewisse Beihilfen in ihren Kolonialbestrebungen zu leisten, um denjenigen Gebil- 20 den, die aus den überschüssigen Säften des gesamten deutschen Körpers naturgemäß herauswachsen, in fremden Ländern Pflege und Schutz angedeihen zu lassen. Und das bejahe ich, allerdings mit weniger Sicherheit vom Standpunkte der Zweckmäßigkeit – ich kann nicht voraussehen, 25 was daraus wird –, aber mit unbedingter Sicherheit vom Standpunkte der staatlichen Pflicht.
Ich kann mich dem nicht entziehen. [Ich] sage: womit könnte ich es rechtfertigen, wenn ich Ihnen sagen wollte: Das ist alles sehr schön, aber das Deutsche Reich ist dazu nicht stark 30 genug, es würde das Übelwollen anderer Staaten auf sich ziehen, es würde [...] in unangenehme Berührung mit anderen kommen, es würde „Nasenstüber" bekommen, für die es keine Vergeltung hätte; dazu ist unsere Flotte nicht stark genug! [...] Aber ich muss sagen, dass ich als der erste Kanzler 35

▲ „Die dreizehnte Arbeit des Herkules."
Karikatur aus dem „Kladderadatsch", 8. Juli 1888.
In der antiken Mythologie bewältigt der Halbgott Herkules zwölf
Aufgaben. Die Zeichnung stellt dar, wie Reichskanzler Otto von
Bismarck den Friedenszweig zwischen einem französischen (links)
und einem russischen Soldaten balanciert. Die Bildunterschrift
lautet: „Des Reichskanzlers Stellung seit 1870."

des neu geschaffenen Reichs doch eine gewisse Schüchtern-
heit empfand, eine Abneigung, mich so auszusprechen, und
selbst wenn ich an unsere Schwäche und Unfähigkeit ge-
glaubt hätte, ich würde mich geniert haben, den Hilfesu-
40 chenden offen zu sagen: Wir sind zu arm, wir sind zu schwach,
wir sind zu furchtsam, für euren Anschluss an das Reich euch
Hilfe vom Reich zu gewähren.
Ich habe nicht den Mut gehabt, diese Bankerotterklärung der
deutschen Nation auf überseeische Unternehmungen den
45 Unternehmern gegenüber als Reichskanzler auszusprechen.
Wohl aber habe ich mich sehr sorgfältig bemüht, ausfindig
zu machen, ob wir nicht in unberechtigter Weise in wohl-
erworbene Rechte anderer Nationen eingriffen, und die Be-

mühungen, mich darüber zu vergewissern, haben mehr als
ein halbes Jahr Zeit erfordert. [...]   50
Unsere Absicht ist, nicht Provinzen zu gründen, sondern kaufmännische Unternehmungen, aber in der höchsten Entwicklung auch solche, die sich eine Souveränität, eine schließlich
dem Deutschen Reich lehnbar bleibende, unter seiner Protek-
tion stehende kaufmännische Souveränität erwerben, zu 55
schützen in ihrer freien Entwicklung sowohl gegen Angriffe
aus der unmittelbaren Nachbarschaft als auch gegen Bedrückung und Schädigung vonseiten anderer europäischer
Mächte.

Günter Schönbrunn (Bearb.), a.a.O., S. 471-473

1. Arbeiten Sie Bismarcks Argumente in Bezug auf eine
deutsche Kolonialpolitik heraus. Nehmen Sie Stellung.
2. Begründen Sie, ob und inwieweit Bismarck mit seiner
Rede tatsächlich eine kolonialpolitische Wende vollzog.
3. Verfolgen Sie Bismarcks kolonialpolitische Aktivitäten
bis zu seiner Entlassung und ordnen Sie sie in seine
außenpolitischen Grundsätze ein.

M3 Die Inbesitznahme der chinesischen Kiautschoubucht

Nach der Ermordung zweier deutscher Missionare in China
beraten Kaiser, Regierung und Marine das weitere Vorgehen
(Protokoll vom 15. November 1897):

1. Die dauernde Besitzergreifung der Bucht ist in Aussicht zu
nehmen. [...]
2. Es soll zunächst, womöglich innerhalb fünf bis sechs Tagen, versucht werden festzustellen, ob europäische Mächte,
namentlich Russland, gegen unsere dauernde Besitzergrei- 5
fung von Kiautschou Einspruch erheben oder Schwierigkeiten bereiten werden.
3. Ist dies nicht der Fall, so sollen sofort 1200 Mann als
Schutztruppe angeworben und dorthin gesandt werden, da
die Kriegsschiffe ihre Mannschaft ohne Schädigung der ma- 10
ritimen Interessen nicht lange Zeit an Land belassen können.
[...]
4. Bis die Aufklärung über die politische Lage in Europa erfolgt ist, soll unser Vorhaben geheim bleiben. [...]
5. Um zu verhindern, dass China uns Krieg mache (förmlich 15
oder latent), sind bei der Besitzergreifung womöglich die
Hoheitsrechte Chinas zu wahren, vielleicht dadurch, dass wir
das Land von China nur in langdauernde lease[1] nehmen.

---

[1] lease (engl.): Pacht

6. Unsere Forderungen an China sind so hoch zu spannen,
dass sie nicht erfüllt werden können und daher die weitere
Besitzergreifung rechtfertigen.

*Der deutsch-chinesische Pachtvertrag vom 6. März 1898 bildet
den Auftakt zu einer Reihe ähnlicher Abkommen europäischer
Mächte mit China:*

Nachdem nunmehr die Vorfälle bei der Mission [...] ihre Er-
ledigung gefunden haben, hält es die Kaiserlich Chinesische
Regierung für angezeigt, ihre dankbare Anerkennung für die
ihr seither von Deutschland bewiesene Freundschaft noch
besonders zu bestätigen. Es haben daher die Kaiserlich Deutsche und die Kaiserlich Chinesische Regierung, durchdrungen
von dem gleichmäßigen und gegenseitigen Wunsche, die
freundschaftlichen Bande beider Länder zu bekräftigen und
die wirtschaftlichen und Handelsbeziehungen der Untertanen beider Staaten miteinander weiterzuentwickeln, nachstehende Separatkonvention abgeschlossen: [...]
In der Absicht, den berechtigten Wunsch Seiner Majestät des
Deutschen Kaisers zu erfüllen, dass Deutschland gleich anderen Mächten einen Platz an der chinesischen Küste inne-
haben möge, für die Ausbesserung und Ausrüstung von
Schiffen [...] sowie für sonstige dazugehörende Einrichtungen, überlässt Seine Majestät der Kaiser von China beide
Seiten des Eingangs der Bucht von Kiautschou pachtweise,
vorläufig auf 99 Jahre, an Deutschland. Deutschland übernimmt es, in gelegener Zeit auf dem ihm überlassenen Gebiete Befestigungen zum Schutze der gedachten baulichen
Anlagen und der Einfahrt des Hafens zur Ausführung zu bringen. [...]
Um einem etwaigen Entstehen von Konflikten vorzubeugen,
wird die Kaiserlich Chinesische Regierung während der
Pachtdauer im verpachteten Gebiete Hoheitsrechte nicht
ausüben, sondern überlässt die Ausübung derselben an
Deutschland.

Erster Text: Johannes Hohlfeld, Dokumente der Deutschen Politik und Geschichte von 1848 bis zur Gegenwart, Bd. 2, Berlin / München o. J., S. 76 ff.
Zweiter Text: Michael Behnen, Quellen zur deutschen Außenpolitik im Zeitalter des Imperialismus 1890 - 1911, Darmstadt 1977, S. 167

1. *Arbeiten Sie Vorgehensweise und Absicherung des deutschen imperialistischen Engagements in China heraus.*

2. *Suchen Sie Erklärungen für die verschleiernden Formulierungen im offiziellen Vertragstext.*

3. *Schätzen Sie die unterschiedliche Wirkung des Wortlauts
im amtlichen Vertragstext auf Leser mit und ohne
Kenntnis des ersten Textes ein. Lassen sich Rückschlüsse
auf den beschränkten Aussagewert von Einzelquellen
verallgemeinern?*

M4 Anspruch auf Weltgeltung

*In einer Rede vor dem Reichstag am 11. Dezember 1899 bekräf-
tigt der Staatssekretär des Auswärtigen Amtes und spätere
Reichskanzler Bernhard von Bülow seine Forderung nach einer
expansiven Außenpolitik:*

Der englische Premierminister hatte schon vor längerer Zeit
gesagt, dass die starken Staaten immer stärker und die
schwachen immer schwächer werden würden. [...] Wir wollen
keiner fremden Macht zu nahe treten, wir wollen uns aber
auch von keiner fremden Macht auf die Füße treten lassen
(*Bravo!*), und wir wollen uns von keiner fremden Macht beiseite schieben lassen, weder in politischer noch in wirtschaftlicher Beziehung. (*Lebhafter Beifall.*) Es ist Zeit, es ist hohe
Zeit, dass wir [...] uns klar werden über die Haltung, welche
wir einzunehmen haben gegenüber den Vorgängen, die sich
um uns herum abspielen und vorbereiten und welche die
Keime in sich tragen für die künftige Gestaltung der Machtverhältnisse für vielleicht unabsehbare Zeit [...] träumend
beiseite stehen, während andere Leute sich den Kuchen teilen, das können wir nicht und wollen wir nicht. (*Beifall.*) Wir
können das nicht aus dem einfachen Grunde, weil wir jetzt
Interessen haben in allen Weltteilen [...].
Die rapide Zunahme unserer Bevölkerung, der beispiellose
Aufschwung unserer Industrie, die Tüchtigkeit unserer Kaufleute, kurz, die gewaltige Vitalität des deutschen Volkes haben uns in die Weltwirtschaft verflochten und in die Weltpolitik hineingezogen. Wenn die Engländer von einem Greater
Britain reden, wenn die Franzosen sprechen von einer Nou-
velle France, wenn die Russen sich Asien erschließen, haben
auch wir Anspruch auf ein größeres Deutschland [...].
Es ist viel Neid gegen uns in der Welt vorhanden (*Zuruf links*),
politischer Neid und wirtschaftlicher Neid. Es gibt Individuen,
und es gibt Interessengruppen, und es gibt Strömungen, und
es gibt vielleicht auch Völker, die finden, dass der Deutsche
bequemer war und dass der Deutsche für seine Nachbarn
angenehmer war in jenen früheren Tagen [...]. Diese Zeiten
politischer Ohnmacht und wirtschaftlicher und politischer
Demut sollen nicht wiederkehren. (*Lebhaftes Bravo.*) [...] Wir
werden uns aber nur dann auf der Höhe erhalten, wenn wir
einsehen, dass es für uns ohne Macht, ohne ein starkes Heer
und eine starke Flotte keine Wohlfahrt gibt. (*Sehr richtig!
rechts. Widerspruch links.*) Das Mittel, meine Herren, in dieser
Welt den Kampf ums Dasein durchzufechten ohne starke
Rüstung zu Lande und zu Wasser, ist für ein Volk von bald 60
Millionen, das die Mitte von Europa bewohnt und gleichzeitig seine wirtschaftlichen Fühlhörner ausstreckt nach allen
Seiten, noch nicht gefunden worden. (*Sehr wahr! rechts.*) In

dem kommenden Jahrhundert wird das deutsche Volk Hammer oder Amboss sein.

Michael Behnen (Hrsg.), Quellen zur deutschen Außenpolitik im Zeitalter des Imperialismus 1890 - 1911, Darmstadt 1977, S. 231 ff.

1. *Erklären Sie die bildliche Formulierung, das „deutsche Volk" werde im 20. Jahrhundert „Hammer oder Amboss" sein. Erläutern Sie die Grundüberzeugungen, die Bülows Rede zugrunde liegen.*

2. *Zeigen Sie die Folgerungen auf, die Bülow für die deutsche Außenpolitik ableitet.*

3. *Prüfen Sie, ob sich Bülows Forderung, dass die „Zeiten politischer Ohnmacht und wirtschaftlicher und politischer Demut" nicht wiederkehren sollen, zu Recht auf die zurückliegende Geschichte Deutschlands beziehen lässt.*

◄ **„Deutsche Reichs-Colonial-Uhr."**
Badische Uhrenfabrik, Furtwangen, um 1900.

M5 Deutsche „Weltpolitik" aus britischer Perspektive

Der englische Historiker Rolf Hobson befasst sich im Jahre 2002 mit den Auswirkungen der um 1896/97 einsetzenden neuen deutschen Außenpolitik:

Es gibt keinen Zweifel, dass der Tirpitz-Plan[1] eine Strategie des Rüstungswettlaufes war, die darauf abzielte, in der Zukunft politische Konzessionen zu erhalten, indem die balance of power durch ein Aufrüstungsprogramm verändert wurde.
5 Die langfristigen Kalkulationen der deutschen Seite rechneten mit einer ausdauernden britischen Anstrengung zur Erhaltung der nummerischen Überlegenheit bei den Schlachtschiffen und sogar mit der Möglichkeit eines [britischen] Präventivschlages, um den wachsenden Rivalen zu
10 eliminieren. [...]
Die wachsende deutsche Flotte stellte [für die Engländer] dann eine potenzielle hegemonielle Drohung und einen Grund zur Sorge über die Absichten des Reiches dar, wenn man sie zusammen mit der machtvollen deutschen Armee
15 betrachtet und vor dem Hintergrund eines lautstarken Nationalismus und einer unberechenbaren Außenpolitik sieht. In diesem Sinne trug der Tirpitz-Plan dazu bei, diejenige Konstellation unter den Großmächten herbeizuführen, die den Ersten Weltkrieg in erster Linie zu einem Kampf gegen eine
20 deutsche Hegemonie in Europa machten. Der große Flottenwettlauf bedingte eine erhebliche Verschlechterung der englisch-deutschen Beziehungen und brachte die englische

öffentliche Meinung in wachsendem Maße dazu, ein Engagement auf dem Kontinent zu akzeptieren. Er verstärkte das Gewicht der militärischen Faktoren in den Kalkulationen der 25 Kabinette und engte den Raum für diplomatische Manöver ein. [...]
Die vier wichtigsten Gründe für den englisch-deutschen Antagonismus waren in chronologischer Reihenfolge die ökonomische Konkurrenz, koloniale Rivalität, der Rüstungswett- 30 lauf und die Aussicht, dass die deutsche Armee Frankreich besiegen könnte. Die meisten Historiker würden darin übereinstimmen, dass die Drohung einer kontinentalen Hegemonie durch die Ausschaltung Frankreichs aus der balance of power als die wichtigste Bedrohung der britischen nationa- 35 len Sicherheit betrachtet wurde. Sie selbst hätte automatisch eine Intervention gegen Deutschland in einem Krieg nach sich gezogen. Die deutschen Anhänger des Flottenbaus glaubten hingegen, dass die wirtschaftliche Konkurrenz [...] England dazu bewegen würde, einen präventiven Handels- 40 krieg zu entfesseln. Gegen diese Bedrohung war es notwendig, eine starke Abschreckung zur Verfügung zu stellen, nämlich die „Risikoflotte".

Rolf Hobson, Imperialism at Sea. Naval Strategic Thought, the Ideology of Sea Power and the Tirpitz Plan, 1875 - 1914, Boston 2002, S. 325 - 328, übersetzt von Boris Barth

1. *Arbeiten Sie anhand der Schilderung Hobsons die Grundzüge der deutschen Außenpolitik heraus.*

2. *Analysieren Sie die Absichten dieser Politik.*

3. *Erläutern Sie, mit welchen Folgen die deutsche Politik zum einen hinsichtlich der Haltung Großbritanniens und zum anderen hinsichtlich der internationalen Politik insgesamt zu rechnen hatte.*

---

[1] Admiral Alfred von Tirpitz (1849 - 1930) war seit 1897 Staatssekretär des Reichsmarineamts. Sein Plan zum massiven Ausbau der deutschen Schlachtflotte wird als „Tirpitz-Plan" bezeichnet.

M6 Internationale Krisen um Marokko

Am 3. Juni 1904 nimmt Geheimrat Friedrich von Holstein Stellung zu den Bestimmungen, welche Frankreich und Großbritannien zuvor im Rahmen ihres gegenseitigen Abkommens (Entente cordiale) getroffen haben:

England hat mit den Mächten, welche in Ägypten berechtigte Interessen haben, eine Verständigung gesucht und erlangt, Frankreich hingegen schickt sich zur Aneignung Marokkos an unter vollständiger Ignorierung der berechtigten
5 Interessen Dritter, mit Ausnahme Spaniens [...]. Marokko ist heute noch eines der wenigen Länder, wo Deutschland für seinen Verkehr freie Konkurrenz hat. Da Marokko jetzt im Begriff ist, mit den Anfängen seines Eisenbahnnetzes vorzugehen, so ist die Schädigung, welche Deutschland durch das
10 französische Monopol erleiden würde, eine recht erhebliche. Noch bedenklicher wäre jedoch die Schädigung, welche das Ansehen Deutschlands erleiden würde, wenn wir uns stillschweigend gefallen ließen, dass über deutsche Interessen ohne deutsche Mitwirkung verfügt wird. Zu den Aufgaben
15 einer Großmacht gehört nicht nur der Schutz ihrer Territorialgrenzen, sondern auch die Verteidigung der außerhalb dieser Grenzen gelegenen berechtigten Interessen [...].

Als Frankreich 1911 die marokkanische Stadt Fes besetzt, entsendet Deutschland sein Kanonenboot „Panther" in den marokkanischen Hafen Agadir. Diesen sogenannten „Panthersprung" bewertet das britische Außenministerium am 3. Juli 1911:

Die Tatsache, dass Deutschland den Sprung gemacht hat, muss der Annahme Raum geben, dass es sich jetzt in der
20 Lage glaubt, der Gefahr einer bewaffneten französisch-britischen Gegnerschaft zu trotzen. [...] Wenn sich [...] erweisen sollte, dass dem so ist, so stehen wir nun einer dringenden und unmittelbaren Gefahr gegenüber, für die gerüstet zu sein von vitaler Bedeutung ist.

Erster Text: Günter Schönbrunn (Bearb.), a.a.O., S. 689
Zweiter Text: George P. Gooch und Harold Temperley (Hrsg.), Die Britischen Amtlichen Dokumente über den Ursprung des Weltkrieges 1898-1914, dt. Ausgabe hrsg. von Hermann Lutz, Bd. 7.1, Berlin 1932, S. 531

1. *Zeigen Sie die Gründe für das Vorgehen des Deutschen Reiches in Marokko auf.*

2. *Erläutern Sie, wie der deutsche „Panthersprung nach Agadir" von den anderen europäischen Mächten aufgenommen wurde.*

M7 „Aufgepeitschter Nationalismus"

Im Jahre 1995 bewertet der deutsche Historiker Klaus Hildebrand die Folgen der zweiten Marokko-Krise von 1911:

Zeitweise schien der fatale Hang zum militärischen Schlag im Deutschen Reich geradezu übermächtig. Mitte August [1911], nach dem vorläufigen Abbruch der diplomatischen Beziehungen zu Frankreich, hatte Generalstabschef Moltke[1]
5 seinen von düsterer Entschlossenheit geprägten Empfindungen über „die unglückselige Marokko-Geschichte" den nämlichen Ausdruck verliehen: „Wenn wir aus dieser Affäre wieder mit eingezogenem Schwanz herausschleichen, wenn wir uns nicht zu einer energischen Forderung aufraffen können,
10 die wir bereit sind, mit dem Schwert zu erzwingen, dann verzweifle ich an der Zukunft des Deutschen Reiches [...]." [B]estehen blieb [...] die spezifische Bereitschaft der Militärs zum Präventivkrieg, die das politische Geschehen bis in die Juli-Krise 1914 hinein prägte.
15 In allen Himmelsrichtungen Europas setzte nun ein verstärktes Wettrüsten ein, schlugen die Wogen des aufgepeitschten Nationalismus hoch [...].

Klaus Hildebrand, Das vergangene Reich. Deutsche Außenpolitik von Bismarck bis Hitler 1871-1945, Stuttgart 1995, S. 267f.

1. *Erörtern Sie Sie die Aussagen des Verfassers zu den Folgen der Marokko-Krise.*

2. *Erläutern Sie dabei auch die Konsequenzen, die die Machtdemonstration in Marokko für das Deutsche Kaiserreich hatte.*

3. *Setzen Sie sich mit Blick auf M6 und M7 mit der Auffassung auseinander, dass die zweite Marokko-Krise als „Wasserscheide" auf dem Weg zum Ersten Weltkrieg bezeichnet werden kann.*

[1] Helmuth von Moltke (1848-1916) war seit 1906 Chef des Großen Generalstabes in Berlin, der höchsten militärischen Planungsbehörde des Deutschen Reiches.

▲ **Der älteste Bismarckturm Sachsens in der Nähe von Markneukirchen.**

Foto von 2011.

Eine Vielzahl von Denkmälern erinnert an den preußischen Ministerpräsidenten und Reichskanzler Otto von Bismarck. Vor allem nach seinem Tod 1898 entwickelte sich ein ausgesprochener Kult um die Person des „Reichsgründers", der nun gerne als „Hüter des Reiches" gesehen wurde.

Besonders beliebt wurde die Errichtung von Turmbauten als Zeichen der Verehrung. Auf Höhen über vielen Orten auf dem Gebiet des damaligen Deutschen Reiches entstanden Aussichtstürme. Nicht zuletzt die Studentenschaft machte Bismarck-Feuersäulen populär. Zu Festtagen wie dem Geburtstag Bismarcks wurden die Feuer entzündet.

■ *Informieren Sie sich darüber, wo Bismarckdenkmäler und -türme errichtet wurden (z. B. unter www.bismarcktuerme.de). Suchen Sie Erklärungen für die regional unterschiedlich dichte Verbreitung dieser Monumente.*

1. Untersuchen Sie den Industrialisierungsprozess im 19. Jahrhundert am Beispiel Sachsens. Diskutieren Sie, inwieweit in dieser Region Eigentümlichkeiten sichtbar werden, die den modernisierenden Übergang zur Industriegesellschaft im Allgemeinen kennzeichnen.

2. Erläutern Sie, inwiefern die Reformen im frühen 19. Jahrhundert zu einer Dynamisierung wirtschaftlicher und gesellschaftlicher Entwicklungen beigetragen haben.

3. Bewerten Sie die Rolle des Staates während der Industrialisierung.

4. Stellen Sie praktische Ansätze zur Lösung der Sozialen Frage einander gegenüber. Bewerten Sie ihre Motive und Wirkungen.

5. Skizzieren Sie, welche Bestrebungen zur Emanzipation von Frauen heute als vorrangig betrachtet werden. Stellen Sie diesen Bestrebungen die Forderungen der bürgerlichen und sozialistischen Frauenbewegung gegenüber.

6. Vergleichen Sie die gegenwärtige „digitale Revolution" mit der Industriellen Revolution im 19. Jahrhundert. Suchen Sie dafür lediglich wesentliche Aspekte aus. Erläutern Sie in jedem Fall vergleichend die Auswirkungen auf die Arbeitswelt und den Alltag der Menschen.

7. Weisen Sie nach, dass wesentliche Bestimmungen der Reichsverfassung, die 1849 von der Paulskirche verabschiedet wurde, mit der Reichsverfassung von 1871 vergleichbar sind. Arbeiten Sie heraus, worin die Unterschiede liegen.

8. Untersuchen Sie, worin Sie positive oder wo Sie angreifbare Positionen in Bismarcks Innen- und Außenpolitik entdecken. Entwerfen Sie jeweils kurze Plakattexte für und gegen seine Politik.

9. Erläutern Sie vor dem Hintergrund der Forderung nach dem „Platz an der Sonne" die Vorgehensweise und Absicherung des deutschen imperialistischen Engagements seit den 1880er-Jahren.

10. Recherchieren Sie, welches Zeichen die Gehörlosen für das Wort „deutsch" verwenden. Führen Sie es vor und erklären Sie den Zusammenhang mit dem Helmtyp der Pickelhaube. Überlegen Sie, ob sich ein anderes, ähnlich einfaches Zeichen für „deutsch" finden ließe. Werten Sie Ihre Erfahrungen bei der Suche nach einer Ersatzgebärde aus.

Literaturtipps

Volker Berghahn, Das Kaiserreich 1871-1914. Industriegesellschaft, bürgerliche Kultur und autoritärer Staat, Stuttgart ¹⁰2006

Ute Gerhard, Frauenbewegung und Feminismus. Eine Geschichte seit 1789, München 2009

Rainer Karlsch und Michael Schäfer, Wirtschaftsgeschichte Sachsens im Industriezeitalter, Leipzig 2006

Hubert Kiesewetter, Die Industrialisierung Sachsens. Ein regional-vergleichendes Erklärungsmodell, Stuttgart 2007

Rainer Liedtke, Die Industrielle Revolution, Stuttgart 2012

Frank-Lorenz Müller, Die Revolution von 1848/49, Darmstadt ²2006

Gregor Schöllgen, Das Zeitalter des Imperialismus (Oldenbourg Grundriss der Geschichte, Bd. 15), München ⁴2000

Volker Ullrich, Die nervöse Großmacht 1871-1918, durchges. und mit einem neuen Nachw. versehene Lizenzausgabe, Frankfurt am Main 2007

Hans-Ulrich Wehler, Deutsche Gesellschaftsgeschichte, Bd. 3: 1849-1914, München ²2007

Internettipps

http://www.saechsisches-industriemuseum.de

http://www.sem-chemnitz.de
(Sächsisches Eisenbahnmuseum Chemnitz-Hilbersdorf)

http://www.bergbaumuseum-oelsnitz.de

http://www.erih.net
(Europäische Route der Industriekultur)

http://www.historicum.net/themen/restauration-und-vormaerz

http://www.neumarkt-dresden.de/revolution_neumarkt.html

▲ **Blick in das Sächsische Industriemuseum Chemnitz.**
Foto von 2008.
Das Museum zeigt die sächsische Industriegeschichte mit Exponaten aus nahezu allen Produktionsbranchen in den denkmalgeschützten Hallen einer ehemaligen Maschinenfabrik aus dem Jahr 1907.

▲ **Flotte Flitzer vergangener Epochen.**
Foto aus dem August Horch Museum Zwickau, 2009.
Im Herzen des alten Audi-Werkes bietet dieses Museum Einblick in die Entwicklung der sächsischen Automobilindustrie, die von Horch über Audi bis hin zum Trabant reicht. Im Bild ein „Horch 12" aus dem Jahr 1910.

„Wer glaubt denn heute überhaupt noch, dass ein Recht des Volkes darin bestehen könnte, alle paar Monate in eine Wahlurne einen irgendwie bedruckten Zettel mit mehr oder weniger unbekannten Namen zu werfen?" So äußerte sich der Vizekanzler Franz von Papen auf einer Wahlkampfveranstaltung am 24. Februar 1933. Reichskanzler war zu diesem Zeitpunkt Adolf Hitler, der wie Papen demokratische Parteien und freie Wahlen verachtete. Aber nicht nur die Regierenden, sondern Millionen Deutsche hielten die Weimarer Republik für eine überholte „Nachahmung westlicher Demokratien".

Der Weimarer Republik fehlte eine stabile demokratische Tradition. Sie konnte sich in Deutschland im Laufe des 19. Jahrhunderts nie festigen. Zwar kämpfte auch hier das Bürgertum unter den Schlagworten Einheit und Freiheit um den Nationalstaat und die freiheitliche Verfassung. Beides schien während der Revolution 1848/49 zum Greifen nahe. Die Frankfurter Nationalversammlung erarbeitete eine Verfassung, die Grundrechte und allgemeine Wahlen vorsah. Aber die Verfassung trat nie in Kraft, die Revolution scheiterte.

Der deutsche Nationalstaat wurde 1871 geschaffen – allerdings nicht legitimiert durch den Willen des Volkes, sondern durch den Willen der deutschen Herrscher. Immerhin gewährte die Verfassung freie und allgemeine Wahlen für Männer, auch beteiligten sich nach 1871 die Bürger in Parteien, Gewerkschaften und Vereinen am politischen Leben. Aber das Deutsche Reich blieb ein monarchisch geprägter Obrigkeitsstaat. Im Verständnis nicht nur der Herrschenden war der Bürger ein bloßer Untertan, sollte der Staat durch Befehl und Gehorsam geregelt werden. Dazu passte, dass jeder Offizier höchstes Ansehen genoss, die Arbeiterpartei jedoch wegen angeblicher „gemeingefährlicher Bestrebungen" verboten wurde.

Nach dem Sturz des Kaisers 1918 akzeptierte die Mehrheit der Deutschen die Weimarer Republik. Doch sie war belastet. Dem Ende des Kriegs folgten Jahre der Not, der Friedensvertrag wurde als Schmach empfunden und das politische Leitbild war immer noch der Obrigkeitsstaat. Der Weimarer Staat ging 1933 als „Republik ohne Republikaner" unter, sein Ende ist bis heute ein Musterfall für die Zerstörung einer Demokratie.

Keine historische Phase ist so belastend im kollektiven Gedächtnis der Deutschen eingebrannt wie die nationalsozialistische Herrschaft mit dem Zweiten Weltkrieg und dem Holocaust. Die Beschäftigung mit dieser Phase, ihren Wirkkräften und ihren Abgründen, ist unverzichtbar für das politische Bewusstsein jedes Deutschen. Ein weiter gehendes Verständnis unserer Geschichte muss sich allerdings mit den positiven und negativen Traditionen des Nationalstaats seit dem 19. Jahrhundert auseinandersetzen.

Demokratie und Diktatur in der ersten Hälfte des 20. Jahrhunderts

Die Weimarer Republik: das Scheitern der ersten deutschen Demokratie

◄ „Arbeiter, Bürger, Bauern, Soldaten aller Stämme Deutschlands, vereinigt Euch zur Nationalversammlung."
Plakat von César Klein, 1919. Auftraggeber: Werbedienst der deutschen Republik.

Entstehung der Republik	**1918**	Die Revolution am 9. November stürzt die Monarchie; Deutschland wird Republik.
		Der Erste Weltkrieg endet am 11. November.
	1919	Gründung der Kommunistischen Partei Deutschlands (KPD).
		Der „Spartakus-Aufstand" in Berlin wird im Januar niedergeschlagen.
		Frauen und Männer wählen am 19. Januar die Verfassunggebende Nationalversammlung. Die SPD geht als stärkste Partei aus den Wahlen hervor.
		Der Versailler Vertrag regelt die Nachkriegsordnung für Deutschland.
		Die Reichsverfassung tritt am 11. August in Kraft.
	1920	Der Kapp-Lüttwitz-Putsch vom 13. bis 17. März schlägt fehl.
Krisenjahre	**1921/22**	Attentate auf die „Erfüllungspolitiker" häufen sich.
	1923	Wegen unerfüllter Reparationszahlungen kommt es zu Ruhrbesetzung und „Ruhrkampf".
		Der Hitler-Putsch in München am 8./9. November scheitert.
		Die Regierung beendet die Hyperinflation mit einer Währungsreform.
Gefährdete Stabilität	**1925**	Nach dem Tod Friedrich Eberts wird Hindenburg am 26. April neuer Reichspräsident.
	1927	Die Arbeitslosenversicherung tritt in Kraft.
	1929	Der Zusammenbruch der New Yorker Börse löst eine Weltwirtschaftskrise aus.
Verfall der Demokratie	**1930**	Die Große Koalition aus SPD, Zentrum und bürgerlich-liberalen Parteien zerbricht als letzte Regierung mit einer Mehrheit im Parlament; ab 29. März regiert Heinrich Brüning als Kanzler des ersten Präsidialkabinetts dauerhaft mit Notverordnungen.
	1932	Mit 6,128 Millionen erreicht die Zahl der Arbeitslosen ihren Höchststand.
		Bei den Reichstagswahlen vom 31. Juli wird die NSDAP stärkste Partei.
		Bei den Reichstagswahlen am 6. November muss die NSDAP Verluste hinnehmen, bleibt aber stärkste Partei.
	1933	Kurt von Schleicher tritt am 28. Januar als Reichskanzler zurück, nachdem Reichspräsident Hindenburg ihm das Vertrauen entzogen hat.

Die Weimarer Republik – Wegbereiterin der nationalsozialistischen Diktatur? ◼ Das Weimar-Bild im „Dritten Reich" war geprägt von der Rhetorik der nationalsozialistischen Propaganda, in der die Republik als Produkt der „Novemberverbrecher", als ein national entehrtes und durch die Herrschaft von Juden und Marxisten korrumpiertes Staatsgebilde bezeichnet wurde. Auch nach dem Zweiten Weltkrieg sah sich der erste demokratische Verfassungsstaat auf deutschem Boden mit vielen Vorurteilen konfrontiert. Er wurde überwiegend als Wegbereiter der Hitlerdiktatur wahrgenommen.

Dies führte in der deutschen Geschichtswissenschaft der 1950er-Jahre zu einer vorrangigen Behandlung der Endphase der Republik. Die Frage nach den entscheidenden Gründen für die „Machtergreifung" durch die Nationalsozialisten stand im Vordergrund. Die spätere Forschung sah darin eine unzulässige Verengung der historischen Perspektive und untersuchte verstärkt, welche strukturellen Schwächen die Republik von ihrer Gründung an belasteten: Weltanschauungs- und Interessenparteien, die sich selten zu konstruktiver Regierungsarbeit bereit erklärten; ein Offizierskorps ohne demokratische Gesinnung; eine Justiz, die sich, wie die Universitäten und Gymnasien, weiterhin an den konservativen und nationalistischen Wertvorstellungen der Kaiserzeit orientierte; und wirtschaftliche Herausforderungen (Inflation, Weltwirtschaftskrise, Arbeitslosigkeit), die die Existenz weiter Bevölkerungsschichten bedrohten und das Vertrauen in den Staat zerstörten. Zu den größten Belastungen der Weimarer Republik gehörte zweifellos auch die Weigerung, den Ausgang des Ersten Weltkriegs und den verhassten Versailler Vertrag (Gebietsverluste, Reparationsforderungen) zu akzeptieren.

Es darf jedoch auch nicht übersehen werden, dass die erste deutsche Demokratie viele innen- und außenpolitische Probleme erfolgreich meisterte. Dazu gehörten die Wiedereingliederung von Millionen von Soldaten in Gesellschaft und Beruf sowie die Überwindung der außenpolitischen Isolation durch den Vertrag von Locarno und die Aufnahme Deutschlands in den Völkerbund.

Der Wechsel zwischen Fortschritt und Stagnation, das erbitterte Ringen um die Demokratie, die Blütezeit in Kunst und Kultur auf der einen und das wirtschaftliche, politische und soziale Chaos auf der anderen Seite – dies sind die Faktoren, die die Epoche der Weimarer Republik als Epoche der Gegensätze kennzeichnen. Dabei war das Scheitern der ersten deutschen Demokratie eine historische Erfahrung, aus der schon die Gründerväter der Bundesrepublik wegweisende Lehren zogen. Bis heute ist die politische Kultur Deutschlands vom Willen durchdrungen, die Fehler von Weimar nicht zu wiederholen.

▶ *Mit welchen Schwierigkeiten sah sich die junge Republik zum Zeitpunkt ihrer Entstehung konfrontiert?*

▶ *Wie trugen innen- und außenpolitische Faktoren in den Folgejahren zur Stabilisierung und zur Destabilisierung der Weimarer Republik bei?*

▶ *Wo sind die Gründe für das Scheitern der ersten deutschen Demokratie zu suchen?*

Vom Obrigkeitsstaat zur Republik

Das Ende der Monarchie ▪ Angestachelt durch Nationalismus und eine Flut kriegsverherrlichender Literatur hatten Teile der Bevölkerung, vor allem das Bildungsbürgertum, Studenten und Gymnasiasten, im Jahr 1914 enthusiastisch auf die Nachricht vom Ausbruch des Krieges reagiert. Für andere Gruppen wie die der Arbeiter, Bauern oder Kleinbürger verbanden sich damit eher Befürchtungen und Ängste. Die Berichte von den grauenvollen Kämpfen an der Front, mehr noch die ersten Gefallenen aus dem Kreis der Familie oder Freunde, ließen die anfängliche Begeisterung auch unter den Befürwortern des Krieges schnell verfliegen. Die sozialen Spannungen entluden sich bereits seit Ende des Jahres 1915 in Unruhen, Protesten und Arbeitsniederlegungen. In den letzten beiden Kriegsjahren kam es dann zu Massenprotesten, die Ausdruck einer weit verbreiteten Antikriegsstimmung waren. Zu Beginn des Jahres 1918 beteiligten sich in Berlin und anderen Großstädten eine Million Arbeiterinnen und Arbeiter an Streiks, bei denen die Forderungen nach innenpolitischen Reformen und nach Beendigung des Krieges immer lauter wurden.

Doch erst nach dem Scheitern der letzten großen Offensiven (März bis August 1918) gab die Oberste Heeresleitung (OHL) die Hoffnung auf einen Sieg auf und drängte die Regierung Ende September zum Abschluss eines sofortigen Waffenstillstandes. Das Eingeständnis der Niederlage kam für die Mehrzahl der Politiker und die Öffentlichkeit völlig überraschend. Die Chefs der OHL, die Generäle **Erich Ludendorff** und **Paul von Hindenburg**, entschiedene Gegner jeglicher demokratischer Reformen, forderten jetzt die Bildung einer vom Parlament getragenen Regierung. Diese sollte die Waffenstillstandsverhandlungen führen und damit auch die Verantwortung für den Zusammenbruch übernehmen, um so die militärische Führung vom Makel der Niederlage freizuhalten. Anfang Oktober 1918 bildete Reichskanzler Prinz **Max von Baden** eine neue Regierung. Sie bestand aus Vertretern der SPD, des Zentrums und der liberalen Fortschrittspartei. Dass die Militärs sich damit ihrer Verantwortung entziehen konnten, belastete die Republik von Anfang an schwer, denn viele Deutsche sahen den Zusammenbruch nicht als das Ergebnis einer militärischen Niederlage, sondern als das Resultat der von den „Linken" verantworteten Revolution.

Als Ende Oktober 1918 Matrosen den Befehl der Seekriegsleitung verweigerten, für eine inzwischen militärisch sinnlose Schlacht gegen die Briten auszulaufen, wurden sie festgenommen und in Kiel inhaftiert. Um die Freilassung der Kameraden zu erzwingen, bildeten sich Soldatenräte, die zu Massendemonstrationen aufriefen. Obwohl die Aktionen kriegsmüder Truppenteile nicht von langer Hand vorbereitet waren, breitete sich die revolutionäre Bewegung sehr schnell aus. Spontan nun auch in Ortschaften gewählte Arbeiter- und Soldatenräte beanspruchten die politische Führung, amtierende Politiker und Beamte gaben nach. So wurde der gewaltlose Sturz der Monarchien in allen Bundesstaaten in kurzer Zeit vollzogen.

Am 9. November forderten Hunderttausende in Berlin die sofortige Beendigung des Krieges und die Abdankung des Kaisers, Wilhelm II., der in ihren Augen das Haupthindernis für einen schnellen Friedensschluss war. Da er sich bis zuletzt weigerte, gab Reichskanzler Max von Baden noch am gleichen Tag auf eigene Verantwortung die Abdankung des Kaisers bekannt.

Der „Rat der Volksbeauftragten" ▪ Ebenfalls am 9. November 1918 übergab Max von Baden ohne verfassungsrechtliche Legitimation das Amt des Reichskanzlers an **Friedrich Ebert**, den Vorsitzenden der SPD, die im Reichstag die stärkste Fraktion stellte.

Erich Ludendorff (1865 - 1937): 1914 Generalstabschef im Ersten Weltkrieg und gemeinsam mit Hindenburg Oberbefehlshaber der deutschen Truppen an der Ostfront; 1924 - 1928 Abgeordneter im Reichstag

Paul von Hindenburg (1847 - 1934): 1914 - 1916 Oberbefehlshaber der Truppen an der Ostfront, 1916 - 1918 Chef des Generalstabs, 1925 - 1934 Reichspräsident

Max von Baden (1867 - 1929): Großherzog von Baden, preußischer General und 1918 Reichskanzler

Friedrich Ebert (1871 - 1925): ab 1913 SPD-Vorsitzender, 1919 bis zu seinem Tod 1925 erster Reichspräsident der Weimarer Republik

Die Gründung der deutschen Republik.

▲ **Ausrufung der Republik und Bildung des „Rats der Volksbeauftragten".**
Fotomontage als Bildpostkarte von 1918.
Am 9. November 1918 rief Philipp Scheidemann (SPD) am Fenster des Berliner Reichstages die
Republik aus. Die Szene wird eingerahmt von den Mitgliedern des neu gebildeten „Rats der Volks-
beauftragten"; links (von o. nach u.): Hugo Haase (USPD), Otto Landsberg (SPD), Wilhelm Dittmann
(USPD); rechts: Friedrich Ebert (SPD), Philipp Scheidemann und Emil Barth (USPD).

Während Ebert die Entscheidung über die künftige Staatsform einer gewählten Nationalversammlung überlassen wollte, rief sein Parteifreund **Philipp Scheidemann** die „Deutsche Republik" aus. Er kam damit dem **Spartakus**führer **Karl Liebknecht** zuvor, der zwei Stunden später die „Sozialistische Republik Deutschland" verkündete. Um der sich abzeichnenden Bildung einer sozialistischen **Räterepublik** zu begegnen, bemühte sich Ebert um eine Verständigung mit der **USPD**. Die beiden Parteien besetzten auf paritätischer Grundlage mit je drei Vertretern den *Rat der Volksbeauftragten* als provisorische deutsche Regierung. Er wurde zunächst nur durch die Berliner Arbeiter- und Soldatenräte legitimiert, die sich wie auch in anderen Städten im Zuge der Revolution spontan, ohne festes politisches Konzept und ohne überregionale Organisation gebildet hatten. Häufig wurden dabei Mitglieder der örtlichen Parteivorstände der SPD und des rechten Flügels der USPD gewählt. Die meisten Arbeiterräte orientierten sich nicht an der Theorie des Rätesystems. Im Vordergrund standen nach dem Zusammenbruch die praktischen Aufgaben, die Lebensmittelversorgung und die öffentliche Ordnung. Die Arbeiterräte traten aber allgemein für die Demokratisierung von Militär, Verwaltung und Wirtschaft ein.

Der vom 16. bis 20. Dezember 1918 in Berlin tagende *Reichskongress der Arbeiter- und Soldatenräte* beließ die gesetzgebende und vollziehende Gewalt bis zur Einberufung der Nationalversammlung beim Rat der Volksbeauftragten. Der Antrag der radikalen Linken, am Rätesystem als Grundlage der Verfassung für eine sozialistische Republik festzuhalten, wurde dabei mit großer Mehrheit abgelehnt.

Philipp Scheidemann (1865-1939): SPD-Politiker; unter Max von Baden 1918 Staatssekretär; 1919 Reichskanzler

Spartakusbund: Gruppe radikaler Sozialisten, die den Kern der am 1.1.1919 gegründeten Kommunistischen Partei Deutschlands (KPD) bildete

Karl Liebknecht (1871-1919): Gründer des Spartakusbundes 1916; Mitbegründer der Kommunistischen Partei Deutschlands 1919

Räterepublik: Herrschaftsform, die eine direkte Demokratie mithilfe von Räten verwirklichen will. Die Räte werden auf verschiedenen Ebenen gewählt bis hin zum Zentralrat. Sie sind an die Weisungen der Wähler gebunden und vereinen gesetzgebende, ausführende und rechtsprechende Gewalt in sich.

USPD: Aus Protest gegen die Bewilligung weiterer Kriegskredite verließen ab 1916 immer mehr Mitglieder die SPD und gründeten im April 1917 eine eigene Partei, die Unabhängige Sozialdemokratische Partei Deutschlands.

► **Geschichte In Clips:**
Zur Ausrufung der Republik
siehe Clip-Code 4667-01

Wilhelm Groener (1867 – 1939):
1928 – 1932 Reichswehrminister; 1931 Innenminister

Freikorps: überwiegend extrem antirepublikanische und antikommunistische paramilitärische Verbände. Sie gehörten nicht zu den regulären Truppen und bestanden aus ehemaligen Berufssoldaten, Abenteurern, Studenten oder Schülern, meist Männer, die nach dem Krieg kein Zuhause und keine Arbeit hatten und nicht in ein ziviles Leben zurückgefunden hatten.

Rosa Luxemburg (1870 – 1919, ermordet): jüdische Journalistin und sozialistische Theoretikerin; 1919 Mitbegründerin der KPD

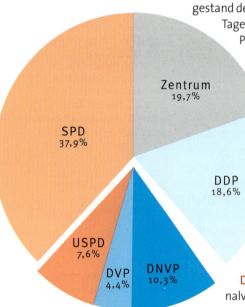

▲ **Ergebnis der Wahlen zur Nationalversammlung 1919.**
SPD, Zentrum und DDP bildeten die sogenannte „Weimarer Koalition".

Neue Regierung, alte Eliten ◼ Der Rat der Volksbeauftragten war mit einer Reihe von Aufgaben konfrontiert, die sich nach dem Ende des Krieges ergaben.

Mit Demonstrationen und Straßenkämpfen versuchten vor allem die Spartakisten weiterhin, ein parlamentarisches System zu verhindern und die Bevölkerung für die Räterepublik zu gewinnen (► M1). Um die innere Sicherheit zu gewährleisten, entschloss sich Ebert zu einer Vereinbarung mit dem Reichswehrgeneral **Wilhelm Groener**, der den Rückzug der deutschen Truppen leitete. Im Namen der Obersten Heeresleitung (OHL) bekundete Groener seine Loyalität gegenüber der Regierung und versprach militärische Unterstützung bei Unruhen. Als Gegenleistung erwartete er den gemeinsamen „Kampf gegen den Radikalismus und Bolschewismus" (► M2). Zudem unterstützte der Rat der Volksbeauftragten die Bildung sogenannter **Freikorps**. Gegen die Unruhen, die nach dem Reichskongress der Arbeiter- und Soldatenräte ausgebrochen waren, rief Ebert erstmals die OHL zu Hilfe. Nach einer blutigen Straßenschlacht traten die Mitglieder der USPD Ende Dezember 1918 aus dem Rat der Volksbeauftragten aus. Die tiefere Ursache für diesen Bruch lag in der grundsätzlichen Differenz zwischen SPD und USPD über das *Ebert-Groener-Abkommen.*

Die Regierung Ebert scheute auch deshalb davor zurück, die militärischen Kommandostrukturen anzutasten, weil die OHL die Aufgabe hatte, nach Abschluss des Waffenstillstands am 11. November 1918 innerhalb von 35 Tagen die deutschen Soldaten zurückzuführen. Dies konnte nur gelingen, wenn die revolutionäre Stimmung nicht die Disziplin in der Armee untergrub.

Versorgungsnöte und Revolutionsgefahr veranlassten auch Unternehmer und Gewerkschaften zur Zusammenarbeit. Am 15. November 1918 unterzeichneten sie das *Stinnes-Legien-Abkommen,* benannt nach dem Großindustriellen *Hugo Stinnes* und dem Vorsitzenden der Generalkommission der Freien Gewerkschaften, *Carl Legien.* Die Arbeitgeberseite erkannte die Gewerkschaften als Vertreter der Arbeiterschaft an und gestand den Achtstundentag bei vollem Lohnausgleich zu; üblich war noch die Sechs-Tage-Woche. Die Gewerkschaften verzichteten dafür auf die Sozialisierung von Privatbetrieben.

Die Regierung Ebert hatte noch bis unmittelbar vor den Wahlen zur Nationalversammlung mit revolutionären Unruhen fertig zu werden. Vom 5. bis 12. Januar 1919 stand Berlin im Zeichen des „Spartakusaufstandes". Tausende Anhänger des Spartakusbundes um Karl Liebknecht und **Rosa Luxemburg** lieferten sich Straßenschlachten mit Regierungstruppen und Freikorps. Die Aufständischen wollten die Wahlen verhindern und den Arbeiter- und Soldatenräten zur Regierungsgewalt verhelfen. Der Aufstand wurde blutig niedergeschlagen, Rosa Luxemburg und Karl Liebknecht nach ihrer Verhaftung von Offizieren ermordet. Daraufhin kam es auch in anderen Städten zu Streiks und bewaffneten Aufständen. Sie dauerten noch bis Mai 1919 an (► M3).

Die Nationalversammlung ◼ Aus der Wahl zur Verfassunggebenden Nationalversammlung am 19. Januar 1919 ging die SPD als stärkste Partei hervor. Sie gewann jedoch nicht die erhoffte absolute Mehrheit. Ein Bündnis der sozialistischen Parteien scheiterte am schwachen Abschneiden der USPD; beide zusammen brachten es lediglich auf 45,5 Prozent der Stimmen. Die deutschen Wähler hatten sich damit eindeutig gegen das Rätesystem ausgesprochen, aber auch gegen eine Rückkehr zur Monarchie (► M4). Angesichts des Wahlergebnisses ergab sich die Zusammenarbeit der drei größten Fraktionen, die schon während des Krieges im Reichstag kooperiert hatten: SPD, Zentrum und Deutsche Demokratische Partei (DDP). Sie bildeten die sogenannte „Weimarer Koalition", die mit 76,1 Prozent der Stimmen eine deutliche Mehrheit des Volkes repräsentierte (331 von insgesamt 423 Mandaten). Die Opposition war gespalten: Links stand die radikal-sozialistische USPD und rechts die national-bürgerlich ausgerichtete Deutsche Volkspartei (DVP) sowie die völkische, konservativ-monarchistische Deutschnationale Volkspartei (DNVP).

Kriegsfolgen ■ Der Erste Weltkrieg wurde von der Bevölkerung aller beteiligten europäischen Staaten als Katastrophe und tiefe Zäsur empfunden. Zahllose Familien hatten Angehörige verloren, nicht selten den Familienvater und damit den Ernährer. Viele Soldaten blieben berufsunfähig, entweder durch schwere Verwundungen oder durch im Krieg ausgelöste Traumata. Sie waren von der Brutalität des Krieges geprägt und fanden oft nicht die Möglichkeit, sich in der Gesellschaft eine gesicherte Existenz aufzubauen. Die vom Krieg und seinen Folgen geschwächten Länder waren auf die große Zahl der zu versorgenden Invaliden, Witwen und Waisen nicht vorbereitet, die Sozialsysteme waren überlastet.

Arbeitslosigkeit, Hunger und Elend bestimmten den Alltag der Mittel- und Unterschichten in den ersten Jahren nach dem Krieg. Das Wirtschaftsleben kam nur allmählich wieder in Gang; die Umstellung von Kriegs- auf Friedenswirtschaft vollzog sich dabei nur langsam. In Deutschland lag die Industrieproduktion 1922 erst bei 70 Prozent des Vorkriegsniveaus. Hinzu kam die große Belastung der europäischen Währungen durch Kriegsschulden und *Inflation*. Deutschland hatte zusätzlich noch die im Versailler Vertrag festgelegten hohen Reparationszahlungen zu leisten.* Die Höhe dieser Zahlungen, die im Versailler Vertrag selbst zunächst noch nicht festgelegt worden war, war in den folgenden Jahren Anlass für heftige innen- und außenpolitische Auseinandersetzungen. In Verhandlungen konnte Deutschland im Laufe der 1920er-Jahre bezüglich der Gesamtsumme schließlich einige Entlastungen erreichen.

Der Erste Weltkrieg hatte nicht nur Auswirkungen auf die wirtschaftliche, sondern auch auf die politische Entwicklung in Europa. Einige Länder erlangten ihre Unabhängigkeit wieder (wie Polen), daneben entstanden viele völlig neue Staaten, vor allem auf dem Balkan und im Baltikum. Gerade diese Länder mussten oftmals um ihre politische Akzeptanz in der Bevölkerung kämpfen, was durch die politische und wirtschaftliche Instabilität erschwert wurde. In vielen europäischen Staaten gelangten in den folgenden Jahren diktatorische, militaristische oder autoritäre Regierungen an die Macht, so etwa in Ungarn (1920), Italien (1922), Spanien (1923) und Polen (1926). In Russland gab es bereits seit der Oktoberrevolution 1917 ein kommunistisches Regime, das von allen übrigen Staaten geächtet wurde.

* Siehe S. 158 f.

▲ „Der Streichholzhändler."
Gemälde von Otto Dix, Öl auf Leinwand, partiell Collagen, 1920.
Das Bild ist eines von insgesamt vier von Dix gemalten „Krüppelbildern". Kümmerlich von der Wohlfahrt oder sogar ohne jede Unterstützung lebende Kriegsversehrte, die als Bettler, Musikanten oder Straßenhändler ihr Auskommen suchten, gehörten in der Weimarer Republik zum gewohnten Bild. Aus dem Mund des Streichholzhändlers gellt der Ruf „Streichhölzer, echte Schwedenhölzer", der mit kreidiger Ölfarbe auf die Leinwand gekritzelt ist.

■ *Analysieren Sie, mit welchen Mitteln der Künstler die Folgen des Kriegs anprangert.*

M1 Bürgerliche oder sozialistische Demokratie?

In der „Roten Fahne", dem Zentralorgan des Spartakusbundes, schreibt Rosa Luxemburg am 20. November 1918:

Das heutige Idyll, wo Wölfe und Schafe, Tiger und Lämmer wie in der Arche Noah friedlich nebeneinander grasen, dauert auf die Minute so lange, bis es mit dem Sozialismus ernst zu werden beginnt. Sobald die famose Nationalversamm-
5 lung wirklich beschließt, den Sozialismus voll und ganz zu verwirklichen, die Kapitalsherrschaft mit Stumpf und Stiel auszurotten, beginnt auch der Kampf. [...] All das ist unvermeidlich. All das muss durchgefochten, abgewehrt, niedergekämpft werden – ob mit oder ohne Nationalversammlung.
10 Der „Bürgerkrieg", den man aus der Revolution mit ängstlicher Sorge zu verbannen sucht, lässt sich nicht verbannen. [...]
Die Nationalversammlung ist ein überlebtes Erbstück bürgerlicher Revolutionen, eine Hülle ohne Inhalt, ein Requisit
15 aus den Zeiten kleinbürgerlicher Illusionen vom „einigen Volk", von der „Freiheit, Gleichheit und Brüderlichkeit" des bürgerlichen Staates. [...]
Nicht darum handelt es sich heute, ob Demokratie oder Diktatur. Die von der Geschichte auf die Tagesordnung gestellte
20 Frage lautet: *bürgerliche* Demokratie oder *sozialistische* Demokratie. Denn Diktatur des Proletariats, das ist Demokratie im sozialistischen Sinne. Diktatur des Proletariats, das sind nicht Bomben, Putsche, Krawalle, „Anarchie", wie die Agenten des kapitalistischen Profits zielbewusst fälschen, sondern
25 das ist der Gebrauch aller politischen Machtmittel zur Verwirklichung des Sozialismus, zur Expropriation[1] der Kapitalistenklasse – im Sinne und durch den Willen der revolutionären Mehrheit des Proletariats, also im Geiste sozialistischer Demokratie.
30 Ohne den bewussten Willen und die bewusste Tat der Mehrheit des Proletariats kein Sozialismus. Um dieses Bewusstsein zu schärfen, diesen Willen zu stählen, diese Tat zu organisieren, ist ein Klassenorgan nötig: das Reichsparlament der Proletarier in Stadt und Land.

Die Rote Fahne vom 20. November 1918

1. *Arbeiten Sie heraus, mit welchen Argumenten Rosa Luxemburg die Wahl zur Nationalversammlung verwirft. Diskutieren Sie, welche Aussagen situationsbedingt, welche programmatisch sind.*

2. *Suchen und erläutern Sie Widersprüche in der Argumentation von Rosa Luxemburg.*

3. *Definieren Sie Rosa Luxemburgs Verständnis der Begriffe „Demokratie" und „Diktatur".*

[1] Expropriation: Enteignung

M2 Verständigung zwischen Groener und Ebert

General Groener und der Vorsitzende des Rates der Volksbeauftragten, Friedrich Ebert (SPD), treffen am 10. November 1918 eine Vereinbarung. In seiner 1957 erschienenen Autobiografie schreibt Groener darüber, dass es sein Ziel sein sollte, die deutschen Truppen nach der Unterzeichnung des Waffenstillstandes ordnungsgemäß ins Deutsche Reich zurückzuführen:

Die Aufgabe der Heeresleitung musste es jetzt sein, den Rest des Heeres rechtzeitig und in Ordnung, aber vor allem innerlich gesund in die Heimat zu bringen und dem Offizierskorps als dem Träger des Wehrgedankens einen Weg in die neuen Verhältnisse zu ermöglichen. Die seit Jahrhunderten im
5 preußisch-deutschen Offizierskorps angesammelte moralisch-geistige Kraft musste in ihrem Kern für die Wehrmacht der Zukunft erhalten werden. Der Sturz des Kaisertums entzog den Offizieren den Boden ihres Daseins, ihren Sammel- und Ausrichtepunkt. Es musste ihm ein Ziel gewiesen wer-
10 den, das des Einsatzes wert war und ihm die innere Sicherheit wiedergab. Es musste das Gefühl wachgerufen werden der Verpflichtung nicht nur gegenüber einer bestimmten Staatsform, sondern für Deutschland schlechthin.
Das Offizierskorps konnte aber nur mit einer Regierung zu-
15 sammengehen, die den Kampf gegen den Radikalismus und Bolschewismus aufnahm. Dazu war Ebert bereit, aber er hielt sich nur mühsam am Steuer und war nahe daran, von den Unabhängigen und der Liebknechtgruppe über den Haufen gerannt zu werden. Was war demnach näher liegend, als
20 Ebert, den ich als anständigen, zuverlässigen Charakter und unter der Schar seiner Parteigenossen als den staatspolitisch weitsichtigsten Kopf kennengelernt hatte, die Unterstützung des Heeres und des Offizierskorps anzubieten?
[...] Am Abend rief ich die Reichskanzlei an und teilte Ebert
25 mit, dass das Heer sich seiner Regierung zur Verfügung stelle, dass dafür der Feldmarschall und das Offizierskorps von der Regierung Unterstützung erwarteten bei der Aufrechterhaltung der Ordnung und Disziplin im Heer. Das Offizierskorps verlange von der Regierung die Bekämpfung des Bolschewis-
30 mus und sei dafür zum Einsatz bereit. Ebert ging auf meinen Bündnisvorschlag ein. Von da ab besprachen wir uns täglich abends auf einer geheimen Leitung zwischen der Reichskanzlei und der Heeresleitung über die notwendigen Maßnahmen. Das Bündnis hat sich bewährt.
35

Heinz Hürten (Hrsg.), Weimarer Republik und Drittes Reich 1918-1945
(Deutsche Geschichte in Quellen und Darstellung, Bd. 9), Stuttgart ²2000, S. 35

1. *Beschreiben Sie die Aufgaben, die Groener gemäß seiner Autobiografie hatte.*

2. *Bewerten Sie das Verhalten Groeners.*

M3 Die Revolution – eine verpasste Chance?

Der Historiker Heinrich August Winkler beschäftigt sich mit der Bedeutung der Revolution von 1918/19:

Manche Historiker meinen, dass die erste deutsche Demokratie vielleicht nicht untergegangen und dann auch Hitler
nicht an die Macht gekommen wäre, hätte es damals einen
gründlichen Bruch mit der obrigkeitsstaatlichen Vergangen-
5 heit gegeben. Tatsächlich war der Handlungsspielraum der
regierenden Mehrheitssozialdemokraten […] in den entscheidenden Wochen zwischen dem Sturz der Monarchie am
9. November 1918 und der Wahl der Verfassunggebenden
Deutschen Nationalversammlung am 19. Januar 1919 größer,
10 als die Akteure mit Friedrich Ebert, dem Vorsitzenden des
Rates der Volksbeauftragten, an der Spitze selbst meinten.
Sie hätten weniger bewahren müssen und mehr verändern
können. Es wäre, mit anderen Worten, möglich gewesen, in
der revolutionären Übergangzeit erste Schritte zu tun auf
15 dem Weg zu einer Demokratisierung der Verwaltung, der
Schaffung eines republikloyalen Militärwesens, der öffentlichen Kontrolle der Macht […].
Deutschland kannte zwar bis zum Oktober 1918 kein parlamentarisches Regierungssystem, aber seit rund einem
20 halben Jahrhundert das allgemeine, gleiche und direkte
Reichstagswahlrecht für Männer, das Bismarck 1866 im
Norddeutschen Bund und 1871 im Deutschen Reich eingeführt hatte. Das Kaiserreich lässt sich daher nicht einfach als
„Obrigkeitsstaat" beschreiben. Deutschland war um 1918
25 bereits zu demokratisch, um sich eine revolutionäre Erzie-
hungsdiktatur […] aufzwingen zu lassen.
Deutschland war auch zu industrialisiert für einen völligen
Umsturz der gesellschaftlichen Verhältnisse. […] Beide Faktoren, der Grad der Demokratisierung und der Grad der
30 Industrialisierung, wirkten objektiv revolutionshemmend.

Heinrich August Winkler, Weimar: Ein deutsches Menetekel, in: Ders.
(Hrsg.), Weimar. Ein Lesebuch zur deutschen Geschichte 1918-1933,
München 1997, S. 15 ff.

1. *Die Revolution von 1918/19 wird oft als „stecken-
gebliebene" oder „gebremste" Revolution bezeichnet.
Erläutern Sie mithilfe des Textes, ob diese Aussagen
zutreffend sind.*

2. *Beurteilen Sie die Kritik Winklers am Handeln Eberts,
und diskutieren Sie über Möglichkeiten und Grenzen des
Rates der Volksbeauftragten, das politische Geschehen
in der revolutionären Phase bis Weihnachten 1918 zu
beeinflussen.*

M4 Deutschlands Zukunft

*Theodor Heuss (1884 - 1963), der erste Bundespräsident der
Bundesrepublik Deutschland, bewirbt sich am 17. Januar 1919
um einen Platz auf der württembergischen Liste der linksliberalen DDP. In seiner Rede formuliert er Kriterien für die neu
zu entwerfende Verfassung:*

Der Gewaltenaufbau im neuen Reich wird demokratisch sein.
England zeigt, dass dies nicht ohne Weiteres die Monarchie ausschließt. Aber wenn der Krieg die große Feuerprobe
der Geschichte ist, dann wurde sie von der deutschen Monarchie nicht bestanden. […]
5
Wenn die Demokratie nun den Staat aus den Trümmern
gestürzter Autoritäten wieder aufrichten soll, was ist dann
ihre erste Aufgabe? Neue Autoritäten zu schaffen. Das ist das
Ziel der Verfassungsarbeiten, und es scheint Gefahr in Ver-
zug, dass unter der Suggestion erregten Massenwillens der
10
Gewaltenaufbau nicht straff genug gesichert werde. Wollen
wir zur Ordnung und staatlichen Gestaltung der öffentlichen
Kräfte uns zurück- oder vorwärtsarbeiten, dann kann kein
Problem so ernsthaft angefasst werden wie das des Führer-
tums in der Demokratie. Demokratie heißt nicht Massen-
15
herrschaft, sondern Aufbau, Sicherung, Bewahrung der
selbstgewählten Autoritäten. Man mag noch so demokratisch denken, die politische Exekutive, die Gesetzgebung und
die Verwaltung müssen so verankert werden, dass sie persönlicher Verantwortung und Leistungsfreude Lockung bleiben
20
[…]
Die Parteien in Deutschland sind zum Regieren nicht erzogen
worden – die Größe Bismarcks warf auf ihr Leben Schatten
genug – heute sind sie, auch in ihrer Unvollkommenheit und
Schwerfälligkeit, die Klammern des Staatslebens […]. Unfä-
25
higkeit oder mittlere Begabung soll nicht durch Tüchtigkeit
einer Parteigesinnung zu Amt und Macht steigen. Die Revo-
lutionserfahrungen sind teilweise recht ernüchternd oder
beängstigend gewesen. Legen wir nicht hier durch ein freies
Beamtenrecht und starke Sicherungen bürgerlicher Freiheit
30
gegenüber der Staatsgewalt Riegel vor, so verderben wir
das Beste, was der deutsche „Obrigkeitsstaat" seinem Nachfolger als Erbe zu übergeben hat.

Theodor Heuss, Die großen Reden, Tübingen 1965, S. 27 ff. © Rainer Wunder-
lich Verlag, mit freundlicher Genehmigung der Deutschen Verlags-Anstalt

1. *Erläutern Sie, wie Heuss die Rolle von Parteien und
Autoritäten sieht.*

2. *Prüfen Sie, ob die von Heuss genannten Kriterien
auch nach aktuellen Wertmaßstäben noch Gültigkeit
beanspruchen können.*

Die Weimarer Verfassung

Weimar ▰ Die „Republik von Weimar" erhielt ihren Namen, weil die Verfassunggebende Versammlung vor den Unruhen in Berlin auswich und im Februar 1919 in der Stadt in Thüringen zusammentrat. Weimar sollte auch auf Goethe, Schiller und die deutsche Klassik verweisen, um der ersten deutschen Republik Würde und Ansehen zu verleihen.

Der Wähler als Souverän ▰ Männer und Frauen über 20 Jahren erhielten das Recht, in allgemeinen, geheimen, unmittelbaren Wahlen alle vier Jahre die Abgeordneten des Reichstages und alle sieben Jahre den Reichspräsidenten zu wählen (▶ M1).

Mit dem *Verhältniswahlrecht* sollte jede Stimme gleich gewichtet sein: Jede Partei erhielt für 60 000 gültige Stimmen ein Mandat. Eine Sperrklausel, die den kleinen Parteien – auch „Splitterparteien" genannt – den Zutritt zum Reichstag hätte verwehren können, gab es nicht. Anders als beim Mehrheitswahlrecht des Kaiserreichs gingen so kaum Stimmen verloren, was zu dieser Zeit als besonders gerecht und demokratisch galt. Dabei vernachlässigte man allerdings, dass Wahlen nicht nur der demokratischen Gerechtigkeit dienen sollen. Das wesentliche Ziel, regierungsfähige Mehrheiten im Parlament zu bilden, wurde durch die Parteienvielfalt im Parlament erschwert. Hinzu kam, dass die Parteien kaum Bereitschaft zu Kompromissen zeigten, die eigenen Interessen dem Gemeinwohl vorzogen und damit die Regierung schwächten.

Als Elemente der direkten Demokratie wurden *Volksbegehren* und *Volksentscheid* eingeführt. Die Staatsbürger sollten sich durch **Plebiszite** direkt an der staatlichen Willensbildung beteiligen. Jedoch konnte die plebiszitäre Komponente der Verfassung ihre Aufgabe, ein „Gegengewicht zum Parteienstaat" zu bilden, in der Praxis nicht erfüllen. Vielmehr versuchten republikfeindliche Parteien, Volksabstimmungen zur Manipulation der Massen einzusetzen. Solche Bestrebungen scheiterten aber bis 1933 an den fehlenden Mehrheiten.

▲ **Die erste Seite der Verfassungsurkunde.**

Plebiszit (lat. „plebis scitum"): Volksabstimmung, Volksbeschluss

Die Verfassungsorgane ▰ Dem Reichstag oblag neben dem Recht auf Gesetzgebung auch die Kontrolle der Regierung, d.h. Kanzler und Minister benötigten zu ihrer Amtsführung das Vertrauen der Parlamentsmehrheit. Jedes einzelne Regierungsmitglied konnte durch ein *Misstrauensvotum* zum Rücktritt gezwungen werden. Allerdings bestand keine Pflicht, bei der Abwahl des Kanzlers einen neuen Regierungschef zu wählen und damit wiederum für eine handlungsfähige Regierung zu sorgen. Für den Reichsrat, die Vertretung der Länder, war mit einem aufschiebenden Veto gegen Beschlüsse des Reichstages nur geringer Einfluss vorgesehen.

Mit besonderen Vollmachten war der *Reichspräsident* ausgestattet. Er allein ernannte und entließ den Kanzler und konnte den Reichstag auflösen. Außerdem war er Oberbefehlshaber der Reichswehr. Bei Gefahr für die öffentliche Sicherheit und Ordnung im Reich konnte der Reichspräsident auf der Grundlage des Artikel 48 die zu ihrer Wiederherstellung nötigen Maßnahmen treffen und notfalls die Reichswehr einsetzen (▶ M2). Im Laufe der Jahre wurde dieser Artikel häufig von Reichspräsident und Reichskanzler unter Umgehung des Parlaments herangezogen, um wirtschaftliche und soziale Probleme zu lösen.

Die Grundrechte ■ Der Katalog der Grundrechte und Grundpflichten, den die Weimarer Verfassung als zweiten Hauptteil aufführte (Art. 109-165), erfüllte eine alte Forderung des deutschen Liberalismus. **Hugo Preuß**, der im Auftrag Eberts einen Verfassungsentwurf ausarbeitete und als „Vater der Verfassung" gilt, bezeichnete die Aufnahme der Grundrechte als einen Akt der Pietät gegenüber den Abgeordneten der Paulskirche (1848/49). Diese hatten in den Grundrechten ein Kernstück jeder Verfassung gesehen: Rechtsgleichheit, Freizügigkeit, Recht der freien Meinungsäußerung, Freiheit der Person, Glaubens- und Gewissensfreiheit.

Die wichtige Aufgabe der Kontrolle der Staatsmacht erfüllte dieser Katalog jedoch nicht uneingeschränkt, da viele Grundrechte in Krisenzeiten durch *Notverordnungen* gemäß Artikel 48 außer Kraft gesetzt werden konnten. Dass dies nicht nur zur Sicherung, sondern auch zur Zerstörung der demokratischen Ordnung geschehen konnte, vermochten sich die Verfassungsgeber nicht vorzustellen. Sie gaben der Republik eine wertneutrale Verfassung ohne normative Einschränkung, die den Gegnern der Demokratie von links und rechts die Möglichkeit bot, den Staat massiv zu bekämpfen. Die verantwortlichen Politiker sahen das Wesen der Demokratie ausschließlich in der Mehrheitsentscheidung, unabhängig davon, in welche Richtung sie ging. Außerdem bestand für die Bürger keine Möglichkeit, die Verletzung der Grundrechte durch die Staatsgewalt vor Gericht einzuklagen. Einen Verfassungskern, der ausdrücklich nicht von der Parlamentsmehrheit angetastet werden durfte, gab es nicht.

Zu den demokratischen Errungenschaften der Weimarer Republik gehört die verfassungsrechtliche *Gleichstellung der Geschlechter*. Schon während der Kriegsjahre waren vor allem Frauen aus der Arbeiterbewegung politisch aktiv gewesen, hatten sich an der Organisation von Streiks und Demonstrationen beteiligt und in der Frauenbewegung für ihre Rechte gekämpft. Aber auch bürgerliche Frauen engagierten sich und forderten gleiche politische Rechte. Im November 1918 erfüllte der Rat der Volksbeauftragten eine sozialdemokratische Forderung: das aktive und passive Wahlrecht für Frauen (▶ M3).

Mit einer Wahlbeteiligung von fast 90 Prozent machten die Frauen 1919 von ihrem Stimmrecht regen Gebrauch, 41 von 310 Kandidatinnen zogen in die Weimarer Nationalversammlung ein. Ein solcher Anteil wurde erst wieder 1983 im zehnten deutschen Bundestag erreicht.

Dass die Lebenswirklichkeit von den Vorgaben der Grundrechte abwich, verdeutlicht die Situation der Frauen in der Weimarer Republik. Nach der Reichsverfassung hatten Frauen und Männer nun „grundsätzlich dieselben staatsbürgerlichen Rechte und Pflichten" (Art. 109). Aber weder auf dem Arbeitsmarkt, wo Frauen für die gleiche Arbeit weniger Lohn erhielten, noch im Familienrecht galt der Gleichberechtigungsgrundsatz. Für Tätigkeiten, die über die Hausarbeit hinausgingen, brauchten Frauen die Erlaubnis des Ehemannes. So bestimmte es das Bürgerliche Gesetzbuch noch bis 1977. Das Frauenwahlrecht und die steigende Zahl weiblicher Mitglieder in Parteien und Gewerkschaften änderten nichts daran, dass führende Positionen der Politik weiterhin nur von Männern besetzt blieben.

Hugo Preuß (1860-1925): Staatsrechtler, 1919 Mitbegründer der DDP, erster Reichsinnenminister der Weimarer Republik

▲ **Zum ersten Mal dürfen die Frauen in Deutschland zur Wahl gehen.**
Foto vom 19. Januar 1919.

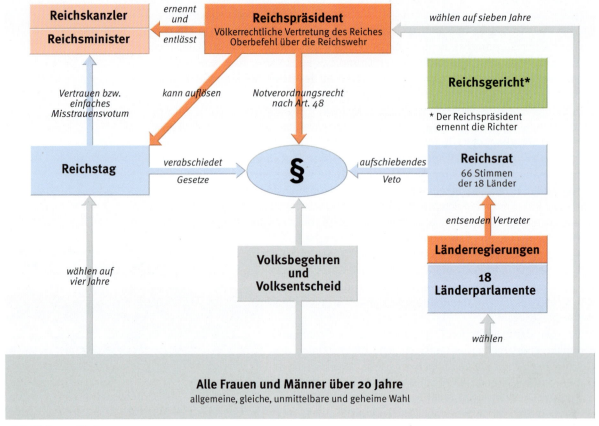

▲ **Die Weimarer Verfassung von 1919.**

■ *Erstellen Sie nach dem Muster ein Organigramm des Staatsaufbaus der Bundesrepublik Deutschland und erläutern Sie die wesentlichen Unterschiede zwischen beiden Verfassungen.*

M1 Die Weimarer Verfassung

Am 11. August 1919 tritt die Weimarer Verfassung in Kraft. In einem ersten Hauptteil (Art. 1-108) werden Aufbau und Aufgaben des Reiches geregelt, der zweite Hauptteil (Art. 109-181) enthält Grundrechte und -pflichten der Bürger:

I. Hauptteil. Aufbau und Aufgaben des Reichs

Artikel 1. Das Deutsche Reich ist eine Republik. Die Staatsgewalt geht vom Volke aus. [...]

Artikel 13. Reichsrecht bricht Landrecht. [...]

5 Artikel 21. Die Abgeordneten sind Vertreter des ganzen Volkes. Sie sind nur ihrem Gewissen unterworfen und an Aufträge nicht gebunden.

Artikel 22. Die Abgeordneten werden in allgemeiner, gleicher, unmittelbarer und geheimer Wahl von den über zwanzig Jahre alten Männern und Frauen 10 nach den Grundsätzen der Verhältniswahl gewählt. [...]

Artikel 25. Der Reichspräsident kann den Reichstag auflösen, jedoch nur einmal aus dem gleichen Anlass. [...] 15

Artikel 41. Der Reichspräsident wird vom ganzen deutschen Volke gewählt. [...]

Artikel 48. [...] Der Reichspräsident kann, wenn im Deutschen Reiche die öffentliche Sicherheit und Ordnung erheblich gestört oder gefährdet wird, die 20 zur Wiederherstellung der öffentlichen Sicherheit und Ordnung nötigen Maßnahmen treffen, erforderlichenfalls mithilfe der bewaffneten Macht einschreiten. Zu diesem Zwecke darf er vorübergehend die in den Artikeln 114, 115, 117, 25

118, 123, 124 und 153[1] festgesetzten Grundrechte ganz oder zum Teil außer Kraft setzen. [...]

Artikel 54. Der Reichskanzler und die Reichsminister bedürfen zu ihrer Amtsführung des Vertrauens des Reichstags. Jeder von ihnen muss zurücktreten, wenn ihm der Reichstag durch ausdrücklichen Beschluss sein Vertrauen entzieht. [...]

Artikel 76. Die Verfassung kann im Wege der Gesetzgebung geändert werden. Jedoch kommen Beschlüsse des Reichstags auf Abänderung der Verfassung nur zustande, wenn zwei Drittel der gesetzlichen Mitgliederzahl anwesend sind und wenigstens zwei Drittel der Anwesenden zustimmen. Auch Beschlüsse des Reichsrats auf Abänderung der Verfassung bedürfen einer Mehrheit von zwei Dritteln der abgegebenen Stimmen. Soll auf Volksbegehren durch Volksentscheid eine Verfassungsänderung beschlossen werden, so ist die Zustimmung der Mehrheit der Stimmberechtigten erforderlich. [...]

II. Hauptteil. Grundrechte und Grundpflichten der Deutschen

Artikel 109. Alle Deutschen sind vor dem Gesetze gleich. Männer und Frauen haben grundsätzlich dieselben staatsbürgerlichen Rechte und Pflichten.
Öffentlich-rechtliche Vorrechte oder Nachteile der Geburt oder des Standes sind aufzuheben. [...]

Artikel 118. Jeder Deutsche hat das Recht, innerhalb der Schranken der allgemeinen Gesetze seine Meinung durch Wort, Schrift, Druck, Bild oder in sonstiger Weise frei zu äußern. [...]
Eine Zensur findet nicht statt [...].

Artikel 119. Die Ehe steht als Grundlage des Familienlebens und der Erhaltung und Vermehrung der Nation unter dem besonderen Schutz der Verfassung. Sie beruht auf der Gleichberechtigung der beiden Geschlechter.
Die Reinerhaltung, Gesundung und soziale Förderung der Familie ist Aufgabe des Staats und der Gemeinden. Kinderreiche Familien haben Anspruch auf ausgleichende Fürsorge.
Die Mutterschaft hat Anspruch auf den Schutz und die Fürsorge des Staats. [...]

Artikel 122. Die Jugend ist gegen Ausbeutung sowie gegen sittliche, geistige oder körperliche Verwahrlo-

sung zu schützen. Staat und Gemeinde haben die erforderlichen Einrichtungen zu treffen. [...]

Artikel 123. Alle Deutschen haben das Recht, sich ohne Anmeldung oder besondere Erlaubnis friedlich und unbewaffnet zu versammeln. [...]

Artikel 128. Alle Staatsbürger ohne Unterschied sind nach Maßgabe der Gesetze und entsprechend ihrer Befähigung und ihren Leistungen zu den öffentlichen Ämtern zuzulassen.
Alle Ausnahmebestimmungen gegen weibliche Beamte werden beseitigt. [...]

Artikel 135. Alle Bewohner des Reichs genießen volle Glaubens- und Gewissensfreiheit. Die ungestörte Religionsausübung wird durch die Verfassung gewährleistet und steht unter staatlichem Schutz. Die allgemeinen Staatsgesetze bleiben hiervon unberührt. [...]

Artikel 142. Die Kunst, die Wissenschaft und ihre Lehre sind frei. Der Staat gewährt ihnen Schutz und nimmt an ihrer Pflege teil.

Artikel 143. Für die Bildung der Jugend ist durch öffentliche Anstalten zu sorgen. Bei ihrer Einrichtung wirken Reich, Länder und Gemeinden zusammen. [...]

Artikel 151. Die Ordnung des Wirtschaftslebens muss den Grundsätzen der Gerechtigkeit mit dem Ziele der Gewährleistung eines menschenwürdigen Daseins für alle entsprechen. In diesen Grenzen ist die wirtschaftliche Freiheit des Einzelnen zu sichern. [...]

Artikel 153. Das Eigentum wird von der Verfassung gewährleistet. Sein Inhalt und seine Schranken ergeben sich aus den Gesetzen.
Eine Enteignung kann nur zum Wohle der Allgemeinheit und auf gesetzlicher Grundlage vorgenommen werden. [...]
Eigentum verpflichtet. Sein Gebrauch soll zugleich Dienst sein für das Gemeine Beste.

Artikel 157. Die Arbeitskraft steht unter dem besonderen Schutz des Reichs.
Das Reich schafft ein einheitliches Arbeitsrecht. [...]

Artikel 159. Die Vereinigungsfreiheit zur Wahrung und Förderung der Arbeits- und Wirtschaftsbedingungen ist für jedermann und für alle Berufe gewährleistet. [...]

Artikel 161. Zur Erhaltung der Gesundheit und Arbeitsfähigkeit, zum Schutz der Mutterschaft und zur Vorsorge gegen die wirtschaftlichen Folgen von Alter, Schwäche und Wechselfällen des Lebens schafft das Reich ein umfassendes Versiche-

---

[1] In diesen Artikeln geht es vor allem um die Freiheit der Person und ihres Eigentums, Unverletzlichkeit der Wohnung, Briefgeheimnis sowie um Meinungs-, Versammlungs- und Vereinigungsfreiheit.

rungswesen unter maßgebender Mitwirkung der Versicherten.

Artikel 162. Das Reich tritt für eine zwischenstaatliche Regelung der Rechtsverhältnisse der Arbeiter ein, die
125 für die gesamte arbeitende Klasse der Menschheit ein allgemeines Mindestmaß der sozialen Rechte erstrebt.

Artikel 163. [...] Jedem Deutschen soll die Möglichkeit gegeben werden, durch wirtschaftliche Arbeit seinen
130 Unterhalt zu erwerben. Soweit ihm angemessene Arbeitsgelegenheit nicht nachgewiesen werden kann, wird für seinen notwendigen Unterhalt gesorgt.

Artikel 165. Die Arbeiter und Angestellten sind dazu berufen,
135 gleichberechtigt in Gemeinschaft mit den Unternehmern an der Regelung der Lohn- und Arbeitsbedingungen sowie an der gesamten wirtschaftlichen Entwicklung der produktiven Kräfte mitzuwirken. Die beiderseitigen Organisationen
140 und ihre Vereinbarungen werden anerkannt.

Günther Franz (Hrsg.), Staatsverfassungen, München ³1975, S. 192-222

1. *Charakterisieren Sie anhand der Verfassung Wesen und Ziele der neuen Republik.*

2. *Definieren Sie den Begriff „Demokratie" in seiner ursprünglichen und seiner modernen Bedeutung. Welche Bestimmungen machen die Weimarer Republik zu einer modernen Demokratie?*

3. *Die Verfassung sollte den Interessen der gesellschaftlichen Gruppen entgegenkommen und einen sozialen Ausgleich schaffen. Überlegen Sie, welche Gruppen an welchen Bestimmungen besonderes Interesse gehabt haben könnten. Begründen Sie Ihre Entscheidung.*

4. *Analysieren Sie, inwiefern die Verfassung soziale Ziele formuliert. Folgern Sie aus ihnen die Aufgaben der Regierung.*

5. *Im Zusammenhang mit der Weimarer Verfassung wurde von einer „präsidialen Reserveverfassung" und in Bezug auf den Reichspräsidenten von einem „Ersatzkaiser" gesprochen. Überprüfen Sie anhand der Verfassungsartikel und des Schaubildes, was Anlass zu diesen Aussagen gegeben haben könnte.*

6. *Begründen Sie, warum der umfangreiche Grundrechtskatalog die Staatsmacht der Weimarer Republik kaum begrenzen konnte.*

7. *Überprüfen Sie, welche Folgerungen das Grundgesetz für die Sicherung der Grundrechte gezogen hat.*

M2 Der Reichspräsident in der Verfassung

Der Verfassungsexperte der SPD, der Jurist Max Quarck, schreibt 1919 über die Stellung des Reichspräsidenten in der neuen Verfassung:

Was der Abg. Haase im Einzelnen gegen den Reichspräsidenten angeführt hat, das hält einer ernsthaften Prüfung nicht stand. Er hat von einer unnützen dekorativen Einrichtung gesprochen [...]. Ernster ist vielleicht der Einwand zu nehmen, dass die Einrichtung eines Reichspräsidenten uns wieder in 5 die alte Obrigkeitsherrschaft, in die alte Autoritätsherrschaft zurückführen könnte. [...] Das unabhängige Mitglied im Verfassungsausschuss, Abg. Dr. Cohn, muss doch wohl bezeugen, dass wir von den Mehrheitssozialisten sorgfältig und eifrig bemüht gewesen sind, in dieser Verfassung jede Spur 10 von Machtbefugnissen für den Präsidenten zu tilgen, die etwa an die alte Monarchie und den alten Despotismus erinnern würden, unter dem wir so lange gelitten haben.
Die Hauptfunktion für den neuen Präsidenten wird sein die Zusammenstellung des Ministerkollegiums. Dazu braucht 15 die neue Republik im Reichspräsidenten eine Persönlichkeit, die nicht direkt gebunden ist an Parteizusammenhänge, die einen Überblick hat über die politischen Köpfe des ganzen Reichs, die die Eignung dieser Köpfe zu Ministerämtern unabhängig von Parteikoterien[1] geltend machen kann. Ich 20 denke, dass diese Funktion in der Geschichte unseres Landes noch eine entscheidende Rolle spielen wird.
Die Vertretung eines großen Wirtschaftsstaats, der hoffentlich bald wieder in engen Beziehungen zu den verschiedenen Ländern der Welt stehen wird, durch eine ausgeprägte Person ist weiter durchaus wünschenswert. [...] Nun wird dieser 25 Reichspräsident genau wie das Parlament aus der Volksabstimmung hervorgehen. Er wird also von vornherein kraft seiner politischen Geburt den Zusammenhang mit denselben Kräften haben, die das Parlament in sich verkörpert. So 30 wird ein Dualismus zwischen Präsident und Parlament von Anfang an so gut wie ausgeschlossen; die Gleichheit der Herkunft wird die Gleichheit der Ziele und Zwecke bestimmen.

Max Quarck, Der Geist der neuen Reichsverfassung, Berlin 1919, S. 13 f.

1. *Stellen Sie die Interessen der Gegner und Befürworter des Reichspräsidentenamtes zusammen.*

2. *Erläutern Sie, warum Quarck einen „Dualismus zwischen Präsident und Parlament" für ausgeschlossen hält. Bewerten Sie seine Argumentation.*

---

[1] Koterie (von franz. coterie): bezeichnet eine abgeschlossene Gruppe, negativ für Clique

M3 Politische Betätigung und Wahlverhalten von Frauen in der Weimarer Republik

a) Gesamtübersicht über die Frauen in den Fraktionen der deutschen Reichstage.
Die kleineren Parteien sind nicht aufgeführt, jedoch in der Gesamtzahl eingeschlossen:

[1] Reichstagswahlen am 4.5.1924
[2] Reichstagswahlen am 7.12.1924

Partei	Zahl der Abgeordneten						davon Frauen					
	1919	1920	1924a[1]	1924b[2]	1928	1930	1919	1920	1924a	1924b	1928	1930
KPD	–	2	68	45	54	76	–	1	4	3	3	13
SPD	165	113	100	131	152	143	22	13	11	16	20	16
USPD	22	81	–	–	–	–	3	9	–	–	–	–
DDP	74	45	28	32	25	14	6	6	2	2	2	1
DVP	22	62	44	51	45	29	1	3	2	2	2	1
Zentrum	89	68	65	69	61	68	6	3	3	4	3	4
BVP	–	19	16	19	17	19	–	1	1	1	–	–
DNVP	41	65	106	111	78	41	3	3	4	5	2	3
Zusammen	423	463	472	493	490	575	41	37	27	33	35	41

Nach: Gabriele Bremme, Die politische Rolle der Frau in Deutschland. Eine Untersuchung über den Einfluss der Frauen bei Wahlen und ihre Teilnahme in Partei und Parlament, Göttingen 1956, S. 124, Tabelle 39

b) Stimmanteile einzelner Parteien bei Reichstagswahlen nach Geschlechtern (in Prozent):

	1924a			1924b			1928			1930		
	m	w	T*	m	w	T	m	w	T	m	w	T
KPD	18,9	13,1	69,3	14,1	9,6	68,2	20,3	15,5	76,4	24,0	18,1	75,4
SPD	22,0	20,8	94,5	29,6	26,7	90,2	32,9	31,5	95,7	28,1	28,0	99,6
DDP	4,3	4,1	95,5	6,4	6,2	96,7	6,7	6,7	99,6	4,7	4,6	99,8
Z/BVP	11,0	17,0	154,5	10,2	15,1	148,0	6,6	10,2	154,1	5,2	8,3	158,6
DVP	7,7	8,6	112,1	12,0	13,8	115,0	8,9	9,8	110,6	5,2	6,5	124,7
DNVP	8,4	9,6	115,4	9,7	11,5	118,2	10,1	13,3	131,7	6,5	9,1	139,8
NSDAP	13,5	13,0	96,3	4,4	3,8	85,3	2,6	1,8	70,8	17,4	15,3	87,9
CSVD**	–	–	–	–	–	–	–	–	–	0,9	1,7	203,5
Anteil der erfassten Ber. in allen Ber.	6,9			6,2			20,6			16,8		

* Tingsten-Index: $\frac{\text{Prozentsatz der Frauen}}{\text{Prozentsatz der Männer}} \cdot 100$; die Zahlen sind gerundet. Für das im Ganzen zuverlässige Bild des geschlechterspezifischen Wahlverhaltens sind Sonderauszählungen die Grundlage; die Auswahl der Bezirke, in denen sie durchgeführt wurden, ist aber zu wenig repräsentativ, um einen direkten Vergleich mit den Wahlergebnissen auf Reichsebene zu erlauben.
** Der Christlich-Soziale Volksdienst (CSVD) war eine protestantisch geprägte konservative Partei.

Jürgen Falter, Thomas Lindenberger und Siegfried Schumann, Wahlen und Abstimmungen in der Weimarer Republik. Materialien zum Wahlverhalten 1919-1933, München 1986, S. 83

1. Erläutern Sie den Anteil der weiblichen Abgeordneten in den Parteien im jeweiligen zeitlichen Kontext.
2. Prüfen Sie die These, Frauen hätten in der Weimarer Republik im Durchschnitt konservativ gewählt.
3. Suchen Sie mögliche Gründe für das Wahlverhalten der Frauen.

Belastungen und Herausforderungen für die Republik

Der Versailler Vertrag und seine Folgen ◼ Von Anfang an belastete der in Versailles bei Paris geschlossene Friedensvertrag die Republik schwer. Am 18. Januar 1919 wurde im Schloss von Versailles die Friedenskonferenz mit Vertretern aus 27 Staaten eröffnet. Auf ihr sollte der Weltkrieg völkerrechtlich beendet und die Nachkriegsordnung festgelegt werden. Vertreter Sowjetrusslands waren nicht eingeladen worden. Auch die Verliererstaaten wurden, anders als nach den großen europäischen Kriegen 1648 oder 1815, nicht zu den Beratungen zugelassen.

Die wichtigsten Entscheidungen wurden vom *Rat der Vier* getroffen. Seine Mitglieder waren die Regierungschefs von Großbritannien (**David Lloyd George**), Frankreich (**Georges Clemenceau**) und Italien (*Vittorio Orlando*) sowie der US-amerikanische Präsident **Woodrow Wilson**. Ihren Verhandlungen lagen unterschiedliche Ziele zugrunde: Während sich der amerikanische Präsident in der Rolle des Vermittlers zwischen Siegern und Besiegten sah, das Selbstbestimmungsrecht der Völker in den Vordergrund stellte und die Gründung des **Völkerbundes** als Garant einer dauerhaften Friedensordnung anstrebte, bemühten sich Großbritannien und Frankreich darum, ihre Machtinteressen und Sicherheitsbedürfnisse durchzusetzen.

Am 7. Mai 1919 wurden der deutschen Delegation die Friedensbedingungen mitgeteilt. Die Bestimmungen des Versailler Vertrages mit seinen 440 Artikeln gingen über die Regelungen des Waffenstillstands vom November 1918 hinaus. Sie riefen in Deutschland Empörung hervor und lösten eine Regierungskrise aus. Doch angesichts der aussichtslosen militärischen Lage, des Risikos eines Einmarsches alliierter Truppen und der Not im Lande stimmte eine Mehrheit des Reichstages der bedingungslosen Annahme des Vertrages zu. Am 28. Juni 1919, fünf Jahre nach dem Attentat von Sarajevo, setzten die Vertreter der Reichsregierung ihre Unterschriften unter den Vertrag.

Das Dokument enthielt territoriale, militärische und wirtschaftliche Bestimmungen für das Deutsche Reich:
- Im Westen, Osten und Norden des Reiches waren Gebiete abzutreten, außerdem mussten alle Kolonien aufgegeben werden.
- Weder linksrheinisch noch 50 Kilometer östlich des Rheins durften deutsche Soldaten stationiert werden.
- Alliierte Truppen sollten für mindestens 15 Jahre die Gebiete besetzen und die Einhaltung der Bestimmungen kontrollieren.
- Die allgemeine Wehrpflicht wurde abgeschafft, das Heer durfte höchstens 100 000 und die Marine maximal 15 000 Berufssoldaten umfassen.
- Die Luftwaffe wurde verboten und der Besitz von U-Booten, Panzern und Gaswaffen untersagt.
- Für die Kriegsschäden sollten Wiedergutmachungen (Reparationen) in noch nicht festgelegter Höhe gezahlt werden.

Die „Schmach von Versailles" ◼ Die meisten Deutschen lehnten den Vertrag ab. Viele hatten auf den Einfluss Wilsons vertraut und sich ein weniger striktes Vertragswerk vorgestellt.* Die schärfsten Kritiker des „Diktatfriedens" vergaßen jedoch, mit welchen

David Lloyd George (1863-1945): britischer Politiker (Liberale Partei), 1916 Kriegsminister, 1916-1922 Premierminister

Georges Clemenceau (1841-1929): französischer Journalist und Politiker, 1906-1909 und 1917-1920 Premierminister, Verfechter einer harten Linie gegen das Deutsche Reich

Woodrow Wilson (1856-1924): Jurist, Historiker und Politiker; 1913-1921 Präsident der USA (Demokrat). Wilson verfolgte soziale Reformen, war im Ersten Weltkrieg um die Neutralität der USA bemüht und engagierte sich für die Errichtung des Völkerbundes. 1920 erhielt er den Friedensnobelpreis für das Jahr 1919.

Völkerbund: Die vom amerikanischen Präsidenten Wilson angeregte und auf der Pariser Friedenskonferenz 1919 beschlossene Vereinigung von Staaten sollte die internationale Zusammenarbeit verbessern und den Frieden sichern. Weil der US-Senat ablehnte, traten die Vereinigten Staaten dem Bund nicht bei, der bis 1946 bestand.

---

* Der amerikanische Präsident Woodrow Wilson hatte am 8. Januar 1918 einen „14-Punkte-Plan" vorgelegt, in dem er seine Vorstellungen von den Grundlagen einer zukünftigen Friedensordnung in Europa formulierte. Diese sollte auf dem Selbstbestimmungsrecht der Völker basieren.

Zielen Politiker, Militärs und Industrielle den Krieg geführt hatten und wie sie vermutlich im Falle eines Sieges mit den Verlierern umgegangen wären; und sie erinnerten sich nicht an die Bedingungen, die die deutsche Regierung noch im März 1918 Sowjetrussland in Brest-Litowsk auferlegt hatte. Auch die Alliierten trugen zur Verbitterung bei: Sie erkannten nicht an, dass die nun Deutschland regierenden Parteien den Krieg nicht gewollt hatten.

Unter dem Druck eines alliierten Ultimatums wurde schließlich die neue Regierung nach dem Rücktritt der alten Regierung unter Reichskanzler Philipp Scheidemann von der Nationalversammlung beauftragt, den Vertrag zu unterschreiben. Wie schon bei der Unterzeichnung des Waffenstillstands im November 1918 übernahmen Vertreter der Republik die Verantwortung für das Versagen der politischen und militärischen Führung während des Ersten Weltkriegs.

Den Politikern, die sich unter dem Druck der Verhältnisse dazu bereit erklärt hatten, gestanden anfänglich alle Parteien ehrenhafte Motive zu. Doch schon bald wurde der Versailler Vertrag von der äußersten Rechten bis hin zur Sozialdemokratie wegen des sog. *Kriegsschuldartikels* (Artikel 231 des Vertrages) und der umfangreichen Reparationen als ein „Diktat-" und „Schandfriede" abgelehnt. Republikfeindliche Kräfte nutzten die Vorbehalte der Bevölkerung aus, um mit Kampfparolen wie „Heerlos! Wehrlos! Ehrlos!" gegen die Republik zu hetzen. „Versailles" wurde zur Diffamierungsparole schlechthin (▶ M1). Der Vorwurf der *„Erfüllungspolitik"* wurde von National-Konservativen und Rechtsradikalen in den folgenden Jahren gegen alle Schritte der Regierung erhoben, die auf die Einhaltung oder Anerkennung der Versailler Bestimmungen zielten.

„Dolchstoßlegende" ■ Neben dem von der Nationalversammlung widerwillig angenommenen Versailler Vertrag radikalisierte die „Dolchstoßlegende" die Bevölkerung der Nachkriegszeit. Schon im November 1918 verbreiteten rechtsradikale Zeitungen die angebliche Bemerkung eines britischen Generals, die deutsche Armee sei „von hinten erdolcht" worden. Streiks und politische Unruhen in der Heimat hätten sie zur Kapitulation gezwungen. Die beiden Generäle Erich Ludendorff und Paul von Hindenburg machten sich diese Version zu eigen und verbreiteten Ende 1919 eine Verschwörungstheorie, mit der sie die eigene Schuld an der militärischen Niederlage von sich ablenken und vor allem auf die Sozialdemokratie abwälzen wollten (▶ M2). Durch sein großes Ansehen, das er als General und Feldmarschall im Ersten Weltkrieg erworben hatte, vermochte es der

▶ **Wahlplakat der DNVP von 1924.**
■ *Erläutern Sie den Plakattext. Analysieren Sie die Zielsetzung des Plakats sowie die Wirkung von Text und Bild.*

spätere Reichspräsident Hindenburg, dieser Lüge besonderes Gewicht zu verschaffen. Ein Großteil der Bevölkerung glaubte dieser Verfälschung der Tatsachen, zumal die Öffentlichkeit an einer vorurteilsfreien Auseinandersetzung mit dem Geschehen im Ersten Weltkrieg kaum interessiert war. Zudem unterschätzten vor allem die Sozialdemokraten, welche Gefahren von der „Dolchstoßlegende" ausgingen.

Die „Dolchstoßlegende" vergiftete das politische Klima und diente deutschnationalen, völkischen und anderen rechtsextremen Gruppen und Parteien zur Propaganda gegen die republiktreuen Parteien, die bei Kriegsende Verantwortung übernommen und den Versailler Vertrag akzeptiert hatten.

Walther Rathenau (1867-1922): Industrieller und Schriftsteller; 1919 Mitbegründer der DDP; 1922 von Rechtsradikalen ermordet

Gustav Stresemann (1878-1929): Politiker der Nationalliberalen Partei (Kaiserzeit) und der DVP; 1923-1929 Außenminister; 1923 Reichskanzler

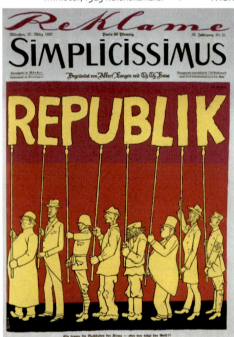

▲ „Sie tragen die Buchstaben der Firma – aber wer trägt den Geist?!"
Karikatur von Thomas Theodor Heine aus dem „Simplicissimus", 21. März 1927.
- Benennen Sie die gezeigten gesellschaftlichen Gruppen. Halten Sie die Auswahl für repräsentativ?
- Diskutieren Sie die Frage, ob eine Republik nur funktionieren kann, wenn die Bürger ihren „Geist" tragen.

Republikaner ohne Mehrheit? ■ Von den zahlreichen Parteien bekannten sich nur drei ausdrücklich zur parlamentarisch-demokratischen Republik: die SPD, die DDP und das Zentrum.

- Die SPD ging bei den Wahlen zur Nationalversammlung und bei den Reichstagswahlen bis 1930 jeweils als stärkste Kraft hervor, erreichte jedoch nie die absolute Mehrheit. Bis zum Ende der Republik war sie auf Reichsebene mit wenigen Ausnahmen in der Opposition. Beim Werben um die Gunst der Arbeiter konkurrierte sie mit KPD und USPD. Als *Milieupartei* der Arbeiterschaft gelang es ihr nicht, auch für andere Gesellschaftsschichten attraktiv zu werden. Zudem wollten sich andere Gruppen wie die Angestellten bewusst von den Arbeitern und ihren Interessenvertretungen absetzen.
- Die linksliberale DDP vertrat vor allem das Bildungsbürgertum, Kaufleute, Beamte und Angestellte. Mit **Walther Rathenau** stellte die DDP 1922 den Außenminister. Schon ab 1920 verlor sie jedoch in großem Maß Stimmen und sank zur Splitterpartei ab.
- Das Zentrum war die Partei des politischen Katholizismus. Ihr kam eine bedeutende Stellung zu, da sie sich für alle sozialen Schichten einsetzte und sie mit fast allen Parteien koalitionsfähig war. Von 1919 bis 1932 war sie in nahezu jeder Reichsregierung vertreten. 1920 entstand mit der *Bayerischen Volkspartei* (BVP) die bayerische Variante des Zentrums.

Die *Deutsche Volkspartei* (DVP), der sich mehrheitlich national-liberales Bürgertum und Großindustrie anschlossen, war in den Anfangsjahren noch monarchistisch und republikfeindlich geprägt. **Gustav Stresemann** brachte sie auf einen demokratischen und republikanischen Kurs, stieß dabei aber stets auf Widerstand in seiner Partei. Nach Stresemanns Tod tendierte die DVP immer stärker nach rechts, blieb jedoch im Vergleich zu DNVP und NSDAP gemäßigt und sank 1932 zur Bedeutungslosigkeit herab.

Antidemokratische Kräfte ■ Obrigkeitsstaatliche Vorstellungen, die sich gegen einen Meinungspluralismus wandten, waren in der Bevölkerung weit verbreitet (▶ M3).

Die republikfeindlichen rechts- und linksradikalen Kräfte setzten sich seit Beginn der Weimarer Republik gewaltsam für ihre Ziele ein (▶ M4). Die 1919 gegründete *Kommunistische Partei Deutschlands* (KPD) und die USPD lehnten den Parlamentarismus ab und betrachteten alle Gegner des Rätesystems als „Handlanger des Kapitalismus". Die USPD schloss sich zwar 1922 wieder der SPD an. Da ihre radikalen Mitglieder jedoch der KPD beitraten, entwickelte sich diese zu einer ernst zu nehmenden Kraft.

Die *Deutschnationale Volkspartei* (DNVP) war ein Sammelbecken völkisch-nationalistischer, konservativer Kreise. Ihr gehörten vor allem die alten Eliten aus Adel,

Militär, Großgrundbesitz und Großbürgertum an. Nach 1928 rückte die Partei weit nach rechts und kooperierte mit der NSDAP, an die sie seit 1930 viele Wähler verlor. Als verbindendes Element für die unterschiedlichen Interessen ihrer Wählerschaft diente der DNVP bereits früh der Antisemitismus.

In Justiz und Verwaltung blieb mit den alten Amtsträgern vielfach auch der Geist des Kaiserreichs erhalten. Die Reichswehr, deren Führung sich nicht mit der Republik identifizierte, blieb ein „Staat im Staate" (▶ M5). Während sie gegen Putschversuche von links konsequent vorging, hielt sie sich bei Angriffen von rechts weitgehend zurück. Dies zeigte sich bei dem rechtsextremistischen *Kapp-Lüttwitz-Putsch* 1920. General Ludendorff und der Gründer der Deutschen Vaterlandspartei, *Wolfgang Kapp*, sammelten unzufriedene Soldaten hinter sich, die entgegen ersten Zusagen wegen des Versailler Vertrags nicht in die Reichswehr übernommen wurden. Außerdem widersetzte sich General *Walther von Lüttwitz* dem Befehl, eine 5000 Mann starke Marinebrigade aufzulösen. Die Truppe besetzte das Regierungsviertel in Berlin. Fast alle Offiziere der Reichswehr weigerten sich, die Armee einzusetzen. Angeblich wollten sie verhindern, dass Reichswehreinheiten aufeinander schießen müssten. Der Putsch scheiterte indes, weil sich die Ministerialbürokratie den Anordnungen des selbst ernannten „Reichskanzlers" Kapp widersetzte. Zudem riefen die Gewerkschaften den Generalstreik aus und sabotierten damit alle Handlungen der Putschisten.

Inflation ▪ Der Weltkrieg hatte das Deutsche Reich gewaltige Summen gekostet, die aus dem Staatshaushalt nicht aufgebracht werden konnten. Steuererhöhungen wollte die Regierung während des Krieges nicht vornehmen. Deshalb finanzierte sie die Militärausgaben durch verzinste Anleihen bei der Bevölkerung und eine enorme Papiergeldvermehrung (von zwei Milliarden Reichsmark im Jahr 1913 auf 45 Milliarden im Jahr 1919). Allerdings hielt die Güterproduktion mit der Geldmengenvermehrung nicht Schritt. Das Ergebnis war ein rasches Ansteigen der Preise und ein Wertverlust der Mark, also eine Inflation. Als Folge dieser Wirtschaftspolitik musste die junge Republik eine völlig zerrüttete Währung mit 154 Milliarden Mark Staatsschulden übernehmen.

Obwohl die Währung nur durch drastische Maßnahmen zu sanieren gewesen wäre, führten die Weimarer Regierungen nach dem Krieg die Inflationspolitik fort und glichen bis 1923 das Haushaltsdefizit aus, indem sie ständig mehr Papiergeld in Umlauf brachten. Neuere Untersuchungen bezeichnen diese Politik als das „kleinere Übel" im Vergleich zu möglichen Auswirkungen einer **deflationären** Haushaltspolitik. Zumindest blieb Deutschland von der internationalen *Wirtschaftskrise* der Jahre 1920/21 weitgehend verschont. Die Vorstellung, die hohen Reparationsforderungen der Siegermächte hätten die Inflation verursacht, was viele Deutsche damals glaubten, wurde mittlerweile von der Forschung widerlegt.

Im Zusammenhang mit dem „Ruhrkampf"* erreichte die Staatsverschuldung eine neue Rekordhöhe. Wie schon im Krieg mussten wieder die Notenpressen das Defizit im Reichshaushalt ausgleichen. Im November 1923 notierte man 4,2 Billionen Mark für einen Dollar (Hyperinflation). Löhne und Gehälter wurden wegen des rapiden Wertverfalls des Geldes wöchentlich, oft sogar täglich ausbezahlt.

In einer Währungsreform im Oktober 1923 wurde der Wechselkurs zwischen Mark und Dollar neu festgelegt und statt durch Goldreserven der Reichsbank durch eine Hypothek auf Grundbesitz und industrielle Sachwerte gedeckt. Bereits 1924 war die Inflation weitgehend überwunden.

* Siehe S. 159.

▲ **General Hans von Seeckt.**
*Von 1920 bis 1926 war Seeckt Chef der Heeresleitung der Reichswehr und prägte den „Geist der Armee".
Er arrangierte sich mit der Republik, auch wenn er die neue Staatsform innerlich nicht akzeptierte.
Der Fotoausschnitt zeigt Seeckt in Erwartung einer Ehrenkompanie anlässlich seines 70. Geburtstages im Jahr 1936.*

Deflation: ein über längere Zeit anhaltender Rückgang des Preisniveaus für Güter. Dies tritt ein, wenn die Geldmenge im Vergleich zur Warenmenge abnimmt.

▸ **Geschichte In Clips:**
Zum Hitler-Putsch siehe
Clip-Code 4667-02

▲ „Proklamation an das deutsche Volk!"

*Dieses Plakat wurde in der
Nacht vom 8. auf den 9. November 1923 in München
angeschlagen.*

Adolf Hitler (1889 - 1945,
Selbstmord): Hitler stammte
aus dem österreichischen
Braunau (Inn), er kam 1913
nach München, wo er sich
erfolglos als Künstler durch-
schlug. 1914 freiwillige Teilnahme am Ersten Weltkrieg,
Verwundung und Auszeich-
nung. 1919 Propagandist der
DAP, seit 1920 NSDAP; ab 1921
Vorsitzender der Partei. 1923
Hitler-Putsch und Festungshaft, 1925 Neugründung der
NSDAP und Aufstieg zur Massenpartei, 1933 Ernennung
zum Reichskanzler, ab 1934
„Führer und Reichskanzler".

Eine deutsche Oktoberrevolution ◼ In Sachsen und Thüringen traten im Oktober 1923
kommunistische Minister in die SPD-Landesregierungen ein. Auf Weisung der sowjetischen Regierung in Moskau rüstete die KPD ihren Kampfbund, die „Proletarischen
Hundertschaften", militärisch auf und bereitete ihn auf eine deutsche Oktoberrevolution vor. Die Reichsregierung forderte die Regierungen von Sachsen und
Thüringen ultimativ auf, diese „Proletarischen Hundertschaften" aufzulösen
und die kommunistischen Minister zu entlassen, da sie zum bewaffneten
Aufruhr aufgerufen hatten. Als sich der sächsische Ministerpräsident *Erich
Zeigner* weigerte, verhängte Berlin unter Anwendung des Artikels 48 die
Reichsexekution und ließ Reichswehreinheiten einmarschieren. Zeigner
wurde seines Amtes enthoben. In Thüringen traten daraufhin die kommu-
nistischen Minister zurück.

Hitler-Putsch ◼ Einzelne Länder betrieben also eine gegen das Reich gerich-
tete Politik. Diese Stoßrichtung war in Bayern besonders ausgeprägt. Das
Land hatte in der Republik einige Sonderrechte verloren. Nach den Revolu-
tionswirren um die Räterepublik im Frühjahr 1919, die zur Ermordung des
Ministerpräsidenten *Kurt Eisner* geführt hatten, wurde das Land zu einem
Sammelbecken rechter, radikaler Gruppen. Ehemalige Freikorpsführer und
Rechtsradikale wie Ludendorff und weitere Akteure des Kapp-Lüttwitz-
Putsches fanden dort Raum für ihre politische Betätigung. Das 1922 mit dem
„Republikschutzgesetz" erlassene Freikorps-Verbot wurde nicht oder nur
nachlässig umgesetzt. Die noch unbedeutende NSDAP unter ihrem Vorsit-
zenden **Adolf Hitler** wurde geduldet, während sie dem Reichsgesetz entsprechend in Preußen, Sachsen, Thüringen, Hamburg, Hessen und Braunschweig
verboten wurde.

1919 war Adolf Hitler der kurz zuvor in München gegründeten Deutschen Arbeiterpartei (DAP) beigetreten, die sich 1920 in NSDAP umbenannte.
Mit gehässigen Reden gegen die Republik und maßloser Hetze gegen die Juden machte
Hitler die Partei bald zum Tagesgespräch in München. Im Herbst 1923 wollte er nach
dem Vorbild des italienischen Faschisten *Benito Mussolini** einen „Marsch auf Berlin"
durchführen. Am 8. November 1923 erklärte er auf einer republikfeindlichen Veranstaltung im Münchener Bürgerbräukeller den Ausbruch der „nationalen Revolution" und
die Absetzung der Reichsregierung. Am folgenden Tag unternahm er mit General Ludendorff einen Demonstrationszug zur Feldherrnhalle (*Hitler-Putsch*). Doch die Landes-
polizei stoppte den Zug mit Waffengewalt. Zwanzig Polizisten und Putschisten wurden
getötet, die Anführer verhaftet.

Obwohl Hitler als österreichischer Staatsbürger hätte ausgewiesen werden können, erhielt er fünf Jahre Festungshaft in Landsberg am Lech, wurde jedoch bereits
nach neun Monaten wieder entlassen. Ludendorff wurde freigesprochen. In den mil-
den Strafen zeigte sich die Sympathie, die die Putschisten in den führenden Justiz- und
Regierungskreisen genossen. Putsch und Prozess hatten die Popularität Hitlers und
seiner Partei vergrößert. Nach seiner Haftzeit änderte er nicht sein Ziel, sondern nur
die Taktik: 1925 gründete er die NSDAP unter seiner uneingeschränkten Führerschaft
neu und versuchte nun, durch die Schaffung einer Massenbasis die Regierung auf
legalem Wege zu übernehmen.

---

* Benito Mussolini (1883 - 1945): italienischer Politiker, 1922 zum Ministerpräsidenten ernannt, errichtete
eine Diktatur, 1945 von Widerstandskämpfern erschossen

M1 „Wehrlos ist nicht ehrlos!"

Reichskanzler Gustav Bauer (SPD), der Nachfolger Philipp Scheidemanns, fordert am 23. Juni 1919, wenige Stunden vor Ablauf des alliierten Ultimatums, die Nationalversammlung auf, den Friedensvertrag unterzeichnen zu lassen:

Die Entente [...] will uns das Schuldbekenntnis auf die Zungen zwingen, sie will uns zu Häschern unserer angeschuldeten Landsleute[1] machen; es soll uns nichts, gar nichts erspart bleiben. Zur Verknechtung wollen uns die Feinde auch noch
5 die Verachtung aufbürden!
[...] Unsere Hoffnung, mit dem einzigen Vorbehalt einer Ehrenbewahrung bei unseren Gegnern durchzudringen, war nicht sehr groß. Aber wenn sie auch noch geringer gewesen wäre: Der Versuch musste gemacht werden. Jetzt, wo er
10 misslungen, an dem sträflichen Übermut der Entente gescheitert ist, kann und muss die ganze Welt sehen: Hier wird ein besiegtes Volk an Leib und Seele vergewaltigt wie kein Volk je zuvor. [...] Unterschreiben wir! Das ist der Vorschlag, den ich Ihnen, im Namen des gesamten Kabinetts, machen
15 muss. Bedingungslos unterzeichnen! Ich will nichts beschönigen.
Die Gründe, die uns zu diesem Vorschlag zwingen, sind dieselben wie gestern. Nur trennt uns jetzt eine Frist von knappen vier Stunden von der Wiederaufnahme der Feindselig-
20 keiten. Einen neuen Krieg könnten wir nicht verantworten, selbst wenn wir Waffen hätten. Wir sind wehrlos. Wehrlos ist aber nicht ehrlos! Gewiss, die Gegner wollen uns an die Ehre; daran ist kein Zweifel. Aber dass dieser Versuch der Ehrabschneidung einmal auf die Urheber selbst zurückfallen
25 wird, dass es nicht unsere Ehre ist, die bei dieser Welttragödie zugrunde geht, das ist mein Glaube bis zum letzten Atemzug.

Wolfgang Elben, Die Weimarer Republik, Frankfurt am Main [6]1975, S. 40 f.

1. *Diskutieren Sie, warum Reichskanzler Bauer die Annahme des Vertrages empfahl, obwohl er einige Bestimmungen als unannehmbar bezeichnete.*

2. *Entwerfen Sie als Antwort auf Bauer eine Rede aus der Perspektive eines Gegners des Vertrages.*

---

[1] Neben der Anerkennung der Kriegsschuld verlangten die Alliierten in den Artikeln 227 und 228 die Auslieferung des Kaisers und weiterer Personen wegen des Verstoßes gegen das Kriegsrecht, um sie vor ein alliiertes Militärgericht zu stellen.

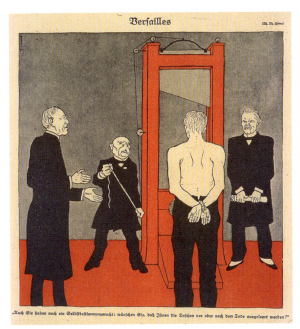

▲ **„Auch Sie haben noch ein Selbstbestimmungsrecht: Wünschen Sie, dass Ihnen die Taschen vor oder nach dem Tode ausgeleert werden?"**
Karikatur von Thomas Theodor Heine aus dem „Simplicissimus" vom 3. Juni 1919.
■ *Erläutern Sie, welche Rollen die dargestellten Personen (v. l.: Wilson, Clemenceau, Lloyd George) einnehmen.*
■ *Beschreiben Sie die Stimmung der deutschen Bevölkerung, die ausgedrückt werden soll.*

M2 Schuld waren die anderen

Ein öffentlicher Untersuchungsausschuss soll nach dem Krieg die Ursachen der deutschen Niederlage ergründen. Generalfeldmarschall Hindenburg erklärt:

Trotz der ungeheuren Ansprüche an Truppen und Führung, trotz der zahlenmäßigen Überlegenheit des Feindes konnten wir den ungleichen Kampf zu einem günstigen Ende führen, wenn die geschlossene und einheitliche Zusammenwirkung von Heer und Heimat eingetreten wäre. [...]
5 Doch was geschah nun? Während sich beim Feinde trotz seiner Überlegenheit an lebendem und totem Material alle Parteien, alle Schichten der Bevölkerung in dem Willen zum Siege immer fester zusammenschlossen, und zwar umso mehr, je schwieriger ihre Lage wurde, machten sich bei uns,
10 wo dieser Zusammenschluss bei unserer Unterlegenheit viel notwendiger war, Parteiinteressen breit, und diese Umstände führten sehr bald zu einer Spaltung und Lockerung des Siegeswillens. Die Geschichte wird über das, was ich hier

nicht weiter ausführen darf, das endgültige Urteil sprechen. Damals hofften wir noch, dass der Wille zum Siege alles andere beherrschen würde. Als wir unser Amt übernahmen, stellten wir bei der Reichsleitung eine Reihe von Anträgen, die den Zweck hatten, alle nationalen Kräfte zur schnellen und günstigen Kriegsentscheidung zusammenzufassen […]. Was aber schließlich, zum Teil wieder durch Einwirkung der Parteien, aus unseren Anträgen geworden ist, ist bekannt. Ich wollte kraftvolle und freudige Mitarbeit und bekam Versagen und Schwäche. Die Sorge, ob die Heimat fest genug bliebe, bis der Krieg gewonnen sei, hat uns von diesem Augenblicke an nie mehr verlassen. Wir erhoben noch oft unsere warnende Stimme bei der Reichsregierung. In dieser Zeit setzte die heimliche planmäßige Zersetzung von Flotte und Heer als Fortsetzung ähnlicher Erscheinungen im Frieden ein. Die Wirkungen dieser Bestrebungen waren der Obersten Heeresleitung während des letzten Kriegsjahres nicht verborgen geblieben. Die braven Truppen, die sich von der revolutionären Zermürbung freihielten, hatten unter dem pflichtwidrigen Verhalten der revolutionären Kameraden schwer zu leiden; sie mussten die ganze Last des Kampfes tragen. Die Absichten der Führung konnten nicht mehr zur Ausführung gebracht werden. Unsere wiederholten Anträge auf strenge Zucht und strenge Gesetzgebung wurden nicht erfüllt. So mussten unsere Operationen misslingen, es musste der Zusammenbruch kommen; die Revolution bildete nur den Schlussstein. Ein englischer General sagte mit Recht: „Die deutsche Armee ist von hinten erdolcht worden." Den guten Kern des Heeres trifft keine Schuld. Seine Leistung ist ebenso bewunderungswürdig wie die des Offizierkorps. Wo die Schuld liegt, ist klar erwiesen.

Herbert Michaelis und Ernst Schraepler (Hrsg.), Ursachen und Folgen. Vom deutschen Zusammenbruch 1918 und 1945 bis zur staatlichen Neuordnung Deutschlands in der Gegenwart. Eine Urkunden- und Dokumentensammlung zur Zeitgeschichte, Bd. 4, Berlin o. J., S. 7 f.

1. *Erläutern Sie, worin nach Ansicht Hindenburgs die Gründe für die Niederlage Deutschlands lagen. Wem wurde die Schuld an der Niederlage angelastet?*

2. *Nehmen Sie Stellung zu den Schuldzuweisungen.*

M3 „So ist der deutsche Parlamentarismus"

Oswald Spengler, dessen pessimistische Kultur- und Geschichtsphilosophie nach dem verlorenen Krieg vom deutschen Bürgertum begeistert gelesen wird, ist ein entschiedener Gegner des Parlamentarismus und der Parteien. 1924 schreibt er:

Über den Trümmern der deutschen Weltmacht, über zwei Millionen Leichen umsonst gefallener Helden, über dem in Elend und Seelenqual vergehenden Volke wird nun in Weimar mit lächelndem Behagen die Diktatur des Parteiklüngels aufgerichtet, derselben Gemeinschaft beschränktester und schmutzigster Interessen, welche seit 1917 unsere Stellung untergraben und jede Art von Verrat begangen hatte, vom Sturz fähiger Leute ihrer Leistungen wegen bis zu eigenen Leistungen im Einverständnis mit Northcliffe[1], mit Trotzki[2], selbst mit Clemenceau[3]. […] Nachdem sich die Helden der Koalition vor dem Einsturz in alle Winkel geflüchtet hatten, kamen sie mit plötzlichem Eifer wieder hervor, als sie die Spartakisten allein über der Beute sahen. Aus der Angst um den Beuteanteil entstand auf den großherzoglichen Samtsesseln und in den Kneipen von Weimar die deutsche Republik, keine Staatsform, sondern eine Firma. In ihren Satzungen ist nicht vom Volk die Rede, sondern von Parteien; nicht von Macht, von Ehre und Größe, sondern von Parteien. Wir haben kein Vaterland mehr, sondern Parteien; keine Rechte, sondern Parteien; kein Ziel, keine Zukunft mehr, sondern Interessen von Parteien. Und diese Parteien […] entschlossen sich, dem Feinde alles, was er wünschte, auszuliefern, jede Forderung zu unterschreiben, den Mut zu immer weitergehenden Ansprüchen in ihm aufzuwecken, nur um im Inneren ihren eigenen Zielen nachgehen zu können. […] So ist der deutsche Parlamentarismus. Seit fünf Jahren keine Tat, kein Entschluss, kein Gedanke, nicht einmal eine Haltung, aber inzwischen bekamen diese Proletarier Landsitze und reiche Schwiegersöhne, und bürgerliche Hungerleider mit geschäftlicher Begabung wurden plötzlich stumm, wenn im Fraktionszimmer hinter einem eben bekämpften Gesetzantrag der Schatten eines Konzerns sichtbar wurde.

Oswald Spengler, Neubau des Deutschen Reiches, München 1924, S. 8 f.

1. *Beschreiben Sie, was Spengler unter „Diktatur des Parteiklüngels" versteht. Bewerten Sie seine Wortwahl. Erläutern Sie seine Aussage, die deutsche Republik sei „keine Staatsform, sondern eine Firma".*

2. *Spengler behauptet, die Weimarer Republik habe seit „fünf Jahren keine Tat, kein[en] Entschluss, kein[en] Gedanke[n], nicht einmal eine Haltung" (Zeile 26 - 28) gezeigt. Suchen Sie Argumente, die dies widerlegen können.*

---

[1] Lord Alfred Northcliffe (1865 - 1922): englischer Pressemagnat, der durch eine Pressekampagne die Reduzierung der deutschen Reparationslasten verhinderte

[2] Leo Trotzki (1879 - 1940): russischer Revolutionär; einer der führenden Köpfe der russischen Revolution von 1917

[3] Georges Clemenceau (1841 - 1929): französischer Politiker; Ministerpräsident 1906 - 1909 und 1917 - 1920

M4 Die Sühne der politischen Morde 1918-1922

	Pol. Morde begangen von Links-stehenden	Pol. Morde begangen von Rechts-stehenden	Gesamtzahl
Gesamtzahl der Morde	22	354	376
– davon ungesühnt	4	326	330
– teilweise gesühnt	1	27	28
– gesühnt	17	1	18
Zahl der Verurteilten	38	24	62
Geständige Täter frei-gesprochen	–	23	23

Emil Julius Gumbel, Vier Jahre politischer Mord, Berlin 1924, S. 81

1. *Arbeiten Sie die Informationen der Tabelle heraus.*
2. *Überlegen Sie, welche Einstellung der Justiz zur Republik in M4 und in der Karikatur deutlich wird.*

M5 Die Reichswehr – ein „Staat im Staate"?

Am 26. Mai 1925 kommentiert der SPD-Abgeordnete Daniel Stücklen im Reichstag die Entwicklung der Reichswehr:

Wir haben heute ein Heer der Republik, das, wie ich fest-stellen will, diesem Staate dient, dessen Leitung erklärt, wir stehen auf dem Boden der Verfassung [...].
Es sind aber [...] recht deutliche Anzeichen dafür vorhanden, dass die Entwicklung der Reichswehr dahin geht, eine Art 5 Staat im Staate zu werden. Das war das, was früher bei den Verhandlungen über die Reichswehr im Hauptausschuss und im Plenum dieses Hauses immer wieder betont wurde, eine gewisse Abgeschlossenheit, ein Korpsgeist, der zur Abge-schlossenheit führen musste und letztes Endes bewirkte, 10 dass die alte Armee wirklich ein Staat im Staate war, mit einem eigenen Ehrbegriff, ihrem eigenen Strafkodex, mit einem Wort eine Menge Einrichtungen, die von den Einrich-tungen der zivilen Bevölkerung losgelöst waren. [...] Die Gefahr ist umso größer, als früher der Soldat nur zwei Jahre 15 diente und nach zwei Jahren in die Massen des Volkes zu-rücktrat, aus denen er gekommen war. Heute dient der Reichswehrsoldat zwölf Jahre. Zwölf Jahre verlebt er in einer ganz anderen Umwelt. Er ist ganz anderen Einflüssen und Eindrücken preisgegeben; das führt letztes Endes dazu, dass 20 eine gewisse Entfremdung nicht vermieden werden kann.

Wolfgang Michalka und Gottfried Niedhard (Hrsg.), Die ungeliebte Republik. Dokumente zur Innen- und Außenpolitik Weimars 1918-1933, München 1992, S. 220

1. *Erläutern Sie den Ausdruck „Staat im Staate".*
2. *Informieren Sie sich, wie bei der Gründung der Bundes-wehr den von Stücklen angesprochenen Problemen begegnet wurde.*

◄ **Hochverrat vor dem Reichsgericht.**
Karikatur von Gerhard Holler aus der Beilage zum Berliner Tageblatt „Ulk", 1927.
Die Bildunterschrift zu den linksgerichteten Angeklagten lautet: „Ich werde die Republik vor Ihnen zu schützen wissen!"
Die rechten Uniformierten werden angesprochen mit „Ich werde Sie vor der Republik zu schützen wissen!"

Außenpolitik zwischen Revision und Annäherung

Revisionistische Ziele ■ Vorrangiges außenpolitisches Ziel aller Regierungen der Weimarer Republik war die Revision des Versailler Friedensvertrages. Die Senkung der Reparationsforderungen, die Räumung der besetzten Gebiete links des Rheins und die Wiedergewinnung der verlorenen Gebiete standen dabei im Vordergrund.*

In Polen und der neu gegründeten Tschechoslowakei lebten fast vier Millionen Deutsche als Minderheit. Wegen des westpreußischen Territoriums, das Deutschland an Polen abtreten musste, war Ostpreußen vom restlichen deutschen Staatsgebiet abgeschnitten. Den Aufbau guter Beziehungen erschwerte der Nationalismus in beiden Ländern. Im Zusammenhang mit der Oberschlesien-Frage, wo eine Volksabstimmung 1921 darüber entscheiden sollte, ob das Gebiet beim Deutschen Reich verbleiben oder Polen angegliedert werden soll, kam es zwischen 1919 und 1921 sogar zu bewaffneten Auseinandersetzungen zwischen polnischen Soldaten und deutschen Freikorps. Trotz Annäherungen in den wirtschaftlichen Beziehungen und beim Schutz der Minderheiten blieb das deutsch-polnische Verhältnis angespannt.

Überwindung der außenpolitischen Isolation – der Vertrag von Rapallo ■ Die Alliierten waren vorerst nicht bereit, Deutschland als gleichberechtigten Verhandlungspartner zu akzeptieren. Um wieder außenpolitischen Handlungsspielraum zu gewinnen, suchte das Deutsche Reich die Annäherung an die *Russische Sozialistische Föderative Sowjetrepublik* (RSFSR). Nach der bolschewistischen Oktoberrevolution 1917 unter Führung von *Wladimir Iljitsch Lenin* war Russland zunächst ebenfalls außenpolitisch isoliert. Es drängte darauf, nicht für die aus zaristischer Zeit stammenden Kriegsfolgen haftbar gemacht zu werden.

Am Rande der Weltwirtschaftskonferenz in Genua 1922 schloss Reichskanzler *Joseph Wirth* in Rapallo, einem Ort in der Nähe von Genua, ein Abkommen mit der Sowjetregierung. Dies geschah trotz der Vorbehalte von Außenminister Rathenau, der die Verständigung mit Frankreich gefährdet sah. Beide Staaten verzichteten darin auf eine Entschädigung für Kriegskosten und Kriegsschäden und verpflichteten sich, diplomatische Beziehungen aufzunehmen. Deutschland stellte keine Ansprüche wegen der in Russland enteigneten Besitztümer und Vermögenswerte deutscher Staatsbürger.

Der Vertrag erregte großes Aufsehen. „Rapallo" wurde zum Synonym für die Furcht vor einer gemeinsamen deutsch-sowjetischen Politik gegen die damalige Friedensordnung. Vor allem Frankreich hegte großes Misstrauen. Dennoch vertieften Berlin und Moskau ihre politische und wirtschaftliche Zusammenarbeit in den folgenden Jahren. Im 1926 geschlossenen *Berliner Vertrag* sicherten sich beide Seiten gegenseitige Neutralität im Falle eines Krieges mit Dritten zu.

Reparationsfrage ■ Der Versailler Vertrag bestimmte, dass das Deutsche Reich Reparationen zu zahlen hatte, wies aber die Festlegung der genauen Höhe einer Kommission zu. Die europäischen Siegermächte benötigten die Reparationen, um die Kriegsfolgen in ihren eigenen Ländern zu beseitigen und um ihre während des Krieges aufgenommenen Schulden bei den USA zu tilgen. Frankreich sah zudem die Möglichkeit, Deutschland durch hohe Forderungen langfristig zu schwächen. Das *Londoner Abkommen* 1921 verfügte, dass Deutschland 132 Milliarden Reichsmark in Form von Sach- oder Geldleistungen erbringen musste. Die deutsche Öffentlichkeit reagierte schockiert auf die Forderungen.

---

* Zu den Gebietsverlusten siehe S. 150.

Als die Reparationskommission im Dezember 1922 feststellte, dass Deutschland mit den Lieferungen von Holz und Kohle im Rückstand sei, ließ der nationalistische französische Ministerpräsident *Raymond Poincaré* am 11. Januar 1923 60 000 französische und belgische Soldaten ins Ruhrgebiet einmarschieren. Seinem Ziel, diese Wirtschaftsregion unter seine Kontrolle zu bringen, war er dadurch näher gekommen. Französische Beamte und Ingenieure sollten die deutsche Kohle- und Stahlproduktion kontrollieren und die Einhaltung der Lieferungen überwachen. Die Reichsregierung stellte sofort alle Reparationen ein, rief die Bevölkerung zum passiven Widerstand gegen die Besatzungsbehörden auf und unterstützte die streikenden Arbeiter mit Geld. Doch die damit verbundene massive Steigerung von Staatsverschuldung und Inflation sowie der Druck der Alliierten veranlassten die Reichsregierung zum Abbruch des „Ruhrkampfes" am 26. September 1923.

Dagegen erreichte die deutsche Regierung 1923 bei den Siegermächten, dass ihre Zahlungsfähigkeit von neutraler Seite geprüft wurde. Im April 1924 legte ein Sachverständigenrat unter der Leitung des amerikanischen Bankiers *Charles Dawes* ein Gutachten zur Reparationsfrage, den sogenannten *Dawes-Plan*, vor. Die Annahme des Dawes-Plans durch die Siegermächte und die deutsche Regierung im Sommer 1924 auf der Londoner Konferenz bedeutete für das Deutsche Reich eine deutlich geringere jährliche finanzielle Belastung. Zunächst musste es eine Milliarde Goldmark jährlich zahlen, ab 1928/29 jährlich 2,5 Milliarden Goldmark. Eine Gesamtsumme und eine zeitliche Begrenzung waren allerdings nicht festgelegt. 1930 wurde dann der *Young-Plan* angenommen, benannt nach dem Vorsitzenden des Sachverständigenrates, dem US-Amerikaner *Owen D. Young*. Der Plan legte für die deutschen Reparationen eine Gesamtsumme von 132 Milliarden Goldmark fest, die über einen Zeitraum von 59 Jahren zu zahlen war.

Aristide Briand (1862-1932): französischer Politiker; mehrmals Außenminister; bemühte sich um die deutschfranzösische Aussöhnung; 1926 Friedensnobelpreis

Verständigungspolitik unter Stresemann

Von 1923 bis 1929 prägte Gustav Stresemann als Außenminister in häufig wechselnden Kabinetten die Beziehungen zum Ausland. Er behielt zwar die revisionistischen Ziele deutscher Außenpolitik bei, handelte dabei jedoch pragmatisch und vertrauensbildend. Ihm war klar, dass deutsche Außenpolitik nur dann erfolgreich sein konnte, wenn sie das französische Sicherheitsbedürfnis berücksichtigte. Stresemann stand immer unter dem Druck nationalistischer Kreise, die konkrete Erfolge einforderten.

Im Oktober 1925 trafen sich auf einer Konferenz im schweizerischen Locarno führende europäische Politiker. Stresemann und sein französischer Amtskollege **Aristide Briand** hatten großes Interesse an einer Bereinigung des deutsch-französischen Gegensatzes. In den *Verträgen von Locarno* verpflichteten sich Deutschland, Frankreich und Belgien, keinen Krieg ge-

▲ **Aristide Briand (links) und Gustav Stresemann.**
Foto, um 1925.
Für die Aussöhnung zwischen Frankreich und Deutschland setzten sich die beiden Außenminister leidenschaftlich ein. Wegen ihrer Bemühungen um die Bewahrung des Friedens in Europa erhielten sie 1926 gemeinsam den Friedensnobelpreis.

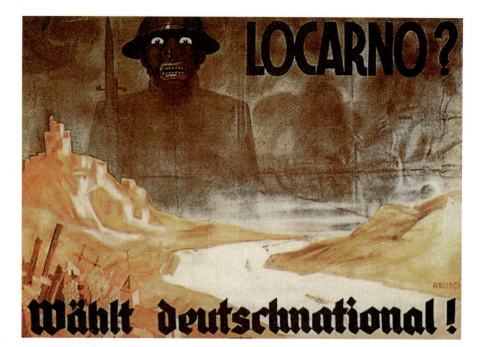

► Wahlplakat der DNVP.
Es entstand zur Reichstags-wahl 1928.
■ *Erläutern Sie, worauf die Darstellung eines französischen Soldaten und des Rheins anspielt.*

geneinander zu beginnen, und verzichteten auf eine Veränderung der bestehenden Grenzen zwischen ihren Staaten. Das Rheinland sollte nach dem Ende der Besatzung eine entmilitarisierte Zone bleiben. Bei Verletzung dieser Bestimmungen drohte ein Eingreifen der Garantiemächte Großbritannien und Italien. Eine Revision der Ostgrenzen hingegen ließ Stresemann offen. Deshalb verzichtete er in einem Schiedsvertrag mit Polen lediglich auf eine gewaltsame Änderung der Grenzen (► M1). In Locarno wurde auch beschlossen, Deutschland in den Völkerbund aufzunehmen. Es trat ihm am 8. September 1926 schließlich bei.

Innenpolitisch waren die Verträge von Locarno umstritten (► M2 - M4). Die nationale Rechte verurteilte sie als „Verrat an den Interessen Deutschlands". Durch das verstärkte internationale Engagement gelang es Stresemann, das Ansehen Deutschlands in der Weltöffentlichkeit beträchtlich zu steigern. Er war maßgeblich am Zustandekommen des *Briand-Kellogg-Paktes* beteiligt. Dieses Abkommen, das zur Ächtung des Krieges und zur rein friedlichen Klärung von Konflikten verpflichtete, war benannt nach seinen Initiatoren, dem französischen Außenminister Briand und seinem amerikanischen Amtskollegen *Frank B. Kellogg*. Insgesamt 60 Staaten traten ihm bei.

Konfrontationskurs nach der Ära Stresemann ■ Der außenpolitische Kurs Stresemanns, im Einverständnis mit den Siegermächten des Ersten Weltkriegs eine Lockerung der harten Bestimmungen des Versailler Vertrags zu erreichen, wurde nach seinem Tod 1929 von einer aggressiven Außenpolitik abgelöst. Sie drängte darauf, das Deutsche Reich wieder als Großmacht zu etablieren. Der Kurswechsel in der deutschen Außenpolitik zeigte sich etwa darin, dass der Vorschlag des französischen Außenministers Briand zu einer europäischen Wirtschaftsunion harsch abgewiesen wurde. Im Gegenzug verhinderte Frankreich eine deutsch-österreichische Zollunion, indem es auf dem Anschlussverbot Österreichs an das Deutsche Reich gemäß dem Versailler Vertrag beharrte.

M1 Vergebene Chance?

Der Historiker Detlev Peukert bewertet Stresemanns Ostpolitik kritisch:

Das Exempel Oberschlesiens hätte eigentlich davor warnen müssen, das Heil der deutschen Ostpolitik in einer Grenzrevision zu sehen, da im polnischen Korridor genau die gleiche Problemkonstellation zu erwarten war. Dennoch blieb die
5 Stresemannsche Position in der Grenzfrage inhaltlich völlig unbeweglich. Nur die Modalitäten der Revision wurden von ihm realistischer gesehen als von jenen Leuten um den deutschen Heereschef v. Seeckt, der mit dem Rapallo-Vertrag 1922 den Weg zur gemeinsamen Auslöschung Polens durch Russ-
10 land und Deutschland einschlagen wollte. [...]
Das Angebot von Schiedsverträgen gegenüber den östlichen Nachbarn und das Bekenntnis zu einer ausschließlich friedlichen Revision konnten die entscheidende Auswirkung der deutschen Ostpolitik nicht aufheben: Deutschtumspolitik und
15 Grenzrevision mussten in der ohnehin schon instabilen ostmitteleuropäischen Region destabilisierend wirken. Vor allem hatte diese Politik keine wirklich konstruktive Perspektive, da im nationalstaatlichen Sinne „gerechte" Lösungen für alle Beteiligten angesichts der ostmitteleuropäischen Gemenge-
20 lage prinzipiell unmöglich waren. Jede Neuregelung sorgte für mindestens so viel Konfliktstoff, wie sie beseitigte. [...]
Es ist charakteristisch für die Beschränktheit der gegenüber dem Westen doch so realistischen Außenpolitik in der Ära Stresemann, dass diese Aporien[1] der deutschen Ostpolitik
25 nicht konstruktiv angegangen wurden. Das hätte sicherlich den schmerzhaften Verzicht auf Grenzrevision verlangt, damit aber zugleich eine Region stabilisiert, deren nationalistisches Konfliktpotenzial immer wieder die Gefahr kriegerischer Zusammenstöße provozieren konnte.
30 [...] Ein Deutschland, das mit dem sicher schmerzlichen Verzicht auf eine Revisionspolitik nach Osten eine ähnliche Zone der Sicherheit und Kooperation wie im Westen angeboten hätte, hätte wahrscheinlich die Rolle einer informellen, vor allem wirtschaftlich abgestützten Hegemonialmacht in
35 Ostmitteleuropa gewonnen.

Detlev J. K. Peukert, Die Weimarer Republik. Krisenjahre der klassischen Moderne, Frankfurt am Main 1987, S. 200-202

1. *Fassen Sie die Argumente zusammen, die Peukert gegen die Ostpolitik Stresemanns vorbringt, und stellen Sie ihnen die Leitlinien und Voraussetzungen der deutschen Außenpolitik gegenüber.*
2. *Bewerten Sie die Einschätzung von Peukert. Ziehen Sie hierfür die Materialien M1 und M3 heran und berücksichtigen Sie außenpolitische Leitlinien und innenpolitische Voraussetzungen der deutschen Politik.*

M2 „Scheidepunkt der europäischen Politik"

Der SPD-Abgeordnete Otto Wels stellt am 24. November 1925 im Reichstag die Locarno-Verträge in einen größeren Zusammenhang:

Wie man auch zu den Verträgen von Locarno und zu dem Eintritt Deutschlands in den Völkerbund stehen mag, das fühlt ein jeder: Wir stehen jetzt am Scheidepunkte der europäischen Politik. Es fragt sich jetzt, ob eine neue Welt, in der der Gedanke des Friedens lebendige Kraft haben soll, das 5 Leben der Völker Europas in Zukunft beherrschen wird, oder ob die Mächte, die, auf Gewalt und kriegerischen Auseinandersetzungen fußend, dem Fortschritt, dem moralischen und materiellen Wiederaufbau den Weg dauernd versperren sollen. [...] 10
Was seit Jahrzehnten in Europa fehlte, das Bedürfnis nach europäischer Solidarität, das ist heute ein sichtbares Bedürfnis aller europäischen Völker geworden. Aus dem Munde der zahlreichen Kollegen dieses Hauses, die kürzlich aus den Vereinigten Staaten von Amerika zurückgekehrt sind, haben 15 wir immer und immer wieder gehört, dass man auch dort drüben volles Verständnis für diese europäischen Gemeininteressen hat. Es zeigt sich jetzt allerdings mehr denn je die Notwendigkeit, die Allgemeininteressen Europas, die mit den Interessen jedes einzelnen Landes identisch sind, 20 den selbstsüchtigen Interessen von Gruppen, Cliquen und Parteien voranzustellen. [...]
Es handelt sich gerade darum, das Bündnissystem der Vorkriegszeit und damit den Gegensatz, der zwischen Alliierten und Deutschland bestand, aus der Welt zu schaffen. 25 Deutschland soll in Zukunft gleichberechtigt neben jenen Mächten stehen, nicht um mit ihnen gegen Russland zu marschieren, sondern um den Völkerbund aufzubauen, der schließlich auch Russland umfassen wird.

Wolfgang Michalka und Gottfried Niedhart (Hrsg.), Deutsche Geschichte 1918-1933. Dokumente zur Innen- und Außenpolitik, Frankfurt am Main 1992, S. 110 f.

1. *Erarbeiten Sie aus dem Text, wie nach Ansicht von Wels „eine neue Welt, in der der Gedanke des Friedens lebendige Kraft haben soll", verwirklicht werden kann.*
2. *Nennen Sie Gründe dafür, dass Wels hier auf die Meinung der Vereinigten Staaten verweist.*

[1] Aporie: scheinbare Ausweglosigkeit

M3 Streit um die Locarno-Verträge

Der kommunistische Abgeordnete Wolfgang Bartels kommentiert die Locarno-Verträge am 30. Oktober 1925 im Preußischen Landtag:

Wenn man die einzelnen Verträge und ihre Paragrafen durchgeht, so sehen wir, dass Deutschland hinreichend Garantie gibt, aber dafür lediglich die Garantie erhält, dass es Kriegsbütteldienste leisten darf und andererseits Deutsch-
5 land als Kriegsschauplatz ausliefern muss. Locarno bedeutet in Wirklichkeit – das wird auch in diesem Hause niemand zu bestreiten versuchen – die Auslieferung der Rheinlande, es bedeutet direkt ein Verschenken preußisch-deutschen Gebietes, es bedeutet die Garantie des Einmarsch- und Durch-
10 marschrechtes durch Deutschland, es bedeutet die Kriegsdienstverpflichtung der deutschen Bevölkerung für die Entente gegen Russland, es bedeutet vor allem die Anerkennung der Aufrechterhaltung des Besatzungsregimes, und es bedeutet erneut das Bekenntnis zu dem Versailler Vertrag.
15 Es bedeutet darüber hinaus verschärfte Ausbeutung, verschärfte Entrechtung, Unterdrückung, Elend, Übel, Not.

Der nationalsozialistische Abgeordnete Gregor Straßer nimmt am 24. November 1925 im Reichstag Stellung:

Wir Nationalsozialisten, wir Frontsoldaten und wir Frontoffiziere [...] verzichten nie und nimmer auf Elsass-Lothringen. Wir verzichten nie auf Eupen und Malmedy, auf die Saar und
20 auf unsere Kolonien. Wir verzichten auf Nordschleswig so wenig wie auf Memel und Danzig, wie auf Westpreußen und Oberschlesien. Wir jungen Deutschen kennen unsere großdeutsche Aufgabe, und wir speisen die Brüder in Österreich und in Sudeten-Deutschland nicht mit leeren Worten ab. [...]
25 Unser Staat, der [...] ein in sich geschlossener geworden ist, wird einst die Verträge von Versailles, London[1] und Locarno wie Papierfetzen zerreißen können, weil er sich stützt auf das, was Sie bewusst im deutschen Volke zerschlagen, wofür kein Opfer gebracht werden darf, nämlich auf die Bildung
30 eines in sich geschlossenen Volkes.

Erster Text: Herbert Michaelis und Ernst Schraepler (Hrsg.), Ursachen und Folgen. Vom deutschen Zusammenbruch 1918 und 1945 bis zur staatlichen Neuordnung Deutschlands in der Gegenwart. Eine Urkunden- und Dokumentensammlung zur Zeitgeschichte, Bd. 6, Berlin o. J., S. 396 f.
Zweiter Text: Detlef Junker u. a. (Hrsg.), Deutsche Parlamentsdebatten II. 1919-1939, Frankfurt am Main 1971, S. 180 f.

1.   *Arbeiten Sie Gemeinsamkeiten und Unterschiede beider Texte hinsichtlich einer „Verzichtspolitik" heraus.*
2.   *Erläutern Sie die Motive bei den Gegnern der Verträge.*

---

[1]   Gemeint ist die Annahme des Dawes-Plans 1924.

M4 Warum kommt Europa nicht voran?

Im Zeichen der Verständigungspolitik mit den Westmächten erreicht Außenminister Gustav Stresemann 1926, dass Deutschland Mitglied des Völkerbunds wird. In seiner letzten Rede vor diesem Gremium führt er am 9. September 1929 aus:

Ich komme zu der Frage, die in der Debatte dieser Tage erörtert worden ist. Das war die Neugestaltung der Staatenverhältnisse in Europa. [...] Was erscheint denn an Europa, an seiner Konstruktion vom wirtschaftlichen Gesichtspunkte aus so außerordentlich grotesk? Es erscheint mir grotesk,
5 dass die Entwicklung Europas nicht vorwärts, sondern rückwärts gegangen zu sein scheint. [...] Durch den Versailler Vertrag ist eine große Anzahl neuer Staaten geschaffen worden. Ich diskutiere hier nicht über das Politische des Versailler Vertrages, denn ich darf annehmen, dass meine Anschauun-
10 gen darüber bekannt sind. Aber das Wirtschaftliche möchte ich doch betonen und sagen, dass es unmöglich ist, dass Sie zwar eine große Anzahl neuer Staaten geschaffen, aber ihre Einbeziehung in das europäische Wirtschaftssystem vollkommen beiseite gelassen haben. Was ist denn die Folge
15 dieser Unterlassungssünde gewesen? Sie sehen neue Grenzen, neue Maße, neue Gewichte, neue Usancen[1], neue Münzen, ein fortwährendes Stocken des Verkehrs. [...] Wo bleibt in Europa die europäische Münze, die europäische Briefmarke? Sind diese aus nationalem Prestige heraus gebore-
20 nen Einzelheiten nicht sämtlich Dinge, die durch die Entwicklung der Zeit längst überholt wurden und diesem Erdteil einen außerordentlichen Nachteil zufügen, nicht nur im Verhältnis der Länder zueinander, nicht auch nur in dem Verhältnis zu den Weltteilen, draußen, sondern auch im Ver-
25 hältnis anderer Weltteile, die sich oft viel schwerer in diese Dinge hineinversetzen können als ein Europäer, der es allmählich auch nicht mehr versteht?

Henry Bernhard (Hrsg.), Gustav Stresemann. Vermächtnis. Der Nachlass in drei Bänden, Bd. 3, Berlin 1933, S. 577 f.

1.   *Erläutern Sie, in welcher Hinsicht die Entwicklung Europas für Stresemann rückwärts gegangen ist.*
2.   *Prüfen Sie, ob sich heutige Protagonisten der europäischen Einigung auf Stresemann und Briand berufen können. Begründen Sie Ihren Befund.*

---

[1]   Usance (frz.): Brauch

Gesellschaft zwischen Revolution und Tradition

Neue Kunstströmungen ■ Wenn wir heute von den *Goldenen Zwanzigern* sprechen, so meinen wir weniger den wirtschaftlichen Aufschwung jener Jahre als vielmehr das freie, ungewöhnlich produktive, teilweise ungezügelte Kulturleben. Anknüpfend an die geistigen Strömungen im Kaiserreich, entfaltete sich in den deutschen Städten für mehr als ein Jahrzehnt eine einzigartige künstlerische und intellektuelle Blüte, vor allem in Berlin. Die Stadt, mit ihren rund vier Millionen Einwohnern zur europäischen Metropole aufgestiegen, wurde zum Inbegriff des Fortschritts und der Moderne. Schon in den 1920er-Jahren war sie eine Drehscheibe der Kulturen. In der bildenden Kunst erlebte der *Expressionismus*, der sich zu Beginn des 20. Jahrhunderts entwickelt hatte, eine Blüte. In seinen Werken wurden durch die Verfremdung von Farben, Formen sowie durch das Spiel mit begrifflichen Gewohnheiten gesellschaftliche Missstände und persönliche Not ausgedrückt. Neben diese Kunstrichtung trat die *Neue Sachlichkeit*, zunächst im Bereich der Architektur und der bildenden Künste, dann auch in der Literatur. Ihre Vertreter versuchten in meist zeitkritischen Werken, gesellschaftliche und politische Themen nüchtern-distanziert darzustellen.

Richtungsweisend für die künstlerische Haltung der Weimarer Republik wurde die 1919 von dem Architekten *Walter Gropius* in Weimar gegründete Kunstschule, das *Staatliche Bauhaus*. Seine Leitvorstellung war, dass Architekten handwerkliche Meisterschaft erlangen und mithilfe neuer technischer Möglichkeiten lichtdurchflutete, funktionale und preisgünstige Bauwerke ohne überflüssiges Dekor schaffen sollten. Auch für die Massenproduktion von Möbeln und Gegenständen des täglichen Bedarfs sollten neue Materialien wie Eisen und Stahl genutzt werden.

Massenkultur? ■ In zunehmendem Maße brachten Künstler und Intellektuelle neue Medien zum Einsatz, um ein größeres Publikum zu erreichen. Es entstanden künstlerisch hochwertige Spiel- und Dokumentarfilme, Radioreportagen und Hörspiele. Die Zahl der Kinos verdoppelte sich zwischen 1918 und 1930 auf 5000. Die deutsche Filmindustrie produzierte europaweit die meisten Filme. Seit der ersten Radiosendung am 29. Oktober 1923 stieg die Zahl der Empfänger ständig an. Neun Jahre später besaß bereits jeder vierte Haushalt einen Rundfunkapparat.

Die moderne Kunst wurde jedoch von der Gesellschaft nur am Rande wahrgenommen. Der Massengeschmack bevorzugte Unterhaltungsfilme, Groschenromane, Varietés und Sportveranstaltungen.

Die Zeitung blieb in der Weimarer Republik das wichtigste Medium zur Information und Meinungsbildung. Meist hatten Zeitungen nur regionale Bedeutung und blieben auf bestimmte Sozialmilieus beschränkt. In den letzten Jahren der Weimarer Republik verloren freilich die demokratischen und liberalen Zeitungen immer mehr Leser. Zugleich kontrollierte der DNVP-Vorsitzende **Alfred Hugenberg** in seinem Medienkonzern große Teile der regionalen und der rechtskonservativen Blätter. Dadurch schuf er sich nicht nur wirtschaftliche Macht, sondern auch ein breites Forum für seine republikfeindlichen Positionen.

▲ **„Stützen der Gesellschaft."** *Ölgemälde von George Grosz, 1926.*

■ *Das Gemälde wurde von dem Kunsthistoriker Hans Hess als eine „große Allegorie des deutschen Staates in der Weimarer Republik" bezeichnet. Erläutern Sie diese Aussage. Tipp: Ordnen Sie die Figuren in dem Bild aufgrund ihrer Attribute und des Bildhintergrundes bestimmten Gesellschaftsschichten zu. Berücksichtigen Sie auch den Bildtitel.*

Alfred Hugenberg (1865 - 1951): Politiker und Unternehmer; 1928-1933 Vorsitzender der DNVP. Im Kabinett unter Hitler wurde er 1933 Minister für Wirtschaft, Landwirtschaft und Ernährung.

▲ **Die Journalistin Sylvia von Harden.**
Gemälde von Otto Dix, 1926.
■ *Analysieren Sie die hier dargestellten Merkmale der „modernen Frau".*
■ *Diskutieren Sie, ob sich der Maler durch die Art der Darstellung von diesem Frauenbild distanziert.*

Bedrohung der Tradition? ■ Nur wenige Kulturschaffende identifizierten sich mit der Republik von Weimar. Wer nicht ohnehin für ein anderes politisches System eintrat, hielt sich von tagespolitischen Diskussionen fern. Viele Künstler und Intellektuelle zeigten sich unbeeindruckt von den politischen und sozialen Veränderungen ihrer Zeit. In gewisser Weise bildeten sie eine Parallelgesellschaft neben den übrigen Bevölkerungsschichten (▶ M1). Zu den wenigen politisch engagierten Künstlern im Deutschland der Zwanzigerjahre gehörte der Dichter und Dramatiker *Bertolt Brecht*. Das von ihm und dem Regisseur *Erwin Piscator* entwickelte Konzept des „epischen Theaters" setzte einen Gegenakzent zum klassischen Drama. Die Darstellung auf der Bühne sollte nicht mehr zum Miterleben einladen, sondern verfremden und den Zuschauer zur Kritik an den tatsächlichen Verhältnissen anhalten. Mit Stücken wie Brechts „Dreigroschenoper", 1928 in Berlin uraufgeführt, erreichte das deutsche Theater jener Zeit Weltgeltung.

Neue kulturelle Entwicklungen stießen oft auf Ablehnung der konservativ und nationalistisch Denkenden (▶ M2). Sie brandmarkten Kunstformen, die das gewohnte Stilempfinden infrage stellten, auch ausländische Einflüsse wie beispielsweise den Jazz, als elitär bzw. „entartet".

Die wachsende Aggressivität gegen moderne Künstler wird deutlich am Schicksal des Bauhaus-Gründers Gropius. Er wurde nicht nur von Handwerkern und traditionalistischen Architekten angegriffen, die durch die neue Bauweise ihre berufliche Existenz gefährdet sahen. Rechtsnationalistische Kreise lehnten die avantgardistischen Prinzipien des Bauhauses als „undeutsch" ab. Nach fortgesetzten Schikanen durch die rechtsgerichtete Regierung in Thüringen verlegte Gropius den Sitz des „Bauhauses" ins anhaltinische Dessau, bis er 1928 schließlich die Leitung abgab.

Die Rolle der Frau – moderne Akzente und alte Abhängigkeiten ■ In den Zwanzigerjahren entstand auch die Vorstellung von einer neuen Rolle der Frau in der Gesellschaft. Frauen dieses Typs waren berufstätig und finanziell unabhängig, traten mit kurzer Bubikopffrisur und elegantem Kostüm selbstbewusst auf, rauchten in der Öffentlichkeit, schminkten sich und gingen alleine in Restaurants und Bars. Die moderne Frau stand für eine neue Epoche, ein modernes, positives Lebensgefühl und für eine stärker konsumorientierte Gesellschaft. Trotz der großen öffentlichen Wirkung blieben solche Frauen eine Randerscheinung, die man allenfalls in den Städten antraf (▶ M3).

Auch wenn der Anteil der weiblichen Erwerbstätigkeit während des Ersten Weltkriegs stark gestiegen war und sich für Frauen neue Berufsfelder wie das der Verkäuferin, Stenotypistin, Sekretärin in Büros oder der Telefonistin eröffneten, war für viele junge Frauen die Erwerbstätigkeit nur ein Übergangsstadium bis zur Heirat. Zudem verschlechterten sich die beruflichen Chancen für Frauen in den Zwanzigerjahren erneut. Sobald es ein Arbeitskräfte-Überangebot gab wie in den Krisenjahren um 1923 und ab 1929, wurde von den Frauen vielfach erwartet, dass sie ihre Erwerbstätigkeit freiwillig aufgaben.

Auf dem Land und in konservativen Milieus galt weiterhin die Hausfrau und Mutter als weibliches Ideal.

Jugend zwischen Kontrolle und Fürsorge ■ Der Krieg und die Krisen der Nachkriegszeit machten die Jugendlichen zu einer verlorenen Generation ohne Perspektive. Während des Krieges waren sie mit alltäglicher Gewalt und Not konfrontiert gewesen, nach dem Krieg nahmen ihnen Wirtschaftskrise, Inflation und Massenarbeitslosigkeit die Chance auf eine gesicherte Existenz. Viele mussten ohne ihre Väter, die sie im Krieg verloren hatten, aufwachsen. Soziale Not, Elend und Orientierungslosigkeit ließen die Jugendkriminalität ansteigen und machten die jungen Menschen anfällig für die Propaganda der radikalen Parteien. Der Staat versuchte, der hohen Kriminalität unter Jugendlichen gegenzusteuern. Die *Reformpädagogik* löste die bisherige, auf Drill und „Paukschule" ausgerichtete Erziehung ab und wollte Jugendliche zu demokratischen und sozial denkenden Staatsbürgern erziehen. Dem *Reichsjugendwohlfahrtsgesetz* von 1922, durch das die ersten Jugendämter eingerichtet wurden, und dem 1923 eingeführten *Jugendstrafrecht* lag die Überzeugung zugrunde, dass Jugendliche anders zu behandeln seien als Erwachsene und Schutz und Hilfe benötigten (▶ M4). Zudem sollten halbstaatliche Jugendorganisationen, wie etwa Turn- und Sportvereine, die Jugendlichen unter geregelte Aufsicht bringen.

Dennoch waren viele Jugendliche republikfeindlich eingestellt, traten kommunistischen und nationalistischen Organisationen bei und beteiligten sich an antirepublikanischen Veranstaltungen und Krawallen.

Ausgehend von der unpolitischen *Wandervogelbewegung*, die sich noch im Kaiserreich gebildet hatte, politisierte und radikalisierte sich die Jugendbewegung zunehmend (▶ M5). Auf der einen Seite stand die organisierte Arbeiterjugend. Auf der anderen Seite formierte sich die „bündische" Jugend, die nach und nach alle politisch und konfessionell unabhängigen Jugendverbände, so auch die Wandervögel und die Pfadfinderverbände, in sich aufnahm. Der wichtigste Verband war die 1926 gegründete *Deutsche Freischar*. Sie war stark militaristisch und republikfeindlich ausgerichtet. Die jugendliche Gemeinschaft war für sie die Keimzelle der „Volksgemeinschaft".

Gegen Ende der 1920er-Jahre verstärkten sich rassistische und antisemitische Tendenzen. 1933 trat die Mehrheit der bündischen Jugend der *Hitler-Jugend* bei. Allerdings hatten auch jugendliche Widerstandsgruppen wie die **Edelweißpiraten** und die Weiße Rose* ihre Wurzeln in der bündischen Jugend.

Edelweißpiraten: oppositioneller Zusammenschluss von Jugendlichen aus dem Arbeitermilieu während der NS-Zeit

Antisemitismus ■ Die jüdische Bevölkerung in Deutschland erhielt durch den rechtlichen Emanzipationsprozess im 19. Jahrhundert, die staatsbürgerliche Gleichstellung im Kaiserreich und die Chancen durch die Industrialisierung verstärkt Zugang zum Bürgertum und zur Bildungselite. Führungspositionen in der staatlichen Verwaltung, im Offizierskorps, an Universitäten und in der Justiz blieben aber weiterhin die Ausnahme.

Im August 1914 zogen die deutschen Juden ebenso vorbehaltlos in den Krieg wie ihre nichtjüdischen Landsleute. Doch schon sehr bald wurden antisemitische Stimmen laut, die den Juden vorwarfen, sich vor dem Fronteinsatz zu drücken und den Krieg ausschließlich als Möglichkeit zu sehen, um daraus finanziellen Gewinn zu ziehen. Angeblich um diese Vorwürfe zu entkräften, ordnete das Kriegsministerium 1916 an, die Zahl der an der Front eingesetzten Juden festzustellen (sogenannte *Judenzählung*). Das Ergebnis erwies eine völlig angemessene Beteiligung der deutschen Juden am deutschen Kriegseinsatz. Es wurde jedoch nicht veröffentlicht und verstärkte damit noch die

---

* Siehe S. 234 f.

antisemitischen Gerüchte. Die Juden waren empört wegen dieser pauschalen Diffamierung. Wir wissen heute, dass von den etwa 550000 im Deutschen Reich lebenden Juden fast 100000 im Ersten Weltkrieg kämpften und ca. 12000 ihr Leben ließen.

Der schon während des Krieges anklingende radikale Antisemitismus setzte sich in der Weimarer Republik fort. Obwohl die überwältigende Mehrheit der jüdischen Bevölkerung der Revolution distanziert gegenüberstand, tauchten alte Verschwörungstheorien und Vorurteile wieder auf. Links orientierte, jüdische Politiker wie Kurt Eisner oder Rosa Luxemburg galten als „Verräter am deutschen Volk". Die Weimarer Republik galt ihren Gegnern als „Judenrepublik". Die meisten Juden begrüßten die freiheitliche und demokratische Grundordnung der Weimarer Republik. Die Mehrheit der parteipolitisch engagierten Juden war im Lager der Deutschen Demokratischen Partei (DDP) zu finden.

Die jüdische Bevölkerung in Osteuropa war im und nach dem Ersten Weltkrieg vor den antijüdischen Ausschreitungen zu Tausenden in das Deutsche Reich geflüchtet. Ihre fremde kulturelle Prägung und Lebensart wurde zum Stereotyp für alle Juden und diente als Zielscheibe antisemitischer Vorurteile. Die deutschen Juden begegneten ihnen mit einer Mischung aus Misstrauen und wohltätigem Mitleid. Viele der unfreiwillig zugewanderten Ostjuden emigrierten während der Weimarer Republik in andere europäische Staaten und die USA. Manche kehrten in ihre osteuropäische Heimat zurück. Etwa 60000 blieben in Deutschland.

▲ **Jüdischer Kellerladen in Berlin.**
Foto um 1920.

Auch das kulturelle Leben in der Weimarer Republik blieb von antisemitischen Vorurteilen nicht verschont. Ohne die herausragenden Leistungen jüdischer Künstler hätte jedoch die deutsche Kultur jener Zeit niemals ihre internationale Anerkennung gefunden. Auch in der Wissenschaft standen deutsche Juden mit an vorderster Stelle – darunter fünf Nobelpreisträger während der Weimarer Zeit: *Albert Einstein* (1921), *James Franck* (1925) und *Gustav Hertz* (1925) in Physik, *Otto Meyerhof* (1922) und *Otto H. Warburg* (1931) für Medizin. Vereinzelte Versuche, den Antisemitismus zu bekämpfen, scheiterten, weil es in der deutschen Gesellschaft der Weimarer Republik an Solidarität für die jüdischen Mitbürger mangelte.

In der Weimarer Republik radikalisierte sich der rassistische Antisemitismus. Bücher, Broschüren und weit über 500 antisemitische Zeitungen verbreiteten eine zunehmend radikalere Propaganda. Seit 1923 tat sich der von **Julius Streicher** gegründete „Stürmer" mit judenfeindlichen Hetzkampagnen hervor. Zu den am weitesten verbreiteten Schriften zählten die „Protokolle der Weisen von Zion", die vorgaben, eine jüdische Weltverschwörung zu entlarven. Zu Beginn der Weimarer Republik gab es rund 400 völkische Organisationen. Ein Zentrum für antisemitische Kampagnen war der „Deutschvölkische Schutz- und Trutzbund". In seinem Gründungsjahr 1919 zählte er etwa 5000 Mitglieder, 1922 waren es bereits fast 200000, darunter Angestellte, Beamte, Lehrer und Akademiker, Ärzte und Anwälte sowie Handwerker und Händler. Unter dem Motto „Deutschland den Deutschen" agitierte der Bund gegen die Demokratie, gegen linke Bewegungen und gegen Juden. Nach der Ermordung Walther Rathenaus im Juni 1922 wurde zwar seine Tätigkeit in den meisten Ländern des Deutschen Reiches verboten. Dennoch unterstützte er weiterhin gewalttätige Aktionen, so die Attentate auf die republiktreuen Politiker *Matthias Erzberger* und Philipp Scheidemann.

Julius Streicher (1885-1946): nationalsozialistischer Politiker und Publizist; 1921 Beitritt zur NSDAP; Verleger des antijüdischen Hetzblatts „Der Stürmer"; seit 1928 Gauleiter in Franken; 1933-1945 Mitglied des Reichstages; im Nürnberger Kriegsverbrecherprozess 1946 verurteilt und hingerichtet

M1 Erinnerungen an die Weimarer Kultur

Der Schriftsteller Klaus Mann (1906-1949), Sohn des Nobelpreisträgers Thomas Mann, schreibt in seiner Autobiografie „Der Wendepunkt", 1952 in Deutschland und zuvor 1942 in New York erschienen, über die politische und kulturelle Szene zwischen 1928 und 1930 in Berlin:

Sonderbarerweise hat die Zeit von 1928 bis 1930 in meiner Erinnerung wenig mit Massenelend und politischer Spannung zu tun. Eher mit Wohlstand und kulturellem Hochbetrieb. Natürlich wusste ich, dass die Zahl der Arbeitslosen
5 erschreckend stieg – waren es drei Millionen? Waren es schon fünf? Man konnte nur hoffen, dass die Regierung bald Abhilfe schaffen werde [...]. Übrigens schienen die Geschäfte nicht ganz schlecht zu gehen, trotz der „Krise", von der man so viel in der Zeitung las. Auf kulturellem Gebiet jedenfalls
10 wurde gut verdient; erfolgreiche deutsche Autoren, Schauspieler, Maler, Regisseure, Musiker schwammen geradezu im Gelde. Offenbar gab es doch noch einen starken Sektor des angeblich ruinierten Mittelstandes, der willens und fähig blieb, beträchtliche Summen für Theaterkarten, Bücher, Bil-
15 der und Zeitschriften und Grammophonplatten auszugeben. Ein Gangster namens Frick[1] regierte irgendwo in der mitteldeutschen Provinz, aber in Berlin ging alles seinen gewohnten Gang. Der „Strich" auf der Tauentzienstraße florierte (nicht mehr ganz so hektisch wie in den Tagen der Inflation,
20 aber doch noch recht flott), im „Haus Vaterland" gab es künstliche Gewitter und Sonnenuntergänge, die Nachtlokale waren überfüllt [...], die Galerie Alfred Flechtheim verkaufte kubistische Picassos und die reizenden Tierstatuetten der Renée Sintenis, Fritzi Massary feierte Triumphe in der neues-
25 ten Lehár-Reprise[2], in den Salons am Kurfürstendamm, im Grunewald und im Tiergartenviertel schwärmte man vom neuesten René-Clair-Film, von der letzten Max-Reinhardt-Inszenierung und vom letzten Furtwängler-Konzert[3], bei Frau Stresemann gab es große Empfänge, über die in der „Elegan-
30 ten Welt" unter der Überschrift „Sprechen Sie noch ...?" berichtet wurde.
Der Bürgerkrieg schien sich vorzubereiten, beide Parteien musterten ihre formidable Macht – der nationalistische „Stahlhelm" gegen das sozialdemokratische Reichsbanner,
35 die Nazis gegen die Kommunisten. Die Reichswehr inzwischen intrigierte und foppte das Publikum mit ihrer sphinxisch „neutralen", „unpolitischen" Haltung, während sie in Wahrheit die antirepublikanischen Kräfte heimlich stützte und ermutigte. Aber die Republik, mit unerschütterlichem
40 Optimismus, vertraute auf Gott, den alten Hindenburg und die schlauen Manöver des Dr. Hjalmar Schacht[4].
Während verbrecherische Elemente in der politischen Sphäre sich immer dreister bemerkbar machten, war ein Stück namens „Verbrecher" (von Ferdinand Bruckner) ein sensationel-
45 ler Erfolg im Deutschen Theater. Die große Attraktion der Vorstellung war Gustaf Gründgens in der Rolle eines morbiden Homosexuellen. Der Hamburger Star war schließlich von den Kennern der Metropole entdeckt worden: Berlin war hingerissen von seiner „aasigen" Verworfenheit, dem hyste-
50 risch beschwingten Gang, dem vieldeutigen Lächeln, den Juwelenblicken. Erika[5], übrigens, hatte sich mittlerweile von ihm scheiden lassen. Es war die große Zeit der Entdeckungen. Die Schwerindustrie entdeckte die „aufbauenden Kräfte" im Nationalsozialismus. Erich Maria Remarque entdeckte die enorme Attraktion des Unbekannten Soldaten. Die völki-
55 schen Rowdies entdeckten Stinkbomben und weiße Mäuse als Argumente gegen einen pazifistischen oder doch nicht hinlänglich kriegsbegeisterten Film.[6] Der findige Dichter Bertolt Brecht entdeckte die alte englische „Beggar's Opera", die in seiner Adaption als „Dreigroschenoper" volle Häuser
60 machte, „tout Berlin" trällerte und pfiff die schönen Balladen von der „Seeräuber-Jenny" und vom Macky Messer, dem man nichts beweisen kann. Die mächtige UFA übertraf, wie gewöhnlich, alle Konkurrenten und entdeckte mit unfehlbarem Instinkt die Beine der Marlene Dietrich, die in einem Film
65 namens „Der Blaue Engel" sensationell zur Geltung kamen.

Der 1921 in Breslau geborene Historiker Walter Laqueur schreibt über die Verwurzelung der Hochkultur in der Bevölkerung:

[Im] Großen und Ganzen war alles, was die Menschen mit „Weimarer" Kultur und Denken assoziieren, in Berlin konzentriert. Das zeigt, wie einfach es ist, einige vielfach beschriebene oder besonders reizvolle Aspekte einer Gesellschaft
70

---

[1] Wilhelm Frick (1877-1946): führender nationalsozialistischer Politiker; leitete von 1930 bis 1931 in Thüringen das Innen- und Volksbildungsministerium, war 1933 bis 1943 Reichsinnenminister und von 1943 bis 1945 „Reichsprotektor" von Böhmen und Mähren
[2] Franz Lehár (1870-1948): österreichischer Operettenkomponist
[3] Der Dirigent Wilhelm Furtwängler (1886-1954) leitete von 1921 bis 1945 die Berliner Philharmoniker.
[4] Hjalmar Schacht (1877-1970): Bankier, setzte sich von 1924 bis 1930 als Reichsbankpräsident für die Senkung der staatlichen Kreditaufnahme ein, unterstützte Hitler und war von 1933 bis 1939 erneut Chef der Reichsbank
[5] Erika Mann, die Schwester von Klaus Mann, war von 1925 bis 1928 mit Gustaf Gründgens verheiratet.
[6] Hinweis auf den 1929 erschienenen und 1930 verfilmten Antikriegsfilm „Im Westen nichts Neues". Die Nazis inszenierten einen massiven Protest gegen den pazifistischen Film und erreichten ein Aufführungsverbot.

▲ **Großstadtverkehr am Potsdamer Platz in Berlin.**
Foto um 1930.

herauszugreifen und das Phänomen einer Minderheit als den wichtigsten und sogar prägenden Aspekt jener Zeit darzustellen.

Das Leben in Breslau, damals eine Stadt mit etwa 600 000
75 Einwohnern, ging im Wesentlichen weiter wie zuvor. Es gab beachtliche Theateraufführungen und Konzerte, aber die Stadt war nicht die Wiege der Moderne. Im Grunde galt das auch für das übrige Deutschland. Alles war noch sehr provinziell, im guten wie im schlechten Sinne. Reisen ins Ausland,
80 um nur ein Beispiel zu nennen, waren die absolute Ausnahme. Das Gesellschaftsleben, die Umgangsformen und Sitten waren seit den Tagen der Monarchie ein wenig freizügiger geworden, aber es hatte weder eine kulturelle noch eine gesellschaftliche Umwälzung gegeben, sondern ledig-
85 lich graduelle Veränderungen auf wenigen Gebieten.

Weimar war sowohl auf politischer als auch auf kultureller Ebene ein elitäres Phänomen, das nie Wurzeln in der Bevölkerung schlug. Zugleich machte sich seine politische Elite all jene zum Feind, die immer noch der guten alten Zeit nach-
90 trauerten.

Die Republik war eine Demokratie mit wenigen Demokraten und einer wachsenden Zahl an Extremisten. Das galt auch auf kultureller Ebene. Merkwürdigerweise waren viele, die der Avantgarde von Weimar angehörten, sich dessen gar
95 nicht bewusst oder wollten in späteren Jahren vergessen, wie isoliert sie gewesen waren. Ich erinnere mich an eine Konferenz über die Weimarer Kultur an der New School in

---

¹ Hannah Arendt (1906 - 1975): deutsch-amerikanische Philosophin

New York um 1970. Ich hielt einen Vortrag über die Bestseller im Deutschland der 1920er-Jahre. Hannah Arendt¹ nahm an der Konferenz teil und erklärte verächtlich: „Wir haben diese 100 Bücher nie gelesen, nicht einmal von ihnen gehört." Das war absolut richtig, aber als ich mich erkundigte, wen sie denn mit „wir" meinte, stellte sich heraus, dass sie sich auf einen Kreis von Intellektuellen bezog, der sich in Kaffeehäusern am und um den Kurfürstendamm getroffen hatte und überwie- 105 gend aus Linken und Juden bestand.

An dieser Haltung der kulturellen Elite eines Landes hat sich mit Sicherheit wenig geändert. Sie ist auch in den Vereinigten Staaten sowohl auf politischer als auch auf kultureller Ebene weit verbreitet. Tatsächlich ist diese Überheblichkeit 110 in der ganzen westlichen Kultur eher der Standard. In den meisten Fällen zeitigt dies überwiegend amüsante oder allenfalls ärgerliche Resultate. In Deutschland waren es tragische.

Das deutsche Lesepublikum wurde von einer völlig anderen 115 Art von Literatur in den Bann gezogen, teils apolitisch, teils patriotisch, in der traditionelle Werte wie der deutsche Heldenmut im Ersten Weltkrieg gepriesen wurden. Was wir heute „Weimarer Kultur" nennen, war in Wirklichkeit nur ein Teil der Szene und überwiegend nicht einmal der dominie- 120 rende Trend. Der Modernismus und die neue Freiheit lockten einige junge Engländer nach Berlin, darunter die Autoren W. H. Auden, Stephen Spender und Christopher Isherwood, sowie einige Franzosen. Auch ein paar Amerikaner kamen, wie der Physiker Robert Oppenheimer, der nach Göttingen 125 ging, dem damaligen Mekka der Physiker und Mathematiker.

Erster Text: Klaus Mann, Der Wendepunkt. Ein Lebensbericht, München 1989, S. 242 ff.
Zweiter Text: Walter Laqueur, Mein 20. Jahrhundert. Stationen eines politischen Lebens, Berlin 2009, S. 21 - 22 und 24

1. *Beschreiben Sie, wie es Klaus Mann gelingt, die Stimmung sowie die kulturellen und politischen Gegensätze dieser Jahre aufzuzeigen.*
2. *„Das Lebensgefühl in den Goldenen Zwanzigern war kein goldenes." Nehmen Sie zu diesem Zitat Stellung.*
3. *Erläutern Sie, was Laqueur mit „Überheblichkeit in der ganzen westlichen Kultur" meint.*
4. *Nehmen Sie Stellung dazu, inwiefern diese Überheblichkeit (mit)verantwortlich ist für die „tragischen Resultate".*
5. *Prüfen Sie die These Laqueurs zur Isolation der „Avantgarde" anhand von Werkbeispielen, die Sie kennen.*
6. *Diskutieren Sie, ob sich am Verhältnis zwischen „elitärer" Kultur und Massenkultur in der Gegenwart etwas geändert hat.*

M2 Gegen die „Schmutz- und Schundliteratur"

Der Abgeordnete des Zentrums, Georg Schreiber, stellt 1925 vor dem Reichstag seine Maßstäbe für kulturelles Schaffen dar:

Sind wir doch in der eigenartigen Lage, dass hier diese Metropole in vielem internationalisiert ist, dass sie in vielem kosmopolitisch steht, und jenes andere ist ebenso gewiss: Wenn wir in den letzten Jahrzehnten in Deutschland eine wunder-
5 volle Heimatkunst, eine Heimatkultur entwickelt haben, wenn wir die Dichtungen von Theodor Storm, von Fritz Reuter, Klaus Groth und anderen Heimatkünstlern schätzen, so ist es nicht bloß wegen der dichterischen Schönheit und Kraft. Darüber hinaus haben wir das Empfinden: Dort strömt
10 in diesen Landschaften Niedersachsens, ebenso aber auch in anderen deutschen Landschaften köstlicher Jungbrunnen deutscher Kultur, dort liegt noch viel Urkräftiges, vieles an ungebrochener gesunder Volkskraft. Und wenn es darauf ankommt, diese deutsche Volkskraft in ihrer landschaft-
15 lichen Eigenart zu erhalten und zu fördern, dann werden wir nicht bloß auf Berlin und auf die Entscheidungen der Filmoberprüfstelle hier achten, sondern werden unsere Maßstäbe für die Beurteilung auch finden in dem kernigen Volke des Schwarzwaldes, in den sittlichen Maßstäben, die man auf der
20 westfälischen Heide anlegt, und in den Wäldern Schlesiens, ebenso im bayerischen Gebirge. Wir brauchen dringender denn je diesen Rückblick auf die seelische Feinnervigkeit der deutschen Landschaft, um uns Kultureinflüssen hier in Berlin zu erwehren, die unser Volk nicht weiterbringen, sondern in
25 der Volkspflege und in der Volkskultur zurückwerfen.

Peter Longerich (Hrsg.), Die Erste Republik, München 1992, S. 377

1. *Beschreiben Sie, was der Autor unter „Heimatkunst" versteht.*

2. *Gegen die moderne Kultur der Zwanzigerjahre gab es aus den unterschiedlichsten Gründen Widerstand. Erörtern Sie die gesellschaftlichen und geistigen Hintergründe dieser Denkweisen.*

3. *Diskutieren Sie, welche Rolle die Großstädte für Heimatkunst und Heimatliteratur spielen.*

M3 Prototypen weiblicher Emanzipation

Die Historikerin Ute Frevert schreibt über das Wunschbild der „neuen Frau" und die gesellschaftliche Wirklichkeit:

Fortschritt und Beharrung, Modernität und Tradition trafen im Typus der „neuen Frau", wie ihn die Weimarer Kulturkritik kreierte, auf besondere Weise zusammen. Schon das äußere Erscheinungsbild junger Frauen nach dem Krieg verführte manche Zeitgenossen dazu, das „Zeitalter der befreiten 5 Frau" einzuläuten. Bubikopf, Zigaretten, saloppe Mode galten als Markenzeichen der modernen Frau, die den Gleichberechtigungsgrundsatz der Weimarer Verfassung ernst nahm und ihren Platz in Beruf und Öffentlichkeit selbstbewusst ausfüllte. Doch nicht bloß in ihrem Äußeren schienen sich 10 Frauen und Männer angleichen zu wollen, auch in ihren Lebensplänen verwischten sich die Grenzen zwischen den Geschlechtern. Immer mehr Frauen übten einen Beruf aus und verdienten eigenes Geld. [...]
Heißdiskutierte Prototypen weiblicher Emanzipation waren 15 vielmehr die jungen Angestellten, die als Kinder der neuen Zeit gefeiert oder, je nach Weltanschauung, gescholten wurden. In den Sekretärinnen, Stenotypistinnen und Verkäuferinnen schien die Modernität des Weimarer Systems augenfällig zu werden, und auch die zahlenmäßige Entwicklung 20 – 1925 gab es annähernd 1,5 Millionen weibliche Angestellte, dreimal mehr als 1907; ihr Anteil an allen erwerbstätigen Frauen stieg von 5% auf 12,6% – rechtfertigte das ausgeprägte, aber nicht gleichgerichtete Interesse an diesem Frauentyp der „neuen Sachlichkeit". Galt den einen die Feminisie- 25 rung des Angestelltenberufs als „Beginn der wirklichen Emanzipation der Frau", als „größte Revolution in der sozialen Stellung der Frau", betonten kritischere Beobachter die Ambivalenz dieser oberflächlichen „Modernisierung", und die Psychologin Alice Rühle-Gerstel beschrieb die Frauen 30 in Büros und Geschäften bereits 1932 ohne Emanzipationshoffnung:
„Ein halbseidener Beruf, halbseiden wie die Strümpfe und Hemdchen der Ladenfräulein, halbseiden wie ihr Gemüt und ihre Gedankenwelt [...]. Ihrer wirtschaftlichen Situation ge- 35 mäß Proletarierin, ihrer Ideologie nach bürgerlich, ihrem Arbeitsfeld zufolge männlich, ihrer Arbeitsgesinnung nach weiblich. Schillernde Gestalten, von schillerndem Reiz oft, ebenso oft von schillernder Fragwürdigkeit, auf alle Fälle von schillernder Sicherheit ihres sozialen und seelischen 40 Daseins."

Ute Frevert, Frauen-Geschichte. Zwischen Bürgerlicher Verbesserung und Neuer Weiblichkeit, Frankfurt am Main ⁵1993, S. 171-173

1. *Arbeiten Sie die verschiedenen Bereiche heraus, in denen sich emanzipatorisches Verhalten äußert.*

2. *Formulieren Sie anhand des Textes eine Definition von Emanzipation und vergleichen Sie sie mit der eines aktuellen Lexikons.*

3. *Vergleichen Sie die dargestellten Vorstellungen von Frauenemanzipation mit heutigen.*

M4 Die staatliche Jugendpflege

In einem Handbuch für Pädagogik, das erstmals Anfang 1933 erschienen ist und seit 1948 in regelmäßigen Abständen bis heute aufgelegt wird, ist ein enger Zusammenhang zwischen Jugendbewegung und staatlicher Jugendpflege hergestellt:

Die Herausarbeitung der reinen pädagogischen Aufgabe der schulentlassenen Jugend gegenüber gelangte aber erst zu voller Klarheit in einer zweiten Phase, die durch das Eintreten der Jugendbewegung erwirkt wurde. Von ihr bekam sie die
5 für ihre Arbeit entscheidende Einsicht, dass die Jugend dieses Alters in dem Jugendverein ihre eigene soziologische Form hat, wo sie aus eigenen Kräften die große Erfahrung der Gemeinschaft, des Ideals und des Stils solcher Gemeinschaft, von Führung und Unterordnung macht. [...] Der Jugendverein
10 schien daher nicht bloß einem Wesenszug der Jugend entgegenzukommen, sondern als eine soziale Urzelle jetzt auch die Aufgabe der Entwicklung des neuen Gemeinschaftslebens übernehmen zu können. Indem der Jugendverein Träger aller Bestrebungen eines höheren freien geistigen Lebens
15 wird, entsteht in ihm jene eigentümliche Macht, die jeder Jugendpfleger kennt, die schließlich auf ein totales Gemeinschaftsleben zielt und die Seele eines jungen Menschen in den entscheidenden Jahren vollständig in Anspruch nehmen und formen kann. [...] Das wichtigste Ergebnis dieser Verbin-
20 dung von Jugendpflege und Jugendbewegung war aber doch, dass die Jugendbewegung nun das pädagogische Gewissen der Jugendpflege wurde und dass die Jugendpflege erkannte: sie sei nicht bloß das subalterne Organ irgendwelcher anderen Zwecksysteme, der Kirche, der Partei, nicht
25 einmal des Staats, sondern sie diene dem höheren geistigen Leben der Jugend, die sich hier zunächst frei in allen ihren Kräften entfalten solle, körperlich, seelisch und geistig, und die umso sicherer und zuverlässiger dem Ernst des späteren Lebens zur Verfügung stehen wird, je offener und reiner sie
30 in diesen Jahren aus ihren eigenen Kräften und den Zielen, die ihr gemäß sind, gelebt hat.
Neben dieser Jugendpflege der gesunden Jugend steht dann die Pflege der kranken, der gefährdeten und der straffälligen Jugend, Fürsorgeerziehung und Gefängniserziehung. [...]

Auch hier hat die Jugendbewegung entscheidend in die 35 Arbeit hineingewirkt. Sie sieht in dem Zögling oder jugendlichen Gefangenen nicht mehr den Verbrecher, das „verworfene Element", und in der Anstalt nicht mehr die Schreckenskammer, die der Strafe dient, sondern geht jedem als Freund und Kamerad entgegen mit einem Vertrauen, das in 40 ihm die Seele respektiert, an das Gute in ihm glaubt und diesem Guten, das verschüttet oder gehemmt ist, zur Auswirkung verhelfen will. Und als das entscheidende Mittel wird die Lebensgemeinschaft betrachtet, die durch ihre Kräfte den jungen Menschen bis ins Letzte erschüttern, ihn öffnen und 45 aktiv machen soll: die kleine Gemeinschaft, in freier Natur, gemeinsamer Arbeit, gemeinsamem Spiel und gemeinsamer Feier.

Herman Nohl, Die pädagogische Bewegung in Deutschland und ihre Theorie, Frankfurt am Main [7]1970, S. 18 ff.

1. *Ermitteln Sie die besonders oft verwendeten Schlüsselbegriffe des Textes.*

2. *Charakterisieren Sie die Vorstellung von Jugendbewegung und nehmen Sie dazu Stellung.*

3. *Erläutern Sie die Veränderungen in der pädagogischen Arbeit der Jugendpflege.*

M5 „Macht Platz, ihr Alten!"

Der Journalist Jan Friedmann beschreibt 2008 in einem Artikel Ursprung und Wesen der völkischen Jugendbewegung in der Weimarer Republik:

„Weil wir die echten, wahren und unerbittlichen Feinde des Bürgers sind, macht uns seine Verwesung Spaß", höhnte der Rebell und Jugendführer. Was wie eine Parole von 1968 anmutet, ist ein Satz von Ernst Jünger über sich selbst und seine Altersgenossen aus dem Jahr 1929. 5
„Wir sind Söhne von Kriegen und Bürgerkriegen", fuhr der Rechtsintellektuelle in seinem Generationenporträt fort. Eines Tages werde es gelingen, die bestehende „krustige, schmutzige Decke wegzusprengen" und darunter eine „stolzere, kühnere und noblere Jugend" zum Vorschein zu brin- 10 gen, die „Aristokratie von morgen und übermorgen".
Dem Schriftsteller, Studienabbrecher und Freischärler war die bürgerliche Demokratie genauso verhasst wie vielen Menschen seiner Generation. Jünger, Jahrgang 1895, wurde eine der prominentesten Stimmen der völkischen Jugend- 15 bewegung, die während der Weimarer Republik maßgeblich den Weg in die Diktatur ebnete. [...]
In keinem anderen Jahrzehnt prallten die Generationen so heftig aufeinander wie in den Zwanzigerjahren. „Macht Platz, ihr Alten!", schleuderte der Reichspropagandaleiter der 20

NSDAP, Gregor Straßer, im Jahr 1927 dem Establishment der Weimarer Republik entgegen. „Macht Platz, ihr Unfähigen und Schwachen, ihr Blinden und Tauben, ihr Ehrlosen und Gemeinen, ihr Verräter und Feiglinge, macht Platz, ihr seid
25 gewogen und zu leicht befunden worden." Ihren ideologischen Fundus hatte sich die selbstbewusste Avantgarde in den Schützengräben des Ersten Weltkriegs angeeignet.
Tatsächlich waren es zwei Generationen von Jugend, die dort geprägt wurden. Da waren zum einen die Jahrgänge der
30 zwischen 1880 und 1900 Geborenen, die eigentliche Frontgeneration. Angetreten in rauschhafter Begeisterung, erlebten sie den Krieg als ungeheure Schlachtbank [...]. Jeder dritte der zwischen 1892 und 1895 geborenen deutschen Männer verlor hier sein Leben.
35 So schlossen die Überlebenden: Nur wer in der Gemeinschaft funktioniert und sich im Gegenzug auf die unbedingte Kameradschaft seiner Mitkämpfer verlassen kann, hat eine Chance. Der Einzelmensch gilt nichts, erst im Kollektiv der feldgrauen Uniformen wird er zu einer Macht.
40 Doch die Heroisierung der Härte und des Opfers prägte auch die Jüngeren. Sie absorbierten die kaiserliche Kriegspropaganda, die Durchhalteparolen der Lehrer und Amtsleute, sie glaubten an die Dolchstoßlegende. [...] Ihr Credo der Härte und Unerbittlichkeit übertrugen beide Generationen, die
45 Frontkämpfer und ihre jüngeren Brüder, auf die Zivilgesellschaft von Weimar. Kompromisse galten ihnen als Zeichen von Schwäche. Heroisches Handeln musste stattdessen rein, radikal und sachlich sein. Anstelle des schalen Parlamentarismus wollten sie das Ideal einer klassenlosen Volksgemein-
50 schaft setzen, frei von störenden Fremdkörpern. [...]
Ihre Ideale von Kameradschaft, soldatischer Männlichkeit und freiwilliger Unterordnung fand die Jugend in den zahlreichen paramilitärischen Verbänden und bündischen Organisationen. Alle politischen Parteien schufen sich solche
55 Nebenorganisationen: die Kommunisten etwa den „Roten Frontkämpferbund" (1924), die Sozialdemokraten das „Reichsbanner Schwarz-Rot-Gold" (1924), die Katholiken die „Windthorstbünde" (1920), die DDP den „Jungdeutschen Orden" (1920), die DNVP ihren „Stahlhelm" (1918) – und die
60 NSDAP warb mit der Parole „Jugend führt Jugend" für ihre Sturmabteilung SA (1921). Alle Bünde boten Marschieren in Kolonnen und Wehrertüchtigung, das Reichsbanner zum Beispiel Geländelauf, Gepäckmarsch oder Kleinkaliberschießen. Sie hielten den Großen Krieg in Ehren und stählten ihre
65 Mitglieder für künftige Schlachten. Ziel sei die „geistige und seelische Rüstung der wehrhaften Jugend", hieß es im Manifest des Jungdeutschen Ordens – und die äußerte sich am besten in jugendlich-viriler Gewalt.

Jan Friedmann, „Macht Platz, ihr Alten", in: Spiegel Special Geschichte 1/2008, S. 38 - 42

▲ **Propaganda-Plakat, um 1933.**
Der NSDAP gelang es, in großer Zahl junge Unterstützer zu mobilisieren, indem sie sich als Verkörperung des „jungen" Deutschland und als unverbrauchte Kraft stilisierte. Nach 1933 perfektionierte die NS-Diktatur mit ihren Jugendorganisationen, der „Hitler-Jugend" (HJ) und dem „Bund Deutscher Mädel" (BDM), das System des Drills und Schleifens – eine Erziehung, die zunehmend der Vorbereitung auf den Krieg diente.

1. *Erläutern Sie das hier gezeichnete Bild der Weimarer Jugend.*
2. *Analysieren Sie, inwiefern sich in der Jugend die gesellschaftlichen Verhältnisse spiegeln, und zeigen Sie die Folgen auf.*
3. *Untersuchen Sie, inwiefern sich dies auf die heutige Zeit übertragen lässt.*

Die Zerstörung der Demokratie

Ursachen der amerikanischen Wirtschaftskrise ◼ Der wirtschaftliche Aufschwung der Zwanzigerjahre hatte an der New Yorker Aktienbörse ein hektisches Spekulationsfieber ausgelöst. Viele Anleger kauften Wertpapiere auf Kredit, um sie nach einem Kursanstieg gewinnbringend zu veräußern. In wenigen Jahren vervierfachte sich der Wert vieler Aktien und übertraf damit den tatsächlichen Wert der Unternehmen bei Weitem.

Erste Anzeichen einer beginnenden Wirtschaftskrise (Überproduktion in der Industrie und in der Landwirtschaft) wollte man nicht wahrhaben. Am 24. Oktober 1929 und noch einmal am 29. Oktober stürzten die Aktienkurse ab, manche Papiere verloren bis zu 90 Prozent ihres Wertes. Durch Panikreaktionen von Anlegern, die aus Angst um ihre Ersparnisse die Geldinstitute stürmten oder ihre Aktien verkauften, gerieten die Banken in Zahlungsschwierigkeiten. Das gesamte amerikanische Wirtschaftssystem brach zusammen. In den folgenden Monaten mussten in den USA über 9 000 Banken und mehr als 100 000 Betriebe Konkurs anmelden. 1932/33 waren rund 15 Millionen Menschen arbeitslos, das war ein Viertel der arbeitsfähigen Bevölkerung.

Die Krise in den USA wirkte sich angesichts der internationalen Wirtschaftsverflechtungen und der wichtigen Stellung der USA in der Weltwirtschaft unmittelbar auch auf andere Länder aus. Um zahlungsfähig zu bleiben, zogen die amerikanischen Banken ihre kurzfristigen Kredite aus Europa ab. Außerdem erhöhte der amerikanische Präsident **Herbert C. Hoover** zum Schutz der eigenen Industrie drastisch die Importzölle. Die dadurch ausgelöste Drosselung des Welthandels sowie das in Europa fehlende Kapital für Neuinvestitionen entfachten einen Flächenbrand. Die Weltwirtschaftskrise, die daraus entstand, war der schwerste ökonomische Einbruch seit Beginn der „Industriellen Revolution".

Herbert C. Hoover (1874 - 1964): US-amerikanischer Präsident 1929 - 1933

▲ **Arbeitssuchende.**
Foto aus Berlin, 1930.

Auswirkungen der Weltwirtschaftskrise auf Deutschland ◼ Im Deutschen Reich war die Konjunktur bereits seit Ende 1928 rückläufig, die Zahl der Arbeitslosen stieg auf 1,89 Millionen im Jahresdurchschnitt. Ein Jahr später griff die Weltwirtschaftskrise auf Deutschland über. Die Lage verschlechterte sich rapide. Steigende Arbeitslosenzahlen senkten die Kaufkraft der Bevölkerung und die Steuereinnahmen des Staates (▶ M1). Die geringere Nachfrage führte zur weiteren Drosselung der Produktion und zu neuen Entlassungen (▶ M2). So verschärfte die verhängnisvolle Spirale die Krise.

Deutschland war wegen der Folgekosten des Ersten Weltkrieges in hohem Maße auf den Export und auf ausländische Kredite angewiesen. Deshalb traf die weltweite Depression das Deutsche Reich besonders heftig, als das Ausland 1931 verstärkt seine kurzfristigen Kredite zurückzog. Viele deutsche Banken, die längerfristige Investitionsprogramme der Industrie finanziert hatten, kamen in Zahlungsschwierigkeiten. Nach dem Zusammenbruch der zweitgrößten deutschen Bank, der *Darmstädter und Nationalbank (Danat)*, zahlten alle Banken nur noch in begrenztem Umfang Geld aus.

1932 erreichte die Krise ihren Höhepunkt. Die industrielle Produktion ging auf die Hälfte des Standes von 1928 zurück. Im Februar waren 6,128 Millionen Beschäftigte arbeitslos gemeldet. Wahrscheinlich lag die tatsächliche Zahl noch höher, sodass in Deutschland nahezu jede zweite Familie von der Wirtschaftskrise betroffen war. Viele kleine und mittlere Unternehmer verloren ihre Betriebe durch Konkurs. Angestellte und Arbeiter gerieten durch die Arbeitslosigkeit in große Not. Ein Gefühl der Unsicherheit machte sich breit, das über die unmittelbar Betroffenen hinaus die gesamte Bevölkerung erfasste. Die allgemeine Katastrophenstimmung schürte die Anfälligkeit für radikale Parolen von rechts und links.

Grenzen des Sozialstaats ■ Der Ausbau des Sozialstaats war in Art. 151 der Weimarer Verfassung verankert: „Die Ordnung des Wirtschaftslebens muss den Grundsätzen der Gerechtigkeit mit dem Ziel der Gewährleistung eines menschenwürdigen Daseins für alle entsprechen." Auf der Grundlage der in der Kaiserzeit eingeführten Sozialversicherungen wurden die staatlichen Leistungen erweitert. 1918 führte der „Rat der Volksbeauftragten" den Rechtsanspruch auf Erwerbsfürsorge ein. Sie löste die auf karitativen Vorstellungen beruhende Armenfürsorge ab und erhöhte die Zuwendungen.

Die Beiträge für die 1927 eingeführte Arbeitslosenversicherung legten den Grundstein zu unserem heutigen System. Sie wurden paritätisch von Arbeitgebern und Arbeitnehmern getragen und durch staatliche Zuschüsse gesichert.

Mit der Massenarbeitslosigkeit in der Weltwirtschaftskrise 1929 war der Staat jedoch überfordert. Da die Sozialausgaben stiegen und gleichzeitig die Steuereinnahmen sanken, wurde die Unterstützung für Arbeitslose gekürzt. Im Juni 1932 senkte die Regierung die Bezugsdauer für Leistungsempfänger, die ohnehin nur ein Existenzminimum bezogen, von 26 auf sechs Wochen. Bedürftige Arbeitslose bekamen anschließend für maximal ein Jahr die zum Teil noch geringeren Sätze der Krisenfürsorge. Sogenannte „Wohlfahrtserwerbslose" waren schließlich auf die Unterstützung durch die Gemeinden angewiesen (▸ M3). 1932 erhielten nur noch 800 000 Menschen Arbeitslosenunterstützung, 1,4 Millionen waren in der Krisenfürsorge, 2,2 Millionen zählten zu den Wohlfahrtserwerbslosen und gut eine Million bekam überhaupt keine Leistungen mehr.

Der Parlamentarismus auf dem Prüfstand ■ Nach den Wahlen vom 20. Mai 1928, bei denen die Parteien der bürgerlichen Mitte zum Teil erhebliche Stimmenanteile eingebüßt hatten, bildete die SPD als stärkste Fraktion mit Zentrum, DDP, DVP und Bayerischer Volkspartei (BVP) eine Große Koalition. Die unterschiedlichen programmatischen Ziele dieser Parteien führten von Anfang an zu Spannungen. So wurde der Young-Plan*, als er in Kraft treten sollte, von der rechten Opposition heftig bekämpft. DNVP, Stahlhelm und NSDAP bezeichneten ihn als „Versklavung des deutschen Volkes" und initiierten ein Volksbegehren dagegen. Zwar scheiterten sie beim Volksentscheid Ende 1929, jedoch profitierten Hitler und die NSDAP von der monatelangen aggressiven Agitation und der Emotionalisierung der Bevölkerung, die damit einherging. Die bisherige Splitterpartei wurde dadurch einer breiten Öffentlichkeit bekannt.

Außenminister Stresemann, eine integrative Persönlichkeit, hatte die Regierungskoalition zusammengehalten. Als er im Oktober 1929 starb, war deren Auseinanderbrechen nur eine Frage der Zeit. Insbesondere auf dem Gebiet der Wirtschafts- und Sozialpolitik ließen sich die Unterschiede zwischen SPD und DVP kaum mehr überbrücken. Die Parteien glaubten, eine „Politik schädlicher Kompromisse" vor den eigenen Anhängern nicht länger vertreten zu können. Die Große Koalition zerbrach letztlich an der Frage, wie die Arbeitslosenversicherung saniert werden könne. Eine Beitragserhöhung – wie von den Sozial-

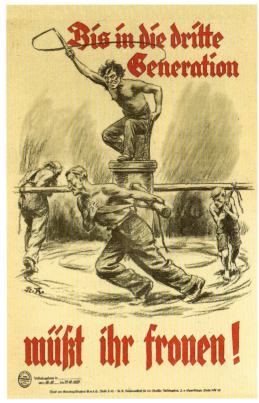

▲ **Volksentscheid gegen den Young-Plan.**
Plakat von 1929.

* Siehe S. 159.

Hermann Müller (1876 - 1931): 1919/1920 Reichsaußenminister; 1920 - 1928 Vorsitzender der sozialdemokratischen Reichstagsfraktion; 1928 - 1930 Reichskanzler

Kurt von Schleicher (1882 - 1934): 1932 Reichswehrminister; 1932/33 Reichskanzler

Heinrich Brüning (1885 - 1970): 1930 - 1932 Reichskanzler; 1934 Emigration in die USA

demokraten gefordert – lehnte die DVP ab, die den Unternehmern nahe stand. Als die SPD-Reichstagsfraktion einen Kompromissvorschlag zurückwies, trat Reichskanzler **Hermann Müller** am 27. März 1930 zurück. Damit war in jedem Fall die Koalition, nach Meinung des Historikers *Hans-Ulrich Wehler* auch „die parlamentarische Republik gescheitert".

Regieren ohne Mehrheit ■ Für Reichspräsident Paul von Hindenburg, seinen antidemokratischen Beraterstab und die Reichsführung ergab sich nun die Gelegenheit, schon länger erwogene außerparlamentarische Lösungen zur Bewältigung der ständigen Krisen umzusetzen. Unterstützung fand dieser Plan in den rechten Kreisen des Bürgertums und bei den großen Interessenverbänden der Industrie und der Agrarwirtschaft. Das Parlament sollte entmachtet und die SPD, die mit Abstand stärkste Fraktion im Reichstag, aus den politischen Entscheidungsprozessen herausgehalten werden. Hindenburg wollte mit dieser Regierungsbildung neuen Stils die alten Eliten, also die Repräsentanten der konservativ-bürgerlichen Parteien, der Reichswehr sowie der adligen Gutsherren und Industriellen, wieder an die Macht bringen.

Einer der Repräsentanten dieses Kurses war General **Kurt von Schleicher**, Chef des Ministeramts im Reichswehrministerium. Er schlug Hindenburg eine Regierungsbildung neuen Stils vor. Eine rechts orientierte bürgerliche Regierung sollte – losgelöst vom Parlament – nur dem Reichspräsidenten verantwortlich sein (*Präsidialkabinett*). Ihre Handlungsfähigkeit garantierte der Präsident durch die Verfassungsartikel 48 (*Notverordnungsrecht*) und 25 (*Reichstagsauflösung*). Hindenburg stimmte zu und ernannte am 29. März 1930 den konservativ-nationalen Fraktionsvorsitzenden des Zentrums, **Heinrich Brüning**, zum Reichskanzler. Dieser nahm mit einer rigiden Sparpolitik die anhaltend hohe Arbeitslosigkeit und das Elend verarmter Schichten in Kauf, um den Alliierten die Unerfüllbarkeit ihrer Reparationsforderungen vor Augen zu führen. Gehaltskürzungen im öffentlichen Dienst, Leistungsabbau im sozialen Bereich und Steuererhöhungen führten allerdings dazu, dass die Kaufkraft der Bevölkerung sank und die Einnahmen des Staates weiter zurückgingen.

Als sich der Reichstag im Juli 1930 weigerte, einem Bündel einschneidender sozialpolitischer Maßnahmen der Regierung zuzustimmen, löste der Reichspräsident das Parlament auf und setzte für den 14. September Neuwahlen fest. In der Zwischenzeit regierte Brüning mit Notverordnungen weiter (▶ M4).

Das Verhalten der Parteien in der Krise ■ Die radikalen Parteien führten einen Wahlkampf, wie man ihn bisher in Deutschland noch nicht erlebt hatte. NSDAP und KPD schürten die Angst der Menschen vor einem sozialen Abstieg und versprachen „Arbeit und Brot". Die NSDAP verbreitete ihre nationalistisch-antisemitischen Parolen lautstark mit Wahlkampfmethoden wie organisierten Massenaufmärschen mit Uniformen, Marschmusik, Fahnen und Plakaten, Flugblättern und geschulten Rednern. Die Partei mobilisierte vor allem Bürger, die zwei Jahre zuvor noch nicht gewählt hatten. Ihre Stimmenzahl wuchs von 800 000 (1928) auf nun 6,4 Millionen, ein in der Geschichte des deutschen Parlamentarismus beispielloser Aufschwung, der die NSDAP hinter der SPD zur zweitstärksten Fraktion im Reichstag machte. Der Verfall der bürgerlichen Mitte setzte sich rapide fort. In den Augen der Öffentlichkeit hatten Demokratie und Parlamentarismus versagt.

Noch bedeutender für den Wahlerfolg war der Wählerzustrom von anderen Parteien. So wurden die Nationalsozialisten auch von Mitgliedern der sozialen Mittel- und

Oberschicht gewählt, die bisher die DNVP oder die liberalen Parteien bevorzugt hatten. Die NSDAP konnte nun sogar gewerkschaftlich nicht organisierte SPD-Wähler für sich gewinnen.

Der Aufstieg der NSDAP 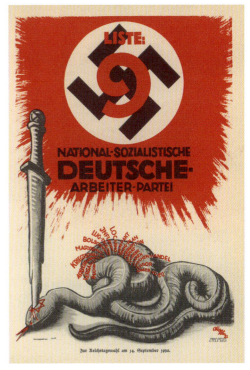 Als sich die NSDAP 1920 ihr Programm gegeben hatte, war sie eine unter zahllosen radikalen Splitterparteien. Bis Januar 1933 wuchs die Zahl ihrer Mitglieder auf 849 000 an. Was machte die Partei so attraktiv für die Menschen?

Nährboden für die Entwicklung der NSDAP zu einer Massenpartei war eine Gesellschaft, die seit Beginn der Republik und noch mehr nach dem Ausbruch der Weltwirtschaftskrise politisch, wirtschaftlich und weltanschaulich tief gespalten war. Der Schock der Kriegsniederlage, der als nationale Demütigung empfundene Versailler Vertrag, die Revolution mit ihren blutigen Auseinandersetzungen, schließlich die negativen psychologischen Folgen von Inflation und Massenarbeitslosigkeit ließen die radikalnationalistischen Parolen Adolf Hitlers auf fruchtbaren Boden fallen. Mit seinen antiliberalen, antimarxistischen und antisemitischen Parolen traf er den Nerv vieler Zeitgenossen. Sie wollten in ihm den starken Mann sehen, einen Führer und „Erlöser", der die Nation vor dem drohenden Untergang retten und sie wieder zu politischer Größe führen würde. Tatkraft und Durchsetzungsvermögen der NSDAP zogen Mitglieder und Wähler an, in protestantischen Regionen mehr als in katholischen, in Kleinstädten und ländlichen Regionen eher als in Großstädten (▸ M5). Emotionale Appelle an „Ehre, Größe, Heroismus, Opferbereitschaft, Hingabe", nicht wirtschaftliche Versprechungen führten der „Bewegung" ihre Wähler und Sympathisanten zu. Viele von ihnen wollten mit ihrem Wahlverhalten nur die Unzufriedenheit mit den gegenwärtigen Verhältnissen ausdrücken. Dies erklärt auch die starken Schwankungen der NSDAP in der Gunst der Wähler.

Ursprünglich waren die Wähler der NSDAP vorwiegend Handwerker, Gewerbetreibende und Angestellte. Sie entstammten somit der unteren Mittelschicht. Gegen Ende der Zwanzigerjahre entstand bei vielen Zeitgenossen der Eindruck, Parlament und Parteien seien nicht mehr in der Lage, die Probleme zu lösen. Das war noch vor der Weltwirtschaftskrise. Nach deren Ausbruch ging das Vertrauen in die politischen Institutionen auch bei jenen Bürgern verloren, die die Republik bislang akzeptiert hatten. Die Furcht vor dem sozialen Abstieg, vor dem die etablierten Parteien nicht zu schützen schienen, einte Menschen ganz unterschiedlicher Herkunft. Sie waren auf der Suche nach einem „dritten Weg" zwischen Kapitalismus und Sozialismus. Dies gilt vor allem für Angehörige des Mittelstandes, die sich durch linke Bewegungen in ihrem Selbstverständnis bedroht sahen.

▲ **Plakat der NSDAP anlässlich der Reichstagswahl vom 14. September 1930.**

▸ **Aufmarsch nationalistischer Verbände am Völkerschlachtdenkmal in Leipzig.**
Foto von 1924.
Die NSDAP fand in den 1920er-Jahren auch in Sachsen mehr und mehr Anhänger. Bereits 1921 war in Zwickau die erste sächsische NSDAP-Ortsgruppe gegründet worden, 1925 war Sachsen mit über 80 Ortsgruppen bereits führend in Deutschland. Bei den Landtagswahlen von 1930 stellten die Nationalsozialisten die zweitgrößte Fraktion nach der SPD, in der Reichstagswahl vom Juli 1931 erhielt die NSDAP in den sächsischen Wahlkreisen mit 37 Prozent der Stimmen dann fast genau so viele Stimmen wie im gesamten Reich (37,8 Prozent).

◄ „Adolf Hitler als Redner."

*Fotos von Heinrich Hoffmann, Hitlers „Hoffotograf", um 1926.
Hitler studierte seine Redner-Posen vor dem Spiegel ein. Die in
Hoffmanns Atelier aufgenommenen Fotos erschienen als Bildpost-
kartenserie. Der Schriftsteller Carl Zuckmayer, der 1923 eine der
Versammlungen Hitlers aus Neugier besuchte, beschreibt ihn als
„heulenden Derwisch", der es verstand, die „Menschen aufzuput-
schen und mitzureißen; nicht durch Argumente, die bei den Hetz-
reden ja nie kontrollierbar sind, sondern durch den Fanatismus seines Auftretens, das Brüllen und Kreischen, mit biedermännischen
Brusttönen gepaart, vor allem aber: durch das betäubende Hämmern der Wiederholungen, in einem bestimmten, ansteckenden
Rhythmus. Das war gelernt und gekonnt und hatte eine furcht-
erregende, barbarisch-primitive Wirksamkeit."*

■ *Diskutieren Sie, inwieweit heute Rhetorik und Körpersprache
für eine Rede von Bedeutung sind.*

Das Mitgliederprofil der NSDAP entsprach weitgehend dem anderer faschistischer
Parteien in Europa. Der Anteil der Frauen war gering, denn die Partei, militaristisch, wie
sie sich gab, glich eher einem „Männerbund". Auffallend war die Dominanz der jungen
Generation. Viele Mitglieder hatten noch keine feste Anstellung. Jugendlichkeit und
Dynamik zählten zu den Merkmalen, auf die die Partei großen Wert legte.

Der Weg in die Diktatur ■ Nach den „Erbitterungswahlen" von 1930 war im Reichstag
eine parlamentarische Mehrheitsbildung nahezu unmöglich geworden. Der Verfall des
Parlamentarismus setzte sich rapide fort. Während der Reichstag 1930 immerhin noch
94 Sitzungen abhielt, sank die Zahl bis 1932 auf lediglich 13. Waren es 1930 noch 98
Gesetze, die der Reichstag verabschiedete, so blieben 1932 gerade fünf. Im Gegenzug
steigerte sich die Anzahl der Notverordnungen von fünf (1930) auf 66 (1932). Der
Reichstag musste tatenlos zusehen, wie die politische Macht in die Hände der Regierung und der Bürokratie überging. Trotz fehlender Mehrheit im Parlament konnte
Reichskanzler Brüning nach der Wahl seine Notverordnungspraxis fortsetzen. Denn
die SPD tolerierte seinen Kurs, aus Gründen der Staatsräson und aus Furcht vor einer
weiteren Radikalisierung bei Neuwahlen, die zu einem Kabinett unter Beteiligung der
Nationalsozialisten führen konnten.

Brüning hatte sich mehrfach bemüht, die Nationalsozialisten in die Regierungsverantwortung einzubinden, um sie zu „zähmen" und ihre Unterstützung für die
Wiederwahl Hindenburgs 1932 zu erlangen. Als die NSDAP jedoch mit Hitler einen
eigenen Kandidaten für die Reichspräsidentenwahl stellte, war Hindenburg auf die
Stimmen der Anhänger von SPD und Zentrum angewiesen. Er gab Brüning die Schuld
dafür, dass sich die nationale Rechte nicht für ihn aussprach. Dies führte zwischen
beiden Politikern zu einer Entfremdung. Brüning gelang es nicht mehr, Hindenburgs
Vertrauen wiederzugewinnen. Als er Bauern auf überschuldeten landwirtschaftlichen
Gütern ostpreußischer Großgrundbesitzer ansiedeln wollte, lief die ostelbische Agrar-
lobby bei Hindenburg Sturm gegen diesen „Agrarbolschewismus". Hindenburg stoppte
das Vorhaben. Am 30. Mai entließ er Brüning und sein Kabinett. Brünings Nachfolger
wurde **Franz von Papen**. Am 20. Juli 1932 ließ der Reichskanzler verfassungswidrig die
sozialdemokratische Regierung Preußens durch Verordnung des Reichspräsidenten
absetzen (*„Preußenschlag"*). Für die Rechte war die SPD-geführte Regierung in Preußen
seit je ein Ärgernis gewesen. Damit war die bisher stabilste Stütze der Demokratie in
Deutschland gefallen. Papen übernahm zusammen mit weiteren Reichskommissaren
die Regierungsgeschäfte in Preußen. Das Urteil des Reichsgerichts, nach dem der preu-

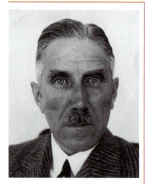

Franz von Papen (1879 - 1969):
1932 Reichskanzler; im Nürnberger Prozess gegen die
Hauptkriegsverbrecher 1946
freigesprochen

ßischen Regierung nur vorübergehend Befugnisse entzogen werden durften, blieb wirkungslos.

Die Neuwahlen am 31. Juli 1932 brachten der NSDAP einen sensationellen Erfolg. Sie verdoppelte ihre Mandatszahl und wurde stärkste Fraktion. Nach diesem Wahlerfolg forderte Hitler für sich das Amt des Reichskanzlers. Hindenburg lehnte ab. Er sah in Hitler den Anführer einer sektiererischen Partei.

Gleich in der ersten Sitzung des neu gewählten Reichstags am 30. August sprach eine deutliche Mehrheit Papen das Misstrauen aus (512 gegen 42). Trotz dieser vernichtenden parlamentarischen Niederlage blieb er im Amt und löste den Reichstag am 12. September auf. Am 6. November fanden abermals Neuwahlen statt. Die KPD konnte wiederum ihren Stimmenanteil steigern, während die NSDAP überraschend zwei Millionen Wähler verlor. Die Partei steckte seit Wochen in einer schweren finanziellen Krise. Hitler sah, dass ihm nicht mehr viel Zeit blieb, sein Ziel zu erreichen, zumal vieles auf eine Verbesserung der Wirtschaftslage hindeutete. Papen beabsichtigte, zur Überwindung der parlamentarischen Blockade den Staatsnotstand auszurufen. Mit Zustimmung des Reichspräsidenten sollten dabei einige Bestimmungen der Verfassung, wie die sofortige Ausschreibung von Neuwahlen nach der Auflösung des Reichstags, außer Kraft gesetzt werden. Auf Druck der Reichswehrführung, die einen unkontrollierbaren Bürgerkrieg befürchtete, verweigerte Hindenburg diesen Plänen die Zustimmung und entließ Papen am 3. Dezember.

Papens Nachfolger, General von Schleicher, scheiterte mit seinem Versuch, für seine Wirtschafts- und Beschäftigungspolitik einen Teil der NSDAP, die Gewerkschaften und die SPD zu gewinnen. Reichspräsident von Hindenburg wurde nun von seinem engsten Beraterkreis, von führenden Unternehmern aus Wirtschaft und Industrie sowie vor allem durch Papen bedrängt, Hitler zum Reichskanzler zu ernennen. Papen sollte Vizekanzler werden. Zusammen mit den anderen konservativen Ministern glaubte er, die drei Nationalsozialisten Adolf Hitler, Wilhelm Frick und Hermann Göring ausreichend unter Kontrolle zu haben. Am 28. Januar 1933 trat Schleicher zurück und der Reichspräsident ernannte Hitler am 30. Januar 1933 zum Reichskanzler.

▲ Plakat für die Reichstagswahl vom 31. Juli 1932.

Warum scheiterte Weimar? ■ Bei der Frage nach den Gründen für den Untergang der Weimarer Republik und den Machtantritt der Nationalsozialisten ist es nahezu einhellige Ansicht der Geschichtswissenschaft, dass nicht eine einzelne Ursache ausschlaggebend war (▸ M6). Für Zeitgenossen wie Otto Braun, den ehemaligen sozialdemokratischen Ministerpräsidenten von Preußen, waren der Vertrag von Versailles und die Radikalität der deutschen Kommunisten entscheidend. Amerikanische Historiker legten den Schwerpunkt auf die autoritären Traditionen der Deutschen. Andere sehen im Versagen führender Persönlichkeiten aus Politik, Wirtschaft und Militär zwischen 1930 und 1933 eine wesentliche Ursache des Zusammenbruchs, da die alten Eliten Hitler unterschätzten. Allerdings bleibt trotz der unterschiedlichen Gewichtung einzelner Ursachen heute die Erkenntnis, dass für das Scheitern der Republik viele Faktoren und Prozesse zusammenspielten (▸ M7).

M1   Arbeitslosigkeit in ausgewählten Ländern 1925 - 1933 (in Prozent)

Jahr	Deutsches Reich[1]	Frankreich[2]	Groß-britannien[3]	USA[4]
1925	3,4	3,0	11,3	5,9
1926	10,0	3,0	12,5	2,8
1927	6,2	11,0	9,7	5,9
1928	6,3	4,0	10,8	6,4
1929	8,5	1,0	10,4	4,7
1930	14,0	2,9	16,1	13,0
1931	21,9	6,5	21,3	23,3
1932	29,9	15,4	22,1	34,0
1933	25,9	14,1	19,9	35,3

1. *Setzen Sie die Tabelle in eine geeignete Diagrammform um.*
2. *Vergleichen Sie die Entwicklung der Arbeitslosigkeit in den einzelnen Ländern.*

[1] abhängige Erwerbspersonen
[2] abhängige Erwerbspersonen in Bergbau, Bau und Industrie
[3] Arbeitslose, ermittelt auf der Grundlage der Erwerbslosen-versicherung
[4] nichtagrarische Erwerbspersonen

Dietmar Petzina u.a., Sozialgeschichtliches Arbeitsbuch III, München 1978, S. 119 und Dietmar Petzina, Die deutsche Wirtschaft in der Zwischenkriegs-zeit, Wiesbaden 1977, S. 16 f.

M2   Industrieproduktion 1925 - 1933 (1913 = 100)

	Welt	USA	D	GB	F	UdSSR	Italien	Japan
1925	120,7	148,0	94,9	86,3	114,3	70,2	156,8	221,8
1926	126,5	156,1	90,9	78,8	129,8	100,3	162,8	264,9
1927	134,5	154,5	122,1	96,0	115,6	114,5	161,2	270,0
1928	141,8	162,8	118,3	95,1	134,4	143,5	175,2	300,2
1929	153,3	180,8	117,3	100,3	142,7	181,4	181,0	324,0
1930	137,5	148,0	101,6	91,3	139,9	235,5	164,0	294,9
1931	122,5	121,6	85,1	82,4	122,6	293,9	145,1	288,1
1932	108,4	93,7	70,2	82,5	105,4	326,1	123,3	309,1
1933	121,7	111,8	79,4	83,3	119,8	363,2	133,2	360,7

Nach: Paul Kennedy, Aufstieg und Fall der großen Mächte, Frankfurt am Main 1989, S. 451

1. *Setzen Sie die Tabelle in eine geeignete Diagrammform um.*
2. *Beschreiben Sie die Entwicklung der industriellen Produktion in den einzelnen Ländern.*
3. *Setzen Sie die Entwicklung der industriellen Produktion in Beziehung zur Arbeitslosigkeit (M1). Erläutern Sie, warum beide Kriterien nicht in einer 1:1-Relation stehen.*

M3 Arbeitslos – und dann?

Ein anonymer Betroffener beschreibt 1930 in der „Arbeiter-Illustrierten-Zeitung" seine persönliche Situation:

Du hast eines Tages den berühmten „blauen Brief" erhalten; man legt auf deine Arbeitskraft kein Gewicht mehr, und du kannst dich einreihen in die große „graue Masse" der toten Hände und überflüssigen Hirne, denn die Maschine ersetzt
5 dich, und jüngere Arbeitskräfte leisten für weniger Geld deine Arbeit. [...]
Was dir zunächst als persönliches Schicksal und individuelles Unglück erscheint auf dem Arbeitsnachweis[1], wo du dich zunächst melden musst, damit du später (nach der zufrieden
10 stellenden Beantwortung von über 300 Fragen auf X Fragebögen) die Erwerbslosenfürsorge in Anspruch nehmen kannst, auf dem Arbeitsnachweis merkst du: Wie dir geht es Tausenden. [...] Hier beginnt dein Leidensweg. Man fragt dich aus, wo du in den letzten vier Jahren beschäftigt warst, du
15 musst deinen Lebenslauf schreiben, den Besuch der Schulen angeben, schreiben, warum du entlassen worden bist usw. [...] Nach peinlicher Befragung erhältst du deine Stempelkarte und gehst damit los zur Erwerbslosenfürsorge. Und hier setzt man dir mit Fragen zu, bis du keinen trockenen
20 Faden mehr am Leibe hast. Dass du lebst, glaubt man dir noch, aber wo du in den letzten drei Jahren gelebt hast, musst du aufgrund polizeilichen Stempels und amtlicher Unterschrift nachweisen. [...] Normalerweise hast du drei bis vier Tage zu tun, um alle Papiere beisammen zu haben, und
25 dann kriegst du Unterstützung? So schnell geht das nicht! Erst wenn dein Antrag geprüft und von X Beamten unterschrieben ist, kannst du im günstigsten Fall nach vierzehn Tagen dein erstes Geld holen. [...]
Deine Unterstützung richtet sich nach deinem Arbeits-
30 verdienst in den letzten 26 Wochen. Aber ganz gleich, ob du 8,80 Mk oder 22,05 Mk (Höchstsatz) als Lediger pro Woche erhältst, die paar Pfennige sind zum Leben zu wenig und zum Sterben zu viel. 26 Wochen darfst du stempeln und Unterstützung beziehen, dann steuert man dich aus, und du
35 kommst in die Krisenfürsorge, deren Sätze erheblich niedriger sind. Und nach weiteren 26 oder 52 Wochen erhältst du gar nichts mehr und gehörst zu den gänzlich Unterstützungslosen.

Wochenschau für politische Erziehung, Sozial- und Gemeinschaftskunde,
48 (1997) 1, S. 33

1. Beschreiben Sie die Hindernisse, die Arbeitslose zu überwinden hatten, bevor sie Unterstützung bekamen. Finden Sie heraus, was die Betroffenen heute tun müssen.

2. Diskutieren Sie, welche Auswirkungen Arbeitslosigkeit auf die politische Einstellung der betroffenen Personen haben kann.

M4 Notverordnung

Karikatur von Erich Schilling aus dem „Simplicissimus" vom 16. Februar 1931. Sie trägt folgende Unterschrift: „Nach den Erfahrungen der letzten Wochen ist verfügt worden, dass jeder Demonstrationszug seinen eigenen Leichenwagen mitzuführen hat."

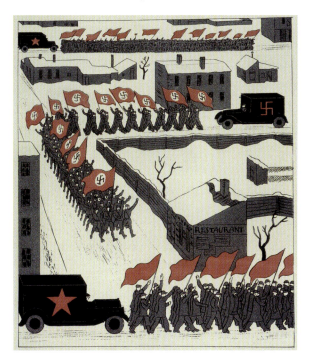

1. Beschreiben Sie, auf welches Problem die Karikatur anspielt.

2. Diskutieren Sie die Gefahren für ein demokratisches Staatswesen, wenn das Gewaltmonopol nicht mehr ausschließlich beim Staat liegt.

[1] Arbeitsnachweis: Erfassungsstelle für Arbeitslose

▲ **Nationalsozialistisches Wahlplakat von 1932.**
■ *Erläutern Sie die suggestive Wirkung des Plakats.*

M5 Wer wählte Hitler?

a) Die soziale Zusammensetzung der NSDAP-Wähler nach Berufsgruppen in Prozent, unabhängig von einer tatsächlichen Erwerbstätigkeit:

	1928	1930	1932[1]	1932[2]	1933	Alle[3]
Selbstständige/ Mithelfende	26	27	31	30	31	24
Angestellte/ Beamte	12	13	11	12	12	15
Arbeiter	30	26	25	26	26	32
Berufslose[4]	13	17	17	17	16	13
Hausfrauen etc.	17	17	16	16	16	17
Alle[5]	98	100	100	100	101	101

Nach: Jürgen Falter, Hitlers Wähler, München 1991, S. 288

b) Die nationalsozialistischen Hochburgen
Die Zahlen (Anteil der Wähler in Prozent) ermöglichen einen Vergleich der Sozialstruktur jener Kreise, in denen die NSDAP bei der Reichstagswahl im November 1932 überdurchschnittlich viele Stimmen bekommen hat, mit der Sozialstruktur des Deutschen Reiches insgesamt:

	NSDAP-Hochburgen	Reich
Katholiken	9	32
Stadtbewohner	22	54
in der Landwirtschaft tätig	51	31
in der Industrie tätig	31	41
Selbstständige, mithelfende Angehörige	41	28
Beamte	3	4
Angestellte	5	12
Arbeiter	26	27
arbeitslose Angestellte	1	2
arbeitslose Arbeiter	9	13

Nach: Jürgen Falter, a. a. O., S. 353

1. *Analysieren Sie den Anteil der Berufsgruppen an der Gesamtstimmenzahl der NSDAP in Tabelle a).*
2. *Skizzieren Sie die Entwicklung zwischen 1928 und 1933.*
3. *Deuten Sie die Abweichungen zwischen den NSDAP-Hochburgen und dem Reichsdurchschnitt in Tabelle b).*
4. *Vergleichen Sie die Ergebnisse von Tabelle a) und b).*

[1] Reichstagswahlen vom 31. Juli 1932
[2] Reichstagswahlen vom 6. November 1932
[3] Anteil der Berufsgruppe an allen Wahlberechtigten
[4] davon ca. 90 Prozent Rentner und Pensionäre (1933)
[5] Summe der NSDAP-Wähler in dem jeweiligen Jahr; Abweichungen von 100 sind die Folge von Rundungen

M6 War die „Machtergreifung" unvermeidlich?

Der Historiker Eberhard Kolb untersucht, welche Faktoren zum „Scheitern" Weimars beigetragen haben:

Wie wurde Hitler möglich? War die „Machtergreifung" der Nationalsozialisten unter den gegebenen Bedingungen unvermeidlich? Diese Frage, um die alle Erörterungen über das Scheitern Weimars kreisen, wird von der bisherigen For-
5 schung auf recht unterschiedliche Weise beantwortet. Allerdings sind die in der wissenschaftlichen Diskussion zunächst dominierenden monokausalen Erklärungsversuche, in denen der Aufstieg des Nationalsozialismus und die Machtübertragung an Hitler auf eine einzige oder eine allein ausschlag-
10 gebende Ursache zurückgeführt wurden, inzwischen ad acta gelegt worden, denn alle derartigen einlinigen Deutungen haben sich als untauglich erwiesen. Die Historiker sind sich heute zumindest darin einig, dass das Scheitern der Republik und die nationalsozialistische „Machtergreifung" nur plausi-
15 bel erklärt werden können durch die Aufhellung eines sehr komplexen Ursachengeflechts. Dabei sind vor allem folgende Determinanten zu berücksichtigen: institutionelle Rahmenbedingungen, etwa die verfassungsmäßigen Rechte und Möglichkeiten des Reichspräsidenten, zumal beim Fehlen
20 klarer parlamentarischer Mehrheiten; die ökonomische Entwicklung mit ihren Auswirkungen auf die politischen und gesellschaftlichen Machtverhältnisse; Besonderheiten der politischen Kultur in Deutschland (mitverantwortlich z. B. für die Republikferne der Eliten, die überwiegend der pluralis-
25 tisch-parteienstaatlichen Demokratie ablehnend gegenüberstanden); Veränderungen im sozialen Gefüge, beispielsweise Umschichtungen im „Mittelstand" mit Konsequenzen u.a. für politische Orientierung und Wahlverhalten mittelständischer Kreise; ideologische Faktoren (autoritäre Traditionen in
30 Deutschland; extremer Nationalismus, verstärkt durch Kriegsniederlage, Dolchstoßlegende und Kriegsunschulds-propaganda; „Führererwartung" und Hoffnung auf den „starken Mann", wodurch einem charismatischen Führertum wie dem Hitlers der Boden bereitet wurde); massenpsychologi-
35 sche Momente, z.B. Erfolgschancen einer massensuggestiven Propaganda infolge kollektiver Entwurzelung und politischer Labilität breiter Bevölkerungssegmente; schließlich die Rolle einzelner Persönlichkeiten an verantwortlicher Stelle, in erster Linie zu nennen sind hier Hindenburg, Schleicher, Papen.
40 Die Antwort, die auf die Frage nach dem Scheitern der Weimarer Demokratie und der Ermöglichung Hitlers gegeben wird, hängt in ihrer Nuancierung wesentlich davon ab, wie die verschiedenen Komponenten gewichtet und dann zu einem konsistenten Gesamtbild zusammengefügt werden,
45 denn Gewichtung und Verknüpfung sind nicht durch das

Quellenmaterial in einer schlechthin zwingenden Weise vorgegeben, sie bilden die eigentliche Interpretationsleistung des Historikers.

Eberhard Kolb, Die Weimarer Republik, München ⁷2009, S. 215 f.

1. *Arbeiten Sie die Ursachen für das Scheitern der Weimarer Republik heraus. Formulieren Sie knappe Thesen und diskutieren Sie deren Gewichtung für ein Gesamturteil.*
2. *Erarbeiten Sie ein Schaubild, in dem Sie Ursachen, Zusammenhänge und Wirkungen der Faktoren berücksichtigen.*
3. *„Das Scheitern der Weimarer Republik war vermeidbar." Nehmen Sie Stellung zu dieser These.*

M7 „Weit entfernt von simplen Antworten"

In einem Interview gibt der Historiker Andreas Wirsching Antworten auf die Fragen nach Defiziten und Scheitern der Weimarer Republik:

SPIEGEL: *Professor Wirsching, vor 75 Jahren wurde Adolf Hitler Reichskanzler – das Ende der Weimarer Republik war besiegelt. Woran scheiterte die erste deutsche Demokratie?*
WIRSCHING: Es gibt eine Vielzahl von Gründen, ein regelrechtes Bündel. [...] Heute sind wir weit entfernt von simplen 5 Antworten. Aber eine der kurzen Antworten wäre: Hitler ist maßlos unterschätzt worden von den politischen Führungskräften, und der Versuch, ihn einzuspannen für ihre eigenen Zwecke, schlug bekanntlich grandios fehl.
SPIEGEL: *Und die längere Fassung der Geschichte?* 10
WIRSCHING: Der 30. Januar 1933 ist zuerst einmal ein politisches Datum, die Ernennung eines Reichskanzlers Hitler, und damit wurden andere Möglichkeiten aus der Hand gegeben. Es gibt Gründe, die in der Wirtschaftsentwicklung liegen, es geht nicht nur um die Weltwirtschaftskrise, die Weimarer 15 Republik insgesamt war geprägt von prekären wirtschaftlichen und konjunkturellen Abläufen. Es gibt vor allem Gründe, die in der politischen Kultur liegen, etwa die im Bürgertum verbreitete Vorstellung vom Staat, der alles richtet.
SPIEGEL: [...] *Für wie gravierend halten Sie in diesem Zusam-* 20 *menhang die Reparationsforderungen der Siegermächte?*
WIRSCHING: Man muss unterscheiden zwischen der materiell-ökonomischen Seite und der psychologischen. Eine Volkswirtschaft wie die Weimarer Republik hätte die Forderungen schultern können. Aber die psychologische Belastung war 25 ziemlich verheerend, weil die Deutschen sich absolut ungerecht behandelt fühlten. Ich möchte aber ganz stark betonen, dass die Reparationsfrage ab 1930 bis eben zum 30. Januar 1933 nicht mehr im Mittelpunkt stand. [...]

▶ **„Auferstehung."**

Fotomontage von John Heartfield, 1932. Das Bild zeigt eine nächtliche Szene auf dem Dorotheenstädtischen Friedhof in Berlin.

Rechts im Bild Adolf Hitler und Kronprinz Wilhelm von Preußen, der Sohn Kaiser Wilhelms II., hinter ihnen Bankiers und Industrielle; links außen Franz von Papen, im Vordergrund Prinz Oskar von Preußen in kaiserlicher Heeresuniform. In der Mitte steigt Generalfeldmarschall August von Mackensen aus dem Grab, gekleidet in der Uniform der Totenkopfhusare, der kaiserlichen Husaren-Regimenter.

- *Analysieren Sie die Aussage der Collage.*
- *Informieren Sie sich über die abgebildeten Personen, ihre Einstellung zur Weimarer Republik und zu Hitler. Erläutern Sie den Bildtitel.*
- *Stellen Sie einen Dialog zwischen zwei Vertretern der alten und neuen Elite her, z.B. zwischen Mackensen und Hitler oder Prinz Oskar von Preußen und Papen. Wo liegen mögliche politische Schnittmengen?*

30 Entscheidend war die innenpolitische Polarisierung, die schon im Kaiserreich existierte, das Freund-Feind-Denken. Für viele war die Revolution 1918/19 als inneres Ereignis gravierender als der Komplex Kriegsniederlage/Reparationen. Jene, die der Weimarer Republik später skeptisch gegenüberstan-
35 den, empfanden die Revolution als Zäsur. Für sie war der Stachel der Revolution ein dauerhafter, er konnte auch nicht wirklich vergessen werden. Das sind mentale Dispositionen, die dann in der Krise nach 1930 der Einstellung Vorschub leisteten, das Rad könnte zurückgedreht werden auf eine
40 vorparlamentarische, vielleicht sogar vordemokratische Lösung.

SPIEGEL: *Und wenn die Sozialdemokratie unmittelbar nach dem Ersten Weltkrieg die alten Eliten abgelöst hätte?*

WIRSCHING: Teilweise hat sie es ja getan, in Preußen etwa. Mir
45 scheinen zwei andere Überlegungen wichtiger. Erstens: Es hat keine Sozialisierung der Großindustrie gegeben, im Gegensatz zum Programm der SPD. Und es gab keine durchgreifende Demokratisierung der neu aufgestellten Reichswehr. Das waren Defizite in der sozialdemokratischen Konzeption.
50 Die SPD wollte, ganz wichtig, demokratisch legitimiert handeln, um entsprechend tiefe Einschnitte gerade im Wirtschaftsleben vornehmen zu können. Die notwendigen Mehrheiten dafür hat sie nie bekommen – und so war der Zug abgefahren.
55 SPIEGEL: *Wie es scheint, hätte die SPD solche Pläne nur revolutionär, also mit Gewalt, durchsetzen können. Die Angst vor*

einem Bürgerkrieg, die ständig vorhanden war, wäre dadurch noch verstärkt worden.

WIRSCHING: Diese Angst, besser gesagt: die Perhorreszierung, die dramatisierte Angst vor einem Bürgerkrieg, war damals 60 ein gemeineuropäisches Phänomen. [...] Dieses Gegeneinanderstehen, links gegen rechts, war auch ein gefundenes Fressen für die Republikgegner hierzulande. Das Argument hieß: Der Staat ist zu schwach, er kann die Ordnung nicht garantieren. Insoweit hat das Bürgerkriegsmotiv auch bei den 65 Politikern eine große Rolle gespielt.

SPIEGEL: *Aber warum führte das gerade in Deutschland in die Katastrophe?*

WIRSCHING: Einmal mehr gilt: Die Revolution 1918/19 ist entscheidend, sie hat die Dinge ins Rutschen gebracht und in 70 hohem Maße zur politischen Mobilisierung geführt, das rechte Lager hat sie regelrecht traumatisiert. [...]

Spiegel Special Geschichte, 1/2008, S. 20-23

1. *Erläutern Sie, welche Rolle die Revolution von 1918/19 nach Meinung Wirschings für das Scheitern der Weimarer Republik spielte. Welche Möglichkeiten und Grenzen beschreibt er für das Handeln der Sozialdemokratie?*
2. *Die Geschichtsforschung betont seit einigen Jahren, die Weimarer Republik nicht allein als „Vorgeschichte zum Nationalsozialismus" zu betrachten. Nehmen Sie Stellung.*

Plakate sind öffentliche Aushänge oder Anschläge, die informieren, werben oder zu Aktionen aufrufen. Um möglichst viele Menschen anzusprechen, werden sie überwiegend an stark frequentierten Standorten platziert. Ihr Ziel ist es, durch „plakative", also auffällige gestalterische Mittel und Schlagworte (Slogans) auf den ersten Blick zu wirken und durch eine meist suggestive, an das Unterbewusstsein gerichtete Botschaft in Erinnerung zu bleiben.

Plakate als historisches Massenmedium

Politische Plakate interpretieren

Politische Plakate gibt es – ob als Bekanntmachung der Regierung, als Protest gegen soziale Missstände oder zur Verteufelung des Kriegsgegners – in Deutschland seit Anfang des 19. Jahrhunderts. Bedeutung als Massenmedium erreichten sie jedoch erst in der Weimarer Republik. Da es nun zwar Pressefreiheit, aber noch kein Fernsehen und zunächst auch kein Radio gab, nutzten die Parteien Plakate als schlagkräftige Agitations- und Propagandamittel im Kampf um Wählerstimmen.

In dem Maße, in dem sich die politischen Auseinandersetzungen in der Anfangs- und End-phase der Republik zuspitzten, wurden auch die Texte und Bilder der Parteien radikaler. Die politischen Gegner wurden diffamiert, Feindbilder aufgebaut und Bedrohungsszenarien beschworen. Obwohl durch die unterschiedlichen künstlerischen Stilrichtungen der Epoche beeinflusst, bedienten sich die Parteien für ihre Plakate häufig gleicher Motive und Gestaltungsmittel: überdimensionale Figuren, etwa der politische Gegner als „Untermensch" oder der unbeugsame Arbeiter als Ideal des „Kämpfers"; Symbole wie der stolze Adler, die giftige Schlange, die Fahne oder Fackel in der Hand des Arbeiters.

Wahlplakate geben keine Auskunft über das Wählerverhalten. Sie spiegeln jedoch in Wort und Bild die politischen Auseinandersetzungen und Ziele der Parteien sowie den Alltag, die Probleme und Grundhaltungen der Zeit.

Formale Kennzeichen
- Um welche Art von Plakat handelt es sich?
- Wer hat das Plakat geschaffen oder in Auftrag gegeben?
- Wann und wo ist es entstanden und veröffentlicht worden?

Plakatinhalt
- Wen oder was zeigt das Plakat auf welche Weise?
- Was wird thematisiert?
- Wie ist das Plakat aufgebaut? Achten Sie auf folgende Gestaltungsmittel: Verhältnis von Text und Bild, Perspektive, Haltung der Figuren, Schriftgröße und -art, Farben, Symbole, Übertreibungen, Verwendung bestimmter Stilmittel.
- Was bedeuten die Gestaltungsmittel?

Historischer Kontext
- Auf welches Ereignis, welchen Sachverhalt oder welche Person bezieht sich das Plakat?
- Was ist der Anlass für die Veröffentlichung?

Intention und Wirkung
- An wen wendet sich das Plakat?
- Ist es gegen jemanden gerichtet? Werden Feindbilder dargestellt?
- Welche Aussageabsicht verfolgt der Künstler bzw. Auftraggeber?
- Welche Wirkung soll das Plakat beim zeitgenössischen Betrachter erzielen?

Beispiel und Analyse

SA-Mann mit Schirm-mütze und Hakenkreuz: personifizierter „Feind der Demokratie" von rechts

Farbgebung: Rot als Farbe der Sozialdemokratie, Schwarz-Rot-Gold als Nationalfarben Deutschlands während der Weimarer Republik; Symbol der republiktreuen Kräfte

Totenkopf mit Reichswehrhelm: Allegorie auf Gefahr des Militarismus und die Toten des Ersten Weltkrieges

Schriftzug/Wahlslogan: Verweis auf politische Gegner („Feinde der Demokratie!") und eigenes demokratisches Selbst-verständnis

Kommunist mit rotem Stern auf der Kappe: personifizierter „Feind der Demokratie" von links, symbolisiert Gefahr des Bolschewismus

Dolch: Symbol für Gewalt und Hinterhältigkeit, Verweis auf „Dolchstoß-legende"

Schriftzug/Wahlaufruf: nennt Wahlziel (politische Gegner durch Wahl ausschalten; Erhalt von Republik und Demokratie), Verweis auf Auftraggeber und Listenplatz

▲ **Wahlplakat der SPD, 1930.**

Formale Kennzeichen ■ Das Wahlplakat wurde 1930 von der SPD in Auftrag gegeben. Wer es gestaltet hat, ist nicht bekannt.

Plakatinhalt ■ Das Plakat zeigt die „Feinde der Demokratie" in dreifacher Personifizierung: Den Hauptteil füllt ein schwarz gezeichneter, nur an wenigen weißen Konturen erkennbarer Mann; Schirmmütze und Hakenkreuz identifizieren ihn als Mitglied der SA. In seiner linken Faust hält er einen Dolch, der die Gewaltbereitschaft des politischen Gegners verdeutlichen und auf die „Dolchstoßlegende" anspielen soll. Die Oberste Heeresleitung hatte sie 1918 verbreitet, um die Schuld an der deutschen Niederlage im Ersten Weltkrieg auf die revolutionären Ereignisse in der Heimat und vor allem die Sozialdemokratie zu schieben. Die rechte Hand des Mannes ist nach dem Betrachter ausgestreckt, den er aus dem Dunkel heraus anzugreifen und anzubrüllen scheint. Die schemenhaft umrissene Figur links hinten trägt eine Kappe mit rotem Stern, was sie als Kommunisten zu erkennen gibt. Rechts ragt ein Totenkopf mit Reichswehrhelm und Bajonett hervor, wohl eine Allegorie auf die Gefahr des nationalistischen Militarismus oder die Toten des Ersten Weltkrieges.
Die Schriftzüge bestehen aus Großbuchstaben und nennen das Motto: Die „Feinde der Demokratie" sollen beseitigt („Hinweg damit!") und die Republik gerettet werden. Die dominierenden Farben Schwarz-Rot-Gold stehen als Nationalfarben der ersten deutschen Republik für die demokratischen Kräfte; Rot ist zudem die Farbe der Sozialdemokratie.

Historischer Kontext ■ Anlass für die Veröffentlichung des Wahlplakats war die Reichstagswahl vom 14. September 1930. Es wendet sich gegen die politischen Gegner der SPD von rechts und links, die auch die Republik seit ihrer Gründung bekämpften. Vor allem die Parteien der extremen Rechten, DNVP und NSDAP, nutzten die „Dolchstoßlegende" zur hasserfüllten Agitation gegen die politischen Vertreter der Weimarer Republik. 1930 hatte sich durch Wirtschaftskrise und Arbeitslosigkeit die parteipolitische Landschaft geändert. Während die liberalen Parteien DDP und DVP immer mehr Anhänger verloren, gewannen NSDAP und KPD von der politischen und sozialen Lage frustrierte Wähler hinzu. Mit dem Rücktritt der letzten sozialdemokratisch geführten Regierung im März 1930 entfiel die Hauptstütze der Weimarer Demokratie. Die SPD kämpfte daher für einen deutlichen Wahlsieg und die Zurückdrängung der extremen Flügelparteien, um wieder eine regierungsfähige Mehrheit im Parlament bilden zu können.

Intention und Wirkung ■ Die SPD will den Wählern die von den links- und rechtsextremen Parteien ausgehende Gefahr für Demokratie und Republik veranschaulichen, indem sie ein Bedrohungsszenario aus Gewalt, Terror, Angst und Tod entwirft. Dazu bedient sie sich der Feindbilder und Stereotypen, die die politischen Gegner bei ihren Angriffen gegen die Republik benutzen. Sie sollen als Lügner und Geschichtsklitterer (vgl. das Plakat S. 151) entlarvt werden. Die Schriftzüge lösen auf, was das Feindbild nahe legt; zugleich wirbt das „Rettungsversprechen" für die eigene Partei: Die SPD will die „Feinde der Demokratie" nicht durch Gewalt, sondern mit demokratischen Mitteln beseitigen.

Bewertung und Fazit ■ Das Plakat war 1930 überall in Deutschland verbreitet. Die Bedrohung wird durch ideenreiche Gestaltung, starke Farben und markante Zeichnung, schlagkräftige Slogans, bekannte Symbole und Stereotypen eindrucksvoll und verständlich in Szene gesetzt. Seinen eigentlichen Zweck hat das Plakat jedoch verfehlt. Bei der Reichstagswahl von 1930 verlor die SPD fast drei Prozent der Stimmen, blieb aber stärkste Partei. Die KPD gewann 2,5 Prozent Stimmenanteil, die NSDAP stieg mit 18,2 Prozent sogar zur zweitstärksten Partei auf.

Nationalsozialistische Gewaltherrschaft

◄ **Überlebende des Warschauer Ghettoaufstandes werden von der SS abgeführt.**
Foto (Ausschnitt) aus einem Bericht des SS-Gruppenführers und Generalmajors der Polizei, Jürgen Stroop, vom 16. Mai 1943.
Der Originaluntertitel lautet: „Mit Gewalt aus Bunkern herausgeholt." Der Aufstand endete, nachdem die SS die Häuser im Ghetto in Brand gesetzt hatte.
Ende Mai notierte Jürgen Stroop: „Es gibt keinen jüdischen Wohnbezirk in Warschau mehr." Von den 56 000 gefangengenommenen Juden erschoss die SS sofort 7000. Die Überlebenden deportierte sie in Konzentrations- und Vernichtungslager.

Der Weg in die Diktatur: „Gleichschaltung"	**1933**	Hitler wird am 30. Januar vom Reichspräsidenten zum Reichskanzler ernannt.
		Die Verordnung „Zum Schutz von Volk und Staat" vom 28. Februar setzt die Grundrechte außer Kraft.
		Durch das „Ermächtigungsgesetz" vom 23. März erhält die Regierung Hitler diktatorische Vollmacht.
		Die Länder werden „gleichgeschaltet" (31. März - 7. April).
Ausgrenzung und Verfolgung: der totalitäre Staat		Am 1. April werden jüdische Unternehmen, Geschäfte und Praxen boykottiert.
		Das „Gesetz zur Wiederherstellung des Berufsbeamtentums" vom 7. April schließt politische Gegner und Juden vom Staatsdienst aus.
		Zerschlagung der Gewerkschaften und Gründung der DAF (Mai).
		Parteien, die sich nicht selbst auflösen, werden verboten (Juni/Juli).
	1935	Die „Nürnberger Gesetze" (15. September) entziehen den Juden ihre staatsbürgerlichen Rechte und verbieten „arisch"-jüdische Eheschließungen.
	1936	Ein Vierjahresplan soll Deutschland auf den Krieg vorbereiten.
	1938	Österreich wird an das Deutsche Reich „angeschlossen".
		„Novemberpogrom"; jüdische Vermögen werden eingezogen.
Krieg und Holocaust	**1939**	Mit dem deutschen Angriff auf Polen am 1. September beginnt der Zweite Weltkrieg.
		Im Herbst beginnt die als „Euthanasie" bezeichnete Ermordung Behinderter (Aktion T4).
	1941	Die systematische Vernichtung der europäischen Juden setzt ein.
	1942	Auf der „Wannsee-Konferenz" am 20. Januar wird die begonnene „Endlösung der Judenfrage" koordiniert und organisiert.
	1943	Hinrichtung der Geschwister Scholl (Februar).
		Die SS schlägt den Aufstand im Warschauer Ghetto (April/Mai) nieder.
	1944	Das Attentat auf Hitler am 20. Juli scheitert.
	1945	Am 27. Januar wird Auschwitz-Birkenau befreit (seit 2005 Holocaustgedenktag).
		Vom 7. bis 9. Mai kapituliert das Deutsche Reich bedingungslos.

Der Umgang mit der NS-Diktatur – eine Erb-Last der Deutschen? ■ Über sechzig Jahre nach dem Ende des Zweiten Weltkriegs ist die Erinnerung an die nationalsozialistische Vergangenheit präsent wie kein anderer Abschnitt deutscher Geschichte. Gedenktage, Bücher, Filmprojekte und andere Formen des Erinnerns halten die öffentliche Auseinandersetzung über die NS-Diktatur und die Verantwortung für sie lebendig.

Das war nicht immer so: In der unmittelbaren Nachkriegszeit herrschte der Wunsch nach Vergessen und Verdrängen vor. Während auf der einen Seite die noch lebenden Hauptschuldigen sowie die beteiligten nationalsozialistischen Organisationen vor dem international zusammengesetzten Militärgerichtshof in Nürnberg angeklagt wurden, Nachfolgeprozesse sich anschlossen und die Alliierten in unterschiedlicher Weise Entnazifizierung und Re-Education betrieben, glaubten viele unmittelbar Betroffene, nach Tod, Krieg, Flüchtlings- und Vertriebenenelend sei es nun Zeit, die Vergangenheit zu vergessen oder durch den Verweis auf die Kriegsverbrechen anderer Nationen eigene Vergehen zu relativieren. Erst seit der zweiten Hälfte der Fünfzigerjahre formierte sich eine kleine, kritische Masse, die sich mit der „unbewältigten Vergangenheit" auseinandersetzen wollte. Sehr schwer fiel und fällt dabei das Eingeständnis, dass die Zustimmung der Deutschen zum NS-Regime äußerst hoch war.

Seit Mitte der Neunzigerjahre lässt sich eine weitere Zäsur im Umgang mit der NS-Zeit beobachten: Eine neue Form der Auseinandersetzung entwickelte sich, indem immer häufiger Zeitzeugen mit ihren individuellen Lebenserinnerungen zu Wort kamen. Dabei wurden jedoch nicht nur Opfer, sondern auch Täter und Mitläufer des NS-Regimes befragt. In ihren Geschichten trat deutlich zutage, dass ohne aktive Mittäterschaft oder zumindest Duldung einer großen Mehrheit und Mithilfe der beteiligten staatlichen und gesellschaftlichen Institutionen die nationalsozialistische Führungsgruppe die Macht weder erlangen noch erhalten hätte können.

Steht dem couragierten Widerstand Einzelner die begeisterte oder zumindest kritiklose Gefolgschaft einer Überzahl von Deutschen aus allen Gesellschafts- und Bildungsschichten gegenüber? Die Gewichtung deutscher Schuld und Verantwortung bleibt bis heute umstritten. Mehr noch: Der Ruf, dieses Kapitel deutscher Geschichte „zu den Akten" zu legen, kommt bis heute quer durch alle Gesellschaftsschichten auf. Zwar steht vor allem der Holocaust nach wie vor im Fokus publizistischer und wissenschaftlicher Debatten. Jedoch wurde in den letzten Jahren deutlich, dass sich das Interesse zunehmend auch auf die Deutschen verlagert – und zwar auf die Deutschen als Opfer. Der Historiker Norbert Frei warnt, damit würden die Opfer des NS-Regimes zwangsläufig zurückgedrängt, und er benennt die gegenwärtigen Chancen im Umgang mit der NS-Vergangenheit: „Das Gebirge an Schuld, das die Deutschen in den Jahren 1933 bis 1945 aufgehäuft haben, bekommt klarere Konturen, je weiter wir uns davon entfernen. Im Laufe der Zeit werden die Fragen zudem immer wieder anders gestellt, manche tauchen überhaupt erst aus der Distanz auf. Insofern glaube ich, dass diese Vergangenheit uns weiter interessieren und auch beunruhigen wird. Angesichts der Dimensionen der Verbrechen wäre alles andere unnormal und überraschend."

▶ *Welche Merkmale kennzeichneten Ideologie und Herrschaft der Nationalsozialisten?*
▶ *Welche Ursachen und Folgen hatten Terror und Gewalt gegen politische Gegner, Juden, Sinti und Roma sowie andere Minderheiten im Inland und wie wirkte sich die nationalsozialistische Eroberungs- und Vernichtungspolitik im Ausland aus?*
▶ *Welche Formen von Akzeptanz und Widerstand in der Bevölkerung für und gegen das NS-Regime gab es und welche Motive hatten einzelne Personen oder Widerstandsgruppen wie die „Weiße Rose" für ihr Verhalten?*

Die NS-Ideologie

Nationalismus und Rassismus ■ Die in der ersten Hälfte des 19. Jahrhunderts in Deutschland populär gewordene Idee des Nationalismus hatte hohe Erwartungen für die Zukunft geschaffen, die von der Politik nicht eingelöst werden konnten. 1871 war der deutsche Nationalstaat als kleindeutsches Reich entstanden, das viele Deutsche ausschloss. Durch die demografische und industrielle Entwicklung gewann das Deutsche Reich an Stärke und betrieb nach der Thronbesteigung Kaiser Wilhelms II. 1888 verstärkt Weltmachtpolitik. Nationalistische Forderungen wurden immer aggressiver vorgetragen und waren mit rassistischen Vorstellungen gepaart. Unter anderem der **Alldeutsche Verband** vertrat eine rücksichtslose Verfolgung deutscher Interessen. Der Verband griff antijüdische Ressentiments in Deutschland und Österreich auf und propagierte sie in den „Alldeutschen Blättern" (1894 - 1939). Im Ersten Weltkrieg setzte er sich vehement für überzogene Kriegsziele, vor allem für mehr „Lebensraum" für das „Herrenvolk" ein; diese Forderungen übernahm die NS-Bewegung.

Europäische und koloniale Großmachtpläne waren nach 1918/19 durch die Gebietsabtretungen Deutschlands und die Auflösung der Donaumonarchie zerronnen. In den Nachbarstaaten der Weimarer Republik lebten nun deutschsprachige Minderheiten, die sich auch durch Zwangsmaßnahmen nicht integrieren ließen. Der Kriegsschuldartikel im Versailler Vertrag, die vermeintliche Härte der Friedensbedingungen und der Sturz der Monarchie gaben extrem nationalistischen Tendenzen zusätzlich Nahrung. An die Spitze der Republikgegner stellten sich die Nationalsozialisten. Ihrer Meinung nach sollten nicht so sehr gemeinsame Kultur und Geschichte das Band einer Nation sein, sondern die Rassengleichheit. Die biologische Substanz bestimme Menschen und Völker nicht nur körperlich, sondern auch geistig-seelisch. Von allen Rassen sei die „nordische" oder „arische" die wertvollste. Sie allein sei im eigentlichen Sinne kulturfähig (▸ M1).

Adolf Hitler und seine Anhänger griffen dabei auch auf die Lehre des **Sozialdarwinismus** zurück. Unter Missachtung geistiger, sittlicher und religiöser Werte diente die Verfälschung der Darwin'schen Ideen einer menschenverachtenden Ideologie, die bald zur praktischen Politik wurde. Demnach sollte es Aufgabe des Nationalsozialismus sein, der „arischen Herrenrasse" in Mitteleuropa ein Machtzentrum zu schaffen. Ihr gebühre, so Hitler, wegen ihrer Bedeutung für die Weltgeschichte ein angemessener „Lebensraum". Da dieser zurzeit nicht vorhanden sei, müsse er durch Krieg erobert und langfristig gesichert werden. Der angestrebte Lebensraum müsse zudem genügend Ressourcen umfassen, denn die Nation der Zukunft solle wirtschaftlich unabhängig sein und sich an einer bäuerlichen Lebensweise orientieren. Auch eine strategische Erwägung spielte eine wichtige Rolle: Eine Weltmacht der Zukunft brauchte in seinen Augen ein entsprechend großes Gebiet als Basis für Angriff und Verteidigung.

Das Streben nach einem Großreich im Osten und die bedingungslose Befürwortung von Gewalt und Krieg unterschieden den Nationalismus Hitlers von den herkömmlichen nationalen Ideen des Bürgertums.

Nationalsozialistische Ideologie der „Volksgemeinschaft" ■ Für die Nationalsozialisten bildete die Volksgemeinschaftsideologie ein Kernstück ihrer Weltanschauung. „Volksgemeinschaft" war für sie in erster Linie durch gemeinsames „deutsches Blut" und einen einheitlichen „Rassekern" bestimmt. Diese zum Mythos erhobene deutsche „Bluts- und Schicksalsgemeinschaft" führten die Nationalsozialisten bis auf die Germanen zurück, in deren Stammesgesellschaften es keine Klassen und sozialen Schran-

---

Alldeutscher Verband: 1891 gegründet, setzte sich die nationalistische Organisation für eine Stärkung und Verbreitung des Deutschtums ein und befürwortete eine imperialistische Politik.

Arier: im ethnologisch-sprachwissenschaftlichen Sinne Völker der indogermanischen Sprachfamilie. Im 19. Jahrhundert wurde der Begriff in eine rassische Überlegenheit der „weißen", dann der germanischen Rasse umgedeutet. In der NS-Rassenideologie bezeichnete „Arier" die überlegene „Herrenrasse".

Sozialdarwinismus: Bei dieser Lehre wurde die Evolutionstheorie des englischen Naturforschers Charles Darwin von der „natürlichen Auslese der Arten" (1859) stark vereinfacht und auf Völker, Nationen und Staaten übertragen. Danach sollten sich im „Kampf ums Dasein" die weiter entwickelten und damit überlegenen Gesellschaften und Kulturen durchsetzen.

◄ „Am Anfang war das Wort."
Gemälde von Otto Hoyer, 1937.
- *Betrachten Sie die Zuhörer und beschreiben Sie die Bevölkerungsgruppen.*
- *Analysieren Sie den Titel des Bildes und erläutern Sie den Kontext, in den der Maler den Redner und das Bild stellen will.*

ken gegeben habe. Seither sei die Geschichte des deutschen Volkes durch innere Kämpfe und Spaltungen geprägt gewesen. Daher galt es, alle Klassen-, Gruppen- und Parteieninteressen zu beseitigen und die Einheit der Volksgenossen in einem „sozialen Volksstaat" herzustellen. In ihm sollten alle Unterschiede zum Wohl der Gemeinschaft eingeebnet werden (▶ M2).

Damit war jedoch keine soziale Gleichheit gemeint. Im Gegenteil: Die Nationalsozialisten traten für eine klare Schichtung des Volkes in oben und unten, für politische, gesellschaftliche und geschlechtsspezifische Hierarchien ein. Vor allem aber stützten sich die Nationalsozialisten auf die Lehre von der angeblichen Ungleichheit der Rassen. Nur ein von „Minderwertigen", „Fremdrassigen" und „Gemeinschaftsfremden" gereinigtes Volk könne „Volksgemeinschaft" sein. Rassismus und Antisemitismus wurden damit zum Instrument der Ausgrenzung und Verfolgung von Minderheiten, zu denen besonders die Juden und die Sinti und Roma („Zigeuner") zählten.

Damit die NSDAP ihre Ziele überhaupt erreichen konnte, sollte die nationalsozialistische „Volksgemeinschaft" auch eine Gesinnungsgemeinschaft sein, in der sich jeder Einzelne widerspruchslos zur nationalsozialistischen Weltanschauung bekannte. Wer sich abwartend verhielt, sollte durch Propaganda erzogen werden. Wer sich widersetzte, wer also den „rassischen", politischen oder moralischen Normen und den Leistungsanforderungen der Partei nicht genügte, wurde als „Volksschädling" oder „Gemeinschaftsfremder" ausgeschlossen und bekämpft. „Rassereinheit" und politisches Wohlverhalten bestimmten darüber, wer zur „Volksgemeinschaft" gehörte und wer nicht.

„Zigeuner": Mit diesem abwertenden Begriff wurden die Volksgruppen der Sinti und Roma sowie weitere nicht ortsfeste Volksgruppen bezeichnet.

„Führer" und Volk ■ Die „Volksgemeinschaft" bestand nicht aus freien Individuen, sondern war durch das Verhältnis von „Führer" und „Gefolgschaft" bestimmt. Der Einzelne hatte seine Interessen dem Gemeinwohl unterzuordnen. Was dem Gemeinwohl diente, darüber entschied allein Hitler. Herausragende Persönlichkeiten sollten, so Hitler, eine führende Rolle innerhalb der „Volksgemeinschaft" einnehmen. Die Auswahl wurde nicht auf demokratische Weise, sondern durch Berufung von oben vorgenommen.

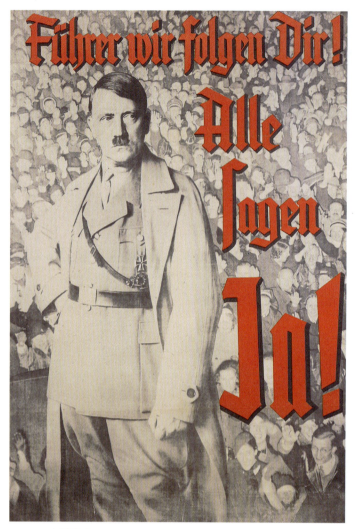

Führer wir folgen Dir!

Alle sagen Ja!

▲ **Plakat von 1934.**
*Das Plakat nutzt ein bekanntes Propagandafoto von Adolf Hitler. Es
wurde vermutlich zur Volksabstimmung vom 19. August 1934 (nach
dem Tod des Reichspräsidenten Paul von Hindenburg) über die Zusam-
menlegung des Reichspräsidenten- und des Reichskanzleramtes in der
Person des „Führers und Reichskanzlers" Adolf Hitler hergestellt.*
■ *Beurteilen Sie das Plakat.*
  *Untersuchen Sie, inwiefern sich darin der Charakter der Wahlen
  seit 1933 spiegelt.*

„Autorität jedes Führers nach unten und Verantwortung nach oben" lautete die von Hitler aufgestellte
Maxime. Das System gipfelte in dem „Führer" Adolf
Hitler. Er sollte nur der von ihm häufig zitierten „Vor-
sehung" verantwortlich sein.

Emotional untermauerte die NSDAP das Ganze
durch die Inszenierung eines Führerkults, der das itali-
enische Vorbild nachahmte. Ein Führerbild hing später
in allen Amts- und Schulräumen und sollte in jeder
Wohnung einen Ehrenplatz erhalten. „Heil Hitler" war
der offiziell geforderte „Deutsche Gruß" für jeden. Die
Person Adolf Hitlers wurde zum Bindeglied zwischen
Führerstaat und „Volksgemeinschaft" und zum Ideal-
bild stilisiert. Hier flossen Ideen der obrigkeitsstaatlichen Ordnung des 18. und 19. Jahrhunderts ein, die
Hitler zum verehrungswürdigen Ersatzmonarchen
emporhoben und den Einzelnen in widerspruchslose
Unterordnung zwangen.

Statt Parteienkonflikt und Klassenkampf propagierte die NSDAP eine „Volksgemeinschaft der Arbeiter
der Faust und Stirn". Auch der Interessengegensatz
zwischen Arbeitgeber und Arbeitnehmer, die sich als
Glieder desselben Volks fühlen sollten, wurde für aufgehoben erklärt.

Gegen Liberale und Marxisten ■ Liberalismus und
Marxismus bezeichnete Hitler als „jüdische Erfindungen", die zum Verderben der „Herrenrasse" eingeführt
worden seien. Für den Liberalismus sind individuelle
Freiheit und Selbstverwirklichung grundlegende
Werte. Demgegenüber forderte die NS-Regierung unter Missbrauch und Verfälschung alter preußisch-deut-
scher Traditionen den totalen Einsatz des Volksgenossen. Treue, Dienstbereitschaft und absoluter Gehorsam
standen über den durch die Weimarer Verfassung
garantierten Grundrechten.* Die allgegenwärtige Ordnungsmacht des Staates dürfe nicht durch liberale
Verfassungsgrundsätze eingeschränkt werden. Das
politische System der Weimarer Republik, das sich um
die Verwirklichung des liberalen Rechts- und Verfas-
sungsstaates bemüht hatte, wurde als Epoche undeutscher westlicher Überfremdung
interpretiert.

Darüber hinaus nahm Hitler für sich in Anspruch, der Zerstörer des Marxismus zu
sein. Die Propaganda einer Klassenversöhnung, bei der alte Sozialstrukturen und Klas-
senschranken überwunden wurden, hatte großen Erfolg. „Volksgemeinschaft" und
„Sozialismus der Tat" waren Prinzipien, die auch weite Kreise der Arbeiterschaft an den
Nationalsozialismus banden.

---

* Siehe S. 144 f.

M1 Die völkische Weltanschauung

Während seiner neunmonatigen Haftzeit in Landsberg diktiert Hitler 1924 den ersten Band seiner programmatischen Schrift „Mein Kampf". Er erscheint 1925 mit dem Untertitel „Eine Abrechnung" im parteieigenen Verlag. Der zweite Band folgt 1926. Das Werk wird in 16 Sprachen übersetzt und erreicht eine Gesamtauflage von zehn Millionen Exemplaren. Im Mittelpunkt seiner Ausführungen stehen Hitlers rassistische, antisemitische und völkische Anschauungen sowie die Forderungen nach „Lebensraum":

Die Sünde wider Blut und Rasse ist die Erbsünde dieser Welt und das Ende einer sich ihr ergebenden Menschheit. [...]
Es ist ein müßiges Beginnen, darüber zu streiten, welche Rasse oder Rassen die ursprünglichen Träger der mensch-
5 lichen Kultur waren und damit die wirklichen Begründer dessen, was wir mit dem Worte Menschheit alles umfassen. Einfacher ist es, sich diese Frage für die Gegenwart zu stellen, und hier ergibt sich auch die Antwort leicht und deutlich. Was wir heute an menschlicher Kultur, an Ergebnissen von
10 Kunst, Wissenschaft und Technik vor uns sehen, ist nahezu ausschließlich schöpferisches Produkt des Ariers. Gerade diese Tatsache aber lässt den nicht unbegründeten Rückschluss zu, dass er allein der Begründer höheren Menschentums überhaupt war, mithin den Urtyp dessen darstellt, was
15 wir unter dem Worte „Mensch" verstehen. [...]
Der Arier ist nicht in seinen geistigen Eigenschaften an sich am größten, sondern im Ausmaße der Bereitwilligkeit, alle Fähigkeiten in den Dienst der Gemeinschaft zu stellen. Der Selbsterhaltungstrieb hat bei ihm die edelste Form erreicht,
20 indem er das eigene Ich dem Leben der Gesamtheit willig unterordnet und, wenn die Stunde es erfordert, auch zum Opfer bringt. [...]
Den gewaltigsten Gegensatz zum Arier bildet der Jude. Bei kaum einem Volke der Welt ist der Selbsterhaltungstrieb
25 stärker entwickelt als beim sogenannten auserwählten. [...]
Da nun der Jude – aus Gründen, die sich sofort ergeben werden – niemals im Besitze einer eigenen Kultur war, sind die Grundlagen seines geistigen Arbeitens immer von anderen gegeben worden. Sein Intellekt hat sich zu allen Zeiten an dem
30 ihn umgebenden Kulturwelt entwickelt. Niemals fand der umgekehrte Vorgang statt. Denn wenn auch der Selbsterhaltungstrieb des jüdischen Volkes nicht kleiner, sondern eher noch größer ist als anderer Völker, wenn auch seine geistigen Fähigkeiten sehr leicht den Eindruck zu erwecken ver-
35 mögen, dass sie der intellektuellen Veranlagung der übrigen Rassen ebenbürtig wären, so fehlt doch vollständig die allerwesentlichste Voraussetzung für ein Kulturwerk, die idealistische Gesinnung. [...]

Demgegenüber erkennt die völkische Weltanschauung die Bedeutung der Menschheit in deren rassischen Urelementen. 40 Sie sieht im Staat prinzipiell nur ein Mittel zum Zweck und fasst als seinen Zweck die Erhaltung des rassischen Daseins der Menschen auf. Sie glaubt somit keineswegs an eine Gleichheit der Rassen, sondern erkennt mit ihrer Verschiedenheit auch ihren höheren oder minderen Wert und fühlt 45 sich durch diese Erkenntnis verpflichtet, gemäß dem ewigen Wollen, das dieses Universum beherrscht, den Sieg des Besseren, Stärkeren zu fördern, die Unterordnung des Schlechteren und Schwächeren zu verlangen. Sie huldigt damit prinzipiell dem aristokratischen Grundgedanken der Natur und 50 glaubt an die Geltung dieses Gesetzes bis herab zum letzten Einzelwesen. Sie sieht nicht nur den verschiedenen Wert der Rassen, sondern auch den verschiedenen Wert des Einzelmenschen. [...] Nein, es gibt nur ein heiligstes Menschenrecht, und dieses Recht ist zugleich die heiligste Verpflichtung, 55 nämlich: dafür zu sorgen, dass das Blut rein erhalten bleibt, um durch die Bewahrung des besten Menschentums die Möglichkeit einer edleren Entwicklung dieser Wesen zu geben. [...] Ein völkischer Staat wird damit in erster Linie die Ehe aus dem Niveau einer dauernden Rassenschande he- 60 rauszuheben haben, um ihr die Weihe jener Institution zu geben, die berufen ist, Ebenbilder des Herrn zu zeugen und nicht Missgeburten zwischen Mensch und Affe.

Adolf Hitler, Mein Kampf. Zwei Bände in einem Band, München 51|1933, S. 272, 420 f. und 444 f.

1. Benennen und erläutern Sie die Wertmaßstäbe, die Hitler an menschliches Dasein anlegt.
2. Erläutern Sie den hier verwendeten Begriff der „Rasse".
3. Analysieren Sie die Wendung „Ebenbilder des Herrn zu zeugen" und vergleichen Sie das Menschenbild Hitlers mit dem christlich-humanistischen Menschenbild.

M2 Die nationalsozialistische „Volksgemeinschaft"

Aus der Rede Hitlers zum Erntedankfest im niedersächsischen Bückeberg am 1. Oktober 1933:

Der Nationalsozialismus hat weder im Individuum noch in der Menschheit den Ausgangspunkt seiner Betrachtungen, seiner Stellungnahmen und Entschlüsse. Er rückt bewusst in den Mittelpunkt seines ganzen Denkens das Volk. Dieses Volk ist für ihn eine blutmäßig bedingte Erscheinung, in der er 5 einen von Gott geweihten Baustein der menschlichen Gesellschaft sieht.
Das einzelne Individuum ist vergänglich, das Volk ist bleibend. Wenn die liberale Weltanschauung in ihrer Vergötte-

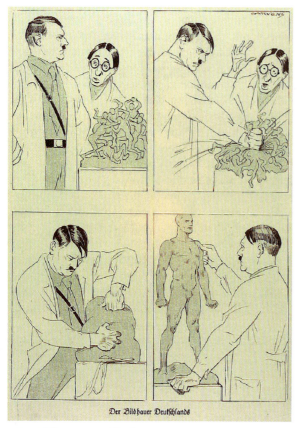

▲ **Der Bildhauer Deutschlands.**
Karikatur von Oskar Garvens aus der politischen Satirezeitschrift
„Kladderadatsch" vom 3. Dezember 1933.
■ *Analysieren Sie die Aussage der Karikatur. Bestimmen Sie den*
 Standort des Zeichners.

10 rung des einzelnen Individuums zur Zerstörung des Volkes
führen muss, so wünscht dagegen der Nationalsozialismus
das Volk zu schützen, wenn nötig, auf Kosten des Individuums. Es ist notwendig, dass der Einzelne sich langsam zur
Erkenntnis durchringt, dass sein eigenes Ich unbedeutend ist,
15 gemessen am Sein des ganzen Volkes [...], dass vor allem die
Geistes- und Willenseinheit einer Nation höher zu schätzen
sind als die Geistes- und Willenseinheit des Einzelnen.

In seiner Rede am Heldengedenktag am 10. März 1940 sagt
Hitler über die „Volksgemeinschaft":

Kein Volk hat mehr Recht zu feiern als das deutsche!
In schwerster geopolitischer Lage konnte das Dasein unseres
20 Volkes immer wieder nur durch den heroischen Einsatz seiner
Männer sichergestellt werden. Wenn wir seit 2 000 Jahren
ein geschichtliches Dasein leben, dann nur, weil in diesen
2 000 Jahren immer Männer bereit gewesen sind, für dieses

Leben der Gesamtheit ihr eigenes einzusetzen und – wenn
nötig – zu opfern. [...]   25
Für was sie einst kämpften, kämpfen nunmehr auch wir. Was
ihnen hoch genug war, um – wenn notwendig – dafür zu
sterben, soll uns in jeder Stunde zu gleicher Tat bereit finden.
Der Glaube aber, der sie beseelte, hat sich in uns allen nur
noch verstärkt. Wie immer auch das Leben und das Schicksal 30
des Einzelnen sein mag, über jedem steht das Dasein und die
Zukunft der Gesamtheit. Und hier hebt uns etwas noch über
vergangene Zeiten empor: Uns allen ist das erschlossen worden, für was in früheren Zeiten so viele noch unbewusst
kämpfen mussten: das deutsche Volk!   35
In seiner Gemeinschaft leben zu dürfen, ist unser höchstes
irdisches Glück. Ihr anzugehören, ist unser Stolz. Sie in bedin-
gungsloser Treue in den Zeiten der Not zu verteidigen, unser
fanatischer Trotz. [...] Wenn die andere Welt der plutokrati-
schen[1] Demokratien gerade gegen das nationalsozialistische 40
Deutschland den wildesten Kampf ansagt und seine Vernichtung als oberstes Kriegsziel ausspricht, dann wird uns damit
nur das bestätigt, was wir ohnedies wissen: dass nämlich der
Gedanke der nationalsozialistischen Volksgemeinschaft das
deutsche Volk auch in den Augen unserer Gegner besonders 45
gefährlich, weil unüberwindlich macht. Über Klassen und
Stände, Berufe, Konfessionen und alle übrige Wirrnis des
Lebens hinweg erhebt sich die soziale Einheit der deutschen
Menschen ohne Ansehen des Standes und der Herkunft, im
Blute fundiert, durch ein tausendjähriges Leben zusammen- 50
gefügt, durch das Schicksal auf Gedeih und Verderb verbun-
den.

Erster Text zitiert nach: Johannes Hampel, Der Nationalsozialismus, Bd. 2:
1935-1939. Friedenspropaganda und Kriegsvorbereitung, hrsg. von der
Bayerischen Landeszentrale für politische Bildung, München ²1993, S. 271
Zweiter Text zitiert nach: Max Domarus, Hitler. Reden und Proklamationen
1932-1945, kommentiert von einem deutschen Zeitgenossen, Bd. 2.1,
Würzburg 1963, S. 1477 ff.

1. *Charakterisieren Sie Hitlers Vorstellung von der deut-*
 schen „Volksgemeinschaft".
2. *Erläutern Sie die Stellung des Individuums und die sich*
 daraus ergebenden Konsequenzen für den Einzelnen.
 Vergleichen Sie mit unserem heutigen Menschenbild
 und heutigen Rechtsvorstellungen.
3. *Zeigen Sie auf, welches Geschichtsbild Hitler zeichnet*
 und zu welchem Zweck er dies tut.

[1] Plutokratie: Geldherrschaft bzw. Staatsform, in der allein der
 Besitz politische Macht garantiert

Machtübernahme der Nationalsozialisten und „Gleichschaltung"

„Führer in ein neues Zeitalter" ■ Als Adolf Hitler am 30. Januar 1933 von Reichspräsident Hindenburg zum Reichskanzler ernannt wurde, schien sich rein äußerlich nichts Wesentliches an der politischen Situation im Deutschen Reich geändert zu haben. Hitler war Chef eines Präsidialkabinetts wie seine drei unmittelbaren Amtsvorgänger. Der „Führer" und seine Partei feierten die Berufung in die Regierungsverantwortung jedoch als „Machtergreifung". Die Fackelzüge, die am Abend des 30. Januar in Berlin und vielen Städten Deutschlands von der NSDAP unter Beteiligung konservativer Kräfte inszeniert wurden, huldigten nicht einem weiteren Kanzler der Republik, sondern dem „Führer in ein neues Zeitalter".

Die neue Regierung besaß keine Mehrheit im Reichstag. Hitler ließ dennoch Koalitionsverhandlungen, die ihm eine Majorität gesichert hätten, bewusst scheitern. Stattdessen wurden der Reichstag aufgelöst und Wahlen für den 5. März anberaumt. Die parlamentsfreie Atempause wollte Hitler nutzen, um mithilfe von Notverordnungen vollendete Tatsachen zu schaffen und die Wähler massiv zu beeinflussen, denn das Erreichen der absoluten Mehrheit schien für die NSDAP in greifbare Nähe gerückt.

Der Reichstagsbrand und seine Folgen ■ Am 27. Februar, eine Woche vor der Wahl, brannte der Reichstag in Berlin. Am Tatort wurde der Holländer *Marinus van der Lubbe* festgenommen. Wahrheitswidrig verkündeten die Nationalsozialisten, dass die Brandstiftung der Beginn eines kommunistischen Umsturzes sein sollte. Die genauen Hintergründe des Reichstagsbrandes sind bis heute nicht geklärt, aber die meisten Historiker gehen von einer Alleintäterschaft van der Lubbes aus.

Hitler veranlasste sofort die Verhaftung von 4000 kommunistischen Abgeordneten und Funktionären, ferner das Verbot der kommunistischen und sozialdemokratischen Presse. Die von Hindenburg am 28. Februar 1933 erlassene *Verordnung „Zum Schutz von Volk und Staat"* schuf die rechtlichen Voraussetzungen, um die Grundrechte außer Kraft zu setzen (▶ M1).

Trotz massiver Behinderung der anderen Parteien und eines pausenlosen Propagandaaufwands war das Wahlergebnis des 5. März für die NSDAP enttäuschend. Sie verfehlte mit 43,9 Prozent der abgegebenen Stimmen klar die erhoffte absolute Mehrheit. Am 21. März wurde der Reichstag in der Garnisonkirche zu Potsdam mit einem Staatsakt eröffnet. Zwei Tage nach dem „Tag von Potsdam" legte Hitler den Abgeordneten ein *Gesetz zur Behebung der Not von Volk und Reich*, das sogenannte „*Ermächtigungsgesetz*", zur Abstimmung vor. Obwohl NSDAP und Deutschnationale Volkspartei (DNVP) eine handlungsfähige Mehrheit im Reichstag bildeten, sollte der Regierung – zunächst auf vier Jahre – das Recht eingeräumt werden, Gesetze ohne Mitwirkung von Reichstag und Reichsrat zu erlassen.

Die Vertreter der bürgerlichen Parteien gaben eingeschüchtert nach, in der Hoffnung, Schlimmeres zu verhüten und durch ihr Entgegenkommen später Einfluss auf die Durchführung des Gesetzes nehmen zu können. Nur die SPD verweigerte ihre Zustimmung, konnte damit die notwendige Zweidrittelmehrheit allerdings nicht verhindern. Auch der Reichsrat ließ das Gesetz ohne Einwand passieren.

▲ Postkarte zum „Tag von Potsdam".
Der neue Propagandaminister Joseph Goebbels gestaltete die erste Sitzung des neuen Reichstags nach dem Machtwechsel in der Potsdamer Garnisonkirche als Schauspiel der „nationalen Wiedererweckung". Am Grab Friedrichs des Großen gaben sich Hitler und Reichspräsident Hindenburg am 21. März 1933 feierlich die Hand.
■ *Erklären Sie die Bildsymbolik.*

„Gleichschaltung" von Ländern, Verwaltung und Parteien ■ Mit dem „Ermächtigungs-gesetz" hatte Hitler formalrechtlich legal den Freibrief erhalten, Staat und Gesellschaft „gleichzuschalten". Partei und Regierung beseitigten in den ersten Monaten nach der Machtübernahme schrittweise das föderalistische Eigenleben von Ländern und Ge-meinden: Landtage, Stadt- und Gemeinderäte wurde nach dem Ergebnis der Reichs-tagswahl vom 5. März 1933 umgebildet. Von missliebigen Parteien errungene Sitze verfielen, sodass die Nationalsozialisten fast überall ein Übergewicht erhielten. Da-rüber hinaus setzte Hitler in den Ländern *Reichsstatthalter* ein, die befugt waren, Re-gierungen zu bilden und zu entlassen.* Jeder Reichsstatthalter war seinerseits an die Weisungen des „Führers" gebunden, die totale Kontrolle der Gebietskörperschaften damit gesichert.

Maßgeblich zur Festigung des neuen Regimes trug die „Gleichschaltung" des Verwaltungsapparats bei. Schon in den ersten Tagen nach der „Machtergreifung" wa-ren in Säuberungsaktionen widerstrebende Beamte aus dem Dienst entfernt worden. Legalisiert wurden die Entlassungen erst nachträglich durch das *Gesetz zur Wiederher-stellung des Berufsbeamtentums* vom 7. April 1933. Um die politische Opposition end-gültig auszuschalten, wurde nach der Zerschlagung der KPD im Sommer 1933 die SPD verboten. Die anderen Parteien lösten sich unter massivem Druck selbst auf. Im Reichs-tag saßen fortan nur noch Mitglieder der NSDAP. Da das Parlament als Gegengewicht zur Exekutive praktisch ausgeschaltet war, konnte Hitler mit *Führererlassen* regieren, die an die Stelle von Gesetzen traten.

Nach dem Tod Hindenburgs am 2. August 1934 stand der Diktatur Hitlers endgültig nichts mehr im Weg. Ohne Wahl übernahm er das Amt des Reichspräsidenten und nannte sich nun „Führer und Reichskanzler". Die Reichswehr und alle Beamten mussten sich durch einen Eid persönlich auf Hitler verpflichten (▶ M2).

▲ **Propagandaplakat, ent-standen um 1933.**
Der Anschlag stammt von dem Münchener Plakatgestalter und Reklamekünstler Ludwig Hohlwein. Auftraggeber war die Reichsjugendführung der NSDAP.

Totale Organisation ■ Bereits mit dem Eintritt in die Grundschule sollten die Jugend-organisationen der NSDAP, *Hitler-Jugend* (HJ) und *Bund Deutscher Mädel* (BDM), mög-lichst alle Kinder eines Jahrgangs erfassen. In beiden Organisationen – und ebenso in den Schulen – wurde die Jugend im Sinn der nationalsozialistischen Ideologie gedrillt. Nicht mehr die liberalen Bildungsziele der Weimarer Zeit zählten, sondern Gleichschritt und Wehrertüchtigung. Alle Jugendverbände wurden früher oder später in HJ und BDM überführt. Per Gesetz erhoben die Nationalsozialisten die Hitler-Jugend 1936 zur „Staatsjugend", wodurch diese zu einem wichtigen Kontroll- und Erziehungsins-trument wurde. Der für alle Jugendlichen verpflichtende *Reichsarbeitsdienst* sollte die in HJ und BDM angelegte ideologische Ausrichtung fortsetzen. Für viele Berufssparten bestanden zudem gesonderte, der NSDAP untergeordnete Vereinigungen, z. B. der *NS-Lehrerbund* oder der *NS-Ärztebund*.

Menschen in Beruf oder Freizeit, Gesunde und Invalide, Jugendliche und Greise, Frauen und Männer – sie alle sollte das parteigesteuerte Organisationsnetz des tota-litären Staates erfassen. Dies gelang mithilfe von Unterorganisationen wie der *Deut-schen Arbeitsfront* (DAF)** , dem *NS-Studentenbund*, der *NS-Frauenschaft* und anderen mehr. Das Netz war so eng geknüpft, dass der Einzelne kaum entschlüpfen konnte (▶ M3, M4).

---

* Reichsstatthalter in Sachsen war Martin Mutschmann, vgl. S. 206.
** Siehe S. 213.

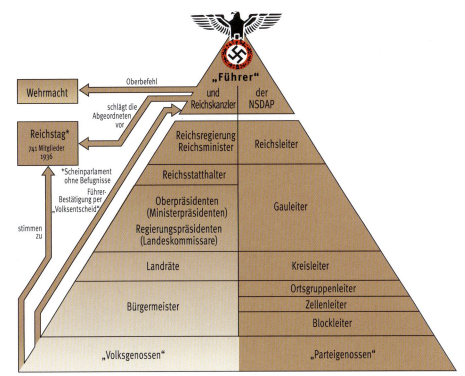

◀ **Staat und Partei im „Führerstaat".**
Parteienhierarchie und Staatsämter überschnitten sich sowohl in ihren Kompetenzen als auch personell: Mit zwei Ausnahmen waren z. B. alle Reichsstatthalter zugleich auch Gauleiter in ihrem Amtsbereich.

Führung oder Chaos? ■ Die Ausschaltung oppositioneller Gruppen schien auf den ersten Blick die Staatsmacht zu stärken, die sich nicht länger im pluralistisch-liberalen Meinungsstreit behaupten musste. Es zeigte sich jedoch, dass neben den Staat sich nun die NSDAP als „Trägerin des deutschen Staatsgedankens" stellte. Ihre Führung war seit der Ausschaltung der anderen Parteien unangefochten. Die Aufgabe der NSDAP bestand nun nicht länger in Opposition und Straßenkampf, sondern in der Erfassung aller Lebensbereiche, mit dem Ziel einer totalitären Herrschaftsübernahme. Die Partei durchdrang die Gesellschaft und trat damit in Konkurrenz zu den staatlichen oder kommunalen Institutionen.

Die Folge war ein undurchsichtiger Wirrwarr von Kompetenzen (▸ M5). Während der Staat üblicherweise das öffentliche Leben auf der Basis von Gesetzen reglementiert und gestaltet, trafen jetzt Parteiorganisationen oder deren Repräsentanten neben der staatlichen Bürokratie Einzelentscheidungen. Sie versuchten beständig, die Verwaltung in ihrem Sinn zu beeinflussen. Vielfach verschmolzen Partei- und Staatsorganisation miteinander. So hatten die Gauleiter der NSDAP häufig zugleich hohe Ämter in den „gleichgeschalteten" Ländern inne, oder die Ortsgruppenleiter der Partei übernahmen gleichzeitig das Bürgermeisteramt. Die Kontrolle der öffentlichen Hand und des gesellschaftlichen Alltags ließ die Parteibürokratie ständig anwachsen. Gab es 1935 33 Gauleiter, 827 Kreisleiter, 21 000 Ortsgruppenleiter und 260 000 Zellen- und Blockleiter, so betrug die Zahl dieser Funktionäre zwei Jahre später bereits 700 000. Während des Krieges waren es zwei Millionen.

Charakteristisch für die **Polykratie** war das Entstehen zahlloser Sonderverwaltungen, die neben der staatlichen Bürokratie ein Eigenleben führten und dem „Führer" direkt unterstellt waren. Einer solchen Parteibehörde stand z. B. **Hermann Göring** ab 1936 als „Beauftragter für den Vierjahresplan" vor. Er konnte in dieser Funktion an allen staatlichen Stellen vorbei unmittelbaren Einfluss auf die Wirtschaft nehmen.

Polykratie: von griech. poly: viel und kratéin: Macht; Vielzahl konkurrierender Herrschaftsansprüche und Zuständigkeiten

Hermann Göring (1893 - 1946): 1933 - 1945 Reichsminister für Luftfahrt; 1937 / 38 Reichswirtschaftsminister; 1946 Selbstmord in Haft

M1 Verordnung „Zum Schutz von Volk und Staat" und „Ermächtigungsgesetz"

Am 28. Februar 1933, einen Tag nach dem Reichstagsbrand, erlässt Reichspräsident Hindenburg eine Verordnung „Zum Schutz von Volk und Staat". Aufgrund des Artikels 48, Absatz 2 der Reichsverfassung wird „zur Abwehr kommunistischer staatsgefährdender Gewaltakte" Folgendes verordnet:

§ 1 Die Art. 114, 115, 117, 118, 123, 124 und 153 der Verfassung des Deutschen Reiches werden bis auf Weiteres außer Kraft gesetzt. Es sind daher Beschränkungen der persönlichen Freiheit, des Rechts der freien Meinungsäußerung einschließlich der

5 Pressefreiheit, des Vereins- und Versammlungsrechts, Eingriffe in das Brief-, Post-, Telegrafen- und Fernsprechgeheimnis, Anordnungen von Haussuchungen und von Beschlagnahmen sowie Beschränkungen des Eigentums auch außerhalb der sonst hierfür bestimmten gesetzlichen Grenze zulässig.

10 § 2 Werden in einem Lande die zur Wiederherstellung der öffentlichen Sicherheit und Ordnung nötigen Maßnahmen nicht getroffen, so kann die Reichsregierung insoweit die Befugnisse der obersten Landesbehörde vorübergehend wahrnehmen.

Das folgende „Gesetz zur Behebung der Not von Volk und Reich" (das sogenannte „Ermächtigungsgesetz") vom 23. März 1933 stellt zusammen mit der Verordnung „Zum Schutz von Volk und Staat" die verfassungsrechtliche Grundlage des NS-Staates dar:

15 Art. 1: Reichsgesetze können außer in dem in der Reichsverfassung vorgesehenen Verfahren auch durch die Reichsregierung beschlossen werden. [...]
Art. 2: Die von der Reichsregierung beschlossenen Reichsgesetze können von der Reichsverfassung abweichen, soweit

20 sie nicht die Einrichtung des Reichstages und des Reichsrates als solche zum Gegenstand haben. Die Rechte des Reichspräsidenten bleiben unberührt.
Art. 3: Die von der Reichsregierung beschlossenen Reichsgesetze werden vom Reichskanzler ausgefertigt und im Reichs-

25 gesetzblatt verkündet. Sie treten, soweit sie nichts anderes bestimmen, mit dem auf die Verkündung folgenden Tag in Kraft. Die Art. 68-77 der Reichsverfassung finden auf die von der Reichsregierung beschlossenen Gesetze keine Anwendung.[1]
Art. 4: Verträge des Reiches mit fremden Staaten, die sich auf

30 Gegenstände der Reichsgesetzgebung beziehen, bedürfen für die Dauer der Geltung dieses Gesetzes nicht der Zustimmung der an der Gesetzgebung beteiligten Körperschaften.

---

[1] Geregelt war hier das übliche Verfahren der Gesetzgebung.

▲ **SA-Mann als Hilfspolizist (r.) auf Streife mit Berliner Schutzpolizist (Schupo) am Wahltag.** *Foto vom 5. März 1933.*

Die Reichsregierung erlässt die zur Durchführung dieser Verträge erforderlichen Vorschriften.

Walther Hofer (Hrsg.), Der Nationalsozialismus. Dokumente 1933-1945, Frankfurt am Main 1957, S. 53 und 57

1. *Erläutern Sie, welche Konsequenzen die Notverordnung „Zum Schutz von Volk und Staat" und das „Ermächtigungsgesetz" für den politischen Alltag haben mussten.*

2. *Diskutieren Sie, welche Möglichkeiten der Opposition und der Gewaltenkontrolle zu diesem Zeitpunkt noch gegeben waren.*

M2 Die Autorität des „Führers"

Hitler erklärt in „Mein Kampf":

Die Bewegung vertritt im Kleinsten wie im Größten den Grundsatz der unbedingten Führerautorität, gepaart mit höchster Verantwortung. Die praktischen Folgen dieses Grundsatzes in der Bewegung sind nachstehende: Der erste Vorsitzende einer Ortsgruppe wird durch den nächsthöheren Führer 5 eingesetzt, er ist der verantwortliche Leiter der Ortsgruppe. Sämtliche Ausschüsse unterstehen ihm, und nicht er umgekehrt einem Ausschuss. Abstimmungs-Ausschüsse gibt es nicht, sondern nur Arbeits-Ausschüsse. Die Arbeit teilt der verantwortliche Leiter, der erste Vorsitzende, ein. Der gleiche Grundsatz gilt für die nächsthöhere Organisation, den Bezirk, den Kreis oder den Gau. Immer wird der Führer von oben eingesetzt und gleichzeitig mit unbeschränkter Vollmacht und Autorität bekleidet. Nur der Führer der Gesamtpartei wird aus vereinsgesetzlichen Gründen in der Generalmitgliederversammlung gewählt. Er ist aber der ausschließliche Führer der Bewegung. Sämtliche Ausschüsse unterstehen ihm und nicht er den Ausschüssen. Er bestimmt und trägt damit aber auch auf seinen Schultern die Verantwortung. Es steht den Anhängern der Bewegung frei, vor dem Forum einer neuen Wahl ihn zur Verantwortung zu ziehen, ihn seines Amtes zu entkleiden, insofern er gegen die Grundsätze der Bewegung verstoßen oder ihren Interessen schlecht gedient hat. An seine Stelle tritt dann der besser könnende, neue Mann, jedoch mit gleicher Autorität und gleicher Verantwortlichkeit. Es ist eine der obersten Aufgaben der Bewegung, dieses Prinzip zum bestimmenden nicht nur innerhalb ihrer eigenen Reihen, sondern auch für den gesamten Staat zu machen. Wer Führer sein will, trägt bei höchster unumschränkter Autorität auch die letzte und schwerste Verantwortung. Wer dazu nicht fähig oder für das Ertragen der Folgen seines Tuns zu feige ist, taugt nicht zum Führer. Nur der Held ist dazu berufen. Der Fortschritt und die Kultur der Menschheit sind nicht ein Produkt der Majorität, sondern beruhen ausschließlich auf der Genialität und der Tatkraft der Persönlichkeit. Diese heranzuzüchten und in ihre Rechte einzusetzen, ist eine der Vorbedingungen zur Wiedergewinnung der Größe und Macht unseres Volkstums.

Adolf Hitler, Mein Kampf. Zwei Bände in einem Band, München ⁵¹1933, S. 378 f.

▪ *Charakterisieren Sie das „Führerprinzip".*

M3 „Gleichschaltung" im Alltag

Ernst Niekisch, der 1939 wegen „literarischen Hochverrats" zu einer lebenslänglichen Zuchthausstrafe verurteilt wird, beschreibt und interpretiert um 1935 die tief greifenden Veränderungen in der Gesellschaft:

Ein Taumel der „Gleichschaltung" erfasste das ganze Volk. Alle öffentlichen und privaten Einrichtungen, Organisationen und Korporationen, alle wirtschaftlichen Betriebe und kulturellen Gesellschaften, alle Verbände und Vereine „schalteten sich gleich". Zweck der Gleichschaltung war die Herstellung der „Volksgemeinschaft". Die „Volksgemeinschaft" ist kein gesellschaftlicher Ordnungszustand höherer Art. Nirgends trügt der Schein mehr, als er hier es tut. [In] der „Volksge-

meinschaft" soll das ganze Volk auf die formlos chaotische Existenzweise menschlichen Abschaums heruntergebracht werden. Sinn und Inhalt der Volksgemeinschaft ist lediglich die Solidarität des lumpenproletarischen Gesindels. Irgendwelche untergeordneten Organe oder Angestellte zogen plötzlich ihr nationalsozialistisches Mitgliedsbuch, das sie bisher sorgfältig verborgen gehabt hatten, aus der Tasche und trumpften damit auf; zuweilen war es der Portier, der sich überraschend als Vertrauensmann der nationalen Revolution entpuppte und sich über Nacht zum wichtigsten und ersten Mann emporschwang. Das Mitgliedsbuch und das braune Hemd waren Ausweise, durch welche sich die Inhaber für befugt hielten, nach den Zügeln zu greifen und die Leitung zu übernehmen. [...]
Der Punkt, an dem der Hebel ansetzt, welcher den Menschen gleichschaltet, ist die Existenzfrage. Wenn der Mann nicht richtig liegt, bekommt er kein Futter mehr. Unverhüllter wurde noch niemals auf den Magen gedrückt, um die richtige Gesinnung herauszupressen. Der Beamte zitterte um Gehalt und Versorgung: Das „Gesetz zur Wiederherstellung des Berufsbeamtentums" brachte den festen Turm seiner „wohlerworbenen Rechte" zum Einsturz. [...] Die nationalsozialistische Empörung über marxistische „Parteibuchbeamte" entlarvte sich als purer Brotneid; die „Wiederherstellung des Berufsbeamtentums" bestand darin, alle Ämter mit nationalsozialistischen Parteibuchbeamten zu überschwemmen. Die bürokratische Gleichschaltung war eine groß angelegte Veranstaltung allgemeiner „Umbonzung". Angestellten und Arbeitern erging es nicht besser; sie verloren die Arbeitsplätze, wenn ihr Eifer der Gleichschaltung enttäuschte. Entzog sich ein Arbeiter dem anbefohlenen Aufmarsch, wurde er fristlos entlassen: Er war als „Staatsfeind" nicht würdig, wirtschaftlich geborgen zu sein. Der Organisationszwang, dem die Angehörigen der freien Berufe, Gewerbetreibenden, Handwerker, Kaufleute, Unternehmer unterlagen, bot Handhaben, sie zu maßregeln; wurden sie aus ihrer „Berufskammer" entfernt, war ihnen das Recht auf Berufsausübung genommen; sie waren brotlos und ins wirtschaftliche Nichts verstoßen. Die nationalsozialistische Weltanschauung zog ihre überzeugende Kraft aus der Sorge um den Futterplatz; weil der nationalsozialistische Herr den Brotkorb monopolisiert hatte, sang jedermann sein Lied.

Ernst Niekisch, Das Reich der niederen Dämonen, Hamburg 1953, S. 131-135

1. *Wie definiert Niekisch den Begriff „Gleichschaltung"?*
2. *Erläutern Sie die Gründe dafür, dass die „Gleichschaltung" nach Meinung des Autors so reibungslos verlief.*
3. *Analysieren Sie auf der Basis von Niekischs Erörterung Anspruch und Wirklichkeit der nationalsozialistischen „Volksgemeinschaft".*

M4 Der Weg des „gleichgeschalteten" Staatsbürgers

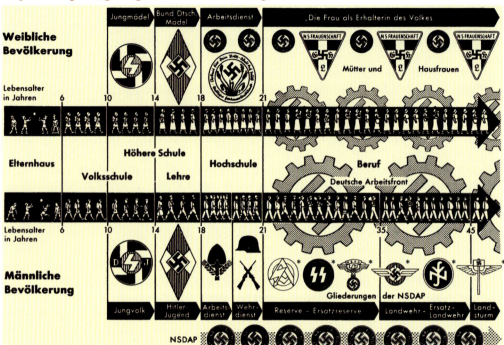

* Die sechs Embleme repräsentieren von links nach rechts die folgenden Organisationen: Sturmabteilung (SA), Schutzstaffel (SS), Nationalsozialistisches Kraftfahrkorps (NSKK), Nationalsozialistisches Fliegerkorps (NSFK), Nationalsozialistische Volkswohlfahrt (NSV), Nationalsozialistische Handels- und Gewerbeorganisation (NS-Hago).

1. *Erläutern Sie anhand der Grafik den Weg des „gleichgeschalteten" Staatsbürgers.*
2. *Prüfen Sie, wer sich dem Zwang der „Gleichschaltung" am ehesten entziehen konnte.*

M5 Rivalität

Der britische Historiker Ian Kershaw beschreibt im ersten Teil seiner Hitler-Biografie, wie Hitler seine Machtposition festigt:

Zusammenstöße in Fragen der Strategie, Streitereien unterschiedlicher Fraktionen und persönliche Rivalitäten traten in der NSDAP beinahe endemisch[1] auf. Die endlosen Konflikte und Animositäten, die gewöhnlich persönliche oder taktische und keine ideologischen Ursachen hatten, machten
5 notwendigerweise vor einem Angriff auf Hitler halt. Er griff so wenig wie möglich ein. Die Rivalität und der Wettstreit zeigten ihm nur, welcher unter seinen miteinander wetteifernden Untergebenen nach seinem eigenen sozialdarwinis-
10 tischen Begriff der Stärkere sein würde. Auch unternahm er nichts, um die ideologischen Schattierungen innerhalb der Partei miteinander zu versöhnen, es sei denn, sie drohten

kontraproduktive Wirkungen zu entfalten. Der Führerkult wurde akzeptiert, weil er allen Beteiligten als einziges Rezept galt. Die persönliche Treue gegenüber Hitler, ob nun aufrich- 15
tig empfunden oder einem Zwang folgend, war der Preis der Einheit. In manchen Fällen waren die NS-Führer ganz und gar von Hitlers „Größe" und „Mission" überzeugt. In anderen konnten sie den eigenen Ehrgeiz nur weiterhin befriedigen, indem sie dem obersten „Führer" nach dem Munde redeten. 20
Auf diese Weise wuchs Hitlers Herrschaft über die „Bewegung" bis zu dem Punkt, wo er so gut wie unangreifbar geworden war.

Ian Kershaw, Hitler 1889 - 1936, übersetzt von Jürgen Peter Krause und Jörg W. Rademacher, Stuttgart 1998, S. 380 (Übersetzung hier durch Jörg W. Rademacher)

1. *Erläutern Sie, wie Hitler nach Meinung von Kershaw das „Führerprinzip" für sich nutzte.*
2. *Vergleichen Sie M5 mit M2, M3 und M4. Diskutieren Sie Anspruch und Wirklichkeit des „Führerprinzips".*

---

[1] endemisch: typisch für ein bestimmtes Umfeld

Propaganda in allen Bereichen

„Volksaufklärung"  Die wirkungsvollste Form, die Gesellschaft nachhaltig zu beeinflussen, sah Hitler in der *Propaganda*. Sein Minister für Volksaufklärung und Propaganda, Joseph Goebbels, schaltete Presse, Film und Rundfunk weitgehend gleich. Er ließ zunehmend nur noch Informationen verbreiten, die sein Ministerium in Reichspressekonferenzen für die Veröffentlichung freigab. Unerwünschte Presseorgane wurden zeitweise oder auf Dauer verboten. Bücher, Illustrierte und Zeitschriften unterlagen der Zensur.

Vor allem den Rundfunk setzte Goebbels für seine Propaganda ein. „*Volksempfänger*" waren für jeden erschwinglich und wurden zum Kauf empfohlen. Das Hören ausländischer Sendestationen war hingegen verboten und gegen Ende des Krieges sogar mit der Todesstrafe bedroht. Die „*Wochenschau*", die vor den viel besuchten Spielfilmen ablief, wurde genau redigiert. Wie Goebbels selbst erklärt hatte, galt nun ein „neuer Begriff der Meinungs- und Pressefreiheit", der alle Berichterstattung an das „nationale und völkische Interesse" band (▶ M1). Ein ausgeklügeltes Spitzelsystem, das ganz Deutschland überzog, diente nicht nur dem Aufspüren und der Ausschaltung von Regimegegnern, sondern auch der Erkundung der Volksstimmung. Dabei spielten die Blockwarte, zu deren Aufgaben die genaue Beobachtung der Bewohner der ihnen unterstellten Häuserblocks gehörte, eine wichtige Rolle. Gegenpropaganda sollte da einsetzen, wo sich Unzufriedenheit zeigte.

Joseph Goebbels (1897-1945): Chef-Ideologe des Nationalsozialismus und einer der führenden Politiker des „Dritten Reichs"; 1933-1945 Reichsminister für Volksaufklärung und Propaganda und Präsident der Reichskulturkammer, beging am Kriegsende Selbstmord

Massenmobilisierung  Offizieller Höhepunkt aller Massenmobilisierung war der jährliche Reichsparteitag in Nürnberg: Auf einem nie ganz vollendeten Gelände wickelte die NS-Regierung beeindruckende Aufmärsche und sportliche Wettkämpfe ab. Sie sollten den Deutschen nationale Größe suggerieren und sie für den Einparteienstaat begeistern. Staatsbesuche, Empfänge, National- und Parteigedenktage oder neue pseudokultische Veranstaltungen glichen in ihrem Ablauf religiösen Festen. Auch die Olympischen Spiele, die 1936 in Berlin stattfanden, nutzte das Regime zu einer sorgfältig inszenierten Selbstdarstellung.

◀ **Reichsparteitag 1936 in Nürnberg.**
Die SS* ist zum „Großen Appell" angetreten.

* Siehe S. 204.

▲ **Bücherverbrennung auf dem Wettiner Platz in Dresden.**
Foto vom 8. März 1933.

„Wider den undeutschen Geist" ▬ Auch Kultur und Kirche wurden „gleichgeschaltet".
Christliche Feiertage wurden ihrer religiösen Bedeutung entkleidet und nach Belieben
des Regimes umgedeutet. Weihnachten sollte sich aus einem Fest des Friedens zum
Gedenktag der Wintersonnenwende, der Hoffnung des Wiedererstehens und der Freiheit Deutschlands entwickeln. Ein neuer Feierkultus entstand (▸ M2).

Was echte Kulturgüter waren, legte die NSDAP fest: Rückbesinnung auf das germanische Erbe, die Verherrlichung der „arischen Rasse" in allen Epochen der Geschichte.
Schlichtheit und Monumentalität waren die Vorgaben eines zentral reglementierten
Kunstverständnisses. 1933 wurde zur Kontrolle des gesamten Kulturbetriebs die **Reichskulturkammer** eingerichtet. Jüdische Mitbürger, Marxisten und Pazifisten verbannte
die Partei als „Zerstörer arischen Erbes" aus dem Kulturbetrieb.

Am 10. Mai 1933 fanden in Berlin und anderen Universitätsstädten öffentliche
Bücherverbrennungen statt. Studenten warfen die Werke der in Ungnade gefallenen
Autoren ins Feuer. Damit sollte die Ausmerzung aller wissenschaftlichen und literari-
schen Werke, die als „undeutsch" galten, eingeleitet werden.

Wertvolle Kunstwerke, die nicht nationalsozialistischen Vorstellungen entsprachen, wurden aus Museen und Galerien verbannt, beschlagnahmt, zerstört oder ins
Ausland verkauft. Die betroffenen Künstler erhielten, soweit sie noch lebten und nicht
emigriert waren, Ausstellungs- und Arbeitsverbot. 1937 wurde eine Auswahl eingezo-
gener Kunstwerke zusammengestellt und als Wanderausstellung *„Entartete Kunst"* in
München und anderen Städten Deutschlands bei freiem Eintritt zur „Abschreckung"
gezeigt. 1939 verbrannten die Nationalsozialisten in Berlin öffentlich 1000 verfemte
Kunstwerke.

Folge dieser Politik und der antijüdischen Gesetzgebung war, dass viele bedeutende Künstler und Gelehrte Deutschland verließen. Die kulturelle Blütezeit der Zwanzigerjahre fand ein jähes Ende. Mancher blieb und beugte sich dem Regime oder begab
sich in die innere Emigration.

Reichskulturkammer: diente
der Organisation und Überwachung des gesamten Kul-
turbetriebs (Printmedien,
Film, Theater usw.). Nur Mitglieder der Kammer durften
ihren Beruf ausüben.

Die „deutsche Frau" ■ Ideologisch wie personell war die NSDAP immer eine Männer-partei, Frauen hatten in den höheren Hierarchie-Ebenen von Partei und Staat keine Chance. *Gertrud Scholtz-Klink*, die „Reichsfrauenführerin", hatte sich im Sinne der Na-tionalsozialisten vor allem durch eines qualifiziert: Sie war Mutter von elf Kindern.

Natürlich brauchte die Partei auch Anhängerinnen, deshalb wurden die Frauen umworben. Das ideologische Konzept dazu war denkbar einfach: Die deut-sche Frau sollte als treu sorgende Gattin und Mutter den „artgerechten" Fortbestand des Volkes gewährleisten und dem Mann zu Hause den Rü-cken freihalten für seine Pflichten am Arbeitsplatz und im Krieg (▶ M3).

Vielen Frauen erschien die klare Rolle, die die Nationalsozialisten ihnen zuwiesen, durchaus attraktiv. Wie den Männern wurden auch ihnen eine Gemeinschaft und ein Solidaritätsgefühl angeboten, deren negative Seiten, nämlich der Ausschluss von Kranken, Gebärunfähi-gen, jüdischen Frauen, Homosexuellen und anderen unerwünschten Minderheiten, nur wenigen zu Bewusstsein kam.

Die Frauen waren ebenso sorgsam organisiert wie die männliche Bevölkerung. Zusätzlich zum Bund Deutscher Mädel (BDM) und der *Nationalsozialistischen Frauenschaft* (NSF) entstand im Oktober 1933 das *Deutsche Frauenwerk* (DFW) als Sammelbecken für die „gleichge-schaltete" bürgerliche Frauenbewegung. In diesen Organisationen trafen sich Millionen zum Meinungsaustausch, zu gemeinsamen häuslichen Arbeiten, zu ideologischer Schulung und zu karitativer Tätigkeit. Ehrungen wurden den Müttern zudem durch die Stiftung des *„Ehrenkreuzes der deut-schen Mutter"* zuteil: für die Geburt von vier oder fünf Kindern in Bronze, bei sechs oder sieben in Silber und ab acht Kindern in Gold. Hilfswerke für Mutter und Kind, Mütter-schulen und die Hervorhebung des Muttertages rundeten das Propagandabild von der erfolgreichen deutschen Frau ab.

Noch so bescheidene Ansätze einer Frauenemanzipation lehnte Hitler persönlich ab; den Hochschulabschluss für Frauen missbilligte er. Ehestandsdarlehen mit teilwei-sem oder vollem Schuldenerlass, je nach Kinderzahl, sollten verheiratete Frauen bewe-gen, die Berufswelt zu verlassen und sich ganz der Familie zu widmen. Freilich hat das NS-Regime die Emanzipation durch Dauer und Folgen des Krieges auf das Wirtschafts-leben dann wider Willen doch gefördert. Denn Frauen mussten die Aufgaben von den Männern, die in den Krieg gezogen waren, übernehmen.

Darüber hinaus beteiligten sich Hunderttausende Frauen auch selbst am national-sozialistischen Kriegseinsatz. Als Helferinnen der Wehrmacht, der SS, der *Gestapo**, des Reichsluftschutzbundes oder des Deutschen Roten Kreuzes waren sie nicht nur im Reich, sondern auch in den besetzten Gebieten tätig. Historiker haben die weibliche (Mit-)Täterschaft seit den 1990er-Jahren intensiv untersucht und festgestellt, dass al-lein 500 000 Frauen während des Zweiten Weltkrieges in der Wehrmacht tätig waren, etwa als Nachrichten-, Sanitäts- oder Flakwaffenhelferinnen. Auch in den Konzentra-tionslagern, so etwa im Frauenlager von *Auschwitz-Birkenau*** oder in *Ravensbrück*, versahen etwa 10 000 Frauen als weibliches SS-Gefolge ihren Dienst. Während sich frühere Forschungen auf die Rolle der Frau als treu dienende Ehegattinnen und „Ge-bärmaschinen" an der „Heimatfront" konzentrierten, verdeutlichen die neueren Untersuchungen, dass Frauen im Krieg eine durchaus aktive Rolle einnahmen und dass das Regime durch ihren Einsatz massive Unterstützung erfuhr.

▲ **„Ehrenkreuz der Deutschen Mutter."**
Ab 1938 wurde kinderreichen Müttern für ihre Verdienste im „Geburtenkrieg" diese Auszeichnung verliehen.

---

* Siehe S. 204.
** Siehe S. 207, 220 und S. 223 f.

▲ **NS-Propaganda.**
Von links nach rechts: Sporttag des BDM, Plakat der Abteilung Presse und Propaganda Bielefeld, um 1936; Werbung für den „Volksempfänger", 1936; Werbeplakat der NS-Organisation „Kraft durch Freude" für den Volkswagen, 1938.

M1   Wie erfolgreich war die Propaganda?

Der Historiker Bernd Jürgen Wendt untersucht die Wirkung der nationalsozialistischen Propaganda auf die Bevölkerung:

Dringend muss davor gewarnt werden, unkritisch aus den oft eindrucksvollen Produkten der nationalsozialistischen Propaganda etwa durch die unkommentierte Vorführung von Wochenschauen oder Propagandafilmen bereits auf ihre
5 tatsächliche Wirkung zu schließen.
Resistenz oder Anfälligkeit gegenüber nationalsozialistischer Propaganda und Indoktrination waren wesentlich abhängig von der politischen Einstellung, dem sozialen und politischen Milieu, in dem man aufgewachsen war und lebte, von Erzie-
10 hung und Schulbildung, Wohnort und persönlichem Umfeld. Goebbels war stets bemüht, in einer taktischen „Variationstoleranz" (Bracher) propagandistische Indoktrination differenziert nach den Adressaten und schichtenspezifisch einzusetzen, auch gewisse Rücksichten auf kulturelles Erbe und
15 bürgerliche Traditionspflege zu nehmen, sterile Uniformität zu vermeiden und dort, wo er es für angebracht hielt, etwa bei der Darbietung eines deutschen (!) Jazz, in der Schlagerkultur oder bei Hollywoodfilmen selbst noch mit der emigrierten Marlene Dietrich[1] die Zügel zu lockern. [...]

Die Propagierung der Idee des Nationalsozialismus, so ver- 20 schwommen und eklektisch[2] sie auch sein mochte, stieß dort auf eine zusätzliche Resonanz, wo sie offenkundig Erfolge aufweisen konnte. Denn das Leben damals verhieß vielen, die vorher davon nicht einmal zu träumen gewagt hatten, um den Preis der politischen Anpassung einen höheren Grad an 25 Mobilität, freiere Lebensformen [...], materielle Vorteile wie einen Arbeitsplatz, die Chance individueller Bewährung, nichtakademische Karrieremuster, soziale Betreuung oder auch ein reiches Angebot für die Gestaltung der Freizeit mit KdF-Reisen[3], Kulturveranstaltungen usf. 30

Bernd Jürgen Wendt, Deutschland 1933-1945. Das Dritte Reich, Hannover 1995, S. 142-144

1. *Erörtern Sie in Anlehnung an den Text von Wendt, warum die NS-Propaganda nur zum Teil erfolgreich war.*
2. *Diskutieren Sie, ob wir heute resistenter gegen Propaganda sind. Begründen Sie Ihre Meinung.*

---

[1] Marlene Dietrich war nach ihrem Welterfolg mit „Der blaue Engel" von 1930 die bekannteste deutsche Schauspielerin. Sie stellte sich gegen die Nationalsozialisten und ging in die USA.
[2] eklektisch: zusammengesucht, ohne eigenen Stil
[3] Kraft durch Freude: Unterorganisation der Deutschen Arbeitsfront (DAF); siehe dazu S. 213

M2 Weihnachten

Kurt Eggers, deutscher Schriftsteller und Kulturpolitiker, ab 1936 Abteilungsleiter für Feiergestaltung des Rasse- und Siedlungshauptamts der SS, schreibt in seinem Artikel „Weihnachten":

So wurde von Urzeiten her das Weihnachtsfest die Feier jubelnden Trotzes gegen die kalte und tötende eisige Winternacht. Die Sonnenwende brachte den Sieg des Lichtes! Diese Gewissheit vermittelten unseren Vorfahren keine astrologi
5 schen Könige aus dem „Morgenlande"! Diese Gewissheit gewannen sie vielmehr aus der Erkenntnis der ewigen, großen Naturgesetze des Alls. Aus diesem Erberinnern heraus zünden wir in der Weihnacht die Lichter an, aus diesem Erberinnern freuen wir uns über den Glanz der Kerzen, der die
10 Dunkelheit verscheucht und sich in unserer sehnsüchtigen Seele, in unseren tatbereiten Herzen widerspiegelt. [...]
Fremde Völker verstehen es nicht, und sie werden es nie begreifen! Unser Erberinnern sagt uns, dass unsere Vorfahren, lebensgläubig und sehnsüchtig, unter Eis und Schnee das
15 lebendige Grün suchten und fanden: Da grünte unter der Schneedecke, behangen mit glitzernden Eiszapfen, der Nadelbaum, dessen sprossendes Leben der kalte Tod nicht zu bezwingen vermochte!
Und wie einst unsere Vorfahren das Zeichen des Lebens in
20 trotziger Freude und dankbarer Gewissheit grüßten, so holen wir heute den Baum als Symbol unbezwingbaren Lebens in unsere Stuben, schmücken ihn mit Lichtern und denken voller Ehrfurcht an die Größe des ringenden und trotzenden Lebens, das sich unter Gefahren und Nöten gegen jeden noch
25 so drohenden und lastenden Zustand zu behaupten weiß. [...]
Unser Weihnachten! Es wurde das Fest des Sieges und der tiefen, verpflichtenden Bereitschaft zum Kampf.
Kriegsweihnacht! Gerade jetzt erkennen wir die letzten Werte unserer Rasse, die im jubelnden und trotzigen Auf
30 stand gegen die Dunkelheit, gegen den Zwang, gegen jeden unwürdigen Zustand sich zur befreienden Tat erheben!
Unser Weihnachtsfest begehen wir darum nicht in der rührseligen Stimmung, die in so manchem unserem Tatdenken fremden Weihnachtschoral enthalten ist, sondern in der har
35 ten und unbeugsamen Gewissheit, dass wir berufen sind, als die ewigen Feuerträger das Licht der Freiheit in die Welt zu tragen.

Hauptkulturamt der NSDAP in der Reichspropagandaleitung, Deutsche Kriegsweihnacht, München 1944, S. 8 f.

1. *Zeigen Sie auf, dass der Text in Inhalt, Wortwahl und Stil ein typisches Beispiel für Propaganda ist.*
2. *Erklären Sie, welche Wirkung der Text haben sollte.*

M3 Die deutsche Familie

1939 wird beim Reichsparteitag eine Ausstellung „Frau und Mutter – Lebensquell des Volkes" gezeigt. In einem Begleittext zur Ausstellung heißt es:

Ein deutsches Wort nennt den Mann den Kopf der Familie. Er ist der sorgende Verstand der Seinen, den sein Beruf oftmals zur Härte gegen sich und andere zwingt. Die Frau wird in diesem Sprichwort das Herz der Familie genannt. Ihr wird der Mittelpunkt dieses lebendigen Organismus zugewiesen, von 5 ihr nimmt das Familienleben seinen Ausgang. [...] Die Frau in der Familie ist ungleich mehr Gefährtin des Mannes, als es die ledige Frau sein kann, die im Beruf gleichberechtigt neben dem Manne steht. In einem geregelten deutschen Familienleben braucht sich diese Tatsache nicht einmal nach außen 10 hin zu zeigen, allein sie wirkt sich aus im Schaffen und Handeln des Mannes. [...]
Die Frau in der Familie ist Mutter. Was wäre eine deutsche Familie ohne Kinder? Wie sich das Frauentum zu höchster Blüte entwickelt durch die Mutterschaft, so wird die Lebens- 15 gemeinschaft der Familie erst harmonisch durch die Kinder. Kinder sind auch dort das bindende Glied, wo die Familie in Gefahr gerät durch mangelndes gegenseitiges Verstehen zwischen Frau und Mann.
„Viel Kinder, viel Segen", sagt ein altes deutsches Sprichwort. 20 Tatsächlich sind die kinderreichen Familien zumeist die glücklichsten. Es muss das wohl so sein, weil hier so viele Glieder beitragen zum Glücklichsein und Erleben der Familie. Voraussetzung zu diesem Glück ist aber eine starke innere Bereitschaft der Eltern zum Leben und allen seinen Anforde- 25 rungen.
Der Nationalsozialismus wertet die Familie höher als jemals eine Weltanschauung vor ihm. Er erkennt die ausschlaggebende Bedeutung der Frau in der Familie und bemüht sich, durch immer neue Maßnahmen Frau und Familie zu schüt- 30 zen, ihre Lebensbedingungen zu erleichtern und die Bildung neuer Familien zu ermöglichen. Das Volk ist die große deutsche Familie, die sich nach dem Vorbild der kleinsten Zelle bemüht, einen jeden Angehörigen zu betreuen und durch Schaffen und Fröhlichsein der Freuden des Lebens und auch 35 seines Ernstes teilhaftig werden zu lassen.

Ute Benz (Hrsg.), Frauen im Nationalsozialismus. Dokumente und Zeugnisse, München ²1997, S. 105 f.

1. *Erläutern Sie die Rollenzuweisungen, die in dem Text vorgenommen werden.*
2. *Untersuchen Sie den Text in Bezug auf seinen spezifisch nationalsozialistischen Gehalt.*

Ausgrenzung und Verfolgung

Sturmabteilung (SA): 1920 gebildete, militärisch organisierte und uniformierte Saalschutz- und Kampftruppe der NSDAP

Schutzstaffel (SS): 1925 gegründete Parteiformation zum persönlichen Schutz Hitlers, ab 1934 „selbstständige Organisation" der NSDAP mit polizeilicher Machtbefugnis

Ernst Röhm (1887 - 1934): früher Förderer und Freund Adolf Hitlers; ab 1930 mit der Reorganisation der SA betraut; als Stabschef der SA einer der mächtigsten Männer der NS-Bewegung; wollte aus der SA ein Volksheer machen, in dem die Reichswehr aufgehen sollte, was Hitlers Plänen entgegenstand; im Juni 1934 gemeinsam mit ca. 100 weiteren SA-Führern und Regimegegnern ermordet

Sicherheitsdienst (SD): 1931 als Geheimdienst der SS zur Überwachung politischer Gegner und Parteimitglieder eingerichtet, ab 1934 parteiinterner Nachrichtendienst der NSDAP

Heinrich Himmler (1900 - 1945): „Reichsführer SS"; ab 1936 zudem Chef der Deutschen Polizei; einer der Hauptverantwortlichen für den Holocaust und die zahlreichen Verbrechen der Waffen-SS; 1945 Selbstmord

Der Rechtsstaat wird ausgehöhlt ■ Mit der Verordnung des Reichspräsidenten „Zum Schutz von Volk und Staat" vom 28. Februar 1933 war die erste Schranke des Rechtsstaats gefallen. Die Polizei konnte nun ohne Angabe des Grundes Personen bespitzeln oder verhaften, durfte sie ohne Verhör durch einen Richter festsetzen, konnte Wohnungen durchsuchen, Eigentum beschlagnahmen, Zeitungen zensieren und verbieten, Telefone überwachen, Parteien und Vereine auflösen.

Die Schaffung neuer Straftatbestände, so z.B. die Kritik an der Regierung, das Verbreiten ausländischer Nachrichten oder ganz generell der Verstoß gegen das „gesunde Volksempfinden", öffnete willkürlichen Urteilen Tür und Tor. Für Delikte wie Hochverrat legten die neuen Machthaber rückwirkend die Todesstrafe fest. Waren zwischen 1907 und 1932 in Deutschland 1400 Menschen zum Tode verurteilt und 345 hingerichtet worden, so sprachen die Strafgerichte unter nationalsozialistischer Herrschaft zwischen 1933 und 1944 13 405 Todesurteile aus, von denen 11 881 vollstreckt wurden.

Polizei und Justiz ■ Im Rahmen der „Gleichschaltung" übernahmen die Nationalsozialisten in den Ländern die Polizeigewalt. Neben den regulären Polizeiapparat stellten sie eine Hilfspolizei. Deren Truppen bestanden überwiegend aus Männern der **Sturmabteilung (SA)** und der **Schutzstaffel (SS)**. Den paramilitärischen Verbänden der nationalsozialistischen „Kampfzeit" wurden damit hoheitliche Polizeibefugnisse zugestanden. Die Folgen erlebte man anlässlich des „Röhm-Putsches" am 30. Juni 1934, als Hitler Meinungsverschiedenheiten mit dem SA-Führer **Ernst Röhm** zum Anlass nahm, gemeinsam mit Reichswehr und SS politische Gegner zu beseitigen. Das „Gesetz über Maßnahmen der Staatsnotwehr" vom 3. Juli 1934 sollte die Vorgänge nachträglich rechtfertigen.

1936 erging das Verbot, Maßnahmen der Geheimen Staatspolizei (Gestapo) gerichtlich überprüfen zu lassen. Die Gestapo verfolgte politische Gegner des NS-Staates. Ähnliche Aufgaben hatte der **Sicherheitsdienst (SD)**. Bei all diesen Vorgängen gab es kaum Proteste oder Rücktritte, denn viele Richter und Staatsanwälte waren eingeschüchtert, da das Gesetz zur Wiederherstellung des Berufsbeamtentums die Möglichkeit geschaffen hatte, missliebige Beamte aus dem Dienst zu entfernen. Seit der „Machtergreifung" liefen sie ohnehin Gefahr, dass ihre Urteile von den Nationalsozialisten „korrigiert" wurden (▶ M1).

Ergingen Freisprüche oder fielen die Strafen nach Meinung der Machthaber zu milde aus, nahm nicht selten die Gestapo die Angeklagten in „Schutzhaft". Um die Betroffenen davor zu bewahren, verhängten die Gerichte oftmals härtere Urteile, die dann im Rahmen des staatlichen Justizvollzugs vollstreckt wurden. Eine andere Aushöhlung des Rechtsschutzes bedeutete die Einrichtung von Sondergerichten, insbesondere des *Volksgerichtshofs*. Vor ihm waren die Rechte der Angeklagten beschränkt, das Urteil stand in aller Regel im Vorhinein fest. Umgekehrt verschoben die Justizbehörden Verfahren gegen Mitglieder der SA und SS bis zur nächsten Amnestie.

Der Weg in den SS-Staat ■ Die SS war 1925 als Sonderorganisation zum Schutz Hitlers und anderer Funktionäre der NSDAP entstanden. Formal zunächst der Leitung der SA unterstellt, betrachtete sich die SS unter **Heinrich Himmler** als eine Art Geheimorden in schwarzer Uniform, durch einen Schwur dem „Führer" zu ewiger Treue verpflichtet. Seit der Entmachtung der SA blieb die SS in ihrer elitären Rolle unangefochten. Nach der „Machtergreifung" war sie Hauptinformantin für die Gestapo. „Sicherheit" und Kontrolle gehörten zu ihren Hauptaufgaben. Konsequenterweise wurde deshalb Himmler 1936 Chef der Polizei, die in der Folgezeit praktisch aus dem Staatsapparat aus- und drei Jahre später schließlich in die SS eingegliedert wurde. Die Polizei war damit nicht länger an Recht und Gesetz gebunden, sondern zum Handlanger des „Führerwillens" geworden.

SS-Angehörige saßen auf wichtigen Posten in den Massenorganisationen der Partei wie DAF oder HJ. Sie drangen in vielen Funktionen in die staatliche Verwaltung ein und stellten Dozenten für die Hochschulen. Eigene Forschungsabteilungen sollten die Ideen Hitlers vom „nordischen" Menschen experimentell beweisen. Nicht zuletzt in den *Konzentrationslagern* (KZ) führten SS-Ärzte entsprechende Experimente durch und quälten Menschen systematisch zu Tode.

Die Konzentrationslager ■ Gegen Ende des Ersten Weltkriegs, ab 1916, verhängten Justizbehörden im Deutschen Reich in Ausnahmefällen die sogenannte „Schutzhaft" als streng begrenzte Vorbeugehaft. Im „Dritten Reich" entwickelte sie sich jedoch zu einem planmäßig eingesetzten Instrument politischen Terrors, das keiner richterlichen Kontrolle unterlag. Die ersten Konzentrationslager, die zur Aufnahme von „Schutzhäftlingen" gedacht waren, entstanden in Deutschland schon wenige Wochen nach der „Machtergreifung", zuerst in Dachau nahe München oder in Oranienburg bei Berlin. Seit Anfang März 1933 wurden vor allem Sympathisanten und Mitglieder der KPD und der SPD eingewiesen. Ende Juli verzeichnete die amtliche Statistik etwa 27 000 Häftlinge. Ab 1935 dienten die Lager nicht mehr ausschließlich zur „Umerziehung" oder Ausschaltung von politischen Gegnern, sondern als Ort für Personengruppen, die generell zu „Volksschädlingen" erklärt worden waren. Dazu zählten „Gewohnheitsverbrecher", zunehmend auch religiöse Minderheiten wie die „Bibelforscher" (Zeugen Jehovas), nationale Randgruppen wie Polen oder Emigranten, ferner sozial gebrandmarkte Menschen wie „Arbeitsscheue" oder Homosexuelle und vor allem seit 1938 jüdische Mitbürger.

Auch in Sachsen entstanden bereits Anfang März 1933 die ersten „Schutzhaftlager", von den ca. 100 frühen Konzentrationslagern im Deutschen Reich befanden sich allein 23 auf sächsischem Gebiet. Viele wurden eher provisorisch in vormaligen Jugendherbergen, auf Burgen und Schlössern oder in stillgelegten Fabrikgebäuden eingerichtet. Auch in Kellern, SA-Sturmlokalen oder in Kasernen wurden im Frühjahr 1933 zahlreiche Folterstätten geschaffen. Die meisten existierten nur wenige Wochen oder Monate; die Gefangenen wurden nach Auflösung der Lager entweder in andere Haftstätten wie Gefängnisse oder Konzentrationslager überstellt oder sie wurden entlassen. Außerdem gab es in Sachsen eine Reihe größerer Haftanstalten, z. B. in Dresden, Bautzen, Zwickau/Schloss Osterstein oder Waldheim, die schon sehr früh als Hinrichtungsorte für politische Gegner im Dienste des nationalsozialistischen Regimes genutzt wurden.

▲ **Öffentliche Demütigung.**
Der SPD-Reichstagsabgeordnete Bernhard Kuhnt war im März 1933 in Chemnitz in „Schutzhaft" genommen worden. Wenige Tage später wurde der invalide Mann von einem SA-Marine-Sturm in einen Kohlenkarren gezwungen, den zwei sozialdemokratische Stadträte durch die Straßen ziehen mussten. Die SA ließ von diesem „Triumphzug" Postkarten anfertigen.
■ *Erklären Sie, worauf sich der Begriff „Novemberverbrecher" bezieht.*

Martin Mutschmann (1879-1948): 1922 Eintritt in die NSDAP, seit 1924 Gauführer der NSDAP im Gau Sachsen. Ab 1933 Reichsstatthalter in Sachsen, seit 1935 hatte er zudem die Leitung der sächsischen Landesregierung inne. Auf der Flucht vor der Roten Armee wurde er im Mai 1945 von sowjetischen Truppen im Erzgebirge gefangen genommen. Nach einem Prozess starb Mutschmann vermutlich in sowjetischer Gefangenschaft.

Jüdische Bürger Sachsens: 1933 gab es in Sachsen 20 584 Juden, was einem Anteil von 0,4 Prozent an der Gesamtbevölkerung entsprach. Insgesamt lebten fast 90 Prozent der jüdischen Bevölkerung in den Großstädten Leipzig, Chemnitz und Dresden. Kleinere jüdische Gemeinden gab es z.B. in Annaberg, Bautzen, Freiberg, Meißen, Plauen, Zittau und Zwickau. Die Deportation der jüdischen Bevölkerung Sachsens begann im Januar 1942, als ein Zug nahezu 800 Männer, Frauen und Kinder aus Leipzig und Dresden nach Riga brachte. Die letzte Deportation fand im Februar 1945 statt. 169 jüdische Bürger aus Leipzig wurden damals nach Theresienstadt gebracht; fast alle überlebten diese Deportation. Zu diesem Zeitpunkt waren jedoch bereits mehrere Tausend Jüdinnen und Juden aus Sachsen in den Konzentrations- und Vernichtungslagern im Osten umgekommen.

▸ **Geschichte In Clips:**
Zum „Novemberpogrom"
siehe Clip-Code 4667-03

Zu den größten der frühen Konzentrationslager in Sachsen gehörte Sachsenburg, das bis 1937 existierte. Auch das Lager in Hohnstein blieb länger, bis August 1934, in Betrieb. Zunächst bildeten die Kommunisten die zahlenmäßig größte Gruppe der Häftlinge in den frühen Konzentrationslagern, aber auch Sozialdemokraten und Gewerkschafter wurden zu Tausenden inhaftiert. Sachsen war der größte Gau der NSDAP, in dem jedoch die KPD und die SPD bis 1933 mit starken Parteiapparaten vertreten gewesen waren. Daher bemühte sich die politische Führung unter Gauleiter **Martin Mutschmann** zunächst intensiv darum, ihre politischen Gegner aus der Arbeiterbewegung auszuschalten. Mit den zunehmenden Repressionen, denen die Juden im gesamten Deutschen Reich ausgesetzt waren, erhöhte sich jedoch auch der Verfolgungsdruck für die **jüdischen Bürger Sachsens** mehr und mehr.

Diskriminierung und Entrechtung ■ Die Entrechtung und Ausgrenzung der Juden hatte schon bald nach der „Machtergreifung" begonnen und wurde schrittweise radikaler. Bereits ab Februar 1933 setzte die gewaltsame Vertreibung jüdischer Richter und Staatsanwälte aus den Gerichten, der Boykott gegen jüdische Arztpraxen, Anwaltskanzleien, Geschäfte und Warenhäuser ein (▸ M2). SA-Leute postierten sich vor jüdischen Läden, pöbelten deren Inhaber an, versperrten Kunden den Eingang und beschmierten die Schaufenster mit judenfeindlichen Parolen.

Das „Gesetz zur Wiederherstellung des Berufsbeamtentums" vom 7. April 1933 verlangte von allen Beamten den Nachweis „arischer" Abstammung. Wer als „arisch" gelten durfte, bestimmte der „Arierparagraf". Ähnliche Gesetze traten später für andere Berufsgruppen in Kraft. Die *Nürnberger Gesetze* von 1935 machten die „arische" Abstammung zur Bedingung für die Anerkennung als Vollbürger (▸ M3). Das „Gesetz gegen die Überfüllung der deutschen Schulen und Hochschulen" begrenzte zudem die Zahl der Juden in den Bildungsanstalten. 1938 erfolgte der vollständige Ausschluss.

Wie die Juden wurden auch die etwa 150 000 in Deutschland lebenden Sinti und Roma durch „Rassegesetze" diskriminiert und entrechtet. Die Diskriminierung dieser Volksgruppe steigerte sich Mitte der 1930er-Jahre zur Verfolgung. Nach der Vorstellung der Nationalsozialisten galten die Sinti und Roma als „Volksschädlinge" und „Untermenschen". Juden sowie Sinti und Roma erhielten Ausgangsverbote, durften keine öffentlichen Schulen, Theater, Kinos oder Cafés mehr besuchen. Jüdischen Haushalten wurden Gas und Strom abgesperrt. Ab 1938 wurden die Pässe der Juden mit einem „J" gestempelt, ab dem 1. Januar 1939 mussten Juden die Zwangsnamen „Sara" und „Israel" als zweite Vornamen führen. Sinti und Roma erhielten ab März 1939 besondere „Rasseausweise". Die zunehmende Ausgrenzung aus dem sozialen und gesellschaftlichen Umfeld machte das Leben für die Betroffenen unerträglich.

Gewalt von Anfang an ■ Nach dem 30. Januar 1933 nahmen die gewaltsamen Übergriffe auf Juden zu. Polizei und Behörden reagierten jedoch nicht.

Das Attentat des 17-jährigen Juden *Herschel Grynszpan* auf den Diplomaten *Ernst vom Rath* in der deutschen Botschaft in Paris lieferte Propagandaminister Joseph Goebbels den willkommenen Anlass für das als „spontanen Sühneakt" erklärte Pogrom vom 9. auf den 10. November 1938 („*Novemberpogrom*" oder verharmlosend „Reichskristallnacht") (▸ M4). Reichsweit wurden Hunderte von Synagogen in Brand gesteckt, über 8 000 jüdische Geschäfte und zahllose Wohnungen zerstört, etwa 100 Juden getötet und rund 30 000 in Konzentrationslager verschleppt.

Für den „öffentlichen Schaden" und die „Wiederherstellung des Straßenbildes" mussten die Juden auch noch zahlen: Eine Verordnung legte die „Sühneleistung der Juden" in Höhe von einer Milliarde Reichsmark fest. Versicherungsleistungen wurden zugunsten des Reiches eingezogen. Zusammen mit der Ausschaltung aus der Wirtschaft brachte dieses „Sühnegeld" vielen Familien den Ruin.

Enteignung und Vertreibung ▪ Viele Juden dachten, das „Novemberpogrom" sei der Höhepunkt des Schreckens gewesen. Nach Diskriminierung und Entrechtung zielten die nun folgenden Maßnahmen jedoch darauf, den jüdischen Bürgern ihre Existenz zu rauben und ein Leben in Deutschland damit unmöglich zu machen.

Bereits im April 1933 hatte mit dem Boykottaufruf gegen jüdische Geschäfte der Ausschluss der Juden aus dem Wirtschaftsleben begonnen. Der Entzug öffentlicher Aufträge, ausbleibende Kundschaft und bürokratische Schikanen zwangen die jüdischen Gewerbetreibenden, ihre Geschäfte zu schließen oder zu Spottpreisen zu verkaufen. Diese Aufkäufe durch „Arier", die die Notlage ihrer jüdischen Mitbürger ausnutzten, wurden als *Arisierung* bezeichnet. Von 100 000 jüdischen Betrieben existierten im April 1938 noch knapp 40 000.

Wenig später machten weitere Berufsverbote und die „Zwangsarisierung" jüdischen Immobilienbesitzes dem jüdischen Geschäftsleben ein Ende. Die „Verordnung zur Ausschaltung der Juden aus dem deutschen Wirtschaftsleben" vom 12. November 1938 vernichtete die noch verbliebenen Existenzen. Juden mussten Wertpapiere, Schmuck, Edelmetall und Kunstgegenstände weit unter Wert an den Staat verkaufen, dem Hauptprofiteur des Raubs an den jüdischen Vermögen. Da für die Juden zudem kein Mieterschutz mehr galt, wurde die Einweisung in „Judenhäuser" vorbereitet, auch um die Überwachung zu erleichtern.

Mit Beginn des Zweiten Weltkrieges radikalisierte sich die „Judenpolitik". Die deutschen Juden wurden nun offiziell als „Reichsfeinde" behandelt. Das NS-Regime richtete Sperrstunden ein, in denen sie ihre Wohnungen nicht verlassen durften. Rundfunkempfänger und Telefone wurden eingezogen. Juden erhielten keine Kleiderkarten mehr. Ihre Lebensmittelkarten waren mit einem „J" markiert, einkaufen durften sie täglich erst nach 15.30 Uhr, wenn die meisten Regale in den Läden bereits leer waren.

Seit dem 15. September 1941 mussten alle Juden vom sechsten Lebensjahr an einen gelben Stern auf der Kleidung tragen, der sie öffentlich stigmatisierte. Ab dem 1. Juli 1943 waren die Juden unter Polizeirecht gestellt und damit endgültig entrechtet. Zu diesem Zeitpunkt lebten jedoch nur noch wenige Juden in Deutschland. Wer es nicht geschafft hatte, das Reich zu verlassen oder in einem sicheren Versteck unterzutauchen, wurde ab Oktober 1941 mit Sammeltransporten in die besetzten Gebiete deportiert, vor allem in die **Ghettos** des **Generalgouvernements** oder des Warthegaus wie z.B. Łódź (▶ M5). In Ghettos wie Minsk oder Riga wurden vor dem Eintreffen der Transporte aus dem Reich mehrere Tausend Juden erschossen, um Platz für die Neuankömmlinge zu schaffen. Zeitweise kam es auch zu Massenerschießungen deutscher Juden, so wurden die ersten aus Berlin in Riga eintreffenden Juden ebenfalls sofort ermordet. Mit der Auflösung der Ghettos und der Einrichtung von Auschwitz I und II (Birkenau) wurden die deutschen, aber auch die Juden westeuropäischer Länder, später aus den Ghettos nach Auschwitz und in andere Lager deportiert.
Auch die Geschichte der jüdischen Gemeinden in Sachsen fand so ein jähes Ende.

▲ **Gedenken an die Pogromnacht in Leipzig.**
Foto von 2006.
Im Bild ist der Superintendent von Leipzig, Martin Henker, zu sehen.

Ghetto: Primär in Polen und den besetzten Gebieten der Sowjetunion eingerichtete abgesperrte Wohnbezirke, in denen die jüdische Bevölkerung unter unmenschlichen Bedingungen zusammengepfercht und häufig sich selbst überlassen wurde. Die Konzentrierung der Juden wurde gleichzeitig für die Ausbeutung ihrer Arbeitskraft genutzt. Katastrophale hygienische Verhältnisse, Unterversorgung und Epidemien führten zum Tod vieler zehntausend Menschen. Nach Auflösung der Ghettos wurde die jüdische Bevölkerung fast ausnahmslos in Vernichtungslager deportiert.

Generalgouvernement: Bezeichnung für die besetzten polnischen Gebiete, die nicht unmittelbar dem Reich angegliedert worden waren

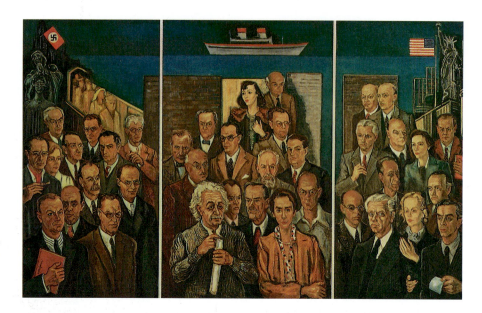

▸ **„Die geistige Emigration."**
Ölgemälde (211 x 343 cm) von
Arthur Kaufmann, begonnen
um 1938, vollendet um 1965.
Zu sehen sind jüdische und
nichtjüdische Emigranten.
Unter den Abgebildeten sind
auf dem linken Flügel unten
(von links): George Grosz und
Arnold Schönberg. Mittlerer
Flügel unten: Albert Einstein,
Erika Mann, dahinter (von
links) Arnold Zweig, Klaus
Mann, Thomas Mann und Lud-
wig Renn. Rechter Flügel unten
(von links): Kurt Weill, Max
Reinhardt, Helene Thimig und
Ernst Toller.

Emigration Zwischen 1933 und 1945 ergriffen allein im deutschsprachigen Raum über eine halbe Millionen Menschen die Flucht ins Ausland, um dem wachsenden Terror des NS-Regimes zu entgehen. Über 90 Prozent waren jüdischer Herkunft; die übrigen Emigranten gehörten zu den politischen Gegnern des Nationalsozialismus, die von Verfolgung und KZ-Haft bedroht waren oder wie viele Künstler und Wissenschaftler keine Existenzmöglichkeiten mehr hatten.

Die jüdische Emigration vollzog sich in Schüben und erreichte 1938 nach dem „Novemberpogrom" ihren Höhepunkt. Bis zu diesem Zeitpunkt hatten etwa 130 000 Juden Deutschland verlassen; in den folgenden zwei Jahren flohen fast noch einmal so viele. Abgesehen davon, dass sie ihre Heimat nicht verlassen wollten, raubte ihnen der NS-Staat durch die Beschlagnahme von Besitz und Vermögen das notwendige Geld für die Auswanderung. Zusätzlich waren die Ausreisewilligen von den NS-Behörden systematischen Schikanen und Demütigungen im Kampf um die notwendigen Ausreisepapiere ausgesetzt: Sie mussten von Amt zu Amt laufen, stundenlang Schlange stehen, zermürbende Hinhaltetaktiken hinnehmen, hohe Auswanderungsabgaben entrichten und ein Visum des Ziellandes vorlegen, das nur über persönliche Kontakte vor Ort zu erhalten war. Mit Unterstützung ausländischer Hilfsorganisationen bemühten sich jüdische Hilfsvereine, die Ausreisewilligen zu beraten, Kontakte in alle Welt herzustellen und Mittel für die Auswanderung ins Exil zu beschaffen.

Angesichts der wachsenden Flüchtlingsströme verschärften jedoch immer mehr Länder ihre Aufnahmebedingungen, da sie soziale und wirtschaftliche Belastungen befürchteten. Daneben sorgten in einigen Ländern Fremdenfeindlichkeit und Antisemitismus für die Durchsetzung strikterer Einwanderungsgesetze. Auch eine im Sommer 1938 im französischen Evian-les-Bains einberufene Flüchtlingskonferenz änderte an der Haltung des Auslands nichts. Erst nach dem „Novemberpogrom" öffneten wieder Länder ihre Grenzen in größerem Umfang für Juden. Bis September 1939 retteten sich 75 000 Flüchtlinge – darunter 10 000 Kinder ohne ihre Eltern – nach Großbritannien (▸ M6).

Mit Beginn der systematischen Deportationen wurde Juden im Oktober 1941 offiziell die Ausreise verboten. Viele unternahmen verzweifelte Versuche, illegal über die Grenzen zu gelangen, oder blieben hilflos zurück, was den sicheren Tod bedeutete.

▶ **Zum Besuch des preußischen Innenministers an ihrem Ausbildungsort in Jüterbog (Brandenburg) haben sich angehende Juristen diese Aktion ausgedacht.**
Foto von 1934.

M1 „Recht ist, was dem Volke nützt"

Hans Frank, seit 1934 Reichsminister, Präsident der Akademie für deutsches Recht (1933-1942) und seit 1939 Generalgouverneur von Polen, äußert sich im Jahr 1936 zur Funktion der Gerichte im Führerstaat:

1. Der Richter ist nicht als Hoheitsträger des Staates über den Staatsbürger gesetzt, sondern er steht als Glied in der lebendigen Gemeinschaft des deutschen Volkes. Es ist nicht seine Aufgabe, einer über der Volksgemeinschaft stehenden
5 Rechtsordnung zur Anwendung zu verhelfen oder allgemeine Wertvorstellungen durchzusetzen, vielmehr hat er die konkrete völkische Gemeinschaftsordnung zu wahren, Schädlinge auszumerzen, gemeinschaftswidriges Verhalten zu ahnden und Streit unter Gemeinschaftsgliedern zu
10 schlichten.
2. Grundlage der Auslegung aller Rechtsquellen ist die nationalsozialistische Weltanschauung, wie sie insbesondere in dem Parteiprogramm und den Äußerungen unseres Führers ihren Ausdruck findet.
15 3. Gegenüber Führerentscheidungen, die in die Form eines Gesetzes oder einer Verordnung gekleidet sind, steht dem Richter kein Prüfungsrecht zu. [...]
4. Gesetzliche Bestimmungen, die vor der nationalsozialistischen Revolution erlassen worden sind, dürfen nicht ange-
20 wendet werden, wenn ihre Anwendung dem heutigen gesunden Volksempfinden ins Gesicht schlagen würde. [...]
5. Zur Erfüllung seiner Aufgaben in der Volksgemeinschaft muss der Richter unabhängig sein. Er ist nicht an Weisungen gebunden. Unabhängigkeit und Würde des Richters machen
25 geeignete Sicherungen gegen Beeinflussungsversuche und ungerechtfertigte Angriffe erforderlich.

Deutsches Recht, 6. Jg., (1936), S. 10; zitiert nach: Walther Hofer (Hrsg.), Der Nationalsozialismus. Dokumente 1933-1945, Frankfurt am Main [49]2004, S. 101 f.

1. *Vergleichen Sie die dargestellte Rechtsauffassung mit derjenigen in der Bundesrepublik Deutschland.*
2. *Erläutern Sie, wie Frank die nationalsozialistische Rechtsauffassung begründet.*
3. *Beurteilen Sie die Konsequenzen dieser Rechtsauffassung für die Rechtspraxis.*

M2 „Wir sind Geiseln"

Am 28. März 1933 verkünden die Nationalsozialisten einen „Generalboykott" gegen Geschäfte und Warenhäuser jüdischer Eigentümer. Victor Klemperer (1881-1960), jüdischer Romanistikprofessor in Dresden, berichtet davon in seinem Tagebuch:

30. März, Donnerstag
Gestern bei Blumenfelds mit Dembers zusammen zum Abend. Stimmung wie vor einem Pogrom[1] im tiefsten Mittelalter oder im innersten zaristischen Russland. Am Tage war der Boykott-Aufruf der Nationalsozialisten herausgekom-
5 men. Wir sind Geiseln.
[...] Ich empfinde eigentlich mehr Scham als Angst, Scham um Deutschland. Ich habe mich wahrhaftig immer als Deutscher gefühlt. Und ich habe mir immer eingebildet: 20. Jahrhundert und Mitteleuropa sei etwas anderes als
10 14. Jahrhundert und Rumänien. Irrtum. – Dember malte die geschäftlichen Folgen aus: Börse, Rückschläge auf christliche Industrie – und alles dies würden dann „wir" mit unserem

1 Pogrom (russ.): wörtlich „Verwüstung"; Bezeichnung für die Judenverfolgung im zaristischen Russland; später Ausdehnung des Begriffs auf alle Ausschreitungen gegen nationale, religiöse und rassische Gruppen

Jüdisches Geschäft! Wer hier kauft wird photographiert

◄ **Aufruf zum Boykott jüdischer Geschäfte im April 1933.**

▪ *Erläutern Sie die Zielsetzung und die zu erwartende psychologische Wirkung des Anschlags.*

Blut bezahlen. Frau Dember erzählte durchgesickerten Miss-
15 handlungsfall eines kommunistischen Gefangenen, Tortur durch Rizinus, Prügel, Angst – Selbstmordversuch. Frau Blumenfeld flüsterte mir zu, der zweite Sohn Dr. Salzburgs, stud. med., sei verhaftet – man habe Briefe von ihm bei einem Kommunisten gefunden. Wir gingen (nach reichlich gutem
20 Essen) auseinander wie bei einem Abschied an die Front. Gestern jämmerliche Erklärung der „Dresdener NN"[2] „in eigener Sache". Sie seien zu 92,5 Prozent auf arisches Kapital gestützt, Herr Wolff, Besitzer der übrigen 7,5 Prozent, lege Chefredaktion nieder, ein jüdischer Redakteur sei beurlaubt
25 (armer Fentl!), die andern zehn seien Arier. Entsetzlich! – In einem Spielzeugladen ein Kinderball mit Hakenkreuz.

Victor Klemperer, Das Tagebuch 1933-1945. Eine Auswahl für junge Leser, Berlin [7]2005, S. 14

1. *Interpretieren Sie die Reaktion Klemperers auf den „Generalboykott". Beachten Sie dabei das „wir" in Anführungszeichen.*

2. *Verfolgen Sie den Weg der Informationen über die Unterdrückung. Welche Informationen sind offiziell?*

M3 „Nürnberger Gesetze"

Aus dem „Reichsbürgergesetz" und dem „Blutschutzgesetz" („Nürnberger Gesetze") vom 15. September 1935:

3 a) „Reichsbürgergesetz", 15. September 1935:
§ 1 (1) Staatsangehöriger ist, wer dem Schutzverband des Deutschen Reiches angehört und ihm dafür besonders verpflichtet ist.
5 (2) Die Staatsangehörigkeit wird nach den Vorschriften des Reichs- und Staatsangehörigkeitsgesetzes erworben.
§ 2 (1) Reichsbürger ist nur der Staatsangehörige deutschen oder artverwandten Blutes, der durch sein Verhalten beweist, dass er gewillt und geeignet ist, in Treue dem
10 deutschen Volk und Reich zu dienen. [...]
3 b) „Gesetz zum Schutze des deutschen Blutes und der deutschen Ehre", 15. September 1935:

Durchdrungen von der Erkenntnis, dass die Reinheit des deutschen Blutes die Voraussetzung für den Fortbestand des deutschen Volkes ist, und beseelt von dem 15 unbeugsamen Willen, die deutsche Nation für alle Zukunft zu sichern, hat der Reichstag einstimmig das folgende Gesetz beschlossen, das hiermit verkündet wird:
§ 1 (1) Eheschließungen zwischen Juden und Staatsangehörigen deutschen oder artverwandten Blutes sind ver- 20 boten. Trotzdem geschlossene Ehen sind nichtig, auch wenn sie zur Umgehung dieses Gesetzes im Ausland geschlossen sind.
(2) Die Nichtigkeitsklage kann nur der Staatsanwalt erheben. 25
§ 2 Außerehelicher Verkehr zwischen Juden und Staatsangehörigen deutschen oder artverwandten Blutes ist verboten.
§ 3 Juden dürfen weibliche Staatsangehörige deutschen oder artverwandten Blutes unter 45 Jahren in ihrem 30 Haushalt nicht beschäftigen.
§ 4 (1) Juden ist das Hissen der Reichs- und Nationalflagge und das Zeigen der Reichsfarben verboten.
(2) Dagegen ist ihnen das Zeigen der jüdischen Farben gestattet. Die Ausübung dieser Befugnis steht unter 35 staatlichem Schutz.
§5 (1) Wer dem Verbot des § 1 zuwiderhandelt, wird mit Zuchthaus bestraft.
(2) Der Mann, der dem Verbot des § 2 zuwiderhandelt, wird mit Gefängnis oder Zuchthaus bestraft. 40
(3) Wer den Bestimmungen der §§ 3 oder 4 zuwiderhandelt, wird mit Gefängnis bis zu einem Jahr und mit Geldstrafe oder mit einer dieser Strafen bestraft. [...]

Wolfgang Michalka (Hrsg.), Deutsche Geschichte 1933-1945, Frankfurt am Main 1993, S. 95 f.

1. *Erläutern Sie die Auswirkungen des „Reichsbürgergesetzes".*

2. *Arbeiten Sie die Folgen des Gesetzes „Zum Schutze des deutschen Blutes und der deutschen Ehre" für das Zusammenleben der jüdischen und nichtjüdischen Bevölkerung heraus.*

[2] NN: Neueste Nachrichten

M4 Wo war die Polizei?

Im November 1938 geht die NS-Führung landesweit mit plan-
mäßigen Gewaltaktionen gegen Juden und jüdische Einrich-
tungen vor („Reichskristallnacht"). Ein geschädigter Hausbesit-
zer schreibt danach anonym der Krefelder Polizei einen Brief:

Wo war die Polizei, als heute die Nachmittagsplünderungen,
Demolierungen, zum Teil fremden arischen Eigentums, stattfanden!!!!!! Man muss sich wohl in die Psychose des Volkes
hineinversetzen und man darf unter keinen Umständen die
5 Empörung des deutschen Volkes über die feige Pariser Mord-
tat unterschätzen und man muss es verstehen, wenn im
ganzen Reiche fast auf die Minute die jüdischen Tempel aus-
geräuchert, die jüdischen Geschäfte und Wohnungen demo-
liert wurden. Dass es aber von der Aufsichtsbehörde, und das
10 ist die Polizei, mit geschlossenen Augen zugegeben wurde,
dass vom Mob der Straße, vom Plebs, vom Halbwüchsigen
dann noch die Waren aus den jüdischen Geschäften geplündert wurden, das kann man als guter Deutscher nicht verstehen und das wird auch das Ausland nicht verstehen können.
15 [...] Wer ist in den meisten Fällen der Geschädigte? Der Haus-
besitzer, denn die meisten Juden wohnten in gemieteten
Räumen. – Zu Hunderten ist die Polizei auf der Straße, wenn
irgendein Umzug ist, wenn irgendeine höhere Persönlichkeit
sich auch mal bei uns in Krefeld blicken lässt; jeder von den
20 Polizisten, von oben bis unten, blinzelt nach dem Orden, jeder
war dann, soweit es sich um die alten Krefelder Stadtsolda-
ten handelt, ein alter Kämpfer, kein Einziger von ihnen hat in
der Kampfzeit mit dem Knüppel auf die Nazis gehauen, alle
waren sie mit dem Herzen schon dabei, nur durften sie es
25 nicht offen zeigen.
Und heute, als es darum geht, die Juden auf vernünftigen
Wegen aus unserem Reiche zu entfernen, da lässt es die Polizei, die doch sonst alles im Voraus weiß, die so klug ist, glatt-
weg zu, dass auch noch geplündert wird und dass man
30 deutsch-arisches Privateigentum entwertet. [...] Die Empörung weitester Kreise, auch solcher, die schon lange vor der
Machtübernahme dem Führer angehörten, ist unaussprech-
lich groß darüber, dass man es amtlicherseits zugelassen hat,
dass der Mob der Straße sich breitmachte. Was steht uns erst
35 bevor, wenn einmal, was Gott verhüten möge, einer anderen
Fahne die Hakenkreuzfahne weichen muss!!! Dann bleibt
dieselbe Beamtenschaft auch wieder am Ruder, beziehungsweise Futterkrippe, und schreit laut den Jubelruf der Gegen-
seite, so wie sie 1933 auch den Deutschen Gruß von heute auf
40 morgen lernte, Motto: Wer mir zu fressen gibt, den liebe ich.

Hans Mommsen und Susanne Willems (Hrsg.), Herrschaftsalltag im Dritten
Reich, Düsseldorf 1988, S. 438 f.

▲ **Jüdische Geschäfte in Berlin nach dem Novemberpogrom 1938.**

1. *Erläutern Sie nach diesem Bericht die Position der „alten*
Ordnungsmacht", der Polizei im NS-Staat.
2. *Bewerten Sie die Aussagen des Hausbesitzers über die*
politische Mentalität der Beamtenschaft.
3. *Bestimmen Sie den politischen Standort des Schreibers.*

M5 „Vollkommene Gleichgültigkeit"

Ursula von Kardorff ist in den Kriegsjahren Redakteurin bei der
Berliner „Deutschen Allgemeinen Zeitung". Am 3. März 1943
notiert sie in ihrem Tagebuch:

Frau Liebermann ist tot. Tatsächlich kamen sie noch mit einer
Bahre, um die Fünfundachtzigjährige zum Transport nach
Polen abzuholen. Sie nahm in dem Moment Veronal[1], starb
einen Tag später im jüdischen Krankenhaus, ohne das Bewusstsein wiedererlangt zu haben. [...] Durch welche Ver- 5
änderung ist es eigentlich möglich geworden, aus einem im
Durchschnitt gutmütigen und herzlichen Menschenschlag
solche Teufelsknechte zu formen? Das spielt sich in einem
kaltbürokratischen Vorgang ab, bei dem der Einzelne schwer
zu greifen ist, Zecken, die sich in den Volkskörper einsaugen 10
und plötzlich ein Stück von ihm geworden sind.
Der Metteur[2] Büssy erzählt mir heute beim Umbruch, dass
sich in seiner Gegend am Rosenthaler Platz die Arbeiterfrauen zusammengerottet und laut gegen die Judentrans-
porte protestiert hätten. Bewaffnete SS mit aufgepflanztem 15
Bajonett und Stahlhelm holte Elendsgestalten aus den Häu-

[1] Veronal: starkes Schlafmittel
[2] Metteur: alte Bezeichnung für Schriftsetzer

sern heraus. Alte Frauen, Kinder, verängstigte Männer wurden auf Lastwagen geladen und fortgeschafft. „Lasst doch die alten Frauen in Ruhe!", rief die Menge. „Geht doch endlich
20 an die Front, wo ihr hingehört." Schließlich kam ein neues Aufgebot SS und zerstreute die Protestierenden, denen sonst nichts weiter geschah.

In unserem Viertel sieht man so etwas nie. Hier werden die Juden des Nachts geholt. [...] Wie schnell haben wir uns alle
25 an den Anblick des Judensterns gewöhnt.

Die meisten reagieren mit vollkommener Gleichgültigkeit, so wie ein Volontär, der neulich zu mir sagte: „Was interessieren mich die Juden, ich denke nur an meinen Bruder bei Rshew, alles andere ist mir völlig gleichgültig."
30 Ich glaube, das Volk verhält sich anständiger als die sogenannten Gebildeten oder Halbgebildeten. Typisch dafür ist die Geschichte von dem Arbeiter, der in einer Trambahn einer Jüdin mit dem Stern Platz machte: „Setz dir hin, olle Sternschnuppe", sagte er, und als ein PG[3] sich darüber beschwerte,
35 fuhr er ihn an: „Üba meenen Arsch verfüge ick alleene."

Ursula von Kardorff, Berliner Aufzeichnungen. Aus den Jahren 1942 bis 1945, München 1962, S. 36 f.

1. *Beschreiben Sie, wie die nichtjüdische Bevölkerung auf die Judenverfolgung reagierte.*

2. *Kardorff versucht, ein „Täterprofil" zu erstellen. Erläutern Sie ihre Aussagen.*

M6 Mit dem „Kindertransport" ins Exil

1939 wird der zehnjährige Felix Weil als eines unter etwa zehntausend jüdischen Kindern aus Deutschland und Österreich mit einem „Kindertransport" nach England evakuiert. In seinen Lebenserinnerungen beschreibt er die Zeit vor seiner Abreise:

Soweit ich von meiner Tante gehört habe, baten die beiden meine Eltern, so schnell wie möglich eine Nummer beim Konsulat zu beantragen. Meine Tante erzählte mir, dass mein Vater jedoch absolut kein Interesse daran hatte, Deutschland
5 zu verlassen [...]. Mein Vater war der Ansicht, dass das Ganze bald vorbei sei, die Nazis die Macht wieder verlieren und die Dinge sich bald wieder normalisieren würden. Warum sollte er gehen? Er war Deutscher und fühlte sich mehr deutsch als jüdisch [...]. Er hatte das Eiserne Kreuz im Ersten Weltkrieg
10 erworben, hatte für die Deutschen gekämpft und hatte keinerlei Angst davor, dass es ihn treffen könnte.

Natürlich war das alles eine Selbsttäuschung, die wahrscheinlich genährt wurde durch die Olympischen Spiele. Die

Deutschen versuchten zu dieser Zeit, das Gesicht eines guten Weltbürgers aufzusetzen [...]. Alle Zeichen des Antisemitis- 15 mus wie die Schilder „Juden nicht erlaubt" wurden entfernt. Für meinen Vater bestätigte dies seine Haltung. „Ihr seht, ich hatte Recht. Das ist bald vorüber." Leider war das eine Täuschung, und als er dann die Auswanderungsnummer beantragte, war es zu spät [...]. 20

In der Zwischenzeit wurde ich in ein Heim in Frankfurt geschickt. Das war, glaube ich, Ende 1938. Dieses Heim nahm jüdische Kinder auf, die mit einem Kindertransport nach England geschickt werden sollten. Am Wochenende durfte ich nach Hause, aber während der Woche musste ich dort blei- 25 ben und natürlich weiterhin zur Schule gehen. Ich war dort ziemlich unglücklich. Ich hasste dieses Gemeinschaftsleben. Ich lebte lieber zu Hause in der Familie [...]. Zu dieser Zeit war ich zehn Jahre alt. Ich lebte viele Monate in diesem Heim [...]. Während des Sommers war ich zu Hause. Plötzlich bekamen 30 wir, etwa im Juni 1939, einen Brief oder Telefonanruf von der Jüdischen Gemeinde oder einer ähnlichen Institution. Die Mitteilung besagte, dass ich für einen Kindertransport ausgewählt worden sei, der am 10. August 1939 Deutschland verlassen sollte, drei Wochen, bevor der Krieg mit Polen aus- 35 brach. Für meine Eltern war diese Aufforderung eine ziemliche Überraschung und sie waren in heller Aufregung. Sie hatten sehr gemischte Gefühle. Auf der einen Seite waren sie glücklich, dass ich Deutschland verlassen konnte. Zur selben Zeit waren sie, da bin ich mir ganz sicher, sehr unglücklich 40 darüber, dass die Familie auseinandergerissen würde. Alle Vorbereitungen wurden in ziemlicher Hektik getroffen [...]. Am Abreisetag sah ich meine Mutter am Morgen weinend an meinem Bett sitzen. Für mich war die ganze Sache eher ein Abenteuer, auf eine so lange Reise in ein fremdes Land zu 45 gehen. Natürlich habe ich in diesem Moment nicht realisiert, dass ich meine Familie nie wiedersehen würde.

Gottfried Kößler, Angelika Rieber und Feli Gürsching, ... dass wir nicht erwünscht waren. Novemberpogrom 1938 in Frankfurt am Main. Berichte und Dokumente, Frankfurt am Main 1993, S. 133 ff.

1. *Ordnen Sie die zeitlichen Abschnitte des Berichts in den politischen Kontext ein. Wie sah das Leben der jüdischen Bevölkerung in den beschriebenen Jahren aus? Welchen Repressalien war sie jeweils ausgesetzt?*

2. *Erläutern Sie die Haltung, die Weils Vater gegenüber dem NS-Regime und dem Thema Emigration einnimmt. Erklären Sie, warum das Verhalten der Familie für viele andere deutsche Juden typisch gewesen sein könnte.*

3. *Führen Sie Felix Weils Erzählung fort. Wie könnte es ihm und seiner Familie danach ergangen sein?*

---

[3] PG: Parteigenosse; Mitglied der NSDAP

Arbeitswelt und Wirtschaftspolitik

Die Deutsche Arbeitsfront 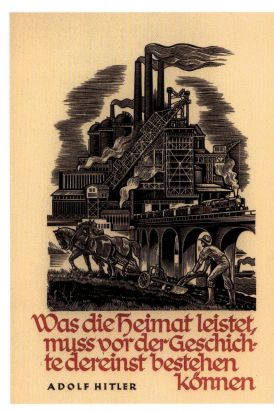 Arbeitnehmer- und Arbeitgeberverbände wurden im nationalsozialistischen Deutschland „gleichgeschaltet". Um das eigene Überleben zu sichern, distanzierten sich die Gewerkschaften im März 1933 von der SPD und gelobten, sich künftig auf die Erfüllung sozialer Aufgaben zu beschränken. Die Mitarbeit im neuen Staat schien gesichert, als die Regierung den 1. Mai, den Tag der internationalen Arbeiterbewegung, zum gesetzlichen Feiertag erklärte. Doch bereits weniger als 24 Stunden nach den gemeinsam begangenen Großveranstaltungen besetzten parteieigene Kommandotrupps, vorwiegend SA und SS, Büros und Häuser der Freien Gewerkschaften und nahmen die führenden Funktionäre in „Schutzhaft". Liberale und christliche Gewerkschaften unterstellten sich daraufhin der Hitlerpartei. Alle Arbeitnehmervereinigungen wurden in die am 10. Mai gegründete *Deutsche Arbeitsfront* (DAF) überführt.

1934 waren in dieser Einrichtung 21 Millionen Arbeiter und Angestellte organisiert. Aufgaben der DAF waren vor allem die allgemeine Betreuung und die weltanschauliche Schulung der Mitglieder. Auf Löhne und Arbeitszeit hatte die Organisation keinen Einfluss.

Nachdem auch die Unternehmerverbände unter nationalsozialistische Leitung gestellt worden waren, wurde die DAF im November 1933 in eine Vereinigung von Arbeitgebern und Arbeitnehmern umorganisiert. Streik und Aussperrung waren verboten (▸ M1). Interessenkonflikte durften die Wirtschaftsverbände nicht mehr im Rahmen ihrer Tarifautonomie regeln – dies übernahm ein vom Regime bestellter „Treuhänder der Arbeit".

Was die Heimat leistet, muss vor der Geschichte dereinst bestehen können

ADOLF HITLER

▲ **Nationalsozialistischer Druck.**
- *Charakterisieren Sie die gesellschaftliche Utopie, die hier entworfen wird. Wie „modern" ist die skizzierte Wirtschaftswelt?*
- *Analysieren Sie das Verhältnis zu „Heimat und Boden", das sich hier spiegelt. Nehmen Sie unter umweltgeschichtlichen Gesichtspunkten dazu Stellung.*

Soziale Errungenschaften? Auf der einen Seite waren die Mitbestimmungsrechte der Arbeitnehmer, der „Gefolgschaft", entfallen. Auf der anderen Seite erhielten die Arbeitnehmer mehr, als die Gewerkschaften bis 1933 erstritten hatten: Gewährung von Kündigungsschutz, Verlängerung des bezahlten Urlaubs (von ursprünglich drei auf sechs bis zwölf Tage), verbesserte Sozialleistungen der Unternehmen. Als fortschrittlich empfundene Neuerungen verwirklichte die DAF auch aus den Geldern der enteigneten Gewerkschaften. Ihre Unterorganisation *Kraft durch Freude* (KdF) wollte das Arbeitsleben in vielerlei Hinsicht angenehmer gestalten. Belegschaftsräume in den Betrieben wurden verbessert, Kantinenessen, Filme und Theatervorstellungen konnten verbilligt angeboten werden. Für den Massentourismus bereitgestellte Erholungsmöglichkeiten, Sonderzug-, sogar Schiffsreisen verwirklichten lang gehegte Urlaubsträume. Der von einem der DAF gehörenden Werk gebaute *Volkswagen* sollte zum Preis von 990 Reichsmark auch für den „kleinen Mann" erschwinglich sein. Alle diese Vergünstigungen erfüllten alte Wünsche der Arbeiterschaft und sollten sie für das neue Regime einnehmen. Auch auf dem Bildungssektor sollte gemäß Hitlers Willen mehr Gleichheit bei der Verteilung der Zukunftschancen herrschen. *Nationalpolitische Erziehungsanstalten* und *Adolf-Hitler-Schulen*, denen Schülerheime angeschlossen waren, hatten die Aufgabe, die körperliche Ertüchtigung und die ideologische Indoktrinierung nachhaltig zu fördern. Ziel war nicht eine wissenschaftliche Ausbildung, sondern die Heranbildung einer gesinnungstreuen Elite. Die Eltern mussten in diesen Institutionen kein Schulgeld entrichten. Ab Oktober 1942 konnte jeder Geeignete, unabhängig vom Schulabschluss, die Offizierslaufbahn einschlagen.

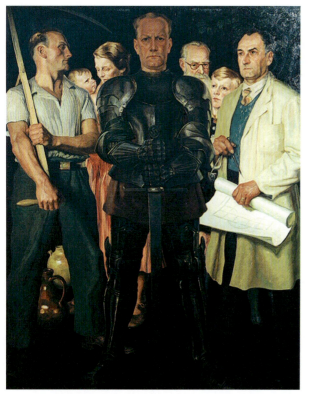

▲ „Deutsche Symphonie."
*Gemälde von Hans Toepper,
ca. 1938.*
■ *Interpretieren Sie das hier ver-
sinnbildlichte Gesellschaftsmo-
dell und leiten Sie daraus die
politischen Konsequenzen ab.
Beachten Sie dabei Vorder- und
Hintergrund-, Zentral- und Sei-
tenposition, Alter und Geschlecht, Blickkontakt und Attribute der Abgebildeten.*

Ideologische Wendepunkte ■ Zentrale Angriffsziele der NSDAP vor 1933 waren die Großindustrie, Großbanken, Warenhäuser und Handelsketten gewesen. Gegen diese „Erfindungen des Judentums und des Liberalismus" hatte die Partei für Kleinhändler, Gewerbetreibende und für Kleinbauern gekämpft.

Nach der „Machtergreifung" indessen stellten die Nationalsozialisten bald fest, dass sie die Modernisierung der Industriegesellschaft in Deutschland unterstützen mussten, wenn sie Großmachtpolitik betreiben wollten. Den dafür notwendigen Prozess beschleunigten sie durch die Förderung der Großindustrie und durch nachhaltige Mobilisierung der Gesellschaft. Den Machthabern war der „Verrat" an den eigenen Prinzipien sehr wohl bewusst. Deshalb sollte in einer fernen Zukunft, wenn der „Lebensraum im Osten" erst gewonnen war, die propagierte Wirtschafts- und Gesellschaftsutopie im neu zu besiedelnden Gebiet verwirklicht werden.

Die Überwindung der Wirtschaftskrise ■ Hitler war mit dem Versprechen angetreten, innerhalb von vier Jahren die wirtschaftlichen und sozialen Probleme zu überwinden und allen Deutschen „Arbeit und Brot" zu verschaffen. Davon ausgeschlossen waren die Juden und andere Minderheiten, die ab 1933 aus dem deutschen Wirtschaftsleben verdrängt wurden. Tatsächlich konnte das Regime schneller Erfolge vorweisen, als Anhänger und Gegner im In- und Ausland dies für möglich gehalten hätten. Bis 1936 sank die Zahl der Arbeitslosen von über sechs auf unter zwei Millionen. Industrieproduktion und Sozialprodukt lagen über den Marken der „Goldenen Zwanzigerjahre". Wie hatte es zu diesem erstaunlichen Aufschwung kommen können?

Genauere Untersuchungen haben gezeigt, dass die Nationalsozialisten die Arbeitslosenzahlen schönten, indem sie nicht alle Arbeitssuchenden in der offiziellen Statistik aufführten. Unter anderem entzogen sie bestimmten Berufsgruppen ihren Anspruch auf Arbeitslosenunterstützung. Obwohl arbeitslos, wurden diese dann ab 1933 von der offiziellen Zählung ausgeklammert. Bereits vor der „Machtergreifung" hatten viele Wirtschaftsdaten einen positiven Trend signalisiert. Als Hitler die Regierung übernahm, war der Tiefpunkt der Weltwirtschaftskrise schon überwunden. Die ersten Arbeitsbeschaffungsmaßnahmen der Nationalsozialisten führten nur fort, was bereits von den vorigen Regierungen eingeleitet worden war. Die Regierung Hitler schrieb den Rückgang der Arbeitslosigkeit in der Folge jedoch allein ihrer Politik zu und schlachtete die vermeintlich schnellen Erfolge propagandistisch aus.

Ideologisch unterfütterte Arbeitsprogramme wie der Autobahnbau halfen zwar, die Arbeitslosigkeit zu senken, einen höheren Lebensstandard brachten sie für die Masse der Bevölkerung jedoch nicht (▸ M2). Den Preis für die wirtschaftlichen „Erfolge" musste die Bevölkerung vielmehr mit längeren Arbeitszeiten, niedrig gehaltenen Löhnen und Engpässe bei Konsumgütern bezahlen. Ein nationalsozialistisches „Wirtschaftswunder" oder Vollbeschäftigung hat es daher nie gegeben. Zu keinem Zeitpunkt ging es der nationalsozialistischen Führung wirklich darum, den Arbeitslosen zu helfen und die Wirtschaft wieder in Schwung zu bringen, sondern allein um die Aufrüstung für den nächsten Krieg.

Schulden für die Aufrüstung ■ Soweit man von einem spezifisch deutschen Wirtschaftsaufschwung ab 1933 sprechen kann, stand dieser auf zwei Säulen: auf der langfristigen Planung, Deutschland wieder kriegsbereit zu machen, und auf einer höchst riskanten *Schuldenpolitik*.

Nachdem die Nationalsozialisten eine wirtschaftsfreundliche Politik, die Beibehaltung von Privateigentum und Gewinnorientierung in Aussicht gestellt hatten, fanden sie dafür auch Unterstützung von Unternehmerschaft und Banken. In der Folge förderten sie durch Subventionen, Steuererleichterungen und Staatsaufträge vor allem die rüstungsrelevante Industrie. Die Produktion wurde dadurch erheblich gesteigert, insbesondere in der Schwerindustrie, im Fahrzeugbau, in der chemischen und Textilindustrie (▶ M3). Ab Ende 1934 begann die Umstellung der wirtschaftlichen Produktion auf die Bedürfnisse der „Wehrwirtschaft". Die Ausgaben im Bereich von Rüstung und Reichswehr stiegen explosionsartig an. Von 30 Milliarden ausgegebenen Reichsmark konnten jedoch lediglich 18 Milliarden aus Steuermitteln gedeckt werden. Die Staatsverschuldung wuchs dramatisch.

Die Ausgaben für die Rüstung wurden nicht über Banknoten, sondern über sogenannte *Mefo-Wechsel* finanziert. Reichsbankpräsident *Hjalmar Schacht*, der seit 1935 auch Reichswehrminister und Generalbevollmächtigter für die Kriegswirtschaft war, hatte im März 1933 mit dem Kapital von fünf Industrieunternehmen, darunter Krupp und Siemens, die Scheinfirma Metallurgische Forschungsgesellschaft (Mefo) gegründet. Diese versah Wechsel von Rüstungslieferanten mit ihrer Unterschrift, sodass sie bei der Reichsbank gegen Bargeld eingereicht werden konnten. So ließ sich die Aufrüstung auf Pump verschleiern, denn die Wechsel galten nicht als Staatsschulden und wurden nicht im Reichshaushalt verzeichnet. Als die Mefo-Wechsel fällig wurden und nicht gezahlt werden konnten, warnte Schacht Hitler Anfang 1939 vor der Inflationsgefahr und trat als Reichsbankpräsident zurück. Die Tilgung der horrenden Fehlbeträge sollte später durch die Einnahmen aus besetzten Territorien erfolgen. Der Eroberungskrieg war von Anfang an in der Wirtschaftspolitik mit eingeplant.

Autarkiestreben ■ Verbunden mit der Aufrüstung war das Ziel der deutschen Führung, die eigene Wirtschaft autark, also von ausländischen Gütern und Rohstoffen möglichst unabhängig zu machen. Damit sollten sowohl Devisen eingespart als auch die Auswirkungen eines Versiegens der Handelsströme im Kriegsfall gemildert werden. 1936 versuchte Hitler in einem *Vierjahresplan*, die wichtigsten Initiativen dafür zu bündeln. So mussten unter anderem jetzt einheimische Bodenschätze auch dann abgebaut werden, wenn sie qualitativ schlechter oder aufwändiger zu gewinnen waren als die auf dem Weltmarkt gehandelten Güter. Außerdem trieb man ohne Rücksicht auf Kosten die synthetische Erzeugung von Benzin und Gummi voran. Solche Strategien wurden nicht allein von den führenden Nationalsozialisten entwickelt, sondern trugen zum Teil deutlich die Handschrift derjenigen Großunternehmen, die ein massives Interesse an der Aufrüstung hatten.

Mit diesen Investitionen in den zukünftigen Krieg brachte sich Hitler-Deutschland am Ende der Dreißigerjahre selbst in Zugzwang, da die Schuldenpolitik ein bedrohlich steigendes Inflationsrisiko verursachte. Die Hypotheken auf die „Eroberung neuen Lebensraumes" mussten eingelöst werden.

M1 „Hitlergläubige" Arbeiter?

Führende Mitglieder der verbotenen SPD sind ins Exil gegangen und haben versucht, Kontakte zur deutschen Arbeiterschaft aufrechtzuerhalten. Ein illegaler Bericht erörtert die Stimmung im Ruhrgebiet im Sommer 1934:

Die indifferente[1] Arbeiterschaft – und sie stellt gerade im Ruhrgebiet die Mehrheit dar – ist noch immer größtenteils hitlergläubig. Der Umstand, dass durch die „Arbeitsbeschaffung" Arbeitslose in wenn auch noch so schlecht bezahlte
5 Arbeit gekommen sind, hat sie sehr beeindruckt. Sie trauen Hitlers „schneller Entschlusskraft" zu, dass er, wenn er „richtig informiert" wird, eines Tages das Steuer über Nacht zu ihren Gunsten herumwerfen wird. Als nach der „Abstimmung" vom 19. August neue Gesetze, die aus Führermund angekün-
10 digt waren, nicht herausgegeben wurden – Gesetze, von denen sie, ohne eine Ahnung ihres vermutlichen Inhaltes zu haben, annahmen, sie besserten ihre Lage –, da war die Enttäuschung wieder groß. Merkwürdigerweise setzt man in diesen indifferenten Arbeiterkreisen auch Hoffnungen auf Dr.
15 Ley[2], der wegen diesem und jenem Kraftwort als ein vorläufig leider durch böse Mächte verhinderter Arbeiterbeglücker gehalten wird. Dabei wissen die Leute durchaus, dass diese Arbeitsfrontorganisationen keine Gewerkschaften im alten Sinne mehr sind, dass die Organisationen kaum noch einen
20 Überblick über ihre wahre Mitgliederzahl haben und dass die Vertrauensräte feige Hunde sind, von denen kaum einer wagt, den „Betriebsführer" auch nur anzusprechen. Gewisse Auflehnungen kommen auch mal vor.

Hans Mommsen und Susanne Willems (Hrsg.), Herrschaftsalltag im Dritten Reich, Düsseldorf 1988, S. 165 f.

1. *Erläutern Sie die Akzeptanz des NS-Regimes in der Arbeiterschaft.*

2. *Beurteilen Sie, inwiefern nach dem Bericht das „Führerprinzip" in der Arbeitswelt durchgesetzt ist.*

M2 Die Bedeutung der Autobahn

Der rheinische Schwerindustrielle Fritz Thyssen, ein wichtiger Finanzier der NSDAP, schreibt am 20. Juli 1933 an Fritz Todt, den Generalinspektor für das deutsche Straßenwesen:

Das rheinisch-westfälische Industriegebiet ist eines der bedeutendsten Wirtschaftsgebiete Deutschlands und Euro-

▲ **Reichsautobahnen in Deutschland.**
Plakat von Robert Zinner, 1937 (Ausschnitt).
■ *Erläutern Sie die Einstellung gegenüber Raum, Technik und Umwelt, die das Plakat ausdrückt.*

pas. Strategisch liegt es im Aufmarschgelände künftiger Auseinandersetzungen im Westen. Die Frage seines Anschlusses an das geplante Reichsautobahnnetz wird daher 5 sehr bald an Sie herantreten. Man wird sich hier im Bezirk vor allem des Siedlungsverbandes Ruhrkohlenbezirk bedienen können, der auf dem Gebiet der Straßenplanung und des Straßenausbaus schon seit Jahren vorbildliche Arbeit nach großen Gesichtspunkten geleistet hat. Wie ich höre, 10 ist demnächst eine Besprechung über die Frage der Fortführung der Autobahn Bonn-Köln in Düsseldorf beabsichtigt. Für meine Beteiligung an dieser Besprechung wäre ich Ihnen ergebenst dankbar.

Dietrich Eichholtz und Wolfgang Schumann (Hrsg.), Anatomie des Krieges. Neue Dokumente über die Rolle des deutschen Monopolkapitals bei der Vorbereitung und Durchführung des Zweiten Weltkrieges, Berlin 1969, S. 117 f.

■ *Erläutern Sie die politischen und wirtschaftlichen Motive Thyssens.*

---

[1] indifferent: gleichgültig
[2] Robert Ley (1890-1945) war Leiter der Deutschen Arbeitsfront.

M3 Kriegswirtschaft in Zahlen

Selbstversorgungsgrad bei Grundnahrungsmitteln in Prozent

	1927/28	1938/39
Brotgetreide	79	115
Kartoffeln	96	100
Zucker	100	101
Fleisch	91	97
Fett	44	57

Karl-Dietrich Bracher, Manfred Funke und Hans Adolf Jacobsen (Hrsg.),
Nationalsozialistische Diktatur 1933-1945, Bonn 1983, S. 308

Produktion im Deutschen Reich nach dem Gebietsstand von 1937 in 1000 Tonnen

	1928	1936	1939
Eisenerz	2089	2259	3928
Hüttenaluminium	33	95	194
Buna[1]	0	1	22
Zellwolle[2]	0	43	192
Flugbenzin	0	43	302
Sonstiges Motorenbenzin	0	1214	1633

Karl-Dietrich Bracher, Manfred Funke und Hans Adolf Jacobsen (Hrsg.),
a.a.O., S. 304

Rüstungsausgaben und Volkseinkommen in Mrd. Reichsmark

Haushalts-jahr	Rüstungs-ausgaben	Volksein-kommen	Rüstungsausgaben in % des Volkseinkommens
1932	0,6	45,2	1,3
1933	0,7	46,5	1,5
1934	4,1	52,8	7,8
1935	5,5	59,1	9,3
1936	10,3	65,8	15,7
1937	11,0	73,8	15,0
1938	17,2	82,1	21,0

Fritz Blaich, Wirtschaft und Rüstung im „Dritten Reich", Düsseldorf 1987, S. 83

Öffentliche Investitionen

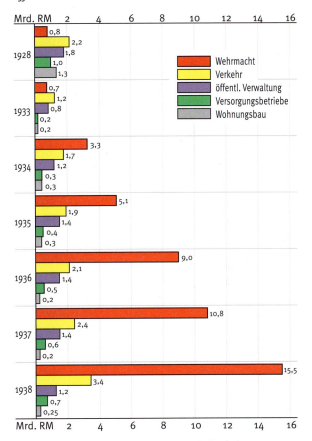

Nach: René Erbe, Die nationalsozialistische Wirtschaftspolitik. 1933-1939 im Lichte der modernen Theorie, Zürich 1958

1. Setzen Sie die Tabellen in geeignete Diagrammformen um.

2. Erläutern Sie die wirtschaftlichen Anstrengungen, die Deutschland zugunsten der Kriegsrüstung unternommen hat.

3. Trennen Sie die Bereiche in einen zivilen und militärischen Sektor und interpretieren Sie die Unterschiede im Versorgungs- und im Produktionsfortschritt.

[1] Buna: Bezeichnung für synthetisch hergestellten Gummi
[2] Zellwolle: frühere Bezeichnung für Kunststofffasern

Terror und Holocaust

Vorstufe zum Völkermord: das „Euthanasie"-Programm ■ Nach den pseudobiologischen Lehren von „Rassenhygiene" und „Erbgesundheit", wie sie die Nationalsozialisten vertraten, galten alle „sozial oder rassisch Unerwünschten" wie die Sinti und Roma und alle slawischen Völker, darunter vor allem Russen und Polen, die Zeugen Jehovas, Homosexuelle oder **„Asoziale"** als „minderwertig" und „lebensunwert". Dazu zählten auch „erbkranke", geistig und körperlich behinderte Menschen. Das „Gesetz zur Verhütung erbkranken Nachwuchses" vom 14. Juli 1933 ordnete die Zwangssterilisation von Menschen mit vermeintlich verändertem Erbgut an. Ab 1935 wurden schwangere Frauen, bei denen eine „Erbkrankheit" diagnostiziert wurde, zur Abtreibung gezwungen.

In den Monaten vor Kriegsbeginn wurden konkrete Vorbereitungen für den ersten systematischen Massenmord des NS-Regimes getroffen. Seit August 1939 mussten Hebammen und Ärzte den Gesundheitsämtern alle behinderten Neugeborenen und Kleinkinder melden. Diese Meldepflicht war die Grundlage der im Herbst 1939 einsetzenden, verharmlosend als **„Euthanasie"** bezeichneten Ermordung kranker Kinder in eigens eingerichteten „Kinderfachabteilungen". Bis zum Kriegsende forderte die „Kindereuthanasie" rund 5000 Opfer.

Unter dem Deckmantel des Krieges wurde das „Euthanasie"-Programm auf Erwachsene ausgedehnt. Hitler ermächtigte den Leiter der Kanzlei des Führers, *Philipp Bouhler*, und seinen Begleitarzt *Karl Brandt* zunächst mündlich, später in einem Schreiben, „unheilbar Kranken" den „Gnadentod" zu gewähren. Tarngesellschaften organisierten die als **„Aktion T4"** benannte „Vernichtung unwerten Lebens". Ab 1940 wurden etwa 70 000 Menschen in sechs zu Tötungsanstalten umgerüsteten „Heil- und Pflegeanstalten" durch Vergasung ermordet.

Trotz aller Geheimhaltung und Verschleierungsversuche waren die Morde spätestens im Frühjahr 1941 in weiten Teilen des Reichs bekannt. In der Bevölkerung regte sich öffentlicher Protest, vor allem vonseiten der Angehörigen der Opfer und auch einiger Bischöfe, wie dem evangelischen Landesbischof *Theophil Wurm* oder dem Münsteraner Bischof *Clemens August Graf von Galen*. Ende August 1941 ließ Hitler das „Euthanasie"-Programm offiziell einstellen. Bald darauf begann der organisierte Krankenmord in den besetzten sowjetischen Gebieten und wurde – in anderer Form und weniger auffällig – auch im Reich fortgesetzt. Viele tausend Kranke ließ man verhungern oder tötete sie durch überdosierte Medikamente. Die Methoden und das Personal der T4-Aktion kamen nun bei der systematischen Ermordung der Juden, Sinti und Roma zum Einsatz.

Beginn der Massenmorde ■ Nach der Ausgrenzung und Vertreibung der deutschen Juden begann mit dem Zweiten Weltkrieg die Vernichtung der europäischen Juden.

Bereits im Herbst 1939 zeigte sich, welch neuartige Dimension der von Hitler vom Zaun gebrochene Krieg erreichen sollte, der im Osten als „Kampf um Lebensraum" geführt wurde. Unter der Leitung des von Heinrich Himmler neu geschaffenen und von **Reinhard Heydrich** geführten **Reichssicherheitshauptamtes (RSHA)** rückten eigens für den Angriff auf Polen aufgestellte *Einsatzgruppen der Sicherheitspolizei und des SD* hinter der Wehrmacht vor, um Hitlers rassenideologisches Völkermordkonzept in die Tat umzusetzen. Ein Großteil des eroberten Landes sollte ins Deutsche Reich eingegliedert und von umgesiedelten Deutschen aus den baltischen Staaten und anderen osteuropäischen Gebieten „germanisiert" werden. Die jüdische Bevölkerung wurde ins überbevölkerte Generalgouvernement vertrieben, in Ghettos zusammengepfercht oder sofort erschossen. Repräsentanten der polnischen Oberschicht, Intellektuelle, Geist-

„Asoziale": in der NS-Zeit als minderwertig geltende, „arbeitsscheue" oder unangepasst lebende Menschen u.a. aus sozialen Unterschichten, wie Bettler, Landstreicher, Prostituierte, Fürsorgeempfänger oder Alkoholiker

„Euthanasie": Sterbehilfe, abgeleitet von griech. „guter" oder „leichter Tod"

„Aktion T4": nach dem Verwaltungssitz der Vernichtungsaktion in der Tiergartenstraße 4 in Berlin bezeichneter Code

Reinhard Heydrich (1904 - 1942, ermordet): Leiter des Reichssicherheitshauptamts (RSHA), „rechte Hand" Himmlers, seit 1941 stellvertretender Reichsprotektor von Böhmen und Mähren, mit der „Endlösung der Judenfrage" beauftragt, 1942 Leiter der „Wannsee-Konferenz"

Reichssicherheitshauptamt (RSHA): Gestapo, Kriminalpolizei und SD wurden 1939 im RSHA zusammengeführt, einer mächtigen und zentralen Behörde, die die „Endlösung der Judenfrage" organisierte. Nach Heydrichs Tod übernahm Ernst Kaltenbrunner die Leitung des RSHA.

liche, aber auch Arbeiter und Gewerkschafter wurden zu Tausenden ermordet oder in Konzentrationslager deportiert. Wer nicht „germanisiert" werden konnte – nach deutschen Schätzungen über 95 Prozent der polnischen Bevölkerung – musste harte Zwangsarbeit verrichten.

Zwischen 1939 und 1941 wurden in den verschiedenen Ressorts des Auswärtigen Amts und des RSHA Pläne für eine „territoriale Endlösung der Judenfrage" ausgearbeitet. Diese sahen vor, alle Juden aus dem deutschen Machtbereich in große Judenreservate in Osteuropa, auf die Insel Madagaskar („Madagaskar-Plan") oder andere entfernte Orte zu deportieren. Während diese Pläne wieder fallen gelassen wurden, begann sich ein Programm für eine „Endlösung" herauszubilden, die von Anfang an auf einen Völkermord (*Genozid*) zielte. Das bei den improvisierten Vertreibungs- und Tötungsaktionen erreichte Ausmaß von Gewalt und Terror stellte dafür die Weichen.

Die „Endlösung"  Bis heute sind sich die Historiker uneinig, wann im engsten Führungszirkel des Regimes die Entscheidung für den Völkermord an den europäischen Juden fiel (▶ M1). Planung und Verwirklichung galten als „Geheime Reichssache". Einen schriftlichen Befehl Adolf Hitlers gab es nicht. Der „Wille des Führers" reichte den NS-Instanzen aus, um die Tötungsaktionen vorzubereiten und durchzuführen. Die Verwaltung der „Endlösung der Judenfrage" übernahm Heydrich, die Organisation der Deportationen wurde Adolf Eichmann übertragen.

Noch vor dem Überfall auf die Sowjetunion erhielten die Einsatzgruppen und Polizeieinheiten Sondervollmachten, „in eigener Verantwortung gegenüber der Zivilbevölkerung Exekutivmaßnahmen zu treffen". Auch die Gestapo, Bataillone der Ordnungspolizei, Brigaden der Waffen-SS und Angehörige der Wehrmacht, der Zivilverwaltung sowie Freiwilligenverbände aus den besetzten Gebieten beteiligten sich an den Massakern (▶ M2). In der UdSSR waren die einmarschierenden deutschen Truppen an manchen Orten als Befreier vom Bolschewismus begrüßt worden. Doch die Brutalität von Wehrmacht, SS und anderen Einheiten ließ die Stimmung rasch umschlagen. Von Anfang an war der Feldzug gegen die Sowjetunion ein Raub- und Vernichtungskrieg, dem auch nahezu zwei Millionen sowjetische Kriegsgefangene zum Opfer fielen.

Zwischen Juni 1941 und April 1942 ermordeten die Einsatzgruppen in den besetzten Gebieten der Sowjetunion über eine halbe Million Menschen. Nahezu die ganze jüdische Bevölkerung der eroberten Gebiete, Sinti und Roma, Kriegsgefangene und Kommunisten wurden durch Massenerschießungen und durch Autoabgase in LKWs getötet (▶ M3, M4). Bei der größten dieser Mordaktionen in der Schlucht von Babi Jar bei Kiew im September 1941 starben innerhalb von zwei Tagen mehr als 33 000 Juden.

Am 20. Januar 1942 trafen sich hohe Verwaltungsbeamte, SS-Offiziere und Staatssekretäre aus den Innen-, Justiz- und Außenministerien unter der Leitung von Heydrich in einer Villa am Berliner Wannsee, um die „praktische Durchführung" der bereits begonnenen „Endlösung der Judenfrage" zu koordinieren. Laut Konferenzprotokoll der nach ihrem Tagungsort benannten *„Wannsee-Konferenz"* sollten über elf Millionen europäische Juden ermordet werden. Auf ein Programm zur Ermordung sämtlicher Sinti und Roma legte sich das NS-Regime nie fest, jedoch erließ Heinrich Himmler Ende 1942 den Befehl, alle im Deutschen Reich und in den besetzten Ländern lebenden „zigeunerischen Sippen" und „Zigeuner-Mischlinge" in Konzentrationslager einzuweisen.

Die Massaker und Exekutionen mündeten nun in einen industriell betriebenen Massenmord. Bereits im Frühjahr 1940 war auf polnischem Boden das größte Konzentrations- und Vernichtungslager Auschwitz errichtet worden (▶ M5). Seit Herbst 1941 entstanden weitere Vernichtungslager, etwa *Kulmhof*, *Belzec*, *Sobibor* und *Treblinka*.

Adolf Eichmann (1906-1962, hingerichtet): SS-Obersturmbannführer, seit 1939 Leiter beim RSHA, Amt IV, Referat IV D 4 „Auswanderung und Räumung", dann Referat IV B 4 „Judenangelegenheiten", zentraler Organisator der Deportation von 3 Mio. Juden und der „Endlösung"

▲ **Polnische Briefmarke von 1948 zum fünften Jahrestag des Warschauer Ghettoaufstands.**
Die Juden waren keineswegs nur passive Opfer der NS-Herrschaft. Eindrucksvollster Beweis dafür ist der jüdische Aufstand im Warschauer Ghetto, wo die Nazis 500 000 Menschen in einem kleinen abgeriegelten Stadtbezirk eingepfercht hatten. Als immer mehr Juden in Lager deportiert wurden, bildete sich die „Jüdische Kampforganisation", die im Frühjahr 1943 einen bewaffneten Aufstand organisierte. Der Aufstand scheiterte zwar, jedoch wirkte er wie eine Aufforderung: In zahlreichen Ghettos und Konzentrationslagern gab es Revolten.

▶ **Orte des Terrors.**

Die Karte verzeichnet alle Vernichtungs- und Hauptlager, aber nur eine Auswahl der Außen- und Zwangsarbeitslager.

Dem Holocaust fielen 165 000 Juden aus Deutschland, 65 000 aus Österreich, etwa 32 000 aus Frankreich und Belgien, mehr als 100 000 aus den Niederlanden, 60 000 aus Griechenland, ebenso viele aus Jugoslawien, über 140 000 aus der Tschechoslowakei, eine halbe Million aus Ungarn, 2,1 Millionen aus der Sowjetunion und 2,7 Millionen aus Polen zum Opfer. Auch Juden aus Albanien, Norwegen, Dänemark, Italien, Luxemburg und Bulgarien starben im Zeichen der nationalsozialistischen Rassenideologie. Bei Pogromen und Massakern in Rumänien und Transnistrien wurden zudem über 200 000 Menschen vernichtet. Diese Zahlen gelten als „gesicherte Minimalzahlen" (Wolfgang Benz).

„Aktion Reinhardt": Bezeichnung für den Massenmord an den Juden aus dem Generalgouvernement in den Lagern Belzec, Sobibor und Treblinka ab Frühjahr 1942; benannt nach dem Staatssekretär im Reichsfinanzministerium Fritz Reinhardt, vermutlich nach dem Tod Heydrichs Anfang Juni 1942 auf Reinhard Heydrich umgedeutet; in den Lagern der „Aktion Reinhardt" wurden die Menschen mit von Dieselmotoren erzeugtem Kohlenmonoxid getötet

Holocaust: griech. holócaustos: völlig verbrannt bzw. Brandopfer, wurde zunächst als Lehnwort ins Englische übernommen, gilt heute weltweit als Synonym für die systematische Ermordung von sechs Millionen europäischen Juden und anderen Opfergruppen; in der jüdischen Tradition wird für diesen Genozid der Begriff „Shoa" (hebr. „Großes Unheil, Katastrophe") verwendet, der sich jedoch ausschließlich auf die Judenvernichtung bezieht

Im Gegensatz zu den Menschen, die die Transporte nach Auschwitz bzw. Auschwitz II (Birkenau) in den Güter- und Viehwaggons überlebt hatten und vor Ort für die Vernichtung in den Gaskammern oder zur Zwangsarbeit „selektiert" wurden, waren die Lager Belzec, Sobibor und Treblinka reine Vernichtungslager. Dort wurden die zumeist polnischen Juden nach ihrer Ankunft fast ausnahmslos sofort getötet („**Aktion Reinhardt**"); nur wenige, die man für Hilfsarbeiten benötigte, ließ man zunächst am Leben. Noch „arbeitsfähige" Personen hatte man bereits vorher in den Ghettos für die Zwangsarbeit ausgewählt. In Belzec wurde der Massenmord im Dezember 1942 eingestellt, Sobibor und Treblinka wurden Ende 1943 geschlossen.

Die Deportationszüge aus allen Teilen Europas rollten bereits seit Mitte des Jahres 1942 nach Auschwitz. Neben dem massenhaften Mord in den Gaskammern durch das Blausäurepräparat Zyklon B starben die Häftlinge dort von Beginn an auch durch extrem harte und gefährliche Zwangsarbeit, Folter, medizinische Versuche und unmenschliche Lebensbedingungen.

Etwa 1,1 bis 1,5 Millionen jüdische Opfer sind für Auschwitz dokumentiert, 900 000 wurden zwischen Juli 1942 und August 1943 in Treblinka ermordet, 600 000 in Belzec, 250 000 in Sobibor, 152 000 in Kulmhof, mindestens 60 000 in *Lublin-Majdanek*, vermutlich ebenso viele in *Maly Trostinez*. Als seit 1944 die Ostfront näher rückte und die Lager im Osten auf Befehl Himmlers geräumt wurden, kamen zudem unzählige KZ-Insassen auf den grausamen „Todesmärschen" in den Westen durch Hunger, Kälte oder die Schüsse von SS-Männern ums Leben. Insgesamt fielen dem **Holocaust** mindestens 5,29 Millionen, wahrscheinlich aber knapp über sechs Millionen Juden aus ganz Europa zum Opfer, darunter mindestens 1,5 Millionen jüdische Kinder unter 14 Jahren.

Die Zahl der ermordeten Sinti und Roma ist schwer zu bestimmen. Hochrechnungen gehen von 120 000, zeitweise von 200 000 bis zu 500 000 Opfern aus, die von den Einsatzgruppen hinter den Fronten in Osteuropa und in den Vernichtungslagern getötet wurden. Allein in Auschwitz starben etwa 23 000 Sinti und Roma aus elf Staaten.

Darüber hinaus kostete der Vernichtungskrieg im Osten zehntausende Angehörige der slawischen Bevölkerungsgruppen, vor allem Polen und Russen, sowie der Sorben in der Lausitz, der Masuren in Ostpreußen und der Kaschuben in Westpreußen das Leben.

M1 Die Entscheidung für die „Endlösung"

Die Frage, wann die Entscheidung gefallen ist, alle europäischen Juden zu ermorden, ist bis heute in der Forschung umstritten, weil es keinen schriftlichen Befehl dazu gibt. Adolf Hitler erklärt am 30. Januar 1939:

Wenn es dem internationalen Finanzjudentum inner- und außerhalb Europas gelingen sollte, die Völker noch einmal in einen Weltkrieg zu stürzen, dann wird das Ergebnis nicht die Bolschewisierung der Erde und damit der Sieg des Juden-
5 tums sein, sondern die Vernichtung der jüdischen Rasse in Europa.

Zwei Jahre danach, der Höhepunkt des Zweiten Weltkrieges ist erreicht, macht sich Joseph Goebbels Aufzeichnungen über eine Rede Hitlers vom 12. Dezember 1941 auf einer Tagung der Reichs- und Gauleiter der NSDAP:

Bezüglich der Judenfrage ist der Führer entschlossen, reinen Tisch zu machen. Er hat den Juden prophezeit, dass, wenn sie noch einmal einen Weltkrieg herbeiführen würden, sie dabei
10 ihre Vernichtung erleben würden. Das ist keine Phrase gewesen. Der Weltkrieg ist da, die Vernichtung des Judentums muss die notwendige Folge sein. Diese Frage ist ohne jede Sentimentalität zu betrachten. Wir sind nicht dazu da, Mitleid mit den Juden, sondern nur Mitleid mit unserem deut-
15 schen Volk zu haben. Wenn das deutsche Volk jetzt wieder im Ostfeldzug an die 160 000 Tote geopfert hat, so werden die Urheber dieses blutigen Konflikts dafür mit ihrem Leben bezahlen müssen.

Christian Gerlach, Krieg, Ernährung, Völkermord. Forschungen zur deutschen Vernichtungspolitik im Zweiten Weltkrieg, Hamburg 1998, S. 123 f.

■ *Erklären Sie, warum die Nationalsozialisten den Juden die Schuld am Krieg zugeschoben haben.*

M2 „In Litauen gibt es keine Juden mehr"

Der Leiter des EK (Einsatzkommando) 3, SS-Standartenführer Karl Jäger, fasst am 1. Dezember 1941 für die Dienststelle der Sicherheitspolizei einen Bericht vom Einsatz seines Kommandos in Litauen ab:

Ich kann heute feststellen, dass das Ziel, das Judenproblem für Litauen zu lösen, vom EK 3 erreicht worden ist. In Litauen gibt es keine Juden mehr, außer den Arbeitsjuden incl. ihrer Familien. [...] Diese Arbeitsjuden incl. ihrer Familien wollte ich
5 ebenfalls umlegen, was mir jedoch scharfe Kampfansage der

Zivilverwaltung (dem Reichskommissar) und der Wehrmacht eintrug und das Verbot auslöste: Diese Juden und ihre Familien dürfen nicht erschossen werden! Die Durchführung solcher Aktionen ist in erster Linie eine Organisationsfrage. Der Entschluss, jeden Kreis systematisch judenfrei zu machen, 10 erforderte eine gründliche Vorbereitung jeder einzelnen Aktion und Erkundung der herrschenden Verhältnisse in dem betreffenden Kreis. Die Juden mussten an einem Ort oder an mehreren Orten gesammelt werden. Anhand der Anzahl musste der Platz für die erforderlichen Gruben ausgesucht 15 und ausgehoben werden. Der Anmarschweg von der Sammelstelle zu den Gruben betrug durchschnittlich 4 bis 5 km. Die Juden wurden in Abteilungen zu 500, in Abständen von mindestens 2 km, an den Exekutionsplatz transportiert. [...] Nur durch geschickte Ausnutzung der Zeit ist es gelungen, 20 bis zu 5 Aktionen in einer Woche durchzuführen und dabei doch die [...] anfallende Arbeit so zu bewältigen, dass keine Stockung im Dienstbereich eingetreten ist. [...] Ich bin der Ansicht, dass sofort mit der Sterilisation der männlichen Arbeitsjuden begonnen wird, um eine Fortpflanzung zu ver- 25 hindern. Wird trotzdem eine Jüdin schwanger, so ist sie zu liquidieren.

Reinhard Rürup (Hrsg.), Der Krieg gegen die Sowjetunion 1941-1945. Eine Dokumentation, Berlin 1991, S. 119 f.

1. *Erläutern Sie die internen Querelen um die „Arbeitsjuden", die der Verfasser andeutet.*
2. *Analysieren Sie die Sprache, in der hier über Massenmorde gesprochen wird.*

M3 „Posener Rede"

Am 4. Oktober 1943 hält Heinrich Himmler bei der SS-Gruppenführertagung im Posener Schloss eine Rede:

Ich will hier vor Ihnen in aller Offenheit auch ein ganz schweres Kapitel erwähnen. Unter uns soll es einmal ganz offen ausgesprochen sein, und trotzdem werden wir in der Öffentlichkeit nie darüber reden. [...]
Ich meine jetzt die Judenevakuierung, die Ausrottung des 5 jüdischen Volkes. Es gehört zu den Dingen, die man leicht ausspricht. – „Das jüdische Volk wird ausgerottet", sagt ein jeder Parteigenosse, „ganz klar, steht in unserem Programm, Ausschaltung der Juden, Ausrottung, machen wir." Und dann kommen sie alle an, die braven 80 Millionen Deutschen, und 10 jeder hat seinen anständigen Juden. Es ist ja klar, die anderen sind Schweine, aber dieser eine ist ein prima Jude. Von allen, die so reden, hat keiner zugesehen, keiner hat es durchgestanden. Von Euch werden die meisten wissen, was es heißt,

15 wenn 100 Leichen beisammen liegen, wenn 500 daliegen
oder wenn 1000 daliegen. Dies durchgehalten zu haben, und
dabei – abgesehen von Ausnahmen menschlicher Schwächen – anständig geblieben zu sein, das hat uns hart gemacht. Dies ist ein niemals geschriebenes und niemals zu
20 schreibendes Ruhmesblatt unserer Geschichte, denn wir
wissen, wie schwer wir uns täten, wenn wir heute noch in
jeder Stadt – bei den Bombenangriffen, bei den Lasten und
bei den Entbehrungen des Krieges – noch die Juden als Ge-
heimsaboteure, Agitatoren und Hetzer hätten. […] Die Reich-
25 tümer, die sie hatten, haben wir ihnen abgenommen. Ich
habe einen strikten Befehl gegeben, den SS-Obergruppen-
führer Pohl[1] durchgeführt hat, dass diese Reichtümer selbstverständlich restlos an das Reich abgeführt wurden. Wir haben uns nichts davon genommen. Einzelne, die sich verfehlt
30 haben, werden gemäß einem von mir zu Anfang gegebenen
Befehl bestraft, der androhte: Wer sich auch nur eine Mark
davon nimmt, der ist des Todes. […] Wir hatten das moralische
Recht, wir hatten die Pflicht gegenüber unserem Volk, dieses
Volk, das uns umbringen wollte, umzubringen. Wir haben
35 aber nicht das Recht, uns auch nur mit einem Pelz, mit einer
Uhr, mit einer Mark oder mit einer Zigarette oder mit sonst
etwas zu bereichern. Wir wollen nicht am Schluss, weil wir
einen Bazillus ausrotteten, an dem Bazillus krank werden
und sterben. Ich werde niemals zusehen, dass hier auch nur
40 eine kleine Fäulnisstelle entsteht […]. Insgesamt aber können
wir sagen, dass wir diese schwerste Aufgabe in Liebe zu
unserem Volk erfüllt haben. Und wir haben keinen Schaden
in unserem Inneren, in unserer Seele, in unserem Charakter
daran genommen.
45 […] Im Großen und Ganzen war unsere Haltung gut. Manches
ist auch in unseren Reihen noch zu bessern. Dieses auszusprechen, ist mit der Sinn dieses Appells der Kommandeure
und der Gruppenführer. Ich möchte dieses Kapitel überschrei-
ben mit der Überschrift „Wir selbst".

Zitiert nach: www.nationalsozialismus.de/dokumente/texte/heinrich-
himmler-posener-rede-vom-04-10-1943-volltext.hmtl [22.12.2011]

1. *Analysieren Sie Himmlers Menschenbild und seine
moralischen Vorstellungen, die aus der Rede deutlich
werden. Von welchem Bild des SS-Mannes geht er aus?*

2. *Erläutern Sie, was die Rede über die Öffentlichkeit der
Verbrechen aussagt.*

3. *Inwiefern kann die Rede als „Schlüsseldokument" für
die „Endlösung der Judenfrage" und den Holocaust
angesehen werden?*

---

[1] Oswald Pohl (1892–1951) war Chef des SS-Wirtschafts-
verwaltungshauptamts.

M4 „Ganz normale Männer" als Mörder?

*Der amerikanische Historiker Daniel Jonah Goldhagen unter-
sucht die Hauptursache der Judenmorde:*

Es musste sich etwas ändern, unbedingt. Das Wesen der Ju-
den galt den Deutschen jedoch als unveränderlich, da in ihrer
„Rasse" begründet, und nach vorherrschender deutscher Auf-
fassung waren die Juden eine Rasse, die der germanischen
Rasse in unüberwindlicher Fremdheit gegenüberstand. 5
Hinzu kam, dass der „Augenschein" den Deutschen zeigte,
dass die Mehrheit der Juden sich bereits assimiliert hatte,
zumindest in dem Sinne, dass sie Manieren, Kleidung und
Sprache des modernen Deutschland übernommen hatte.
Also hatten die Juden jede erdenkliche Möglichkeit gehabt, 10
zu guten Deutschen zu werden – und diese ausgeschlagen.
Der unumstößliche Glaube an die Existenz einer „Judenfrage" führte mehr oder weniger selbstverständlich zu der
Annahme, die einzige „Lösung" bestehe darin, alles „Jüdische" in Deutschland zu „eliminieren": auszugrenzen und zu 15
beseitigen. […]
Hätten die ganz gewöhnlichen Deutschen die eliminatori-
schen Ideale ihrer Führung nicht geteilt, dann hätten sie dem
sich stetig verschärfenden Angriff auf ihre jüdischen Landsleute und Brüder mindestens ebenso viel Widerstand und 20
Verweigerung entgegengesetzt wie den Angriffen ihrer Regierung gegen die Kirchen oder dem sogenannten Euthana-
sieprogramm. […]
Hitler und die Nationalsozialisten taten also nichts anderes,
als den bestehenden und angestauten Antisemitismus frei- 25
zusetzen und zu aktivieren.

*Der Jurist Claus Arndt, der in den 1960-Jahren an Untersuchun-
gen über die belasteten Polizeieinheiten beteiligt ist, schreibt
in einem 1998 veröffentlichten Brief an Goldhagen:*

Ich muss jedoch erhebliche Zweifel anmelden gegen die Rich-
tigkeit jener These von Ihnen, dass die Mordtaten der Polizei-
angehörigen in Polen und anderswo […] antisemitisch begründet waren. Bei aller Würdigung der Abscheulichkeit des 30
Antisemitismus halte ich diese Ursachenfeststellung für eine
Verharmlosung der Motivierung der Täter.
Leider war deren Motivation viel schlimmer: Sie bestand in
ihrem ethisch-moralischen Unvermögen, von menschlichen
Werten getragen zu handeln. Ihr Motto war: „Befehl ist Be- 35
fehl". Es war die Weigerung und totale Unfähigkeit, nach
menschlichen und moralischen Grundsätzen zu handeln.
Dies wurde nicht zuletzt dadurch bewiesen, dass die Betroffenen sich nicht nur Juden gegenüber so verhielten, sondern
auch jeder Menschengruppe gegenüber, die von den ihnen 40

erteilten Befehlen betroffen war. Die gleichen Polizisten sind bei der Vernichtung und Ermordung zum Beispiel der polnischen Intelligenz gegen die Frauen und Kinder dieser Gruppe mit ebenderselben Grausamkeit, Gefühllosigkeit und Bruta-
45 lität vorgegangen wie gegen Juden.

Der amerikanische Historiker Christopher R. Browning untersucht am Beispiel des Reserve-Polizeibataillons 101, das in Polen 1942 etwa 1200 Juden erschossen hat, die Motive der ausführenden Männer:

Im Bataillon kristallisierten sich einige ungeschriebene „Grundregeln" heraus. Für kleinere Erschießungsaktionen wurden Freiwillige gesucht beziehungsweise die Schützen aus den Reihen derjenigen genommen, die bekanntermaßen
50 zum Töten bereit waren […]. Bei großen Einsätzen wurden die, die nicht töten wollten, auch nicht dazu gezwungen. […] Neben der ideologischen Indoktrinierung war ein weiterer entscheidender Aspekt […] das gruppenkonforme Verhalten. Den Befehl, Juden zu töten, erhielt das Bataillon, nicht aber
55 jeder einzelne Polizist. Dennoch machten sich 80 bis 90 Prozent der Bataillonsangehörigen ans Töten, obwohl es fast alle von ihnen – zumindest anfangs – entsetzte und anwiderte. Die meisten schafften es einfach nicht, aus dem Glied zu treten und offen nonkonformes Verhalten zu zeigen. Zu
60 schießen fiel ihnen leichter. Warum? Zunächst einmal hätten alle, die nicht mitgemacht hätten, die „Drecksarbeit" einfach den Kameraden überlassen. Da das Bataillon die Erschießungen auch dann durchführen musste, wenn einzelne Männer ausscherten, bedeutete die Ablehnung der eigenen Beteili-
65 gung die Verweigerung des eigenen Beitrags bei einer unangenehmen kollektiven Pflicht. Gegenüber den Kameraden war das ein unsozialer Akt. […]
Es gibt auf der Welt viele Gesellschaften, die durch rassistische Traditionen belastet und aufgrund von Krieg oder
70 Kriegsdrohung in einer Art Belagerungsmentalität befangen sind. Überall erzieht die Gesellschaft ihre Mitglieder dazu, sich der Autorität respektvoll zu fügen, und sie dürfte ohne diese Form der Konditionierung wohl auch kaum funktionieren. […] In jeder modernen Gesellschaft wird durch die Kom-
75 plexität des Lebens und die daraus resultierende Bürokratisierung und Spezialisierung bei den Menschen, die die offizielle Politik umsetzen, das Gefühl für die persönliche Verantwortung geschwächt. In praktisch jedem sozialen Kollektiv übt die Gruppe, der eine Person angehört, gewaltigen
80 Druck auf deren Verhalten aus und legt moralische Wertmaßstäbe fest. Wenn die Männer des Reserve-Polizeibataillons 101 unter solchen Umständen zu Mördern werden konnten, für welche Gruppe von Menschen ließe sich dann noch Ähnliches ausschließen?

Erster Text: Daniel Jonah Goldhagen, Hitlers willige Vollstrecker. Ganz gewöhnliche Deutsche und der Holocaust, übers. v. Klaus Kochmann, Berlin 1996, S. 107 f., 489 und 518
Zweiter Text: Claus Arndt, in: „Die Zeit" vom 15.01.1998
Dritter Text: Christopher R. Browning, Ganz normale Männer. Das Reserve-Polizeibataillon 101 und die „Endlösung" in Polen, übers. v. Jürgen Peter Krause, Reinbek ⁴2007, S. 224, 241 und 246 f.

1. *Vergleichen Sie die Erklärungsansätze.*
2. *Diskutieren Sie anhand von Brownings Überlegungen, ob sich Massenverbrechen wie der Holocaust wiederholen können.*

M5 Menschen in Auschwitz

Der österreichische Historiker Hermann Langbein wird 1941 als kommunistischer Widerstandskämpfer in das KZ Dachau eingeliefert, von wo er nach Auschwitz deportiert wird. 1945 gelingt ihm auf dem Evakuierungstransport die Flucht. In den Lagern gehört Langbein jeweils zur Leitung der internationalen Widerstandsbewegung, nach 1945 ist er Generalsekretär des Internationalen Auschwitzkomitees. In seinem Buch „Menschen in Auschwitz" beschreibt er, was die vielen in und um die Konzentrationslager arbeitenden und lebenden Zivilisten wissen konnten und wie sie mit ihrem Wissen umgingen:

„Wir wussten wirklich nichts von Auschwitz und der Judenvernichtung", beteuerten viele Zeugen vor den Frankfurter Richtern, die hohe Funktionen im Staatsapparat oder in der Partei innehatten, als in Auschwitz die Krematorien Tag und Nacht gebrannt hatten; derlei Versicherungen bekommt 5 man nicht nur in deutschen Gerichtssälen zu hören. Viele, die im Dritten Reich Rang und Namen hatten, bemühen sich nachträglich um den Nachweis, die Menschenvernichtung sei ein strengstens gehütetes Geheimnis der SS gewesen. Ihnen gab Kaduk[1] eine drastische Antwort, als er während des 10 Frankfurter Auschwitz-Prozesses einmal lospolterte: „Wenn die Öfen gebrannt haben, dann war eine Stichflamme von fünf Meter Höhe, die hat man vom Bahnhof aus gesehen. Der ganze Bahnhof war voll von Zivilisten. Niemand hat etwas gesagt. Auch Urlauberzüge waren dort. Oft haben die 15 Urlauberzüge Aufenthalt in Auschwitz gehabt und der ganze Bahnhof war vernebelt. Die Wehrmachtsoffiziere haben aus dem Fenster geguckt und haben gefragt, warum es so riecht, so süß. Aber keiner hat den Mut gehabt zu fragen: Was ist

[1] Oswald Kaduk (1906-1997) war Aufseher im Konzentrationslager Auschwitz, wo er als einer der grausamsten, brutalsten und ordinärsten SS-Männer galt. Im ersten Auschwitz-Prozess 1963-1965 gehörte er zu den Hauptbeschuldigten.

◄ „Selektion" ungarischer Juden an der Rampe von Birkenau.
Foto vom Mai oder Juni 1944.
Da das Konzentrationslager Auschwitz völlig überfüllt war, wurde im Oktober 1941 auf Befehl Heinrich Himmlers im drei Kilometer vom Stammlager Auschwitz entfernten Birkenau mit dem Bau eines weiteren Lagers (Auschwitz II) begonnen. Mit vier Gaskammern und mehreren Krematorien ausgestattet, wurde Auschwitz-Birkenau ab 1942 zu einem der größten Konzentrations- und Vernichtungslager und zentralen Deportationsziel fast aller europäischen Juden im deutschen Herrschaftsbereich. Im August 1942 entstand ein zusätzliches Teillager für Frauen, 1943 wurde ein „Zigeunerlager" errichtet. Nach Ankunft der Züge wurden die Menschen an der Rampe „selektiert": Die „Arbeitsfähigen" teilte man zur Zwangsarbeit den Lagern selbst und den Rüstungsbetrieben zu oder überstellte sie den KZ-Ärzten um Dr. Josef Mengele für „medizinische" Experimente. Die große Mehrzahl der Ankommenden, vor allem Alte, Kranke, schwangere Frauen und Mütter mit Kindern, wurde jedoch als „arbeitsunfähig" eingestuft und – unter dem Vorwand, sich duschen und desinfizieren zu müssen – unverzüglich in die Gaskammern geschickt.

20 denn los? Hier ist doch keine Zuckerfabrik. Wozu sind denn die Schornsteine da?" [...]

Die Tausende an den Vernichtungsstätten eingesetzten SS-Männer waren zwar zu Stillschweigen verpflichtet. Dass jedoch eine solche Verpflichtung nicht jahrelang von so vielen
25 Menschen strikt eingehalten werden kann, liegt auf der Hand, noch dazu, wenn man die Demoralisierung dieser Truppe in Betracht zieht.

Der Schweizer René Juvet berichtet, dass ihn einmal während einer Bahnfahrt durch Bayern ein ihm unbekannter SS-Mann
30 ansprach, der offenbar unter der Wirkung von Alkohol schilderte, wie furchtbar es im KZ Mauthausen zugehe, wo er stationiert war. Sollte Juvet der einzige gewesen sein, der auf einem solchen Weg zufällig Kenntnis von in KZs begangenen Verbrechen erhalten hat?
35 Wie viele haben Pakete aus den Vernichtungslagern nach Hause geschickt, so wie der Universitätsprofessor Kremer, der in seinem Tagebuch darüber Buch geführt hat? Sollte sich kein Empfänger jemals darüber Gedanken gemacht haben, woher diese im Krieg rar gewordenen Güter stammten?
40 SSler in gehobenen Stellungen wohnten mit ihren Familien im Lagerbereich. Wer kann glauben, dass alle Frauen und Kinder – die in Auschwitz Vergasen gespielt haben – das Schweigegebot jahrelang eisern eingehalten haben? Eisenbahner kamen bis zur Rampe und sahen aus unmittelbarer Nähe, was
45 vorging. [...] In der Filzfabrik Alex Zink in Roth bei Nürnberg wurden Frauenhaare verarbeitet, die diese Firma laufend säckeweise von der Kommandantur in Auschwitz kaufte – eine halbe Mark pro Kilogramm. Das Räderwerk der Tötungsorganisation reichte weit über die Vernichtungsstätten hinaus. [...]
50 Die alliierten Rundfunkanstalten berichteten immer wieder über den organisierten Massenmord im Osten.

[...] Allerdings war es so, wie Ernest K. Bramsted schreibt: „Für viele wurden die falschen Gräuelmärchen der Alliierten (während des Ersten Weltkrieges) eine Art schützender Vorhang, hinter dem sich ihre Gemüter verstecken konnten, um 55 sich nicht über die aktuellen Gräuel informieren zu müssen, die das Naziregime verübte." Wer sich nicht durch unheilvolle Nachrichten seine Ruhe stören lassen wollte, fand Gründe, um alle Gerüchte von sich wegzuschieben.
Nicht wenige Deutsche, die keine SS-Uniform trugen, haben 60 aber nicht nur von der Menschenvernichtung gehört; viele sind als Zivilangestellte mit Auschwitz in Berührung gekommen und haben selbst gesehen, was dort geschah. [...]
Wenn man die Wahrheit nicht erfahren wollte, dann konnte man sich selbst im Bereich des Feuerscheins der Krematorien 65 und des widerlichen Geruchs, den verbranntes Menschenfleisch verbreitet, blind stellen. Der so wie Heydrich[2] bei den IG-Werken beschäftigte Schlosser Hermann Hausmann beteuerte, es sei zwar damals von Vergasungen der Gefangenen gesprochen worden, aber „wir sträubten uns, das zu 70 glauben". Wer sich erfolgreich gesträubt hat, kann nachträglich versichern, er hätte damals nichts von alldem erfahren.

Hermann Langbein, Menschen in Auschwitz, Frankfurt am Main u. a. 1980, S. 502–505

1.   *Nennen Sie die Personengruppen, die direkt oder indirekt mit den Konzentrationslagern in Berührung kamen. Ergänzen Sie um weitere.*
2.   *Diskutieren Sie, aus welchem Grund sich die SS nachträglich bemüht hat, die Massenvergasungen als Geheimnis darzustellen.*

[2] Reinhard Heydrich; vgl. S. 218

„Euthanasie"-Verbrechen in Pirna-Sonnenstein

Geschichte regional

Ideologische Grundlagen ■ In den Jahren 1939 bis 1945 ermordeten die Nationalsozialisten im Deutschen Reich in mehreren und teilweise parallel laufenden Aktionen etwa 200 000 Menschen mit geistigen Behinderungen und psychischen Erkrankungen. Dieser systematische Massenmord hatte seine ideologische Basis in den sozialdarwinistischen Ideen und Bestrebungen, die in Deutschland bereits vor dem Ersten Weltkrieg weite Verbreitung gefunden hatten. Die Rassenhygieniker teilten die Menschen in Wertkategorien wie stark und schwach, gesund und erbkrank ein. Sie befürchteten eine Verschlechterung des „Volkskörpers" durch angeblich „erbkranke" Menschen und forderten deren Unfruchtbarmachung. Forderungen nach der „Vernichtung lebensunwerten Lebens" wurden in der Weimarer Republik dagegen noch überwiegend abgelehnt. Vor allem vor dem Hintergrund der Weltwirtschaftskrise ab 1929 entwickelte sich jedoch in verschiedenen politischen Lagern ein Konsens darüber, dass staatlich verordnete rassenhygienische Maßnahmen aus ökonomischen Gründen notwendig seien. Kurz nach der „Machtergreifung" der Nationalsozialisten im Januar 1933 erließ die Reichsregierung das „Gesetz zur Verhütung erbkranken Nachwuchses". Auf dieser Basis wurden von 1934 bis 1945 etwa 400 000 psychisch kranke und geistig behinderte Menschen zwangsweise unfruchtbar gemacht, etwa 5 000 von ihnen starben bei der dafür notwendigen Operation.

Die Einrichtung der Tötungsanstalt ■ Nach der persönlichen Anweisung durch Adolf Hitler im Oktober 1939 wurde eine Organisation zur Ermordung von psychisch kranken und geistig behinderten Menschen aufgebaut. Seit Herbst 1939 erfolgte die Erfassung der potenziellen Opfer über Meldebogen, die an alle Anstalten versandt wurden (▶ M1). Die nach dem Sitz in der Berliner Tiergartenstraße 4 bezeichnete „Organisation T4" ließ im Deutschen Reich insgesamt sechs Tötungszentren errichten, fünf davon in psychiatrischen Anstalten. Auch in der ehemaligen Heil- und Pflegeanstalt Pirna-Sonnenstein entstand im Frühjahr 1940 eine Tötungsanstalt. Kurz zuvor war die Landesanstalt, die bereits 1811 gegründet worden war und im 19. Jahrhundert in der Therapie von psychisch kranken Patienten einen fortschrittlichen Ruf genoss, geschlossen worden. Ein vier Gebäude umfassender Bereich des ehemaligen Anstaltsgeländes wurde abgeschirmt und im Keller des Männerkrankengebäudes C16 wurden eine Gaskammer installiert sowie zwei Krematorien eingebaut.

Das Personal der Tötungsanstalt ■ Auf dem Sonnenstein arbeiteten in den Jahren 1940/41 über 100 Angestellte: Ärzte, Pfleger und Schwestern, Fahrer, Bürokräfte, Handwerker, Leichenverbrenner und Polizisten (▶ M2). Etwa 60 bis 70 Männer und Frauen waren ständig anwesend. Die Krankenschwestern und Krankenpfleger wurden aus Heil- und Pflegeanstalten angefordert. Alle Mitarbeiter mussten vor Dienstantritt eine Schweigeverpflichtung unterschreiben, für deren Nichteinhaltung die Todesstrafe angedroht wurde. Zur Teilnahme an der Mordaktion wurden sie jedoch nicht gezwungen.

Der Ablauf der Krankenmorde ■ Ende Juni 1940 begannen die Krankenmorde auf dem Sonnenstein. In der Regel mehrmals wöchentlich wurden Patienten aus umliegenden Heil- und Pflegeanstalten, die als Zwischenanstalten zur zeitweiligen Aufnahme der zur Tötung vorgesehenen Patienten fungierten, mit Bussen abgeholt und nach Pirna-

▲ **Gaskammer der Tötungs-anstalt Pirna-Sonnenstein.**
Foto von 1995.

Sonnenstein gebracht. Nach Passieren des bewachten Eingangstores der Tötungsanstalt wurden die Opfer – nach Männern und Frauen getrennt – vom Pflegepersonal in je einen Aufnahmeraum im Erdgeschoss des Tötungsgebäudes gebracht. In einem weiteren Raum wurden sie einzeln den Ärzten der Anstalt zur Untersuchung vorgeführt, die die Identität der Opfer überprüften sowie eine gefälschte Todesursache festlegten. Anschließend führte das Pflegepersonal jeweils 20 bis 30 Menschen unter dem Vorwand, es ginge ins Bad, in die mit mehreren Brauseköpfen an der Decke als Duschraum getarnte Gaskammer im Keller. Ein Arzt drehte den Gashahn an den Kohlenmonoxidflaschen auf und beobachtete den qualvollen, mehrere Minuten dauernden Todeskampf.

Nach dem Absaugen des Gases zogen die Leichenverbrenner die Leichen aus der Gaskammer heraus und verbrannten sie in zwei Öfen. Zuvor brachen sie vorhandene Goldzähne heraus, und ein Pfleger sezierte die Gehirne ausgewählter Patienten. Die Asche der Opfer lagerten die Leichenverbrenner auf der Anstaltsdeponie ab oder schütteten sie hinter dem Haus den Elbhang hinunter. Baten Angehörige darum, eine Urne zu erhalten, wurde wahllos, ohne persönliche Zuordnung, etwas Asche abgefüllt.

Die bürokratische Tarnung der Morde ■ Die Patienten wurden meist unmittelbar nach ihrer Ankunft in Pirna-Sonnenstein ermordet, jedoch verschleierte die Tötungsanstalt den Angehörigen das wahre Geschehen. Anfragen besorgter Verwandter wurden mit Verzögerung beantwortet, Besuchswünsche stets abgelehnt. Mit jeweils etwa zwei Wochen Verzögerung wurde der Tod des Familienmitglieds in vorgefertigten Briefen mitgeteilt. Die Sterbefälle beurkundete nicht das städtische Standesamt Pirna, sondern ein eigens eingerichtetes Standesamt im Gelände der Tötungsanstalt. Als Todesursache wurde die vor der Ermordung vom Arzt festgelegte Diagnose eingetragen. Die Ärzte unterzeichneten das Dokument jeweils mit Decknamen. Um den Mord zu vertuschen, wurden außerdem zwischen den einzelnen Tötungsanstalten Unterlagen ausgetauscht. Wenn die nächsten Angehörigen in Sachsen wohnten, stellten meist die Standesämter anderer Tötungsanstalten die Sterbeurkunden aus und versandten die sogenannten Trostbriefe (▸ M3).

Das Ausmaß der „Aktion T4" ■ Am 24. August 1941 ließ Adolf Hitler die „Aktion T4" mit sofortiger Wirkung einstellen. Kurz zuvor hatte Clemens August Graf von Galen, katholischer Bischof von Münster, in einer vielbeachteten Predigt die „Euthanasie"-Aktion öffentlich benannt und in deutlichen Worten als Mord angeprangert. Bis zu diesem Zeitpunkt waren im Rahmen der „Aktion T4" in Pirna-Sonnenstein insgesamt 13 720 psychisch kranke sowie geistig und körperlich behinderte Menschen vergast worden.

Auf dem Sonnenstein wurden Frauen und Männer aller Altersstufen ermordet, aber auch etwa 700 Kinder und Jugendliche. Trotz höchster Geheimhaltung blieb der lokalen Bevölkerung nicht verborgen, was in der Anstalt vor sich ging (▸ M4). Die auf dem Sonnenstein getöteten Menschen kamen aus Sachsen, Thüringen, Franken, dem Sudetenland, Schlesien sowie aus Ost- und Westpreußen. Das jüngste Opfer war zwei, das älteste 86 Jahre alt.

Der Abbruch der Gasmordaktion beendete die Krankentötungen jedoch nicht. Die heute als „Medikamenteneuthanasie" bezeichnete Mordaktion wurde bis zum Ende des Krieges in ausgewählten Heil- und Pflegeanstalten fortgeführt. Allein in der sächsischen Landesanstalt Großschweidnitz fanden während des Krieges über 5 700 Patienten den Tod.

Von der „Euthanasie" zum „Holocaust"  Im Sommer 1941 wurden zusätzlich mehr als tausend Häftlinge aus Konzentrationslagern unter der SS-Tarnbezeichnung „Sonderbehandlung 14f13" in Pirna-Sonnenstein ermordet. Belegt sind Transporte aus den Konzentrationslagern Sachsenhausen, Buchenwald und Auschwitz, die zu diesem Zeitpunkt noch nicht über eigene Gaskammern verfügten. Unter den Opfern befanden sich größtenteils arbeitsunfähige und kranke, aber auch jüdische und politische Häftlinge. An der Massenvergasung von 575 fast ausschließlich polnischen Auschwitz-Häftlingen Ende Juli 1941 zeigt sich der Übergang von den „Euthanasie"-Morden zu einer neuen Dimension der Verbrechen.

Die Beendigung der „Aktion T4" und der Beginn der industriemäßig betriebenen Ermordung der europäischen Juden fallen zeitlich fast zusammen. Im besetzten Polen errichteten die Nationalsozialisten in der ersten Hälfte des Jahres 1942 die Vernichtungslager Belzec, Sobibor und Treblinka. Diese Vernichtungslager waren monströs gesteigerte Kopien der „Euthanasie"- Anstalten. Allein von März 1942 bis Oktober 1943 fanden in diesen drei zuerst eingerichteten Vernichtungslagern etwa 1,7 Millionen Juden und ca. 50 000 Sinti und Roma den Tod. Mindestens 47 ständige oder zeitweilige Mitarbeiter der „Euthanasie"- Anstalt Pirna-Sonnenstein waren 1942 und 1943 in diesen Vernichtungslagern im Einsatz, häufig in verantwortlichen Funktionen.

Jahrzehntelange Verdrängung der Verbrechen 1947 fand am Landgericht in Dresden der erste sächsische Strafprozess zu den nationalsozialistischen „Euthanasie"-Morden statt. Paul Nitsche, einer der beiden Medizinischen Leiter der „Aktion T4" sowie der Direktor einer Zwischenanstalt und zwei Pfleger wurden zum Tode verurteilt. Ein weiterer Pfleger erhielt das Urteil lebenslänglich. In späteren Prozessen wurden nur noch wenige Mitarbeiter von Tötungsanstalten juristisch verurteilt. Die Ärzte, die in der Tötungsanstalt Pirna-Sonnenstein tätig gewesen waren, konnten in der Bundesrepublik lange Zeit unbehelligt weiter ihren Beruf ausüben. Bei Prozessen in den 1960er- und 1970er-Jahren wurden sie freigesprochen oder für verhandlungsunfähig erklärt (▶ M5).

So geschah es auch im Falle des Direktors der Tötungsanstalt Sonnenstein, **Horst Schumann**, dessen erst 1970 in Frankfurt am Main begonnener Prozess krankheitsbedingt abgebrochen werden musste. In beiden deutschen Staaten wurden die „Euthanasie"-Verbrechen zunächst aus dem kollektiven Gedächtnis verdrängt. Auch in Pirna gab es mit Ausnahme einer kleinen Gedenktafel kein öffentliches Erinnern daran, dass sich hier in der Zeit des Nationalsozialismus eine Stätte des Massenmords befunden hatte. Das Sonnenstein-Gelände wurde bis zum Ende der DDR von einem Großbetrieb genutzt. Erst seit einer ersten Ausstellung zum Thema im Herbst 1989 drang das historische Geschehen allmählich wieder in das Bewusstsein der Stadtbevölkerung. In der Folge gründete sich eine Bürgerinitiative zur Schaffung einer würdigen Gedenkstätte für die Opfer der „Euthanasie"-Verbrechen. Nach wissenschaftlichen Forschungen und bauarchäologischen Untersuchungen wurden die zur Tötung genutzten Kellerräume seit 1995 rekonstruiert.

Im Juni 2000 wurden auf dem Sonnenstein eine Gedenkstätte mit ständiger Ausstellung und eine Werkstatt für Menschen mit Behinderungen in Trägerschaft der Arbeiterwohlfahrt eingeweiht.

Horst Schumann (1906 - 1983): 1940/41 Direktor der Tötungsanstalt Sonnenstein; 1942 - 1944 Lagerarzt in Auschwitz, dort führte er an jüdischen Häftlingen Versuche zur Massensterilisierung durch Röntgenstrahlen durch; ließ sich nach Kriegsende in Gladbeck nieder; floh 1951 nach Ghana; 1966 Auslieferung nach Deutschland; 1972 aus der Haft entlassen

M1 Meldebogen 1 der „Organisation T4"

Seit Oktober 1939 verschickt die Berliner „T4"-Zentrale Meldebogen an psychiatrische Krankenhäuser, Altersheime und Einrichtungen der Behindertenpflege. Die dortigen behandelnden Ärzte haben die Bogen für die einzelnen Patienten auszufüllen. Anschließend entscheiden medizinische Gutachter nach einer flüchtigen Auswertung der Meldebogen über Leben und Tod, ohne die betreffenden Menschen jemals gesehen zu haben. In dem abgebildeten Meldebogen einer Wiener Heil- und Pflegeanstalt haben links unten drei Gutachter und ein Obergutachter jeweils ein rotes Kreuz eingetragen. Damit befürworten sie die Ermordung der Patientin:

Bundesarchiv Berlin, R 179/18427

1. Fassen Sie alle Informationen zusammen, welche die „T4"-Gutachter aus dem abgebildeten Meldebogen über die einzelne Patientin entnehmen konnten. Beurteilen Sie, ob mit diesen Informationen ein umfassendes Bild der Person entsteht.

2. Erläutern Sie, warum die Erfassung und Bewertung von Patienten und Heimbewohnern mittels Meldebogen durch die „Organisation T4" grundlegenden Menschenrechten widersprach.

M2 Das Personal auf dem Sonnenstein

Emil Hackel wird am 9. November 1910 in Windisch Kamnitz (Srbská Kamenice) in Nordböhmen geboren. Im Mai 1940 kommt er durch Vermittlung des Arbeitsamtes auf den Sonnenstein. Dort wird er zunächst als Hilfsarbeiter und Fahrer, dann als Leichenverbrenner eingesetzt. Nach 1945 lebt er als Kraftfahrer in Hessen und wird selbst nie vor Gericht gestellt. 1966 berichtet er als Zeuge über seine damalige Tätigkeit:

Als der Schornstein ungefähr halb fertig war, erkrankte ich an Gelbsucht, ich war für 4 bis 5 Wochen in meiner Heimatgemeinde. Nach der Genesung war zwischenzeitlich Dr. Schumann auf dem Sonnenstein eingetroffen. Er sagte mir, die

5 Kraftfahrerstellen seien nun alle besetzt. Ich könnte höchstens aushilfsweise als Kraftfahrer beschäftigt werden. Im Übrigen sollte ich im Keller helfen. Ich fragte ihn, was im Keller zu tun sei, er erwiderte: „Das sehen Sie schon, wenn Sie runter kommen." Ich ging in den Keller herunter, dort traf ich

10 den B., Karl an und noch eine weitere Person, deren Name mir entfallen ist. Vor dem Ofen waren ca. 15 Leichen vorhanden. Man sah ihnen an, dass es Kranke waren. Sie waren teilweise verkrüppelt. Obwohl ich Metzger von Beruf bin, fühlte ich mich von der nun auf mich zukommenden Arbeit stark be-

15 troffen. B. gab mir ein Paar Asbesthandschuhe und sagte: „Du wirst dich schon daran gewöhnen." Alsdann zogen wir die Leichen auf ein Blech und schoben jeweils 3 bis 4 in den Verbrennungsofen. [...]
Wenn es hieß, dass ein Transport kommt, ging unsere Gruppe,

20 sofern sie Dienst hatte, herunter und heizte die Öfen an. Das dauerte meist einige Stunden. Während der Heizarbeiten konnten wir beobachten, wenn die Kranken in den Bade- bzw. Gasraum hineingeführt wurden. An diesem Arbeitsvorgang brauchten wir uns nicht zu beteiligen, das besorgten die Pfleger.

25 Einige der Kranken, die noch über gewisse geistige Fähigkeiten verfügten, nahmen Waschlappen und Seife mit in den Gasraum, weil sie tatsächlich glaubten, sie kämen nun unter eine Brause. Es kam dann alsbald ein Arzt herunter und drehte den Gashahn auf. Die Gasflaschen standen in einem

30 Verschlag, unmittelbar neben dem Gasraum. Der Gashahn wurde außerhalb des Verschlags bedient.
Dann begab sich der Arzt an das Fensterchen, durch das man in den Gasraum hineinsehen konnte, und vergewisserte sich, ob die Kranken alle umgefallen waren. Es wurde dann noch

35 ca. 20 Minuten gewartet, danach wurde das Gas aus der Gaskammer abgesaugt. Alsdann zogen wir die Leichen aus der Gaskammer heraus, damit sie verbrannt werden konnten.

Emil Hackel, Aussage vom 3. März 1966, S. 3 u. 5, Hessisches Hauptstaatsarchiv Wiesbaden, Abteilung 631a, Bd. 514

Erhard Gäbler wird am 15. November 1888 in Rosenthal (Sächsische Schweiz) geboren. Nach dreißig Jahren als Pfleger in sächsischen Psychiatrieanstalten ist er 1940/41 in der Tötungsanstalt Sonnenstein eingesetzt. Zu seinen Aufgaben gehört es, die Patienten zur Gaskammer zu führen. Im Dresdener „Euthanasie"-Prozess, in dem er am Ende zum Tode verurteilt wird, berichtet er über ein Gespräch mit Horst Schumann, dem leitenden Arzt der Tötungsanstalt Pirna-Sonnenstein:

Dr. Schumann hat uns dann eröffnet, dass künftig in der Anstalt Sonnenstein niedergeführte Geisteskranke mit ansteckenden Krankheiten mit Gas „umgelegt" werden sollten. 40 Es sei eine Kriegsmaßnahme. „Es würde Gesetz. Wie weit es damit stände, wüsste er nicht." Unsere Aufgabe sei es, die Kranken, die für diese Maßnahme in Betracht kämen, zu holen und zu betreuen. Geweigert hat sich niemand, diesen Anordnungen nachzukommen. Ich habe mich zur Befolgung 45 für verpflichtet gehalten, weil die Anweisungen von oben kamen.

In einer weiteren Aussage äußert sich Gäbler auch zu den ermordeten Patienten:

Körperlich befanden sie sich meist noch in gutem Zustand. Geistig konnte man ihnen natürlich in der kurzen Zeit nicht ansehen, wie es mit ihnen stand, wenn auch manche äußerlich einen ganz guten Eindruck machten.

Erster Text: Aussage von Erhard Gäbler vom 27. März 1946, Sächsisches 50 Staatsarchiv, Hauptstaatsarchiv Dresden, 11120 Staatsanwaltschaft beim Landgericht Dresden Nr. 2526, Bl. 53
Zweiter Text: Aussage von Erhard Gäbler vom 27. März 1946, a.a.O., Bl. 52 Rückseite

1. *Nennen Sie mögliche Motive, die Menschen wie Emil Hackel und Erhard Gäbler dazu bewogen haben könnten, in der Tötungsanstalt Pirna-Sonnenstein mitzuarbeiten.*

2. *Setzen Sie sich mit der jeweiligen Tätigkeit der beiden Männer als Pfleger bzw. als Leichenverbrenner auseinander. Beurteilen Sie, ob und in welchem Maße sie eine Mitschuld an der Ermordung unschuldiger Menschen trugen.*

3. *Arbeiten Sie heraus, ob Erhard Gäbler bei seinen Befragungen vor Gericht eine Mitschuld an der Ermordung der Patienten einräumt.*

M3   Das Schicksal Walter Lauers

In der Tötungsanstalt Pirna-Sonnenstein sterben von Juni 1940 bis August 1941 mindestens 13 720 Menschen mit psychischen Erkrankungen und geistigen Behinderungen sowie 1031 Häftlinge aus Konzentrationslagern. Walter Lauer ist einer von über 700 auf dem Sonnenstein ermordeten Kindern und Jugendlichen.

▲ **Walter Lauer.**
Undatiertes Foto.

Er wird am 22. Januar 1922 in Wiesbaden geboren. Nachdem bei ihm Epilepsie diagnostiziert worden ist, kommt er als 16-Jähriger in die Heil- und Pflegeanstalt Scheuern bei Koblenz. 1941 wird er im Rahmen der „Aktion T4" erst in die Zwischenanstalt Arnsdorf und schließlich in die Tötungsanstalt Pirna-Sonnenstein gebracht, wo er am 28. April 1941 ermordet wird.

Der letzte Brief Walter Lauers an seine Eltern, April 1941:

Liebe Eltern und Oma! Wie geht es Euch? Hoffentlich gut, dasselbe ist bei mir noch der Fall. Habe am Montag den 7ten Euer liebes Packet erhalten und habe mich sehr gefreut darauf. Die erste Karte wo ich geschrieben habe, ist sie jetzt
5 angekommen?
Liebe Mutter! Wenn Du bis Ostern nicht kommen kannst, dann ist es ja auch nicht schlimm, ich bin auch mit einem Packet zufrieden. Papa wird auch sicher die Fahrt frei haben. Liebe Mutter! Wie Du auch schreibst, Oma Führer hätte mir
10 am 18ten ein Packet geschickt an dem Tag sind wir auch gerade gefahren, bis jetzt habe ich das Packet noch nicht erhalten. Den Brief mit der Konfirmationskarte hatte ich auch erhalten, aber ich habe das alles noch in Scheuern in meinem Schränkchen. Meine Kleider und die Anzüge habe ich ja auch
15 alles hier. Liebe Mutter! Du brauchst Dir nicht so viel Gedanken machen um mich. Sonst weiß ich nichts mehr Neues für heute und es geht mir sonst noch ganz gut, was ich auch von Euch hoffe. Es grüßt Euch Euer Sohn Walter. Viele Grüße an alle Bekannten und im Hause. Heil Hitler!

„Trostbrief" an die Eltern Walter Lauers, gedruckt auf dem Briefpapier der „Landes-Heil- und Pflegeanstalt Sonnenstein", unterzeichnet vom Tötungsarzt Klaus Endruweit unter seinem Tarnnamen Dr. Bader:

20 Wir bedauern, Ihnen mitteilen zu müssen, dass Ihr Sohn, Walter Otto Lauer, der vor Kurzem auf ministerielle Anord-

nung gemäß Weisung des Reichsverteidigungskommissars in unsere Anstalt verlegt wurde, am 8. Mai 1941 unerwartet in einem schweren epileptischen Anfall verstorben ist.
Aufgrund von behördlichen Anordnungen, die mit Kriegs- 25 maßnahmen in Verbindung stehen, wurde seitens der hiesigen Ortspolizeibehörde gemäß §22 der Verordnung zur Bekämpfung übertragbarer Krankheiten die sofortige Einäscherung sowie Desinfektion des Leichnams verfügt, um eine Verschleppung und den Ausbruch übertragbarer Krank- 30 heiten zu verhindern. Einer Einverständniserklärung der Angehörigen bedarf es in diesem Falle nicht.
Der Nachlass des Verstorbenen wird, soweit nach der Desinfektion noch brauchbar, hier zurückgelegt. Er dient in erster Linie als Pfand für den Kostenträger der Anstaltsunterbrin- 35 gung, andernfalls steht er den Erbberechtigten, die sich durch einen von der zuständigen Behörde ausgestellten Ausweis zu legitimieren haben, zur Verfügung. Sollten Sie uns innerhalb 14 Tagen keine diesbezügliche Nachricht zukommen lassen, müssen wir annehmen, dass Sie auf den Nachlass 40 verzichten, und werden diesen der NSV[1] überlassen.
Falls Sie die Urne mit den sterblichen Überresten des entschlafenen Sohnes auf einem bestimmten Friedhof beisetzen lassen wollen – die Überführung erfolgt gebührenfrei – bitten wir Sie um Mitteilung unter Beifügung einer 45 Einverständniserklärung der betreffenden Friedhofsverwaltung. Wenn nach Ablauf von 2 Wochen keine Antwort hier eingegangen ist, werden wir die Urne anderweitig beisetzen lassen.
Zwei Sterbeurkunden, die Sie für eine etwaige Vorlage bei 50 Behörden benötigen, fügen wir bei.
Heil Hitler!

Erster Text: Archiv Gedenkstätte Pirna-Sonnenstein, Dossier Walter Lauer
Zweiter Text: Archiv Gedenkstätte Pirna-Sonnenstein, a.a.O.

1. *Fassen Sie die Informationen zusammen, die den Eltern über das Schicksal ihres Sohnes vorlagen. Welche davon entsprachen der Wirklichkeit?*

2. *Analysieren Sie, mit welchen Methoden die Mitarbeiter der „T4" versuchten, die Mordfälle gegenüber den Angehörigen der Opfer zu verschleiern.*

3. *Versuchen Sie sich in die Lage der Mutter hineinzuversetzen und schreiben Sie aus ihrer Sicht einen Antwortbrief an den Verfasser des „Trostbriefs" Dr. Endruweit.*

---

[1] NSV: Nationalsozialistische Volkswohlfahrt

▶ **Blick vom Elbufer auf die Pirnaer Innenstadt und den Sonnenstein.**
Foto vom Winter 1940/41.
Im Hintergrund ist ganz links das „Haus C16",
das Tötungsgebäude, zu sehen.

M4 Die Wahrnehmung der Tötungsaktionen in der Bevölkerung

Die „Euthanasie"-Anstalt Sonnenstein befindet sich am Rande der Stadt Pirna, in der damals etwa 36 000 Menschen leben. Obwohl die Mitarbeiter zum Schweigen verpflichtet sind und das Gelände bewacht wird, ist die Tötungsanstalt keinesfalls völlig von der Außenwelt abgeschlossen. Viele Einwohner vermuten bereits damals, dass auf dem Sonnenstein Menschen getötet werden. Öffentliche Proteste gibt es jedoch nicht.

Der Dresdner Schriftsteller Victor Klemperer zitiert in seinem Tagebuch am 21. Mai 1941 die befreundete Pirnaer Ärztin Annemarie Köhler:

Der Sonnenstein ist schon längst nicht mehr die Landesirrenanstalt. SS hat ihn. Sie haben ein eigenes Krematorium gebaut. Missliebige werden in einer Art Polizeiwagen heraufgebracht. Der heißt hier allgemein „die Flüsterkutsche". Danach
5 erhalten die Angehörigen die Urne. Neulich hat hier eine Familie zwei Urnen auf einmal erhalten.

Dora Schumann wohnt 1940/41 im Stadtteil Pirna-Sonnenstein, ihr Mann hat bis 1939 als Krankenpfleger in der Heil- und Pflegeanstalt Sonnenstein gearbeitet. Sie erinnert sich 1985:

Eines Tages kamen große Flammen aus der Esse bei C16. Man rief die Feuerwehr, aber die Sondereinheiten ließen die Löschzüge nicht ins Gelände herein. Der Schornsteinfeger, der bei
10 der Feuerwehr war, sagte danach zu mir: „Dort werden Menschen verbrannt. Das riecht nach Menschen." Es roch nach Haaren und Knochen. Die Aufregung war groß. Man durfte ja niemanden fragen.
Und es kamen aller paar Tage Autos, fünf Autos. Vier große
15 Autos, Busse, und ein kleines. Die Fenster waren zugestrichen. Man wusste nicht, was in dem Auto drin ist. Da war ein Tischler, Herr Feller. Der wohnte hinten in den kleinen Häusern, die waren für Angestellte. Und daneben war das große Tor. Eines Tages hat das Auto gehalten, der Bus. Da sind die Leute aus-
20 gestiegen, die das Auto gefahren haben, und da hat er sich den Mut gefasst und in ein Auto hineingesehen. Da saßen

die Leute drin, wie betäubt. Es waren alles Männer. Und die wurden dann ins Sonnensteingelände reingefahren. Nun sickerte doch allmählich etwas durch, dass man hier Menschen verbrennt. 25

Elfriede Wagner, Anfang der 1940er-Jahre Studentin, wohnt auf dem Pirnaer Markt mit Blick auf den Sonnenstein. Sie erinnert sich vor ihrem Tod im Jahr 2006 an ein Gespräch, das sie damals mit der Frau des damaligen Pirnaer Pfarrers geführt hat. Diese habe gefragt:

Ach, da sehen Sie ja immer diese schreckliche Rauchwolke, die immer über dem Sonnenstein aufsteigt? Nun muss ich Ihnen sagen: Nein, ich wusste von dieser Rauchwolke nichts. Und da habe ich dann meinen Vater gefragt – und das war für mich das so wirklich beeindruckende Erlebnis: Vater, weißt du et- 30 was von so einer Rauchwolke da oben? Und da hat er gesagt: Ja. Und ich fragte ihn: Na warum hast du uns das nie erzählt, und natürlich auch die Zusammenhänge? Er antwortete mir: Na, ich wollte euch doch nicht mit so etwas belasten.

Erster Text: Victor Klemperer, Ich will Zeugnis ablegen bis zum letzten.
Tagebücher 1933-41, Berlin 1996, S. 594
Zweiter Text: Dora Schumann, Erinnerungsbericht vom 20. Juli 1985, Archiv
Gedenkstätte Pirna-Sonnenstein
Dritter Text zitiert nach: Dokumentarfilm von Heide Blum, „Aufruf letzter
Zeugen", 2007

1. *Vergleichen Sie den Kenntnisstand der drei Zeitzeugen über die Tötungsanstalt. Beachten Sie dabei, aus welchen Quellen die Informationen stammen.*
2. *Diskutieren Sie, aus welchen möglichen Gründen die Bevölkerung nichts gegen die „Euthanasie"-Tötungen unternahm.*

▲ **Angeklagte im Dresdener „Euthanasie"-Prozess.**
„Zeit im Bild" vom 25. Juli 1947.
Das Bild zeigt die Anklagebank (von rechts nach links): Professor Dr. Nitsche (zum Tode verurteilt), Dr. Langer (15 Jahre Zuchthaus), Dr. Herzer (20 Jahre Zuchthaus), Dr. Leonhardt (zum Tode verurteilt, verübte Selbstmord durch Erhängen), Pfleger Felfe (zum Tode verurteilt), Pfleger Gäbler (zum Tode verurteilt), Pfleger Repke (lebenslänglich Zuchthaus), Oberschwester Sachse (15 Jahre Zuchthaus), Schwester Puschmann (3 Jahre Zuchthaus). In der Zwischenbank halb verdeckt die Anwälte. Davor (von rechts nach links): Frau Dr. Walther (freigesprochen), Dr. Schulze (freigesprochen), Oberschwester Wedel (8 Jahre Zuchthaus), Schwester Klara Friedrich (3 Jahre Zuchthaus), Schwester Martha Friedrich (freigesprochen), Schwester Ackermann (8 Jahre Zuchthaus).

M5 Juristische Aufarbeitung der „Euthanasie"-Verbrechen nach 1945

Kurz nach Kriegsende finden in Frankfurt am Main und Dresden mehrere Prozesse gegen Beteiligte an den „Euthanasie"-Verbrechen statt. Die meisten Tatbeteiligten werden nicht strafrechtlich verurteilt. Stattdessen kommt es in der Bundesrepublik in den 1960er- und 70er-Jahren zu Freisprüchen und Verfahrenseinstellungen. Unter der Überschrift „Mordgehilfen durften gehen" heißt es in einem Zeitungsartikel zum Urteil im Prozess unter anderem gegen den Sonnensteiner Tötungsarzt Klaus Endruweit, der Mitte der 1960er-Jahre stattgefunden hat:

Mit einem überraschenden Freispruch für alle drei Angeklagten endete am Dienstag, nach fast neunmonatiger Prozessdauer, der erste „Euthanasie"-Prozess. Der Vorsitzende des Frankfurter Schwurgerichts, Landgerichtsdirektor Zoebe, ver-
5 kündete das Urteil. Der Frauenarzt Dr. Aquilin Ullrich (53) aus Stuttgart, der Frauenarzt Dr. Heinrich Bunke (52) aus Celle und der praktische Arzt Dr. Klaus Endruweit (53) aus Bettrum bei Hildesheim konnten den Gerichtssaal sofort verlassen. Zwar bezeichnete Zoebe in der Urteilsbegründung die „Ak-
10 tion Gnadentod" als „Mord" und die Angeklagten im objektiven Sinne als „Mordgehilfen". Trotzdem mussten sie nach Ansicht des Schwurgerichts freigesprochen werden, weil ihnen die Einsicht in die „Rechtswidrigkeit" ihres Handelns gefehlt habe. Auch hätten sie diesen „Rechtsirrtum" nicht
15 selbst verschuldet. Leises Zischen war zu hören, als der Vorsitzende den Freispruch verkündet hatte – nach einigen Sekunden Totenstille. Dann aber übertönte prasselnder Applaus die schwache Missfallenskundgebung. Mit schneidender Stimme stellte Zoebe die Ruhe wieder her und verbat sich
20 weitere Äußerungen aus dem Publikum. „Dieser Ort ist zu ernst für derartige Dummheiten", erklärte der Richter unmissverständlich.

Wäre es in diesem Prozess nur um die Frage gegangen, ob es sich bei der „Aktion Gnadentod" – der nach Ansicht des Gerichts 60 000 bis 80 000 Geisteskranke aller Krankheitssta- 25 dien zum Opfer fielen – um echte, ethisch begründete „Sterbefälle" gehandelt habe, so wäre die Antwort einfach gewesen, stellte der Vorsitzende fest. „Die Vernichtung sogenannten lebensunwerten Lebens war Mord."
Die Tötung der Geisteskranken sei aus niedrigen Beweggrün- 30 den und heimtückisch – was Tatbestandsmerkmale des Mordes seien – erfolgt. Als niedriger Beweggrund müsse gewertet werden, dass die Aktion mit der Theorie vom „lebensunwerten Leben", einer „antisozialen und antihumanitären Pseudowissenschaft", gerechtfertigt worden sei. 35 Nach dieser Theorie sollte „die germanische Rasse nicht nur reingehalten, sondern höher gezüchtet und alle Missbildungen rücksichtslos ausgemerzt" werden.
Den Angeklagten habe das Gericht jedoch zu Gute halten müssen, dass sie guten Glaubens angenommen hätten, die 40 Aktion sei legal. Dieser „Rechtsirrtum" sei nicht selbst verschuldet, weil die Jugend und Unerfahrenheit der Angeklagten ausgenutzt worden sei und weil sie in einer „weitgehend moralisch defekten Zeit und Umwelt" gelebt hätten.

Frankfurter Rundschau vom 24. Mai 1967

1. *Fassen Sie in eigenen Worten die Begründung des Gerichts für den Freispruch der Ärzte zusammen.*
2. *Interpretieren Sie die von der „Frankfurter Rundschau" gewählte Überschrift: Wie bewertet die Zeitung damit den Freispruch vor Gericht?*
3. *Vergleichen Sie die Urteilsbegründung mit Ihren eigenen moralischen Vorstellungen.*

Widerstand

Motive ■ Eine breite Widerstandsbewegung gegen das NS-Regime hat es nicht gegeben. Hitlers Herrschaft wurde über viele Jahre von einer großen Mehrheit des deutschen Volkes akzeptiert. Selbst in Kreisen, die keine enge Identifikation mit den Zielen und Wertmaßstäben der Nationalsozialisten aufbrachten, verließen sich die meisten auf die politische Führung, wie sie es schon immer getan hatten.

Seit den 1980er-Jahren bemühen sich Historiker um eine genauere Definition von Widerstand. So werden verschiedene Stufen zwischen *nonkonformem Verhalten* und *aktivem Widerstand* unterschieden. Zwischen privaten Unmutsäußerungen im Freundeskreis, dem freiwilligen Rücktritt aus einem Amt oder der Planung und Durchführung eines Umsturzes gab es eine Vielzahl von Abstufungen. So differenziert die Motive des Widerstands auch waren, gemeinsam war allen Gruppierungen der feste Glaube an ethische Grundnormen, der ihnen die Kraft zu einem eigenverantwortlichen Denken gab.

Kommunisten und Sozialdemokraten hatten schon frühzeitig vor Hitler gewarnt und wurden unter anderem deshalb von Anfang an verfolgt. Revolutionärer oder demokratischer Sozialismus, Klassenkampf und Weltrevolution standen im Widerspruch zu Hitlers nationalistischem und imperialistischem Konzept. Aus der Überzeugung, dass nur die Überwindung der reaktionären NS-Diktatur den Fortschritt der Menschheit sichern könne, entschlossen sich viele zum aktiven Widerstand. Der UdSSR sollte nach Auffassung der Kommunisten in diesem Kampf eine bedeutende Rolle zufallen.

Aber auch Liberale und Konservative stellten sich gegen Hitler. Die brutale Missachtung fundamentaler Grund- und Menschenrechte sowie demokratischer Spielregeln verletzte die freiheitlichen Prinzipien der einen; der Missbrauch tradierter Werte wie Ehre, Treue, Deutschtum, Volk und Vaterland zeigte den anderen, dass sie lange Zeit die wahre Gesinnung Hitlers nicht erkannt hatten. Selbst manche Mitglieder der Partei und ihrer Organisationen konnten auf Dauer ihre moralischen Bedenken gegen die welt- und menschenverachtende Ideologie der NSDAP nicht zurückstellen.

Ziele und Formen ■ Die letzte Übersteigerung des NS-Regimes seit Beginn des Zweiten Weltkriegs hatte zwar viele von der Notwendigkeit der Gewalt gegen die Diktatur überzeugt, aber auf die Frage „Was dann?" gab es keine eindeutige Antwort. Die Errichtung eines christlich-konservativen Nationalstaates, eine übernationale Ordnung Europas oder die Einführung der Diktatur des Proletariats als Übergang zur Weltrevolution waren Visionen der politischen Zukunft. Einzelpersonen, lose Gesprächskreise oder Verschwörergruppen arbeiteten auf sehr verschiedene Weise, meist ohne gegenseitige Kontakte wegen des hohen Risikos eines Verrates.

Es wurden Flugblätter verteilt, Gegenparolen an die Hauswände belebter Straßen geschrieben, ausländische Sender abgehört und regimefeindliche Nachrichten verbreitet. In Rüstungsbetrieben kam es zu Arbeitsniederlegungen und Sabotageakten. In der Berliner Rosenstraße wagten „arische" Frauen im Februar 1943, sich für die Befreiung ihrer verhafteten jüdischen Ehegatten einzusetzen. Über mehrere Tage versammelten sie sich vor dem Gebäude Rosenstraße 2-4, das als provisorisches Gefängnis genutzt wurde, und riefen nach ihren Männern, um deren Freilassung zu erreichen. Umfang und Zahl der Beteiligten wie der Erfolg der Aktion sind unter Historikern umstritten, nicht hingegen die Achtung vor der Tatkraft und dem Mut der Frauen (▶ M1).

Trotz umfangreicher Sicherheitsvorkehrungen sind mehrere Attentate auf Hitler zur Ausführung gekommen. *Georg Elser*, ein Tischler aus Württemberg, scheiterte aber

▲ **Georg Elser.**
Der 42-jährige Hitler-Attentäter wurde im April 1945 im KZ Dachau umgebracht.

Siehe auch S. 242 f.

▶ **Geschichte In Clips:**
Zum Attentat Georg Elsers
auf Adolf Hitler siehe
Clip-Code 4667-04

am 8. November 1939 in München mit einem Bombenanschlag ebenso wie alle anderen, die Hitler mit Gewalt zu beseitigen versuchten. Vermutlich wurden über 10 000 Angehörige des Widerstandes von NS-Schergen getötet oder vom Volksgerichtshof zum Tode verurteilt. Dass die Erfolge des Widerstands bescheiden blieben, lag an der Heterogenität der Widerstandsgruppen und vor allem an der Brutalität, mit der die Nationalsozialisten jede Opposition im Keim zu ersticken suchten.

Widerstand aus der Arbeiterbewegung ■ Schon vor 1933 hatten Kommunisten und Sozialdemokraten gegen die Nationalsozialisten gekämpft. Sie wurden deshalb nach der Machtübernahme Hitlers sofort massiv verfolgt. Partei- und Gewerkschaftsmitglieder wurden verhaftet, zur Flucht ins Ausland gezwungen oder ermordet. Ein gemeinsames Vorgehen kam allerdings nicht zustande, da die politischen Gegensätze zwischen KPD und SPD zu groß waren. Bis 1937 gelang es den Nationalsozialisten, deren Widerstand vollständig zu unterdrücken (▶ M2).

Nach Kriegsbeginn und vor allem nach dem Angriff auf die Sowjetunion 1941 lebte der Widerstand wieder auf. Die ins Exil geflohenen und im Lande verbliebenen Kommunisten und Sozialdemokraten operierten aus dem Untergrund und versuchten, die Kontakte zu eigenen Mitgliedern und anderen Widerstandsbewegungen aufrechtzuerhalten. Sie verbreiteten Flugblätter, organisierten Hilfe für Verfolgte und entwarfen Pläne für die Zeit nach dem „Dritten Reich". Um der Verfolgung zu entgehen, bildeten sie dabei möglichst kleine lokale oder nur locker verbundene größere Netzwerke.

Eine dieser Widerstandsgruppen war die „Rote Kapelle". Die Bezeichnung stammte von der Geheimen Staatspolizei und galt einer seit 1939 bestehenden, vorwiegend kommunistisch orientierten Gruppe, die die UdSSR über Funk mit Berichten zur politischen, wirtschaftlichen und militärischen Lage versorgte. Wichtige Personen dieses Kreises waren *Harro Schulze-Boysen*, Oberleutnant im Luftwaffenministerium, und der als Oberregierungsrat im Wirtschaftsministerium tätige *Dr. Arvid Harnack*. In einer Geheimdruckerei erstellten konspirative Helfer Zeitschriften und Flugblätter mit Reden von Bischof Clemens August Graf von Galen, *Thomas Mann*, *Winston Churchill* und *Josef Stalin*. Nach der Enttarnung einer Spionageaktion wurde die Organisation 1942/43 zerschlagen und viele Mitglieder hingerichtet.

Flugblätter der Widerstandsbewegung in Deutschland.

A u f r u f   a n   a l l e   D e u t s c h e !

Der Krieg geht seinem sicheren Ende entgegen. Wie im Jahre 1918 versucht die deutsche Regierung alle Aufmerksamkeit auf die wachsende U-Bootgefahr zu lenken, während im Osten die Armeen unaufhörlich zurückströmen, im Westen die Invasion erwartet wird. Die Rüstung Amerikas hat ihren Höhepunkt noch nicht erreicht, aber heute schon übertrifft sie alles in der Geschichte seither Dagewesene. Mit mathematischer Sicherheit führt Hitler das deutsche Volk in den Abgrund. H i t l e r   k a n n   d e n   K r i e g   n i c h t   g e w i n n e n ,   n u r   n o c h   v e r l ä n g e r n ! Seine und seiner Helfer Schuld hat jedes Mass unendlich überschritten. Die gerechte Strafe rückt näher und näher !

Was aber tut das deutsche Volk? Es sieht nicht und es hört nicht. Blindlings folgt es seinen Verführern ins Verderben. Sieg um jeden Preis, haben sie auf ihre Fahne geschrieben. Ich kämpfe bis zum letzten Mann, sagt Hitler - indes ist der Krieg bereits verloren.

Deutsche! Wollt Ihr und Eure Kinder dasselbe Schicksal erleiden, das den Juden widerfahren ist? Wollt Ihr mit dem gleichen Masse gemessen werden ,wie Eure Verführer? Sollen wir auf ewig das von aller Welt gehasste und ausgestossene Volk sein? Nein! Darum trennt Euch von dem nationalsozialistischen Untermenschentum! Beweist durch die Tat, dass Ihr anders denkt! Ein neuer Befreiungskrieg bricht an. Der bessere Teil des Volkes kämpft auf unserer Seite. Zerreisst den Mantel der Gleichgültigkeit, den Ihr um Euer Herz gelegt! Entscheidet Euch, eh' e s   z u   s p ä t   i s t !

▲ **Flugblatt „Aufruf an alle Deutsche!" der „Weißen Rose" vom Januar 1943.**
Das fünfte von insgesamt sechs Flugblättern der Widerstandsgruppe wurde in mehreren hundert Exemplaren in der Münchener Universität ausgelegt.

Die „Weiße Rose" ■ Die Angehörigen der „Weißen Rose" waren fast ausschließlich Studenten bis zum Alter von 25 Jahren. In bürgerlichen Elternhäusern mit vorwiegend christlichen Traditionen aufgewachsen, hatten sie zum Teil begeistert der Hitler-Jugend angehört, aber bald die moralische Verwerflichkeit der NS-Bewegung durchschaut. Durch ihren Fronteinsatz wurden einige Zeugen der Unmenschlichkeit von Kriegsführung und Besatzungspolitik und hegten bald Zweifel am „Endsieg". In München, wo die meisten Angehörigen der „Weißen Rose" studierten, bildete sich um die Geschwister *Hans* und *Sophie Scholl*, *Willi Graf*, *Alexander Schmorell* und ihren Universitätslehrer, den Musikwissenschaftler *Kurt Huber*, ein Freundeskreis.

Im Sommer 1942 erschien das erste Flugblatt der „Weißen Rose". 100 Exemplare verschickte man an ausgesuchte Adressen. Mitte Februar 1943 wurde das letzte Flugblatt in einer Auflage von 3000 Exemplaren erstellt und wieder teilweise per Post versandt. Bei der Verteilung des Rests im Lichthof der Universität hielt ein Hörsaaldiener die Geschwister Scholl fest und übergab sie der Polizei. In mehreren Prozessen wurden Angehörige des Freundeskreises, darunter auch das Geschwisterpaar, zum Tode verurteilt und hingerichtet, andere erhielten Gefängnisstrafen.

Die Rolle der Kirchen ◼

Hitler bemühte sich nach der „Machtergreifung" um die Zustimmung der kirchlichen Amtsträger und Gemeindemitglieder. Die Haltung der Kirchen gegenüber den Nationalsozialisten war ambivalent. Obwohl sie vor der „Machtergreifung" die Unvereinbarkeit von Weltanschauung und Politik mit der christlichen Lehre betonten, änderten sie ihre ablehnende Haltung gegenüber dem neuen Regime.

Das am 20. Juli 1933 mit dem Heiligen Stuhl geschlossene **Reichskonkordat** garantierte der katholischen Kirche ihre Unabhängigkeit und die Nichteinmischung des Staates in kirchliche Institutionen. Im Gegenzug war Geistlichen jegliche politische Betätigung untersagt. Als die Nationalsozialisten jedoch dazu übergingen, Bekenntnisschulen und katholische Verbände aufzulösen oder „gleichzuschalten", Klöster und kirchliche Heime zu enteignen, forderte dies wiederholt scharfen Protest heraus. Gegen die Verdrängung des Christentums und die „Vergötzung" des Nationalsozialismus wandte sich Papst *Pius XI.* in seiner 1937 veröffentlichten *Enzyklika „Mit brennender Sorge"*. Jedoch kritisierte die Kirchenführung die Verbrechen der Nationalsozialisten, insbesondere die Verfolgung der Juden, nicht öffentlich. Lediglich einzelne Priester, Ordensgeistliche und Laien verurteilten offen die Judendiskriminierung und die Tötung behinderter Menschen („Euthanasie"; ▸ M3).

Die evangelische Kirche war gespalten. Die nationalsozialistische Richtung der *Deutschen Christen* setzte sich für die „Gleichschaltung" der evangelischen Landeskirchen ein und war für eine regimetreue Reichskirche und für die Entlassung „nichtarischer" Geistlicher und Kirchenbeamten. Dagegen formierte sich im Mai 1934 auf Initiative des Pfarrers *Martin Niemöller* die *Bekennende Kirche*, der sich mehr als die Hälfte der evangelischen Pfarrer anschloss. In Schriften und Predigten protestierten sie gegen die staatliche Vereinnahmung der Kirche, die nationalsozialistische Rassenpolitik und die Konzentrationslager.

Konkordat: völkerrechtlicher Vertrag zwischen der katholischen Kirche und einer weltlichen Regierung

Militärischer Widerstand – der 20. Juli 1944 ◼

Der einzige Machtfaktor im Hitlerstaat, der zur Organisation und Durchführung eines Umsturzes in der Lage schien, war das Militär. Außerdem waren die Generäle die ersten Befehlsempfänger für Hitlers maßlose Eroberungspläne, und da dieser sprunghaft und ohne strategischen Sachverstand befehligte, wuchs aufseiten der militärischen Führung die Skepsis. Selbst moralische Einwände kamen zum Tragen, denn der rassistische Vernichtungskrieg Hitlers ging für viele weit über das hinaus, was Berufssoldaten zu tun bereit waren (▸ M4).

Generaloberst *Ludwig Beck*, der 1938 wegen Hitlers Einmarsch in die Tschechoslowakei als Generalstabschef zurückgetreten war, versuchte seitdem, den Widerstand gegen das Regime zu organisieren. Gemeinsam mit dem ehemaligen Oberbürgermeister von Leipzig, *Carl Friedrich Goerdeler*, plante er schon eine neue deutsche Regierung und knüpfte Kontakte mit dem Ausland. Doch dies war höchst gefährlich, außerdem gab es in den scheinbar erfolgreichen Jahren des Regimes weder in der militärischen Führung noch in der Bevölkerung genügend Unterstützung. Erst nach der militärischen Wende Anfang 1943 erhielt die Verschwörung größeren Rückhalt und mehr Teilnehmer, so neben *Henning von Tresckow* den aus einem alten schwäbischen Adelsgeschlecht stammenden Obersten *Claus Schenk Graf von Stauffenberg*, der als Mitglied des Generalstabs direkten Zugang zu Hitler hatte. Die Ausweitung des Kreises der Verschwörer erhöhte aber auch die unmittelbare Gefahr. So waren ihnen die Sicherheitskräfte auf der Spur und hatten bereits einige Mitwisser verhaftet.

Stauffenberg versuchte daher, die erstbeste Gelegenheit zu nutzen, und deponierte am 20. Juli 1944 eine Aktentasche voll Sprengstoff in Hitlers Nähe. Die Bombe verfehlte ihren Zweck, Hitler blieb fast unverletzt. Das Regime nahm grausam Rache. Graf Stauffenberg und seine engsten Mitarbeiter wurden noch in derselben Nacht erschossen. Die Geheime Staatspolizei verhaftete 7 000 Personen, auch solche, die mit der Verschwörung nichts zu tun hatten. Himmlers Anordnung der „absoluten Sippenhaftung" bedeutete, dass Verwandte für die Tat mitverantwortlich waren und gleichfalls bestraft wurden.

▲ **Gedenkblock der Deutschen Bundespost von 1964 zum Jahrestag des Attentats auf Hitler am 20. Juli 1944.**

Der Kreisauer Kreis ■ Auf dem schlesischen Gut Kreisau, das dem Sachverständigen für Kriegs- und Völkerrecht im Oberkommando der Wehrmacht, *Helmuth James Graf von Moltke*, gehörte, trafen sich seit Ende 1938 Männer verschiedener Anschauungen und Herkunft: Konservative, Sozialisten, ehemalige Gewerkschaftsvertreter, Großgrundbesitzer, protestantische und katholische Geistliche. Der *Kreisauer Kreis* erarbeitete Grundsätze für einen Staats- und Gesellschaftsaufbau nach dem Sturz Hitlers, der vom Europagedanken geprägt war. Staatsstreichpläne wurden zwar nicht konkret ausgearbeitet, aber es bestanden Kontakte zu Widerstandsgruppen im In- und Ausland, so auch zu den Attentätern vom 20. Juli 1944. Viele Mitglieder des Kreisauer Kreises, wie Moltke, Pater *Alfred Delp* oder der Gewerkschaftsführer *Julius Leber*, wurden hingerichtet.

M1 Der Protest in der Berliner Rosenstraße – ein Beispiel erfolgreichen Widerstands von Frauen?

Der Geschichtswissenschaftler Nathan Stoltzfuß resümiert 2003 seine Ansichten über den Historikerstreit um die Aufarbeitung der Vorgänge in der „Rosenstraße" im Feuilleton der Zeitung „Die Zeit". Die Überschrift lautet: „Die Wahrheit jenseits der Akten":

Nehmen wir einmal an, die Protestierenden rannten eine offene Tür ein. Wer öffnete dann die Tür und warum? Und wie viele andere Deutsche waren bereit, öffentlich gegen den Strom zu schwimmen, oder sich gar, mitten in dem Unter-
5 nehmen, den allerletzten Juden aus dem Reich zu beseitigen, in der Hoch-Zeit des Genozids also, öffentlich mit Juden zu verbünden? Wie viele drückten überhaupt öffentlich ihre Meinung gegenüber irgendeiner Politik aus, anstatt sich anzupassen? Die Widersetzlichkeit der Frauen in der Rosen-
10 straße durchbrach den Mechanismus, der für die Nazimacht wesentlich war. [...]
Die mit Juden verheirateten Frauen, die sich weigerten wegzuschauen, es ablehnten, sich scheiden zu lassen, und in der Rosenstraße ihr Leben riskierten, drohten nicht so sehr, an-
15 dere in den offenen Dissens zu führen (denn das war selbst für die, die in der „inneren Emigration" lebten, ein allzu großer Schritt), als vielmehr die Augen anderer für unbequeme Wahrheiten zu öffnen. Dieses Ereignis, in dem gewöhnliche Leute auf die Bühne der Geschichte treten, ist wesentlich für
20 das Gesamtbild von Gesellschaft und Diktatur des „Dritten Reichs". In der hierarchischen, autoritären Auffassung des Staates, wie sie sich auch in dem Widerstandsbegriff der frühen Nachkriegszeit niederschlug, ist die Rosenstraße als Ereignis ausgeschlossen. In der Rosenstraße stehen die
25 Frauen im Mittelpunkt. Ihre Würdigung bedeutet auch, die wenigen Deutschen zu würdigen, die ihr Leben riskierten, um dem Regime zu trotzen. Sie ist zugleich ein Schritt dahin, den Menschen und ihren Institutionen die Verantwortung für den Widerstand zurückzugeben, relativ zu dem Maß, in dem
30 die Menschen Verantwortung für Hitlers Machtergreifung und seine Massenvernichtung trugen.

„Die Zeit", 45/2003, aus dem Englischen übersetzt von Karin Wördemann

1. *Arbeiten Sie heraus, worin nach Meinung von Nathan Stoltzfuß die große Leistung der protestierenden Frauen besteht.*

2. *Erörtern Sie, ob das Verhalten der Frauen für das Regime gefährlich sein konnte.*

M2 Kommunistischer Widerstand

Dagobert Biermann (1904-1943) war Kommunist und arbeitete im Hamburger Hafen. Nach dem Krieg erzählt seine Frau Emmi vom Schicksal ihres Mannes:

1936 war ich schwanger, und grad da begann wieder die illegale Arbeit. Hitler ließ Kriegsmaterial nach Spanien liefern. Da wollten die Faschisten die Republik kaputthauen, und die Nazis halfen denen dabei. Mein Bruder war Ewerführer[1] im Hamburger Hafen. Er hatte Wind davon bekommen, dass 5 Schiffe mit Munition nach Spanien rausgehen. Getarnt waren die als Handelsschiffe. Wir mussten die Arbeiter in Spanien doch warnen! Die sollten die gleich übern Schnabel nehmen[2], wenn die da ankommen. Mein Bruder spionierte aus, wo die Schiffe lagen, und notierte sie. Unter Lebensgefahr! 10 Aber er war ja roter Betriebsrat gewesen und hatte eine gute Nummer im Hafen. Die Kollegen verpfiffen ihn nicht. Die Unterlagen wurden nach Spanien geschmuggelt. Wenn ein Waffenschiff im Hafen lag, rief mein Mann den Herbert Michaelis, unsern Kurier, an, und der nahm die neuesten Nach- 15 richten mit. [...]
Mein Mann kam in „Schutzhaft". So hieß das damals. Ich wollte genau wissen, wo er sitzt, aber ich wurde immer abgewiesen. Eines Tages hab ich dann doch erfahren, dass er in Fuhlsbüttel ist. Und man erlaubte mir, seine Wäsche zu holen 20 und ihm neue zu bringen. Aber ich hab ihn nicht gesehen, nur das Blut, das an der Wäsche klebte. Die Wäsche wurde von der SS in Empfang genommen, und die haben die Wäsche gegen das Licht gehalten, ob auch nichts darin versteckt ist. Einmal machte ich eine Entdeckung. Da, wo die kleinen Stäbe 25 in den Hemdkragen kamen, die Stelle war zugenäht. Darin war ein Kassiber[3], auf dünnem Papier geschrieben. Da stand drauf: „Michaelis packt aus." Das war das Zeichen, jetzt sollte der Prozess beginnen. Zwei Jahre hatte das gedauert. Solange hatten die gebraucht, bis sie was zusammengestoppelt hat- 30 ten gegen meinen Mann. [...] Für den Prozess kam extra der Volksgerichtshof nach Hamburg. [...] Mein Mann und mein Bruder hatten zuerst immer geleugnet, etwas mit der Sache zu tun zu haben, mit den Waffen und den Informationen für die Spanier. Aber dann wurden Geschosse auf den Tisch ge- 35 packt, die mein Bruder aus dem Hafen mitgebracht hatte. Sogar Dumdumgeschosse hatte er von den Schiffen geklaut, die reißen große Wunden. Die hatten wir Michaelis mitgegeben, damit die Spanier wussten, was ihnen blühte.

---

[1] Ewer: kleines Küstenschiff
[2] umgangssprachlich: etwas übernehmen, in Empfang nehmen
[3] Kassiber: geheimer Brief von einem oder an einen Gefangenen

▲ **Wer regimekritische Meinungen verbreiten wollte, musste erfinderisch sein.**

40 Mein Bruder hat mir später erzählt, wie er sich verteidigt hat. Er hat auf doof gemacht. Im Hafen klauen alle mal, hat er gesagt, nur so aus Spaß wird geklaut. Und dann hat er immer Platt gesprochen, das war für die Richter was Neues. Die Richter wollten darauf hinaus, mein Mann hätte meinen
45 Bruder beauftragt, die Sache auszubaldowern. Das hätte gereicht, dann hätten sie ihn gleich umgebracht. Der Pflichtverteidiger meines Bruders war aber ausnahmsweise ein guter Mann. Er wollte meinen Bruder direkt fragen: „Hat Biermann Sie beauftragt?" Wenn er dann mit Nein antwortet, musste
50 der Anklagepunkt fallengelassen werden. Aber die Anwälte mussten alle Fragen vorlegen. Die Frage wurde natürlich nicht zugelassen, die wollten meinem Mann an den Kragen. Da hat der Anwalt alles auf eine Karte gesetzt und die Frage einfach dazwischengerufen. Und mein Bruder sagte natür-
55 lich sofort: „Nee, mein Schwager hat mich nicht dazu beauftragt." Damit entfiel der Punkt.
Mein Bruder wurde freigesprochen. Ein „irregeleiteter Arbeiter", meinten die Richter. Mein Mann kriegte sechs Jahre. Ich war bei der Urteilsverkündung dabei, bin am Schluss schnell
60 durch die Barriere gelaufen und hab ihm die Hand gedrückt. Wir wurden sofort auseinandergerissen. Er konnte mich noch trösten: „Die sechs Jahre sitz ich auf einer Arschbacke ab." Das war 1937. Er ist nie wieder rausgekommen.

Harald Focke und Uwe Reimer, Alltag der Entrechteten, Reinbek 1980, S. 27-29

1. *Erläutern Sie die politische Arbeit, die hier von Kommunisten geleistet wurde.*

2. *Analysieren Sie die Motive der Beteiligten.*

3. *Arbeiten Sie aus dem Text die speziellen Merkmale der verwendeten Quellengattung heraus.*

M3 Wir fordern Gerechtigkeit

Immer wieder nutzt der katholische Bischof von Münster, Clemens August Graf von Galen, seine Predigten, um Unrecht und Missstände des NS-Regimes, besonders die Tötung behinderter Menschen („Euthanasie") und die Enteignung von Klöstern, anzuprangern. Der folgende Auszug stammt aus einer Predigt vom 13. Juli 1941:

Bei den Anordnungen und Strafverfügungen der GSTP[1] ist die Verwaltungsgerichtsbarkeit ausgeschlossen. Da wir alle keinen Weg kennen, der für eine unparteiische Kontrolle der Maßnahmen der GSTP, ihrer Freiheitsbeschränkungen, ihrer Aufenthaltsverbote, ihrer Verhaftungen, ihres Gefangenhal- 5 tens deutscher Volksgenossen in Konzentrationslagern gegeben wäre, so hat bereits in weitesten Kreisen des deutschen Volkes ein Gefühl der Rechtlosigkeit, ja feiger Ängstlichkeit Platz gegriffen, das die deutsche Volksgemeinschaft schwer schädigt. Die Pflicht meines bischöflichen Amtes, für die sitt- 10 liche Ordnung einzutreten, die Pflicht meines Eides, in dem ich vor Gott und vor dem Vertreter der Reichsregierung gelobt habe, nach Kräften „jeden Schaden zu verhüten, der das deutsche Volk bedrohen könnte", drängen mich, angesichts der Taten der GSTP diese Tatsache öffentlich warnend auszu- 15 sprechen. Meine Christen! Man wird mir vielleicht den Vorwurf machen, mit dieser offenen Sprache schwäche ich jetzt im Kriege die innere Front des deutschen Volkes. Demgegenüber stelle ich fest: Nicht ich bin die Ursache einer etwaigen Schwächung der inneren Front, sondern jene, die ungeachtet 20 der Kriegszeit, ungeachtet der Schreckenswoche schauriger Feindesangriffe, schuldlose Volksgenossen ohne Gerichtsurteil und Verteidigungsmöglichkeit in harte Strafe nehmen, unsere Ordensleute, unsere Brüder und Schwestern, ihres Eigentums berauben, auf die Straße setzen, aus dem Lande 25 jagen. Sie zerstören die Rechtssicherheit, sie untergraben das Rechtsbewusstsein, sie vernichten das Vertrauen auf unsere Staatsführung. Und darum erhebe ich im Namen des rechtschaffenen deutschen Volkes, im Namen der Majestät der Gerechtigkeit und im Interesse des Friedens und der Ge- 30 schlossenheit der inneren Front meine Stimme, darum rufe ich laut als deutscher Mann, als ehrenhafter Staatsbürger, als Vertreter der christlichen Religion, als katholischer Bischof: Wir fordern Gerechtigkeit.
Bleibt dieser Ruf ungehört und unerhört, wird die Herrschaft 35 der Königin Gerechtigkeit nicht wiederhergestellt, so wird unser deutsches Volk und Vaterland trotz des Heldentums unserer Soldaten und ihrer ruhmreichen Siege an innerer Fäulnis und Verrottung zugrunde gehen. Lasset uns beten für

---

[1] GSTP: Geheime Staatspolizei (Gestapo)

40 alle, die in Not sind, besonders für unsere Ordensleute, für unsere Stadt Münster, dass Gott weitere Prüfungen von uns fernhalte, für unser deutsches Volk und Vaterland und seinen Führer!

Heinrich Portmann, Der Bischof von Münster, Münster 1946, S. 132 f.

1. *Skizzieren Sie Beweggründe und Ziele für Galens Predigt.*
2. *Diskutieren Sie, inwiefern es sich bei dieser Predigt um eine Form des Widerstands handelt.*

M4 Widerstand im Militär

Die Offiziere Henning von Tresckow (1901-1944, Selbstmord) und Claus Schenk Graf von Stauffenberg (1907-1944, hingerichtet) sind maßgeblich an einem Bombenanschlag auf Hitler am 20. Juli 1944 beteiligt. Tresckow hat sich seit 1934 innerlich vom Regime distanziert und sich an mehreren Attentaten auf Hitler beteiligt. Ein Weggefährte erinnert sich an ein Treffen mit ihm am 17. November 1942 beim Oberkommando der Heeresgruppe Mitte in Smolensk:

Hier griff Henning ein. Er müsse mir etwas Entscheidendes sagen. Unser Generalstab verdiene diesen Namen nicht mehr. Nur noch die Kragenspiegel und die karmesinroten Streifen an den Hosen ließen ihn noch als solchen erscheinen.
5 Clausewitz und der alte Moltke seien nicht mehr gefragt. Hitler habe – mit seinen eigenen Worten – gefordert, der Generalstabsoffizier müsse sein wie ein „Bluthund, der gierig an der Leine zerre, um, losgelassen, sich auf den Feind zu stürzen und ihn zu zerfleischen". Eine Beleidigung des Gene-
10 ralstabs seien diese Worte des Führers gewesen. Hitler wolle nur noch „subalterne Erfüllungsgehilfen" im Generalstab haben. „Erfüllungsgehilfen im Dienste eines Kapitalverbrechers", rief er. Und er wiederholte die Worte. [...] Nach einer Pause fragte ich ihn, was an den Gerüchten von Übergriffen
15 der SS gegen die Zivilbevölkerung in den rückwärtigen Gebieten sei. Diese Gerüchte träfen zu, antwortete er, allerdings mit der Ergänzung, dass es sich nicht um einzelne Übergriffe handele, sondern um planmäßige Ausrottungen von Menschen. Man habe bei der Heeresgruppe zuverlässige Informa-
20 tionen, dass der SD und die SS Spezialeinheiten gebildet hätten, die das sorgfältig organisiert betrieben, und zwar in einem Umfang, der jede Fantasie übersteige. Während wir, die Soldaten an der Front, uns vorne totschießen lassen dürften, betreibe die SS in unserem Rücken ein grauenvolles
25 Geschäft. Er, Henning, sehe darin eine Schändung der Opferbereitschaft des Soldaten an der Front. Fassungslos hatte ich ihm zugehört. Es war ungeheuerlich, was er gesagt hatte. Dann sprach er davon, dass er auf den Tag hinarbeite, an dem dies alles zu Ende sei. Niemand könne heute sagen, wann dieser Tag komme, 30 aber kommen werde er mit Sicherheit, und er werde schrecklich sein.

Im Juni 1944 erklärt Tresckow gegenüber Freunden:

Das Attentat auf Hitler muss erfolgen, um jeden Preis. Sollte es nicht gelingen, so 35 muss trotzdem der Staatsstreich versucht werden. Denn es kommt nicht mehr auf den praktischen Zweck an, sondern 40 darauf, dass die deutsche Widerstandsbewegung vor der Welt und vor der Geschichte unter Einsatz des Lebens den entscheidenden Wurf gewagt hat. 45 Alles andere ist daneben gleichgültig.

Kurz vor dem Attentat vom 20. Juli 1944, das Hitler überleben wird, sagt Stauffenberg zu einer Bekannten:

Es ist Zeit, dass jetzt etwas getan wird. Derjenige allerdings, der etwas zu tun wagt, muss sich bewusst sein, dass er wohl als 50 Verräter in die deutsche Geschichte eingehen wird. Unterlässt er jedoch die Tat, dann wäre er ein Verräter vor seinem eigenen Gewissen.

▲ **Ehrenmal im Innenhof des Bendlerblocks/Gedenkstätte Deutscher Widerstand in Berlin.**
Foto (Ausschnitt) von 2011. An diesem Ort waren nach dem Umsturzversuch vom 20. Juli 1944 fünf Offiziere, darunter Oberst Claus Schenk Graf von Stauffenberg, hingerichtet worden.

Erster Text: Reinhard Rürup (Hrsg.), Der Krieg gegen die Sowjetunion. Eine Dokumentation, Berlin 1991, S. 193
Zweiter Text: Peter Steinbach und Johannes Tuchel (Hrsg.), Widerstand in Deutschland 1933-1945. Ein historisches Lesebuch, München ³2000, S. 326
Dritter Text: Peter Hoffmann, Claus Schenk Graf von Stauffenberg und seine Brüder, Stuttgart 1992, S. 395

1. *Charakterisieren Sie die Motive des Widerstandes im Militär.*
2. *Erklären Sie, wie es möglich war, dass ein radikaler Regimegegner jahrelang höchste Funktionen innehatte. Welche Schlüsse lässt das auf die betroffene Person und die Stabilität des Regimes zu?*
3. *Diskutieren Sie, unter welchen Umständen in unserem Staat ein Widerstandsrecht besteht. Berücksichtigen Sie dazu auch Artikel 20 des Grundgesetzes.*

Historische Spielfilme

Historische Spielfilme legen für ihre Handlung historische Personen, Ereignisse oder Epochen zugrunde. Wie andere Spielfilme auch gehorchen sie den Regeln der Filmdramaturgie. Sie haben immer das Ziel, den Zuschauer zu unterhalten und Spannung zu erzeugen.

Im Gegensatz dazu erheben historische Dokumentationen nicht in erster Linie den Anspruch zu unterhalten. Sie wollen vielmehr den Zuschauern Wissen über die Vergangenheit vermitteln. Sie verwenden historische Quellen und versuchen, die Zusammenhänge herzustellen.

Umgang mit historischen Spielfilmen

Manche Spielfilme verwenden Historisches nur als Kulisse für ihre Erzählungen und berücksichtigen die historische Wahrheit nur wenig. Andere versuchen, die Geschichte mit filmischen Mitteln auf der Grundlage von Quellen möglichst exakt zu rekonstruieren. Bei Spielfilmen über historische Persönlichkeiten, den sogenannten „Biopics", bilden die gesicherten biografischen Erkenntnisse die Basis für den Film. Lücken in der Überlieferung werden in der Regel frei ergänzt, Dialoge oder Situationen erfunden, um durch die zusammenhängende Handlung die Person näher zu charakterisieren.

Als Informationsquelle für reale historische Ereignisse sind deshalb historische Spielfilme niemals uneingeschränkt zu nutzen. Die folgenden Hinweise ermöglichen die Analyse von historischen Spielfilmen wie dem gewählten Beispiel: „Georg Elser – Einer aus Deutschland".

Formale Kennzeichen
- Wer hat den Film in Auftrag gegeben und produziert?
- Wo wurde der Film gezeigt?

Inhalt
- Was ist das Thema des Films?
- Welche Ereignisse und Personen werden dargestellt?
- Welche filmsprachlichen Mittel werden verwendet?

Historischer Hintergrund
- Welche Fakten über das thematisierte historische Geschehen lassen sich ermitteln?
- Wo stimmen historische Tatsachen und Film nicht überein?
- Wo fügt der Film den historischen Ereignissen etwas hinzu?
- Bei Spielfilmen, die sich nicht auf konkrete historische Personen und Ereignisse beziehen: Erfasst die Darstellung des vergangenen Geschehens das Wesentliche?

Intention und Wirkung
- Welches Bild von der dargestellten Zeit und von den Personen wird vermittelt?
- Welche Zielgruppen will der Film erreichen?
- Welche Denkanstöße vermittelt der Film?
- Welche Bedeutung hat die Musik?

Bewertung und Fazit
- Wie werden die historischen Ereignisse filmisch umgesetzt? Sind Tendenzen erkennbar?
- Wo müssten andere Informationen ergänzt werden? Wo müsste korrigiert werden?
- Welche Rezensionen zu dem Film gibt es?

Allgemeine Hinweise zur Filmanalyse

Struktureinheiten von Filmen

Die beiden wichtigsten filmischen Einheiten (Abschnitte) sind:

1. *Einstellung (shot)*: Bei ihr handelt es sich um die kleinste Einheit des Films. Sie umfasst den Zeitraum von der Aufblende bis zur Abblende der Kamera. Meist ist sie nur wenige Sekunden lang, sie kann aber auch einige Minuten dauern.
2. *Sequenz*: Sie besteht meist aus mehreren Einstellungen und bildet eine inhaltlich zusammenhängende Einheit des Filmes.

Kameraperspektiven

Unterschieden werden muss zwischen „Vogelperspektive" (Kamera von oben), „Froschperspektive" (Kamera von unten) oder „Normalsicht" (Kamera auf Augenhöhe).
Mit der „Froschperspektive" können Personen erhöht und bedrohlich dargestellt werden, die Vogelperspektive lässt die Zuschauer auf Personen herabblicken und vermindert sie in der Bedeutung.

Einstellungsgrößen

Je nach dem, was ins Bild gerückt ist, spricht man von „Panoramaeinstellung"/„Supertotale" (Landschaft, bei der Menschen nur klein zu erkennen sind),„Totale" (Personen werden in ihrer Umgebung gezeigt),„Naher Einstellung" (Personen vom Kopf bis zur Körpermitte),„Großaufnahme" (Kopf und Teile der Schultern) oder „Detail". Die Übergänge zwischen den Einstellungsgrößen sind dabei fließend.
Die Totale ordnet eine Person in ihr Umfeld ein, lässt sie unter Umständen verloren und „einsam" wirken, Großaufnahmen erhöhen die Bedeutung einer Person, betonen ihre Individualität.

Hell-Dunkel-Kontraste/Farben

Ein weiteres Gestaltungsmittel sind Farben. Sie haben auf den Betrachter unterschiedliche Wirkungen. So gelten blaue Farben in der Regel als kalt, rote und braune Töne hingegen als warm und emotional.

Das *Sequenzprotokoll* ist der Ausgangspunkt für jede Filmanalyse. In ihm werden die Dauer der einzelnen Abschnitte und Besonderheiten in der Filmsprache notiert.

Unter Besonderheiten können u.a. aufgeführt werden:
Wo gibt es auffällige Großaufnahmen und Kamerapositionen?
Wie bewegt sich die Kamera?
Wie ist das Verhältnis von kurzen und langen Einstellungen?
Wo gibt es auffällige „Schnittstellen"?

Welche Wirkung erzielen Geräusche bzw. Musik?
Wie sind die Dialoge ausgestaltet?
Wie spricht die Gedankenstimme?
Wie umfangreich ist der Kommentar?
Was sind die Kernsätze?

Muster für ein Sequenzprotokoll. ▶

Sequenz	Dauer (in min.)	Zahl der Einstellungen	Besonderheiten

Beispielsequenz

Georg Elser wird von SA-Männern auf der Toilette des Bürgerbräukellers zusammengeschlagen, weil er den Hitler-Gruß verweigert. Am Ende der Sequenz uriniert ein SA-Mann auf den am Boden liegenden Elser. Zwei unbeteiligte Besucher erleben die Misshandlungen Elsers und verlassen schweigend die Toilette. Funktion der Sequenz: Sie zeigt zum einen das mutige, unangepasste Verhalten Elsers. Zum anderen wird deutlich, dass der Einzelne dem brutalen Regime ausgeliefert ist und von Zeugen und Mitwissern keine Hilfe erwarten kann.

Filmische Elemente

Kadrierung:
Fliesenrand, Toilettenbegren-
zung suggerieren Enge und
Ausweglosigkeit.

Schwaches Licht, dunkle und
düstere Atmosphäre:
Bedrohlichkeit der Situation

SA-Männer in Froschperspek-
tive; der auf Elser eintretende
Mann füllt fast die gesamte
Bildhöhe aus:
Optische Vergrößerung zeigt
Überlegenheit und Stärke.

Die stark verschmutzten
Fliesen und der Fußboden
steigern die Ekelhaftigkeit der
Sequenz.

Georg Elser aus leichter
Vogelperspektive:
Optische Erniedrigung und
Unterlegenheit. Die Kamera ist
Elsers Blickwinkel näher als
dem der SA-Männer.

Einstellungsgröße Totale:
Der Zuschauer übersieht die
gesamte Szene. Als Beobachter
wird er zur Stellungnahme
aufgefordert. Zugleich erlebt er
die Szene aus der Distanz.

Formale Kennzeichen ▪ Der Film wurde produziert von zwei Produktionsfirmen in Zusammenarbeit mit dem bayerischen und österreichischen Runkfunk. Er kam 1989 in die Kinos.

Inhalt ▪ Der Film stellt dar, wie der aus dem württembergischen Königsbronn stammende Tischler Georg Elser sein Attentat auf Hitler im Münchener Bürgerbräukeller 1938 plant und durchführt. Gegenfigur ist der Gestapo-Mann Wagner, der den Anschlag beinahe verhindert und für die Verhaftung Elsers sorgt.

Historischer Hintergrund ▪ Informationen zum Leben Georg Elsers bieten neben Zeitzeugenberichten die Angaben Elsers, die er bei Verhören nach seiner Verhaftung in Konstanz machte. Demnach entschloss sich Elser, der grundsätzlich pazifistisch eingestellt war, zu dem Attentat, als er nach dem Münchener Abkommen am 29. September 1938 die Kriegsgefahr erkannte. Elser konstruierte selbst eine Bombe mit Zeitschalter und installierte sie im Münchener Bürgerbräukeller. Mit ihr wollte er Adolf Hitler, der dort am 8. November 1939 zum Gedenken an seinen gescheiterten Putschversuch 1923 sprach, und weitere Mitglieder der NS-Führung töten. Weil Hitler einige Minuten früher als geplant den Saal verlassen hatte, entkam er dem Anschlag. Die Bombe tötete insgesamt acht Personen und verletzte 63. Noch am selben Abend wurde Elser an der Grenze zur Schweiz in Konstanz festgenommen. Er sollte nach dem Krieg in einem Schauprozess verurteilt werden. Am 9. April 1945, wenige Wochen vor Kriegsende, wurde er im Konzentrationslager Dachau ohne Prozess hingerichtet.
Die NS-Propaganda machte den englischen Geheimdienst für das Attentat verantwortlich, was aber nicht zutraf. Elser war ein Einzeltäter, der niemanden eingeweiht hatte. Er zeigte bereits früh eine Abneigung gegen den Nationalsozialismus. In den Verhören bei der Gestapo gab er dafür verschiedene Gründe an: die Verschlechterung der Lebensbedingungen der Arbeiter nach 1933, die Ansprüche der HJ auf die Jugend und nicht zuletzt die Aufrüstungspolitik und Kriegspläne Hitlers. Obwohl er nach eigenen Angaben immer die kommunistische Partei gewählt hatte und 1928/29 auch der Schutztruppe der Kommunistischen Partei beitrat, war er politisch vor 1933 kaum aktiv und beteiligte sich auch selten an Diskussionen.

Intention und Wirkung ▪ Die Kernaussage ist, dass es sich bei Elser um einen Einzeltäter aus dem Volk handelt, der das Attentat allein plante und durchführte. Der Film orientiert sich im Wesentlichen an den gesicherten Fakten zu Elsers Leben und zu den Vorbereitungen der Tat. Erfunden sind die Figur des Gestapo-Offiziers Wagner und die Liebesbeziehung zu der Kellnerin Annemarie.
Der Film will nicht nur historische Fakten dokumentieren. Einige Episoden werden hinzugefügt, die historisch nicht belegbar sind, aber den Charakter Elsers verdeutlichen sollen. So wird Elser von SA-Männern auf der Toilette des Bürgerbräukellers niedergeschlagen (siehe S. 242). In einer anderen Sequenz tarnt er sich als SA-Mann, um besseren Zugang zum Gastraum zu haben.
Mit seiner spannenden Handlung wendet sich der Film an ein breites Publikum. Er will zeigen, dass es auch einem Einzelnen möglich war, sich gegen die Diktatur zu stellen. Und nicht zuletzt will der Film die Erinnerung an einen exemplarischen Widerstandskämpfer wachhalten: „Kein Denkmal erinnert an ihn", heißt es am Ende des Films.

Bewertung und Fazit ▪ Der Film wurde mit renommierten Filmpreisen ausgezeichnet. Er darf nicht als detailgetreue Darstellung von Elsers Leben verstanden werden. Die Würdigung eines mutigen Einzelattentäters beruht jedoch auf historischen Tatsachen.

DER SPIEGEL   Nr. 19 8. 5. 95 · 5.00 DM

8. Mai 1945 – 1995

RUDOLF AUGSTEIN:
Besiegt, besetzt, befreit

Bewältigte Vergangenheit

◄ **Titelblatt des Wochenmagazins „Der Spiegel" vom 8. Mai 1995.**
*Die Collage aus Anlass des 50. Jahrestags der deutschen Kapitula-
tion zeigt einen Ausschnitt aus Caspar David Friedrichs Land-
schaftsgemälde „Der Wanderer über dem Nebelmeer" (um 1818).*

■ *Untersuchen Sie die Bildelemente und erläutern Sie, auf welche
Themen und Probleme der deutschen Geschichte diese hin-
weisen. Deuten Sie die Aussage des Titelbildes.*
■ *Beurteilen Sie die Haltung zum Umgang mit der NS-Zeit und
gegenüber dem Thema „Vergangenheitsbewältigung", die in der
Collage zum Ausdruck kommt.*

7. „Weimar" war eine „Republik ohne Republikaner".
Diskutieren Sie diese häufig zitierte Aussage für die Jahre
1929 bis 1932.

8. Machtergreifung – Machtübernahme – Machtübertragung: Erörtern Sie, welche Bezeichnung für den Regierungs-
antritt Hitlers gewählt werden sollte.

9. Skizzieren Sie die Stufen der Entrechtung und Verfolgung
der Juden und anderer Minderheiten während der NS-Zeit.

10. Eine Darstellung, die Mitte der 1990er-Jahre unter
Historikern und in der Öffentlichkeit erhebliche Kontroversen
ausgelöst hat, bezeichnet das deutsche Volk als „Hitlers
willige Vollstrecker". Nehmen Sie Stellung.

11. In den Anfangsjahren der Bundesrepublik hatten nur
40 Prozent der Deutschen eine positive Meinung zu den
Attentätern des 20. Juli 1944. Im Jahr 1952 wurde der
ehemalige Wehrmachtsoffizier Remer, der diese Gegner des
nationalsozialistischen Regimes als „Verräter" bezeichnet
hatte, wegen übler Nachrede und Verunglimpfung des
Andenkens Verstorbener verurteilt. Damit wurden die
Widerstandskämpfer zugleich rehabilitiert. Recherchieren Sie,
welche Bedeutung das Attentat für das Selbstverständnis
der Bundesrepublik heute hat und in welcher Form daran
erinnert wird. Erörtern Sie, ob es angemessen ist, diesem
Attentat eine herausragende Stellung innerhalb des
Widerstands gegen die nationalsozialistische Diktatur
einzuräumen.

12. Erläutern Sie anhand konkreter Beispiele aus der Gegenwart, warum ein verantwortungsbewusster Umgang mit der
Zeit des Nationalsozialismus unerlässlich ist. Welches Handeln ergibt sich daraus für den Staat und für jeden Einzelnen?

13. Kriegsruinen wie die Berliner Kaiser-Wilhelm-Gedächtniskirche (siehe nächste Seite) sind eine Form von Denkmal, um
an die Schrecken von Nationalsozialismus und Zweitem Weltkrieg zu erinnern. Stellen Sie dazu weitere unterschiedliche
Formen von Denkmälern zusammen. Bewerten Sie jeweils, ob
es sich um gelungene Beispiele für Gedenkkultur handelt.

1. Fassen Sie die demokratischen Errungenschaften der
Weimarer Republik zusammen.

2. Arbeiten Sie aus einem Vergleich der Weimarer Verfassung
mit dem Grundgesetz der Bundesrepublik Deutschland
Gemeinsamkeiten und Unterschiede bezüglich der Stellung
von Präsident, Parlament und Kanzler heraus. Welche
strukturellen Veränderungen gegenüber der Weimarer
Verfassung wurden im Grundgesetz verankert?

3. Recherchieren Sie, welche außen- und wirtschaftspolitischen Positionen die wichtigsten Parteien (KPD, SPD, Zentrum,
DDP, DVP, DNVP) gegenüber der Republik einnahmen.

4. Die „Segmentiertheit" gilt als Hauptkennzeichen von
Gesellschaft und Parteiensystem der Weimarer Zeit.
Untersuchen Sie, inwiefern dies die Stabilität des politischen
Systems gefährden konnte.

5. Das Jahr 1923 wird als Krisenjahr der Weimarer Republik
bezeichnet. Beschreiben Sie kurz wichtige Ereignisse dieses
Jahres und versuchen Sie einen kausalen Zusammenhang
zwischen ihnen herzustellen.

6. Nennen Sie zentrale Zielsetzungen der deutschen
Außenpolitik seit 1919 und erläutern Sie deren Umsetzung
bis 1925 an Beispielen.

Literaturtipps

Wolfgang Benz, Geschichte des Dritten Reiches, München 2003

Ursula Büttner, Weimar. Die überforderte Republik 1918-1933, Stuttgart 2008

Bernward Dörner, Die Deutschen und der Holocaust. Was niemand wissen wollte, aber jeder wissen konnte, Berlin 2007

Saul Friedländer, Das Dritte Reich und die Juden, Bd. 1: Die Jahre der Verfolgung 1933-1939, Bd. 2: Die Jahre der Vernichtung 1939-1945, München 2008

Avraham Milgram und Robert Rozett (Hrsg.), Der Holocaust. FAQs – häufig gestellte Fragen, Göttingen 2011

Dieter Pohl, Verfolgung und Massenmord in der NS-Zeit 1933-1945, Darmstadt ³2011

Peter Reichel, Harald Schmid und Peter Steinbach (Hrsg.), Der Nationalsozialismus – Die zweite Geschichte. Überwindung – Deutung – Erinnerung, München 2009

Clemens Vollnhals (Hrsg.), Sachsen in der NS-Zeit, Leipzig 2002

Michael Wildt, Geschichte des Nationalsozialismus, Göttingen 2008

▶ **Kaiser-Wilhelm-Gedächtniskirche in Berlin mit dem 1961 eingeweihten Kirchenneubau.**
Foto von 2011.
Die alte Kirche wurde 1895 eingeweiht. Bei einem Luftangriff 1943 wurde sie zerstört.

Internettipps

http://www.dhm.de/lemo/home.html

http://www.gdw-berlin.de
Gedenkstätte Deutscher Widerstand, Berlin

http://www.shoah.de/index1.html

http://www.stsg.de
Stiftung Sächsische Gedenkstätten

http://www.stiftung-evz.de
Stiftung Erinnerung, Verantwortung, Zukunft

http://www.stiftung-denkmal.de
Denkmal für die ermordeten Juden Europas, Berlin

http://www.zeitgeschichte-online.de

◀ **Gedenkstätte Münchener Platz in Dresden.**
Foto von 2010.
Die Figurengruppe von Arndt Wittig befindet sich heute im Innenhof des Schumannbaus der TU Dresden. Bis Februar 1945 wurden im Gebäudekomplex am Münchener Platz über 1300 Menschen durch die NS-Justiz zum Tode verurteilt und im Innenhof durch eine sog. Fallschwertmaschine hingerichtet.

Erinnern an die Revolution von 1848/49

▲ Pfeifenkopf mit Porträt Friedrich Heckers.
Um 1848.
Auch nach seiner Niederlage wurde Friedrich Hecker in weiten Teilen der Bevölkerung verehrt. Auf zahlreichen Revolutionssouvenirs war sein Porträt abgebildet.

Vom Umgang mit der Geschichte ■ Feiertage und Gedenktage sind ein fester Bestandteil im Jahresablauf. Sie verdeutlichen das kulturelle und politische Selbstverständnis eines Landes. Feiertage unterteilen sich in religiöse und staatliche Feste. Religiöse sind z. B. Weihnachten oder Ostern in christlich geprägten, das Fest des Fastenbrechens nach dem Fastenmonat Ramadan in islamisch geprägten Staaten. Die wichtigsten staatlichen sind die Nationalfeiertage, die das nationale Zusammengehörigkeitsgefühl stärken sollen. In den USA erinnert der „Independence Day" am 4. Juli an die Unterzeichnung der Unabhängigkeitserklärung 1776. Frankreich feiert am 14. Juli alljährlich den Sturm auf die Bastille während der Französischen Revolution 1789. In der Bundesrepublik ist der 3. Oktober der Nationalfeiertag. Am 3. Oktober 1990 traten die Bundesländer der ehemaligen DDR der Bundesrepublik Deutschland bei. Dadurch wurde die Wiedervereinigung Deutschlands staatsrechtlich vollzogen.

Gedenktage zeigen, wie ein Land und seine Bürger mit ihrer Geschichte umgehen. In Deutschland haben das nationalsozialistische Unrechtsregime und die deutschdeutsche Geschichte bei den offiziellen Gedenktagen oder -jahren einen großen Stellenwert. So wird am 8. Mai der Kapitulation Deutschlands im Zweiten Weltkrieg im Jahr 1945 gedacht. Am 20. Juli werden die Männer um Claus Schenk Graf von Stauffenberg geehrt, die 1944 vergeblich versuchten, Hitler zu töten und das nationalsozialistische Regime zu beenden. Ein besonderer Schicksalstag ist der 9. November. Vom 9. auf den 10. November 1938 wurden in der von den Nationalsozialisten organisierten „Reichspogromnacht" jüdische Synagogen, Geschäfte und Einrichtungen zerstört. Am 9. November wurde 1918 die Republik ausgerufen, 1923 der Hitler-Putsch niedergeschlagen, 1939 das Attentat Georg Elsers auf Adolf Hitler verübt, schließlich 1989 die Berliner Mauer geöffnet.

Die Erinnerung an die Revolution von 1848/49 ■ Die Revolution von 1848/49 mit ihren zum Teil gegensätzlichen Zielen wurde kontrovers beurteilt. Die einen rühmten den Einsatz für Demokratie, Parlamentarismus, Grundrechte und Nationalstaat. Andere verwiesen auf das Scheitern der Revolution und verurteilten die zum Teil gewaltsamen Erhebungen gegen die rechtmäßigen Fürsten und Könige.

Besonders tief verwurzelt war das Andenken an die Revolution in Berlin, wo sich am 18. und 19. März 1848 vor allem Studenten und Vertreter unterer Bevölkerungsschichten an den Barrikadenkämpfen gegen das preußische Militär beteiligt hatten, ebenso in Frankfurt am Main, wo am 18. Mai die Nationalversammlung in der Paulskirche eröffnet wurde, aber auch in Baden. Hier hatte **Friedrich Hecker** im April 1848 vergeblich versucht, mit Waffengewalt eine Republik zu errichten. In Baden war das Netz an Volksvereinen mit über 35 000 Mitgliedern im Jahr 1849 am dichtesten, und hier fanden seit Mai 1849 die heftigsten Kämpfe statt, bei denen der Großteil der badischen Armee auf die Seite der Revolutionäre trat.

Friedrich Hecker (1811-1881): deutscher Politiker, ab 1842 Mitglied der zweiten badischen Kammer; stand an der Spitze der radikalen Revolution in Baden im April 1848; nach deren Scheitern emigrierte er in die Schweiz und später in die USA.

Gedenken bis zum Ende des Kaiserreichs ■ Nach dem Scheitern der Revolution im Jahr 1849 unterdrückten die Regierungen in den deutschen Staaten das Gedenken an die Revolution. In Berlin ließ die preußische Regierung ab 1852 regelmäßig am 18. März den Friedrichshain weiträumig absperren. Dort hatten sich ab 1849 jedes Jahr Tausende Menschen vorwiegend aus demokratischen Vereinen und Organisationen von Arbeitern versammelt, um der gefallenen Barrikadenkämpfer zu gedenken.

Auch in Baden sollte, nachdem preußische Truppen den bewaffneten Aufstand am 12. Mai 1849 niedergeschlagen hatten, nichts mehr an die Revolutionäre erinnern. Das Tragen von schwarz-rot-goldenen Abzeichen und anderen Erinnerungsstücken sowie das Singen des Heckerlieds wurden bestraft. Die gefallenen oder hingerichteten Aufständischen wurden anonym verscharrt, ihre Gräber eingeebnet. Im Gegensatz zu den Revolutionären erinnerten die Sieger nach der Niederwerfung des Aufstands aufwändig an die gefallenen Soldaten, die für die Regierenden gekämpft hatten. Bereits 1852 wurde in Karlsruhe ein Denkmal eingeweiht. Das erste Denkmal, das an die Revolutionäre erinnern durfte, wurde 1874 in Mannheim errichtet.

Das Gedenken an die revolutionären Ereignisse von 1848/49 unterdrückten nicht nur konservative Politiker und Bürger, die revolutionäre Erhebungen gegen die Obrigkeiten prinzipiell ablehnten. Auch die Liberalen verurteilten die damaligen Versuche, eine Republik zu errichten. Allerdings stellte nach ihrer Überzeugung die fortschrittliche Verfassung von 1849 eine gute Grundlage für die nationale Einheit dar. Die Sozialdemokraten rühmten als Einzige die gewaltsamen Umsturzversuche der Jahre 1848 und 1849 und feierten seit den 1860er-Jahren die Barrikadenkämpfe als Volksaufstand (▶ M1). Der 18. März wurde für sie zum wichtigsten Feiertag.

Gedenken seit der Weimarer Republik ▪

Als 1919 mit der Weimarer Republik die erste deutsche Republik begründet wurde, diente die von der Paulskirche verabschiedete Verfassung von 1849 als Vorbild für die Weimarer Reichsverfassung. Die zahlreichen Unruhen in den Anfangsjahren der Weimarer Republik belasteten das 75-jährige Jubiläum der Revolution im Jahr 1923.* Zudem zerrütteten die Wirtschaftskrise und die Inflation das Vertrauen in die Demokratie (▶ M2). Im „Dritten Reich" verachteten die Nationalsozialisten die Revolution von 1848/49 als schwächlichen Versuch, Deutschland zu einigen. Einzig aus Anlass der Einverleibung Österreichs in das Deutsche Reich 1938 („Anschluss") bezog sich Adolf Hitler auf die Märzrevolution.

Erinnern in Ost und West ▪

Nach dem Zweiten Weltkrieg beurteilten West- und Ostdeutschland die Jahre 1848/49 gemäß ihren politischen Systemen. Im Westen, wo sich eine parlamentarische Demokratie entwickelte, wurden die Nationalversammlung und die Grundrechte gewürdigt. Im Osten betonten die Kommunisten die Beteiligung von Arbeitern, Gesellen und kleinen Handwerkern an der Revolution. Die Proletarier hätten gehandelt, seien aber vom Bürgertum im Stich gelassen worden.

In der Bundesrepublik Deutschland hob 1970 der damalige Bundespräsident *Gustav Heinemann* hervor, dass die Revolution von 1848/49 für die Entwicklung der Demokratie in Deutschland große Bedeutung habe. Um an alle Freiheitsbewegungen in Deutschland dauerhaft zu erinnern, wurde auf seine Initiative hin die „*Erinnerungsstätte für die Freiheitsbewegungen in der deutschen Geschichte*" in Rastatt geschaffen und 1974 eingeweiht (▶ M3). Sie erinnert an die Bauernkriege 1524-1526 bis hin zu den Widerstandsgruppen in der DDR und drückt aus, dass Widerstand gegen Unrecht und Gewaltherrschaft in Deutschland eine jahrhundertelange Tradition hat. Schwerpunkte der Erinnerung sind die Märzrevolution 1848 und die Nationalversammlung 1848/49.

* Siehe S. 153 f.

Heckerlied: Lied, das von Demokraten gerne gesungen wurde. Es entstand nach dem gescheiterten Aufstand von Friedrich Hecker im April 1848.

▲ **Preußendenkmal in Karlsruhe.**
Foto um 1910.
Das Denkmal wurde am 23. Juli 1852, genau drei Jahre, nachdem in Rastatt die Aufständischen kapituliert hatten, feierlich in der damaligen badischen Hauptstadt Karlsruhe eingeweiht.
Das Denkmal wird gekrönt von der Figur des Erzengels Michael, des Drachentöters.
Auf dem Sockel des Denkmals stehen unter dem Schriftzug „Es starben den Heldentod" die Namen der preußischen Soldaten, die bei den Kämpfen in Baden gefallen waren.
Während des Zweiten Weltkriegs wurden die bronzenen Adler eingeschmolzen, die Figur des Erzengels und das weiße Kreuz wurden in den 1950er-Jahren wegen Baufälligkeit entfernt.

▪ *Nehmen Sie Stellung zu der Frage, ob das Preußendenkmal hätte erhalten werden sollen.*

▶ Umbenennung des Platzes vor dem Brandenburger Tor in Berlin.

Foto vom 19. Juni 2000. Angeregt von der Bürgerinitiative „Aktion 18. März" wurde die Umbenennung nach jahrelangen Debatten schließlich von den Bürgermeistern des Bezirks Mitte, Joachim Zeller (CDU, re.), und des Bezirks Tiergarten, Jörn Jensen (Bündnis90/Die Grünen) vorgenommen.

Neue Gedenkinitiativen nach 1990 ■ Seit den NS-Prozessen zu Beginn der 1960er-Jahre, den Studentenunruhen 1967/68 und seit der Ausstrahlung der amerikanischen TV-Serie „Holocaust" im Fernsehen im Jahr 1979 rückten die nationalsozialistische Diktatur und der Völkermord an den Juden, Sinti, Roma und Slawen in der Bundesrepublik immer mehr ins Zentrum der öffentlichen Aufmerksamkeit. Die Konzentration des Erinnerns auf die Diktaturgeschichte in Deutschland erfuhr nach 1989/90 einen weiteren Schub durch die breit angelegte historische und politische Aufarbeitung der SED-Diktatur. Dadurch geriet die Auseinandersetzung mit der Revolution von 1848/49 und damit auch die Erinnerung an die Geschichte der freiheitlichen Traditionen in Deutschland mehr und mehr in den Hintergrund der öffentlichen Wahrnehmung. Erst 1998, aus Anlass des 150. Gedenkjahres, widmete sich in Frankfurt am Main eine große Ausstellung der Märzrevolution. Diese folgte dem in der Bundesrepublik bis dahin üblichen Erinnerungskonzept, welches vor allem die historische Tradition des Parlamentarismus pflegte.

In West-Berlin dagegen hielt die überparteiliche Bürgerinitiative *„Aktion 18. März"* schon seit den späten 1970ern die Erinnerung an die Märzrevolution und die Barrikadenkämpfe wach. Bereits vor der Friedlichen Revolution von 1989 legte sie Kränze auf dem *Friedhof der Märzgefallenen* im Stadtbezirk Friedrichshain nieder, seit 1990 organisiert sie dort jährlich am 18. März Gedenkfeiern. Auf ihre Initiative hin wurde der Berliner „Platz vor dem Brandenburger Tor" umbenannt in „Platz des 18. März" – dies sowohl in Erinnerung an die Märzrevolution, als auch an die ersten freien Volkskammerwahlen in der DDR vom 18. März 1990. Außerdem wurden zwölf Berliner Barrikadenstandorte mit Gedenktafeln markiert. Darüber hinaus griff das Abgeordnetenhaus von Berlin einen Vorschlag der „Aktion 18. März" auf und stellte im Bundesrat den Antrag, den 18. März zum nationalen Gedenktag zu erklären. Der in Friedrichshain ansässige Paul Singer Verein wiederum gab den Anstoß, auf dem Friedhof der Märzgefallenen eine nationale Gedenkstätte zur Erinnerung an die Märzrevolution von 1848 zu etablieren. Im Rahmen dieses Projektes wurde am 29. Mai 2011 die neue Ausstellung „Am Grundstein der Demokratie" im Volkspark Friedrichshain eröffnet.

M1 Zwei Reichstagsabgeordnete über die Revolution von 1848/49

August Bebel, führender Kopf der SPD, erklärt am 18. März 1898, dem Gedenktag der Barrikadenkämpfe in Berlin 1848, vor dem deutschen Reichstag:

Der Herr Kriegsminister hat erklärt, die Erinnerung an den 18. März gehöre zu den traurigsten Blättern der deutschen Geschichte.

(Rechts: Sehr richtig!)

5 Ganz mit Recht hat ihn bereits der Abgeordnete Muckel daran erinnert: Ohne den 18. März kein Deutsches Reich, ohne das Deutsche Reich kein Deutscher Reichstag, und ich füge hinzu, ohne den Deutschen Reichstag kein Kriegsminister an dieser Stelle.

10 *(Lebhafter Beifall links; große Unruhe rechts.)*

[...] Meine Herren, wenn etwas wahr ist, dann das, dass ein heute erschienenes Blatt, kein sozialdemokratisches [die satirische Zeitschrift „Ulk"], als bestes Denkmal der Märzrevolution das Gebäude des Deutschen Reichstags darstellt.

15 *(Lachen und große Unruhe rechts, lebhafte Zustimmung links.)*

Das steht hier als die Verwirklichung der Gedanken und Ideen, für die 1848, vor genau 50 Jahren, in diesen Stunden das sogenannte „Gesindel" auf den Barrikaden Berlins gekämpft hat.

20 *(Stürmische Zustimmung bei den Sozialdemokraten.)*

Die Männer haben im Jahre 1848 getan, was Sie 1870 getan zu haben vorgeben und sich dessen rühmen. Wäre 1848 geworden, was die damaligen Kämpfer des Volkes aus ihm machen wollten, dann war 1870 unnötig, dann wäre das

25 Deutsche Reich in ganz anderer Macht und Herrlichkeit als heute schon damals gegründet worden.

(Stürmischer Beifall links, heftige Unterbrechungen rechts.)

Aus der Entgegnung des Konservativen Bernhard von Puttkamer-Plauth, eines Rittergutsbesitzers und ehemaligen Offiziers:

Er ist nun in seiner Verherrlichung der Revolution so weit gegangen zu behaupten, dass, wenn die Revolution von 1848

30 nicht gewesen wäre, wir auch kein Deutsches Reich hätten. Für den, der die Geschichte jener unglücklichen Zeit kennt, darf es keinem Zweifel unterliegen, dass die Revolution sich als vollständig unfähig herausstellte, die deutsche Reichseinheit zu schaffen.

35 *(Rechts: Sehr richtig!; Widerspruch bei den Sozialdemokraten.)*

[...]

Meine Herren, nun hat Herr Bebel hier auch die Märzgefallenen verherrlicht. Ich bin weit davon entfernt, einen Stein auf diese Leute werfen zu wollen, die damals sich soweit vergessen haben, infolge der von mir bezeichneten Aufreizungen 40 und Verführung, dass sie die Waffen ergriffen haben und gegen die Obrigkeit von Gottes Gnaden Revolution gemacht haben.

(Bei den Sozialdemokraten: „Ach! Ach!"; Rechts: „Sehr gut".)

Aber wenn er hier die Märzgefallenen verherrlicht, so wird 45 er uns nicht verdenken können, wenn wir auch der braven Soldaten heute und hier gedenken,

(lebhaftes Bravo rechts)

welche damals dem Rufe ihres Königs gefolgt sind und gegen die Revolution, und zwar siegreich, gefochten haben. 50

(Zuruf bei den Sozialdemokraten.)

[...]

Und unsere Meinung von der Revolution von 1848 ist die, dass sie eine arge Verirrung war und dass sie dem deutschen und preußischen Volke nichts genutzt, sondern nur geschadet 55 hat.

(Rechts: „Sehr richtig!".)

und dass alle großen Ereignisse, die seitdem errungen worden sind, auf dem Zusammenwirken von Rüsten und Volk und Armee beruhen und die Revolution von 1848 damit 60 absolut nicht zu tun hat.

(Lebhaftes Bravo rechts.)

Stenografische Berichte über die Verhandlungen des Reichstages, IX. Legislaturperiode, V. Session, 1897/98, Bd. 2, Berlin 1898, S. 1603 f., zitiert nach: Ulrich Mayer, Die Rezeption der Revolution 1848/49, in: Geschichte lernen 61 (1998), S. 60

1. Arbeiten Sie die Sichtweisen Bebels und Puttkamer-Plauths heraus.

2. Erläutern Sie den Zusammenhang zwischen der jeweiligen politischen Grundüberzeugung und der Meinung über die Revolution.

3. Bebel meint, dass die Einigung Deutschlands 1870 nur unvollständig gelungen sei, und beklagt die fehlende soziale Gerechtigkeit im Deutschen Reich. Nehmen Sie Stellung zu seiner Aussage: „Wäre 1848 geworden, was die damaligen Kämpfer des Volkes aus ihm machen wollten, dann war 1870 unnötig, dann wäre das Deutsche Reich in ganz anderer Macht und Herrlichkeit als heute schon damals gegründet worden."

M2 Reichspräsident Ebert zum Paulskirchenjubiläum

Der Text stammt aus einer von Reichspräsident Friedrich Ebert in der Paulskirche am 18. Mai 1923[1] gehaltenen Rede, die dann am 19. Mai 1923 in der Frankfurter Zeitung (Erstes Morgenblatt) erschienen ist:

In den Freiheitskriegen hatte das deutsche Volk in freiwilliger und bewusster Hingabe an den Gedanken einer deutschen Nation sich die äußere Freiheit errungen; sein Streben, nun auch aus der deutschen Vielstaaterei zum nationalen Staat
5 auf freiheitlicher Grundlage, zum Reich zu kommen, scheiterte an dem Widerstand der deutschen Fürsten, dem nationalen Gedanken ein Opfer an Souveränitätsrechten zu bringen. Treulich bewahrte trotz alledem das deutsche Volk seit den Freiheitskriegen im Zeichen des schwarz-rot-goldenen
10 Banners das Ideal der Einigung der deutschen Stämme und der inneren Freiheit. In der großen Volksbewegung, die 1848 wie andere Nationen auch die Deutschen erfasste, sollte an dieser Stätte das politische Streben der Besten und der Bedeutendsten der Nation, sollte der Volksstaat des einigen
15 und freien Deutschland Verwirklichung finden. Zum ersten Male ging aus allgemeinen Wahlen des ganzen deutschen Volkes eine Vertretung Deutschlands hervor, die Nationalversammlung, ein Parlament von hohem geistigen Schwung, von edelstem Wesen und starkem nationalen Bewusstsein.
20 Dieser ersten Nationalversammlung gelang es, die Grundrechte des deutschen Volkes und die Verfassung des einigen Deutschen Reiches zu schaffen, aber es gelang ihr nicht, das Reich selbst aufzurichten. Dazu fehlten ihr die realen Machtmittel; am Geiste der Kleinstaaterei scheiterte ihr nationaler
25 Wille. [...] Dann, als wiederum, 70 Jahre später, im Winter 1918/19 das deutsche Volk gezwungen war, sein Geschick selbst in die Hand zu nehmen, sein Staatswesen in den Nöten der Zeit neu aufzubauen, führte uns die Arbeit von Wei-

---

[1] 18. Mai 1848: Zusammentritt der Nationalversammlung

◄ **Die Paulskirche in Frankfurt am Main.**
Foto von 2010.
Der klassizistische Rundbau aus Rotsandstein des Architekten Johann Friedrich Christian Hess wurde 1833 als evangelisch-lutherische Hauptkirche der Stadt Frankfurt am Main geweiht. Nachdem der Bau 1944 komplett zerstört worden war, baute man die Kirche wieder auf und weihte sie am 18. Mai 1948 anlässlich der Hundertjahrfeier der Deutschen Nationalversammlung neu ein. Seitdem dient die Paulskirche als Stätte der Erinnerung an den Beginn der deutschen Demokratie sowie als Ausstellungsgebäude und Ort für Festveranstaltungen.

mar zur Frankfurter Paulskirche zurück, zu den Leitgedanken, die einst an dieser Stätte geboren sind. [...] 30
Einheit, Freiheit und Vaterland! Diese drei Worte, jedes gleich betont und gleich wichtig, waren der Leitstern, unter dem die Paulskirche wirkte. Sie sind auch Kern und Stern des Daseinskampfes, den wir heute an Rhein, Ruhr und Saar zu führen gezwungen sind. Dort stehen wir in entschlossener Abwehr, 35 um das einige Reich, um unsere Freiheit zu erhalten, dort kämpfen alle Volksgenossen mit äußerster Hingabe für den Staat des deutschen Volkes.
Diesen Geist der Einigkeit, der Freiheit und des Rechtes, der uns auch in dieser tiefsten Not erhebt, wollen wir bewahren. 40 Er soll und wird uns einer besseren Zukunft entgegenführen. [...]

Zitiert nach: „... bis es ein freies Volk geworden ..." 1848/49 Revolution, in: Deutschland und Europa, hrsg. von der Landeszentrale für politische Bildung BW, Heft 35, 1997, S. 46

1. *Arbeiten Sie aus dem Text heraus, wie Ebert das wiederholte Scheitern einer deutschen Einigung begründet und welche Chancen er in der aktuellen Situation des Jahres 1923 für den Erhalt Deutschlands sieht.*
2. *Überprüfen Sie die von Ebert erwähnte Traditionskette am realen Verlauf der Einigung.*
3. *Analysieren Sie den politischen Standort, den der Reichspräsident in dieser Rede vertritt.*

M3 Eröffnung der Erinnerungsstätte in Rastatt

Aus der Ansprache von Bundespräsident Gustav Heinemann bei der Eröffnung der „Erinnerungsstätte für die Freiheitsbewegungen in der deutschen Geschichte" in Rastatt am 26. Juni 1974:

Hier in Rastatt begann die badische Mairevolution von 1849, übrigens unter wesentlicher Beteiligung des Militärs [...]. Hier endete die Reichsverfassungskampagne mit der Übergabe der Festung Rastatt am 23. Juli 1849, und in diesem Saale, in dem wir jetzt versammelt sind, tagte danach das Standge- 5

▲ Denkmal für die 1849 erschossenen Freiheitskämpfer.
Karte mit Fotografie, um 1899.
Das Denkmal steht im Rastatter Patientengarten. Die obere Tafel
nennt Name, Rang, Heimatort und Todesdatum der Hingerichte-
ten. In die untere Tafel durfte erst 1924 die folgende Widmung ein-
graviert werden: „Den Opfern des Unverstandes und der Willkür, /
den Kämpfern für Freiheit und Recht, den Toten die Lebenden."

richt und fällte seine harten Urteile. Neunzehn Revolutionäre
wurden allein hier zum Tode verurteilt und hingerichtet,
viele weitere an anderen Orten, Hunderte auf Jahre in die
Gefängnisse geworfen. So hat Rastatt einen hohen Erinne-
10 rungswert in der Geschichte der deutschen Freiheitsbewegung. [...]
Man sagt gelegentlich, und ich habe es auch getan, die Geschichte werde vom Sieger geschrieben. Wahr daran ist, dass
die deutsche Erhebung von 1848/49 wie so manche andere
15 Freiheitsbewegung niedergeschlagen wurde, und wahr ist
auch, dass sich die Sieger mit den Fürstenkronen und ihre
Diener mit Kräften darum bemüht haben, das Bild der Erinnerung daran bis in die Geschichtsschulbücher hinein
zu schmähen, zu verdunkeln, ja nach Möglichkeit ganz zu
20 tilgen. Genau dies hat meine Bemühungen um ein ausge-
glichenes Geschichtsbild angetrieben.
[...]

Der Bundespräsident ist nicht der Geschichtslehrer der Nation. Mir geht es darum, bestimmte Bewegungen in unserer
Geschichte, die unsere heutige Demokratie vorbereitet 25
haben, aus der Verdrängung hervorzuholen und mit unserer
Gegenwart zu verknüpfen.
Um es positiv auszudrücken: Mir liegt daran, bewusst zu
machen, dass unsere heutige Verfassung durchaus eigenständige Wurzeln hat und nicht nur eine Auflage der Sieger 30
von 1945 ist. Andere Nationen tun sich da leichter. Wir haben
Umbrüche und Zusammenbrüche in solcher Häufigkeit erlebt, dass es manchem von uns am Ende ratsam erschien,
aus der Geschichte überhaupt auszusteigen und nur noch
nach dem Tage zu leben. [...]   35
Freiheitlich-demokratische und rechtsstaatliche Sozialordnung war ein alter Traum auch in unserem Land.
Unsere Geschichte ist nicht so arm an Freiheitsbewegungen,
wie wir und andere uns oftmals einreden wollen. [...]
Was es in unserer Geschichte an Freiheitsbewegung gege- 40
ben hat, soll hier in jeweils neuer Form anschaulich gemacht
werden, und alle sind aufgerufen, sich daran zu beteiligen,
zumal die Jugend mit eigenen Beiträgen und eigener Kritik.
Schulklassen mögen auf ihren Fahrten hierher kommen,
Anregungen für ihren Unterricht empfangen und diese dann 45
in die eigene Arbeit einfließen lassen.
Eine stumme Heldengalerie, ein Walhalla deutscher Freiheit
ist nicht beabsichtigt. Schweigende Verehrung wird nicht
erwartet. Freiheit ist im Laufe der Geschichte auch miss-
braucht oder nur als Deckmantel für selbstsüchtige Inter- 50
essen bestimmter Gruppen benutzt worden.
[...]
Es handelt sich nicht darum, die Freiheitsbewegungen zu
idealisieren. Sie hatten ihre Unzulänglichkeiten, ihre Miss-
griffe und Selbstsüchteleien. Ich wünschte mir, dass an die- 55
ser Erinnerungsstätte auch Zwischentöne und Mängel sichtbar werden.
Die Geschichte der deutschen Freiheitsbewegungen bleibt
dennoch großartig genug. Ihre Proklamationen und zumal
die Grundrechte-Erklärung der Frankfurter Verfassung kön- 60
nen sich mit den klassischen Freiheitsforderungen anderer
Völker durchaus messen.

Gustav W. Heinemann, Präsidiale Reden. Einleitung von Theodor Eschen-
burg, Frankfurt am Main 1975, S. 133-139

1. *Begründen Sie, warum Rastatt für Bundespräsident*
Heinemann einen hohen Erinnerungswert hat.
2. *Erläutern Sie, welche Aufgabe die Erinnerungsstätte*
haben soll. Überlegen Sie, wie eine Erinnerungsstätte
gestaltet sein müsste, um diese Aufgabe zu erfüllen.
3. *Erörtern Sie die Frage, ob Frankfurt als Erinnerungsstätte*
geeigneter wäre.

Nationalsozialismus und Zweiter Weltkrieg im Spiegel der Geschichtskultur

▶ **In einer Arena.**
*Foto vom 16. April 1945.
Die Täter und Mitläufer, die
Sieger und Richter, die Opfer
und Zeugen: Auf Befehl des
US-Generals George S. Patton
mussten etwa tausend Wei-
marer Bürger das gerade
befreite KZ Buchenwald
inspizieren.*

Bergen-Belsen-Prozess: Als
erster Prozess gegen jene, die
die eigentliche „Tötungsar-
beit" in den KZ und Vernichtungslagern verrichtet hatten, wurde am 17. September
1945 in Lüneburg der „First
Belsen Trial" gegen den KZ-
Kommandanten, 20 weitere
SS-Männer, 16 Aufseherinnen
des Lagers und elf Funktionshäftlinge eröffnet. Der Kom-
mandant, weitere sieben
Männer und drei Frauen
wurden zum Tode verurteilt.
19 Personen, darunter acht
Funktionshäftlinge, erhielten
Haftstrafen, die übrigen
Freisprüche.

**Sowjetische Militärtribunale
(SMT)**: Ihre Rechtsnorm war
das sowjetische Kriegsrecht
und die sowjetische Strafpro-
zessordnung. Etwa 35 000
deutsche Zivilisten wurden
durch SMT verurteilt, ebenso
viele Kriegsgefangene, hiervon 70 Prozent der Generäle,
zehn Prozent der Offiziere
sowie ein Prozent der Mannschaften.

„Vergangenheitsbewältigung" in der Besatzungszeit ■ Die Auseinandersetzung mit
der nationalsozialistischen Vergangenheit wurde 1945 zunächst von den Alliierten
angestoßen. Unmittelbar nach ihrem Einmarsch zwangen sie die Deutschen, die
nationalsozialistischen Verbrechen wahrzunehmen. Das geschah beispielsweise im
vormaligen Konzentrationslager Buchenwald oder in Lüneburg, wo die britische Be-
satzungsmacht die Bewohner der weiteren Umgebung nötigte, dem **Bergen-Belsen-
Prozess** als Zuschauer beizuwohnen. In vielen Orten wurden die deutschen Verbrechen
auch auf großen Foto-Schautafeln dokumentiert.

     In dieser ersten Phase bis 1949, der *„Phase der politischen Säuberung"* (Norbert Frei),
wurden Kriegsverbrecher, frühere nationalsozialistische Funktionäre, aber auch
Mitläufer zur Rechenschaft gezogen. Für die Bevölkerung waren die Nachkriegspro-
zesse dabei eine erste wichtige Informationsquelle. So gaben im November 1945 65
Prozent und im Sommer 1946 sogar 87 Prozent der befragten Deutschen an, dass sie
durch die Berichterstattung über das *Internationale Militärtribunal* der Alliierten in
Nürnberg etwas erfahren hatten, was ihnen bislang nicht bekannt gewesen sei. Ein
weiteres Beispiel hierfür ist der Dresdener Euthanasie-Prozess von 1947, der durch eine
umfangreiche Presseberichterstattung begleitet wurde und erstmals über die Dimensionen des nationalsozialistischen Krankenmordes informierte. Im Westen waren die
Prozesse der Alliierten größtenteils und die der deutschen Gerichtsbarkeit immer
öffentlich; sie trugen so zur Aufklärung und zur Aufarbeitung bei. Die **Sowjetischen
Militärtribunale (SMT)** in der Sowjetischen Besatzungszone hingegen tagten der
stalinistischen Rechtspraxis folgend nicht öffentlich und lieferten somit auch keinen
Beitrag zur Geschichtskultur.

     Gegen Ende der Besatzungszeit wandelte sich die Bewertung der justiziellen Auf-
arbeitung in der Bevölkerung. 1949 hielt nur noch jeder dritte Deutsche die Nürnberger
Prozesse für gerecht. Ein Großteil sah sich als „Opfer Hitlers" und – nach Jahren der
Entnazifizierung und Umerziehung – auch als „Opfer der Alliierten" und ihrer „Sieger-
justiz".

Amnestie und Integration nach der doppelten Staatsgründung ■ Mit der doppelten Staatsgründung im Herbst 1949 wurden bereits erste Parallelen und Differenzen in den beiden deutschen Geschichtskulturen sichtbar (▶ M1). Der Wunsch nach einem „Schlussstrich" war weit verbreitet. In der freien Presse der Bundesrepublik oder im Wahlkampf zum ersten Bundestag konnte das auch öffentlich gemacht werden. Schon vom ersten „Straffreiheitsgesetz" des Bundestags vom 31. Dezember 1949 profitierten Zehntausende von Nazi-Tätern. In dieser zweiten Phase, der *„Phase der Vergangenheitspolitik"*, ermöglichten weitere Amnestie- und Integrationsangebote – wie beispielsweise die zum Artikel 131 GG – den Aufstieg der Eliten und Trägergruppen des „Dritten Reichs" in maßgebliche Positionen in Staat, Gesellschaft und Politik. Allerdings gab es auch Politiker, die gegen diesen Hang zur Schuldabwehr auftraten (▶ M2).

In der DDR rehabilitierte das am 9. November 1949 verabschiedete „Gleichberechtigungsgesetz" der Volkskammer alle, die einzig und allein wegen der Mitgliedschaft in der NSDAP ihre Beschäftigungsmöglichkeiten und ihre Rechte verloren hatten. 1952 wurden auch geringfügig Belastete integriert, der Bereich der Justiz und der Exekutive blieb ihnen jedoch weiter verschlossen. Mit dem Abschluss der „antifaschistisch-demokratischen Umwälzung" und der Gründung der DDR sah man die strukturellen und ideologischen Wurzeln des Nationalsozialismus „ein für alle Mal ausgerissen". Die Existenz sowjetischer Internierungslager stand dem symbolischen Abschluss der Entnazifizierung jedoch entgegen, was die SED-Führung seit 1949 zu ändern suchte. Schließlich wurden die Lager Anfang 1950 aufgelöst. 10 000 Internierte kamen frei, 10 500 bereits von den SMT Verurteilte wurden zur weiteren Strafverbüßung und weitere 3 400 „zur Feststellung der Schuld und zur Aburteilung" an die DDR übergeben, was in den Waldheimer Prozessen geschah. Danach wurde der „Abschluss der Entnazifizierung entsprechend der Potsdamer Beschlüsse" verkündet.

In der Bundesrepublik wurden die von der NATO herangetragenen Erwartungen an einen westdeutschen „Wehrbeitrag" mit Forderungen nach Freilassung der „Kriegsverurteilten" und der Rehabilitation der Waffenträger des „Dritten Reichs" beantwortet. Viele von den Alliierten verurteilte Kriegsverbrecher kamen frei. Auf Drängen der Deutschen erklärte NATO-Oberbefehlshaber *Dwight D. Eisenhower* am 22. Januar 1951: „Ich für meinen Teil glaube nicht, dass der deutsche Soldat seine Ehre verloren hat." Eine Ehrenerklärung von Bundeskanzler *Konrad Adenauer* vor dem Bundestag gemäß der die Gruppe der Kriegsverbrecher „außerordentlich gering und außerordentlich klein" gewesen sei, folgte am 5. April 1951. Unter dem Eindruck des Kalten Krieges „konnte der Zweite Weltkrieg", resümiert der Historiker *Edgar Wolfrum* daher, „zuweilen sogar als deutscher Beitrag zu einer antikommunistisch-westeuropäischen Einigung interpretiert werden".

Erst knapp 50 Jahre später, in den Jahren 1995-1999 und 2001-2004, sollte es schließlich möglich sein, die Dimensionen des Vernichtungskrieges im Osten, den die – so die Vorstellung der bundesdeutschen Öffentlichkeit – im wesentlichen „sauber gebliebene" Wehrmacht 1941-1944 geführt hatte, in zwei kontrovers diskutierten Wechselausstellungen zu präsentieren und damit ein weiteres Kapitel deutscher Schuld zu beleuchten.

Antifaschismus als Integrationsideologie und Legitimationsquelle ■ Der Verweis auf die „Nazi- und Kriegsverbrechen" war von Beginn an ein zentraler Pfeiler der Identitätspolitik der DDR. Da die Macht- und Kulturelite des Landes größtenteils aus einst Verfolgten und aus Kämpfern gegen den Nationalsozialismus bestand, konnte sie erstens der ostdeutschen Bevölkerung gegenüber mit einer gewissen moralischen Überlegen-

▲ **Schlussstrich drunter!**
Wahlplakat der Freien Demokratischen Partei (FDP) zur Bundestagswahl 1949.

Artikel 131 GG: Das Gesetz zu diesem Artikel des Grundgesetzes vom 11. Mai 1951 erlegte dem öffentlichen Dienst auf, mindestens 20 Prozent des Besoldungsaufwandes für jene Beamten und Berufssoldaten zu verwenden, die derzeit noch „ausgeschieden sind und bisher nicht oder nicht ihrer früheren Stellung entsprechend verwendet werden". Aus diesem Grund stellten die Behörden schon aus Budget-Gründen bevorzugt wieder diese Belasteten (Juristen, Gestapo-Leute, Berufssoldaten und Schreibtischtäter) ein.

Waldheimer Prozesse: Von April bis Juni 1950 wurden in Waldheim (Sachsen) 3 324 Insassen ehemaliger sowjetischer Speziallager in der DDR in dreißigminütigen „Prozessen" zu Strafen von 15 bis 25 Jahren Haft verurteilt. Als Informationen zu den Geheimverfahren durchsickerten, eröffnete man gegen zehn offenkundige Nazi-Verbrecher Schauprozesse, in denen auch lebenslängliche Haftstrafen oder Todesurteile verhängt wurden. In den Medien suggerierte man danach, dass die vorangegangenen Verfahren ebenfalls öffentlich gewesen seien.

▶ **Einweihung der KZ-Gedenkstätte Buchenwald.** *Foto vom 14. September 1958. Ein Jahr später wurden am Ort des ehemaligen KZ Ravensbrück sowie 1965 des KZ Sachsenhausen weitere „Nationale Mahn- und Gedenkstätten" der DDR eröffnet.*

Zentrale Stelle der Landesjustizverwaltungen zur Aufklärung nationalsozialistischer Verbrechen: Sie nahm ihre Arbeit am 1. Dezember 1958 auf und ermittelte systematisch zu nationalsozialistischen Verbrechen, die jenseits der alten Reichsgrenzen an Zivilisten und in den KZ begangen wurden, da die bundesdeutschen Staatsanwaltschaften und Gerichte für in deren Bezirk begangene Straftaten oder dort lebende Täter zuständig waren. Ab 1964 wurde ihre Zuständigkeit auf das Bundesgebiet erweitert. Schon 1959 leitete die „Zentrale Stelle" den Staatsanwaltschaften 400 Vorermittlungen zu, teilweise mit hunderten Beschuldigten. Ihr erster Leiter, Erwin Schüle, trat 1966 wegen falscher Angaben zu seiner NSDAP-Mitgliedschaft und wegen des Vorwurfs der Beteiligung an Kriegsverbrechen in der Sowjetunion zurück.

heit auftreten. Die von ihnen verordnete antifaschistische Geschichtsdeutung besagte, dass „der Aufbau des Sozialismus die einzig richtige Konsequenz aus dem Faschismus" sei, denn nur mit der Abschaffung des Kapitalismus sei auch die Grundlage für den Faschismus für immer beseitigt.* Somit konnten sich alle, die sich mit dem Sozialismus identifizieren, auch als „Sieger der Geschichte" verstehen. Zweitens versuchte sich die DDR mit ihrer antifaschistischen Staatsdoktrin auch außenpolitisch zu legitimieren. Beide Funktionen des Antifaschismus illustrierte der Staatsakt, mit dem 1958 gemeinsam mit Gästen und ehemaligen Häftlingen aus vielen Ländern die Gedenkstätte Buchenwald eingeweiht wurde (▶ M3). Drittens nutzte die DDR den Verweis auf die nationalsozialistische Vergangenheit aus, um den Konkurrenten im Westen, dessen Elite und Beamtenschaft eine kaum gebrochene personelle Kontinuität zum „Dritten Reich" aufwies, als „braunes System" darzustellen.

Die aufwändigste und folgenreichste Kampagne hierzu startete am 23. Mai 1957 in Ost-Berlin. Während der internationalen Pressekonferenz „Gestern Hitlers Blutrichter – Heute Bonner Justizelite" wurden die früheren Positionen von 118 bundesdeutschen Richtern und Staatsanwälten enthüllt. Im Laufe der folgenden drei Jahre identifizierte die DDR ungefähr alle sechs Monate weitere 200 Juristen des „Dritten Reichs". Das erregte auch im Ausland Aufmerksamkeit – beispielsweise debattierten im Juli 1957 die britische Presse und das Unterhaus über die Zustände in der bundesdeutschen Justiz – sodass die Politik unter Handlungsdruck geriet. Letztlich beschloss die Ende 1958 tagende Konferenz der Justizminister, die **Zentrale Stelle der Landesjustizverwaltungen zur Aufklärung nationalsozialistischer Verbrechen** zu gründen. Das war eine Verlegenheitslösung. Sie trug zwar nicht die Hypothek der NS-belasteten Juristen ab, ließ jedoch die systematische Ermittlung gegen Nazi-Täter, die Anfang der 1950er-Jahre nahezu zum Erliegen gekommen war, wieder Fahrt aufnehmen. Als ein Jahr später, am Heiligen Abend 1959, eine Synagoge mit Hakenkreuzen beschmiert wurde und es in den folgenden Wochen zu fast 700 ähnlichen Übergriffen kam, wurde auch breiteren Kreisen der bundesdeutschen Öffentlichkeit bewusst, dass die Gesellschaft ihr Verhältnis zur nationalsozialistischen Vergangenheit klären muss.

---

* Diese Vorstellung basierte auf der Faschismus-Definition des Bulgaren Georgi Dimitroff aus dem Jahr 1935.

Skandal und Wandel in der Bundesrepublik – Ritualisierung in der DDR Die dritte Phase, die *„Phase der Vergangenheitsbewältigung"*, dauerte vom Ende der 1950er- bis zum Ende der 1970er-Jahre und zeichnete sich besonders in der Bundesrepublik scharf von den vorherigen Phasen ab. Langsam setzte ein Umdenken ein. Orte des NS-Terrors, etwa frühere Konzentrationslager wie Dachau, wurden zu Gedenkstätten, auch gewann der Nationalsozialismus in westdeutschen Lehrplänen sowie in der politischen Bildung zunehmend an Bedeutung. Gleichzeitig wurde die bundesdeutsche Öffentlichkeit buchstäblich im Gerichtssaal über die Verbrechen des Nationalsozialismus aufgeklärt. So schrieb der Schriftsteller *Martin Walser* zum Abschluss des Frankfurter *Auschwitz-Prozesses* 1963-1965: „Der Prozess gegen die Chargen von Auschwitz hat eine Bedeutung erhalten, die mit dem Rechtsgeschäft nichts mehr zu tun hat. Geschichtsforschung läuft mit, Enthüllung, moralische und politische Aufklärung einer Bevölkerung, die offenbar auf keinem anderen Wege zur Anerkennung des Geschehenen zu bringen war." Die Gerichtsverhandlungen der 1960er-Jahre stellten das in der westdeutschen Gesellschaft gängige Täterbild infrage und präzisierten die Vorstellungen von der Funktionsweise des nationalsozialistischen Regimes. Der *Eichmann-Prozess* 1961 in Jerusalem zeigte, dass nicht nur „eine kleine Clique um Hitler und Himmler" und einzelne brutale „Exzesstäter" oder „menschliche Randexistenzen" für den Massenmord an den Juden Europas verantwortlich waren, sondern auch ein Heer unscheinbarer Bürokraten in einem breit gefächerten Institutionennetz, welches Eichmann koordinierte – ein „Verwalter, dessen Ressort das Morden" war, wie „Die Zeit" damals schrieb.

Während sich in der DDR der ritualisierte antifaschistische Bezug auf den Nationalsozialismus nur in Nuancen wandelte und öffentliche Kontroversen ohnehin nicht möglich waren, spitzte sich in der Bundesrepublik in den 1960er-Jahren die Auseinandersetzung um die Vergangenheit zu. Dem Verschwiegenheitskomplott einer Gesellschaft, deren tragende Stützen immer noch Sechzigjährige waren, welche häufig im Nationalsozialismus ihre Karriere begonnen hatten, trat eine neue Generation Historiker, Journalisten, Juristen oder politisierter Bürger entgegen. Vieles wurde skandalisiert. Hierzu gehörte auch, dass der Bundestag am 1. Dezember 1966 mit *Kurt Georg Kiesinger* ein ehemaliges NSDAP-Mitglied zum Bundeskanzler wählte.

Im Mai 1968 wurden dem Bundestag einige wenig spektakulär wirkende Gesetzesvorlagen, die sich mit Ordnungswidrigkeiten befassten, zur Abstimmung zugeleitet. Zusätzlich ging es auch um die Neuformulierung des **Paragrafen 50, Absatz 2 des Strafgesetzbuches**. Für die Strafverfolgung nationalsozialistischer Verbrecher war die Novellierung des Beihilfe-Paragrafen ein Desaster: Da im bundesdeutschen Rechtsverständnis als Haupttäter immer Hitler, Himmler, Heydrich u. a. galten, wurde die Masse der Schreibtischtäter stets nur wegen Beihilfe zum Mord angeklagt. Aufgrund der Novelle mussten viele Prozesse und Ermittlungsverfahren eingestellt werden – unter anderem auch die schon seit sechs Jahren andauernden Ermittlungen gegen etwa 300 Täter des Reichssicherheitshauptamtes. Was in der offiziellen Sprachregelung als „Panne des Gesetzgebers" galt, nannte die kritische Öffentlichkeit *„kalte Amnestie"*. Im gleichen Jahr wurde mit *Hans-Joachim Rehse* einer der am schwersten belasteten Richter des Volksgerichtshofs freigesprochen. Seine Todesurteile hätten damals der legitimen Selbstbehauptung des Staates gedient, so die Begründung des Freispruchs von 1968. Einen Sturm der Entrüstung entfachte der Hinweis des Gerichtes, dass sich der Staat auch heute mit härteren Strafen gegen Demonstranten wehren müsse. Die gingen daraufhin wieder auf die Straße und verglichen den Freispruch mit der einjährigen Gefängnisstrafe, die **Beate Klarsfeld** bekommen hatte, nachdem sie Bundeskanzler Kurt Georg Kiesinger aufgrund seiner früheren NSDAP-Mitgliedschaft mit den Rufen „Nazi, Nazi!" geohrfeigt hatte.

▲ **„Rosen für den Staatsanwalt."**
Plakat von 1959.
Der Film „Rosen für den Staatsanwalt" (Regie: Wolfgang Staudte; Darsteller: Martin Held, Walter Giller u. a.) kam 1959 in die bundesdeutschen Kinos. Thema ist die Verdrängung der NS-Vergangenheit eines Kriegsrichters in der Bundesrepublik. Staudte erhielt dafür 1960 den Bundesfilmpreis, lehnte ihn aber ab.

Paragraf 50, Absatz 2 des Strafgesetzbuches: Diese Strafgesetzbuchänderung erklärte den Tatbestand „Beihilfe zum Mord aus niederen Beweggründen" rückwirkend seit 1960 straffrei.

Beate Klarsfeld: geb. 1939 in Berlin, lebt in Paris. Die Journalistin provozierte Skandale um etablierte Ex-Nazis und half, Massenmörder wie Kurt Lischka und Klaus Barby vor Gericht zu bringen. Sie ist „Offizierin der Ehrenlegion" Frankreichs und trägt die israelische „Tapferkeitsmedaille der Ghettokämpfer". Die Verleihung des Bundesverdienstkreuzes wurde bislang abgelehnt.

▲ „Die Bilder des Zeugen Schattmann."
1972 strahlt das DDR-Fernsehen diese vierteilige Serie über die Verfolgung, KZ-Haft und Ermordung der Juden aus. Der Streifen ist die Verfilmung des drei Jahre zuvor erschienenen gleichnamigen autobiografischen Romans von Peter Edel.

▲ „Holocaust."
Filmplakat zur TV-Serie von 1979.

Historikerstreit: Debatte der Jahre 1986/1987, in der Wissenschaftler die Frage nach der historischen Einzigartigkeit des Holocaust diskutierten sowie über die Funktion und Rolle der „Vergangenheitsbewältigung", d.h. wie in der Bundesrepublik künftig in Politik und Gesellschaft mit dem Nationalsozialismus umzugehen sei.

Die oft sehr persönlich geführte Auseinandersetzung der Jugend von 1968 mit der Vergangenheit ihrer Eltern, Lehrer und Professoren ging mit einem politisierten, abstrakten, inflationären Gebrauch des Faschismus-Vorwurfs einher. So wurde die NS-Vergangenheit auch für den Kampf gegen das „Establishment" instrumentalisiert, bisweilen prangerte man sogar Fahrscheinkontrollen als „tendenziell faschistisch" an. In der DDR blieb eine solche auf den Nationalsozialismus zentrierte Auseinandersetzung der jungen Generation mit der älteren aus. Neben der diktatorischen Verfasstheit des Staates war das einerseits durch die „antifaschistische Herkunft" der Herrschenden bedingt. „Wir fühlten eine starken Hemmung, gegen Menschen Widerstand zu leisten, die in der Nazi-Zeit im KZ gesessen hatten", kommentierte die Schriftstellerin *Christa Wolf* rückblickend. Andererseits war in der DDR die Auseinandersetzung mit dem „Hitler-Faschismus" ein Dauerthema in Politik, Bildung und Medien. Seit Gründung des Landes war die Bevölkerung durch dutzende Romane, Fernseh- und Kinoproduktionen, die zum Teil auch zum zentral vorgegebenen Schulstoff gehörten, „antifaschistisch" beeinflusst.

Der Holocaust im Fokus der Aufmerksamkeit ■ Ende der 1970er-Jahre begann die *„Phase der Vergangenheitsbewahrung"*, in der sich die Beschäftigung mit dem Nationalsozialismus, vor allem aber auch mit dem Holocaust, auf wissenschaftlichem, publizistischem und politischem Gebiet deutlich intensivierte und in zahlreichen Diskussionen um Gedenktage, Gedenkreden oder Museen ihren Ausdruck fand.

Im Januar 1979 hatte die bundesdeutsche Öffentlichkeit die Ausstrahlung der vierteiligen US-Fernsehserie „Holocaust" erschüttert. Sie zeigte am Schicksal einer Berliner Arztfamilie die Ausgrenzung und schließlich die Ermordung der Juden, die Karriere eines Obersturmbannführers im Nationalsozialismus und illustrierte detailliert die verschiedenen Formen des Massenmordes. In der wissenschaftlichen Forschung und publizistischen Öffentlichkeit war die Beschäftigung mit dem Holocaust bis zu diesem Zeitpunkt so weit zurückgegangen, dass der Historiker *Ulrich Herbert* rückblickend von einer „zweiten Verdrängung" spricht. Erst Mitte der Achtzigerjahre wandten sich Historiker dem Thema verstärkt zu. Neben den Juden kamen nun auch andere Opfergruppen in den Blick: „Zigeuner", Behinderte, „Asoziale", Homosexuelle, Kriegsgefangene, Zwangsarbeiter und Deserteure. Im Unterschied zu den 1960er-Jahren, als engagierte Wissenschaftler und Juristen im Rahmen von Strafprozessen die Verbrechenskontexte erhellten und damit zwangsläufig den Fokus auf die Nazi-Täter legten, kam nun viel stärker die Perspektive der Opfer und Überlebenden ins Bewusstsein der Öffentlichkeit. Kontroversen um die Vergangenheit und den Holocaust gab es nach wie vor. Einen der Höhepunkte stellte zweifelsohne der Mitte der 1980er-Jahre geführte **Historikerstreit** dar.

In der DDR hatte das Thema Holocaust eine geringere Bedeutung. Nicht der Antisemitismus, sondern der Kampf gegen „die Arbeiterklasse" und gegen die Sowjetunion sei das wesentliche Element des „Hitler-Faschismus" gewesen, lautete die immer wieder propagierte Doktrin der SED-Führung. Die Juden erfuhren daher auch keine besondere Anerkennung als Opfer. Erst Ende der 1980er rückte die politische Führung der DDR den Holocaust und die Opfer des Antisemitismus stärker in den Fokus. Den

Feierlichkeiten zum Gedenken an den 50. Jahrestag der „Reichspogromnacht" 1988 kam daher eine nie zuvor dagewesene Bedeutung zu. So stieg die DDR, wie der Historiker *Peter Bender* resümiert, erst kurz vor ihrem Ende herunter „vom hohen Ross des ‚Siegers der Geschichte' und wurde, was die Bundesrepublik war: ein Nachfolgestaat des Nazi-Reiches".

Ein neuer Typ von Geschichtskultur ■ Mit dem Zusammenbruch der DDR-Diktatur konnten die Ostdeutschen damit beginnen, die Instrumentalisierung des DDR-Antifaschismus zu diskutieren. Darüber hinaus wurde seit Mitte der 1990er-Jahre der zutreffende Befund vom „instrumentalisierten Antifaschismus" seinerseits instrumentalisiert, um die DDR zu delegitimieren.

In der Bundesrepublik war die politische Kultur seit Ende der 1970er-Jahre pluraler. Bürgergesellschaftliche Initiativen waren zur Normalität geworden. Das beeinflusste auch die Geschichtskultur. Die (Um-)Benennung von Straßen, Plätzen, Institutionen und Kasernen, die Errichtung, Entfernung oder Umwidmung von Gedenkorten verstand man nun nicht mehr als alleinige Angelegenheit des Staates, sondern als Resultat eines Selbstverständigungsprozesses der Gesellschaft. Selbst das große *„Denkmal für die ermordeten Juden Europas"* im Zentrum Berlins hatte bürgergesellschaftliche Ursprünge.

Heute gibt es in Deutschland eine Vielzahl von Gedenkstätten für Opfer und Widerstandskämpfer aus der Zeit des Nationalsozialismus, die vom Bund, den Ländern, Kommunen oder von bürgergesellschaftlichen Akteuren errichtet wurden und betrieben werden. Das Spektrum reicht von den KZ-Gedenkstätten bis hin zu jüngeren Gedenkorten.

Etwa seit dem Jahr 2000 hat das Thema Nationalsozialismus und Zweiter Weltkrieg auch in Kino- und TV-Produktionen Konjunktur. Eine neue Generation von Autoren und Regisseuren entwickelt hier eine eigene Sichtweise auf die Vergangenheit, welche in der Geschichtswissenschaft, aber auch in den Medien immer wieder kontrovers diskutiert wird (▶ M4).

Im Jahr 2000 wurde mit der „Stolperstein"-Initiative des Künstlers *Gunter Demnig* eine neue geschichtskulturelle Qualität erreicht. Die Aktion liefert den Rahmen für das Engagement bürgergesellschaftlicher Akteure, die in ihrem lokalen Umfeld an das Schicksal von Opfern des Nationalsozialismus erinnern wollen, indem sie die Patenschaft für die Verlegung eines „Stolpersteins" beantragen. Der „Stolperstein" wird vor dem letzten selbstgewählten Wohnsitz des Opfers plan ins Pflaster eingelassen und enthält knapp gehaltene Angaben zur Person. Bis 2011 dienten 32 000 Steine an 700 Orten in zehn europäischen Ländern dazu, das Gedenken an die Opfer im lokalen Kontext wachzuhalten und die Beschäftigung mit dem Nationalsozialismus anzuregen. Gleichzeitig steht diese länderübergreifende Initiative exemplarisch für die zunehmend internationaler werdende Gedenk- und Erinnerungskultur an Nationalsozialismus und Holocaust, die sich heute vor allem in Museen wie dem *United States Holocaust Memorial Museum* in Washington, D.C., oder im *Jüdischen Museum* in Berlin zeigt. Auch die Entwicklung des **27. Januar** von einem nationalen Gedenktag der Deutschen zum „Internationalen Tag des Gedenkens an die Opfer des Holocaust" verweist auf die Tatsache, dass der Holocaust heute Teil einer *transnationalen Erinnerungskultur* geworden ist (▶ M5).

▲ **Gedenkinstallation am Bahnsteig 24 des Leipziger Hauptbahnhofs zur Erinnerung an die Opfer von NS-Verbrechen.** *Foto von 2012.* *Das Denkmal wurde am 27. Januar 2012 eingeweiht. Es erinnert insbesondere auch an die aus Leipzig deportierten jüdischen Bürger und Bürgerinnen.*

▲ **Stolperstein vor einem Haus in der Coppistraße in Leipzig-Gohlis.** *Foto von 2012.*

27. Januar: Tag der Befreiung des Vernichtungslagers Auschwitz-Birkenau (1945) durch die Rote Armee; 1996 Etablierung als nationaler Gedenktag in Deutschland. Seit 2005 ist der 27. Januar auch europäischer Gedenktag der EU sowie globaler Gedenktag der Vereinten Nationen.

M1 Antifaschismus und Antitotalitarismus

Der Historiker Martin Sabrow vergleicht, wie nach 1945 „Vergangenheitspolitik" betrieben worden ist:

Der ostdeutsche Legitimationsantifaschismus wies schließlich tabuisierende Züge auf, indem er wesentliche Aspekte des Nationalsozialismus aus dem kollektiven Gedächtnis wie aus der wissenschaftlichen Forschung verbannte, darunter
5 so zentrale Fragen wie die Massenattraktivität des Hitler-Regimes und die Teilhabe der Bevölkerung an Verfolgung und Vernichtung. Nie brachte die DDR-Geschichtswissenschaft eine Hitler-Biografie hervor, und bis zum Schluss hielt sie an einem dogmatisierten Denken fest, das Hitler als blo-
10 ßen Handlanger der Monopole verstand, die KPD als führende Kraft des Widerstandes und das deutsche Volk als verführtes Opfer der Fremdherrschaft einer kleinen Clique. Die erste Überblicksdarstellung der DDR-Geschichtswissenschaft zur NS-Zeit widmete der Shoa kein Kapitel und keinen
15 Unterabschnitt, sondern konzentrierte sich in den vier von 260 der „faschistische[n] Barbarei in den okkupierten Gebieten" gewidmeten Seiten auf die deutschen Gräueltaten in den besetzten Teilen der Sowjetunion. Juden wurden als Opfergruppe in diesem Zusammenhang nur ein einziges Mal
20 und zwar als Teil der sowjetischen Bevölkerung erwähnt, und auch der Leidensbilanz dieses Opferkapitels, das mit den zukunftsgerichteten Ausbeutungsplänen der deutschen Okkupanten schloss, vermochte der Verfasser noch einen heroisierenden Schlusssatz abzugewinnen: „Die Sowjetvölker
25 vereitelten alle diese Pläne." [...]
Eine vergleichbare politische Instrumentalität und Tabuisierungskraft besaß auf der anderen Seite der Grenze der bundesdeutsche Antitotalitarismus. Sie zeigte sich im Umgang etwa mit dem kommunistischen Widerstand, der in der Bun-
30 desrepublik aus der symbolischen wie der materiellen Integration ausgeschlossen blieb. Sie zeigte sich ebenso in der Wiedergutmachungspolitik gegenüber den Opfern der nationalsozialistischen Gewaltherrschaft: Der zur westlichen Hemisphäre zählende Staat Israel erhielt Entschädigungs-
35 leistungen, osteuropäische Staaten erhielten sie bis 1989 nicht. [...] Seine tabuisierende Kraft bewies der bundesdeutsche Antitotalitarismus, indem er das Bild des christlichen und konservativen Widerstands ebenso von unwillkommenen Zügen zu reinigen erlaubte, wie es der Antifaschismus
40 in Bezug auf den kommunistischen Widerstand vermochte. Die antidemokratischen und teils sogar antisemitischen Grundüberzeugungen vieler Männer des 20. Juli 1944, die in den Anfangsjahren der NS-Herrschaft oft überzeugte Hitler-Anhänger gewesen waren, blieben ebenso im Verborgenen
45 wie die erst jüngst näher beleuchtete Frage der Verstrickung

des militärischen Widerstandsflügels in den nationalsozialistischen Genozid. Diese [...] Haltung belastete die frühe Bundesrepublik mit einer unheilvollen und bis zum Anschein der Komplizenschaft reichenden Symbiose von Amnesie und Amnestie, die aus heutiger Sicht als ein empörender „Tri-
50 umph des ‚Beschweigens'" vor uns steht, sie erlaubte aber zugleich analog zur staatlich verfolgten und gesellschaftlich verlangten Wiedereingliederungspolitik die unzweideutige Verurteilung des NS-Systems, ohne seine ehemaligen Träger und Anhänger auszugrenzen.
55

Martin Sabrow, Die NS-Vergangenheit in der geteilten deutschen Geschichtskultur, in: Christoph Kleßmann und Peter Lautzas (Hrsg.), Teilung und Integration. Die doppelte deutsche Nachkriegsgeschichte als wissenschaftliches und didaktisches Problem, Bonn 2005, S. 142-144

1. *Nennen Sie die strukturellen Gemeinsamkeiten in der Vergangenheitsbewältigung beider deutscher Staaten, die der Autor anführt.*

2. *Erörtern Sie, welche Effekte Sabrow dem Antifaschismus auf der einen und dem Antitotalitarismus auf der anderen Seite zuschreibt.*

M2 „Schamreiche Jahre"

Auszüge aus der Rede von Bundespräsident Theodor Heuss[1] zur Einweihung der Gedenkstätte Bergen-Belsen am 30. November 1952:

Als ich gefragt wurde, ob ich heute, hier, aus diesem Anlass ein Wort zu sagen bereit sei, habe ich ohne lange Überlegung mit ja geantwortet. Denn ein Nein der Ablehnung, der Ausrede, wäre mir als eine Feigheit erschienen, und wir Deutschen wollen, sollen und müssen, will mir scheinen, tapfer zu
5 sein lernen gegenüber der Wahrheit, zumal auf einem Boden, der von den Exzessen menschlicher Feigheit gedüngt und verwüstet wurde. [...] Wer hier als Deutscher spricht, muss sich die innere Freiheit zutrauen, die volle Grausamkeit der Verbrechen, die hier von Deutschen begangen wurden,
10 zu erkennen. Wer sie beschönigen oder bagatellisieren wollte oder gar mit der Berufung auf den irregegangenen Gebrauch der sogenannten „Staatsraison" begründen wollte, der würde nur frech sein. [...]
Dieses Belsen und dieses Mal [Mahnmal der Gedenkstätte]
15 sind stellvertretend für ein Geschichtsschicksal. Es gilt den Söhnen und Töchtern fremder Nationen, es gilt den deutschen und ausländischen Juden, es gilt auch dem deutschen Volke und nicht bloß den Deutschen, die auch in diesem Boden verscharrt wurden.
20

[1] Zu Theodor Heuss vgl. S. 143, M4.

Ich weiß, manche meinen: War dieses Mal notwendig? Wäre es nicht besser gewesen, wenn Ackerfurchen hier liefen und die Gnade der sich ewig verjüngenden Fruchtbarkeit der Erde verzeihe das Geschehene? Nach Jahrhunderten mag sich

25 eine vage Legende vom unheimlichen Geschehen an diesen Ort heften, darüber mag man meditieren; und Argumente fehlen nicht, Argumente der Sorge, dass dieser Obelisk ein Stachel sein könne, der Wunden, die der Zeiten Lauf heilen solle, das Ziel der Genesung zu erreichen nicht gestatte.

30 Wir wollen davon in allem Freimut sprechen. Die Völker, die hier die Glieder ihres Volkes in Massengräbern wissen, gedenken ihrer, zumal die durch Hitler zu einem volkhaften Eigenbewusstsein schier gezwungenen Juden. Sie werden nie, sie können nie vergessen, was ihnen angetan wurde; die Deut-

35 schen dürfen nie vergessen, was von Menschen ihrer Volkszugehörigkeit in diesen schamreichen Jahren geschah.
Nun höre ich den Einwand: Und die anderen? Weißt du nichts von den Internierungslagern 1945/46 und ihren Rohheiten, ihrem Unrecht? Weißt du nichts von den Opfern in fremdem

40 Gewahrsam, von dem Leid der formalistisch-grausamen Justiz, der heute noch deutsche Menschen unterworfen sind? Weißt du nichts von dem Fortbestehen der Lagermisshandlung, des Lagersterbens in der Sowjetzone, Waldheim, Torgau, Bautzen? Nur die Embleme haben sich dort gewandelt.

45 Ich weiß davon und habe nie gezögert, davon zu sprechen. Aber Unrecht und Brutalität der anderen zu nennen, um sich darauf zu berufen, das ist das Verfahren der moralisch Anspruchslosen, die es in allen Völkern gibt [...].
Sicher ist das, was zwischen 1933 und 1945 geschah, das

50 Furchtbarste, was die Juden der Geschichte gewordenen Diaspora erfuhren. Dabei war etwas Neues geschehen. [...] Judenverfolgungen kennt die Vergangenheit in mancherlei Art. Sie waren ehedem teils Kinder des religiösen Fanatismus, teils sozial-ökonomische Konkurrenzgefühle. Von religiösem

55 Fanatismus konnte nach 1933 nicht die Rede sein. [...] Der Durchbruch des biologischen Naturalismus der Halbbildung führte zur Pedanterie des Mordens als schier automatischer Vorgang, ohne das bescheidene Bedürfnis nach einem bescheidenen quasi-moralischen Maß. Dies gerade ist die

60 tiefste Verderbnis dieser Zeit. Und dies ist unsere Scham, dass sich solches im Raum der Volksgeschichte vollzog, aus der Lessing und Kant, Goethe und Schiller in das Weltbewusstsein traten. Diese Scham nimmt uns niemand, niemand ab. [...]

65 Der Mensch, die Menschheit ist eine abstrakte Annahme, eine statistische Feststellung, oft nur eine unverbindliche Phrase; aber die Menschlichkeit ist ein individuelles Sich-Verhalten, ein ganz einfaches Sich-Bewähren gegenüber dem anderen, welcher Religion, welcher Rasse, welchen

70 Standes, welchen Berufes er auch sei. Das mag ein Trost sein.

Da steht der Obelisk, da steht die Wand mit den vielsprachigen Inschriften. Sie sind Stein, kalter Stein. Saxa loquuntur, Steine können sprechen. Es kommt auf den Einzelnen, es kommt auf dich an, dass du ihre Sprache, dass du diese ihre besondere Sprache verstehst, um deinetwillen, um unser 75 aller willen!

Bulletin des Presse- und Informationsamtes der Bundesregierung, Nr. 189 vom 2. Dezember 1952, S. 1655 f.

1. *Arbeiten Sie zentrale Elemente der Rede heraus.*
2. *Analysieren Sie den Begriff der „Scham", den Heuss verwendet. Inwieweit kann der Begriff als zeitgebunden verstanden werden?*
3. *Erläutern Sie, wie die Ursachen des Nationalsozialismus, die Opfer und die Täter von Heuss beschrieben werden.*
4. *Recherchieren Sie eine jüngere Rede eines Bundespräsidenten zum Thema Aufarbeitung der nationalsozialistischen Vergangenheit und untersuchen Sie, welche der zentralen Themen, die Heuss 1952 anspricht, auch in heutigen Gedenkreden zum Holocaust noch immer eine Rolle spielen. Inwiefern kann von einer „Weiterentwicklung" der Holocaust-Erinnerung gesprochen werden?*

M3 Zum Sieg über den „Hitler-Faschismus"

Otto Grotewohl, Ministerpräsident der DDR, spricht am 14. September 1958 zur Einweihung der „Nationalen Mahn- und Gedenkstätte Buchenwald":

Liebe Kameraden! Verehrte Gäste und Freunde! In Liebe und Verehrung verneigen wir uns vor den toten Helden des antifaschistischen Widerstandskampfes, vor den Millionen Opfern faschistischer Barbarei. Mutig haben sie ihr Leben eingesetzt gegen ein grauenvolles, menschenfeindliches 5 Mordsystem, für den Frieden und für das Glück der Völker. Wir gedenken der tapferen Söhne und Töchter aus allen Ländern Europas, die sich dem Terror und der brutalen Gewalt nicht beugten, deren tapferes Sterben eine furchtbare Anklage gegenüber ihren Mördern und ein stummes Werben 10 für die Freiheit und das Recht der Völker war. Standhaft kämpften sie, und standhaft sind sie gefallen. Man hat sie zerbrochen, vergast, erschlagen und zu Tode gequält, doch sie beugten sich nicht. Aufrecht und treu ihrer großen Idee ergeben gingen sie in den Tod. Aufrecht und mutig gingen 15 sie ihren letzten Gang wie der Kommunist Thälmann, der Sozialdemokrat Breitscheid, der Pfarrer Schneider, die ungezählten sowjetischen Kriegsgefangenen, die gequälten Zwangsarbeiter aus allen Nationen und die namenlosen Tausende. [...] Der antifaschistische Widerstand war und ist 20 ein Volkskampf. Er kann nur dort zu Ende geführt werden, wo sich die Völker entschlossen unter der Führung der Arbeiterklasse zum Kampf gegen die faschistische Reaktion erheben. Auch der Widerstandskampf gegen den Hitler-Faschismus

25 wurde neu organisiert und geleitet von der Arbeiterklasse und ihren Parteien. Die faschistische Diktatur ist immer unmenschlich, grausam und verbrecherisch. Ihre Methoden der Völkerhetze, des Terrors und des organisierten Massenmordens sind Ausdruck eines untergehenden, sterbenden Sys-

30 tems. Die Naziherrschaft in Deutschland war eine faschistische Diktatur der reaktionärsten Kreise des deutschen Imperialismus. Ihr Ziel war die Errichtung der faschistischen Weltherrschaft unter deutscher Führung. Ihr Weg war zügelloser Terror und blutiges Massenmorden. [...] Mehr als 18

35 Millionen Menschen wurden in die Menschenvernichtungsfabriken, die Konzentrationslager, verschleppt. Davon wurden über elf Millionen auf bestialische Weise ermordet. Allein im Konzentrationslager Buchenwald, hier an dieser Stelle, fanden über 56 000 Menschen ihren Tod.

40 Den Sieg über dieses abscheuliche System danken wir in erster Linie der heldenhaften Sowjetunion, den tapferen Söhnen und Töchtern des Sozialismus und den Millionen namenlosen Helden der antifaschistischen Widerstandsbewegung aus vielen Ländern Europas. Sie haben ihr Blut und ihr

45 Leben für die Zerschmetterung des Hitler-Faschismus eingesetzt. [...] Der Hitler-Faschismus wurde 1945 militärisch zerschlagen, aber er wurde nur in einem Teil Deutschlands, in der Deutschen Demokratischen Republik, mit der Wurzel ausgerottet. [...] In Westdeutschland wurde das Abkommen

50 von Potsdam über die Ausrottung des Faschismus verraten und zerstört. Die alten Verderber Deutschlands und Europas tauchten unter im Strom der Namenlosen, um beim ersten gedämpften Trommelklang wieder hervorzutreten und im alten faschistischen Geist weiterzumarschieren. [...] Wir

55 müssen eine einheitliche gesamtdeutsche Volksbewegung gegen Atomkriegsvorbereitungen bilden [...]. Diese Volksbewegung würde auch die friedliche, demokratische Wiedervereinigung auf dem Wege einer Konföderation der beiden deutschen Staaten erleichtern. Damit würde zugleich der

60 Hauptgefahrenherd eines Krieges in Europa beseitigt. Die Einheit der fortschrittlichen und friedliebenden Menschen in Deutschland und in der ganzen Welt ist die Garantie für eine friedliche und glückliche Zukunft der Menschen. Diesem Ziel dient auch unser Treffen zur Einweihung der Mahn- und

65 Gedenkstätte. Es ist eine Demonstration gegen den Krieg, für Abrüstung und Atomwaffenverbot, für die Schaffung einer atomwaffenfreien Zone in Europa und für die Freundschaft und Verständigung zwischen allen Völkern.

Buchenwald mahnt, Weimar 1961, S. 7, 9f., 12 und 15

1. *Beschreiben Sie, wie Grotewohl das nationalsozialistische Regime charakterisiert. Welche Konsequenzen ergeben sich daraus für den Umgang mit der jüngsten Vergangenheit in Politik und Gesellschaft der DDR?*

2. *Vergleichen Sie den Text mit der Rede von Heuss (M2) im Hinblick auf die Rolle, die Opfer und Täter im NS-Regime in den Augen der Autoren jeweils einnehmen.*

3. *Stellen Sie dar, welche Handlungsempfehlungen Heuss und Grotewohl ihren Zuhörern geben.*

M4 Aussöhnung mit der Vergangenheit?

Die Medien- und Politikwissenschaftlerin Antonia Schmid über die pauschale Viktimisierung der Deutschen im TV-Zweiteiler „Dresden":

Der Erfolg von Dresden ist symptomatisch für das Verhältnis des „wiedervereinigten" Deutschlands zur NS-Vergangenheit: Die Täterschaft Deutscher wird zwar durchaus thematisiert, gleichwohl ist das Identifikationsangebot der Opferstatus. Darüber hinaus wird die Differenz von Täter- und 5 Opferkategorien in diesem kulturindustriellen Großprojekt insofern jedoch obsolet – „verwaschen" –, dass im „Feuersturm" *allen* die „Vernichtung" droht: Ob sie vorher Opfer oder Täter waren – alle müssen gleichermaßen büßen. Sämtliche Unterschiede hinsichtlich des Zustandekommens des 10 Opferstatus verschwinden spätestens in den letzten 45 Minuten, in denen mit ausgiebiger Pyrotechnik die „Bombennacht" inszeniert wird. Drehbuchautor Stefan Kolditz: „Die Bombe kennt keinen Unterschied. Sie demokratisiert das Sterben. Und doch bleibt der Mensch der Gegenentwurf zur 15 Maschine." (Damit übergeht er hier eine gewichtige Differenz, die im Film dennoch realistisch dargestellt wird: Jüdischen Menschen war der Zugang zu den lebensrettenden Luftschutzkellern verwehrt. „Die Bombe" beinhaltete also durchaus unterschiedliche Bedrohungsgrade.) [...] Bemer- 20 kenswert ist hinsichtlich der Viktimisierung deutscher Figuren überdies die intertextuelle Anwendung des [...] als „Wechselrahmung" charakterisierten Verfahrens in der Subsequenz am Morgen nach der Bombardierung: Anna wandert durch die graue Trümmerlandschaft, wobei sich ihr ro- 25 tes Kleid als einziger Farbpunkt von der Umgebung abhebt. Diese Bilder rufen Assoziationen an jene Szenen in *Schindlers Liste* auf, in denen ein – jüdisches! – Mädchen im roten Mantel als einziger Farbpunkt im schwarz-weiß gefilmten Ghetto markiert ist. [...] Darüber hinaus wird diese Analogisierung 30 mit Bildern des Abtransports von Leichen kombiniert, die ebenfalls zum der Ikonografie von Holocaust-Repräsentationen entnommenen kulturellen Bilderrepertoire von Opfer-

schaft gehören. Dass diese Einstellungen am Ende des Films
35 stehen, entspricht der vom Läuterungskonzept geleiteten
Entwicklung der Figuren, die, durch den „Feuersturm" zum
Opfer geworden, „gereinigt" in die Zukunft entlassen werden.
[...]
Nach einer kurzen Abblende erscheint das Insert „30. Okto-
40 ber 2005. Weihe der Frauenkirche Dresden". Zu sehen ist die
Totale einer riesigen Menschenmenge auf dem Dresdener
Neumarkt, zu hören die Festaktrede des Bundespräsidenten
Horst Köhler: „Eine Ruine, eine offene Wunde, über 45 Jahre,
ist wiedererstanden. Wiederaufgebaut als ein Zeichen der
45 Versöhnung [...]", gefolgt von „Annas" Stimme aus dem Off:
„Es ist schwer zu begreifen, was damals im Februar 1945
passiert ist, aber jeder, der überlebt hat, hatte die Verpflichtung, etwas Neues zu schaffen." [...] Aussöhnung mit der
Vergangenheit ist das zeitgemäße Diktum des Films, der
50 Rede Köhlers wie auch „Annas" abschließender, 15 mahnen-
der Worte: „Wer immer nur zurückschaut ... sieht nichts als
seinen Schatten." Die „Schatten" der Vergangenheit sind diesem Gleichnis zufolge für den Aufbruch in die neue
Zukunft nur hinderlich.

Antonia Schmid, Der „Feuersturm" als Vollwaschprogramm: Zur
Universalisierung des Opfers im Fernseh-Zweiteiler Dresden, in: Kittkritik
(Hrsg.), Deutschlandwunder. Wunsch und Wahn in der postnazistischen
Kultur, Mainz 2007, S. 141-158

1. Erklären Sie, was Antonia Schmid unter „Viktimisierung"
versteht.
2. Fassen Sie die Hauptkritikpunkte der Autorin am Film
„Dresden" zusammen und diskutieren Sie, ob diese
Ihnen angemessen erscheinen.

M5 „Schafft diesen Gedenktag wieder ab!"

Der Soziologe Y. Michal Bodemann verfasst am 26. Januar
1999 folgenden Kommentar in der Berliner Tageszeitung taz:

Der 27. Januar, der Tag der Befreiung von Auschwitz, ist seit
1995 der offizielle deutsche Gedenktag. Und niemand merkt
es. Es könnte alles so schön werden: erst ein ordentlicher
Gedenktag für die Opfer, dazu das für den ausländischen
5 Besucher eindrucksvolle Eisenman-Mahnmal[1]. [...]
Er scheint als Gedenktag für alle Nazi-Opfer weniger kontrovers: Der 27. Januar erinnert an die Befreiung von Auschwitz
durch die Rote Armee 1945. Doch zu diesem Zeitpunkt war
das KZ nur noch ein Schatten. In den Wochen zuvor hatte
10 sich die Mordmaschinerie verlangsamt, zehn Tage zuvor

[1] Gemeint ist das von dem Architekten Peter Eisenman entwor-
fene Denkmal für die ermordeten Juden Europas in Berlin.

wurde Auschwitz evakuiert, über 130 000 Häftlinge wurden
auf Transporte und Todesmärsche geschickt, und nur ein
elendes Überbleibsel von knapp 8 000 Insassen wurde am
27. Januar befreit. [...] Der 27. Januar ist ein fernes, konstruier-
tes Datum, ohne deutsche Erinnerung, in einem anderen 15
Land und ohne deutsche Akteure, denn selbst die SS-Wach-
mannschaften waren damals bereits verschwunden.
Für die Verfolgtenseite mag dieser Tag ein Symbol der Befreiung sein, es waren ihre Angehörigen, die nun das Ende dieses
Schreckens vor sich sahen. In Deutschland stand hinter der 20
Entscheidung für diesen Tag offenbar die wohlmeinende,
doch naive und beschönigende Idee, in Solidarität mit der
Opferseite an das Ende des Mordens zu erinnern. Dadurch,
dass der Befreiung von Auschwitz statt seiner Errichtung
gedacht wird, stellt sich Deutschland an die Seite der Opfer 25
und der Siegermächte – ein Anspruch, der Deutschen nicht
zusteht. Der 27. Januar suggeriert darüber hinaus ein „Ende
gut, alles gut". Ein Tag der Erinnerung für Deutsche soll er
sein, doch tatsächlich ist es ein Tag der Zubetonierung von
Erinnerung, ein Tag, der den historischen Schlussstrich sig- 30
nalisiert.
Wir könnten nun pragmatisch argumentieren: Solange dieser Tag engagiert begangen wird, wäre es ja gut; zumindest
besser als gar nichts. Doch der 27. Januar ist eben gerade
nicht angenommen worden, er ist ein Tag ohne deutsche 35
Erinnerung geblieben. Die obligatorischen Reden werden
zwar gehalten, doch schon bei seiner Einführung 1996 wurden die Feiern im Bundestag um einige Tage vorverlegt, weil
es den Abgeordneten so wegen der Urlaubszeit besser
passte. Auch 1998 waren die Gedenkfeierlichkeiten Pflicht- 40
übungen, die in der Mahnmaldebatte untergingen: Über
diesen Tag gab es wenig zu sagen, da kam die Mahnmaldebatte gerade recht.

Y. Michal Bodemann, 27. Januar: Schafft diesen Gedenktag wieder ab!, in:
taz vom 26. Januar 1999

1. Geben Sie zentrale Aussagen Bodemanns mit eigenen
Worten wieder.
2. Verfassen Sie eine Rede zum 27. Januar, in der Sie auch
Stellung zu den im Text genannten Vorbehalten gegen
diesen Gedenktag nehmen.
3. Der Politikwissenschaftler Harald Schmid bezeichnet die
Etablierungsgeschichte des 27. Januar – wie auch die
des 3. Oktober – als ein Beispiel für etatistische, also vom
Staat verordnete, Geschichtspolitik. Beurteilen Sie diese
Aussage.
4. Diskutieren Sie folgende These: Wenn der 27. Januar
zum internationalen Gedenktag erhoben und damit auf
die ganze Welt ausgedehnt wird, bedeutet dies nicht
zugleich eine Entlastung für die Deutschen?

Moderne Nationsvorstellungen seit der Französischen Revolution

Die Nation – ein Begriff, viele Vorstellungen ■ Die Nation entstand in der Französischen Revolution. Den Nationenbegriff gab es jedoch schon lange zuvor. In den mittelalterlichen Quellen bezeichnet er eine Gemeinschaft, zu der jemand durch seine Geburt gehört (lat. *natus*: gebürtig) und deren Sprache er spricht. Auch in politischer Bedeutung wurde der Nationenbegriff in der Vormoderne gebraucht. Dort bezeichnete er jedoch nicht das „Volk", sondern die gegenüber dem Monarchen politisch handelnden Gruppen, also die Stände. Damit waren die früheren Staatsgebilde wie das seit dem späten 15. Jahrhundert so bezeichnete Heilige Römische Reich Deutscher Nation politische Organisationsformen der Ständegesellschaft, die sich von der modernen „Nation" wesentlich unterscheiden, denn diese entstand überhaupt erst aus dem Gegensatz zur ständischen Gesellschaftsordnung. Die Begriffsverwendung „Nationalstaat" für vormoderne Epochen ist daher in der Geschichtswissenschaft umstritten.

Antiständische Integrationsideologie ■ Die Französische Revolution zeigt, dass erst die Ständegesellschaft überwunden werden musste, um der modernen Nation Platz zu machen. Die Ideen der Aufklärung wirkten dabei als geistige Wegbereiter einer vernunftgeleiteten und humanitären Ordnung von Staat und Gesellschaft, die die überkommenen Verhältnisse infrage stellten.

Als dem absolutistisch regierten französischen Staat der Bankrott drohte, weigerten sich Klerus und Adel, auf ihre Steuerprivilegien zu verzichten, und wollten die gesamte Last dem Dritten Stand – Bürgertum und Bauern – auferlegen. Damit lösten sie eine grundsätzliche Diskussion über die Legitimität der ständischen Gesellschaftsordnung aus. Besonders wirkungsvoll war die Argumentation des Abbé Sieyès: Es sei die erdrückende Mehrheit der Franzosen, nämlich die Angehörigen des Dritten Standes, die für das Wohlergehen der Gesamtheit sorge und den Staat trage. Demzufolge sei der Dritte Stand mit der Nation identisch, während die beiden oberen privilegierten Stände sich aus der Nation ausschlossen, da sie nichts zu deren Wohlergehen beitragen (▶ M1).

Für die 1789 bevorstehende Einberufung der Generalstände erlangten die Vertreter des Dritten Standes die Zustimmung des Königs dafür, so viele Deputierte wie Klerus und Adel zusammen entsenden zu dürfen. Ihre Forderung nach einer Abkehr von der traditionellen Entscheidungsfindung, die stets immer nur innerhalb der einzelnen ständischen Gruppen stattfand, lehnte der König hingegen ab. Die erhöhte Anzahl der Vertreter des Dritten Standes konnte sich jedoch nur bei einer Abstimmung „nach Köpfen" in einer Gesamtversammlung auswirken. Als sich nach Zusammentreten der Generalstände die Verhandlungen über diese Forderung wochenlang ergebnislos hinzogen, erklärten sich die Deputierten des Dritten Standes am 17. Juni 1789 zur „Nationalversammlung" (Assemblée nationale) und forderten die Vertreter der beiden anderen Stände auf, sich ihnen anzuschließen. Damit war die These des Abbé Sieyès in die Tat umgesetzt: Die „Nationalversammlung" war nicht länger eine Versammlung unterschiedlich einflussreicher Stände, sondern gleichberechtigter Abgeordneter der „Nation" (▶ M2). Drei Tage später gelobte man im Ballhaus von Versailles, die Nationalversammlung erst zu beenden, wenn eine neue Verfassung für Frankreich geschaffen worden war („Ballhausschwur").

Rechtlich fand die Feudalgesellschaft in der Nachtsitzung vom 4. auf den 5. August 1789 ihr Ende: Die Feudalrechte – ständische Rechte und Privilegien, besonders Steuerprivilegien, persönliche Unfreiheit, grundherrliche Gerichtsbarkeit sowie der Anspruch auf Ämter und Positionen – wurden abgeschafft. Ihren vorläufigen Abschluss fand diese Entwicklung in der Erklärung der Menschen- und Bürgerrechte am 26. August 1789. Die „Ideen von 1789" lösten mit den Schlagworten liberté, égalité und fraternité den Absolutismus und die Ständegesellschaft ab und ersetzten sie durch die Vorstellung einer nationalen Gemeinschaft.

Was bedeutet „Nation"? ■ Bald wurde immer heftiger diskutiert und schließlich auch gewaltsam darum gerungen, was denn die Begriffe liberté, égalité und fraternité konkret bedeuten sollten. Welchen Stellenwert und welche Rechte sollte jeder einzelne Bürger in der neuen Nation haben? Sollten der Hunger und die Armut der Massen durch eine Neuverteilung allen Besitzes beseitigt werden? Sollte ein Zensuswahlrecht gelten oder sollten alle Bürger gleiches Wahlrecht erhalten? Welche Rolle sollte der König spielen? Bald zeigte sich, dass besitzendes Bürgertum, reiche Bauern und einfache Stadt- oder Landbevölkerung unterschiedliche Interessen und Vorstellungen hatten. Die antiständische Integrationsideologie des Bürgertums richtete sich zwar gegen die Privilegien der „feudalen" Stände Adel und Klerus, war jedoch von demokratischen Auffassungen und der Gleichheit aller Bürger weit entfernt.

Die Revolution und das neue Ordnungsmodell der Nation setzten ungeheure Kräfte frei. Dabei kam es in Schüben zu Radikalisierung und dem raschen Wechsel von Verfassungen. Der Krieg gegen die europäischen Mächte, der die Mobilisierung der breiten Masse der Nation erforderlich machte, förderte zwar die allgemeinen Bürgerrechte, aber auch Terror gegen die vermeintlichen Feinde der Revolution. Nach dem Ende der „Schreckensherrschaft" fand schließlich die in den Menschen- und Bürgerrechten erklärte Gleichheit der Bürger im Männer- und Zensuswahlrecht wieder ihre Grenzen. Die Bevölkerung wurde in politisch berechtigte (steuerzahlende) Aktivbürger und schutzbefohlene Passivbürger aufgeteilt. Geschlecht und Vermögen bzw. Besitz bestimmten somit die Möglichkeit der Franzosen, im Staat politisch mitwirken zu können. So blieb es auch unter Napoleon. Unter ihm endete die Französische Revolution mit einer auf das Militär gestützten Kaiserherrschaft. Doch selbst Napoleon konnte nicht mehr ohne Rücksicht auf die „Nation" herrschen und musste sie immer wieder bei Volksabstimmungen zu Wort kommen lassen.

Die französische Nationsidee in Europa ■ Die Ideen der Französischen Revolution wirkten über Frankreich hinaus. Absolute Monarchie und Ständegesellschaft wurden auch in anderen Ländern infrage gestellt. Das gesamte 19. Jahrhundert war von dem Ringen um Verfassungen geprägt, in denen die Beteiligung der Bevölkerung an der Politik sowie Menschen- und Bürgerrechte garantiert werden sollten. Die Verfassungsvorstellungen orientierten sich am Leitbild des Nationalstaats, in dem die Nation politisch mitbestimmen sollte. Viele Historiker bezeichnen das 19. Jahrhundert daher auch als ein „Jahrhundert der Nationalstaaten". Allerdings zeigen die Revolutionskriege auch, dass Nationen ein Sendungsbewusstsein entwickeln können, mit dem sie andere Völker an ihren „Errungenschaften" – notfalls gewaltsam – teilhaben lassen wollen.

▲ **„Unité – Indivisibilité – De La République.**
Liberté – Egalité – Fraternité Ou La Mort."
Plakat, Herbst 1793.
Der Anschlag zeigt einen Eichenkranz mit Trikolore, darüber die Jakobinermütze, die von den Jakobinern als Bekenntnis zu den revolutionären Idealen getragen wurde, sowie die Kokarde, eine als Gesinnungszeichen am Hut getragene Bandschleife. Die Trikolore entstand angeblich durch das Zusammenführen der Farben der Stadt Paris (rot und blau) mit dem königlichen Weiß. 1794 wurde sie durch Gesetz zur Nationalfahne erklärt und blieb es mit kurzen Unterbrechungen bis heute. In der Mitte prangt ein Rutenbündel (lat. fasces). Das altrömische Abzeichen symbolisiert die staatliche Strafgewalt über Leben und Tod.
■ *Interpretieren Sie die „Botschaft" des Plakats.*

Die neue französische Nation grenzte sich im Verlauf der Revolution deutlich durch symbolische Akte von der ständischen und monarchischen Vergangenheit ab. Die Gräber der französischen Könige wurden geschändet und geplündert. Die Symbole des „Ancien Régime" mussten den Symbolen der neuen Nation weichen: Trikolore, Nationalhymne, revolutionäre Gedenktage und Feste, die Einführung eines „Revolutionskalenders" sowie einer neuen Kleidermode sollten die neue politische Kultur symbolisieren und manifestieren. Von diesen Symbolen haben die Nationalbewegungen in Europa viel übernommen.

Der Gedanke der Kultur- und Sprachnation ◼ Die „Ideen von 1789" erfassten auch die deutschen Staaten (▶ M3). In den Rheinbundstaaten und in Preußen modernisierten die Regierungen ihre staatliche und gesellschaftliche Ordnung nach dem französischen Vorbild und beendeten die Ständegesellschaft durch eine Revolution „von oben".

Zugleich aber ging mit dem durch Napoleon erzwungenen Ende des Alten Reiches 1806 auch die politische Einheit verloren. Für die Schaffung eines deutschen Nationalstaats stand daher – anders als in Frankreich, wo sich die Nation innerhalb einer bestehenden Staatsgrenze gegründet hatte – nicht das Modell der Staatsnation Pate. Daher griff man im Gebiet der deutschen Staaten auf die Idee der Kulturnation zurück und knüpfte damit an Überzeugungen aus dem 18. Jahrhundert an. Damals hatte sich unter bürgerlichen Beamten, Kaufleuten und Literaten das Bewusstsein herausgebildet, über alle Grenzen der Reichsterritorien hinweg als Nation zusammenzugehören. In Literatur, Kunst und Musik wurde nach 1806 die deutsche Vergangenheit romantisch verklärt und gemeinsame Sprache und Kultur zur Grundlage der Nation und eines erhofften Nationalstaats erhoben (▶ M4). Die restaurativen Regierungen unterdrückten nach dem Wiener Kongress im Deutschen Bund jedoch alle nationalen Bestrebungen, vor allem aus Furcht vor revolutionären Tendenzen. So wurde die Probe auf die reale Tragfähigkeit der Nationalidee für Jahrzehnte aufgeschoben. Nichtsdestotrotz entstand bereits wenige Jahre vor der Revolution von 1848 „Das Lied der Deutschen", ein Werk aus drei Strophen, das von den Noten der „Kaiser-Hymne" von *Joseph Haydn* begleitet wurde. *August Heinrich Hoffmann* hatte den Text Ende August 1841 während des Besuches der Nordseeinsel Helgoland verfasst. Ein Jahr zuvor hatte Hoffmann mit seinen „Unpolitischen Liedern" die Zustände im Deutschen Bund spöttisch kritisiert. Dafür verlor er 1842 seine Professur an der Universität Breslau und wurde aus mehreren deutschen Staaten und Städten ausgewiesen – allein dreimal aus seinem Heimatort, nach dem der Dichter sich „von Fallersleben" (heute ein Stadtteil von Wolfsburg) nannte. Auch wenn es noch über 70 Jahre dauern sollte, bis „Das Lied der Deutschen" 1922 schließlich zur deutschen Nationalhymne erklärt wurde, so verweist der Entstehungshintergrund des Textes noch heute auf die nationalen Bestrebungen des 19. Jahrhundertes, steht die wechselhafte Geschichte der Verwendung der Hymne gleichsam für das Auf und Ab der deutschen Geschichte im 20. Jahrhundert.

1848/49 – Territorial- oder Sprachprinzip? ◼ Die Revolution von 1848 schien endlich die Gründung eines deutschen Nationalstaats zu ermöglichen. Von Anfang an standen die Abgeordneten der Paulskirche vor der Frage, ob dessen Grenzen nach sprachlicher Zugehörigkeit gezogen werden sollten oder ob alle Territorien (staatlichen Gebiete) von Fürsten oder Freien Städten des Deutschen Bundes unverändert zum deutschen Na-

▲ „Reden an die deutsche Nation" von Johann Gottlieb Fichte und „Des Knaben Wunderhorn" von Clemens Brentano und Achim von Arnim.

Fichte war einer der bedeutendsten Propagandisten des deutschen Nationalbewusstseins. Mit seinen „Reden an die deutsche Nation" von 1808 forderte er die demokratische Nationalerziehung als Grundlage eines aus gleichberechtigten Bürgern bestehenden deutschen Nationalstaats. Die von den bedeutendsten Dichtern der Romantik, Brentano und Arnim, zwischen 1806 und 1808 veröffentlichte dreibändige Volksliedsammlung „Des Knaben Wunderhorn" gehört zu einer großen Reihe von in dieser Zeit verbreiteten Volksliedern, Märchen, Legenden und Sagen, die über die kulturelle Tradition eine politische und geistige Einheit der Deutschen stiften sollten.

tionalstaat gehören sollten. Der Deutsche Bund war jedoch kein einheitliches, sondern ein multinationales Gebilde mit vielen Ethnien, nationalen Minderheiten und unterschiedlichen Sprachen. In einem solchen Gebiet musste jede Grenzziehung zu neuen Minderheiten- und Nationalitätenproblemen führen – ganz gleich, ob die neue Staatenlösung eine „kleindeutsche" ohne Österreich oder eine „großdeutsche" unter Einbeziehung Österreichs sein würde (▸ M5).

Besonders konfliktträchtig waren im Königreich Preußen die ostelbischen Landesteile Schlesien, Westpreußen, Ostpommern und die Provinz Posen, wo die polnische Bevölkerung überwog. Eine Mehrheit der Abgeordneten in der Paulskirche folgte den Argumenten Preußens, das auch seine Gebiete mit mehrheitlich polnischer Bevölkerung in das neue Deutsche Reich eingliedern wollte. Im Falle Böhmens, das zum österreichischen Teil der Habsburger Monarchie gehörte, gingen die meisten Frankfurter Abgeordneten wie selbstverständlich von einer Einbeziehung in den deutschen Nationalstaat aus. In Böhmen lebte jedoch nur eine deutsche Minderheit, die Sudetendeutschen, neben den Tschechen, die wiederum für eine innerösterreichische Autonomie eintraten. Und um Schleswig und Holstein, die zum Teil deutschsprachig waren, aber nur im Falle Holsteins zum Deutschen Bund gehörten, wurde sogar von 1848 bis 1851 ein von der Paulskirche geschürter und letztlich ergebnisloser Krieg gegen den dänischen König geführt.

▲ „Victoria."
Wandbild von Anton von Werner aus einem Bilderzyklus für das Rathaus in Saarbrücken nach der Gründung des Kaiserreichs, 1880.
■ *Das Bild stellt eine Allegorie auf „Deutschlands Einigung" 1871 dar. Analysieren Sie die Bildelemente.*

Die „kleindeutsche" Staatenlösung ohne den österreichischen Teil der Habsburger Monarchie, für die sich die Nationalversammlung im Frühjahr 1849 entschied, hätte die nationalen Minderheitenprobleme auch nicht gelöst. Sie blieb zudem Theorie, da der als Kaiser vorgesehene preußische König Friedrich Wilhelm IV. die Nationalstaatspläne der Paulskirche und ihre Verfassung von 1849 als revolutionär ablehnte und die ihm vom Volk angebotene Kaiserkrone „aus Dreck und Letten" zurückwies.

Das Deutsche Reich von 1871 – ein Nationalstaat? ■ Trotz dieser Zurückweisung gingen die entscheidenden Impulse für die schließlich 1871 doch erfolgte Gründung eines deutschen Nationalstaates von Preußen aus. Für seinen Ministerpräsidenten Otto von Bismarck standen seit den 1860er-Jahren die Stärke Preußens und das monarchische Prinzip im Vordergrund. Ihm ging es darum, durch eine „kleindeutsche" Reichsgründung den Dualismus mit Österreich endgültig zugunsten Preußens zu entscheiden. Die Frage der Sprach- oder Kulturnation spielte für ihn keine Rolle. Allerdings wollte Bismarck keine Reichsgründung durch eine nationale, revolutionäre Bewegung, sondern durch die souveränen Monarchen unter Führung Preußens, also „von oben",

▲ **„Der schwarze Fleck."**
Gemälde von Albert Bettannier, um 1887.
Die Annexion Elsass-Lothringens war für die „Grande Nation" Frankreich eine schwerwiegende
Beleidigung. Von Kindesbeinen an wurde den Franzosen der Revanche-Gedanke eingeprägt, wie hier
im Schulunterricht.

durchsetzen. Daher vollzog er einen taktischen Kurswechsel gegenüber der nationalen Bewegung in Deutschland: Da er sie weder eindämmen noch ignorieren konnte, hörte er auf, sie zu bekämpfen, und versuchte, sie für seine Politik nutzbar zu machen.

Der Konflikt mit Dänemark wegen Schleswig und Holstein und die ständigen Auseinandersetzungen mit Frankreich, die schließlich – von Bismarck provoziert – in den Deutsch-Französischen Krieg 1870/71 mündeten, mobilisierten und begeisterten die nationale Bewegung. Und da Preußen in beiden Kriegen siegte, akzeptierten es viele national Gesinnte als „notwendiges Übel", dass im Januar 1871 das Deutsche Reich ohne das 1866 im Deutsch-Deutschen Krieg besiegte Österreich gegründet wurde. Die deutsche Nationalbewegung begrüßte die Reichsgründung begeistert als späte Verwirklichung nationaler Visionen. Sie sah darüber hinweg, dass dieses Reich nicht durch das deutsche Volk, sondern durch die Monarchen und Freien Städte gegründet worden war, und dass es mit den deutschsprachigen Österreichern einen erheblichen Teil der deutschen Sprachnation ausgrenzte, während es andererseits französische, dänische und polnische Minderheiten einschloss. Die staatliche Einheit wurde über innerstaatliche Freiheit und der mächtige Nationalstaat über die Interessen von nationalen Minderheiten gestellt.

Man nahm zudem in Kauf, dass die Gründung des Reiches – vor allem durch die Annexion von Elsass und Lothringen – die gespannten Beziehungen zum Nachbar Frankreich zur offenen Feindschaft vertiefte (▶ M6, M7). Die Einverleibung Elsass-Lothringens wurde in Deutschland in Erinnerung an das mittelalterliche Reich als Rückkehr eines „deutschen" Gebietes verstanden. Doch stand dies dem nationalen Zugehörigkeitsbewusstsein in den Gebieten selbst entgegen. So zeigen Vorgeschichte und Gründung des Deutschen Reiches exemplarisch die Probleme der Nationalstaatsbildung im 19. Jahrhundert.

M1 Was ist der Dritte Stand?

Die Flugschrift des 1748 geborenen Emmanuel Joseph Sieyès, der als Geistlicher (Abbé) dem Ersten Stand angehört, entsteht Ende 1788 und wird Anfang 1789 anonym veröffentlicht. Bald kursieren über 30 000 Exemplare. „Qu'est-ce que le tiers état?" wird zur maßgeblichen „Kampfschrift" des Dritten Standes:

Der Plan dieser Schrift ist ganz einfach. Wir haben uns drei Fragen vorzulegen.

1. Was ist der Dritte Stand? ALLES.

2. Was ist er bis jetzt in der politischen Ordnung gewesen?

5 NICHTS.

3. Was verlangt er? ETWAS ZU SEIN. [...]

Der Dritte Stand ist eine vollständige Nation.

[...] Die öffentlichen Funktionen lassen sich bei den gegenwärtigen Verhältnissen in gleicher Weise allesamt unter vier

10 bekannte Bezeichnungen staffeln: der Degen, die Robe, die Kirche und die Administration. Es wäre überflüssig, sie im Einzelnen durchzugehen, um zu zeigen, dass der Dritte Stand hier überall neunzehn Zwanzigstel ausmacht, mit dem einen Unterschied, dass er mit allem, was wirklich mühsam ist,

15 belastet ist, mit allen Diensten, die der privilegierte Stand sich weigert zu leisten. Die Mitglieder des privilegierten Standes nehmen nur die Stellen ein, die Gewinn und Ehre bringen. [...]

Also, was ist der Dritte Stand? Alles, aber ein gefesseltes und

20 unterdrücktes Alles. Was wäre er ohne den privilegierten Stand? Alles, aber ein freies und blühendes Alles. Nichts kann ohne ihn gehen; alles ginge unendlich besser ohne die anderen. [...]

Was ist eine Nation? Eine Körperschaft von Gesellschaften,

25 die unter einem gemeinschaftlichen Gesetz leben und durch dieselbe gesetzgebende Versammlung repräsentiert werden usw.

Ist es nicht zu gewiss, dass der adlige Stand Vorrechte und Befreiungen genießt, die er sogar sein Recht zu nennen wagt

30 und die von den Rechten der großen Körperschaft der Bürger gesondert sind? Dadurch stellt er sich außerhalb der gemeinschaftlichen Ordnung und des gemeinschaftlichen Gesetzes. [...]

Was seine politischen Rechte betrifft, so übt er sie gleichfalls

35 abgesondert aus. Er hat seine eigenen Repräsentanten, die in keiner Weise mit der Vollmacht der Bevölkerung betraut sind. [...]

Der Dritte Stand umfasst [...] alles, was zur Nation gehört; und alles, was nicht der Dritte Stand ist, kann sich nicht als

40 Bestandteil der Nation ansehen. Was also ist der Dritte Stand? ALLES.

Was ist der Dritte Stand bis jetzt gewesen? Nichts.

[...] Unter dem Dritten Stand muss man die Gesamtheit der Bürger verstehen, die dem Stand der gewöhnlichen Leute (l'ordre commun) angehören. Alles, was durch das Gesetz 45 privilegiert ist, einerlei auf welche Weise, tritt aus der gemeinschaftlichen Ordnung heraus, macht eine Ausnahme für das gemeinschaftliche Gesetz und gehört folglich nicht zum Dritten Stand. [...] Der Dritte Stand hat also keinerlei politische Rechte. [...] 50

Was verlangt der Dritte Stand? Etwas zu werden.

[...] Man kann die wirklichen Forderungen des Dritten Standes nur nach den authentischen Beschwerden beurteilen, welche die großen Stadtgemeinschaften (municipalités) des Königreichs an die Regierung gerichtet haben. Was sieht 55 man da? Dass das Volk etwas sein will, und zwar nur das Wenigste, was es sein kann. Es will haben 1. echte Vertreter auf den Generalständen, das heißt Abgeordnete, die aus seinem Stand kommen und die fähig sind, die Interpreten seines Willens und die Verteidiger seiner Interessen zu sein. 60 Was nützte es ihm, an den Generalständen teilzunehmen, wenn das dem seinen Interessen entgegengesetzte Interesse dort dominierte? Es würde durch seine Anwesenheit die Unterdrückung, deren ewiges Opfer es wäre, nur bestätigen. So ist es ziemlich sicher, dass es an Abstimmungen auf den 65 Generalständen nur teilnehmen kann, wenn es dort einen Einfluss erhält, der dem der Privilegierten wenigstens gleich ist. Es verlangt weiter 2. eine Zahl von Vertretern, die derjenigen ebenbürtig ist, welche die beiden anderen Stände zusammen besitzen. Diese Gleichheit der Vertretung wäre 70 indessen völlig illusorisch, wenn jede Kammer eine eigene Stimme besäße. Der Dritte Stand verlangt deshalb 3., dass die Stimmen nach Köpfen und nicht nach Ständen gezählt werden.

Emmanuel Joseph Sieyès, Politische Schriften 1788–1790, übersetzt und herausgegeben von Eberhard Schmitt und Rolf Reichardt, München ²1981, S. 119 ff.

1. *Arbeiten Sie die Argumente heraus, mit denen Sieyès die Berechtigung der bestehenden Gesellschaftsordnung bestreitet. Wodurch erhofft er sich eine angemessene Gleichstellung des Dritten Standes?*

2. *Nehmen Sie Stellung zum Begriff der „Nation" und der Bedeutung, die Sieyès ihr beimisst.*

▲ **Der Schwur im Ballhaus.**
Lavierte Federzeichnung von Jacques Louis David, September 1791.
David hatte vom Jakobinerklub den Auftrag erhalten, von dem „Ballhausschwur" ein großes Wandgemälde für den Sitzungssaal der Nationalversammlung anzufertigen. Es wurde nie gemalt.
Im Vordergrund: Die Verbrüderung eines katholischen Mönches mit einem protestantischen Pfarrer und einem Weltgeistlichen.
■ *Analysieren Sie, mit welchen Mitteln David die besondere Bedeutung des Ereignisses herausstellt.*

M2 Von den „Generalständen" zur „National-versammlung"

Am 17. Juni 1789 erklären sich die Männer des Dritten Standes, dem sich inzwischen auch 19 geistliche Abgeordnete ange-schlossen haben, mit 490 gegen 90 Stimmen zur National-versammlung (Assemblée nationale):

Die Versammlung erklärt [...], dass das gemeinsame Werk der nationalen Neuordnung unverzüglich von den anwesen-den Abgeordneten in Angriff genommen werden kann und muss und dass diese sich ihm ohne Unterbrechung und
5 Behinderung widmen sollen.
Die Bezeichnung Nationalversammlung ist die einzige, wel-che bei der gegenwärtigen Lage der Dinge der Versammlung zukommt,
• erstens, weil ihre Mitglieder die einzigen öffentlich und
10 gesetzlich anerkannten sind;
• zweitens, weil sie auf direktem Wege von der überwie-genden Mehrheit der Nation entsandt sind;

• drittens schließlich, weil bei der einen und unteilbaren Natur der Volksvertretung kein Abgeordneter, innerhalb welches Standes oder welcher Klasse er auch gewählt sei, 15 das Recht hat, seine Funktion losgelöst von der gegen-wärtigen Versammlung auszuüben.
Die Versammlung wird die Hoffnung nie aufgeben, alle heute noch abwesenden Abgeordneten in ihrem Kreise ver-sammelt zu sehen; sie wird nicht müde werden, sie zur Erfül- 20 lung der ihnen auferlegten Verpflichtung, an der Abhaltung der Generalstände mitzuwirken, zu ermahnen.

Walter Grab (Hrsg.), Die Französische Revolution. Eine Dokumentation, München 1973, S. 31

1. *Erläutern Sie die Argumente der Nationalversammlung.*
2. *Der Historiker Eberhard Schmitt bezeichnete 1976 den „Ballhausschwur" als den ersten revolutionären Akt des Jahres 1789. Nennen Sie mögliche Gründe für seine Bewertung. Berücksichtigen Sie M1.*

M3 Das Bürgerlied der Mainzer

Nirgendwo im Reich finden die Ideen der Französischen Revolution eine so weite Verbreitung wie in Mainz. Angeregt von den Franzosen und gefördert von dem im Oktober 1792 gegründeten Jakobinerklub wird in den von den alten Herrschern befreiten Gebieten Anfang 1793 ein Rheinisch-Deutscher Nationalkonvent gewählt. Am 18. März wird in Mainz der Rheinisch-Deutsche Freistaat für das Gebiet zwischen Landau und Bingen ausgerufen. Ende 1792/Anfang 1793 dichtet ein unbekannter Autor:

Auf Brüder! auf! Die Freiheit lacht,
Die Ketten sind entzwei.
Uns hat sie Custine[1] losgemacht,
O Bürger, wir sind frei!
5 Nun drückt uns kein Despote[2] mehr
Und raubt uns unsre Taschen leer.
Nun drückt uns kein Despote mehr!
Der Mainzer ist nun frei!
Der Mainzer ist nun frei! [...]

10 Ihr Mainzerinnen freuet euch!
Ihr Schönen jubiliert!
Nun seid ihr Edeldamen gleich,
Die stolz euch sonst regiert.
Nun hat bei Ball, bei Spiel und Sang
15 Die Bürgerin den ersten Rang:
Der Mainzer ist nun frei!
Der Mainzer ist nun frei!

O Bürger! welche Seligkeit,
Ein freier Mann zu sein,
20 Dem kein Despote mehr gebeut,
Nur das Gesetz allein.
Nun ist es aus, das Adelreich,
Nun sind wir Brüder, alle gleich;
Nun ist es aus, das Adelreich.
25 Der Mainzer ist nun frei!
Der Mainzer ist nun frei!

Hans-Werner Engels, Gedichte und Lieder deutscher Jakobiner, Stuttgart 1971, S. 53 f.

[1] Gemeint ist der Befehlshaber der Rheinarmee Adam-Philippe de Custine; er eroberte mit seinen Truppen 1792 Speyer, Worms und Mainz.
[2] Despote: Gewaltherrscher, Tyrann

1. *Erarbeiten Sie die politischen Vorstellungen des Dichters.*
2. *Bestimmen Sie die Aufgabe, die das Lied übernimmt.*
3. *Die Republikgründung in Mainz scheiterte. Auch weitere Versuche im Rheinland sowie Verfassungsbestrebungen in Bayern, Württemberg oder am Oberrhein misslangen. Sie wurden von den Franzosen kaum unterstützt. Überlegen Sie, warum eine deutsche Republik nicht in ihrem Interesse lag.*

M4 „Des Deutschen Vaterland"

Der Historiker, Schriftsteller und spätere Hochschullehrer Ernst Moritz Arndt schreibt im Dienst der Befreiungskriege gegen Napoleon Freiheits- und Vaterlandslieder. Im März 1813 schreibt er das bekannteste politische Gedicht dieser Zeit:

Was ist des Deutschen Vaterland?
Ist's Preußenland, ist's Schwabenland?
Ist's, wo am Rhein die Rebe blüht?
Ist's wo am Belt die Möwe zieht?
5 O nein! nein! nein!
Sein Vaterland muss größer sein!

Was ist des Deutschen Vaterland?
Ist's Bayerland, ist's Steierland?
Ist's, wo des Marsen[1] Rind sich streckt?
10 Ist's, wo der Märker[2] Eisen reckt?
O nein! nein! nein!
Sein Vaterland muss größer sein!

Was ist des Deutschen Vaterland?
Ist's Pommerland, Westfalenland?
15 Ist's, wo der Sand der Dünen weht?
Ist's, wo die Donau brausend geht?
O nein! nein! nein!
Sein Vaterland muss größer sein!

Was ist des Deutschen Vaterland?
20 So nenne mir das große Land!
Ist's Land der Schweizer? ist's Tirol?
Das Land und Volk gefiel mir wohl;
Doch nein! nein! nein!
Sein Vaterland muss größer sein!

25 Was ist des Deutschen Vaterland?
So nenne mir das große Land!
Gewiss, es ist das Österreich,
An Ehren und an Siegen reich?
O nein! nein! nein!
30 Sein Vaterland muss größer sein!

Was ist des Deutschen Vaterland?
So nenne mir das große Land!
So weit die deutsche Zunge klingt
Und Gott im Himmel Lieder singt,
35 Das soll es sein!
Das, wackrer Deutscher, nenne dein!

[1] Marsen (von lat. Marsi): germanischer Volksstamm, der zwischen Rhein und Ruhr siedelte
[2] Märker: umgangssprachliche Bezeichnung für die Einwohner der Grafschaft Mark, deren Gebiet sich im alten Reich zu beiden Seiten der Ruhr im niederrheinisch-westfälischen Raum erstreckte

Das ist des Deutschen Vaterland,
Wo Eide schwört der Druck der Hand,
Wo Treue hell vom Auge blitzt
40 Und Liebe warm im Herzen sitzt –
Das soll es sein!
Das, wackrer Deutscher, nenne dein!

Das ist des Deutschen Vaterland,
Wo Zorn vertilgt den welschen Tand,
45 Wo jeder Franzmann heißet Feind,
Wo jeder Deutsche heißet Freund –
Das soll es sein!
Das ganze Deutschland soll es sein!

Das ganze Deutschland soll es sein!
50 O Gott vom Himmel sieh darein
Und gib uns rechten deutschen Mut,
Dass wir es lieben treu und gut.
Das soll es sein!
Das ganze Deutschland soll es sein!

Hans-Bernd Spies (Hrsg.), Die Erhebung gegen Napoleon 1806 - 1814/15. Quellen zum politischen Denken der Deutschen im 19. und 20. Jahrhundert, Darmstadt 1981, S. 256 f.

1. Stecken Sie mithilfe einer Karte die geografische Reichweite „Deutschlands" ab, wie sie Arndt in seinem Gedicht beschreibt. Welchem politischen Gebilde der deutschen Geschichte kommt Arndts Vorstellung am nächsten?

2. Analysieren Sie Arndts Vorstellungen von „Deutschland" und welche Kriterien für die Definition er zugrunde legt.

3. Untersuchen Sie die Sprache des Gedichts und ihre Funktion. Begründen Sie, was Ihnen an Arndts Gedicht überzeugend und was Ihnen übertrieben oder abwegig erscheint.

M5 Die Habsburger Monarchie (um 1840) und die nationale Frage

Österreichische Gebiete im Deutschen Bund	
Deutsche	5 340 000
Slawen	5 435 000
in Böhmen	2 500 000
in Mähren	1 500 000
in Kärnten und Krain	480 000
in der Steiermark	355 000
im Küstenland	400 000
Italiener (Tirol)	200 000
Gesamtmonarchie	
Deutsche	6 400 000
Slawen	14 820 000
Italiener	4 584 000
Magyaren*	5 305 000
Rumänen	1 567 000
Juden	623 000
„Zigeuner"	120 000
Außerdem Griechen, Albaner, Armenier und andere Ethnien	

* Ungarn

Nach: Heinrich Lutz, Zwischen Habsburg und Preußen. Deutschland 1815 - 1866, Berlin 1985, S. 21

1. Erläutern Sie die Tabelle. Ziehen Sie einen Geschichtsatlas mit der politischen Gliederung der Habsburger Monarchie im 19. Jahrhundert hinzu.

2. Charakterisieren Sie das Problem der Habsburger Monarchie im Zeitalter der nationalen Bestrebungen allgemein und der angestrebten Bildung eines deutschen Nationalstaates im Besonderen.

3. Zeigen Sie anhand der Karte, dass ähnliche Probleme einer deutschen Nationalstaatsgründung auch in anderen, nicht-habsburgischen Gebieten bestanden.

M6 Was ist eine Nation?

Der französische Religionswissenschaftler Ernest Renan hält am 11. März 1882 seine berühmt gewordene Vorlesung „Was ist eine Nation?" an der Universität Sorbonne in Paris. Seine Gedanken bewegen sich vor dem Hintergrund der Annexion Elsass-Lothringens durch das Deutsche Reich 1871:

Eine Nation ist eine Seele, ein geistiges Prinzip. Zwei Dinge, die in Wahrheit nur eins sind, machen diese Seele, dieses geistige Prinzip aus. Eines davon gehört der Vergangenheit an, das andere der Gegenwart. Das eine ist der gemeinsame Besitz eines reichen Erbes an Erinnerungen, das andere ist 5 das gegenwärtige Einvernehmen, der Wunsch zusammenzuleben, der Wille, das Erbe hochzuhalten, welches man ungeteilt empfangen hat. [...]
In der Vergangenheit ein gemeinschaftliches Erbe von Ruhm und von Reue, in der Zukunft ein gleiches Programm verwirk- 10 lichen, gemeinsam gelitten, sich gefreut, gehofft haben – das ist mehr wert als gemeinsame Zölle und Grenzen, die strategischen Vorstellungen entsprechen. Das ist es, was man ungeachtet der Unterschiede von Rasse und Sprache versteht.

15 [...] Eine Nation ist also eine große Solidargemeinschaft, getragen von dem Gefühl der Opfer, die man gebracht hat, und der Opfer, die man noch zu bringen gewillt ist. Sie setzt eine Vergangenheit voraus, aber trotzdem fasst sie sich in der Gegenwart in einem greifbaren Faktum zusammen: der
20 Übereinkunft, dem deutlich ausgesprochenen Wunsch, das gemeinsame Leben fortzusetzen. Das Dasein einer Nation ist – erlauben Sie mir dieses Bild – ein tägliches Plebiszit, wie das Dasein des Einzelnen eine andauernde Behauptung des Lebens ist. Ich weiß sehr wohl, dass dies weniger metaphysisch
25 ist als das göttliche Recht, weniger brutal als das angebliche historische Recht. [...]
Die Nationen sind nichts Ewiges. Sie haben einmal angefangen, sie werden enden. Die europäische Konföderation wird sie wahrscheinlich ablösen. Aber das ist nicht das Gesetz des
30 Jahrhunderts, in dem wir leben. Gegenwärtig ist die Existenz der Nationen gut, sogar notwendig. Ihre Existenz ist die Garantie der Freiheit, die verloren wäre, wenn die Welt nur ein einziges Gesetz und einen einzigen Herrn hätte.
Mit ihren verschiedenen Fähigkeiten, die einander oft ent-
35 gegengesetzt sind, dienen die Nationen dem gemeinsamen Werk der Zivilisation. Alle tragen zu dem großen Konzert der Menschheit eine Note bei, das, als Ganzes, die höchste ideale Realität ist, an die wir heranreichen. Voneinander isoliert, haben sie nur schwache Partien. [...]
40 Ich fasse zusammen. Der Mensch ist weder der Sklave seiner Rasse, seiner Sprache, seiner Religion noch des Laufs der Flüsse oder der Richtung der Gebirgsketten. Eine große Ansammlung von Menschen, gesunden Geistes und warmen Herzens, erschafft ein Moralbewusstsein, welches sich eine
45 Nation nennt. In dem Maße, wie dieses Moralbewusstsein seine Kraft beweist durch die Opfer, die der Verzicht des Einzelnen zugunsten der Gemeinschaft fordert, ist die Nation legitim, hat sie ein Recht zu existieren. Wenn sich Zweifel an ihren Grenzen erheben, dann soll die Bevölkerung
50 befragt werden. Sie hat durchaus ein Recht auf ein Urteil darüber.

Ernest Renan, Was ist eine Nation? Aus dem Französischen von Henning Ritter, in: Michael Jeismann und Henning Ritter (Hrsg.), Grenzfälle – Über neuen und alten Nationalismus, Leipzig 1993, S. 290 - 310, hier S. 308 - 310

1. *Erläutern Sie, was Renan unter „Nation" versteht.*
2. *Arbeiten Sie die Bezüge zur zeitgenössischen Situation nach der Annexion Elsass-Lothringens durch das Deutsche Reich heraus.*
3. *Begründen Sie, inwiefern Renan die Gegenposition zum deutschen Nationalismus im 19. Jahrhundert vertritt.*

M7 Das Nationalitätenproblem im Kaiserreich

August Bebel, Mitbegründer der Sozialdemokratischen Arbeiterpartei (SDAP), der späteren SPD, nimmt am 30. Oktober 1889 im Deutschen Reichstag zur Annexion Elsass-Lothringens Stellung:

Wir haben in Elsass-Lothringen nicht ganz zwei Millionen Einwohner für das Deutsche Reich gewonnen, deren Vorfahren vor Jahrhunderten Deutsche waren. Dies ist unser sogenannter Rechtstitel für die Annexion. Sie werden aber zugeben, dass, wenn wir die Theorie verfolgen wollten, dass, was 5 einstmals zu Deutschland gehörte, wieder zu Deutschland kommen müsse, wir noch heute fortwährend zu neuen Kriegen Veranlassung hätten. Vor allen Dingen und in erster Linie hätten wir volle Ursache, die deutschen Ostseeprovinzen Russlands zu annektieren. Wir hätten weiter Ursache, noch 10 weit größere Annexionen von Frankreich zu machen. Wir könnten noch weiter zurückgreifen und könnten die Schweiz nehmen, die einst auch zu Deutschland gehörte; ferner Holland, einen Teil von Belgien u. s. w., wo zum Teil heute noch ausgeprägt deutsche Bevölkerung ihren Sitz hat. Ja, meine 15 Herren, wenn sie als Nationalitätentheorie ansehen und als die eigentliche Grundlage für Nationalstaaten hinstellen wollten, dass jedes Land das Recht habe, was einstmals im Laufe von Jahrhunderten und vor noch längerer Zeit zu ihm gehört hat, unter irgendwelcher Bedingung zurückzuer- 20 obern, so würde Deutschland aus dem permanenten Kriegszustande nicht herauskommen.
Nun vertreten wir Sozialisten aber die Anschauung, dass Völker keine Schafherden sind, welche willenlos den Herrn wechseln müssen. Wir verlangen, dass die Völker über ihr 25 Schicksal gefragt werden und selbst entscheiden. Die gleichen Anschauungen haben einst auch die deutschen Liberalen in Bezug auf Schleswig-Holstein und Italien, insbesondere in Bezug auf die Lombardei und Venedig in den 60er-Jahren gegenüber Österreich vertreten. Es sind das 30 keine Anschauungen, welche neu sind; die Völker haben das unbestrittene Recht der Selbstbestimmung; sie sollten es wenigstens haben. Nun haben die letzten Wahlen 1886/87 gezeigt, dass die sehr große Mehrheit der Bevölkerung in Elsass-Lothringen dem Deutschen Reiche feindselig gegen- 35 übersteht. Ich untersuche nicht die Gründe, warum das so ist.

Zitiert nach: Peter Alter (Hrsg.), Nationalismus. Dokumente zur Geschichte und Gegenwart eines Phänomens, München 1994, S. 205 f.

1. *Arbeiten Sie Bebels Argumente heraus. Auf welche Probleme weist er hin?*
2. *Erläutern Sie seine Vorstellungen von Volk und Nation. Wie begründet er diese?*

Deutsche und Franzosen: nationale Fremd- und Selbstbilder im 19. und frühen 20. Jahrhundert

Nationalismus – eine „politische Religion" ◾ Der Erfolg des Nationalismus gründet wesentlich darin, dass er den Charakter einer „politischen Religion" annahm. Die Nation wurde zum höchsten Wert der Gemeinschaft erhoben, man sprach von „heiligsten" Gütern, von „unbedingter" Hingabe an die „Nation" und „nationalen Pflichten". Die eigene Nation galt als „auserwähltes Volk", das von einer „höheren Macht" oder von der Geschichte dazu ausersehen sei, Heil bringende Ideen zu verbreiten und Freiheit zu bringen, und berechtigt sei, Gewalt anzuwenden gegenüber jenen, die sich widersetzen oder diese Auffassungen nicht teilen.

„Wir und die Anderen" ◾ Das Verhältnis zwischen Deutschen und Franzosen im 19. und frühen 20. Jahrhundert ist ein Beispiel für die mit dem Nationalismus verbundenen Selbst- und Fremdbilder. Diese können mit chauvinistischer Aufwertung des eigenen Volkes, Abwertung der anderen Völker und sogar Fremdenhass verbunden sein. Die Abgrenzung gegenüber Fremden oder Trägern anderer Vorstellungen hat auch stets die Funktion, die eigene „Mission" zu legitimieren und den Zusammenhalt gegen „nationale Feinde" zu festigen. Im Falle Frankreichs zeigte sich das Sendungsbewusstsein gegenüber dem „alten Europa" in den Revolutionskriegen.

Die deutsche Nationalbewegung entwickelte bald nach 1800 eine antifranzösische Stoßrichtung. Den Beginn der Revolution in Frankreich hatten deutsche Dichter und Philosophen zum Teil noch enthusiastisch begrüßt. Die Franzosen wurden als Vorreiter aufklärerischer und humanitärer Ideale betrachtet, als Vorbilder für die Deutschen gefeiert. Doch die gewaltsame Beseitigung der bestehenden Ordnung, die Terrorherrschaft und die Hinrichtung König Ludwigs XVI. 1793 betrachtete man im Ausland mit Abscheu. Die direkte Begegnung mit den Armeen des republikanischen, später napoleonischen Frankreich und das durch Napoleon erzwungene Ende des Heiligen Römischen Reiches Deutscher Nation im Jahr 1806 steigerten diese Abscheu in manchen Kreisen zum Franzosenhass (▸ M1, M2). Im Gegensatz zu den Franzosen mobilisierte der Nationalismus die Deutschen für die staatliche Einigung.

Brüder oder Feinde? Deutsche und Franzosen im 19. Jahrhundert ◾ Für einen Teil der Intellektuellen blieben die Franzosen das Brudervolk, dem man freiheitliche Errungenschaften verdankte. Besonders in den mit Napoleon verbündeten Rheinbundstaaten blieb Frankreich mit seiner relativ liberalen Konstitution von 1814 verglichen mit den restaurativen Regimes im Deutschen Bund fortschrittliches Vorbild. Die 1830 und 1848 jeweils von Frankreich nach ganz Europa ausstrahlenden revolutionären Impulse wurden begeistert aufgegriffen (▸ M3). Doch es gab auch Vertreter einer „antifranzösisch-germanophilen Richtung" (J. Hermand). Diese erklärten die Freiheitsrechte als ursprünglich „germanisches" Erbe. Sie seien durch fremde Einflüsse und gesellschaftliche Klassenteilung verloren gegangen. Gerade die Deutschen hätten als Nachfahren der Germanen die Aufgabe, den alten deutschen „Freiheitsgeist" wiederzuerwecken. Die 1817 gegründeten Burschenschaften waren nicht frei von solchen Gedanken.

Beide nationalen Richtungen beschränkten sich noch Jahre nach Beginn der restaurativen Unterdrückungsmaßnahmen (Karlsbader Beschlüsse 1819) auf eine kleine Schicht vornehmlich bürgerlicher Studenten und Professoren. Eine erste Massenveranstaltung der liberal-nationalen Bewegung war 1832 das Hambacher Fest. Für eine breite „innere Nationsbildung" über die Staaten des Deutschen Bundes hinweg sorgten auch die Sänger- und Turnerbünde auf ihren Treffen, die ursprünglich von patriotisch gesinnten Kreisen gegründet worden waren, um die Unterdrückung der Meinungs- und Versammlungsfreiheit für politische oder „nationale" Vereinigungen zu unterlaufen.

In Frankreich entdeckten Intellektuelle und Künstler die Sturm-und-Drang-Epoche der deutschen Literatur und die deutsche Romantik als Gegengewicht zu dem französischen Rationalismus, der in der Revolution in Tyrannei umgeschlagen war. Sie sahen darin Ausdruckformen eines Volkes, das sich seine Natürlichkeit, seinen Empfindungsreichtum und seine Fantasie bewahrt zu haben schien. Intellektuelle aus ganz Europa machten sich auf den Weg, um das in Liedern, Gedichten, Bildern und Romanen besungene „romantische" Deutschland zu besuchen.

Seit sich in den 1840er-Jahren jedoch der gegen Frankreich gerichtete Nationalismus verstärkte, vor allem als die Deutschen Einigungskriege 1864 bis 1871 mit der französischen Niederlage, der deutschen Reichsgründung und dem Verlust von Elsass-Lothringen endeten, erschienen die zudem noch wirtschaftlich und industriell überlegenen Deutschen als barbarische Militaristen, die zu allen verbrecherischen Taten fähig waren (▶ M4). Vermehrt wurden „die Deutschen" als brutal, unzivilisiert und aggressiv beschrieben oder herablassend als „**Boche**" bezeichnet. In vielen Karikaturen und propagandistischen Darstellungen kam diese Vorstellung zum Ausdruck. Umgekehrt wurde die eigene Nation zum Repräsentanten hoher Kultur verklärt (▶ M5). Politische Debatten zielten ebenso wie der Schulunterricht darauf ab, die Wiedergewinnung der an den „Feind" verlorenen Gebiete herbeizuführen.

▲ „**Bis hierher und nicht weiter …**"
Kolorierte Lithografie von E. Talons, 1870.
■ *Erläutern Sie die Bildaussage.*

Boche: französische Bezeichnung für Holzkugel; im 19. Jahrhundert diente die Redewendung „tête de boche" dazu, jemanden als Dickkopf oder Holzkopf zu beschimpfen.

„Erbfeindschaft" ■ Bismarck, den Militärs und der politischen Öffentlichkeit in Deutschland war klar, dass sich die Regierung in Paris mit der Annexion der seit zweihundert Jahren zu Frankreich gehörenden Provinzen Elsass und Lothringen nicht abfinden würde. Die Annexion war von der militärischen Führung durchgesetzt worden, um die eigene Position in einem künftigen Krieg zu stärken. Dies barg die Gefahr einer „sich selbst erfüllenden Prophezeiung", denn damit war ein weiterer Krieg nahezu vorprogrammiert.

Es verbreitete sich die Vorstellung einer vermeintlich unaufhebbaren französisch-deutschen Feindschaft. Und indem Beispiele für diese Feindschaft nicht nur in der Gegenwart, sondern auch in der Vergangenheit gesucht wurden, entstand die Konstruktion der angeblichen historischen „Erbfeindschaft": Von den kriegerischen Auseinandersetzungen der spätkarolingischen Reichsteilungen im 9. Jahrhundert angefangen, über die Epoche des Dreißigjährigen Krieges und die Regierungszeit Ludwigs XIV. bis hin zu Napoleon hätten die Deutschen ihre Freiheit fortwährend gegenüber dem Nachbarn im Westen verteidigen müssen. Vor allem die Wortführer der preußisch-kleindeutschen Reichsgründung schufen dieses Bild und stilisierten Preußen, etwa durch die Legende eines Volksaufstands, dabei zum angeblichen Vorkämpfer des Widerstands gegen Napoleon. Preußens „deutsche Sendung", sein Anteil an der neuen Größe und Einheit Deutschlands, wurde so rückdatiert und seine Dominanz in der Gegenwart historisch gerechtfertigt.

Nationalstaatsgründung „von oben" und „deutscher Sonderweg" ■ Die während des Deutsch-Französischen Krieges 1870/71 erfolgte deutsche Reichsgründung „von oben" prägte im Lauf der Jahre auch zunehmend die politische Mentalität und das Selbstverständnis der Deutschen. Der Sieg über das als „Erzfeind" empfundene Frankreich wurde auch als Sieg über dessen liberalere politische Ordnung gedeutet. Daraus entwickelten Publizisten, Politiker und Historiker die Vorstellung eines überlegenen „deutschen Sonderwegs" zum Nationalstaat, der mit der Ablehnung der „westlichen", als „undeutsch" empfundenen politischen Prinzipien verbunden wurde, zu denen revolutionäre Bewegungen, der Gedanke der Volkssouveränität, Parteien und ihr Einfluss auf die Regierung zählten. Gegenüber dem „Parteiengezänk" im Parlament betrachtete man den starken Monarchen und seine Regierung, nicht das vom Volk gewählte Parlament, als die Institutionen, die das Allgemein- oder Nationalinteresse im Auge behielten.

Die Reichsgründung durch Krieg, ihre Verteidigung gegen den als „Erbfeind" verschrienen Nachbarn, dann unter Kaiser Wilhelm II. die angebliche Notwendigkeit, dem Reich seine „Weltgeltung" zu verschaffen – dies alles führte obendrein zu einer außerordentlichen Wertschätzung des Militärischen. Die führende Rolle Preußens im Reich verband sich mit dessen militärischer Tradition, die nun zur Grundlage deutscher Größe umgedeutet und zum Element deutschen Wesens stilisiert wurde. Der angeblichen Gefühlstiefe des „deutschen Wesens" wurde die vermeintlich kalte Rationalität und Oberflächlichkeit der französischen Nationalkultur gegenübergestellt, die mehr an der Form und geistreicher Formulierung als an echter Substanz interessiert sei.

Wandlung des Nationalen in Deutschland ■ Diese Auffassungen von „deutscher Größe" und Nationalkultur teilten all jene Menschen im Deutschen Reich nicht, die nicht zur Nation gehören wollten, wie etwa Elsässer und Polen. Dazu zählten auch all die gesellschaftlichen Gruppen, die sich einen anderen Nationalstaat gewünscht hätten, der ihre Interessen mehr berücksichtigte. Das waren vor allem die Anhänger der Arbeiterbewegung, die wegen ihrer revolutionären Vorstellungen von der Überwindung der Klassengesellschaft und der Befreiung der Arbeiterklasse von den national denkenden Kreisen als „vaterlandslose Gesellen" ausgegrenzt wurden. Aber auch die Katholiken wurden als „Reichsfeinde" diffamiert, sofern sie sich politisch organisierten. Bismarck betrachtete das Zentrum, die Partei der überzeugt katholischen Wählerschaft, als „Stoßtrupp" des Papstes und unterstellte ihr, Kirche und Religion über Staat und Wissenschaft stellen zu wollen.

Bismarcks Versuche, Sozialdemokratie und politischen Katholizismus zu unterdrücken, scheiterten zwar. Gleichwohl veränderten sich im kaiserlichen Deutschland das nationale Selbstverständnis und die Auffassung davon, was als „national" zu gelten hatte. Liberale Vorstellungen nahmen einen immer geringeren Stellenwert gegenüber konservativen ein, pluralistische Meinungen wurden abgelehnt und stattdessen die Einmütigkeit der „Volksgemeinschaft" als anzustrebendes Ziel erklärt. Der „nationale Volkskörper" sollte „gesunden" Auffassungen folgen. Nicht zufällig erlebte das Kaiserreich eine Welle des Antisemitismus.

Als 1914 der Erste Weltkrieg begann, waren viele Deutsche davon überzeugt, von einer „Welt von Feinden" umgeben zu sein (▶ M6). Nun müssten – so propagierten Professorenkreise – Pflicht, Ordnung und Gerechtigkeit des starken Staates gegen die „Ideen von 1789" – Liberalismus und Individualismus, Demokratie und Menschenrechte – verteidigt werden. Im Krieg erblickte man einen Endkampf in der Konfrontation dieser Werte und erwartete einen Sieg. Dichter, Publizisten und Gelehrte fühlten sich zu schriftstellerischem Dienst an der „vaterländischen" Sache aufgerufen.

▶ „Auf Vorposten."

Ölgemälde von Georg Friedrich Kersting, 1815.
Der preußische Offizier Adolf Freiherr Lützow stellte 1813 außerhalb Preußens eine Truppe aus Freiwilligen für den Kampf gegen die französische Armee auf. Unsere Nationalfarben gehen auf die Farben der Uniformen dieser Lützower Jäger und ihres Banners zurück. Eine rote Borte schloss den Kragen ihrer schwarzen Uniformröcke ab, die Messingknöpfe und Schulterstücke glänzten golden. Das Banner bestand aus schwarzer und roter Seide und trug die goldene Inschrift „Mit Gott fürs Vaterland!". Der Maler kämpfte selbst im Lützowschen Korps. An den Baum gelehnt hockt der Dichter Theodor Körner, der im Kampf fiel.

M1 Lied von der Rache (1813)

Theodor Körner wird während des Studiums von der nationalen Begeisterung erfasst und kämpft als Freiwilliger im Befreiungskrieg von 1813 bei den Lützower Jägern, die als Kern der Nationalbewegung gelten. Während des Krieges schreibt er Lieder und Gedichte. Seine nationale Begeisterung sowie sein früher Tod bilden den Stoff für Legenden, die ihn bis zum Ersten Weltkrieg zum Vorbild nationalen Einsatzgeistes im Krieg werden lassen:

Heran, heran! – Die Kriegstrompeten schmettern!
Heran! Der Donner braust! –
Die Rache ruft in zack'gen Flammenschwertern
Der deutschen Rächerfaust. [...]

5 Was Völkerrecht? – Was sich der Nacht verpfändet,
Ist reife Höllensaat.
Wo ist das Recht, das nicht der Hund geschändet
Mit Mord und mit Verrat?

Sühnt Blut mit Blut! – Was Waffen trägt, schlagt nieder!
10 's ist alles Schurkenbrut!
Denkt unseres Schwurs, denkt der verratnen Brüder
Und sauft Euch satt im Blut!

Und wenn sie winselnd auf den Knien liegen
Und zitternd Gnade schrein,
15 Lasst nicht des Mitleids feige Stimme siegen,
Stoßt ohn' Erbarmen drein!

Und rühmten sie, dass Blut von deutschen Helden
In ihren Adern rinnt:
Die können nicht des Landes Söhne gelten,
20 Die seine Teufel sind. [...]

Welch Ohrenschmaus, wenn wir bei Siegesrufen,
Vom Pulverdampf umqualmt,
Sie winseln hören, von der Rosse Hufen
Auf deutschem Grund zermalmt!

25 Gott ist mit uns! – Der Hölle Nebel weichen;
Hinauf, du Stern, hinauf!
Wir türmen dir die Hügel ihrer Leichen
Zur Pyramide auf!

Dann brennt sie an! – und streut es in die Lüfte,
30 Was nicht die Flamme fraß,
Damit kein Grab das deutsche Land vergifte
mit überrhein'schem Aas.

Theodor Körner, Werke, hrsg. von Hans Zimmer, Bd. 1, Leipzig/Wien 1893, S. 120-121, zitiert nach: Marie Endres, Martina Gödel, Thomas Hafki und Erwin Jurschitza (Hrsg.), Deutsche Literatur von Luther bis Tucholsky (Digitale Bibliothek, Bd. 125), Berlin 2005, S. 326007

1. Arbeiten Sie das Feindbild heraus, das in diesem „Lied" gezeichnet wird. Erläutern Sie, wie der Gegner charakterisiert wird.
2. Verdeutlichen Sie am Text, zu welchem Handeln die eigene Seite aufgerufen und wie dies begründet wird.
3. Diskutieren Sie, ob es Umstände gibt, die Sprache, Inhalt und Wertmaßstäbe dieses Liedes rechtfertigen.

M2 „Über den Volkshass und über den Gebrauch einer fremden Sprache"

1813 äußert sich der Schriftsteller Ernst Moritz Arndt zu den Gründen von „Volkshass" und der deutsch-französischen „Erbfeindschaft":

Gott hat die Verschiedenheit gefallen, denn Gott gefällt das lebendige Leben und ein freier und lustiger Wettkampf der Kräfte. Gott hat diese Verschiedenheit auch unter den Menschen gewollt und deswegen hat er sie gestiftet: darum die
5 verschiedenen Völker, Länder, Sprachen und was sich daraus wieder für eine Unendlichkeit von Verschiedenheiten erzeugt.
Wer also von Einer Religion, von Einem Staate, von Einer Sprache, von Einem gebietenden Volke spricht, der spricht gegen
10 Gott und seinen ewigen Willen. [...]
Das Größte und Bedeutendste aber liegt in der Verschiedenheit der Sprachen, weil jede Sprache das äußere Abbild des innersten Gemütes eines Volkes ist, weil sie die Form ist, welche sich von Kind auf des ganzen Menschen, der sie
15 spricht, am gewaltigsten bemeistert und seinem Geiste und seiner Seele das Gepräge gibt, womit er empfinden, denken, lieben und leben soll: Sie ist der erstarrte Geist der vergangenen Geschlechter, den die Lippe auftaut, wie sie die Worte erfasst. Darum ist nichts trauriger und gefährlicher, als wenn
20 ein Volk seine Sprache für eine fremde vergisst; dann begehrt es, Sklave der Fremden zu werden.
Aus dieser Verschiedenheit der Sprachen und aus der eigentümlichen Bildung, die mit einer jeden Sprache verknüpft ist, und aus manchen teils sichtbaren, teils unsichtbaren frühe-
25 ren oder späteren Ursachen erwächst der Widerwille und die Abneigung, welche die Völker in einzelnen Punkten gegeneinander haben und welche ihre Unabhängigkeit und Freiheit besser sichern als noch so viele befestigte Städte und gezückte Schwerter. [...]
30 Genug, es ist eine unumstößliche Wahrheit, dass alles, was Leben und Bestand haben soll, eine bestimmte Abneigung, einen Gegensatz, einen Hass haben muss, [...] wenn es nicht in gleichgültiger Nichtigkeit und Erbärmlichkeit vergehen und zuletzt mit Unterjochung endigen will. [...] Jenen Hass,
35 den ich eben berührt habe, der aus angeborenen Verschiedenheiten der Völker entspringt, möchte ich einen äußerlichen Hass nennen; innerlich wird er, wenn ein Volk sich einmal des Frevels unterstanden hat, seine Nachbarn unterjochen zu wollen: Dann brennt er bei edlen Völkern unaus-
40 löschlich.
So muss bei den Teutschen jetzt der Hass brennen gegen die Franzosen, denn sie haben sich der Kühnheit erfrecht, ein Volk unterjochen zu wollen, das stärker und mächtiger wäre als

sie, wenn ihre Hinterlist nicht lange schon verstanden hätte, es zu entzweien und zu zerreißen.
45 Wir sollen die Franzosen nicht allein wegen dessen hassen, was sie uns in den letzten zwanzig Jahren Übels angetan haben, nicht wegen der Gräuel und Schanden allein, wodurch sie die letzten acht Jahre unsere heilige Erde entheiligt haben und noch jede Stunde entheiligen, nein, wir sollen sie hassen,
50 weil sie schon über drei Jahrhunderte unsere Freiheit hinterlistig belauert haben, weil sie von Geschlecht zu Geschlecht rastlos und planmäßig gearbeitet haben, diese Freiheit zu untergraben, bis sie unter ihren letzten Banditenstreichen hingefallen ist. Die Franzosen sind unsere mächtigsten und
55 gefährlichsten Nachbarn und sie werden es bleiben, auch wenn die Hand des Verhängnisses den Giganten Napoleon und alle seine stolzen Entwürfe hingestreckt hat: Sie können nie aufhören, unruhig, eitel, herrschsüchtig und treulos zu sein. Gottlob, die Zeit ist erschienen, wo der Widerwille, den
60 das brave teutsche Volk immer noch gegen die Welschen und ihre Sitten empfunden hat, zu einem brennenden Hass werden kann, wo er in die Seelen der Kinder so eingepflanzt werden kann, dass er aus teutschen Brüsten künftig nicht mehr auszurotten ist; die Zeit ist erschienen, wo die allmäch-
65 tige Meinung der Menschen der französischen Äfferei und Ziererei und all der eitlen Nichtigkeit, wodurch die sogenannten gebildeten Teutschen entteutscht waren, das Todesurteil spricht, wo der ehrliche Teutsche oben schwimmen wird und nicht der lügnerische Welsche. [...]
70 Ich will den Hass gegen die Franzosen, nicht bloß für diesen Krieg, ich will ihn für lange Zeit, ich will ihn für immer. Dann werden Teutschlands Grenzen auch ohne künstliche Wehren sicher sein, denn das Volk wird immer einen Vereinigungspunkt haben, sobald die unruhigen und räuberischen Nach-
75 barn darüberlaufen wollen.
Dieser Hass glühe als die Religion des teutschen Volkes, als ein heiliger Wahn in allen Herzen und erhalte uns immer in unserer Treue, Redlichkeit und Tapferkeit; er mache Teutschland den Franzosen zukünftig zu einem unangenehmen
80 Lande, wie England ihnen ein unangenehmes Land ist.

Ernst Moritz Arndt, Über den Volkshass und über den Gebrauch einer fremden Sprache, in: Michael Jeismann und Henning Ritter (Hrsg.), Grenzfälle. Über neuen und alten Nationalismus, Leipzig 1993, S. 325-333

1. *Erläutern Sie, wie Arndt die Verschiedenheit der Nationen und deren Feindschaft begründet.*
2. *Arbeiten Sie die „Charakterzüge" der französischen und der „teutschen" Nation heraus und stellen Sie sie gegenüber. Überlegen Sie, worauf sich Arndt bei seiner Beschreibung jeweils stützt. Nehmen Sie Stellung.*
3. *Vergleichen Sie Arndts Ausführungen mit seinem Gedicht „Des Deutschen Vaterland" auf S. 269 f.*

M3 Die Größe Frankreichs

Der württembergische Politiker, Journalist, Jurist und Philosoph Paul A. Pfizer, 1848 Abgeordneter in der Frankfurter National-versammlung, verfasst 1832 seine „Gedanken über das Ziel und die Aufgabe des deutschen Liberalismus":

Freiheit im Innern und Unabhängigkeit nach außen oder persönliche Freiheit und Nationalität sind die beiden Pole, nach denen alles Leben des Jahrhunderts strömt, und die französische Nation ist die erste Nation der Welt geworden,
5 weil sie diese beiden Grundrichtungen der Gegenwart am reinsten in sich aufgenommen hat, in ihrer Unzertrennlich-keit am kräftigsten und entschiedensten der Welt vor Augen stellt. [...]
Die Nationalunterschiede werden nicht aufhören; aber Na-
10 tionalität und persönliche Freiheit müssen forthin Hand in Hand gehen, und man sollte endlich anerkennen, dass die ganze Größe Frankreichs darin besteht, das Prinzip der innern Freiheit in ihrer wesentlichen Einheit mit der äußern darzu-stellen. Es wäre Zeit, dass man sich endlich einmal gestände
15 und klar darüber würde, dass die Franzosen die Führer und Leiter der Zivilisation, das tonangebende Volk in Europa nicht dadurch geworden sind, dass sie die Grundsätze der Freiheit bekennen und predigen, sondern dadurch, dass sie dieselben als Nation bekennen und mit dem ganzen Gewicht ihrer
20 Nationalität unterstützen. Will daher Deutschland in die Schule der Franzosen gehen, so darf die Nachahmung nicht auf halbem Wege stehen bleiben. Mit den bloßen Grundsät-zen bürgerlicher Freiheit [...] ist Deutschland noch lange nicht geholfen. Mit allem Freiheitsdrang der Einzelnen werden die
25 Deutschen ewig eine armselige Rolle spielen, und ein mitlei-diges Belächeln ihrer schwachen Gutmütigkeit wird im Aus-land der ganze Lohn für ihren Enthusiasmus sein, solange sie nicht als Nation die Freiheit wollen oder gar zu glauben scheinen, dass Abhängigkeit vom Ausland zum Begriff der
30 deutschen Freiheit gehöre. Es ist freilich eine Torheit zu ver-langen, dass die Deutschen die innere Freiheit ganz verges-sen sollen, bis sie die äußere Unabhängigkeit gesichert haben; es ist aber ebenso verkehrt oder noch verkehrter die letztere der ersten aufopfern zu wollen [...].
35 Im Sinn und Geiste des Jahrhunderts kann aber dasjenige, was Deutschland organisch vereint und den Bund seiner Fürsten in einen Bund der Völker, das diplomatische Staaten-bündnis in einen nationalen Bundesstaat verwandelt, nichts anderes als eine deutsche Nationalvertretung sein, und
40 hierzu muss die Anregung und der Hauptanstoß durch den Liberalismus gegeben werden [...].

Günther Schönbrunn (Bearb.), Das bürgerliche Zeitalter 1815 - 1914 (Geschichte in Quellen, Bd. 5), München 1980, S. 849

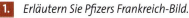

1. *Erläutern Sie Pfizers Frankreich-Bild.*
2. *Beurteilen Sie seine Argumente vor dem historischen Hintergrund. Bestimmen Sie seinen politischen Standort und die Absichten seiner Schrift.*

M4 Zwei Nationen

Der französische Schriftsteller, Publizist und Politiker Victor Hugo stellt am 1. März 1871 in einer Rede vor der französischen Natio-nalversammlung Deutschland und Frankreich gegenüber:

Von diesen zwei Nationen wird die eine, die Siegerin, Deutschland, die Macht, die Sklaverei, das Soldatenjoch, den Stumpfsinn der Kaserne, den Drill bis in den Geist, ein durch die Einkerkerung der Redner gezügeltes Parlament haben. [...]
Diese Nation, die siegreiche Nation, wird einen Kaiser militä- 5 rischen Zuschnitts und gleichzeitig göttlichen Rechts haben, den um den germanischen Cäsar verdoppelten byzantini-schen Cäsar; sie wird die Dienstvorschrift im Dogmenrang, den zum Zepter gemachten Säbel, das mundtot gemachte Wort, das geknebelte Denken, das in die Knie gezwungene 10 Gewissen haben; keine Rednertribüne, keine Presse, die Fins-ternis!
Die andere, die besiegte, wird das Licht haben. Sie wird die Freiheit haben, sie wird die Republik haben, sie wird nicht das göttliche Recht, sondern das menschliche Recht haben; sie 15 wird die freie Rednertribüne haben, die freie Presse, das freie Wort, das freie Gewissen, die stolze Seele! Sie wird die Initia-tive des Fortschritts haben und bewahren, die Initiierung der neuen Ideen und die Klientel der unterdrückten Rassen. (*Sehr gut! Sehr gut!*) Und während die siegreiche Nation, Deutsch- 20 land, die Stirn senken wird unter ihrem schweren Helm der Sklavenhorde, wird sie, die besiegte, erhabene [Nation], Frankreich, auf ihrem Kopf ihre Krone eines souveränen Volkes haben.
Und die Kultur wird, direkt der Barbarei gegenübergestellt, 25 ihren Weg unter diesen beiden Nationen suchen, von denen die eine das Licht Europas und von denen die andere seine Nacht sein wird.

Zitiert nach: Wilfried Pabst, Das Jahrhundert der deutsch-französischen Konfrontation. Ein Quellen- und Arbeitsbuch zur deutsch-französischen Geschichte von 1866 bis heute, Hannover 1983, S. 48 f.

1. *Analysieren Sie, welches Selbstbild Frankreichs aus Hugos Gegenüberstellung deutlich wird. Auf welche historischen Traditionen und politischen Ereignisse spielt er an?*
2. *Erklären Sie die Funktion solcher Gegenüberstellungen für das französische Selbstverständnis.*

◄ **„Die Freiheit führt das Volk."**
Ölgemälde von Eugène Delacroix, 1830 (Ausschnitt).
Neben der Trikolore und der Parole „Liberté, Egalité, Fraternité"
gehört die Figur der Marianne zu den wichtigsten nationalen Sym-
bolen Frankreichs. Seit der Französischen Revolution, vor allem nach
1830, verkörperte die Marianne die Republik und die Freiheit. Ihre
typischen Merkmale sind die phrygische Mütze (Jakobinermütze),
das Symbol der befreiten Sklaven, und die teilweise entblößte Brust.
Als wirkliche Person hat die Marianne nie existiert. Die Namen
„Marie" und „Anne", zusammen „Marianne", waren in Frankreich zu
dieser Zeit die gebräuchlichsten Vornamen. Heute schmückt ihre
Büste – nach dem Vorbild prominenter Französinnen gestaltet –
fast jedes französische Rathaus und viele öffentlichen Plätze, ihr
Konterfei wird auf Briefmarken, Münzen und anderen Gegen-
ständen abgedruckt.

M5 „Der Franzose ..."

In einem Artikel aus Meyers Konversationslexikon, einem der
wichtigsten Nachschlagewerke des Deutschen Kaiserreichs,
wird der „Nationalcharakter" Frankreichs beschrieben:

Der Franzose nennt mit Selbstgefühl sein Volk la grande nation, und es ist groß, insofern es Sinn für das Große hat. Die
Begriffe Vaterland, Ehre, Ruhm (oder richtiger gloire) haben
über ein französisches Herz eine wunderbare Macht. Die
5 Gloire besteht aber vor allem in Kriegsruhm, der den Franzosen in hohem Maße zuteil geworden ist. Sie sind ein tapferes,
heldenhaftes Volk [...]. Der Franzose ist ferner der geselligste
aller Menschen; er hat bis in die untern Schichten herunter
für die Kunst des Umgangs eine glückliche Leichtigkeit, eine
10 liebenswürdige Feinheit und Gewandtheit, eine anmutige
Aufmerksamkeit für das schöne Geschlecht (galanterie), das
in jedem Betracht eine hohe Stelle einnimmt; er ist gegen
Fremde artig und gefällig. Das Savoir-faire und Savoir-vivre
des Franzosen ist andern Nationen fremd. [...] Auch im Essen
15 und Trinken liebt er Feinheit und Maß und sieht mehr auf
Qualität als auf Quantität. Diesen mannigfachen Vorzügen
der Nation gegenüber macht sich ein Fehler in lästigster
Weise geltend: die überall hervortretende Eitelkeit, wohl ein
Erbteil ihrer keltischen Vorfahren. Für französische und nicht-
20 französische Verhältnisse hat der Franzmann verschiedene
Maße. Ihrem Wesen nach ganz auf den Verstand angewiesen, sind die Franzosen ein verständiges Volk, aber ohne
rechte Tiefe des Geistes und Gemüts. [...] Mit einer gewissen

Oberflächlichkeit, welche alles, auch das Höchste, durch die
Beinamen billant, joli, curieux am meisten zu ehren glaubt, 25
verbindet sich das, was Cäsar schon an den Galliern erkannte:
Leichtigkeit, Lebendigkeit, Heftigkeit, aber auch die gallische
Unstetigkeit und Unruhe, den gallischen Wankelmut und
Wechsel. Der Leichtsinn steigert sich bei dem Franzosen bis
zur Frivolität, und eine spöttische Behandlung ernster, selbst 30
religiöser Dinge, eine leichtfertige Auffassung der Moral, besonders im Verhältnis beider Geschlechter, gehören in Frankreich nicht zu den Seltenheiten.

Meyers Konversationslexikon, Bd. 6, Leipzig/Wien 1885-1892, S. 520

1. *Charakterisieren Sie das Bild, das der Artikel von den*
Franzosen zeichnet. Überlegen Sie, welche historischen
Entwicklungen und Ereignisse dazu beigetragen haben.
2. *Erörtern Sie, welche Bilder und Stereotypen noch heute*
für die Wahrnehmung der Franzosen eine Rolle spielen.

M6 Im Namen der deutschen Sache!

In der Zeitschrift „Die Aktion. Wochenschrift für Politik, Litera-
tur, Kunst" ergeht am 29. Mai 1915 folgender „Aufruf an die
Kulturwelt", der von 83 prominenten deutschen Künstlern und
Wissenschaftlern unterzeichnet wird:

Wir als Vertreter deutscher Wissenschaft und Kunst erheben
vor der gesamten Kulturwelt Protest gegen die Lügen und
Verleumdungen, mit denen unsere Feinde Deutschlands
reine Sache in dem ihm aufgezwungenen schweren Daseins-
kampfe zu beschmutzen trachten. [...]   5
Es ist nicht wahr, dass Deutschland diesen Krieg verschuldet
hat. Weder das Volk hat ihn gewollt noch die Regierung, noch
der Kaiser. Von deutscher Seite ist das Äußerste geschehen,
ihn abzuwenden. Dafür liegen der Welt die urkundlichen

10 Beweise vor. Oft genug hat Wilhelm II. in den 26 Jahren seiner Regierung sich als Schirmherr des Weltfriedens erwiesen; oft genug haben selbst unsre Gegner dies anerkannt. Ja, dieser nämliche Kaiser, den sie jetzt einen Attila zu nennen wagen,

15 ist jahrzehntelang wegen seiner unerschütterlichen Friedensliebe von ihnen verspottet worden. Erst als eine schon lange an den Grenzen lauernde Übermacht von drei Seiten über unser Volk herfiel, hat es sich erhoben wie ein Mann.

20 Es ist nicht wahr, dass wir freventlich die Neutralität Belgiens verletzt haben. Nachweislich waren Frankreich und England zu ihrer Verletzung entschlossen. Nachweislich war Belgien damit einverstanden. Selbstvernichtung wäre es gewesen, ihnen nicht

25 zuvorzukommen. [...]

Es ist nicht wahr, dass unsre Kriegführung die Gesetze des Völkerrechts missachtet. Sie kennt keine zuchtlose Grausamkeit. Im Osten aber tränkt das Blut der von russischen Horden hingeschlachteten

30 Frauen und Kinder die Erde, und im Westen zerreißen Dum-Dum-Geschosse[1] unsern Kriegern die Brust. Sich als Verteidiger europäischer Zivilisation zu gebärden, haben die am wenigsten das Recht, die sich mit Russen und Serben verbünden und der

35 Welt das schmachvolle Schauspiel bieten, Mongolen und Neger auf die weiße Rasse zu hetzen.

Es ist nicht wahr, dass der Kampf gegen unsern sogenannten Militarismus kein Kampf gegen unsre Kultur ist, wie unsre Feinde heuchlerisch vorgeben. Ohne den

40 deutschen Militarismus wäre die deutsche Kultur längst vom Erdboden getilgt. Zu ihrem Schutz ist er aus ihr hervorgegangen in einem Lande, das jahrhundertelang von Raubzügen heimgesucht wurde wie kein zweites. Deutsches Heer und deutsches Volk sind eins. Dieses Bewusstsein verbrüdert

45 heute 70 Millionen Deutsche ohne Unterschied der Bildung, des Standes und der Partei.

Wir können die vergifteten Waffen der Lüge unsern Feinden nicht entwinden. Wir können nur in alle Welt hinausrufen, dass sie falsches Zeugnis ablegen wider uns. Euch, die ihr uns

50 kennt, die ihr bisher gemeinsam mit uns den höchsten Besitz der Menschheit gehütet habt, euch rufen wir zu: Glaubt uns! Glaubt, dass wir diesen Kampf zu Ende kämpfen werden als ein Kulturvolk, dem das Vermächtnis eines Goethe, eines Beethoven, eines Kant ebenso heilig ist wie sein Herd und

▲ „Deutschland – August 1914."
Gemälde von Friedrich August von Kaulbach, 1914.
■ *Vergleichen Sie die Allegorie der Germania von Kaulbach mit der Germania-Darstellung von Veit aus dem Jahr 1848 auf S. 74. Versuchen Sie, die Unterschiede aus dem jeweiligen historischen Kontext zu erklären.*
■ *Überlegen Sie, warum die Germania – im Gegensatz zur französischen „Marianne" – heute nicht mehr als deutsches Nationalsymbol eingesetzt wird.*

seine Scholle. Dafür stehen wir euch ein mit unserm Namen 55 und mit unserer Ehre!

Zitiert nach: Corona Hepp, Avantgarde. Moderne Kunst, Kulturkritik und Reformbewegungen nach der Jahrhundertwende, München 1987, S. 205 - 208

1. *Arbeiten Sie die Gründe für den Protest heraus. Prüfen Sie die Argumente auf ihren historischen Wahrheitsgehalt.*

2. *Schließen Sie aus den Ausführungen auf die Vorwürfe gegen die Deutschen. Stellen Sie die Sicht der Deutschen und die des Auslands gegenüber.*

---

[1] Gewehrpatronen; umgangssprachlicher Name für Teilmantelgeschosse, abgeleitet von der Stadt Dum Dum in Indien, wo im 19. Jahrhundert Patronen für die britischen Kolonialtruppen gefertigt wurden

Die hervorgehobenen Seitenzahlen verweisen auf die Begriffserläuterungen.

Archiv der sozialen Demokratie der Friedrich-Ebert-Stiftung, Bonn – S. 159

Archiv des Liberalismus, Gummersbach – S. 253

Archiv für Kunst Geschichte / Bildarchiv Monheim, Berlin – S. 12

Archiv für Kunst und Geschichte / Bildarchiv Pisarek, Berlin – S. 113

Archiv für Kunst und Geschichte / Erich Lessing, Berlin – S. 8

Archiv für Kunst und Geschichte / Erich Lessing, Berlin; © VG Bild-Kunst, Bonn 2012 – S. 141

Archiv für Kunst und Geschichte / Visionars, Berlin – S. 76

Archiv für Kunst und Geschichte, Berlin – 10, 17, 21, 40, 52, 54, 57, 61, 69, 77, 83, 106, 111, 126, 139, 166, 171, 172, 174, 208, 214, 236, 265, 542

Archiv für soziale Demokratie der Friedrich-Ebert-Stiftung, Bonn – S. 6/7, 42, 47

Artothek / ©Peter Willi, Weilheim; © VG Bild-Kunst, Bonn 2012 – S. 164

Bahlsen-Museum, Hannover – S. 51

BArch R 179 / 18427, Berlin – S. 228

Bayer-Archiv, Leverkusen – S. 25

Berlin Museum, Berlin – S. 120

Bildarchiv der Stiftung Sächsische Gedenkstätten, Dresden – S. 227, 230, 231

Bildarchiv Foto Marburg / Deutsche Fotothek, Marburg – S. 63

Bildarchiv Preußischer Kulturbesitz / Archiv Mehrl, Berlin – S. 101

Bildarchiv Preußischer Kulturbesitz / Dietmar Katz, Berlin – S. 64

Bildarchiv Preußischer Kulturbesitz / Geheimes Staatsarchiv, Berlin – S. 38, 102

Bildarchiv Preußischer Kulturbesitz / Heinrich Hoffmann, Berlin – S. 176

Bildarchiv Preußischer Kulturbesitz / Hermann Buresch, Berlin – S. 80

Bildarchiv Preußischer Kulturbesitz / Kunstbibliothek, SMB / Knud Petersen, Berlin – Umschlag, 56

Bildarchiv Preußischer Kulturbesitz / Münzkabinett / SMB, Berlin – S. 66

Bildarchiv Preußischer Kulturbesitz, Berlin – 7 (2), 22, 26, 40, 94, 96, 103, 105, 109, 128, 136, 144, 152, 168, 175, 179, 199, 202, 209, 211

Bundesarchiv, Signatur Plak. 002-037-029, Grafiker: Geiss, Karl / August 1930, Koblenz – S. 184

Bundesarchiv, Signatur Bild 183-S51620 / Allgemeiner Deutscher Nachrichtendienst / Zentralbild, Fotograf: o. Ang., Koblenz – S. 138

Cinetext / Bildarchiv, Frankfurt – S. 256

Collection Raymond Ballochet, Paris – S. 273

DER SPIEGEL, Hamburg – S. 244

Der wahre Jakob, Nr. 138, 1891 / Sammlung Udo Achten, Wuppertal – S. 49

Deutsches Historisches Museum / Sammlung Historischer Akten, Martius 1107957, Berlin – S. 66

Deutsches Historisches Museum, Berlin – S. 136, 173, 194, 202 (2), 216, 238, 254, 264, 266, 279

Deutsches Museum, München – S. 13

Deutsches Technikmuseum, Berlin – S. 20

DIZ / Süddeutscher Verlag, Bilderdienst / Scherl, München – S. 114, 153, 196

DIZ / Süddeutscher Verlag, Bilderdienst, München – S. 53, 186, 250

dpa Picture-Alliance / ADN, Frankfurt – S. 43

dpa Picture-Alliance / akg-images, Frankfurt – S. 70, 116, 199, 278

dpa Picture-Alliance / Arco images GmbH / R. Kiedrowski, Frankfurt – S. 39

dpa Picture-Alliance / Arco Images GmbH / Woodhouse, J., Frankfurt – S. 245

dpa Picture-Alliance / Artcolor / A. Koch, Frankfurt – S. 125

dpa Picture-Alliance / Berliner Verlag / Pschewoschny Uli, Frankfurt – S. 248

dpa Picture-Alliance / Dumont Bildarchiv / Johann Scheibner, Frankfurt – S. 133

dpa Picture-Alliance / Helga Lade Fotoagentur GmbH, Frankfurt – S. 133

dpa Picture-Alliance / Imagno / Austrian Archives, Frankfurt – S. 176

dpa Picture-Alliance / Imagno, Frankfurt – S. 174

dpa Picture-Alliance / Judaica / Sammlung Richter, Frankfurt – S. 204

dpa Picture-Alliance / Mary Evans Picture Library, Frankfurt – S. 175

dpa Picture-Alliance / United Archives / 91050 / TopFoto, Frankfurt – S. 219

dpa Picture-Alliance / ZB / euroluftbild.de, Frankfurt – S. 250

dpa Picture-Alliance / ZB / Peter Ending, Frankfurt – S. 207, 257

dpa Picture-Alliance / ZB / Sebastian Kahnert, Frankfurt – S. 245

dpa Picture-Alliance, Frankfurt – S. 38, 174

Doreen Eschinger, Bamberg – S. 239, 257

Filmmuseum, Potsdam – S. 255

Gedenkstätte Deutscher Widerstand, Berlin – S. 234

Generallandesarchiv Karlsruhe / Nachlass Geck, Karlsruhe – S. 251

Germanisches Nationalmuseum, Nürnberg – S. 7

Martin Gilbert, Nie wieder!, Die Geschichte des Holocaust, Berlin 2001, S. 91 – S. 219

Bella Guttermann und Avner Shalev (Hrsg.), Zeugnisse des Holocaust. Gedenken in Yad Vashem, Yad Vashem 2005, S. 196 – S. 224

Historisches Archiv Friedrich Krupp, Essen – S. 24

Historisches Museum der Pfalz, Speyer – S. 88

Historisches Museum der Stadt Frankfurt, Frankfurt – S. 74

Historisches Museum der Stadt Ratingen, Ratingen – S. 21

Historisches Museum der Stadt Wien, Wien – S. 95

Holocaust, Die Geschichte der Familie Weiß. DVD erhältlich im Handel. © polyband.de – S. 256

Imanuel Geiss, Chronik des 19. Jahrhunderts, Dortmund 1993, S. 780 – S. 59

Institut für Zeitgeschichte, München – S. 201

Interfoto, München; © Estate of George Grosz, Princton, N.J. / VG Bild-Kunst, Bonn 2012 – S. 163

Dietmar Katz, Berlin – S. 157

Keramikmuseum Mettlach, Sammlungen und Firmenarchiv Villeroy & Boch AG, Mettlach – S. 65

Kladderadatsch vom 13.04.1884 – S. 112

Münchner Stadtmuseum, München – S. 154
Musée Carnavalet, Paris – S. 263
National Archives, Washington D.C. – S. 252
Nationalgalerie, Berlin – S. 275
Bernhard Pfänder, Bamberg – S. 213
Rosengarten-Museum, Konstanz – S. 246
Sächsische Zeitung / Jürgen Lösel, Dresden – S. 226
Sammlung Karl Stehle, München – S. 55
SLUB, Deutsche Fotothek, Dresden – S. 200
Söhnlein / Bormann Prod. / Mutoskop Film / Saturn Movie /
    BR / ORF – S. 242
Staatsarchiv, München – S. 177
Staatsbibliothek, Bamberg – S. 155
Stadtarchiv Chemnitz, Fotopl. 13 x 18, Nr. 429, Foto: Clemens
    Seeber, Chemnitz – S. 72
Stadtarchiv Karlsruhe / Signatur: 8/PBS oXIVb 352, Karlsruhe
    – S. 247
Stadtarchiv, Butzbach – S. 91
Stadtgeschichtliches Museum Leipzig, Leipzig – S. 94
Städtisches Museum, Göttingen – S. 87
Stadtmuseum, München – S. 180, 190
Karl Stehle, München – S. 193
The Heartfield Community of Heirs; © The Heartfield
    Community of Heirs / VG Bild-Kunst, Bonn 2012 – S. 182
Ullstein-Bild / Fritz Cremer, Berlin – Umschlag
Ullstein-Bild, Berlin – S. 58 (2), 145
Universitätsbibliothek, Heidelberg – S. 192
US Army Center Military History, Washington – S. 135, 189
© VG Bild-Kunst, Bonn 2012 – S. 208
Wehrgeschichtliches Museum, Rastatt – S. 130
www.wikipedia.org – S. 63
www.wikipedia.org / aka – S. 132
www.wikipedia.org / MOdmate – S. 69
Zeit im Bild, 25.07.1947, S. 2 – S. 232

Fachliteratur finden und nachweisen
Recherchieren und Ausleihen in der Bibliothek

☑ Um sich für ein Referat einen Überblick über ein Thema zu verschaffen oder es einzugrenzen, eignen sich Lexika und Nachschlagewerke als erste Informationsquellen. Für die gründliche Erarbeitung eines Themas benötigen Sie Fachliteratur.

☑ Angaben zu Fachbüchern spezieller Themen finden sich im Literaturverzeichnis von Handbüchern und Überblicksdarstellungen, im Internet und im Katalog der Bibliothek.

☑ In der Bibliothek sind Bücher alphabetisch in einem Verfasser- und in einem Sachkatalog aufgelistet und über eine Signatur, eine Folge von Zahlen und Buchstaben, im Karteikarten- oder Computersystem der Bibliothek für ein leichtes Auffinden genau verzeichnet.

☑ Bücher, die nicht in der örtlichen Bibliothek vorrätig sind, können über die Fernleihe aus anderen Bibliotheken entliehen werden. Über die Online-Kataloge können Titel nach Schlagworten oder dem Namen des Autors gesucht und direkt an die Ausgabestelle der Bibliothek bestellt werden.

Literatur auswerten und belegen

☑ Finden Sie zu einem Thema mehr Bücher, als Sie auswerten können, müssen Sie eine Auswahl treffen. Prüfen Sie anhand des Inhaltsverzeichnisses, der Einführung und/oder der Zusammenfassung sowie des Registers, ob das Buch ergiebig sein könnte. Benutzen Sie im Zweifel das Neueste.

☑ Weisen Sie jedes Buch, das Sie für Ihr Referat benutzt haben, am Schluss des Textes nach. Notieren Sie sich daher bei der Vorarbeit die Titel der Bücher. Aussagen, die Sie wörtlich oder indirekt zitieren, belegen Sie zusätzlich mit Seitenangaben. So kann jeder Leser nachlesen und überprüfen, woher und von wem die Aussagen stammen.
Beispiel für eine korrekte Literaturangabe:

Quellenarbeit in Archiven
Vorbereitung und Recherche

☑ Für die Recherche zu regional- und lokalgeschichtlichen Themen bieten sich Archive an. Dort werden Urkunden, Pläne, Karten, Zeitungen, Briefe, Tagebücher, Fotos sowie Akten mit anderen Unterlagen von Behörden, Firmen, Vereinen und Privatleuten aufbewahrt.

☑ Vor der Arbeit im Archiv sollten Sie sich genau über das Thema informieren, die zu erarbeitenden Aspekte festlegen und Fragen formulieren.

☑ Inzwischen werden viele Archivstücke elektronisch erfasst und in Datenbanken archiviert. Auf den Internetseiten der Archive können Sie sich über den Bestand informieren, digital vorliegende Dokumente einsehen oder die Signatur der Akten heraussuchen.

Material erfassen, ordnen und auswerten

☑ Haben Sie geeignetes Material gefunden, notieren Sie sich die genaue Fundstelle. Eine Ausleihe ist nicht üblich. Erfassen Sie das Material sicherheitshalber vor Ort (handschriftlich, per Laptop oder Scanner).

☑ Nach der Rückkehr aus dem Archiv müssen Sie das gesammelte Material sichten und ordnen, bevor Sie es zu einer Darstellung verarbeiten können.